Roman Grafe

Die Grenze durch Deutschland
Eine Chronik von 1945 bis 1990

Pantheon

Für Rocco und die anderen

INHALT

ERSTER TEIL
Eingeschlossen, abgeriegelt
Probstzella am Ende der Welt

1945 **11** – 1946 **15** – 1947 **18** – 1948 **20** – 1949 **22** – Exkurs: Franz Itting **24** – 1950 **29** – 1951 **31** – 1952 **35** – 1953 **61** – 1954 **78** – 1955 **73** – 1956 **78** – 1957 **81** – 1958 **83** – 1959 **87** – 1960 **90** – 1961 **96** – 1962 **113** – 1963 **122** – 1964 **151** – 1965 **161** – 1966 **165** – 1967 **170** – 1968 **173** – 1969 **178** – 1970 **183** – 1971 **187** – 1972 **202** – 1973 **210** – 1974 **225** – 1975 **233** – 1976 **239** – 1977 **250** – 1978 **254** – 1979 **258** – 1980 **266** – 1981 **269** – 1982 **273** – 1983 **277** – 1984 **290** – 1985 **299** – 1986 **304** – 1987 **309** – 1988 **319** – 1989 **343** – 1990 **371**

ZWEITER TEIL
Öffnungen
Reportagen und Interviews

»Hier kann man nur durchfahren.« **379** – Mauerstückchen **380** – »Die Sache ist verjährt.« **382** – »…die Koffer wären geflogen gekommen.« (Manfred Göhlich) **385** – »Mein Gott, wie war das möglich?« (Helmut Kättner) **386** – »Aber wir wachsen schon noch zusammen…« (Gert Bayerlein) **387** – »Wir haben nie ein Feindbild aufgebaut…« (Martin Weber) **388** – »Ein ungutes Gefühl hatte ich bei der Sache immer.« (Siegfried Ziermann) **389** – »Aus der Gesellschaft bin ich ausgeschlossen.« (Heinz Schaller) **390** – »Mit Verachtung strafen« (Manfred Escherich) **391** – Ein Elternhaus (Erich Modes) **393** – »Ich bin froh, wieder hier sein zu können.« (Klara Gerold) **393** – Budebauen verboten! Der Zaun steht. (Jens Billig und Uwe Bär) **395** – »Die Schüler wurden so ausgerichtet …« (Heinz Friese) **399** – »Ich konnte nicht nein sagen.« (Robert Meyer) **404** – »Ein Ausrutscher in der Jugend« (Herr K.) **406** – »Heute können wir reisen, wohin wir wollen.« (Wilfried Henschel) **407** – »Ich staune, daß die Leute heute so ruhig sind.« (Eginhard Velke) **408** – »Damals schien uns diese Grenze so endgültig.« (Heiko Franke) **410** – »Es war ein kollektiver Wahn.« (Ralf Molter) **412** – »Diese ständige Spaltung« (Michael Schwarz) **414** – »Mauer-Mörder Manfred« (Manfred Schiffner) **417** – »Denen geschah nichts.« (Ein NVA-Offizier) **419** – »Ein bißchen was Lebendiges« (Wilfried Peisker) **421** – »Ich hab sie mit eingesperrt…« (Horst Linke) **424** – »Ich kenne niemanden und weiß nichts.« (Klaus Baumann) **431** – »Schießen, egal wann…« (Mathias Göpner) **432** – »…ist ja alles nicht mehr da.« (Sieglinde R., ehemals Bunde) **435** – »Die hat elend zu knabbern gehabt.« (Peter Kilian) **437** – »…so manche Schlacht geschlagen, daß

INHALT

wir Bockwürste hatten.« (Engelhard Zappe) **438** – »Es bleibt die Frage, für wen ich die Uniform anziehe.« (Reinhard A. Kilian) **443** – »Du wirst hier gebraucht.« (Hans-Joachim Schoeps) **445** – »Die hätten mich abgeholt ...« (Karl-Helmut Hassenstein) **445** – »Die Leute wollten so was hören.« (Wolfram und Cornelia Hädicke) **445** – »Ich will nichts mehr von Menschen.« (Hedwig Dieder) **447** »Ein alter Fuchs« (Karl Zenkel) **449** – »Ein unheimliches Gerechtigkeitsgefühl« (Herbert B.) **450** – »Sicher ist man immer mal traurig ...« (Elke Forkert) **451** »Mein Bernd kommt nicht wieder« (Inge Hüttner-Sperlich) **451**

Dritter Teil
Prozesse
Beobachtungen

Auf der Suche nach Opfern und Tätern. Erste Ermittlungen **457** – Handeln auf Befehl. Zwei Grundsatzentscheidungen des Bundesgerichtshofs **458** »Gefangene der deutschen Nachkriegsgeschichte«. Der NVR-Prozeß **459** »Ich wollte die Person nicht töten.« Prozeß im Fall Grübner **461** – »Im Interesse der militärischen Disziplin«. Prozeß im Fall Corghi **468** – »Der Staat hat mich zu dem Menschen gemacht, der ich bin.« Prozeß im Fall Sperlich **470** – »Ich bin stolz darauf ...« Der Prozeß gegen die Grenztruppenführung **474** – »Schwerstes kriminelles Unrecht«. Die Grundsatzentscheidung des Bundesverfassungsgerichts **475** – »Ich hätte niemals auf einen Menschen gezielt.« Prozeß im Fall Krause **476** – »Ein ideologischer Schießbefehl«. Der Politbüro-Prozeß **478** »... um einem Ansturm auf die Grenze vorzubeugen.« Der Prozeß gegen die Führung des Grenzkommandos Mitte **480** – »Ich habe einen Eid abgelegt, Befehle zu befolgen.« Prozeß im Fall Scharf **481** – »Die Frau, die damals mit dem Ungarn wegwollte ...« Prozeß gegen die Führung des Grenzkommandos Süd **488** – Mit der Witwe am Tatort. Prozeß im Fall Zapf **490** – »Zurückhalten wesentlicher Beweismittel«. Ein zweiter Prozeß im Fall Bunde **491** – »Die Freunde schonen« Prozeß im Fall Weigelt **493** – »Es ist alles möglich ...« Prozeß im Fall Gartenschläger **493** – Politik vor Recht. Seltsame Gnade für Baumgarten, Schabowski und Kleiber **496** – »Mit dem Anschein der Legalität«. Ein zivilrechtliches Verfahren (Der Fall Itting) **497** – »Symbolische Bestrafungen«. Ein Resümee **500**

Anhang

Dank **509** – Verzeichnis der Abkürzungen **510** – Anmerkungen **512** Ausgewählte Literatur **528** – Personenregister **529** – Ortsregister **537** Abbildungsnachweis **542**

ERSTERTEIL
Eingeschlossen, abgeriegelt
Probstzella am Ende der Welt

»In manchen Ländern hat man angestrebt, daß es einem Bürger
nicht gestattet ist, die Gegend, in der er zufällig geboren ist,
zu verlassen. Der Sinn dieses Gesetzes liegt auf der Hand:
›Dieses Land ist so schlecht und wird so schlecht regiert, daß wir
jedem verbieten, es zu verlassen, weil es sonst die ganze Bevölkerung
verlassen würde.‹
Ihr tätet besser daran, all euren Untertanen Lust zu machen,
bei euch zu bleiben, und den Fremden, zu euch zu kommen.«

Voltaire, 1764
(entnommen aus: »Philosophisches Wörterbuch«, Leipzig 1963)

Potsdam, Juli 1945

Churchill, Truman und Stalin auf der Potsdamer Konferenz

»Ich hatte nie begreifen können, daß Stalin und die Sowjetführer … im Frühjahr 1946 gesagt hatten, ganz Deutschland müsse unser werden, das heißt sowjetisch, kommunistisch« (Milovan Djilas, »Gespräche mit Stalin«).

1945

KARL ZENKEL

»Der Krieg war zu Ende, am 8. Mai 1945. Wir wollten sofort nach Deutschland, aber wohin wir auch kamen, es hieß immer: ›Hier ist gesperrt!‹ Dann ging es plötzlich nach Dresden, also in die sowjetisch besetzte Zone. Es waren insgesamt achtzehn Lazarettzüge, in jedem waren etwa zweitausend Verwundete. Der sowjetische Stadtkommandant von Dresden ließ uns nicht rein, so daß die achtzehn Züge zwischen Pirna und der tschechischen Grenze standen. Wir hatten für zwei Tage Verpflegung; die hat jeder innerhalb von fünf Minuten in sich reingeschlungen, weil wir ja bis dahin kaum etwas zu essen bekommen hatten.

Wir lagen drei Wochen vor Dresden. Dann kam eine Kommission vom Roten Kreuz – Schweizer, Engländer, Amerikaner und auch Sowjets waren dabei. Ich lag abgemagert vor dem Waggon an einem der Räder, schaute in die Sonne. Die Kommission ging vorbei mit ein paar Worten des Mitleids. Nach zwanzig Metern dreht sich eine Russin aus der Kommission um und kommt auf mich zu, schaut mich an und sagt: ›Kamerad, du bist krank, was hast du alles?‹ Selbst in dieser Lage ist mir noch Blödsinn eingefallen: ›Typhus, Cholera ...‹ Mit einem Grinsen sagte sie: ›Du gefällst mir, du kommst mit.‹ Sie war so zwei, drei Jahre älter als ich, sprach ein einwandfreies Deutsch, eine hübsche Frau. Ihr Fahrer brachte mich ins Auto, ich kam ins Dresdner Johannstädter Krankenhaus. Die Russin, eine Ärztin, verabschiedete sich mit den Worten: ›Ich komm in drei Wochen wieder, dann bist du gesund!‹ Ich konnte mir denken, was sie von mir wollte.

Ich wurde in Dresden einwandfrei gepflegt. Als ich dort ankam, konnte ich meinen rechten Arm kaum bewegen: eine Splitterverletzung, alles steif. Als die dritte Woche begann, war ich wieder soweit aufgepäppelt, daß ich ›die Mücke machen‹ konnte, bevor sie kam ... Von einer Krankenschwester habe ich Zivilkleidung bekommen, von einer anderen Fahrgeld. Ich ging zum Dresdner Bahnhof – alles kaputt, nur die Straßen waren frei. Am Schalter verlange ich eine Fahrkarte in Richtung Hof. ›Hof liegt in der amerikanischen Zone, da kannst du nicht hin.‹ Mitte Juli '45. ›Na, dann gib mir doch wenigstens eine Fahrkarte bis zur letzten Grenzstation.‹ – ›Bis Gutenfürst kann ich dir geben.‹

In dem Zug waren alles Leute, die in den Westen wollten. Unterwegs lerne ich einen jungen Mann kennen, so drei Jahre jünger als ich: ›Wo willst du hin?‹ – ›Bayreuth.‹ – ›Ich will nach Schwarzenbach, Hof genügt mir auch schon.‹ – ›Gut, passen wir aufeinander auf.‹ In Gutenfürst stürmen alle raus in Richtung Grenze, bestimmt zweitausend Menschen. Die Russen stehen dort und lassen alle laufen.

Am nächsten Morgen sind wir unter der Autobahn Richtung Hof durchgehuscht. Oben kamen gerade fünf Lastwagen mit Zivilisten aus Bayern rüber. Das waren Flüchtlinge, die von den Amerikanern zurückgefahren wurden. Wir laufen ein paar hundert Meter weiter, da kommt ein Fahrzeug. Wir sofort ins Kartoffelfeld, aber sie hatten uns schon gesehen. Ich hatte in meinem Leben noch nie einen Neger gesehen. Nun lag ich am Boden, und er stand neben mir – ich dachte, er ist zehn Meter hoch. Er hatte seinen Karabiner im Anschlag: ›Kamerad, wo willst du hin? Die Grenze ist gesperrt.‹ – ›Ich will nach Leipzig.‹ – ›Du nix nach Leipzig! Du zurück nach Hof!‹«

1945

Der Zweite Weltkrieg, der am 1. September 1939 mit dem deutschen Überfall auf Polen begonnen hat, endet am 8. Mai 1945 mit der Kapitulation Deutschlands. Die Sieger teilen das Land (in seinen Grenzen von 1937) in vier Zonen auf: Nordrhein-Westfalen, Hamburg, Schleswig-Holstein und Niedersachsen werden von britischen Truppen besetzt, Rheinland-Pfalz, Süd-Baden und Württemberg-Hohenzollern von französischen Einheiten. Bremen, Hessen, Württemberg-Baden und Bayern kommen unter amerikanische, die Länder Mecklenburg-Vorpommern, Brandenburg, Sachsen-Anhalt, Thüringen und Sachsen, die teilweise von amerikanischen Soldaten besiegt und befreit wurden, unter sowjetische Besatzung. Berlin, die deutsche Hauptstadt, wird in vier Sektoren aufgeteilt.

Sie wollen dem deutschen Volk die Möglichkeit geben, »sein Leben auf einer demokratischen und friedlichen Grundlage von neuem wieder aufzubauen«, erklären die Besatzer.[1]

FRIEDRICH REICHENBÄCHER

»In der Nacht waren zwei, drei Artillerieschüsse über Probstzella eingeschlagen, direkt am Großgeschwendaer Berg. Die Amis hatten nur mal probiert, ob Widerstand da ist. Am nächsten Morgen, am 13. April 1945, so gegen neun Uhr, kamen sie in den Ort. Sie kamen aus Richtung Sonneberg, von Gräfenthal rein, eine unendliche Kette. Mit ihren Jeeps und den Panzern sind sie über die Berge gefahren!

Wir waren in den Häusern. Während wir oben die weiße Fahne raushängten, traten sie uns unten bald die Türe ein. Sie durchsuchten das Haus; in der Speisekammer waren noch zwei Würste und ein bißchen was Eingewecktes. ›Gut, gut‹, sagten sie, nahmen aber nichts weg. Wir hatten dann elf Mann von der Militärpolizei im Hof, und fünfundzwanzig Mann haben in der Scheune genächtigt. Abends durfte nach sechs Uhr keiner mehr auf die Straße, es war strenges Ausgehverbot.«

Unmittelbar im Süden des thüringischen Probstzella, am Falkenstein, verläuft die Grenze zwischen Thüringen und Bayern.

KLARA GEROLD

»Anfang Juli kamen die Russen nach Probstzella; sie kamen von Kleinneundorf den Berg heruntergefahren und quartierten sich in die Häuser ein.
Wir hatten Angst vor den Russen, es ist aber nicht so schlimm gekommen. Sie nahmen sich unsere Fahrräder und lernten erst einmal Radfahren. Meins haben die auch genommen, aber ich holte es mir wieder aus der Höhle des ›Löwen‹ – ein Gasthaus mit Nebengebäude. Ich bin durch und sagte: ›Also, das ist mein Fahrrad.‹ Man mußte bei den Russen sehr energisch auftreten, das merkte ich schnell. Es hieß, wenn die Russen zu einem kommen, sollte man sich möglichst mit vielen Kindern umgeben, die Russen liebten Kinder. Bei uns im Haus hatten wir 'ne ganze Menge Kinder, die nahmen wir dann auf den Arm. Mit den Russen ist man ausgekommen, die haben sich bei uns in Probstzella nicht schlechter benommen als die Amis. Vergewaltigungen gab es keine.
Die Versorgungslage in Probstzella war nach Kriegsende sehr schlecht – Ähren lesen, in der Kaffeemühle mahlen und daraus Brot backen. Die wenigen Lebensmittel gab es auf Karten. Ich brauchte nicht viel, aber andere haben gehungert.«

Als sowjetische Soldaten Anfang Juli 1945 die thüringische Gemeinde Probstzella besetzen, ziehen sich die Amerikaner hinter die am südlichen Ortsausgang gelegene Grenze zu Bayern zurück. Dort, am Fuße des steilen Felsens Falkenstein, nehmen sie im Gasthof Quartier.
Der »Falkenstein« ist ein Ausflugslokal, das die Menschen von diesseits und jenseits der Landesgrenze seit Ende des 19. Jahrhunderts gerne aufsuchen. Zum »Falkenstein« gehören ein großer Biergarten, eine Gärtnerei und eine Brauerei (Falkensteiner Urquell). Der Weiher neben dem Gasthof ist im Sommer Schwimmbad, im Winter wird hier das Eis zum Kühlen des Bieres geholt. Weiter gehören Stallungen, eine Scheune sowie eine Schmiede, ein Turbinenhaus und ein Sägewerk zu dem Anwesen.

Am Gasthaus »Falkenstein«, das genau auf der Grenze zwischen der amerikanischen und der sowjetischen Zone liegt, regulieren die dort stationierten Soldaten beider Mächte die Grenze auf eigene Faust: Zu Bayern kommt der komplette Wirtshausbetrieb, zu Thüringen dafür ein Stück der Straße.

1945

Seit jeher ist im Bereich des Falkensteins der Grenzverlauf strittig: Die historische Grenze zwischen Bayern und Thüringen ist an dieser Stelle der Steinbach. Der Gasthof »Falkenstein« steht auf der Grenze, da der Steinbach unter der Gaststube fließt. Biergarten und Gärtnerei, Scheune und Schmiede, Turbinenhaus und Eisweiher befinden sich auf thüringischem Gebiet. Brauerei, Stallungen und Sägewerk sowie der größere Teil des Gasthauses stehen dagegen auf bayerischem Boden. Im Sommer 1945 feiern amerikanische und sowjetische Soldaten im »Falkenstein« das Ende des Krieges. Ein amerikanischer Offizier schlägt dem Chef der gegenüber auf der thüringischen Seite liegenden sowjetischen Kompanie eine Korrektur des Grenzverlaufs am Falkenstein vor: Die Amerikaner würden die Landesgrenze gerne bis hinter den Gasthof verschieben und bieten dafür ein Stück der alten Reichsstraße 85, gleich neben dem Falkenstein. Der sowjetische Offizier willigt ein. Nach Abschluß des »Bierdeckelabkommens« lassen Amerikaner und Sowjets im Gasthaus »Falkenstein«, das idyllisch zwischen dem thüringischen Probstzella und dem bayerischen Ludwigsstadt liegt, reichlich Whisky und Wodka fließen. Das wird auch in den nächsten beiden Jahren so sein.

Friedrich Reichenbächer

»Bei uns in Thüringen gab's nicht viel, die Leute sind viel rüber und 'nüber, haben Zucker und Zeug von drüben getauscht.
Mir war das zu riskant, die Russen schossen scharf, man konnte leicht erschossen werden. Das ist mehrmals passiert. Zwei Landser haben sie erschossen, die wollten heim. Die wurden von den Füchsen wieder ausgegraben, das war gleich nach 1945. Damals haben sie auch einen bei Kerns draußen erschossen. ›Stoi, stoi!‹ riefen sie, aber er hörte nicht. Da war immer was.«

Karl Zenkel

»Ich ging nach Hof zur Tante, Lorenzstraße 29. Ich zieh an der Glocke, sie kommt raus: ›Guter Mann, ich hab nichts, ich kann dir nichts geben.‹ – ›Tante, ich bin doch der Karl.‹ Sie hat mich nicht mehr erkannt. ›Na, komm mal rein …‹
Sie erzählte mir, daß in meinem Zimmer zu Hause in Schwarzenbach eine Polin und ein Italiener wohnten. Vor lauter Verzweiflung meldete ich mich im Kriegsgefangenenlager Moschendorf. Dort hat man mich am zweiten Tag heimgeschickt. Ich ging nach Hause. Für vierzehn Tage wohnte ich in einer kleinen Kammer, dann konnte ich wieder in mein Zimmer. In den nächsten Monaten erholte ich mich einigermaßen.
Im November 1945 sah ich am Rathaus Schwarzenbach einen Aushang: Es sollte eine Bayerische Grenzpolizei aufgestellt werden, und dafür suchte man junge Leute. Ich schickte sofort meine Bewerbung los. Als ich im Krankenhaus in Dresden lag, hatte ich mir fest vorgenommen: Wenn du heil nach Hause kommst, dann gehst du zur Polizei – für Recht und Ordnung sorgen.
Auf meine Bewerbung kam postwendend die Nachricht zurück, daß ich eine Bestätigung vom Amtsarzt über die Polizeitauglichkeit brauchte. Ich bin nach Hof zum Arzt, der schaute mich an: ›Beim besten Willen, … ich kann Sie nicht tauglich schreiben. Der rechte Arm …‹ – ›Herr Doktor, Sie waren doch auch Soldat, schreiben Sie mich tauglich, ich verspreche Ihnen, ich werd der beste Polizist!‹ Er lachte und unterschrieb.«

1946

KARL ZENKEL

»Am 5. Februar 1946 erfolgte meine Einberufung zur Bayerischen Grenzpolizei. Wir bekamen eine grün eingefärbte Wehrmachtsuniform und wurden sofort eingesetzt. Im Kommissariat Hof sagte der Leiter zu mir: ›Wir haben nur noch Plätze in Ludwigsstadt.‹ – ›Ludwigsstadt? Wo liegt denn das?‹ – ›Im Frankenwald.‹ – ›Gut, drei Monate, aber danach will ich wieder in den Raum Hof versetzt werden.‹
Am 1. März 1946 haben die Amerikaner die Grenzsicherung an die Bayerische Grenzpolizei übergeben. Meine ersten Streifen bin ich bei Ottendorf, Lauenstein und Steinbach an der Haide gelaufen. Ein-, zweimal in der Woche war Unterricht: Strafrecht, Prozeßrecht und ähnliches. Die Ludwigsstädter Dienststelle war damals noch in der ›Garküche‹, einem Gasthaus. Im Sommer 1946 kam ich zu einer Außenstelle, zur Station Lauenhain. Dort waren wir am Anfang ungefähr fünfzehn Polizisten, in der Regel alles ehemalige Berufssoldaten. Ich war einer der Jüngsten dort.
Bis 1948 waren die Sowjets an der Grenze; unter anderem waren fünfzehn Russen in der Klimpermühle stationiert. Die kamen zum Wildern rüber, oder sie raubten die Leute hier aus – auf Westgebiet! Manchmal bin ich früh geweckt worden, und es waren vier, fünf Russen in der Ortschaft und haben den Leuten die Uhren abgenommen. Denen mußten wir dann erst mal mit der Waffe zeigen, wo die Grenze verläuft. Der Schlimmste war der ›Schimmelreiter‹, ein sowjetischer Kommissar, der die Leute auf der Straße von Ziegelhütte nach Reichenbach anhielt und ihnen die Uhren und das Geld abnahm. Das ging vor allem im August und September 1946 so.
Nach dem Krieg wurde hier zwar nicht gehungert, aber etliches gab es nicht zu kaufen. Viele sind ins Landesinnere zum Hamstern, zum Tauschen bei den Bauern. Auch aus dem Thüringischen kamen Leute, die versuchten, sich ein bißchen Butter, Speck oder Brot zu besorgen. Wir haben einen festgenommen, der hatte fünfzig gebrauchte Rasierklingen bei sich. Die Ware ist beschlagnahmt worden, und die Leute kamen zunächst mit nach Ludwigsstadt. Wir riefen die Amerikaner an, die sind mit dem Fahrzeug gekommen und entschieden: entweder sofort zurück nach Thüringen oder mit zur Militärkommandantur nach Kronach.
Im ersten Jahr gingen sehr viele hin und her, da ist keine Streife vergangen, ohne daß ich jemand aufgespürt hab. Wir sind mit vollem Elan an die Sache rangegangen. Auch als wir Deutsche festgenommen haben, die von Deutschland nach Deutschland wollten, ... Leute, die hierbleiben wollten: Die hatten hier Frau oder Freundin oder umgekehrt, der Mann war hier. Sie wurden zur Grenze zurückgebracht und dann: ›Auf Wiedersehen!‹ Leider. Wir waren vereidigt und hatten das Gesetz im Rücken, Paragraph 161: Der Zonengrenzübertritt ist verboten. Ich glaube, das galt bis 1949.
Es gab auch Grenzführer, die die Leute aus Thüringen gegen Bezahlung rüber nach Bayern geführt haben. Ein ganz bekannter war der Herr W. aus Wurzbach. Der hat Gruppen mit dreißig, vierzig Personen – Männer, Frauen, Kinder – rübergeführt, bis nach Ottendorf rein. Den erwischten wir nie, selbst dann nicht, als wir ein paar Nächte lang auf ihn warteten.«

»1927 war Pfarrer Korth nach Probstzella gekommen. Kaum, daß er da war, hält mich dieser Pfarrer auf der Straße an und fragt, ob ich ihm vielleicht bei den Kindergottesdiensten helfen wolle. Für Helfen war ich immer. Bald hatten wir einen ganz tollen, großen Kinderkreis, etwa hundertfünfzig Kinder – Probstzella hatte damals vielleicht zweitausend Einwohner.
Ich war zwanzig Jahre und bekam eine eigene Gruppe – die großen Jungs, Konfirmanden, zwölf bis vierzehn Jahre alt. Ich hab erst 'n bissl 'nen Schreck gekriegt, aber die Jungen waren fabelhaft, die liebte ich sehr. Ich mußte mit denen am Sonntag auf einer Wiese in der Nähe des Spitzberges Fußball spielen. ›Das kann ich doch nicht!‹, hab ich gesagt. ›Aber du kannst den Torwart machen!‹ Von den Jungs, die ich damals hatte, sind die meisten im Krieg gefallen.
Bald fing Pfarrer Korth mit der Frauenarbeit an; dafür suchte er Frauen, die für einen bestimmten Bezirk zuständig waren. Man sollte sich um die Menschen in den Bezirken kümmern, auch wenn jemand krank war. Man mußte auch mal eine Stunde halten: Auslegung von Bibeltexten. Dabei hat Pfarrer Korth Hilfe gegeben. Sein Ziel war es aber, die Leute selbständig zu machen. Und dieses selbständige Arbeiten hat uns später bei der Bekennenden Kirche sehr geholfen, als Pfarrer Korth im Gefängnis war, und später im Krieg.«

Der evangelische Pfarrer Walter Korth hatte sich im März 1934 geweigert, Flugblätter des thüringischen Landesbischofs, die das Gedankengut der den Nazis nahestehenden »Deutschen Christen« verbreiteten, in der Gemeinde Probstzella austragen zu lassen. Daraufhin wurde er von der Thüringer Kirchenleitung zwangsweise beurlaubt.
Mit einem kleinen Teil der evangelischen Christen des Ortes, etwa 35 Männern und Frauen, hielt Pfarrer Korth in einer ausgebauten Feldscheune fortan Gottesdienste der »Bekennenden Kirche« ab. Jeden Sonntag wurden im »Häuschen« Namen verlesen von »Brüdern und Schwestern, die um des Glaubens willen in

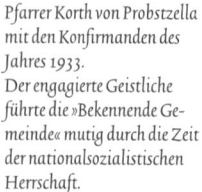

Pfarrer Korth von Probstzella mit den Konfirmanden des Jahres 1933.
Der engagierte Geistliche führte die »Bekennende Gemeinde« mutig durch die Zeit der nationalsozialistischen Herrschaft.

Deutschland Verfolgung leiden«. Allabendlich sollten für sie Fürbitten gesprochen werden. Die Fürbitte für den im Konzentrationslager Sachsenhausen inhaftierten Pastor Martin Niemöller trug Pfarrer Korth 1939 zwei Monate Gestapo-Haft ein.
1943 wurde Walter Korth zum Militärdienst eingezogen; sechs Wochen vor Kriegsende starb er bei einem Gefecht am Rhein.[1]

KLARA GEROLD
»Nach dem Krieg wurde ich sofort vom Landeskirchenrat für den Religionsunterricht in Probstzella eingesetzt, zunächst ohne Ausbildung. Eine richtige Aufbruchsstimmung war das hier nach dem Krieg. Nicht zu sagen, wie offen die Menschen damals für all das waren, was wir ihnen brachten. Fast alle Kinder Probstzellas kamen – eine blühende junge Gemeinde. Die Kinder haben direkt biblische Themen verlangt, um so Beziehungen zu ihrer Zeit zu bekommen. Wir haben viel gespielt und gesungen mit den jungen Leuten.
Ich hatte auch einen Mütterkreis. Jeden Sonntagabend versammelten wir uns im Gemeinderaum und sprachen über junge, sehr moderne Literatur, zum Beispiel Borcherts ›Draußen vor der Tür‹. Wir dachten viel über das Vergangene nach; das war ja noch ganz nah. Wir sprachen über die schlimmen Dinge, die unter Hitler passiert waren, und fragten uns, wie wir uns in jener Zeit verhalten hatten, warum wir nicht mehr Widerstand geleistet hatten. Eine Antwort: ›Wir hatten mit uns zu tun und fragten nicht: Wie geht's den anderen?‹«[2]

Auf Klara Gerold, die Pfarrer Korth schon früh zur Jugendarbeit in der Gemeinde heranzog, war stets Verlaß: »Für Helfen war ich immer.«

In den Stollen des Schieferberges, drei Kilometer vom Falkenstein bei Probstzella entfernt, vergewaltigen im Frühjahr 1946 sowjetische Soldaten mehrmals aufgegriffene Grenzgängerinnen.
Am 9. Mai 1946 wird in unmittelbarer Nähe des Falkensteins der sechzehnjährige Herbert Günther aus Crimmitschau beim Versuch, die Grenze nach Bayern zu überschreiten, erschossen. Man beerdigt den Toten im nahegelegenen Lichtentanne und stellt ein Holzkreuz für ihn auf. Der Pfarrer liest den Psalm 104, Vers 9 a: »Du hast eine Grenze gesetzt, darüber kommen sie nicht ...«[2]
Zu diesem Zeitpunkt sind bereits Hunderttausende aus der Sowjetischen Besatzungszone (SBZ) in die Westzonen übergewechselt. Allein in der britischen Zone zählt man in der Zeit von Oktober 1945 bis Juni 1946 anderthalb Millionen Vertriebene und Flüchtlinge aus dem Osten.[3] Am 30. Juni 1946 werden auf Verlangen der Sowjetischen Militäradministration in Deutschland (SMAD) die Zonengrenzen gesperrt. Vier Monate später dürfen die Grenzen wieder passiert werden. Unter Angabe des Reisegrundes kann man fortan »Interzonenpässe« bei den Besatzungsmächten beantragen – Geltungsdauer: dreißig Tage. Auch diese Regelung wird auf Drängen der sowjetischen Machthaber festgelegt.
An der alten Reichsstraße 85, im Schatten des Falkensteins, wird am 19. Oktober 1946 einer von zunächst zwei Übergängen an der bayerisch-thüringischen Grenze in Betrieb genommen. Amerikanische Soldaten kontrollieren hier gemeinsam mit bayerischen Grenzpolizisten. Die Sowjets am Kontrollpunkt wenige Meter weiter auf thüringischer Seite werden von Dezember an durch Angehörige der neugegründeten ostdeutschen Grenzpolizei unterstützt. Silvester 1946 wird am Grenzübergang Falkenstein eine Tonne Heringe beschlagnahmt.

1947

KARL ZENKEL

»Zu den thüringischen Grenzern hatten wir bis 1948 ein gutes Verhältnis. Wir sind mit ihnen immer mal wieder auf ein Bier bis zur jeweils nächsten Ortschaft gegangen. Drüben hatte man ja zunächst auch viele ehemalige Berufssoldaten eingestellt. Mit denen konnte man reden: ›Wo bist du im Krieg gewesen?‹

Der eine, er hieß Hans, hat mir auch mal einen Gefallen getan: Mein Ziel war es, bei den vielen Flüchtlingen aus der SBZ die Spreu vom Weizen zu trennen, also ein harmloses Würstchen nicht unbedingt auszuliefern, aber die Gesetzesbrecher unter diesen Leuten herauszufinden. Dazu brauchten wir ein Fahndungsbuch, das hab ich von diesem Mann bekommen ... Wenn ich damit also feststellte, daß von zwanzig Mann, die wir zurückschicken mußten, einer wegen Betruges oder Raubmordes gesucht wurde, hab ich den mit zwei Kollegen zur Wegsperre bei Lehesten gebracht. Wir haben gewartet, bis Hans mit seinen Thüringer Kollegen wie verabredet ranmarschiert ist, und dann schickten wir den Räuber los. Die anderen neunzehn Grenzgänger sind zur gleichen Zeit einen Kilometer weiter oben zur Grenze gebracht worden.

Die drüben waren über ihre Erfolge begeistert: Innerhalb von vier Wochen haben wir ihnen zwei Verbrecher in die Hände gespielt. Das ging eine ganze Weile gut.«

Im Herbst 1947 wird die bayerisch-thüringische Landesgrenze im Bereich der Grenzpolizeistelle Ludwigsstadt markiert. Die ersten Markierungen sind gelb-weiße Holzpfähle – die Truppenfarben der amerikanischen Einheit in diesem Gebiet.

Dem Thüringer Polizisten Helmut Kättner bereitet sein Einsatz an der Grenze von Anfang an Unbehagen, so daß er dem Dienst schließlich zu entkommen sucht.

HELMUT KÄTTNER

»Als ich 1947 mit meiner Lehre als Schriftsetzer fertig war, wurde mein Lehrbetrieb, die Ohlenrothsche Buchdruckerei in Erfurt, fast vollständig demontiert und nach Rußland abtransportiert. Ich meldete mich zur Thüringer Polizei – nicht zur Grenzpolizei! – in der Meinung: Das muß ja alles neu aufgebaut werden, ein neuer Anfang, eine neue Ordnung, eine demokratische ... Ich hatte gedacht, Polizei, das sei Verwaltungs- und Ordnungsdienst. Und was hat man gemacht? Man kleidete uns ein – ein paar Bergstiefel und eine gefärbte Uniform von der Wehrmacht –, und dann steckte man uns einfach an die Grenze!

Zuerst, im Spätherbst 1947, war ich in Lichtenhain stationiert. Das Ganze dort war stark politisiert. Anfangs hatte ich gedacht, der Sozialismus sei eine Möglichkeit. Aber nach kurzer Zeit sah ich, wo das hinführt: Eine Diktatur löst die andere ab, auch wenn am Anfang noch Menschlichkeit möglich war.

Meine Waffe hätte ich nur zur Selbstverteidigung angewendet. Wenn wir auf Streife mal jemanden erwischten, waren das entweder Kriegsheimkehrer oder kleinere Schieber. Ein-

1947

mal brachte eine Streife ein paar Leute ins Kommando, Frauen und Kinder, Rußlanddeutsche, sie hatten sogar ihre Betten mitgeschleppt. Unser Kommandoleiter hat die Leute vernommen, die Frauen haben geweint. Sie wollten in den Westen, wo ihre Männer schon waren. Der Kommandoleiter sagte: ›Kättner, wissen Sie was: Sollen wir diese Leute den Russen gegenüberstellen? Wir halten alle unseren Mund, und Sie führen diese Leute über die Grenze nach Ebersdorf.‹ Das hab ich dann in der Dämmerung getan. Wenn das rausgekommen wäre, hätten die Russen unsren Kommandoleiter eingesperrt. Auch mich hätte man zur Verantwortung gezogen.«

146 872 illegale Grenzübertritte in beide Richtungen zählt man bei der Thüringer Grenzpolizei im ersten Jahr ihres Bestehens, zwischen Dezember 1946 und Oktober 1947.[1]
In der Dienstanweisung der Grenzpolizisten steht, die Waffe dürfe bei Flucht der Grenzgänger angewendet werden, »wenn es kein anderes Mittel für ihre Festnahme gibt«.[2]

»Trotz Bekanntseins des Warenein- und -ausfuhrverbotes ohne gültige Papiere an dazu nicht zugelassenen Stellen versuchen Männlein und Weiblein harmlos und mit Biedermannsgesicht aus eigensüchtigen Gründen Warenbewegungen aller Art vorzunehmen, die Grenzpolizisten zu täuschen und sich nicht zu scheuen, selbst strafbare Handlungen (Bestechung usw.) vorzunehmen.«
Jahresbericht der ostdeutschen Verwaltung des Innern, 1947

Neben Wolle und Stoff wird vor allem Kleidung von Thüringen nach Bayern gebracht: Herrenjacken, Unterhosen, Arbeitsanzüge, Nachthemden, Kinderpullover, Kinderschlüpfer, Socken … Für ein Paar Strümpfe bekommt man in Bayern zweihundert Mark. Für diese Summe im Westen erstandene Seife, Schokolade oder Zigaretten können in Thüringen mit etwa dreihundert Mark Gewinn verkauft werden. In der Adventszeit 1947 beschlagnahmt die Thüringer Grenzpolizei unter anderem:
»2 Radiogeräte
33 Karton Christbaumschmuck
3900 Rasierklingen
221 Büchsen ohne Deckel
4 Schrotsägen
1 Mikroskop
7 Handtaschen
57 Puppen
27 Flaschen Arznei
100 Flaschen Parfüm
75 Glühbirnen mit Taschenlampen
45 Därme
2 Likörservice
1 Hund
1 Holzeisenbahn
1 Fotoapparat

Obwohl es lebensgefährlich ist, überqueren Hunderttausende die Grenze zwischen Thüringen und Bayern. Ostdeutsche Polizisten durchsuchen Grenzgänger, 1947

1947

1 Kinderpullover
50 Liter Schnaps
1 Fäßchen Schnaps
9 Herrenoberhemden
55 Paar Damenstrümpfe
3 Scheuerbürsten
1 Kaffeesieb
2 Päckchen Tee
4 Taschentücher
4 Schlüpfer
106 Tabakpfeifen
388 Kerzen
1 Fahrrad
1 Baukasten
1 Rolle Bindfaden
1 Haarbürste

1 Heizkörper
1 Schaukelpferd
2 Teppiche
30 Kilo Hefe
130 Päckchen Backpulver
9 Schachteln Zigaretten
6 Dosen Bohnenkaffee
3 Dosen Kakao
5 Kisten Räucherfisch
9 Suppenwürfel
1 Ente
9 Gänse
4 Würste
1 Paket Nudeln
15 Tafeln Schokolade«.[3]

1948

Karl Zenkel

»Im Frühjahr 1948 bin ich wieder mal mit dem Fahrrad rüber nach Thüringen, nach Lehesten, zu meinem Freund Hans. Ich geh ins Grenzpolizeikommando (in der alten Apotheke) rein, klopf an, mach die Tür auf – da ist die ganze Meute zusammen beim Unterricht. Vorn steht der Offizier. Ich sag ›Wiedersehn!‹ und höre noch, wie der Offizier ruft: ›Dieses Schwein, das war doch ein bayerischer Grenzer!‹ Ich aufs Fahrrad und ab. An der Wolfsmühle steht mitten auf der Straße ein Russe, ruft mich an, und schon gehen die ersten zwei Schüsse an mir vorbei. Ich vorn in die Wolfsmühle rein, ohne zu wissen, ob man hinten rausfahren kann – man konnte, mein Glück…«

»Der Westen wird sich Westdeutschland zu eigen machen, und wir werden aus Ostdeutschland unseren eigenen Staat machen.«[1]
Stalin im Januar 1948 gegenüber jugoslawischen Kommunisten

Auf Befehl der Sowjetischen Militäradministration in Deutschland wird am 1. April 1948 die Polizeiformation »Ring um Berlin« gebildet. Ein- und Ausreise an der Stadtgrenze Berlins werden fortan an 94 Kontrollpunkten überwacht.
Am 20. Juni 1948 findet in den Westzonen eine Währungsreform statt. Daraufhin werden vier Tage später auf Anordnung der SMAD die Verkehrswege zwischen den Westzonen und den West-Berliner Sektoren gesperrt.

Helmut Kättner

»1948 wurde ich zum Kommando Probstzella versetzt, Kompaniestab Spechtsbrunn. Einmal war ich wieder auf Streife von Probstzella zum Kommando Zopten. Vier Kilometer etwa, die ich allein mit den russischen Streifen zu überwachen hatte. (Wann die wo waren, das wußten wir nie.) Es war ein sonniger Tag, ich hatte mich in einer Fichtenschonung hingesetzt, auf einmal hörte ich Stimmen. Es kamen ein paar Männer, Frauen und Kinder angelaufen, die wollten von Ost nach West, waren ziemlich bepackt. Sie kamen direkt auf mich zu. Ich hab zu ihnen gesagt: ›Schaut, daß ihr oben über den Weg kommt, ohne daß euch die Nachbarstreife sieht.‹ Sie gehen weiter, kommen auf den Weg, und schon heißt es: ›Halt, stehenbleiben!‹

Ich ging zurück nach Probstzella und saß im Kommando – das war damals in der Kernschen Villa –, da geht die Tür auf, und die Streife von Zopten bringt die gestellten Grenzgänger rein. Sie wurden erst mal in den Keller gesperrt. Als Oberwachtmeister durfte ich zu ihnen und hab sie eindringlich gebeten, mich nicht mit reinzuziehen. Sie wurden ja noch in Spechtsbrunn den Russen gegenübergestellt. Der Russe rief jeden Tag an und wollte wissen, wie viele Leute wir gestellt hätten und wie viele Agenten dabei wären. Ich hab nie einen Agenten gesehen. In der Regel schickte man die Grenzgänger nach den Verhören wieder heim.«

Ein sowjetischer Soldat erschießt am 27. August 1948, gegen zwölf Uhr mittags, an der Grenze im Bereich des Polizeipostens Ludwigstadt den 34jährigen Otto Ziebarth. Er habe den Mann bei einem Fluchtversuch erschossen, erklärt der Soldat einem hinzukommenden Angehörigen der Thüringer Grenzpolizei. Otto Ziebarth war der Schwiegersohn des Schieferbruchbesitzers Emil Oertel aus Schmiedebach (Thüringen). Anneliese Ziebarth, Mutter von zwei Kindern, ist mit 31 Jahren Witwe.[2]

Helmut Kättner

»1948/49 war ich auch am Straßengrenzübergang Falkenstein eingesetzt. Dort waren eine Schranke, ein Wachhäuschen und eine Kontrollbaracke. Wir haben das Gepäck kontrolliert und die Papiere abgestempelt. Die Erlaubnis zur Passage kam von den Russen, die hatten dort das Sagen.
Manch ein Russe war mir, ehrlich gesagt, lieber als mancher deutsche Kamerad. Mit den Russen konnte man in gewissen Fällen reden, wenn man sagte: ›Das sind Härtefälle, die sollte man durchlassen.‹ Zum Beispiel deutsche Frauen und Kinder, die in den Westen wollten, weil der Mann schon dort war.
Wir haben damals auch noch Leute aus Probstzella rübergelassen, die nur mal drüben in Ludwigstadt einkaufen oder Medikamente holen wollten. Sie haben ihren Paß hinterlegt und kamen dann wieder. Das ging so bis etwa 1950.
Regelmäßig kam der Karl, der Sohn des Buchhändlers aus Probstzella, an den Schlagbaum. Er studierte in Erlangen Jura und besuchte öfter seinen Vater in Thüringen. Der Karl konnte ein paar Zauberkunststücke, ein Ei aus der Nase ziehen und so etwas. Immer, wenn er kam, riefen die Russen: ›Zauberer, du Artist!‹ Der Karl mußte in der russischen Wachstube jeweils eine Sondervorstellung für den Kapitän und das Personal geben. Das dauerte immer so eine halbe Stunde; in der Zeit durften wir stempeln, und es kamen alle durch.

1949

Damals kamen viele Deutsche aus französischer Kriegsgefangenschaft zurück. Sie kamen mit ihrem Entlassungsschein, mit so einem roten Stempel drin, und wurden durchgelassen. ›Charascho!‹, gut, sagte der Russe, und fertig. Eines Tages kamen welche mit einem blauen Stempel, und der russische Offizier sagt: ›Nje charascho! Zurück! Dawai, dawai!‹ Wir haben zu den Landsern gesagt: ›Geht zurück und kommt dort oben übern Berg wieder, dort, wo das Stück Wald weggebrannt ist‹ (am sogenannten Probstzella-Blick).«
(Helmut Kättner ist 1948 einer von annähernd fünftausend Thüringer Grenzpolizisten. Insgesamt leisten rund zehntausend Männer bei der ostdeutschen Grenzpolizei Dienst.[3])

1949

Entlang der Grenze der Sowjetischen Besatzungszone befinden sich Anfang 1949 über 750 Grenzpolizeikommandos.[1]
Zum Kommando Probstzella gehören in diesem Jahr um die zwanzig Polizisten. Diese stellen allein zwischen April und Juni in einem Postenbereich von etwa vier Kilometern über tausend Grenzgänger.[2]

Am Abend des 11. Mai 1949 tauchen am Grenzübergang Falkenstein einige sowjetische Offiziere auf und geben eine Erklärung ab: Von der Sowjetischen Militäradministration würden am nächsten Morgen von ein Uhr an die Beschränkungen aufgehoben, die im März 1948 für den Personen- und Güterverkehr mit der Ostzone verhängt worden seien. Tatsächlich endet am nächsten Tag die Blockade Berlins.
Einige Westdeutsche, die gegen acht Uhr spontan nach Thüringen einreisen wollen, werden am Kontrollpunkt Probstzella zurückgeschickt: Nach wie vor dürfe die Grenze nur mit den entsprechenden Papieren passiert werden.

Im Herbst 1949 wird auf bayerischer Seite der Haltepunkt »Falkenstein-Zonengrenze« eröffnet. Den daneben liegenden Straßenübergang kontrollieren Beamte des neuen Grenzpolizeipostens Falkenstein. Die neue Abfertigungsbaracke ist größer und stabiler als die alte.

Von 1885 an war Probstzella Bahnstation auf der von da an durchgängigen Strecke Berlin–München über Halle, Jena, Saalfeld, Hochstadt, Lichtenfels, Nürnberg. Drei Zugpaare verkehrten im Sommer 1890 täglich auf dieser Reiseroute, im Sommer 1944 waren es am Tag sechs Schnellzüge in beide Richtungen. Von Oktober 1949 an sind Berlin und München nur noch durch ein Zugpaar verbunden. Der Reiseverkehr auf dieser Strecke ist seit Kriegsende an der Zonengrenze bei Probstzella unterbrochen gewesen.
1890 betrug die Fahrzeit gut vierzehn Stunden, im Sommer 1944 keine elf Stunden, nach Wiederaufnahme der Verbindung braucht man mindestens dreizehn Stunden – inklusive der zweistündigen Kontrollzeit auf dem Bahnhof Probstzella.[3]

1949

Anläßlich des »Friedenstages« öffnen die Sowjets Anfang September 1949 für einige Stunden die Zonengrenze bei Probstzella. Hunderte Thüringer und Bayern feiern im Gasthaus »Falkenstein«.
Rote Fähnchen schmücken den thüringischen Kontrollpunkt, dazu ein Sowjetstern mit Sichel und Hammer sowie ein Plakat, auf dem in großen Lettern »Einheit, Frieden und Völkerverständigung« gefordert werden.

In den Westzonen wird am 23. Mai 1949 das Grundgesetz für die Bundesrepublik Deutschland verkündet. In der Präambel heißt es: »Im Bewußtsein seiner Verantwortung vor Gott und den Menschen, von dem Willen beseelt, seine nationale und staatliche Einheit zu wahren und als gleichberechtigtes Glied in einem vereinten Europa dem Frieden der Welt zu dienen, hat das Deutsche Volk in den Ländern Baden, Bayern, Bremen, Hamburg, Hessen, Niedersachsen, Nordrhein-Westfalen, Rheinland-Pfalz, Schleswig-Holstein, Württemberg-Baden und Württemberg-Hohenzollern, um dem staatlichen Leben für eine Übergangszeit eine neue Ordnung zu geben, kraft seiner verfassungsgebenden Gewalt dieses Grundgesetz der Bundesrepublik Deutschland beschlossen. Es hat auch für jene Deutschen gehandelt, denen mitzuwirken versagt war. Das gesamte Deutsche Volk bleibt aufgefordert, in freier Selbstbestimmung die Einheit und Freiheit Deutschlands zu vollenden.«
Eine Woche nach Verkündung des Grundgesetzes nimmt in Ost-Berlin der »Deutsche Volkskongreß« den Verfassungsentwurf für eine Deutsche Demokratische Republik (DDR) an. Diese Verfassung tritt vier Monate später auf dem Gebiet der Sowjetischen Besatzungszone in Kraft. Danach strebt die DDR die »Überwindung der vom Imperialismus der Deutschen Nation aufgezwungenen Spaltung Deutschlands, die schrittweise Annäherung der beiden deutschen Staaten bis zu ihrer Vereinigung auf der Grundlage der Demokratie und des Sozialismus« an.
Seit Herbst 1949 bestehen auf deutschem Boden zwei Teilstaaten, deren erklärtes Ziel es ist, sich zu vereinigen. In der DDR wird später die entsprechende Passage aus der Verfassung gestrichen.

Helmut Kättner

»Im Herbst 1949 hab ich mich gefragt, wie ich von der Grenzpolizei wegkomme, und bin dann ohne Urlaub zu haben zu meinen Eltern nach Erfurt gefahren. Ich dachte: Jetzt wird schon was passieren. Am anderen Tag, vier Uhr morgens, haben mich drei Mann abgeholt und aufs Polizeipräsidium gebracht. Von dort aus kam ich ins Untersuchungsgefängnis Schleiz, wo mich ein Kriminalbeamter vernahm: ›Warum wollen Sie nicht bei der Polizei bleiben?‹ Da ist mir rausgerutscht: ›Weil ich an der Grenze nicht mehr Menschenjäger spielen will.‹ Der Beamte hat getobt. Als er mal kurz aus dem Zimmer ging, sagte die Frau, die mitstenografiert hatte: ›Das hätten Sie nicht sagen dürfen.‹ Ich war so erregt und meinte nur: ›Das ist die Wahrheit.‹
Man hat mich bald entlassen – aus dem Gefängnis und aus dem Polizeidienst. Ich ging erst nach Probstzella, wo meine Verlobte und meine Schwiegereltern wohnten. Im ehemaligen Itting-Betrieb habe ich im Büro gearbeitet. Jede Woche gab es dort eine politische Schulungsstunde. Nachdem ich mich dort mal geäußert hatte, ließ man mich raufkommen und eröffnete mir, daß man Leute wie mich

beim Aufbau der Deutschen Demokratischen Republik nicht gebrauchen könne.«
Zum Jahresende 1949 bilanziert die Thüringer Grenzpolizei, was sie beschlagnahmt hat, unter anderem: 285 050 Kilogramm Fleisch, 1 113 550 Kilogramm Fett, 1 074 800 Kilogramm Fisch, 839 500 Kilogramm Äpfel, 1486 Eier.
Man habe 193 186 Grenzgänger, überwiegend Ostzonenbewohner, gestellt und dabei 6506 mal geschossen, meist seien es Warnschüsse gewesen. Vierzig Menschen seien verletzt und zwölf getötet worden.[4]
»Nur eine sehr schwache Streifentätigkeit der westlichen Polizei«, stellen Thüringer Grenzer in den Weihnachtstagen 1949 fest.

Exkurs: Franz Itting

Im Sommer 1950 flüchtet ein vierundsiebzigjähriger Mann aus Probstzella in Thüringen nach Ludwigsstadt in Bayern; die beiden Orte sind fünf Kilometer voneinander entfernt. Er läßt sein Lebenswerk zurück: ein Elektrizitätswerk, das mehr als 140 Gemeinden mit Strom versorgt – der größte Betrieb in Probstzella. Seinen Arbeitern hat er Wohnungen bauen lassen, sogar ein »Haus des Volkes«.
Nazis haben ihn ins Konzentrationslager gesteckt, Kommunisten haben ihn 1948 erneut eingesperrt und schließlich enteignet.
Noch ein Vierteljahr vor der Flucht in den Westen hat Franz Itting seiner Tochter Sonja geschrieben, er wolle weiterkämpfen: »… und wenn wir wider Erwarten nichts erreichen, dann müssen wir eben warten, bis die Einheit Deutschlands kommt und Wahrheit, Gesetz und Gerechtigkeit wieder einziehen.«

HELMUT KÄTTNER

»Der Itting, das war ein Pionier! Er ist noch selber mit einem Eselskarren auf die Dörfer und hat die Installation angebracht. Die Leute in Probstzella wären froh gewesen, wenn er im Ort geblieben wär und dort weiter sein Geld angelegt hätte.«

Franz Itting hat viel dazu beigetragen, daß sich das in einer strukturschwachen Gegend gelegene Probstzella in den zwanziger Jahren zu einer blühenden Gemeinde entwickelte.

Franz Itting stammt aus Saalfeld in Thüringen, der Kreisstadt Probstzellas. Dort wird er 1875 als fünftes von acht Kindern geboren. Mit vierzehn Jahren tritt er in einer Saalfelder Nähmaschinenfabrik eine Lehre als Maschinenbauer an.
Nach einem Studium an der Elektrotechnischen Lehranstalt in Frankfurt am Main arbeitet Franz Itting einige Jahre als Ingenieur in Rußland. Zurück in Deutschland, nimmt er einen Kredit auf und errichtet 1908 in Probstzella eine elektrische Zentralstation.

FRANZ ITTING

»Ich wollte … vor allen Dingen Pionier sein, auch dem armen und schwierigen Gebiet um Probstzella, seiner Bevölkerung, seinem Handel, Gewerbe und seiner Industrie helfen. Denn ich sagte mir, hierhin wird die Elektrizitätsindustrie so leicht nicht vorstoßen. Dieses arme Gebiet, das kostspielig und schwierig zu versorgen war, würde sie umgehen.«[1]

EXKURS ITTING

1915 fließt aus Probstzella Energie in sechzig Gemeinden. Franz Itting sitzt im Gemeinderat Probstzella und im Kreisrat Saalfeld, kümmert sich um die Gemeindesparkasse und das Altersheim.

1925 bis 1927 baut er in Probstzella das »Haus des Volkes« nach Plänen des Bauhausarchitekten Alfred Arndt. Außer einem avantgardistischen Hotel- und Gaststättenbetrieb bietet es der Bevölkerung einen Tanzsaal, ein Kino und Heilbäder, eine Kegelbahn und eine Turnhalle. Im »Roten Saal« finden regelmäßig Theater- und Opernaufführungen statt. Der Raum ist für tausend Besucher ausgelegt – Probstzella hat nur tausendachthundert Einwohner. Von weither kommen die Menschen. Franz Ittings Traum, ein sozialdemokratisches Musterunternehmen zu schaffen, das dem Arbeiter sinnvolles Tun, gerechten Lohn und einen frohen Feierabend ermöglicht, ist erfüllt. Auf dem »Haus des Volkes« weht eine schwarzrotgoldene Fahne.

Nach der Machtergreifung Hitlers wird »der rote Itting« im August 1933 ohne Haftbefehl festgenommen. Sechs Tage »Schutzhaft«, dann darf er gehen – er ist gewarnt.
Drei Jahre später muß der Schriftzug »Haus des Volkes« von der Hotelfassade entfernt werden. Die schwarzrotgoldene Fahne auf dem Dach wird eingeholt.
1937 steckt man Franz Itting für acht Wochen ins thüringische Konzentrationslager Bad Sulza. Dort muß der Einundsechzigjährige im Steinbruch arbeiten. Man entläßt ihn mit eindeutigen Auflagen: keine politische Tätigkeit, kein Kontakt zu Juden ... Seine siebenjährige Tochter Sonja erkennt ihren ausgemergelten und kahlgeschorenen Vater nur noch an der Stimme.

ERICH MODES

»1943 hab ich bei Itting meine Lehre als Industriekaufmann angefangen. Franz Itting hat sich selbst nichts Großartiges gegönnt, hat bescheiden und gesund gelebt, hat nicht geraucht, nur wenig Alkohol getrunken, Müsli gegessen. Regelmäßig ist er in die Sauna gegangen.

Saal im »Haus des Volkes«, dem steingewordenen Traum Ittings von einer gerechteren und besseren, von einer sozialistischen Welt

Probstzella mit den typischen, schieferverkleideten Häusern des Thüringer Waldes. Überragt wird der Ort von der Kirche, dem »Haus des Volkes« und dem Schornstein des Ittingschen Elektrizitätswerkes.

Der alte Itting wollte, daß es seinen Arbeitern gutgeht. Das ›Haus des Volkes‹ war ein Verlustgeschäft. Aber wenn dort rote Zahlen gemacht wurden, sind sie von den anderen schwarzen Zahlen der Firma gedeckt worden.

Im Saal des Hotels stand das Wort: ›Freudig lebe, aufwärts strebe.‹ Das war ein sozialdemokratischer Grundsatz aus der alten Zeit. Die Mitarbeiter bei Itting waren aufgefordert, ihre Gedanken mit einzubringen. Wir hatten von Anfang an einen Betriebsrat. Nach 1945 haben sich die Ittings in Probstzella wieder sozialdemokratisch betätigt. Die Vereinigung von KPD und SPD zur SED 1946 haben sie auch erst einmal mitgemacht, zwangsweise.«

Bis 1933 hat die SPD unter Franz Itting in Probstzella mehr als hundert Mitglieder gehabt, so viele wie keine andere Partei im Ort (NSDAP: 19). Auch nach der Vereinigung von KPD (in Probstzella erst seit 1945 organisiert, 45 Mitglieder) und SPD (inzwischen 160 Mitglieder) sind »die Ittings die führenden Kräfte in der Parteiorganisation«, wie kommunistische SED-Funktionäre urteilen. Das soll anders werden.[2]

Für Kapitalisten sei in der SED kein Platz, erklärt der stellvertretende Vorsitzende der Partei, Walter Ulbricht, im September 1948 dem Parteivorstand.
Anfang November 1948 führen zwei Vertreter des SED-Landesvorstandes Thüringen eine »Aussprache« mit Franz Itting. Ihrer Forderung, das E-Werk in »Volkseigentum« zu überführen, stimmt der Sozialist zu, er lehnt es aber ab, dies ohne eine angemessene Entschädigung zu tun: Er habe seine ganze Lebenskraft in die-

ses Werk gesetzt und wolle auf seine alten Tage mit seiner Familie nicht mittellos dastehen. Zum anderen wolle er nicht mit Nazis und Kriegsverbrechern, die entschädigungslos enteignet würden, gleichgestellt werden. Auch sei das Hotel ein »Sorgenkind«, das noch nicht ohne Zuschüsse geführt werden könne; es müsse erst noch weiterentwickelt und ausgebaut werden. Die beiden SED-Funktionäre bestehen jedoch auf der entschädigungslosen Abgabe des E-Werks.

Nach Absprache mit dem SED-Landesvorstand legt der stellvertretende Chef der Thüringer Polizei, Karl Kleinjung, seinem Vorgesetzten Erich Mielke (Vizepräsident der Deutschen Verwaltung des Innern) am 18. November seinen Plan für eine Aktion gegen die Familie Itting vor: Zunächst soll die Grenze abgesperrt werden, »damit keiner der Ittings oder einer ihrer Vertrauten die Flucht nach dem Westen ergreifen kann«. Alle leitenden Angestellten der Firma sollen sofort entlassen und die Ittings verhaftet werden.[3]

Am 23. November, ein Uhr nachts, umstellen mehr als sechzig Polizisten den Itting-Betrieb, das Hotel und das Wohnhaus der Ittings. Fußböden werden aufgerissen, Bilder zerschlagen, Lampen abmontiert, Bücher, Fotos und Akten weggeschleppt. Franz Itting kommt gemeinsam mit seinem Sohn Gotthardt sowie dem Sohn Franz und dessen Frau nach Gera ins Polizeigefängnis. Auch Karl Itting, der neunundsiebzigjährige Bruder des Firmenchefs, wird verhaftet; er hat als Maschinist im Familienbetrieb gearbeitet.

»Der Ausschluß der Väter und Söhne Itting aus der SED wurde höchste Zeit. Er ist endlich durch das Landessekretariat erfolgt. Ihr eigenartiger ›Itting-Sozialismus‹ hatte lange genug in der Partei zersetzend gewirkt. Für ihre Verbrechen werden sie sich besonders vor Gericht zu verantworten haben.«

Kurt Lessig, stellvertretender Vorsitzender des SED-Landesverbandes, in einem Leitartikel der Zeitung »Thüringer Volk« vom 26. November 1948

Warum die Firma seit 1937 steigende Gewinne hatte, wird Franz Itting bei der zweiten Vernehmung gefragt. »Unser Betrieb hatte seit der Gründung steigende Gewinne.«

Warum er während des Faschismus einmal einen Halbjuden nicht eingestellt habe. Der Mann sei für die Stelle nicht geeignet gewesen, erklärt Franz Itting. Zudem habe er eine Falle der Nazis befürchtet. (Dennoch hat er heimlich Wohnung und Unterhalt des abgewiesenen Bewerbers bezahlt.)

Anfang Juni 1949 soll die Belegschaft der Franz-Itting-Werke »abstimmen«, ob der Betrieb »landeseigen« werden soll. Von zweihundertvierzig Angestellten sind nur achtzig anwesend – die Mitarbeiter in den Außenstellen sind nicht informiert worden.

Die anwesenden Arbeiter fordern zunächst einmal Auskunft über den Verbleib ihres Chefs und wessen er beschuldigt werde. Daraufhin erscheint die Kriminalpolizei. Eine geheime Abstimmung wird untersagt. Unter diesen Bedingungen enthalten sich siebenundvierzig Mitarbeiter der Stimme, zweiunddreißig Angestellte stimmen für den »landeseigenen Betrieb«. Kurt K. stimmt offen dagegen. Er ist Vater von sieben Kindern.

EXKURS ITTING

Am 20. Juli 1949 wird im Landgericht Rudolstadt nach einem dreitägigen Schauprozeß unter Vorsitz des Landgerichtspräsidenten Anton Frisch (SED) das Urteil über die Ittings gesprochen: Das Vermögen von Franz Itting senior und von seinem Sohn Franz wird eingezogen. Zehn Monate Gefängnis erhält der ältere Itting, achtzehn Monate der jüngere.

Sie seien »wesentliche Förderer und Nutznießer der nationalsozialistischen Gewaltherrschaft« gewesen. Mit der Ablehnung der Bewerbung eines Halbjuden habe sich Franz Itting klar zur nationalsozialistischen Rassenlehre bekannt. Er habe für das Winterhilfswerk der Nazis gespendet (die Gesellschafter der Firma sind verpflichtet gewesen, entsprechend ihrem Einkommen zu spenden), und er habe aus Stromlieferungen an Rüstungswerke hohen Gewinn gezogen. Tatsächlich hat Franz Itting Stromlieferungen für Hitlers »Wunderwaffen-Programm« mit der Ausrede abgelehnt, für soviel Energiebedarf reichten seine Kapazitäten nicht. Franz Itting junior wird ebenfalls wegen der Spenden und Stromlieferungen verurteilt. Im September 1949 wird das Urteil vom Oberlandesgericht Gera aufgehoben und zur Neuverhandlung zurückgegeben.

Ende 1949 verkündet der Vorsitzende Richter am Landgericht Gera, Johannes Schneider (LDP), für Franz Itting senior einen Freispruch; das Verfahren gegen den Sohn Franz stellt man ein. Richter Schneider kritisiert in einem Schreiben an das Thüringer Justizministerium, die ihm vorgelegte Anklageschrift sei eine Anhäufung von »vage aufgestellten und vielfach unbewiesenen Behauptungen«. Der ganze Prozeß sei »keine Musterleistung unserer demokratischen Justiz«. Es entstehe der Eindruck, der Hauptzweck des Verfahrens sei »nicht die Bestrafung der Angeklagten, sondern die Einziehung des großen Vermögens«.[4]

»Man sollte beherzigen, daß es ein alter revolutionärer und demokratischer Grundsatz ist, daß man einen Staat dann umwandelt, wenn man zwei Dinge in der Hand hat: die Polizei und die Justiz. Die Polizei hat man in der Hand, die Justiz noch nicht. Daß wir sie in die Hand bekommen, sollte unser Ziel sein.«[5]

Ernst Melsheimer, von 1949 bis 1960 Generalstaatsanwalt der DDR, 1948 auf einer justizpolitischen Tagung der SED

Auf den Freispruch des Landgerichts Gera hin beantragt die Staatsanwaltschaft die Revision des Urteils gegen die Ittings. Vom Oberlandesgericht Erfurt wird im Februar 1950 – wie es Walter Ulbricht gefordert hat – die erstinstanzliche Verurteilung durch das Landgericht Rudolstadt im wesentlichen bestätigt.[6]

Nach vierzehn Monaten Untersuchungshaft verlassen Franz Itting senior und sein Sohn Franz das Gefängnis. Ihr Besitz bleibt beschlagnahmt. Als sein Anwalt ihm steckt, daß mit erneuter Verhaftung und seinem »Verschwinden« in Sibirien zu rechnen sei, gibt Franz Itting auf.

FRANZ ITTING

»Glauben denn die Menschen, die solch ungeheures Unrecht tun, daß damit der Menschheit Heil gebracht wird? Humanität, Moral, Recht und Wahrheit und wahrhaft soziale Gestaltung ist von diesen Menschen zerschlagen worden…

Nun, man kann nur auf die Gerechtigkeit und Gott vertrauen, und man darf nicht verzagen. Aus diesem Vertrauen muß man Freude und Kraft schöpfen.«[7]

1951 wird Franz Itting in Ludwigsstadt ein neues Firmengebäude einweihen. Darin befinden sich auch kleine Betriebswohnungen – niedrige Räume mit Einbauschränken. Hier wohnt fortan die Familie Itting mit den engsten Mitarbeitern. Die Itting-Werke werden in den Folgejahren zum größten Betrieb in Ludwigsstadt. Franz Itting arbeitet noch mit neunzig Jahren in der Firma.

1950

Der Landkreis Kronach, zu dem auch das bayerische Ludwigsstadt gehört, wird 1950 zum Notstandsgebiet erklärt. Die Verantwortlichen greifen zu dieser Maßnahme, »um der Verelendung der Bevölkerung Einhalt zu gebieten, um die zunehmende Kriminalität zu steuern, um der Verwahrlosung der Jugend entgegenzutreten, um die Arbeitslosigkeit zu bekämpfen, um insgesamt erträgliche Verhältnisse zu schaffen«.[1]
Im Frankenwald ist die nach dem Ende des Krieges ohnehin darniederliegende Wirtschaft zusätzlich geschwächt, weil die grenzüberschreitenden Verkehrswege unterbrochen und die Absatzgebiete jenseits der Zonengrenze unerreichbar sind. Abgeriegelt durch die Grenze ist das Gebiet um Ludwigsstadt im Norden, im Westen und im Osten.
Im März 1950 bereist der Grenzlandausschuß des Deutschen Bundestages den Landkreis Kronach. Man berät die Anlage neuer Verkehrswege, den Umzug von Bewohnern (vor allem Vertriebenen aus den ehemaligen deutschen Ostgebieten) ins Landesinnere und die Förderung des Fremdenverkehrs. Aus solchen Anfängen erwächst in den folgenden Jahren ein umfangreiches Hilfsprogramm des Bundes und der Länderregierungen: die sogenannte Zonenrandförderung.

In der Mittagsstunde des 4. April 1950 verblutet an der Grenze bei Lichtentanne (südöstlich von Probstzella) der dreißigjährige Gerhard Graf. Wachtmeister Horst Szagarucz hat dem auf einem Fahrrad flüchtenden Grenzgänger in den Oberschenkel geschossen.
Auf dem Friedhof Lichtentanne wird Gerhard Graf in aller Frühe mit Gebet und Bibelwort beerdigt. Eine Ansprache hält der Pfarrer nicht. Der Tote soll rasch unter die Erde, noch bevor sein Frau Erika und die beiden Kinder eintreffen …[2]

Helmut Kättner
»Nach meiner Entlassung aus dem ehemaligen Itting-Betrieb wollte ich wieder in meinem Beruf arbeiten, in der Ohlenrothschen Druckerei in Erfurt. Es hieß, vorher müßte ich mich erst für ein Jahr im Uranbergbau verpflichten. Da war für mich klar, daß ich die DDR verlassen mußte …
Bei meiner Flucht, Anfang September 1950, hatte ich nur das dabei, was ich am Leibe trug. Aber ich kannte ja in Ludwigsstadt Leute, die ich auch schon in Probstzella gekannt hatte. Ich bin am Morgen bei der Steinbachsmühle rüber, und unten wartete schon jemand auf mich. In Ludwigsstadt hat man mich auf der Polizei verhört. Ins Lager brauchte ich aber nicht, weil ich gleich eine Arbeitsstelle hatte.

1950

In Probstzella war noch meine Verlobte. Nach meiner Flucht trafen wir uns am Musikpavillon im Garten des Hotels »Falkenstein«. Sie kam mit einem Polizisten, mit dem ich in Probstzella Fußball gespielt hatte. An den Gleisen stand ein Bahnpolizist mit einem Hund, den haben sie abgelenkt, und meine Verlobte ist schnell durch den Zaun. Ich hatte zwei Latten lose gebogen ...«

Mehr als dreiundzwanzigtausend Angehörige von Polizei und Armee flüchten zwischen 1950 und 1960 aus der DDR nach Westdeutschland und West-Berlin.[3]

Am 15. Oktober 1950 finden in der DDR »Wahlen zu Volkskammer, Landtagen, Kreistagen und Gemeindevertretungen« nach Einheitslisten statt. Laut offiziellem Wahlergebnis liegt die Wahlbeteiligung bei 98,7 Prozent. 99,7 Prozent sollen für den »Demokratischen Block« gestimmt haben.
Die Parteien der Christdemokraten (CDU) und der Liberaldemokraten (LDPD), nach der SED die stärksten Fraktionen im »Demokratischen Block«, sind seit den Wahlen von 1946 mit Hilfe der sowjetischen Besatzungsmacht gewaltsam von SED-Kritikern »gesäubert« worden: Von den zwanzig CDU-Mitgliedern des Thüringer Landtags von 1946 sind 1950 vier übriggeblieben; von den 32 LDPD-Abgeordneten hat keiner mehr kandidiert.
Im »Neuen Deutschland«, dem »Zentralorgan« der SED, kann man am 17. Oktober 1950, zwei Tage nach der Wahl, lesen: »Die Wahlen waren ein Bekenntnis zu einer Demokratie höheren Typus, wie wir sie in Deutschland bisher nicht kannten.«
Unter Bruch der DDR-Verfassung sind die Wahlen vielerorts nicht geheim, sondern offen durchgeführt worden. In Probstzella schreibt die Gemeindehelferin Klara Gerold auf ihren Wahlzettel: »Es kann nicht Friede werden, bis Christi Liebe siegt und dieser Kreis auf Erden zu seinen Füßen liegt.« – »Frau Gerold, Sie sind erkannt!« spricht man sie am nächsten Tag an. Bei einer späteren Wahl hat Klara Gerold drei Tage Zeit, ihre Stimme abzugeben. Am Nachmittag des dritten Tages kommt der Bürgermeister zu ihr nach Hause, mit der Wahlurne unterm Arm. Er trifft sie nicht an: Klara Gerold hat sich in der Kirche eingeschlossen und spielt dröhnend Orgel. Tags darauf sagt der SED-Genosse Albert Büttner zu ihr: »Sie haben ja was gemacht ...!« – »So? Nun, ich gehe nicht zu Ihrer Kuschprobe.«

Direkt am Steinbach, der zwischen dem Falkenstein und Lichtentanne die thüringisch-bayerische Landesgrenze bildet, liegt auf bayerischer Seite, abgeschieden und still, die Steinbachsmühle, bei Kriegsende eine intakte Getreidemühle mit etwas Landwirtschaft. Jenseits des Steinbachs, gegenüber der Mühle, stand damals auf thüringischem Gebiet noch ein zur Müllerei gehörendes Wirtschaftsgebäude, in dem eine kleine Einheit der Roten Armee untergebracht war. Der Müllermeister, ein gebürtiger Thüringer, arrangierte sich mit den Sowjets, wobei auch Schnaps eine Rolle spielte.
Anfang der fünfziger Jahre vergiftet sich ein sowjetischer Soldat mit Alkohol vom Steinbachsmüller, was diesem als Sabotage ausgelegt wird. Als er kurz darauf ein paar Stämme Holz aus dem Wald holt, der ihm in Thüringen gehört, wird der Müller festgenommen und sechs Jahre eingesperrt. Er hat immer wieder Flüchtlingen aus Thüringen die Tür geöffnet ...

1951

Anfang 1951 beschließt der Bundestag »die Einrichtung von Bundesgrenzschutzbehörden«. Laut »Gesetz über den Bundesgrenzschutz« (BGS) soll die zunächst 10 000 Mann starke Truppe »das Bundesgebiet gegen verbotene Grenzübertritte und sonstige Störungen der öffentlichen Ordnung im Grenzgebiet« sichern.
Zu Beginn der fünfziger Jahre sind die Polizeien der Bundesländer den Übergriffen aus der DDR an der innerdeutschen Grenze nicht mehr gewachsen. Ostdeutsche Grenzpolizisten dringen bei der Verfolgung von Flüchtlingen zum Teil weit in das Bundesgebiet ein. Mehrfach verschleppen sie auch Westdeutsche in die DDR oder versetzen willkürlich Grenzmarkierungen. Es kommt zu Schießereien. Im Jahr vor der Gründung des Bundesgrenzschutzes registrieren Mitarbeiter der Grenzpolizei-Inspektion Ludwigsstadt allein zwölf derartige Fälle.
Von September 1951 an unterstützen Bundesgrenzschützer der Coburger Hindenburg-Kaserne die Ludwigsstädter Polizei-Inspektion auch im Bereich Probstzella.

»Jede Nacht zwischen 2.03 und 2.58 Uhr rast der Interzonenzug Berlin – München mit 120 std/km von Ludwigsstadt quer durch den Frankenwald nach Lichtenfels. Meistens hat er jedoch Verspätung. Manchmal sogar über zwei Stunden. Liegt es nun an der volksdemokratischen Unpünktlichkeit, an der langwierigen Kontrolle in Probstzella (›Papier nix gutt!‹ oder: ›Sie müssen sich mal ausziehen!‹), niemand weiß es genau. Ein Zug mit bunt zusammengewürfelten Menschen, die aus geschäftlichen, gesundheitlichen oder privaten Gründen in den ›Goldenen Westen‹ fahren. In Ludwigsstadt hat der D-Zug laut Fahrplan einen Aufenthalt von 35 Minuten. In dieser Zeit, die streng eingehalten wird, werden durch zehn bis zwölf Beamte der Grenzpolizei, des Zollgrenzdienstes und durch Amerikaner die Paß- und Gepäckkontrollen durchgeführt.
1.28 Uhr zeigt die Bahnhofsuhr in Ludwigsstadt. Es ist die fahrplanmäßige Ankunftszeit des Interzonenzuges, von dem aber weit und breit noch nichts zu sehen ist. ›Komm‹, sagt einer der wartenden Beamten zum anderen, ›wir machen noch etwas Matratzenhorchdienst!‹ Beide gehen auf einen leeren Waggon am Bahnsteigende zu...
In einem alten, aufgebockten Güterwagen sitzen sechs Beamte des Zollgrenzdienstes in einem abgeteilten Raum und warten ebenfalls auf die Ankunft des Interzonenzuges. Wie sie berichten, müssen sie ihr Augenmerk bei der Gepäckkontrolle besonders auf Pelzmäntel, Glas- und Porzellanwaren sowie Propagandamaterial richten. Selbstverständlich können nur Stichproben gemacht werden. Es ist schon lange her, daß ihnen ein großer ›Fischzug‹ gelang. Damals fanden sie, versteckt auf vier Klosetts, mehrere Goldbarren, Tausende von Dollars und DM-West sowie andere wertvolle ›Sächelchen‹.
Im Bahnhofskiosk erzählen bei einer Tasse Kaffee ein Eisenbahner und ein Zollbeamter von ihren Erlebnissen mit der Volkspolizei und den Russen. Man ist der Meinung, daß die langen Kontrollen in Probstzella reine Schikanen sind, werden doch manche Reisende sogar aufgefordert, sich einer Leibesvisitation zu unterziehen. Wie man jetzt von Grenzgängern u. a. erfahren hat, soll in Kürze die Straße

Sommerfahrplan Anfang der fünfziger Jahre: Ein einziger Zug überquert kurz vor Mitternacht den Grenzkontrollpunkt Falkenstein.

von Falkenstein nach Probstzella von der Volkspolizei für jeglichen Verkehr gesperrt werden. Ein russischer Major und ein Leutnant der Volkspolizei in Probstzella wurden letzthin von der NKWD verhaftet, weil sie beschlagnahmte DM-West für sich behalten hatten.

Um 2.32 Uhr ist es endlich soweit! Der Interzonenzug läuft ein. Neun Personenwagen und zwei Gepäckwagen werden kontrolliert. Niemand darf den Zug verlassen. Innen ist alles gestopft voll. Über Luxuskoffer und Pappkartons hinweg bahnen sich die Kontrollbeamten ihren Weg. Gleich zu Beginn werden zwei ältere Leute festgestellt, die keine Aufenthaltsgenehmigung vom Landrat ihres Zielortes vorweisen können. Sie müssen den Zug verlassen. ›Schlimmer als bei den Russen!‹ sagt die Frau und geht in den Wartesaal. Der Mann will es noch nicht fassen, daß er nun hier in Ludwigsstadt so lange warten soll, bis die Aufenthaltsgenehmigung eingetroffen ist. Auch er muß den Zug verlassen.

Lebhafte Gespräche sind im Gange. Nur ganz wenige versuchen zu schlafen. Die Erinnerungen an die Erlebnisse in der Ostzone und die Vorgänge bei der Kontrolle in Probstzella sind noch zu frisch. Erfahrungen werden ausgetauscht. Irgendwo schreit ein Säugling. Ein fahrbarer Verkaufsstand wird von denjenigen umlagert, die die Kontrolle bereits hinter sich haben. Eine Mutter erklärt in sächsischem Dialekt ihrem Kind, wie man eine Banane schält. – An den Zug wurden unterdessen noch ein Personenwagen und ein Wagen mit Wirtschaftsbetrieb der ›Mitropa‹ angehängt. Ein langgezogener Pfiff der Lokomotive ertönt – der Zug setzt sich in Bewegung.

Ein Wagen 3. Klasse ist reserviert für 53 Kinder aus Berlin-Wedding (franz. Sektor), die zu einem sechswöchigen Erholungsaufenthalt nach Deggingen in Württemberg fahren. Sie wurden vom Jugendamt des Berliner Magistrats ausgesucht und

1951

haben sämtlich Untergewicht, einige Tbc. Trotz der Ermahnungen der sie begleitenden zwei Schwestern ist an Schlaf nicht zu denken. Wie sollte man es sich auf den Holzbänken auch bequem machen können, wenn man als einziges Gepäck, wie bei einem Jungen, nur die Handtasche von Mutti mit hat. Bedeutend besser haben es die Reisenden im nächsten Wagen. 2. Klasse! Mehrere Plätze sind noch frei. Ein Handgriff, und der Sitz wird zu einer Liegestatt ...

Eben fahren wir durch den matt erleuchteten Kronacher Bahnhof. Es ist 3.36 Uhr. Der Steward der ›Mitropa‹ schlängelt sich elegant um die vielen Hindernisse in den Gängen und balanciert auf einem Tablett mehrere Kännchen Kaffee und Tassen. Die Nachfrage in der ›Holzklasse‹ ist gering. Auf einem Gang sitzt ein älteres Ehepaar auf einem Holzkoffer. Wenn jemand vorbei will, und das kommt öfters vor, müssen sie jedesmal aufstehen und Platz machen. Sie kommen aus Riesa und wollen nach Augsburg zu ihrem Sohn, der dort einen eigenen Hausstand gegründet hat. Nach vier Jahren das erste Wiedersehen. ›Wir sind froh‹, sagt der Mann, ›daß wir endlich einmal heraus durften. Ich verstehe nicht, warum man die Zonengrenze geschaffen hat. Schließlich sind wir doch alle Deutsche!‹

Zwei Frauen mittleren Alters zeigen sich trotz der frühen Morgenstunde sehr gesprächig. Beide weilten in Thüringen bei Verwandten zu Besuch. ›Was drüben vom Westen berichtet wird, ist haarsträubend! Man hat mir sogar geraten, nicht zurückzufahren, weil in ganz Westdeutschland die Pest ausgebrochen wäre‹, sagt die eine. ›Überall Plakate und nichts als Plakate. Dazu den ganzen Tag der Lärm der Lautsprecher, die am laufenden Band Parolen bekanntgeben und in der ganzen Stadt zu hören sind. Man hat das Gefühl, gefangen zu sein. Ich bin herzlich froh, wieder hier zu sein.‹

Die andere Frau meint: ›Man atmet richtig auf, wenn man wieder im Westen ist. Meine Nylons wurden mit scheelen Blicken betrachtet. Überhaupt herrscht dort keine gute Atmosphäre. Die Gerüchte über die Westzone sind ungeheuerlich. Die allgemeine Wehrpflicht soll ausgerufen worden sein. Die Jahrgänge zwischen 31 und 35 würden eingezogen. Da ich mit meiner Tochter gefahren bin, habe ich das Kinderbett mitgenommen. Ich mußte es jetzt aber drüben lassen, da die Ausfuhr von Mobiliar verboten ist. Alle Vorsprachen bei den zuständigen Stellen haben nichts genutzt.‹

›Am liebsten würden wir für immer in Westdeutschland bleiben‹, sagen zwei ältere Herren, die in der Ostzone in staatlichen Betrieben tätig sind und jetzt beruflich nach Stuttgart fahren. ›Wissen Sie, immer diese Versammlungen, an denen man teilnehmen muß, wenn man nicht seine Stellung verlieren will. Uns geht das schon lange auf die Nerven! Schreiben Sie bitte aber ja nicht unsere Namen mit in die Zeitung. Denn dann wären wir erledigt. Ja, das ist die verfassungsmäßig garantierte freie Meinungsäußerung bei uns. Schimpfen können wir, aber bloß auf Westdeutschland. Dabei wissen wir ziemlich genau, wie die Bevölkerung hier lebt.‹

Der andere meint: ›... Bei uns ist es zwar etwas besser geworden, wir brauchen nicht mehr nur Rüben und Kartoffeln zu essen, aber ein Vergleich zu den Westzonen wäre direkt absurd. Ich denke hier nicht an Austern, Kaviar und ähnliches. Nein, nur an jene Nahrungsmittel, die die breite Masse verbraucht. Da regen sich die Leute hier in den Westzonen über die hohen Preise auf. Da sollten sie mal die Preise in unseren HOs sehen. Denn dorthin muß man ja gehen, wenn man satt

1951

werden will. Und dabei verdienen unsere Arbeiter vielleicht noch nicht einmal so viel wie die hier bei euch.‹ ...

Im Nebenabteil spielt ein Grammophon die neuesten Jazzschlager ... Draußen tauchen schon die ersten Lichter der Gleisanlagen des Lichtenfelser Bahnhofes auf. Langsam fährt der Zug ein. Nur ganz kurz ist der Aufenthalt. Wenige Reisende steigen aus bzw. zu. Der Lautsprecher gibt die Anschlußzüge bekannt. Und schon fährt der Interzonenzug wieder an. Bald verschwinden im Nebel die roten Schlußlichter ... «

scampolo – das ist vermutlich Marianne Hasch –, »Neue Presse«, Kronach, September 1951. »Die Hasch«, geboren 1907, ist als »Pressefloh« im Kreis Kronach über drei Jahrzehnte unterwegs. Sie ist bekannt und beliebt.

Am letzten Septembertag 1951, abends um halb sieben, rollt ein Fahrzeug über die Straße von Probstzella nach Ludwigsstadt, es ist für lange Zeit das letzte. Um Mitternacht schließen Thüringer Grenzpolizisten den Straßenübergang am Falkenstein - »wegen notwendiger Instandsetzungsarbeiten«. Quer über die Fahrbahn wird eine Sperre errichtet.

Während die Grenzen zwischen den Zonen der Westalliierten fallen, wird an der Grenze zur sowjetisch besetzten Zone Stacheldraht gezogen.

Nur zwei bayerische Arbeiter, die in einem Schieferbruch bei Probstzella angestellt sind, dürfen noch am Falkenstein über die Grenze.
Im Herbst 1951 errichten ostdeutsche Polizisten entlang der Grenze im Bereich der Ludwigsstädter Polizei-Inspektion in unübersichtlichen Geländeabschnitten Drahthindernisse. Diese sind zunächst etwa ein- bis dreihundert Meter lang. Gegenüber der Steinbachsmühle, zwischen Probstzella und Lichtentanne, durchschneidet ein zwei Meter hoher Stacheldrahtzaun die Landschaft.

1952

Zu Beginn des Jahres 1952 billigt die ostdeutsche Volkskammer einen Gesetzentwurf für gesamtdeutsche Wahlen zu einer Nationalversammlung. Die Kontrolle der Wahlen in beiden Teilen Deutschlands durch eine Kommission der Vereinten Nationen hat die DDR-Regierung – wie die Sowjetunion – einen Monat zuvor abgelehnt. Die ostdeutschen Bedingungen für gesamtdeutsche Wahlen akzeptiert die Bundesregierung in Bonn nicht.
Im Frühjahr 1952 stehen in der Bundesrepublik Deutschland zwei Vertragswerke kurz vor dem Abschluß: Mit dem »Deutschlandvertrag« (auch »Generalvertrag« genannt) wollen die USA, Großbritannien und Frankreich ihren Besatzungsstatus in Deutschland aufgeben und die Bundesrepublik in die Souveränität entlassen. Die Bundesregierung ihrerseits will gleichzeitig durch die Unterzeichnung des »Vertrages über die Europäische Verteidigungsgemeinschaft« (EVG) einem sicherheitspolitischen Bündnis von fünf westeuropäischen Staaten beitreten.
Diesen Zielen setzt die sowjetische Regierung den Vorschlag eines vereinten, aber neutralen Deutschland entgegen. Die Neutralität solle noch vor der Bildung gesamtdeutscher Staatsorgane festgeschrieben werden. Die Westmächte wollen die Entscheidung über eine eventuelle Neutralität Gesamtdeutschlands einem gesamtdeutschen Parlament überlassen.
Anfang Mai 1952 ist in der Ost-Berliner »Täglichen Rundschau«, dem Organ der Sowjetischen Kontrollkommission (SKK), zu lesen, daß die westdeutsche Regierung die Zonengrenze zur DDR in eine Staatsgrenze verwandle durch eine »verschärfte Grenzüberwachung« sowie »Absperrungen und Hindernisse«. Die westdeutsche Grenzpolizei sei »zur Willkür berechtigt« worden, und in einem »10-Kilometer-Sperrbezirk« sei es ihr erlaubt, »ohne weiteres von der Waffe Gebrauch zu machen«. Nach den in der DDR umlaufenden Gerüchten soll aber bald von ostdeutscher Seite aus die Grenze befestigt werden, weil angeblich Angriffe aus dem Westen drohen.
Am 20. Mai schreibt in der »Täglichen Rundschau« ein Herr Orlow (das Pseudonym für offiziöse Verlautbarungen der SKK) über »Gegenmaßnahmen« der DDR für den Fall der Unterzeichnung des westdeutschen »Generalkriegsvertrages«: »Sie säen Wind und werden Sturm ernten...«
Am 26. Mai unterzeichnen in Bonn die Außenminister der USA, Großbritanniens, Frankreichs und der Bundesrepublik den Deutschlandvertrag, tags darauf in Paris die Außenminister Frankreichs, Italiens, der Benelux-Staaten und der Bundesrepublik das EVG-Abkommen.

Am Dienstag, dem 27. Mai 1952, lesen die an der innerdeutschen Grenze wohnenden DDR-Bürger eine öffentliche Bekanntmachung des Minsteriums für Staatssicherheit: Mit der »Polizeiverordnung über die Einführung einer besonderen Ordnung an der Demarkationslinie« sind sie um Mitternacht zu »Bewohnern der 5-Kilometer-Sperrzone« geworden:
»§ 3 – Für Personen, die im Sperrgebiet wohnen, werden ab sofort keine Interzonenpässe mehr ausgegeben. Für Personen, die in Westdeutschland wohnen, werden für das Sperrgebiet keine Aufenthaltsgenehmigungen mehr erteilt...

1952

§ 9 – Die Bevölkerung ist verpflichtet, alle Personen, die sich widerrechtlich in dem 500-Meter-Schutzstreifen aufhalten, sofort der Deutschen Grenzpolizei zu melden ...

§ 11 – Öffentliche Gaststätten, Kinos, Pensionen, Erholungsheime und andere öffentliche Lokale, die sich im 500-Meter-Schutzstreifen befinden, werden geschlossen ...

§ 16 – Verstöße gegen diese Verordnung werden mit aller Strenge des Gesetzes bestraft.«

Verwandte, die zu Besuch in die Sperrzone wollen, müssen fortan beim Volkspolizeikreisamt einen Passierschein beantragen.

Friedrich Reichenbächer

»In Probstzella hingen die Aushänge mit der Sperrzonenverordnung überall, das waren mehr als zwanzig: drüben an der Scheune, auf dem Marktplatz ... Für uns hieß es: So und so! Wir mußten uns danach richten, wir mußten damit leben.
Von da an war in Probstzella Ruhe, man ist nur noch reingekommen, wenn man einen Stempel im Ausweis hatte. Ich hab noch nicht mal die Schwiegereltern reingekriegt ...«

Einen Tag nach Einführung der Passierscheinpflicht für Reisen ins Grenzgebiet sind die Passierscheine im Volkspolizeikreisamt (VPKA) Saalfeld schon am frühen Morgen »völlig verausgabt«. Etwa hundert Menschen »stehen Schlange«.
Mit der Einrichtung des Sperrgebietes wird das Volkspolizeiaufgebot in den DDR-Grenzorten verfünffacht.[1] Der Personalbestand der »Deutschen Grenzpolizei« (DGP) wird bis zum Jahresende 1952 im Vergleich zum Vorjahr auf etwa fünfunddreißigtausend Mann verdoppelt.[2]
In den ersten drei Wochen nach Bekanntgabe der Sperrzonenverordnung werden in Thüringen fast dreihundert »Verstöße gegen die Verordnung« verfolgt. Die Geldstrafen belaufen sich auf 30 bis 250 Mark, die Gefängnisstrafen liegen zwischen einer Woche und drei Monaten.[3]

»Das ZK der SED und das Amt für Information der DDR bereiten die öffentliche Meinung durch Rundfunk, durch die zentrale und die Landes-Presse der DDR (besonders durch die Lokalseiten der Landeszeitungen) auf die Einführung eines Grenzregimes im Grenzgebiet vor.«[4]

»Maßnahmen zur politischen Sicherung der Einrichtung eines besonderen Regimes« der SED-Bezirksleitung Gera

»Durch die Maßnahmen der Regierung habe ich jetzt die Gewißheit, daß ich in aller Ruhe meiner Arbeit nachgehen kann«, sagte die Schichtleiterin Lotte Ziegler vom Röhrenwerk ›Anna Seghers‹ in Neuhaus am Rennweg.
In zahllosen Versammlungen und Resolutionen hat die Bevölkerung der Deutschen Demokratischen Republik die Schutzmaßnahmen an der Demarkationslinie begrüßt und der Regierung ihren Dank ausgesprochen, daß sie damit den Forderungen der Werktätigen nachgekommen ist.«
»Das Volk« vom 29. Mai 1952

Zum Schutze unserer Republik!

Berlin (ADN). Das Amt für Information teilt mit:

Der Ministerrat der Deutschen Demokratischen Republik trat am Montag, dem 26. Mai 1952, zu einer außerordentlichen Sitzung zusammen, um zu der Lage Stellung zu nehmen, die sich daraus ergeben hat, daß die Bonner Regierung und die Westmächte an der Demarkationslinie der Deutschen Demokratischen Republik zahlreiche Zwischenfälle hervorrufen und Spione, Terroristen und Schmuggler über die Demarkationslinie in die Deutsche Demokratische Republik entsenden. In einer großen Zahl von Kundgebungen hat die Bevölkerung, besonders der davon betroffenen Gebiete, die Regierung um Schutzmaßnahmen gegen die feindlichen Agenten gebeten, die durch ihre Attentate den Aufbau der Deutschen Demokratischen Republik untergraben und die Hebung des Wohlstandes unserer Bevölkerung erschweren wollen.

Nach einer ausführlichen Begründung durch den Staatssekretär beim Ministerpräsidenten, Werner Eggerath, der an Hand zahlreicher Beispiele nachwies, daß die Grenzprovokationen seitens der Bonner Regierung und der westlichen Besatzungsmächte zu einem System geworden sind, nahm der Ministerrat nach einer Aussprache, an der sich der stellvertretende Ministerpräsident Otto Nuschke, die Minister Zaißer, Dertinger, Hamann und Burmeister beteiligten, einstimmig eine Verordnung über Maßnahmen an der Demarkationslinie zwischen der Deutschen Demokratischen Republik und den westlichen Besatzungszonen Deutschlands an.

Der Ministerpräsident der Deutschen Demokratischen Republik hat im Namen der Regierung folgende Verordnung erlassen:

»Sie haben es gewagt! Adenauer hat auf Befehl der Wallstreet zusammen mit dem Bevollmächtigten der amerikanischen Dollarmilliardäre, USA-Außenminister Acheson, den Generalkriegsvertrag unterzeichnet.

Adenauer, dieser alte Vaterlandsverräter, der schon nach dem ersten Weltkrieg das deutsche Rheinland an die französischen Industriellen verschachern wollte, dessen hagerer, zynischer Totenkopf Verachtung und Haß gegen die werktätigen deutschen Menschen widerspiegelt, dessen Stützen die Bankiers und Kriegsgewinnler von Rhein und Ruhr sind, der mit dem faschistischen und militaristischen Mordgesindel der ›Ostlandreiter‹ und SS-Banditen ein Herz und eine Seele ist, dieser untertänigen Handlanger der anglo-amerikanischen Fronvögte vom Petersberg, hat gegen den deutlich geäußerten Willen der überwältigenden Mehrheit des deutschen Volkes den amerikanischen Schandvertrag unterschrieben...

Adenauer hat unterschrieben, daß die Demarkationslinie zur befestigten Staatsgrenze des Bonner Bundesstaates wird, an der anglo-amerikanische Truppen und ihre deutschen Söldnerverbände aufmarschieren, an der ein breiter befestigter Gürtel quer durch deutsches Land gezogen wird, an der sich die von der westdeutschen Lehrsoldateska beschützten Schlupfwinkel und Übergangsstellen aller möglichen Spione, Provokateure, Saboteure und Diversanten befinden. Eine Staatsgrenze, die eine ständige Quelle der Beunruhigung ist.

Adenauer hat den Teufelspakt gegen das deutsche Volk und gegen den Frieden in Europa unterschrieben. Die Tinte der Unterschrift unter dem Schanddokument der nationalen Schmach und des Volksverrats soll sich in das Blut von Millionen Menschen verwandeln, wenn es nach dem Willen Adenauers und seiner amerikanischen Auftraggeber geht...

Jetzt hat die Adenauer-Regierung durch die Unterzeichnung des Generalkriegsvertrages die sehnsüchtigen Wünsche des deutschen Volkes, die Zonengrenze, diese widernatürliche Grenze zwischen Brüdern ein und desselben Volkes, auszulöschen und aus Deutschland wieder ein Land zu machen, zerschlagen. Diese Grenze ist jetzt zu einer Linie geworden, auf deren einer Seite die Vorbereitungen für den Krieg gegen die Menschen der gleichen Nation auf der anderen Seite getroffen werden.

Die Interessen der Bevölkerung der DDR, die Interessen des ganzen deutschen Volkes, die Interessen des Friedens in Europa erfordern, daß wir jetzt die Grenzen

Auszug aus der Tageszeitung »Das Volk« – Landesorgan Thüringen der Sozialistischen Einheitspartei Deutschlands – vom 27. Mai 1952

1952

der Deutschen Demokratischen Republik gegen die Provokationen der kriegslüsternen Landsknechte der deutschen und amerikanischen Monopolkapitalisten schützen.«[5]

»Rededisposition für die Versammlungen in den Grenzkreisen«, herausgegeben vom »Nationalrat der Nationalen Front des demokratischen Deutschland«

Anfang Mai 1952 ist eine Weisung der Sowjetischen Kontrollkommission an das Zentralkomitee der SED ergangen: Es sei »zweckmäßig, einen Regierungsbeschluß über die Errichtung eines besonderen Regimes an der Demarkationslinie zwischen der DDR und Westdeutschland und im Küstengebiet der DDR zu fassen«.[6]

Das SED-Politbüro beschließt am 13. Mai 1952 die »Maßnahmen zur Errichtung eines besonderen Regimes an der Demarkationslinie« und beauftragt den Ministerpräsidenten, zur Durchführung dieser Maßnahmen eine Regierungskommission unter Vorsitz des Ministers für Staatssicherheit zu berufen.

Im Berufungsschreiben des Ministerpräsidenten Otto Grotewohl heißt es: »Die Kommission und die Unterkommissionen sind ermächtigt, im Rahmen ihrer Aufgabengebiete Anordnungen mit bindender Wirkung gegen Jedermann zu treffen und allen staatlichen und wirtschaftlichen Dienststellen Weisungen zu erteilen.«[7]

Am 26. Mai 1952 beauftragt Ministerpräsident Grotewohl das Ministerium für Staatssicherheit (MfS), »unverzüglich strenge Maßnahmen für die Verstärkung der Bewachung der Demarkationslinie« zu treffen, um »ein weiteres Eindringen von Diversanten, Spionen, Terroristen und Schädlingen in das Gebiet der Deutschen

28. Mai 1952 – die Grenze wird befestigt: Porzellan-Facharbeiter aus Neuhaus-Schirschnitz schlagen bei Stockheim eine Schneise für den zehn Meter breiten Kontrollstreifen entlang der Demarkationslinie. Den Befestigungsgürtel bezeichnen die Männer spöttisch als »Hauptkampflinie«.
»Ist das nicht eine Schande, was wir da machen müssen, mitten in Deutschland?«, fragt einer.

Demokratischen Republik zu verhindern«.⁸ Tags darauf verkündet Wilhelm Zaisser, der Minister für Staatssicherheit, die »Verordnung einer besonderen Ordnung«.

»In Durchführung der vom Minister für Staatssicherheit erlassenen Verordnung sind bei Durchgabe des Kennwortes ›Amboß‹ durch die Deutsche Grenzpolizei folgende Maßnahmen durchzuführen:
– Unmittelbar entlang der Demarkationslinie ist der 10 m breite Kontrollstreifen umzupflügen und zu eggen. Innerhalb dieses Streifens vorhandener Waldbestand ist zu fällen, zu roden, zu pflügen und zu eggen.
– Über Gebäude, Fabriken oder sonstige feste Bauten innerhalb des 10-m-Streifens entscheidet eine besondere Kommission.
– Feste Straßen und Eisenbahndämme sind aufzureißen und durch Hindernisse zu sperren. Ausgenommen sind Straßen und Schienenwege des Interzonenverkehrs an den festgelegten Kontrollpassierpunkten.
– Der 500 m breite Schutzstreifen und die 5-km-Zone sind entlang der Demarkationslinie durch Verbotstafeln und Errichtung von Schlagbäumen zu kennzeichnen.«⁹
Befehlsentwurf des Chefinspekteurs der Deutschen Grenzpolizei

GERTRUD ITTING sen.
»Was, die Grenze wollen sie dichtmachen? Da müßten sie ja alle zehn Meter einen Posten hinstellen...«

FRIEDRICH REICHENBÄCHER
»Vierzig, fünfzig Holzmacher haben den 10-Meter-Streifen durch den Wald geschlagen. Die haben die Bäume, alle wie sie waren, rausgezerrt und sie mit der Zugmaschine oder mit den Pferden abtransportiert. Das Reisig ist auf große Haufen gekommen und verbrannt worden, gleich an der Grenze. Die Feuerwehr mußte kommen und löschen.«

HELMUT KÄTTNER
»An jenem Morgen im Mai 1952 hörte ich dort, wo ich in Ludwigstadt wohnte, einen Krach – ein Bekannter hupte mit dem Motorrad und rief: ›Helmut, komm mal runter, an der Grenze ist was los: Die machen die Grenze dicht, die haben auch den Strom abgeschaltet!‹
Ich bin nach Ottendorf rausgefahren, oben an die Quetsche (das Hartsteinwerk), da waren ein Haufen Leute, Frauen auch dabei, in weißen Kitteln liefen sie rum. Drüben wurden Bäume gefällt, die Volkspolizei stand daneben mit Maschinenpistolen. Die Arbeiter kamen aus Saalfeld von der Firma ›Mauxion/Rotstern‹, der Pralinenfabrik. Die haben in der Früh die ganzen Betriebsbelegschaften mit Lastwagen rangekarrt; sie mußten den 10-Meter-Streifen anlegen.
In Ludwigstadt traf ich einen Bekannten aus Zopten. Dem sagte ich: ›Richte bitte meiner Verlobten in Probstzella aus, sie soll so schnell wie möglich rüberkommen!‹«

1952

»Die Partei hatte im Kreis Saalfeld Arbeiter und Arbeiterinnen aus den Betrieben zur Herrichtung des 10-m-Schutzstreifens eingesetzt. Da sie keine Leute mitschickten, die die Arbeit anwiesen und beaufsichtigten, standen am Anfang über 100 Arbeiter beschäftigungslos im Regen. Auch die Verpflegung klappte nicht. Das führte dazu, daß in Lichtenhain 30 und in Lichtentanne 16 Arbeiter sich in die Westzone begaben und am Abend teilweise betrunken zurückkamen. Die Zahl der in der Westzone Gewesenen wird jedoch bedeutend höher geschätzt, und zwar auf ca. 150–200.«[10]

Bericht der Deutschen Volkspolizei

»Am Dienstag kamen zahlreiche Arbeiter einer zwischen Kleintettau und Ebersdorf eingesetzten Arbeitsbrigade in einer Stärke von 800 Mann nach Kleintettau. Sie gingen in die Gaststätten, um einmal wieder bayerisches Bier zu probieren. Etwa 170 Mann dieser Brigade kamen geschlossen nach Steinbach a. d. Haide und Ebersdorf, um sich erst einmal richtig satt zu essen. Außerdem wollten sie sich darüber informieren, ob tatsächlich auf westzonaler Seite Schützengräben ausgehoben oder sonstige in der Ostzone propagierte ›Kriegsvorbereitungen‹ getroffen werden.

Wie diese Arbeiter erklärten, soll die ›Holzauktion‹ binnen drei Tagen vollendet sein. Die Produktion in ihren Betrieben ruhte vollkommen. Auf dem umgepflügten, zwei Meter breiten Streifen sollen noch ein Stacheldrahtverhau gezogen und Minen gelegt werden. Wachttürme, mit Scheinwerfern ausgerüstet, würden in Kürze errichtet werden.«[11]

scampolo, »Neue Presse«, Kronach

HELMUT KÄTTNER

»Die Leute in Probstzella durften noch rauf zur Grenze und sich mit Handwagen das geschlagene Holz vom ›Sicht- und Schußfeld‹ holen. Sie mußten ihre Ausweise oben bei der Polizei abgeben. Auch meine Schwiegerleute aus Probstzella sind am 29. Mai 1952 mit meiner Verlobten Dorothea mit raufgegangen. Sie hat sich oben von ihren Eltern verabschiedet und ist ab, in Turnschuhen und einem billigen Sommerkleidchen.

Bei der Polizei haben die Schwiegerleute gesagt: ›Unsere Tochter, ... sie ist nicht mehr mit zurückgegangen, was sollten wir machen?‹«

»Am Donnerstag fuhren wir bei Lauenhain und Tschirn an die Grenze ... Wir sagten zu den Arbeitern, wir kämen von der Lufthansa und wollten einmal schauen, ob sich die Schneisen auch zu Notlandeplätzen eignen, die wir nach der Wiedervereinigung Deutschlands evtl. in Anspruch nehmen müßten. Sie meinten jedoch, daß daraus ›nischt wird‹, weil das der ›Westwall 1952‹ werden würde.

›Dicke Luft‹ herrschte am Schlagbaum hinter Tschirn. Als wir dort anlangten, gesellten sich zu den Vopos mehrere, etwas besser gekleidete Männer und einige Mädchen. Bald war ein angeregtes Gespräch im Gange, in das sich auch die Volkspolizisten mischten. Sie sagten: ›Ja, ihr seid daran schuld, daß wir hier diese Arbeit machen müssen!‹ Sie vertraten die Meinung, daß wir die Amis aus Deutschland jagen sollten. Auf unsere Frage, ob sie das gleiche bereits einmal mit den Russen versucht hätten, erhielten wir keine Antwort.

1952

Als uns einer der Volkspolizisten fragte, was wir überhaupt hier wollten, sagten wir, wir kämen aus München und hätten im Leipziger Sender gehört, daß die Amerikaner an der Zonengrenze Schützengräben ausheben würden. Die wollten wir uns mal ansehen, aber nirgends hätten wir was gesehen, sondern überall nur das: Dabei zeigten wir auf die soeben von ihren Kollegen gefällten Stämme.«

scampolo, »Neue Presse«, Kronach

Am 29. Mai 1952 findet um acht Uhr abends eine außerordentliche Sitzung der Gemeindevertretung Probstzella im Gasthaus »Wilder Mann« statt. Laut Protokoll sind »alle Gemeindevertreter (außer zwei)« anwesend.
»Die Fraktion der SED stellt folgenden Antrag, der zu beschließen ist:
›Die Unterzeichnung des Generalkriegsvertrages durch den Beauftragten des amerikanischen Monopolkapitals Adenauer bedeutet für Deutschland, und damit für ganz Europa, die erhöhte Kriegsgefahr.
Entsprechend dieser Situation ist die Fraktion der SED mit dem grundsätzlichen Vorschlag des Kreisrates des Landkreises Saalfeld, eine Auffrischung und Erneuerung des Verwaltungsapparates im Gebiet der 5-Kilometer-Sperrzone vorzunehmen, einverstanden.
Die Gemeindevertretung wolle beschließen, daß der Bürgermeister Martin Säuberlich mit sofortiger Wirkung aus seiner Funktion als Bürgermeister ausscheidet und eine andere Funktion beim Kreisrat des Landkreises Saalfeld übernimmt und an seine Stelle der vom Kreisrat vorgeschlagene Kollege W. als Bürgermeister tritt. Probstzella, 29. Mai 52‹

Kontrollstreifen bei Probstzella (1952).

1952

In der anschließenden Diskussion wird von Gemeindevertretern des FDGB, der LDP und der SED die Notwendigkeit einer Umbesetzung der Bürgermeisterstelle anerkannt...

Kollege Säuberlich dankt allen, die ihn in seiner bisherigen Tätigkeit unterstützten, und bittet seine bisherigen Mitarbeiter, seinem Nachfolger genauso hilfreich zur Seite zu stehen. Auch Kollege Landrat dankt dem Kollegen Säuberlich für seine bisherige Arbeit und wünscht ihm Glück auf dem neuen Wege.

Zum Schluß der Sitzung wird noch folgende Entschließung einstimmig angenommen:

›Die Gemeindevertreter und anwesenden Einwohner Probstzellas begrüßen die Schutzmaßnahmen unserer Regierung zur verstärkten Sicherung unserer antifaschistisch-demokratischen Ordnung...

Wir wissen, daß der Friede nur im verschärften Kampf gegen den Imperialismus errungen wird. Wir verpflichten uns deshalb, die Politik unserer Regierung, eine konsequente Politik für die Einheit unseres Vaterlandes, für die Erhaltung und Festigung des Friedens im Kampf gegen alle pazifistischen Tendenzen, zu verwirklichen und besonders die Verstärkung unserer Volkspolizei zu unterstützen.

Probstzella, den 29.5.52‹

(Ende der Sitzung: 21.30 Uhr)«[12]

»Die Aufregung drüben muß sehr groß gewesen sein. Aufgewühlt durch die Propaganda gegen den Generalvertrag, erwarteten die gequälten Menschen die ersten amerikanischen Panzer, als bekannt wurde, daß der Vertrag unterzeichnet worden war. Aber auch auf unserer Seite wollten einige wissen, daß die ersten russischen Panzer eintreffen.

Nun standen wir uns am Schlagbaum gegenüber, getrennt durch einen ein Meter breiten, in aller Eile ausgehobenen Graben. Zuerst starrten wir uns an, dann fragte einer: ›Was nu, machen wer eenen Kriech oder keenen?‹ Schallendes Gelächter auf beiden Seiten.«

»Neue Presse«, Kronach

Bis Anfang Juni 1952, innerhalb von zehn Tagen, werden an der thüringischen Grenze zu Westdeutschland auf dem 10-Meter-Kontrollstreifen alle Bäume gefällt. Im Kreis Saalfeld dauert es dann noch einen Monat, bis sämtliche Baumstümpfe gerodet oder gesprengt sind.

Der Kommandeur der zuständigen Grenzpolizei-Bereitschaft, Oberrat Stärker, teilt der Saalfelder »Kreiskommission zur Durchführung der Regierungsverordnung« mit, daß nach seiner Auffassung die Arbeiten im Kreis Saalfeld viel zu gründlich durchgeführt würden: »Das Prinzip der weiteren Bearbeitung muß sein, daß für illegale Grenzgänger die Deckungsmöglichkeit verschwindet, die Grenzpolizei ein klares Blickfeld hat und der Streifen aufgeräumt ist.« Vier Wochen später ist der Streifen aufgeräumt.

Von den 54 privaten Telefonanschlüssen der fast zweitausendsiebenhundert Einwohner Probstzellas werden 43 abgeschaltet. Zunächst gibt es noch drei öffentliche Fernsprecher im Ort; auch die werden später demontiert.

KLARA GEROLD

»Wir waren abgeschottet vom Rest der Welt. Zu einer Beerdigung durfte manchmal Besuch von außerhalb ins Sperrgebiet fahren. Aber mit den Toten konnte man doch nicht mehr reden.«

»Persönliche Freiheit, Unverletzlichkeit der Wohnung, Postgeheimnis und das Recht, sich an einem beliebigen Ort niederzulassen, sind gewährleistet.«
Artikel 8 der DDR-Verfassung von 1949

»In Anbetracht der Durchsetzung der Grenzkreise mit feindlichen, verdächtigen und kriminellen Elementen ist es erforderlich, Maßnahmen zur Säuberung der Grenzkreise von solchen Elementen durchzuführen, indem man diese in die Innenbezirke der DDR umsiedelt.«[13]
Weisung der Sowjetischen Kontrollkommission an das ZK der SED

»Aufgrund des Regierungsbeschlusses vom 26.5.1952 über die Einführung einer besonderen Ordnung an der Demarkationslinie sind zur Erhöhung der Sicherheit im Gebiet an der Demarkationslinie folgende Maßnahmen durchzuführen:
1. Aus dem Bereich der Sperrzone an der Demarkationslinie sind auszuweisen:
a) Ausländer und Staatenlose
b) Personen, die nicht polizeilich gemeldet sind
c) Personen, die kriminelle Handlungen begangen haben und bei denen zu vermuten ist, daß sie erneut straffällig werden
d) Personen, die wegen ihrer Stellung in und zu der Gesellschaft eine Gefährdung der antifaschistisch-demokratischen Ordnung darstellen.
Besitzen die unter Ziffer 1 a – d angeführten Personen Familienangehörige, mit denen sie in enger Gemeinschaft leben oder die aufeinander angewiesen sind, so hat deren Ausweisung gleichfalls zu erfolgen …
6. Weigert sich der Ausgewiesene, der Ausweisung Folge zu leisten, so ist er zwangsweise in das festgelegte Gebiet zu bringen. Hinweise auf Beschwerden oder Einsprüche des Ausgewiesenen an irgendeine Stelle haben keine aufschiebende Wirkung …
9. Kehrt der Ausgewiesene in das Kreisgebiet ohne Genehmigung zurück oder wird er in einem anderen Kreis angetroffen, dessen Gebiet ganz oder teilweise in der Sperrzone liegt, so erfolgt seine vorläufige Festnahme, Bestrafung und Abschiebung aus dem genannten Gebiet.«[14]
Befehl Nr. 38/52 des Chefs der Deutschen Volkspolizei

»Das Verfahren, um den Personenkreis zu ermitteln, ist unterschiedlich. Vorbildlich wird in Ölsnitz gearbeitet. Dort wurden von den Abteilungen Kriminalpolizei, Grenze, Paß- und Meldewesen und dem MfS Listen eingereicht mit einem Stichwort, warum der Aufgeführte zu dem Personenkreis gehört, z. B. Wirtschaftsverbrecher. Wird festgestellt, daß ein und dieselbe Person auf mehreren Listen existiert, so wird von der Kreiskommission, die sich zusammensetzt aus einem Vertreter des VPKA, MfS und der Partei, seine Ausweisung für die operative Kommission als Beschluß in Vorschlag gebracht. Die operative Kommission entscheidet endgültig.

Den Personenkreis der Auszuweisenden zu bestimmen, wird grundsätzlich keine wesentlichen Schwierigkeiten bereiten. Es wird lediglich dafür zu sorgen sein, daß nicht ein unangebrachtes Versöhnlertum bei unseren Mitarbeitern auftritt.«[15]

»Feststellungen über die Durchführung des Befehls 38/52 in den Volkspolizeiämtern Ölsnitz, Schleiz, Saalfeld und Sonneberg« (HvDVP-Bericht vom 29. Mai 1952)

»Die Lehrerin M., Mitglied der LDP, des FDGB, ist gleichzeitig Bibliothekarin der Gemeinde und leistet keinerlei gesellschaftliche Arbeit. Den Anforderungen eines Lehrers in einer größeren Gemeinde kann sie nicht voll und ganz gerecht werden.
Beschluß: Umsetzung nach Unterwellenborn. Ihr Gatte wird mit umgesetzt...
T. ist ein großer Gegner unserer antifaschistisch-demokratischen Ordnung und zugleich gegen unsere Partei. Seine Diskussion ist eine schlechte. Außerdem ist er ein übler Grenzgänger. T. müßte unbedingt abgelöst werden.
Beschluß: Entfernung aus dem Kreis.
K. ist nur Parteimitglied, läßt sich in keiner Weise in die Diskussionen ein. Er besitzt einen alten Beamtendünkel, ist nicht fortschrittlich gesinnt, leistet keinerlei politische und gesellschaftliche Arbeit. Auf ihn ist kein Verlaß. Fachlich ist er gut.
Beschluß: Entfernung aus der 5,5 km Zone.
I. ist Mitglied der SED, hat aber abgelehnt, der DSF beizutreten. Er war von 1929 bis 33 und von 1945–46 Mitglied der SPD. Seine gesellschaftspolitische Mitarbeit ist nicht besonders gut, neigt zu Sozialdemokratismus und Versöhnlertum. Bei der Diskussion und Abstimmung über den Kollektivvertrag im Jahre 1951 war er einer der Hauptkräfte, die gegen die Annahme des Kollektivvertrages arbeiteten und hat auch gegen die Annahme des Kollektivvertrages gestimmt.
Beschluß: Entfernung aus dem Kreis...
W. ist nur Parteimitglied. Politische und gesellschaftliche Arbeit leistet er nicht, im Gegenteil, er diskutiert gegen unsere Parteilinie. Keinerlei Parteiverbundenheit und politisch nicht zuverlässig, deswegen wäre es gut, ihn abzulösen oder zu versetzen.
Beschluß: Entfernung aus der 5,5 km Zone.
gez. Heinke, Kreiskommission für Staat und Wirtschaft des Kreises Saalfeld«[16]

»Gesamtüberblick über die Umsetzungen aus der 5,5 km Zone« des Kreises Saalfeld vom 28. und 30. Mai 1952

Der Thüringer Innenminister Willy Gebhardt meldet der SED-Landesleitung »das Ergebnis der Kommissionsarbeit zur Beseitigung des Ungeziefers«. Insgesamt werden im Kreis Saalfeld dreiundsechzig Menschen »zur Umsiedlung bestimmt« – die Familienangehörigen eingeschlossen sind es zweihundert.
Fast die Hälfte siedelt man als »Grenzgänger und Schieber« aus. Etwa ein Drittel der Ausgewiesenen gelten als »politisch unzuverlässig«. In sechs Fällen erfolgt die Ausweisung wegen »Organisation gegnerischer Tätigkeit«.[17]

Waltraud Jakob

»Meine Eltern sind wegen ihrer Freundschaft zum Itting ausgesiedelt worden. ›Aktion Ungeziefer‹ hieß das – meine Eltern Ungeziefer! Ich war damals in der Gemeinde als Finanzbuchhalter beschäftigt. Da war in dieser Zeit was los den ganzen

Tag, ein Gemunkel und Gelaufe ... ›Mein Gott, was ist los?‹ haben wir uns gefragt. Die Ursel sagte zu mir: ›Heute abend ist unten eine Versammlung, wir sind aber nicht mit eingeladen. Wir gehen mal mit runter.‹ Dort waren dann die politisch Verantwortlichen aus Probstzella versammelt und noch welche, die nicht aus dem Ort waren. Wir wurden fortgeschickt. Mein Verlobter erzählte, daß leere Waggons in Richtung Sperrgebiet gefahren werden und anderswo auch schon Leute weggekommen sind. Zu Hause hab ich noch meine Eltern verrückt gemacht. Mein Vater sagte: ›Mach, daß du in dein Bett kommst. Was soll denn sein?‹«

»Die Aktion wurde trotz aller Vorbereitungen geheimgehalten. Von der Durchführung derselben erhielten die daran Beteiligten erst 2 Stunden vor dem Einsatz bei der Gesamteinsatzbesprechung Kenntnis.
Nach dieser Einsatzbesprechung wurde nach Empfang der Verpflegung und Ausrüstung der Einsatz gestartet. Von Kradfahrern gesichert, setzten sich gegen 23.00 Uhr ein Omnibus, 1 Lkw und 3 Pkw in Bewegung. Um 24.00 Uhr wurde Probstzella erreicht, und während der Einsatzstab seinen Dienst aufnahm, fuhren die übrigen Kräfte in 2 Linien zur Verteilung. Um 4.00 Uhr begann die Aktion.«[18]

Auf Weisung der Sowjetischen Kontrollkommission siedeln die Behörden »verdächtige und kriminelle Elemente« aus den Grenzkreisen aus. Waltraud Jakob (Mitte) und ihre Eltern (links) werden eine Woche, nachdem dieses Foto entstand, »umgesetzt«.

Polizeioberrat Richard Bär, Leiter des Volkspolizeikreisamtes, im Bericht über die »Aktion Ungeziefer« im Landkreis Saalfeld

»Mit dem Bürgermeister und einem weiteren Mitglied des Gemeinderates ist der Auszuweisende in der Wohnung aufzusuchen.
Zwecks Kontrolle der Personalausweise auf Vorhandensein des Registrierstempels sind diese, auch die der Familienangehörigen, einzuziehen und einzubehalten.
Verlesung des Umsiedlungsbeschlusses hat stehend in angemessenem Abstand des Betreffenden zu erfolgen, damit ein überraschender Angriff ausgeschlossen ist.
Verhalten bei der Amtshandlung bestimmt, entschlossen und trotzdem in volksnaher Form.
Auf keine Diskussion einlassen, das ist Sache der Agitatoren, desgleichen nicht provozieren.
Beim Verladen bzw. Verpacken des Umzugsgutes ist es nicht Aufgabe der Volkspolizei, Hand anzulegen. Sie hat lediglich jede Störung dieser Amtshandlung zu verhindern.«[19]

»Instruktion zur Eröffnung der Umsiedlung« für die Volkspolizei

Waltraud Jakob

»Am Morgen des 6. Juni 1952 dachte ich: Gehst du etwas eher zur Arbeit, vielleicht bekommst du doch was mit. Ich gehe aus der Haustür raus, und es kommen zwei Zivilisten: ›Ach, entschuldigen Sie, können Sie mir sagen, wo Bauer wohnt?‹ – ›Bauer, das bin ich ...‹ – ›Nu, da komm Se gleich mal mit.‹
Ich ging mit in die Wohnung, meine Mutter kam gleich. Mein Vater war auch früh munter, hat immer schon die Maschinen angeschmissen, bevor er zum Frühstück ging. Die beiden Herren fragten nach unseren Namen und sagten: ›Sie werden heute ausgesiedelt. Das ist nur in Ihrem Interesse. Wenn wir von drüben angegrif-

fen werden, dann sind Sie hier weg. Zu Ihrer persönlichen Sicherheit ...‹ Meine Mutter hat gebrüllt, mein Vater war wie verrückt. Vom Werk kamen Arbeiter, die mußten aufladen. Es hieß: ›Sie sind drei Personen, also drei Stühle ...‹«

»Gegen 8.00 Uhr traten die Transportmittel mit den Packertrupps in Erscheinung und darüber hinaus Agitationstrupps der Partei, die mit den Betroffenen und der Bevölkerung diskutierten und mit guten Argumenten gegnerische Stimmungen zerschlugen. Die ganze Aktion ging planmäßig und ohne besondere Vorkommnisse vor sich.
Auf dem Bahnhof Eichicht standen Waggons bereit, die für die Aufnahme des Umzugsgutes vorgesehen waren. Ein Kommando der territorialen Volkspolizei und ein Kommando der Transportpolizei teilten sich die Sicherung des Güterbahnhofs Eichicht.
Die Versorgung und Betreuung wurde durch Kräfte der Volkssolidarität garantiert. Es wurden schmackhafte Eintopfgerichte und Getränke kostenlos verabreicht. Durch Lautsprecher wurden alle Umsiedler über bevorstehende Maßnahmen verständigt, und es konnte während des ca. 8-stündigen Verladens keine offensichtliche Mißstimmung festgestellt werden ...
Die ganze Aktion wurde in allen Gemeinden von der Amtsleitung, dem Parteisekretär und dem Instrukteur der Landesbehörde der Volkspolizei überwacht. Wo sich Schwierigkeiten ergaben, sind diese gleich an Ort und Stelle beseitigt worden. Gegen 19.00 Uhr war die Aktion beendet, und gegen 20.00 Uhr verließ der Transport, gesichert von Kräften des Kreisrates und der Transportpolizei, den Bahnhof Eichicht in Richtung Suhl.«
Volkspolizeioberrat Bär über die »Aktion Ungeziefer«

»Natürlich gab es individuell bei einer ganzen Reihe von Familien Schwierigkeiten, die mitunter auch zu Tränen führten.«[20]
Genosse Studzinski, Landrat des Kreises Saalfeld, in einem Bericht »über die Umquartierung aus der 5-km-Sperrzone« an das ZK der SED

»Wir haben selbstverständlich damit zu rechnen, daß diese ausgewiesenen Elemente nicht freiwillig gehen. Aber diese exekutive Maßnahme obliegt den Schnellkommandos, und dazu müssen sie in der Lage sein. Die Härten richten sich nicht gegen unsere Klasse!«[21]
Volkspolizei-Insp. Engelmann

WALTRAUD JAKOB

»Auf dem Bahnhof entdeckten wir einen Lokführer aus Probstzella, der ist auch mit fortgekommen, weil seine Tochter in einem Lager eingesperrt war. Er hatte noch am Morgen einen Personenzug nach Leipzig gefahren, während sie in Probstzella seine Frau rausholten ... Der Mann tobte: ›Ihr Schweine! Ihr Verbrecher! Ich fahre Menschen, und ihr setzt mir meine Frau raus!‹
Mein Vater und ich fuhren mit im Güterwaggon, bei den Möbeln, meine Mutter fuhr im Personenwagen mit. Wir dachten, wir kommen nach Rußland.
Am nächsten Morgen sind wir in Zella-Mehlis angekommen. Dort warteten wieder welche zum Verladen. Das waren auch Besitzer von Lastwagen, denen nur mit-

geteilt worden war, wann und wo sie sich mit ihrem Lastwagen zu melden hätten. Als die mitbekommen haben, was sie tun mußten, waren sie außer sich vor Wut, haben geschimpft: ›So eine Schweinerei, was die da machen!‹ Zu uns waren sie sehr nett. (Mit einem von ihnen waren wir noch lange befreundet.)
Wir bekamen eine gute Wohnung, auf einem Berg gelegen, mit ein paar Bäumen. Später erfuhr ich, daß in Probstzella noch am Abend der Aussiedlungsaktion eine Versammlung war. Dort haben sie gesagt: ›Die ausgesiedelten Bürger sind alle ruhig und zufrieden und in guter Stimmung!‹ Und dann gaben sie noch zu verstehen: ›Wer den Mund auftut, ist der nächste, der wegkommt.‹«

»Die Stimmung der Bevölkerung während der Aktion kann man allgemein als normal ansehen. Die Bevölkerung nahm überall eine abwartende Haltung ein. Gruppen von Menschen, die auf den Straßen der einzelnen kleinen Städte (Probstzella, Gräfenthal) und auf den Feldern der Dörfer zusammenstanden, unterhielten sich über die Ausweisung. Es wurden bei einem Teil dieser Gruppen Stimmen laut, daß die ausgewiesenen Personen nach Sibirien abtransportiert werden. Der RIAS-Sender hatte diese Parole verbreitet, und sie wurde von einem Teil der Bevölkerung geglaubt. Die Aufklärungstrupps der fortschrittlichen Organisationen klärten jedoch diese Bevölkerungskreise auf, daß dieses eine Lüge sei und die Familien nur in benachbarten Kreisgebieten angesiedelt werden, um dort wieder einer täglichen Arbeit nachgehen zu können.
Zu Zusammenrottungen von Menschen oder zu nennenswerten Auseinandersetzungen zwischen der Volkspolizei und den Ausgewiesenen aus der Sperrzone ist es nicht gekommen. Ebenfalls wurde keine der von den Verwaltungsbehörden eingesetzten Kräfte, die das Verladen der Möbel usw. zu überwachen hatten, tätlich angegriffen bzw. belästigt.«
Volkspolizeioberrat Bär über die »Aktion Ungeziefer«

Klara Gerold
»Als in Probstzella die Sperrzone eingerichtet wurde, gab es keinen öffentlichen Protest. Die Leute waren dagegen, aber still und immer mehr stille ... So ein Abstumpfen und schließlich Ergeben. Das war diese Angst von oben und von unten, daß das hier so laufen konnte. Die Angst war das Bestimmende. Da könnte ja jemand sein, der einen verrät ...«

»Besonders muß erwähnt werden, daß auch die Parteileitung des VPKA Saalfeld bei dieser Aktion in Erscheinung getreten ist. Die Genossen der SED in der Volkspolizei wurden daran erinnert, daß die Partei der führende Motor in allen Dingen sein muß, um jede Situation zu erkennen und zu meistern.
Die enge Verbindung der Leitung des VPKA Saalfeld mit dem Kreisvorstand der SED Saalfeld war gut. Sie zeigte sich darin, daß alle Maßnahmen, die getroffen wurden, in engster Verbindung und guter Zusammenarbeit mit dem Kreisvorstand durchgeführt wurden. Abschließend kann gesagt werden, daß im Gegensatz zu anderen Grenzkreisen die Aktion im Landkreis Saalfeld mit Erfolg durchgeführt wurde.«
Volkspolizeioberrat Bär über die »Aktion Ungeziefer«

1952

»Bei der Aussiedlungs-Aktion traten in den einzelnen Grenzkreisen folgende Schwierigkeiten bzw. Widerstände der Bevölkerung auf: ...
Durch Fehlorganisierung waren bei der Benachrichtigung der Betroffenen am Morgen des 5.6. die Agitatoren im Kreis Sonneberg noch nicht eingesetzt, so daß es stellenweise zu Panikstimmungen und Gerüchten verschiedener Art kam. Ein am Morgen des 6.6. durchgeführter Agitationseinsatz mit 2000 Aufklärern führte eine gewisse Beruhigung herbei ...
Durch mangelhafte Agitation waren in den Grenzgemeinden Heinersdorf und Liebau besondere Schwerpunkte entstanden, so daß in Liebau von den 65 Einwohnern 62 die DDR fluchtartig verließen und nur 3 alte Leute zurückblieben. Auch in Heinersdorf war eine Massenflucht zu verzeichnen. Hier desertierten 2 VP-Angehörige mit der Bevölkerung über die Grenze ...«[22]

MfS-Bericht mit der Überschrift: »Betr.: Aktion ›Ungeziefer‹«

5. Juni 1952: Eine aus Heinersdorf (Thüringen) nach Welitsch (Bayern) geflüchtete Frau nimmt Abschied von ihrem nur hundert Meter entfernt liegenden Haus.

In Heinersdorf, Kreis Sonneberg, hat der SED-Kreissekretär schon drei Tage vor Beginn der Aussiedlungsaktion auf einer Ortsversammlung seiner Partei »Evakuierungen« von Staatsfeinden angekündigt. Sechzig Heinersdorfer sind »zur Ausweisung vorgeschlagen«, einhundertdreißig gelingt am 5. Juni 1952 die Flucht nach Bayern zunächst über die Straße ins gegenüberliegende Welitsch, dann, als Polizisten und sowjetische Soldaten diesen Weg abriegeln und auf »Sperrbrecher« geschossen wird, durch den Wald.
Außer den beiden Heinersdorfer Polizisten flüchten während der »Aktion Ungeziefer« fünfzehn Angehörige der Thüringer Grenzpolizei in den Westen.
Etwa tausend Menschen versammeln sich in den Abendstunden an der Grenze in Höhe der Ortschaft Heinersdorf auf westdeutschem Gebiet. Auch auf der ostdeutschen Seite kommt der Großteil der Einwohner auf die Dorfstraße. Als die Stimmung zu kippen droht, rufen die örtlichen SED-Propagandisten zur Einwohnerversammlung. Rund achthundert Heinersdorfer folgen.[23]

»In Streufdorf ließen sich die Einwohner durch reaktionäre Elemente verleiten, Barrikaden zu errichten und damit den Ortseingang zu versperren. Agitatoren der SED wurden tätlich angegriffen, VP-Angehörige mit Steinen beworfen. Ein eingesetzter Löschzug der Feuerwehr erzwang die Räumung der Barrikaden. 15 Personen wurden festgenommen, von denen sich 5 heute noch in Haft befinden und dem Gericht zur Aburteilung übergeben werden. [Sie werden im September 1952 wegen Boykotthetze zu Zuchthausstrafen zwischen drei und acht Jahren verurteilt.[24]]
Auch in Westhausen errichtete die Bevölkerung Straßensperren, angestiftet durch reaktionäre Elemente aus Streufdorf. Lkw mit Hausrat von Ausgesiedelten der Nachbargemeinden wurden aufgehalten und zum Teil entladen. An diesen Aktionen waren ungefähr zweihundert Personen beteiligt. Durch Schnellkommandos der VP wurden die Hindernisse beseitigt und die Einwohner zur Vernunft gebracht ...

1952

Besondere Schwierigkeiten gab es ... in den Gemeinden Dorndorf, Empfertshausen, Kaltennordheim u. a. Orten. Die Einwohner dieser Gemeinden stellten sich geschlossen gegen die Aktion, besetzten die Zufahrtsstraßen und meldeten die Annäherung von VP-Angehörigen durch Läuten der Kirchenglocken. In Dorndorf kam es am 6.6. zu einer Demonstration von zur Aussiedlung vorgesehenen Personen, die trotz Einsatzes von VP-Einheiten erst in den späten Nachtstunden aufgelöst werden konnte.
Im Zusammenhang mit den Vorkommnissen in Dorndorf und Kaltennordheim wurden 11 Personen vorübergehend festgenommen. 10 von ihnen wurden nach 24 Stunden entlassen, der 11. verbleibt wegen Widerstand gegen die Staatsgewalt in Haft ...«
MfS-Bericht über die »Aktion Ungeziefer«

»Am 6.6.1952 erhielten 16 Familien der Gemeinde Dorndorf den Ausweisungsbefehl. Der Abtransport sollte am 7.6.1952, 6.00 Uhr, erfolgen. Zur gleichen Zeit wurden etwa 50 männliche Einwohner der Gemeinde in das Bürgermeisteramt bestellt, weil sie angeblich für den Holzeinschlag im 10-m-Streifen eingesetzt werden sollten. Im Bürgermeisteramt wurde ihnen jedoch eröffnet, daß sie als Räumungskommando für den Ort Geisa vorgesehen seien und sofort dorthin abtransportiert würden. Sämtliche anwesende Männer weigerten sich geschlossen, eine derartige Aufgabe durchzuführen, und gingen einfach wieder nach Hause.
Gegen 8.45 Uhr wurden sie erneut aufgefordert, sich im Bürgermeisteramt zu melden, von wo aus sie zur Gastwirtschaft ›Petter‹ geschickt wurden. In dieser Gastwirtschaft war ein VP-Kommissar anwesend, der Ermittlungen darüber anstellte, wer die am Vorabend unter den Einwohnern umlaufende Unterschriftensammlung zugunsten der für die Evakuierung Vorgesehenen veranlaßt hatte. Die Liste war von dem VP-Kommissar bereits beschlagnahmt, und als er in Erfahrung brachte, daß die Initiative für die Unterschriftensammlung von dem 48jährigen Einwohner Kurt Müller ausgegangen war, ließ er diesen sofort verhaften und zum Bahnhof bringen. Die Versammlungsteilnehmer folgten geschlossen dem Verhafteten, und durch den Zustrom weiterer Personen aus der Bevölkerung gelang es schließlich, ihn mit Gewalt aus den Händen der Polizei zu befreien.
Inzwischen war bereits die Familie Kaltwasser von Zivilisten aus Bad Salzungen unter Bewachung der VP evakuiert und zum Bahnhof gebracht worden. Als die erregte Menge dies feststellte, wurde die Familie im Triumphgeleit wieder in ihre Wohnung zurückgeführt, wohin auch die bereits auf dem Bahnhof verladenen Möbel zurückgeschafft wurden.
Gegen 12.30 Uhr erschienen etwa 20 Volkspolizisten auf Krädern zur Verstärkung der im Ort bereits anwesenden VPs. Da die Menge gegenüber den Volkspolizisten jedoch eine drohende Haltung einnahm, zogen sich diese sehr bald wieder zurück ... Gegen 18.00 Uhr erschien die mittags wieder nach Bad Salzungen abgerückte VP-Krad-Abteilung mit einem Wagen der Feuerwehr erneut im Ort. Als die Polizei mit Gummiknüppeln auf die Bevölkerung losging, nahm diese eine so drohende Haltung ein, daß sich die Polizisten schnellstens wieder zurückzogen. Auch der Kraftfahrer des noch im Ort anwesenden Landrates wurde zur Abfahrt gezwungen. Der Landrat selbst hielt sich beim Bürgermeister verborgen und verließ erst nachts auf Schleichwegen den Ort.

1952

»Auf Anweisung des Bürgermeisters mußten am späten Nachmittag sämtliche Gastwirtschaften geschlossen werden. Um 21.00 Uhr verhängte der Bürgermeister außerdem den Ausnahmezustand. Gegen 22.00 Uhr erschienen fünf Lkw mit etwa 100 Volkspolizisten, die teilweise Hunde mit sich führten, im Ort. Die VP wurden von der Bevölkerung verhöhnt und beschimpft und zogen gegen 23.00 Uhr unverrichteterdinge wieder ab.

Um zwei Uhr nachts trafen aus Richtung Eisenach 17 Lkw mit sowjetischen Soldaten im Ort ein, von denen sieben nach Vacha und zehn in die Rhön weiterfuhren. Gegen 2.30 Uhr trafen weitere sieben Lkw mit sowjetischen Soldaten ein, die vor dem Dorf haltmachten. Etwa gegen vier Uhr wurden außerdem ungefähr 600 VP, die auf Lkw und Krädern herangeschafft worden waren, zur Umzingelung des Ortes eingesetzt. Gleichzeitig drangen vier sowjetische Panzerspähwagen in den Ort ein. Die Bevölkerung hatte sich erneut zusammengerottet und die Feuersirene ausgelöst. Durch die Übermacht der VP, die in drei Ketten in den Ort eindrangen und die Straße sperrten, wurde die Menge unter rücksichtslosem Einsatz der Gummiknüppel zurückgedrängt. Hierbei wurden die Einwohnerin Käthe Karn und der Einwohner Christian Hörschelmann wegen Widerstands gegen die Staatsgewalt verhaftet, gefesselt und mit einer Schlinge um den Hals abgeführt. Gegen 6.00 Uhr hatte die Polizei die Ruhe soweit hergestellt, daß die vorgesehenen Evakuierungen ungehindert durchgeführt werden konnten. Inzwischen hatte sich jedoch ein Teil der für die Evakuierung Vorgesehenen nach der Bundesrepublik absetzen können.«[25]

Aussage eines Flüchtlings

Auch den Rügers, einer angesehenen Sonneberger Familie, droht die Zwangsumsiedlung. Da es ihnen nicht gelingt, sich durch Flucht dieser Maßnahme zu entziehen, flüchtet Werner Rüger mit seiner Frau Hildegard und dem Sohn Manfred in den Tod.

Im Sonneberger Ortsteil Höhnbach, rund dreißig Kilometer von Probstzella entfernt, protestiert »eine größere Anzahl Einwohner« gegen die Ausweisungsbeschlüsse. Auch hier erstickt ein Schnellkommando der Volkspolizei den öffentlichen Widerstand.

Kurz darauf finden Feuerwehrleute in einer Sonneberger Wohnung die Leichen einer zur Ausweisung bestimmten Familie: Vater, Mutter und ein Kind. Der Vater, Werner Rüger, hat nach mehreren Jahren in Kriegsgefangenschaft panische Angst gehabt, nach Rußland ausgesiedelt zu werden.

Den Rügers gehört ein alter Sonneberger Familienbetrieb, die »Pension Rüger«. Vergeblich hat Werner Rüger versucht, der Aussiedlung durch Flucht zu entkommen. Als man ihn, seine Frau Hildegard und den zwölfjährigen Sohn Manfred findet, gibt es keine Rettung mehr: Der Gashahn ist aufgedreht, und bei allen drei Toten sind die Pulsadern geöffnet.

In der Sonneberger Tageszeitung »Freies Wort« ist neben der Todesanzeige zu lesen, daß Menschen, die die »Lügenparolen westdeutscher Hetzsender« verbreiten, mit dazu beigetragen hätten, »daß in Sonneberg eine geachtete Familie einem Mordanschlag zum Opfer gefallen ist. Diese Familie würde heute noch unter den Lebenden weilen, wenn sie nicht durch gewissenlose Hetzer mutlos gemacht worden wäre.«[26]

Allein in Thüringen treiben Ausweisungsbeschlüsse Anfang Juni 1952 sieben Menschen dazu, sich das Leben zu nehmen.[27]

1952

Am Morgen der »Aktion Ungeziefer« notiert die Polizei im Kreis Saalfeld nur »einzelne negative Diskussionen«:
In Marktgölitz hat Bürgermeister Artur Höfner, ein SED-Genosse, »gegen diese Stellung genommen und sich schützend vor einen Großbauern gestellt. In der Wirkung forderte er zum passiven Widerstand auf.«
Der »Konsum«-Verkaufsstellenleiter in Probstzellas Nachbarort Lehesten, ein SED-Mitglied, lehnt einen »Parteiauftrag in bezug auf die Durchführung der Ausweisungsaktion« ab: Otto Mäder erklärt, daß er sich unter keinen Umständen an dieser Aktion beteiligen werde und sich eher ausweisen lasse. Fünf »zur Umsiedlung bestimmte« Einwohner Probstzellas verweigern die Unterschrift unter den Ausweisungsbeschluß, wenngleich dies »keine aufschiebende Wirkung« hat.
In Probstzella ist ein fünfzehnköpfiges Schnellkommando der Volkspolizei nebst einem »Löschfahrzeug« einsatzbereit.

FRIEDRICH REICHENBÄCHER
»Mein Nachbar Carl Motschmann ist mit ausgesiedelt worden, ich hab mich noch verabschiedet von ihm und seiner Familie. Er hatte die Gaststätte, den ›Wilden Mann‹. Es hieß, er hatte Westverbindungen. Aber wir erfuhren ja auch nichts Genaues, auch nicht, wer bestimmt hatte, wer ausgesiedelt wird. Es hat geheißen, das wären der Bürgermeister, ein Polizist und zwei aus dem Ort gewesen, die dafür gesprochen haben mußten.
Die Leute im Ort redeten schon über die Aussiedlungen, aber nur insgeheim … Keiner wagte was, denn jeder hat damit gerechnet, daß er der nächste ist. Sie drohten ja regelrecht: ›Wer gegen das Grenzgesetz verstößt, wird ausgesiedelt.‹«

Unter den 57 am 6. Juni 1952 ausgesiedelten Einwohnern Probstzellas sind zwei Gastwirte, ein Baustoffgroßhändler, ein Elektromonteur, ein Gemeindediener, drei Eisenbahner, der Inhaber einer Mineralwasserfabrik, der Inhaber einer Schiefertafelfabrik und eines Sägewerkes, zwei Holzfäller und ein Maschinist, des weiteren eine Hausbesitzerin, die Inhaberin einer Spedition und eine Kellnerin.[28]
Nur einen Meter von der Grenzlinie am Falkenstein entfernt wohnt der Bahnangestellte M., auch er soll ausgesiedelt werden. Noch am Vormittag der Aktion gelingt ihm und seiner Familie mit Hilfe bayerischer Grenzpolizisten die Flucht.

»Hier empfanden wir zum ersten Male am eigenen Leibe: Stalinismus bedeutet die Auflösung aller Rechtsbegriffe. Die Oberbonzen, Kriminalpolizei und Staatssicherheitsdienst hockten in der Gaststube, lachten und scherzten. Bedienten sich am Bierhahn, tranken Schnaps, rauchten Zigarren, holten Wurst, Schinken und Cremeschnittchen aus der Speisekammer. Der traurige Hintergrund bei der Vernichtung unseres Haushaltes. Ich konnte mich des Gefühls nicht erwehren, daß diese Menschen jede Würde verloren haben. Wir ließen einen stolzen Besitz zurück, der in fast dreihundert Jahren von einer Familie geschaffen worden war. Neunzehn Familien wurden aus Probstzella zwangsausgesiedelt, die den Machthabern der Sowjetzone nicht paßten, darunter Kinder und Greise. Gefährden diese Menschen den Bestand der DDR?«
Aussage des Probstzellaer Gastwirts Carl Motschmann, Sommer 1952

Der Thüringer Landesbischof Moritz Mitzenheim äußert in einem Brief an den thüringischen Innenminister Zweifel an der Rechtmäßigkeit der Umsiedlung, da man den Betroffenen das in der Verfassung der DDR verankerte »elementare Menschenrecht auf Heimat... kurzerhand abspricht«.

»Sehr geehrter Herr Minister!
Sie gaben mir Gelegenheit, Ihnen am 6. Juni 1952 den Widerspruch vorzutragen, den ich als Landesbischof der Evangelisch-Lutherischen Kirche in Thüringen gegen die Maßnahmen und die Art ihrer Durchführung einzulegen mich verpflichtet wußte, die in den letzten Tagen in den Grenzgemeinden unserer Thüringer Heimat gegen viele Gemeindemitglieder und Bürger der Republik durchgeführt worden sind. Namens der Evangelisch-Lutherischen Kirche in Thüringen, die zu vertreten mir obliegt, möchte ich diese Ihnen mündlich bereits zum Ausdruck gebrachten Bedenken ausdrücklich wiederholen und präzisieren.
Gestatten Sie mir, vorab folgendes auszusprechen: Ich beabsichtige nicht, mich schützend vor Schieber, Spekulanten und ähnliche Personen zu stellen. Die Deutsche Demokratische Republik hat Gesetze und Möglichkeiten, solche Personen zu fassen und zu bestrafen.
Ich sehe mich auch nicht veranlaßt, die Schutzmaßnahmen an der Zonengrenze, wie sie aufgrund der Verordnung vom 26. Mai 1952 über Maßnahmen an der Demarkationslinie (Gesetzblatt Seite 405) eingeleitet wurden, zu kritisieren, soweit diese in besserer Grenzmarkierung, verstärkter Polizeiabschirmung und in gründlicher Kontrolle der in Grenznähe wohnenden und sich aufhaltenden Bevölkerung bestehen. Derartige Maßnahmen mögen die zuständigen Staatsorgane nach ihrem pflichtmäßigen Ermessen anordnen und verantworten.
Ich habe auch nicht die Absicht, mit diesen meinen Gegenvorstellungen eine politische Aktion zu unternehmen. Die Kirche hat keine politische Aufgabe in dem Sinne, daß sie über Zweckmäßigkeit konkreter politischer Maßnahmen zu urteilen hätte. Aber aus Barmherzigkeit hat sie als der Mund der Stummen und Anwalt der Bedrängten dann zu sprechen, wenn sie bei der Durchführung staatlicher Maßnahmen Grundsätze der Gerechtigkeit und Menschlichkeit verletzt sieht. Dieser ihr Auftrag, zu Fragen des öffentlichen Lebens von ihrem Standpunkt aus Stellung zu nehmen, ist durch Artikel 41 der Verfassung der Deutschen Demokratischen Republik ausdrücklich anerkannt.
Wenn man in den letzten Tagen aus den Ortschaften der 5-km-Sperrzone und sogar aus Orten landeinwärts dieses Gebietes Menschen wider ihren Willen und – wie berichtet wird – unter Gewaltandrohung und Gewaltanwendung aus ihren Wohnungen zwangsweise entfernt, so sind diese Maßnahmen gesetzlich nicht gedeckt. Die persönliche Freiheit und die Unverletzlichkeit der Wohnung ist durch Artikel 8 der Verfassung der Deutschen Demokratischen Republik gewährleistet. Diese Freiheiten können nur aufgrund der für alle Bürger geltenden Gesetze in einem geordneten Verfahren eingeschränkt oder entzogen werden. Ein solches Gesetz liegt nicht vor. Die Verordnung vom 26. Mai 1952 deckt diese Maßnahmen nicht...
Im Vorspruch des Gesetzes über die Staatsanwaltschaft der Deutschen Demokratischen Republik vom 23. Mai 1952 (Gesetzblatt Seite 408) wird die ›Achtung der Gesetzlichkeit‹ als ›höchste Pflicht jedes Staatsorgans und Bürgers‹ bezeichnet. Dieser Grundsatz der ›strikten Einhaltung der Gesetze und Verordnungen der Deutschen Demokratischen Republik‹ (Gesetz a.a.O., § 10) ist durch die Zwangsumsiedlung entscheidend verletzt.
Aber nicht so sehr der Verstoß gegen das geltende Recht, auf dessen Beachtung der Bürger vertrauen können muß, wenn anders nicht jede Grundlage des inneren

Friedens erschüttert werden soll, zwingt mich, vorstellig zu werden, als vielmehr die überaus harte, unbarmherzige Art und Weise, in der man die harten angeordneten Maßnahmen durchgeführt hat...
Sie haben mir, Herr Minister, erklärt, daß politisch unzuverlässige Personen aus der Grenznähe entfernt würden. Den Betroffenen wurde nirgends eröffnet, was ihnen denn zum Vorwurf gemacht werde. Das Recht, das jedem Schwerverbrecher zusteht, daß er nämlich zu den gegen ihn erhobenen Anklagen gehört wird, gilt für diese Menschen nicht. Viele Betroffene und ihre Mitbürger haben das Gefühl, einer unbarmherzigen Apparatur hilflos ausgeliefert zu sein.
Es ist auch wiederholt an mich der Gedanke herangetragen worden, daß die Aufnahmen in die Aussiedlungsliste nur durch Denunziation ausgelöst sein können, da ein objektiver Grund nicht erkennbar ist. Die Betroffenen sind nicht über die Möglichkeit eines Einspruchs belehrt worden und müssen sich als deklassierte Bürger minderen Rechtes fühlen, denen man das elementare Menschenrecht auf Heimat, das nicht erst, um Geltung zu haben, in der Verfassung der Deutschen Demokratischen Republik verankert zu werden brauchte, kurzerhand abspricht...
In ernster Besorgnis richte ich an Sie, Herr Minister, im Namen der von mir vertretenen Evangelisch-Lutherischen Kirche in Thüringen die dringende Bitte:
Sorgen Sie, daß Gesetzmäßigkeit und Gerechtigkeit wiederhergestellt werden, damit der innere Frieden erhalten bleibt und nicht Haß und Verbitterung sich anhäufen!
Sorgen Sie, daß Menschlichkeit und Barmherzigkeit walten. Auf der Gewalt ruht kein Segen!
Ich weiß, daß die durchgeführten Maßnahmen nicht von der Regierung des Landes Thüringen ausgingen und auch nicht von ihr allein abgestoppt oder rückgängig gemacht werden können, aber ich wende mich als Landesbischof der Thüringer Kirche an Sie als den Repräsentanten der Thüringer Regierung. Wenn es um entscheidende Fragen des öffentlichen Lebens geht, um Gerechtigkeit und Menschlichkeit, können nicht Zuständigkeitsfragen ausschlaggebend sein. Jeder, der entscheidende Verantwortung trägt, möge zusehen, daß Unheil vermieden und wiedergutgemacht wird.
Der Kampf um die Einheit Deutschlands und um den Frieden soll im Mittelpunkt unseres politischen Bemühens stehen. Ich bestreite, daß man diesen Kampf fördert, wenn man Menschen heimatlos und rechtlos macht und so Unfriede und Verwirrung im eignen Land heraufbeschwört. Es muß doch möglich sein, ruhig und gelassen, gestützt auf die gesunden, aufbauenden Kräfte unseres Volkes, für die politische Konzeption eines einheitlichen, demokratischen Deutschland zu werben, einen Erfolg, den man schwerlich erreicht, wenn man der Weltöffentlichkeit das Schauspiel gibt, daß die eigenen Gesetze nicht beachtet und unbarmherzig Bürger in wenigen Stunden aus ihrer Heimat gebracht werden.
Ich bitte Sie, sehr verehrter Herr Minister, das, was Ihnen zu sagen mein Amt mir befahl, zu hören, und grüße Sie mit guten Wünschen für Ihr verantwortungsvolles Amt.
gez. Mitzenheim«[29]
Brief des Thüringer Landesbischofs an den Innenminister des Landes Thüringen

1952

»In der letzten Zeit werden ... durch feindliche Elemente verleumderische Gerüchte in Umlauf gesetzt, wonach aus den Ortschaften, die in dem Fünf-Kilometer-Streifen an der Demarkationslinie liegen, eine Massenaussiedlung von Einwohnern durchgeführt werden soll. Die Haltlosigkeit und der feindselige Charakter dieser Gerüchte sind offensichtlich. Wie aus wohlunterrichteten Kreisen verlautet, sind keinerlei Aussiedlungen aus den Ortschaften, die im Fünf-Kilometer-Gürtel oder in dem 500-Meter-Streifen an der Demarkationlinie liegen, vorgesehen.«

»Allgemeiner Deutscher Nachrichtendienst« (Ost-Berlin), 16. Juni 1952

»Im Kreis Hildburghausen begann Landesbischof Mitzenheim persönlich am 23.6. in der Grenzgemeinde Streufdorf mit öffentlichen Fürbitten für die Umquartierten. Er sagte u. a., daß diese Gottesdienste in den Gemeinden der 5-km-Sperrzone aus Nächstenliebe abgehalten würden. Er rief den Besuchern zu: ›Auch wenn die Zeiten noch schlimmer und ernster werden, sollten Sie fest zusammenstehen und auf die Kirche vertrauen.‹ Auch forderte er die Jugendlichen auf, nicht in die Reihen der Volkspolizei einzutreten. Das würde nicht mit dem christlichen Glauben in Einklang zu bringen sein, weil ihr Wahlspruch ›Friede auf Erden‹ sei.
Die ganze Rede war eine Hetze gröblichster Form. Mehrfach gebrauchte er das Sprichwort ›Der größte Lump im ganzen Land ist und bleibt der Denunziant‹, um wahrscheinlich denen Angst einzujagen, die an der Aussiedlung mit beteiligt waren.«[30]

Der Vorsitzende des Rates des Bezirkes Erfurt in einem Schreiben an die Berliner »Koordinierungs- und Kontrollstelle«

KARL ZENKEL

»Ab Juni 1952 hat man auch die ersten Familien aus Häusern, die direkt an der Zonengrenze lagen, rausgeholt und die Häuser abgerissen: Bei Tettau, an der Klimpermühle ... Ich erinnere mich an eine ältere Frau am Sattelpaß, die aus ihrem Geburtshaus geholt wurde: Sie schrie, sie will nicht weg, nicht aus dem Haus ... Man packte sie und schmiß sie auf den Lkw. Frau M. aus Rottenbach konnte noch fliehen: Am Morgen der Aussiedlungsaktion hatte sie gemerkt: ›Da tut sich was, da laufen zu viele Grenzer rum ...‹ Sie ist mit ihren beiden Jungen zum Fenster rausgesprungen, über eine kleine Brücke, und hier angekommen.
In der Regel liefen die Aktionen früh um fünf Uhr an. Ein Offizier kam zu den Leuten, klopfte an die Tür und erklärte, daß sie ein Sicherheitsrisiko sind und umgesiedelt werden ins rückwärtige Gebiet der DDR. Kurz darauf kam das Arbeitskommando und hat das Haus in drei, vier Stunden leer gemacht. In der Regel waren das dreißig, vierzig Leute vom NAW, vom ›Nationalen Aufbauwerk‹. (Je mehr NAW-Stunden sie leisteten, um so eher hatten sie einen Anspruch auf einen Ferienplatz, an der Ostsee oder so ...) Es wurde alles aus dem Haus gebracht, was nicht niet- und nagelfest war. Und dann kam eine Planierraupe. Am Abend war in der Regel an der Stelle des Hauses eine freie Fläche.«

Bei den Innenministern der ostdeutschen Länder stapeln sich sechs Wochen nach der »Aktion Ungeziefer« Hunderte von Einsprüchen der zwangsweise Ausgesie-

54

delten. Entsprechend einer Empfehlung des Ministers für Staatssicherheit, Wilhelm Zaisser, kommt aus dem Berliner Innenministerium der Rat, auf die Beschwerden der »Umgesiedelten« in aller Regel nicht zu antworten.
Kurz darauf empfiehlt Staatssekretär Werner Eggerath, »die Beschwerdeführer zu einer individuellen Aussprache« beim Rat des »Aufnahme«-Kreises zu bestellen, »wo ihnen in der Regel mündlich die Ablehnung ihres Einspruches mitgeteilt werden wird. In dieser Aussprache ist den Beschwerdeführern zu erklären, daß diese Entscheidung endgültig ist.« Allein »in besonderen Ausnahmefällen, z. B. bei Namensverwechslungen oder anderen schwerwiegenden Fehlern«, sei der Vorgang dem Rat des Bezirkes zur Überprüfung zuzuleiten.

»Betrifft Ihren Einspruch gegen die auf Grund der Regierungsverordnung über Maßnahmen an der Grenze zwischen der Deutschen Demokratischen Republik und den westlichen Besatzungszonen Deutschlands durchgeführte Aussiedlung:
Die Regierung der Deutschen Demokratischen Republik hat vom Tage ihres Antritts an eine Politik der friedlichen demokratischen Entwicklung zum Wohle der Menschen in der Deutschen Demokratischen Republik und darüber hinaus des gesamten deutschen Volkes geführt. Demgegenüber haben die Machthaber in Westdeutschland alle großzügigen Angebote auf Durchführung freier demokratischer Wahlen und Abschluß eines demokratischen Friedensvertrages abgelehnt und so gegen den Willen des gesamten deutschen Volkes gehandelt.
Durch die Unterzeichnung des Generalkriegsvertrages und seiner Zusatzabkommen wurde von den Westmächten die politische Lage weiter verschärft und eine Situation geschaffen, die unsere weitere friedliche Entwicklung in der Deutschen Demokratischen Republik auf das höchste gefährdet. Es wurde einwandfrei festgestellt, daß ständig Agenten und Saboteure in das Gebiet der DDR eingeschleust wurden, um unseren friedlichen Aufbau zu stören.
Ein großer Teil unserer werktätigen Bevölkerung erkannte die große Gefahr und wandte sich mit der Bitte an unsere Regierung, Maßnahmen zur Sicherung der Grenze zwischen der Deutschen Demokratischen Republik und den westlichen Besatzungszonen einzuleiten. Die Regierungsverordnung vom 26. Mai 1952 trägt diesen Wünschen der werktätigen Bevölkerung Rechnung.
Auf Grund Ihres antidemokratischen Verhaltens gegenüber der Deutschen Demokratischen Republik fallen Sie unter den Personenkreis, der nach der Regierungsverordnung auszusiedeln ist. Ihre Aussiedlung ist somit zu Recht erfolgt. Ihr Einspruch wird daher abgelehnt.
Die Entscheidung wird Ihnen hiermit schriftlich zugestellt und ist endgültig.«[31]
Einheitsschreiben des thüringischen Innenministeriums

»Aus Probstzella wurde eine Familie Bauer umgesetzt, der auch die Tochter Waltraud Bauer angehört. Waltraud Bauer ist verlobt mit einem gewissen Alfred Jakob aus Probstzella, der einen landwirtschaftlichen Betrieb von 5 ha hat. Jakob stellt für seine Braut den Antrag, die Rückkehr nach Probstzella zu genehmigen.
Die Kommission ist nicht der Meinung, daß Waltraud Bauer als Verlobte des Jakob zurückkehren kann. Die Kommission beauftragt den Kollegen Landrat, über Waltraud Bauer Erkundigungen einzuziehen, um in einer der nächsten Sitzungen

1952

zu erwägen, ob ihr der Zuzug nach Probstzella genehmigt werden kann, sofern sie mit ihrem Verlobten Alfred Jakob die Ehe schließt.«[32]

Sitzungsprotokoll der »Kreiskommission zur Durchführung der Regierungsverordnung über Maßnahmen an der D-Linie«

Bis zum Herbst 1952 werden über 2400 Familien mit annähernd 8400 Angehörigen aus dem Grenzgebiet der DDR ausgesiedelt. Mehr als 6400 Menschen flüchten aus dem Sperrgebiet nach Westdeutschland, rund 1900 davon sollten ausgesiedelt werden.[33] Über 400000 Menschen bleiben in der Sperrzone der DDR.[34]

Die ostdeutsche Nachrichtenagentur ADN meldet am 16. Juni 1952, daß die Regierung der Grenzbevölkerung »bedeutende steuerliche Vergünstigungen, eine Erhöhung der Renten, sowie eine bessere Versorgung« in Aussicht stellt. Zudem sollen die Arbeiter und Angestellten im Sperrgebiet fortan einen fünfzehnprozentigen »Sperrzonen-Zuschlag« auf Löhne und Gehälter erhalten.

Nach einem Polizeibericht nimmt die Grenzbevölkerung die Vergünstigungen »mit besonderer Begeisterung auf«, laut ADN bringt die Bevölkerung in den Grenzkreisen ihre Befriedigung zum Ausdruck.

Als die Sperrzone errichtet ist und auch die Befestigungsarbeiten an der Westgrenze der Deutschen Demokratischen Republik vorankommen, beschließen die Teilnehmer der II. Parteikonferenz der SED Mitte Juli 1952 den beschleunigten Aufbau des Sozialismus in der DDR. »Aufbau des Sozialismus«, das bedeutet unter anderem die Kollektivierung von Handel, Handwerk, Gewerbe und Landwirtschaft beziehungsweise die weitere Verstaatlichung privater Betriebe.

In den folgenden Monaten kommt es zur größten Massenflucht seit der Gründung der DDR. Die meisten Menschen fliehen über West-Berlin, weil die Sektorengrenzen noch leicht passierbar sind. Mehr als hundertachtzigtausend DDR-Bürger durchlaufen 1952 das bundesdeutsche Notaufnahmeverfahren.[35]

»Im Lager des Imperialismus herrschen Zerfall und Fäulnis. Im Lager des Sozialismus entfalten sich Aufbau, Fortschritt und Gemeinsamkeit der Interessen im Kampf für Demokratie, Frieden und Sozialismus. Das Lager des Friedens wird geführt von der sozialistischen Sowjetunion mit dem Führer der Völker, dem großen Stalin, an der Spitze ... Die Sicherung des Friedens, des demokratischen Fortschritts und des sozialistischen Aufbaus in der Deutschen Demokratischen Republik und in Berlin gegenüber Aggressionsakten vom Westen erfordert die Festigung und Verteidigung der Grenzen der Deutschen Demokratischen Republik, die Stärkung der demokratischen Volksmacht, der demokratischen Ordnung und Gesetzlichkeit und die Organisierung bewaffneter Streitkräfte, die mit der neuesten Technik ausgerüstet und imstande sind, die Errungenschaften der Werktätigen vor einem imperialistischen Angriff zu schützen ...

Die politischen und die ökonomischen Bedingungen sowie das Bewußtsein der Arbeiterklasse und der Mehrheit der Werktätigen sind so weit entwickelt, daß der Aufbau des Sozialismus zur grundlegenden Aufgabe in der Deutschen Demokratischen Republik geworden ist.«[36]

Beschluß der II. Parteikonferenz der SED

»Eine bevorzugte Versorgung der Bevölkerung in den Grenzkreisen mit Lebensmitteln, Textilien und Industriewaren ist immer noch nicht erfolgt. In fast allen Kreisen an der Demarkationslinie ruft das Fehlen von Obst und Gemüse eine Mißstimmung unter der Bevölkerung hervor.
Für den Kreis Saalfeld konnten 5 Tonnen Kirschen nicht zur Verfügung gestellt werden, da nicht der notwendige Transportraum zur Verfügung stand. An Lebensmitteln fehlen besonders: hochwertige Nährmittel, für Kleinkinder ›Mondamin‹, Puddingpulver, Haferflocken und Fischkonserven. In vielen Fällen stehen nicht genügend Flaschengetränke zur Verfügung.
An Industriewaren und Textilien ist der Mangel besonders groß: Schürzen und Schürzenstoffe, Berufskleidung, Emaille-Kaffeeflaschen für Bergleute, Fahrräder und Ersatzteile und große Töpfe, Melkeimer und Eimer für die ländliche Bevölkerung.
In landwirtschaftlichen Betrieben, die Futterflächen durch die Grenzmaßnahmen an der Demarkationslinie verloren haben, besteht ein akuter Futtermangel, der durch die Dürre noch verschärft wird.«[37]
Staatssekretär Eggerath an den Minister für Handel und Versorgung

»Die Stimmung der Bevölkerung in der Sperrzone ist im allgemeinen als gut zu bezeichnen. Jedoch treten im einzelnen Unstimmigkeiten auf, vor allem in der Versorgung mit Kartoffeln, Gemüse und Obst.
Des weiteren sind in kultureller Hinsicht gleichfalls noch Schwächen und Mängel vorhanden, was vor allem auf Grund der Passierscheinbeantragung zu Tage tritt. So mußte in der Ortschaft Lehesten eine kulturelle Veranstaltung ausfallen, da für die betreffende Kulturgruppe die Passierscheine nicht rechtzeitig beantragt worden waren. Desgleichen auf dem Gebiet des Sportes, wo ebenfalls Schwierigkeiten bestehen in der Passierscheinfrage für die in die Sperrzone einreisenden Sportmannschaften. Das Leben in der Sperrzone ist sonst im allgemeinen wieder als völlig normal zu betrachten, irgendwelche Gerüchte sind z. Zt. nicht in Umlauf.«[38]
Bericht des Volkspolizeikreisamtes Saalfeld vom 22. August 1952

»In öffentlichen Versammlungen konnte durch Instrukteure festgestellt werden, daß sich weite Kreise der Bevölkerung mit den Beschlüssen der II. Parteikonferenz beschäftigt haben und mit dem Beginn des Aufbaues des Sozialismus in der DDR große wirtschaftliche Erfolge erwarten. Die Versorgung der Bevölkerung mit Kartoffeln, Gemüse und HO-Waren ist noch unzureichend.«[39]
Bericht des VP-Generalinspekteurs an die Sowjetische Kontrollkommission

Bis Ende August 1952 werden von den 23 DDR-Grenzkreisen zu Westdeutschland über fünf Millionen Mark »zur Finanzierung der Maßnahmen aufgrund der Verordnung vom 26.5.52 verausgabt«. Etwa die Hälfte dieses Betrages, 2,7 Millionen Mark, verwendet man zur Deckung der »Unkosten für die Einrichtung des 10-m-Streifens«.[40]

Unter der weiteren Abgrenzung der DDR leidet auch die westdeutsche Wirtschaft. Das Pendeln von Arbeitern über die Grenze wird im Mai 1952 untersagt. Im Landkreis Kronach betrifft das zum einen die etwa zweihundertdreißig bayerischen

1952

Arbeiter, die täglich über den Übergang Ziegelhütte in die Lehestener Schieferbrüche fahren. In den Tettauer Glas- und Porzellanhütten fehlen dagegen eines Morgens mehr als zweihundert Thüringer Arbeiter, denen Volkspolizisten mitten in der Nacht den Grenzschein entzogen haben.

Westdeutschen Landwirten ist der Weg versperrt zu ihren Wiesen, Feldern und Wäldern auf dem Gebiet der DDR. Allein im Kreis Saalfeld können die fränkischen Bauern über sechzig Hektar Land nicht mehr nutzen.[41]

Von Mai 1952 an werden fast alle grenzüberschreitenden Bahngleise gesperrt und teilweise demontiert. Von den annähernd fünfzig Eisenbahnlinien über die Demarkationslinie bleiben nur sechs Strecken für den Interzonen- und Berlin-Verkehr erhalten. Auch die Trasse der westdeutschen Bundesbahn zwischen Pressig und Tettau, die durch Thüringer Gebiet führt, wird am 28. Mai 1952 unterbrochen, ein paar Tage später werden bei Heinersdorf (Thüringen) fünfzehn Meter Gleisschwellen demontiert.

Der Ost-Berliner Staatssekretär Eggerath ersucht im August 1952 seinen Amtskollegen im Staatssekretariat für Kohle und Energie, »die unverzügliche Demontage der Stromleitungen, die nach Westdeutschland führen und stillgelegt wurden, zu veranlassen«, soweit die Leitungen aus Buntmetall bestünden. Dieses Material sei »anderen wichtigen Zweigen unserer Volkswirtschaft zuzuführen«. Die Lage an der Demarkationslinie mache eine »schnelle und unbürokratische Erledigung dieser Maßnahmen unbedingt erforderlich«.[42]

In der »Regierungsverordnung über Maßnahmen an der Demarkationslinie« dagegen steht, alle »zur Durchführung dieser Maßnahmen getroffenen Anordnungen« seien so zu erlassen, daß sie bei »Herbeiführung der Einheit Deutschlands ... sofort aufgehoben werden können«.

In der Nacht vom 1. auf den 2. Oktober 1952 huschen gegen Mitternacht südlich der Ortschaft Spechtsbrunn, etwa zwölf Kilometer von Probstzella entfernt, drei Männer und eine Frau von Bayern nach Thüringen über die Grenze. Zwei Thüringer Grenzpolizisten beobachten sie. Als sie sich der Streife bis auf zehn Meter genähert haben, werden sie angerufen und aufgefordert, stehenzubleiben. Die Angerufenen springen ins dichte Unterholz, Oberwachtmeister H. gibt einen Warnschuß ab, dann schießt Grenzpolizeianwärter Georgi in die Dunkelheit. Schließlich durchsuchen die beiden Polizisten das Unterholz und entdecken die Frau. Die Thüringerin Carola G., 24 Jahre alt, hat bei ihrer Verhaftung Bücklinge, Wolle und einen Fuchspelz im Rucksack.

Am frühen Morgen suchen Grenzpolizisten das Waldstück noch einmal ab. In einem Gebüsch finden sie einen jungen Mann mit einem Einschuß in der Brust. In seinem Rucksack sind Heringe, Fett und Nägel.

Carola G. sagt aus, sie habe die drei Männer erst unmittelbar vor dem Grenzübertritt getroffen und wisse nicht, wie sie heißen. Eine Frau aus einer nahe gelegenen Ortschaft erkennt in dem Toten ihren Sohn Siegfried: Siegfried Neumann, zuletzt Bergarbeiter, getötet im Alter von 22 Jahren. Er sei öfter drüben gewesen, und sie habe ihn schon gewarnt, sagt die Mutter.[43]

Der 22jährige Siegfried Neumann wird erschossen, als er versucht, mit einem Rucksack voller Heringe und Nägel, die er im Westen erstanden hat, über die Demarkationslinie nach Thüringen zurückzukehren.

Da Probstzella zum Sperrgebiet erklärt worden ist, dürfen keine Urlauber mehr in den Ort, mit dem Fremdenverkehr ist es vorbei. Das Müttererholungsheim der Evangelischen Kirche, das nach dem Krieg im »Häuschen« der »Bekennenden Kirche« unterkam, wird ohne vorherige Ankündigung geschlossen. Am 6. Oktober 1952 kommt der mündliche Räumungsbefehl, ausgesprochen von einem Polizeikommissar und dem Probstzellaer Bürgermeister Martin Säuberlich, der kurz nach der Aussiedlungsaktion »aus Mangel an Kadern« wieder eingesetzt worden ist. Nach dem Räumungsbefehl haben die Mütter im »Häuschen« noch 24 Stunden Zeit, ihre Sachen zu packen.[44]

Waltraud Jakob

»Ich war also erst mal zusammen mit meinen Eltern ausgesiedelt worden, obwohl ich damals schon in Probstzella verlobt war. Man sagte mir, ich solle sofort aufs Standesamt und heiraten – aber nicht in der Kirche von Probstzella! –, dann könnte ich wieder zurück.
Unter großen Schwierigkeiten konnte ich das, nach einem halben Jahr. Nach meiner Rückkehr wurde ich gleich verhaftet. Das war am Vormittag des Heiligen Abends 1952. Meine Schwiegermutter und ich waren in der Küche mit Vorbereitungen beschäftigt, als zwei Polizisten kamen: ›Frau Jakob?‹ Meine Schwiegermutter: ›Du liebe Zeit – das bin ich!‹ (Ihre Tochter war gerade erst nach fünf Jahren Haft zurückgekehrt. Sie war wegen eines politischen Witzes durch sämtliche Lager gegangen: Bautzen, Waldheim ...) ›Und Waltraud Jakob?‹ – ›Das bin ich.‹ – ›Sie sind verhaftet!‹ Leute aus dem Ort hatten mich angezeigt, weil man ja wußte, daß ich ausgesiedelt worden war.
Mit der Polizei bin ich durchs Dorf, mein Mann ist mitgekommen. Er fragte, was das soll, und zeigte unsere Zuzugsgenehmigung. Der eine Polizist rief dann beim Kreis an, um zu fragen, ob die Genehmigung auch wirklich erteilt worden sei. Aber dort erreichte er niemanden mehr.
Zum Glück kam uns eine Idee: Wir ließen bei einem ehemaligen Kollegen meines Vaters anrufen, der war ein überzeugter Kommunist, aber kein schlechter Mensch. Er sagte: ›Was habt ihr gemacht?! Laßt ja das Mädel laufen! Das geht in Ordnung.‹ Sie ließen mich heim, ich hab am ganzen Körper gezittert.
Ich hatte in Probstzella immer Angst ... Die Leute im Ort waren nach meiner Rückkehr freundlich zu mir; die hatten doch alle nicht gewollt, daß wir wegkamen. Ich gehörte ja hierher, war hier geboren.
Meine Eltern durften nicht wieder her. Nach drüben abhauen wollten sie nicht, sie wollten zurück nach Probstzella, in die Heimat ... Später durften sie wieder zu Besuch hierher. Wir vermuteten, daß die Akte meiner Eltern weggekommen war.«

Berlin, 17. Juni 1953

»Als ein Panzer über den Alexanderplatz rollte, schrien die Provokateure auf. Mit wutentstellten Gesichtern und weichen Knien starrten sie auf das erhobene Rohr. Zwei Halbstarke mit entensterzartigen Frisuren griffen zu Steinen und warfen sie auf den Panzer. Unberührt rollte der Panzer weiter, nicht einmal eine Schramme blieb zurück. Der Sowjetsoldat schaute angeekelt auf diese widerlichen Gestalten, in die verlebten, vom Laster gezeichneten Gesichter.«[1]

SED-Zeitung »Neues Deutschland«

1953

»Um den Agenten der Kriegstreiber und deren Handlangern keine Möglichkeit zu geben, in der Deutschen Demokratischen Republik ihre Schädlingsarbeit durchzuführen, ist es unsere Aufgabe als Volkspolizei, unsere Betriebe und die Grenzen unserer Heimat zu schützen ... Der VP-Unterwachtmeister F. war in der Fünf-Kilometer-Sperrzone als Einzelposten eingesetzt. Bei einer Kontrolle des Dienstzimmers des Genannten wurde festgestellt, daß die Räume nicht verschlossen waren und F. nicht anwesend war ... Nach längerem Suchen wurde der F. angetroffen, als er am Ortsausgang am Wald in der Sonne lag und las. Nach Einsichtnahme in die bei F. vorgefundenen Bücher wurde festgestellt, daß es sich hier um Hefte handelte, in denen schmutzige Detektiv-, Kriminal- und Indianergeschichten abgedruckt waren ... Genossen! Was zeigt uns dieser Vorfall? ...
Der VP-Meister Horst M. hat schon längere Zeit im VP-Revier Probstzella Dienst getan. Bei einer Unterhaltung mit anderen Volkspolizei-Angehörigen äußerte M., daß er sehr gern Volksmusik höre. Dabei kam auch die Rede auf die verderblichen Hetzsendungen des Rias, und M. stand auf dem Standpunkt, daß man die Volksmusiksendungen des Rias ruhig anhören könne ... Als den Genossen des VP-Reviers Probstzella die Ausführungen des M. zur Kenntnis gelangten, wurde die Leitung des Volkspolizei-Kreisamtes sofort von dem Vorfall benachrichtigt.«[2]
Diskussionsbeitrag des Polizeimeisters L. vom Volkspolizeikreisamt Saalfeld auf einer Amtsleitertagung am 10. Juni 1953

Im April hat das Moskauer Politbüro den Genossen im Zentralkomitee der Sozialistischen Einheitspartei Deutschlands nahegelegt, das Tempo beim »beschleunigten Aufbau des Sozialismus« etwas zu drosseln. Dennoch hat das ZK der SED den Ministerrat der DDR im Mai aufgefordert, die Arbeitsnormen in den Betrieben um zehn Prozent zu erhöhen, und der Ministerrat ist dem noch im selben Monat gefolgt.
Doch schon am 9. Juni 1953 gesteht das Politbüro des ZK der SED eine »Reihe von Fehlern« ein, die in der Vergangenheit begangen worden seien, und verkündet einen »Neuen Kurs«: Unter anderem sollen privatwirtschaftliche Initiativen nicht mehr unterdrückt, sondern gefördert werden, das Ablieferungssoll für Bauern soll herabgesetzt, der Interzonenverkehr erleichtert werden ...

»Die Beschlüsse des ZK vom 9.6.53 wurden in den Frühnachrichten des heutigen Tages bekannt. Im VEB ›Ernst Thälmann‹ Saalfeld diskutierte ein Teil der Kollegen, daß die Regierung neu gebildet wird, daß Genosse Wilhelm Pieck tot sei und die Grenzen offen wären ...«[3]
Meldung des »Instrukteurs für Parteiinformation« der SED-Kreisleitung Saalfeld vom 11. Juni 1953

In der »Tribüne«, der Tageszeitung des Freien Deutschen Gewerkschaftsbundes (FDGB), lesen Arbeiter auf der »Baustelle Block 40« der Ost-Berliner Stalinallee am Morgen des 16. Juni 1953 diesen Satz: »Jawohl, die Beschlüsse über die Erhöhung der Normen sind in vollem Umfang richtig.« Die Bauarbeiter legen daraufhin die

1953

Arbeit nieder und ziehen zu einer Demonstration vor das »Haus der Ministerien« in der Leipziger Straße. Als sie dort ankommen, ist der Demonstrationszug auf etwa zehntausend Menschen angewachsen, die den Rücktritt der Regierung verlangen und für den nächsten Tag zum Generalstreik auffordern.

Am 17. Juni kommt es in der Berliner Innenstadt zu Zusammenstößen zwischen der Volkspolizei und der protestierenden Bevölkerung. »Aufklärungslokale«, Zeitungskioske und Parteibüros werden in Brand gesteckt oder demoliert.

In den Mittagsstunden verhängt der Militärkommandant des sowjetischen Sektors, Generalmajor Dibrowa, den Ausnahmezustand.

»Maxhütte, Saalfeld: Am 17.6.53 gegen 04.00 Uhr versuchte der Arbeiter S. der Bau-Union Maxhütte den Genossen VP-Oberwachtmeister W. (ein Posten zur Außensicherung des VEB Maxhütte Unterwellenborn) zur Desertion zu bewegen, indem er ihn mit Riasmeldungen überschüttete.

Bei dem S. befand sich ein weiterer Arbeiter der Bau-Union namens H. Diese beiden beabsichtigten, den Genossen VP-Oberwachtmeister W. in Zivil zu kleiden und selbst die Uniform anzuziehen. Das Hauptaugenmerk hatten sie auf die Waffe gelegt, von der sie, wie sie äußerten, Gebrauch machen wollten. Als der Ge-

Eine der Resolutionen, die die Belegschaften verschiedener Geraer Betriebe am 17. Juni 1953 verfassen. Dazu heißt es in einem Bericht an die SED-Bezirksleitung Gera: »Am 17.6.53 gegen 08.00 Uhr wurde von Provokateuren im VEB ›Roto Record‹ eine Versammlung einberufen, in deren Verlauf eine Resolution (bei nur einer Gegenstimme) mit folgenden Punkten zur Annahme kam:
- *Senkung der Normen*
- *Senkung der HO-Preise um 40 Prozent*
- *Auflösung des Ministeriums für Staatssicherheit*
- *Freilassung der politischen Häftlinge*
- *Sturz der Regierung.«*

```
             u.direkte
Freie, geheime/Wahlen für ganz Deutschland;
Freilassung der politischen Gefangenen von 1945 und sofortige
Verbesserung der Lebenslage der Gefangenen bis zur Freilassung.
Rückführung sämtlicher noch zurückgehaltener Kriegsgefangenen und
Gewissheit über ihr Schicksal.
Auflösung der HO und Verteilung der Lebensmittel auf die Marken.
Normale Preise sämtlicher Waren.
Einheitliche Lebensmittelkarten und volle Belieferung derselben.
Aufhebung der Zonengrenzen und Abzug der Besatzungsmächte.
Freie Meinungsäußerung in Wort und Schrift.
Änderung der Sozialversicherungszustände.
Rückführung der Invalidenversicherung auf den alten Stand.
Erhöhung der Altersrenten.
Zahlung einer Witwenrente.
Sozialunterstützung für körperlich Gebrechliche.
Sofortige Beseitigung des Ausnahmezustandes.
Rücktritt der Regierung.
```

nosse Oberwachtmeister W. nicht auf dieses Angebot einging, versuchten sie, ihn zu erpressen, um doch noch zu ihrem Ziel zu gelangen.

Wie die Ermittlungen ergaben, hatte S. die Absicht, mit der Waffe noch mehr Volkspolizei-Angehörige zu entwaffnen. Durch das kluge Verhalten des VP-Oberwachtmeisters W. wurde diese Provokation zerschlagen und führte gleichzeitig zur Festnahme des Hauptprovokateurs S.

Um 06.00 Uhr rotteten sich Bauarbeiter zusammen und verlangten Aufklärung über Berlin. Gegen 10.00 bis 11.00 Uhr versuchten Bauarbeiter das Verwaltungsgebäude der Maxhütte zu stürmen und in die Werkabteilungen einzudringen. Beides wurde durch die Maxhüttenkumpel, die Partei und durch das entschlossene, militärische Auftreten der Volkspolizei verhindert.

Jena: Die Provokationen in Jena begannen am 17.6.53 gegen 08.30 Uhr im Südwerk

des VEB Zeiss. In verschiedenen Abteilungen wurden Unruhen festgestellt. Als Ausgangspunkt dieser Unruhen ist die Gießerei und Halle I des Südwerkes anzusehen, deren Belegschaften die Arbeit niederlegten. Nachdem der Werksleiter, Dr. S., und der 2. BGL-Vorsitzende am Sprechen gehindert wurden, setzte sich die Menge nach dem Hauptwerk zu in Bewegung.
Im Hauptwerk begannen die Arbeitsniederlegungen gegen 08.45 Uhr im Bau 29. Gegen 09.30 Uhr marschierten die Streikenden des Hauptwerkes zusammen mit den Streikenden des inzwischen eingetroffenen Südwerkes in Richtung Holzmarkt.«⁴

»Einschätzungen und Berichte« der SED-Bezirksleitung Gera »über den konterrevolutionären Putschversuch am 17.6.53«

»In Gera und Jena bildeten sich an verschiedenen Punkten Menschenansammlungen, wobei besonders in Jena unter der Führung von Provokateuren Übergriffe an den Dienststellen der Partei- und Massenorganisationen, staatlichen Dienststellen sowie Haftanstalten verübt wurden. Bei diesen Menschenansammlungen hielten einige Provokateure Reden, in welchen sie die Menschen zu Übergriffen aufforderten sowie den Sturz der Regierung forderten.

Auf dem Werksgelände des VEB Schott in Jena diskutieren streikende Arbeiter am Vormittag über das weitere Vorgehen.

In Gera wirkte sich gegen Mittag das Eintreffen randalierender Wismut-Kumpel verschärfend aus. Diese versuchten das Gerichtsgefängnis zu stürmen und beschädigten vor der SED-Kreisleitung die Sichtwerbung. Weiterhin versuchten sie, in einige staatliche Dienststellen, wie Rat des Bezirkes usw., einzudringen.
In Saalfeld traten die Arbeiter der Bauunion Jena in den Streik und versuchten die Kumpel der Maxhütte Unterwellenborn zum Streik aufzufordern. Die besten Genossen der Betriebsparteiorganisation wurden den streikenden Bauarbeitern entgegengeschickt, um sie von der Unsinnigkeit ihres Handelns zu überzeugen, was jedoch nicht gelang, da es den Provokateuren bereits gelungen war, die Masse der Bauarbeiter aufzuwiegeln und unter ihre Führung zu bringen. Unter Gejohle führten sie im Speisesaal der Maxhütte eine Versammlung durch, in welcher sie die bereits aus anderen Betrieben bekannten Forderungen stellten. Einzelne Grup-

Arbeiter!
Provokateure sind unter Euch!

In Korea geht der Krieg zu Ende. Nach dem Willen der Imperialisten soll er in Deutschland beginnen.

Durch Eure Demonstration unterstützt Ihr die Imperialisten in ihrem Vorhaben.

Die Partei der Arbeiterklasse und die Regierung der Deutschen Demokratischen Republik ergreifen alle Maßnahmen, um die berechtigten Forderungen der Arbeiter zu erfüllen.

Schließt Euch fester um die Partei und die Regierung zusammen!

Entlarvt die feindlichen Provokateure, die versuchen, Unstimmigkeiten und Verwirrung in die Reihen der Arbeiterklasse hineinzutragen.

Geht zurück in Euere Betriebe!
Setzt die Arbeit fort!

Bezirksleitung der SED Gera
Sekretariat

T 04 2224/53 V/5/1

---

pen gingen durch die Werksabteilungen, um zu versuchen, die Kumpel der Maxhütte zum Streik aufzurufen. Sie erhielten dort eine eindeutige Abfuhr.«[5]

Bericht des Ersten Sekretärs der SED-Bezirksleitung, Otto Funke, »über die Entwicklung des faschistischen Abenteuers im Bezirk Gera«

»Die Information, daß die Demonstranten das Werksgelände verlassen hatten, wurde uns durch den Betriebs-Parteiorganisations-Sekretär der Maxhütte, Genossen Leppin, übermittelt und gab uns Veranlassung, sofort wieder Verbindung mit der sowjetischen Kommandantur und der Partei aufzunehmen, um dementsprechende Maßnahmen festzulegen, die darin bestanden, daß im Landkreis Saalfeld der Ausnahmezustand verhängt wurde ... Es muß erwähnt werden, daß der Marsch des Demonstrationszuges von Unterwellenborn nach Saalfeld kein Schweigemarsch gewesen ist, sondern Ausrufe wie ›Hinweg mit der Regierung! Höhere Löhne und Preissenkung!‹ zu vernehmen waren.«[6]

Bericht des Leiters des Volkspolizeikreisamtes Saalfeld, Polizeioberrat Bär

»Der Demonstrationszug der Bauarbeiter, der anfangs über 600 Teilnehmer zählte, wurde durch die Aufklärungsarbeit nach und nach zersplittert, so daß noch ca. 300 Bauarbeiter nach Saalfeld demonstrierten. Sie wurden jedoch bereits auf der Eisenbahnbrücke durch sowjetische Truppen aufgehalten.
Die Genossen der Betriebsparteiorganisation schickten einen Lkw mit Agitatoren hinter dem Demonstrationszug her, und es war den Agitatoren in kurzer Zeit ge-

Gegen elf Uhr appelliert ein Belegschaftsmitglied der Firma Zeiss an die versammelten Arbeiter: »Schott-Kollegen! Schließt euch an! ... Laßt euch von eurer SED nichts mehr vormachen!« Schließlich bewegt sich ein Demonstrationszug in Richtung Stadtzentrum Jena.

lungen, den Demonstrationszug aufzulösen. In einzelnen Gruppen und zum Teil auch einzeln traten die Bauarbeiter den Heimweg an.«

Bericht Otto Funkes »über die Entwicklung des faschistischen Abenteuers«

»Im Zusammenwirken mit der Volkspolizei und den Freunden ist gegen randalierende Elemente rücksichtslos vorzugehen.«[7]

Anweisung Otto Funkes vom 17. Juni 1953 an die SED-Kreissekretäre

»Einige Kollegen der Bau-Union wollten der Aufforderung seitens der Volkspolizei, ihre Wohnung aufzusuchen, nicht Folge leisten. Da es bereits eine halbe Stunde nach der angesetzten Sperrstunde war, wurde die Ansammlung von den Kameraden der VP zerstreut, wobei sich zunächst ein Widerstand ergab. Anläßlich der Festnahme eines Arbeiters, welcher sich gröblich widersetzte, wurde von einigen Elementen so diskutiert: Anstatt daß die VP uns entgegenkommt, schickt man uns diese Lumpen (gemeint waren die Soldaten der Sowjetunion). Des weiteren sagte jemand: ›Mit euch paar Parteigenossen und mit den Lumpen der VP werden wir schon fertig werden.‹ Ein anderer sagte: ›Wenn wir mit den 2000 in die Stadt hereingekommen wären, da hätten wir schon einiges machen können.‹ In der Stadt Saalfeld war die Stimmung in den Abendstunden etwas nervös. Sonst gab es keine besonderen Vorkommnisse.«[8]

Telefonische Durchsage der SED-Kreisleitung Saalfeld vom 17. Juni 1953 an die Bezirksleitung Gera

Befehl
des Chefs
der Militär-Garnison des Stadt- und Landkreises Gera

Nr. 2

Für die Herbeiführung einer festen öffentlichen Ordnung in der Stadt Gera wird befohlen:

1. Alle Menschenansammlungen über 3 Personen werden auf Straßen und Plätzen sowie vor öffentlichen Gebäuden verboten.
2. Jeglicher Verkehr von Fußgängern und der Verkehr von Kraftfahrzeugen und Fahrzeugen wird von abends 21 Uhr bis 5 Uhr morgens verboten.
3. Diejenigen, die gegen diesen Befehl verstoßen, werden nach Kriegsgesetzen bestraft.

Chef der Militär-Garnison des Stadt- und Landkreises Gera
Oberst Aktschurin

Gera, den 17. Juni 1953

Gegen 15.30 Uhr rücken sowjetische Panzer ins Stadtzentrum von Jena vor, um siebzehn Uhr wird vom sowjetischen Militärkommandanten der Ausnahmezustand verhängt. Kurz darauf setzt eine Verhaftungswelle ein.

1953

Im Volkspolizeirevier Probstzella ist am Morgen des 17. Juni 1953 gegen 5.15 Uhr eine Anweisung vom VPKA Saalfeld eingegangen: Sämtliche Volkspolizisten seien sofort »in höchste Alarmbereitschaft zu setzen«. Bis auf weiteres habe jeder seinen normalen Dienst im Abschnitt aufzunehmen. Zunächst ist nichts bekannt »über Sinn und Zweck der erhöhten Alarmbereitschaft«. Zwischen den Funktionären von SED, Volkspolizei, Ministerium für Staatssicherheit, Grenzbereitschaft und Transportpolizei laufen die Telefone heiß.
An der Grenze patrouillieren verstärkt Streifen. Angehörige der Grenzpolizei-Inspektion Ludwigstadt bemerken an diesem Tag bei den Thüringer Grenzern eine sonderbare Zurückhaltung.
Am Abend des 17. Juni meldet die Grenzbereitschaft Köppelsdorf: »Im gesamten Grenzgebiet keine besonderen Vorkommnisse, lediglich in den späten Nachmittagsstunden ist in der Nähe von Probstzella eine Ansammlung von 30 Personen auf West-Gebiet provozierend in Erscheinung getreten. Unter dieser Gruppe waren einige Amerikaner in Uniform.«

In mindestens siebenhundert Orten der Deutschen Demokratischen Republik ist es am 17. Juni 1953 zu Arbeitsniederlegungen und Demonstrationen gekommen.
Im Bezirk Gera haben in 32 Betrieben mehr als sechsunddreißigtausend Menschen die Arbeit niedergelegt.
In dreizehn Städten des Bezirks haben über fünfundzwanzigtausend Menschen demonstriert: in Jena etwa fünfzehntausend, in Stadtroda um die zwanzig, meist Jugendliche.[9]

»Die Tätigkeit des Gegners sowie die vorhandene Mißstimmung unter den Werktätigen waren die Veranlassung zu den Streiks und Demonstrationen im Bezirk.
Dazu kann erwähnt werden, daß sich nur ein verhältnismäßig geringer Teil unserer Werktätigen des Bezirkes an den Streiks des 17.6. beteiligt hat. Die ausgezeichnete Haltung der Kumpels der Maxhütte während der Ereignisse bestätigt diese Einschätzung. Hervorgehoben werden muß weiterhin, daß sich der überaus größte Teil der Werktätigen, die sich an den Demonstrationen beteiligten, von den Ausschreitungen der Provokation distanzierte.
Von Genossen der Bezirksleitung der Partei wurde am Nachmittag des 17.6. festgestellt, daß an den Ausschreitungen gegen die Geraer Haftanstalt nur ein geringer Teil Arbeiter teilgenommen hat. Es handelt sich im wesentlichen um Teile des Kleinbürgertums, Hausfrauen, Jugendliche, die von ca. 50 Provokateuren angeführt wurden.«
Bericht Otto Funkes »über die Entwicklung des faschistischen Abenteuers«

»Bekanntmachung des Kommandanten der Stadt Jena: Der Einwohner der Stadt Jena Alfred Diener war einer der aktivsten Organisatoren der Unruhen und Provokationen in der Stadt Jena am 17. Juni 1953 und der feindlichen Umtriebe, die sich gegen die Staatsorgane und gegen die Bevölkerung richteten.
Diener wurde zum Tode durch Erschießen verurteilt. Das Urteil ist vollstreckt. Der Kommandant.«[10]

1953

»Auf der Baustelle der Grundschule Gorndorf machten sich in den Morgenstunden Anzeichen bemerkbar, daß sich die Arbeiter den Aktionen der Bau-Union, Baustelle Maxhütte, anschließen wollten. Durch den Einsatz von Agitatoren konnte dies jedoch verhindert werden. In der Bau-Union Jena, Baustelle Maxhütte, fanden in den Morgenstunden des heutigen Tages ebenfalls wieder Zusammenrottungen statt. Nach dreistündiger Diskussion wurden diese jedoch aufgelöst, und die Kollegen nahmen ihre Arbeit wieder auf.
Aus den Diskussionen mit Geschäftsleuten sehen wir, daß einzelne von ihnen mit den Aktionen der Bauarbeiter in Berlin und Unterwellenborn einverstanden sind. So sagte die Papierwarenhändlerin H. folgendes: ›Es wird Zeit, daß dieser Alpdruck von uns genommen wird. Jetzt darf man nicht mehr schweigen, sondern wir müssen uns den Berlinern anschließen. Ich halte auch keineswegs mehr zurück, ganz gleich, wie es kommen mag.‹ Der Fahrradhändler Sch., Saalfeld, diskutierte folgendermaßen: ›Heute Abend ist noch was los, darauf kannst du dich verlassen. Der Russe hat ja verfassungswidrig gehandelt. Er darf sich nicht in innerdeutsche Angelegenheiten einmischen. In einigen Tagen kannst du bei mir ein West-Rad kaufen, du bekommst es als alter Kunde von mir billiger.‹« [11]

Telefonische Meldung der SED-Kreisleitung Saalfeld vom 18. Juni 1953 an die Bezirksleitung Gera

»Die Beruhigung der Bevölkerung nimmt weiterhin zu. Die Stimmung in den Betrieben ist im allgemeinen gut. In allen Betrieben verläuft die Arbeit normal. Der Kollege P., Garagenmeister beim Energievertrieb Saalfeld, sagte zu den vorgestrigen Vorfällen, daß er niemals die Arbeit hingeworfen hätte, er hätte ja gar keine Veranlassung dazu. Weiter bringt er zum Ausdruck, daß er es gerade der Sowjetarmee zu verdanken hätte, daß dieser Tag in Saalfeld ohne größere Zwischenfälle abgelaufen ist.
Sehr häufig treten auch Diskussionen auf, daß die Bevölkerung nicht versteht, daß die Sowjetarmee unseren Schutz übernommen hat. So z. B. in der Lehrwerkstatt der ›WeMa‹ Saalfeld. Jedoch konnten die Lehrlinge durch eingehende Diskussionen überzeugt werden, warum und weshalb dies notwendig ist.« [12]

Telefonische Meldung der SED-Kreisleitung Saalfeld vom 19. Juni 1953 an die Bezirksleitung Gera

Sowjetische Truppen haben dem Aufbegehren in der DDR ein Ende gesetzt. Dutzende von Toten sind zu beklagen, die Zahl der Verletzten geht in die Hunderte. Mindestens achtzehn DDR-Bürger und ein West-Berliner sind von Sowjetsoldaten »standrechtlich« erschossen worden. Zwei Menschen werden von DDR-Juristen zum Tode verurteilt und hingerichtet. Mehr als tausendfünfhundert Demonstranten erhalten Freiheitsstrafen.
Der 24jährige Bauarbeiter S., der am Morgen des 17. Juni in der Saalfelder »Maxhütte« versucht hat, einem Werkschutz-Wachtmeister Uniform und Waffe abzuschwatzen, um andere Volkspolizisten zu entwaffnen, wird ein paar Tage später vom Bezirksgericht Gera zu sechs Jahren Zuchthaus verurteilt.
Herr U., der dazu aufgefordert hat, das Landratsamt Jena zu stürmen, dabei eine Tür eingetreten und einem Polizisten die Dienstpistole entrissen hat, erhält eine lebenslängliche Zuchthausstrafe.

1953

Der Hilfsarbeiter M. (»gilt als Rädelsführer«) muß für zweieinhalb Jahre ins Zuchthaus wegen »Rat und Auskunft für die Provokateure«.
Unter der für Otto Funke angefertigten Aufstellung dieser und ähnlicher Urteile vom 23. Juni 1953 steht der Vermerk: »Mit dem Genossen der ›Volkswacht‹ wurde heute Rücksprache genommen zwecks Veröffentlichung drastischer Beispiele in der Presse. Spätestens bis Freitag werden drei solcher Fälle in der Tagespresse erscheinen, die vorher mit den Genossen des Sekretariates der SED-Bezirksleitung noch abgesprochen werden.«[13]

Die Erhöhung der Arbeitsnorm wird zurückgenommen. Auf seiner 14. Tagung am 21. Juni 1953 verspricht das ZK der SED »sozialpolitische Maßnahmen« und die »Verbesserung des Lebensstandards der Bevölkerung«.[14]

»Die Erklärung des ZK vom 22.6.53 wird in allen Kreisen unseres Bezirkes begrüßt und die Durchführung als eine Maßnahme betrachtet, die zur Beruhigung der Arbeiter und Bauern beitragen und das teilweise geschwundene Vertrauen zu Partei und Regierung wiederherstellen wird. Im Mittelpunkt der Diskussionen stehen hauptsächlich folgende Punkte:
1. Erhöhung der Renten
2. Erleichterungen im Sozialversicherungswesen
3. Stromabschaltungen
4. Wohnungsbau
5. Sanitäre Einrichtungen
6. Fahrgeldermäßigung bei der Reichsbahn
7. Normerhöhungen
Zur Rentenerhöhung erklärte zum Beispiel die Rentnerin Fräulein S. aus Zeulenroda: ›Ich freue mich wie ein Gott und bin überglücklich. Ich habe mir gleich überlegt, was man kaufen kann (1 Besen, 1 Tischdecke, 1 Paar Filzschuhe).‹«[15]
Bericht Otto Funkes »über die Entwicklung des faschistischen Abenteuers«

»Ein besonders positives Beispiel gibt uns die Schiefergrube Probstzella an der D-Linie. Hier gelang es den Agitatoren durch ihren Einsatz im Betrieb, die Kollegen davon zu überzeugen, daß die von ihnen bereits vorher freiwillig erhöhten Normen in gleicher Höhe beibehalten werden, denn es bestand bei vielen Kollegen die Meinung, daß durch den Beschluß der Regierung sämtliche Normerhöhungen rückgängig gemacht würden. Die Kollegin Hilde P. aus dem Preßwerk Probstzella äußerte sich dahingehend, daß man sich aufgrund der gegebenen Maßnahmen wieder frei aussprechen kann, wogegen man sich vor diesen Bestimmungen nicht frei äußern konnte. Man mußte damit rechnen, daß man abgeholt werde.
Der Genosse Paul Sch. äußerte sich gegenüber dem 1. Sekretär, Genossen Föhst: ›Ich habe immer recht gehabt, daß es bisher nicht richtig war, was unsere Regierung gemacht hat, und daß es da oben Lumpen gibt.‹«[16]
Telefonische Meldung der SED-Kreisleitung Saalfeld an die Bezirksleitung Gera

Ein paar Tage nach dem Arbeiteraufstand dürfen im Bereich der Grenzpolizei-Inspektion Ludwigstadt aus der DDR Geflüchtete den 10-Meter-Streifen überqueren und auf Thüringer Gebiet mit Verwandten und Bekannten sprechen. Zwei

Sommer 1953:
An der Straßensperre zwischen Spechtsbrunn und Tettau warten auf der bayerischen Seite Westdeutsche auf ihre in Thüringen lebenden Angehörigen.

Wochen später verhindern Angehörige der ostdeutschen Grenzpolizei weitere Treffen. Im Herbst 1953 wird die Grenze am Falkenstein noch einmal für einen Tag geöffnet. Es ist die Zeit eines Truppenwechsels in Probstzella.

Im Sommer 1953 sind die Dienststellen der Volkspolizei angewiesen, Anträge auf Interzonenpässe für Reisen nach Westdeutschland »unbürokratisch und in möglichst kurzer Frist zu bearbeiten«. Nur die »Beibringung einer Aufenthaltsgenehmigung für Westdeutschland« ist »Voraussetzung für die Ausstellung eines Interzonenpasses«. Noch im Jahr zuvor ist etwa die Hälfte der Anträge auf Interzonenpässe abgewiesen worden.
Nun erhalten täglich rund sechstausend DDR-Bürger einen Interzonenpaß und annähernd achttausend Westdeutsche eine Aufenthaltsgenehmigung für die Deutsche Demokratische Republik. Die sechs Zugpaare im Interzonenverkehr sind hoffnungslos überfüllt, etliche Reisende bleiben am Bahnsteig zurück.[17]

»Es besteht die Gefahr, daß die Hauptverwaltung der Bundesbahn hinter der Demarkationslinie auf den Eingangsbahnhöfen in Westdeutschland eventuell zusätzliche Züge einsetzt und damit gegen uns Politik macht.
Was die Behauptung der Hauptverwaltung der Bundesbahn uns gegenüber betreffend die Betriebsgefährlichkeit infolge Überbesetzung der Züge anbelangt, so hat sie vollkommen recht. Ganz abgesehen von der Betriebsgefährdung ist die Überbesetzung der Interzonenzüge in einer solchen Form unerträglich für die Reisenden, und Sie können sich vorstellen, was für Diskussionen in den Zügen geführt werden.«[18]
Der Minister für Eisenbahnwesen an den DDR-Ministerpräsidenten, Juli 1953

Etwa tausendeinhundert Menschen befinden sich in einer Julinacht des Jahres 1953 in den acht Waggons des D 150, Berlin–München. Die Fahrzeit beträgt dreizehneinhalb Stunden, und nicht einmal die Hälfte der Reisenden hat einen Sitzplatz. Auf dem Bahnhof Probstzella kommen die Paßkontrolleure nicht mehr in den Zug; sie lassen sich die Dokumente aus den Abteilfenstern reichen.
Die Leute aus Probstzella erhalten keine Interzonenpässe, so hat es die Polizeiverordnung von 1952 verfügt.[19]

1954

Die Bundesrepublik Deutschland verzichtet im November 1953 auf die Ausstellung von Aufenthaltsgenehmigungen für Reisende aus der DDR.
Reisende in die DDR müssen bei den Volkspolizeiämtern weiterhin eine Aufenthaltsgenehmigung beantragen; DDR-Bürger, die nach Westdeutschland fahren wollen, benötigen eine Ausreisegenehmigung.
Insgesamt zählt man 1953 an den innerdeutschen Grenzübergangsstellen annähernd drei Millionen Reisende, rund die Hälfte davon sind DDR-Bürger.[20]

Bei der Deutschen Grenzpolizei leisten am Jahresende 1953 etwa fünfzigtausend DDR-Bürger Dienst.
Zehn Tage nach dem »Juni-Aufstand« ist dem Ministerium für Staatssicherheit die Verantwortung für die Grenzpolizei entzogen worden. Die Einheiten unterstehen nun wieder dem Innenministerium, dem sie bereits bis zur Errichtung der Sperrzone im Jahr zuvor zugeordnet waren. »Unsere Organe des Ministeriums für Staatssicherheit, deren Aufgabe es ist, unseren Staat gegen feindliche Diversions- und Agententätigkeiten zu schützen, haben versagt«, urteilt Ministerpräsident Grotewohl.
Nach dem 17. Juni werden an der innerdeutschen Grenze im Bezirk Gera die Bürgermeister von fünfzig Gemeinden »umgesetzt«.[21]

Der Bundestag erklärt den 17. Juni zum Staatsfeiertag, zum »Tag der Deutschen Einheit«. Auf dem Ratzen-Berg, gegenüber Probstzella, brennt jedes Jahr an diesem Tag ein »Mahnfeuer«.

1954

»Berlin-Niederschöneweide, den 12. Februar 1954. Regierung der Deutschen Demokratischen Republik, Ministerium des Innern, der Minister, an den Chef der Deutschen Grenzpolizei, Generalmajor Gartmann, Pätz/Königs Wusterhausen:
Bezugnehmend auf meine Schreiben vom 27.1. und 1.2.1954 wird erneut Klage geführt, daß auf der Strecke Berlin–Probstzella unsere Bahnhöfe beim Eintreffen der Interzonenzüge ruhig und dunkel wie Friedhöfe wirken. Die HO bietet außer lauwarmen Bockwürsten so gut wie nichts an. In Probstzella ist der Eindruck beinahe erschreckend. Es gibt überhaupt keinen Kiosk, dafür laufen zwei alte, nicht sehr anmutig gekleidete Frauen mit einer Blechkanne auf dem Bahnsteig entlang und bieten bitteren Tee in Pappgefäßen an. Gleichzeitig teilt die Volkspolizei durch Lautsprecher folgendes mit:
›Achtung! Achtung! Der Kampf um die Einheit Deutschlands macht es notwendig, daß an diesem Punkt unseres Vaterlandes eine strenge Kontrolle durchgeführt wird. Alle Anweisungen der Volkspolizei sind streng zu beachten. Die Fahrgäste werden gebeten, den Zug mit Gepäck und allen sonstigen Sachen, die sie mitführen, zu verlassen und zweihundert Meter vor der Lokomotive eine Baracke zwecks Kontrolle aufzusuchen. Nur Frauen mit Kindern unter drei Jahren und Fahrgäste mit über 60 Jahren können im Zuge verbleiben.‹

1954

Diese Lautsprecherdurchsage der Deutschen Grenzpolizei macht einen verheerenden Eindruck auf die Fahrgäste. Es wurde nach Passieren der Zonengrenze nur noch über die Brutalität der Deutschen Grenzpolizei in der ausfälligsten Form gesprochen.

Es ist notwendig, sehr ernste Überlegungen zu machen, ob die Ansage der Deutschen Grenzpolizei nicht vollkommen überflüssig ist, weil selbstverständlich jedes Kind weiß, daß man den Anweisungen der Polizei Beachtung schenken muß. Weiterhin wird notwendig sein zu überprüfen, ob das Verlassen des Zuges erforderlich ist, da die schwach besetzten Züge ebenso gründlich und genau kontrolliert werden können, wenn die Fahrgäste nicht mit Kind und Kegel eine Stunde auf den Bahnsteig hinaus müssen…

gez. Stoph«[1]

STEFAN APPELIUS

»Ein einsames Häuschen nahe Kronach im Fränkischen Wald. Hier leben Walter und Gertraud Reiche mit ihren drei kleinen Kindern. Sie haben die ›Ehrenbachmühle‹ kurz vor der Währungsreform gekauft. Hinter dem Haus stehen einige große Gasflaschen, in der Wohnung liegen stapelweise Flugblätter. Von hier – nur acht Kilometer hinter der Zonengrenze – verschickt das Ehepaar im Auftrag des ›Ostbüros‹ der SPD seit zwei Jahren bei günstigem Wind Flugblätter per Luftballon nach Thüringen.

Das ›Ostbüro‹ der SPD hat es sich zur Aufgabe gemacht, die Menschen in der DDR zum Widerstand (›Bleibt stark, wir helfen!‹) gegen das Unrechtssystem aufzufordern. Auch soll das Material (›Das zahlen alles die Amis‹) die alten SPD-Genossen im Osten stärken. Es werden jeweils drei mit Wasserstoff gefüllte Ballons in unmittelbarer Nähe des Hauses gestartet. Damit sie nach einer gewissen Zeit – bis zu 120 Kilometer hinter der Grenze – von selbst sinken, hat Gertraud Reiche sie vor dem Aufblasen mit einer Stecknadel präpariert und die Löcher sorgsam mit Heftpflaster verklebt.

Walter Reiche ist Unterbezirkssekretär der Sozialdemokraten in Coburg. Der gebürtige Dresdner gehört seit mehr als 20 Jahren der SPD an. ›Schlagt Hakenkreuz und Sowjetstern‹, das hatte er schon in der Weimarer Republik gelernt. 1952 hat sich Reiche für das ›Ostbüro‹ verpflichtet: ›Ich betrachte diese Ballonaktion als ehrenamtliche Parteiarbeit.‹ Der Sozialdemokrat ist in Kronach sehr beliebt und unter der Bevölkerung gern gesehen.

Walter Reiche ist ein glühender Antikommunist und hofft, daß die Diktatur im anderen Teil Deutschlands bald beendet sein werde. Eine gefährliche Aufgabe, denn mit den Machthabern im Osten ist nicht zu spaßen: Reiche und seine Mitarbeiter tragen stets eine Faustfeuerwaffe bei sich, da jederzeit mit einem Kommando-Unternehmen ostdeutscher Agenten gegen den sozialdemokratischen Vorposten zu rechnen ist. Längst ist man in der

Die »Ehrenbachmühle« ist das Domizil der Familie des Sozialdemokraten Walter Reiche.

1954

Walter Reiche (links) bei der Präparation von Ballons, mit deren Hilfe Flugblätter in die DDR geschickt werden (1954).

Hauptabteilung V des Ministeriums für Staatssicherheit auf die ›Feindtätigkeit des Ostbüros‹ aufmerksam geworden: ›Sie tragen dauernd ihre Waffen bei sich. Reiche hat einen Achselrevolver. Aber ehe er den heraus hat, ist er schon umgelegt.‹

In der Ost-Berliner Normannenstraße weiß man über den Feind im Frankenwald genau Bescheid. Mehr als ein Dutzend Spitzel und Agenten kundschaften den im Grenzgebiet lebenden Reiche aus. Der rührige Sozialdemokrat – der sein Aufklärungsmaterial auch kistenweise per Brief über den Eisernen Vorhang schickt – erhält Drohbriefe der Stasi, aufgegeben in Frankfurt am Main: ›Wir warnen Dich jetzt das letzte Mal.‹ Doch Reiche ist unter ›gar keinen Umständen‹ bereit, den Drohungen der SED nachzugeben und seine Aufklärungsarbeit einzustellen: ›Es kann für mich niemals in Frage kommen, daß ich oder meine Frau vor diesen Menschenschindern kapitulieren.‹«[2]

Auch in Probstzella fallen in den fünfziger Jahren Flugblätter mit Aufklärungsschriften vom Himmel. Neben dem »Ostbüro« der SPD läßt im Ludwigsstädter Raum die »Kampfgruppe gegen Unmenschlichkeit«, eine Vereinigung bundesdeutscher Bürger, Ballone starten. Andere »Hetzschriften« werden schlicht über die Demarkationslinie geworfen oder regelmäßig per Post verschickt: an die Betriebsgewerkschaftsleitung (BGL) des VEB Schiefergruben Probstzella, an den VP-Meister K., an den Schulleiter Albrecht Heimbürger (SED)…

Im Oktober 1954 finden in der DDR wieder »Wahlen« statt: Eine Wahlbeteiligung von 98,4 Prozent wird verkündet und eine Zustimmung von 99,4 Prozent für die Einheitsliste.
Nunmehr gehören von den dreizehn Mitgliedern des Volkskammerpräsidiums neun der Sozialistischen Einheitspartei Deutschlands an; von achtundzwanzig Ministern der neuen Regierung sind zwanzig in der SED.

1955

Im Sommer 1955 dreht der deutsche Regisseur Helmut Käutner im fränkischen Ludwigsstadt den Film »Himmel ohne Sterne«. Der Filmemacher ist den Leuten bekannt, vor allem »Große Freiheit Nr. 7« mit Hans Albers ist ihnen noch in Erinnerung.
Neben den beiden Hauptdarstellern aus »Himmel ohne Sterne«, Erik Schumann und Eva Kotthaus, wirken bekannte Schauspieler wie Georg Thomalla, Gustav Knuth, Erich Ponto, Lucie Höflich, Horst Buchholz, Siegfried Lowitz und Wolfgang Neuss mit. Unter den Ludwigsstädtern, die als Statisten mitspielen, sind auch Angehörige der Grenzpolizei-Inspektion.
Ein Film über ein geteiltes Land, eine getrennte Familie, ein Liebespaar, sie von drüben, er von hier. Flüchtlinge, Grenzpolizisten Ost und West, ein »verlassener Waldbahnhof im Niemandsland« - so wie am Falkenstein zwischen Ludwigsstadt und Probstzella. Am Ende eine tödlich gescheiterte Flucht.
Die Menschen im Grenzland erkennen sich wieder in Helmut Käutners Film. Als am Jahresende 1955 im Falkensteiner Grund ein DDR-Flüchtling erschossen wird, werden sie sagen: »Der Film ist Wirklichkeit geworden.«

Ludwigsstädter Grenzpolizisten wirken 1955 in einem Käutner-Film mit, der an der innerdeutschen Grenze spielt.

»Die Reisenden des Interzonenzuges, der mittags den ›Eisernen Vorhang‹ passierte, wollten ihren Augen nicht trauen, als sie durch die Baumreihen – dicht am Rande des Drahtzaunes, den volksdemokratische Arbeitskommandos zur Abschirmung ›gegen feindliche Agenten‹ errichtet haben – zwei Volkspolizisten auf bayerischem Boden Federball spielen sahen, während vier weitere Vopos in olivbraunen Uniformen ihre Kameraden beim Spiel anfeuerten.
Die Geschichte hatte ganz alltäglich angefangen: ›Ihr habt wohl die deutsche Sprache schon vergessen!‹ rief ein Sommerfrischler im Garten des idyllisch gelegenen ›Grenzhotels Falkenstein‹ zwei 18- und 19jährigen Volkspolizisten zu, die jenseits des angrenzenden Stacheldrahtzaunes sehnsüchtig auf die vollen Biergläser und die dampfenden Schüsseln der westlichen Landsleute schauten. Dann krochen zwei Jungen von der bayerischen Seite aus durch die Maschen des Zaunes und drückten den ostzonalen Hütern des Gesetzes ein paar Flaschen Bier in die Hand. Man prostete sich über den ›Eisernen Vorhang‹ zu, trank auf die Verständigung zwischen Ost und West, und es dauerte gar nicht lange, dann saßen die beiden Uniformierten mit an den Tischen der kapitalistischen Gastgeber, welche die deutschen Brüder von drüben mit dem süffigen Falkensteiner Schreider-Bier bewirteten.
Großes Hallo gab es anschließend beim Federballspiel, das die Vopos gar nicht gekannt hatten. Die Wogen der Verbrüderung aber schlugen noch höher, als sich weitere vier Vopos zu ihren Kameraden gesellten und an der fröhlichen Runde teilnahmen. Eisiger Schreck fuhr jedoch den auf westliche Seite übergewechselten Vopos in die Glieder, als am Stacheldrahtzaun auf der drübigen Seite sich mit einem mal ein Volkspolizist aufbaute und rief: ›Euer Wachführer, der Kreutsch, hat euch

1955

die ganze Zeit beobachtet.‹ Da waren sie sich sofort im klaren, daß sie bei ihrer Rückkehr nichts Gutes zu erwarten hatten. ›Die sperren uns bestimmt wegen Spionage oder Sabotage ein‹, meinte einer besorgt, den die andern Herbert nannten. ›Ich bleib hier, ich hab die Nase voll‹, fügte er hinzu.
Das weitere Gespräch drehte sich schließlich darum, wie viele Jahre ›Bau‹ die Volkspolizisten für ihr Vergehen zu erwarten hätten. Auf ostzonaler Seite wurden bald danach Warnschüsse abgegeben. Die Flucht war allgemein bekanntgeworden.
Längst hatte die Dunkelheit das reizvolle Loquitztal eingehüllt, und noch immer saßen die sechs Vopos im Grenzhotel, beratschlagten und ließen sich die spendierten Wurstbrote gut schmecken. Nun wollte keiner mehr von ihnen in die Kaserne nach dem thüringischen Probstzella zurück.
Zu später Stunde brachte dann ein Mannschaftswagen der bayerischen Grenzpolizei die Deserteure zur vorgesetzten Dienststelle nach Ludwigstadt. Aus allen Wolken schienen hier die 18- und 19jährigen Vopos zu fallen, als die bayerischen Grenzer erklärten: ›Sie können sich bei uns frei und unbeaufsichtigt bewegen. Wenn Sie Lust haben, können Sie auch unbehindert wieder in die Sowjetzone zurückgehen.‹«

Helmut F. Krüger in der »Frankenpost« vom 8. September 1955

Diesig beginnt im Falkensteiner Grund bei Probstzella der 9. November 1955. Von den Wiesen am Steinbach erheben sich nur langsam die Dunstschwaden und verfangen sich in den Wipfeln der Fichten an den steilen Hängen hüben und drüben.
Die Temperatur geht gegen den Gefrierpunkt; der Thüringer Grenzpolizist Ulrich Gau, 23 Jahre alt, trägt an diesem Vormittag Handschuhe. Zwölf-Stunden-Dienst. Ein flüchtiger »Wirtschaftsverbrecher« soll seit drei Tagen in der Gegend sein; in Lichtentanne, nur zwei Kilometer entfernt, soll er sich bei Einwohnern nach dem Weg zur Grenze erkundigt haben. Einen Lodenmantel und einen Hut soll er tragen.

Freiwillig hat sich der gelernte Maschinenschlosser Ulrich Gau im Frühjahr 1955 zur Deutschen Grenzpolizei gemeldet. Drei Monate hat die Ausbildung gedauert, zweimal in dieser Zeit hat Ulrich Gau das Schießen mit dem »Karabiner 44« geübt. Insgesamt hat er nur sechs Schuß geschossen und dabei zweimal die Ziele getroffen, aus hundert und dreihundert Metern Entfernung.
Den »Karabiner 44« trägt der Grenzpolizist Gau auch am 9. November 1955 bei sich; das Visier ist auf Ziele in dreihundert Metern Entfernung eingestellt. Der Polizist Gau hat die Aufgabe, »die Grenze zu sichern und keinen Grenzdurchbruch zuzulassen«. – »Erkannte Grenzverletzer müssen sofort festgenommen oder unschädlich gemacht werden«, heißt es in der Dienstvorschrift. Die Schußwaffe ist anzuwenden, »wenn alle anderen Maßnahmen zur Festnahme von Grenzverletzern erschöpft sind«.

Verpflichtungserklärung für die Grenzpolizisten der DDR

Bis 1952 hatte Max Grübner ein Lebensmittelgeschäft im thüringischen Blankenhain, dann ist er enteignet und zu drei Jahren Zuchthaus verurteilt worden. Er hatte versucht, über Verbindungen mit West-Berliner Händlern sein Geschäft am

EIDESSTATTLICHE
VERPFLICHTUNG

Ich verpflichte mich

in der Erkenntnis, daß die Deutsche Grenzpolizei in der Deutschen Demokratischen Republik dazu berufen ist, die Interessen der deutschen Werktätigen vor faschistischen, reaktionären und anderen feindlichen und verbrecherischen Elementen zu schützen, daß sie darüber hinaus ein zuverlässiges Bollwerk der demokratischen Entwicklung sowohl in der Deutschen Demokratischen Republik als auch im Kampf um ein einheitliches, demokratisches Deutschland darstellt,

an Eides statt

der werktätigen Bevölkerung ergeben zu sein, die ehrenvollen Pflichten eines Angehörigen der Deutschen Grenzpolizei ehrlich zu erfüllen, entsprechend der demokratischen Gesetzlichkeit die öffentliche Ordnung, die Rechte der Bürger, ihr persönliches und das Volkseigentum zu schützen.

Ich gelobe

mich diszipliniert zu betragen, die dienstlichen Befehle und Verfügungen genau zu erfüllen, mich in dem von mir übernommenen Dienst zu vervollkommnen und über alle mir bekanntwerdenden Angelegenheiten, deren Geheimhaltung durch Gesetz oder dienstliche Anordnung vorgeschrieben oder ihrer Natur nach erforderlich ist, strengste Verschwiegenheit gegen jedermann zu wahren.

Ich gelobe

mich in der Tat des großen Vertrauens würdig zu erweisen, in der
Deutschen Grenzpolizei dienen und eine Waffe tragen zu dürfen.
Ich bin mir bewußt, daß eine Verletzung dieser eingegangenen
Verpflichtung eine strenge Bestrafung zur Folge hat.
Ich verpflichte mich, vom Tage der Unterzeichnung
dieser Verpflichtung ab in der Deutschen
Grenzpolizei nicht weniger als
drei Jahre zu dienen.

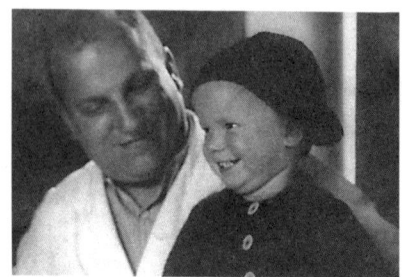

Max Grübner bringt seine fünfköpfige Familie mit einem kleinen Lebensmittelgeschäft durch. Weil er Geschäftsverbindungen zum Westen aufnimmt, wird er 1952 enteignet und ins Zuchthaus gesteckt. Nach der Entlassung arbeitet er als Kellner. Als eine weitere Verhaftung droht, versucht er zu fliehen.

Laufen zu halten. Nach dem Arbeiteraufstand vom 17. Juni 1953 ist seine Reststrafe zur Bewährung ausgesetzt worden. Max Grübner findet Arbeit als Kellner in den Speisewagen der »Mitropa«. Tagelang ist er fort von zu Hause. Im Herbst 1955 will man ihn wegen »Unregelmäßigkeiten« wieder verhaften. »Noch mal geh ich nicht in den Knast!« sagt Max Grübner beim Abschied zu seiner Frau. Eine Flucht über West-Berlin scheint ihm unmöglich: Die Züge nach Berlin werden kontrolliert, ebenso die Straßenzufahrten. Bekannte fahren ihn nach Saalfeld.

Einem Schäfer bei Lichtentanne bietet Max Grübner hundert Mark dafür, daß er ihn zur Grenze führt. Der Schäfer lehnt ab und denunziert den Flüchtling.

An diesem Mittwochmorgen soll Ulrich Gau eine Gruppe Forstarbeiter überwachen, die unmittelbar an der Grenze Holz aufladen. Gegen 10.40 Uhr brechen die Arbeiter in Richtung Lichtentanne auf; Ulrich Gau trabt hinterher, zwei Traktoren lärmen. In dem Moment kommt der Mann im Lodenmantel einen Abhang heruntergerannt. Max Grübner läuft in Richtung Steinbach. Ulrich Gau ruft ihn an: »Halt, stehenbleiben! Deutsche Grenzpolizei.« Er gibt zwei Warnschüsse ab und dann einen Zielschuß aus sechzig Metern Entfernung. Die Kugel trifft im Nacken.

Max Grübner bricht zusammen, sieben Meter hinter der Grenze auf bayerischem Gebiet, unmittelbar vor dem Steinbach. Er robbt ein Stück nach links, dann wieder zurück. Einen Meter vor der Grenzlinie fällt sein Kopf ins Gras.

In der Steinbachsmühle, rund zweihundert Meter entfernt, hat Elfriede K. die Schüsse gehört. Auch die westdeutschen Zöllner Bruno J. und Georg K. sind in der Nähe. Als Bruno J., 24 Jahre alt, den Mann im Gras liegen sieht, ruft er wütend über den Steinbach: »Wer war das? Warum habt ihr ihn erschossen?« Ulrich Gau steht zwischen zwei hinzugeeilten Thüringer Grenzpolizisten und sagt: »Ich war's. Der ist nicht stehengeblieben.« Dann zieht er sich zurück.

Die bayerischen Zöllner wollen feststellen, ob dem Niedergeschossenen noch zu helfen ist. »Laßt den Mann liegen, der liegt bei uns!« rufen die Grenzpolizisten und bringen ihre Waffen in Anschlag. »Laßt den Quatsch, der liegt doch auf bayerischer Seite«, erwidert Bruno J., will aber die Situation nicht weiter eskalieren lassen, zumal der Grenzverlauf am Steinbach seit dem »Bierdeckelabkommen« nicht mehr zweifelsfrei feststeht. Die Thüringer Grenzer dürfen nur in Begleitung eines Vorgesetzten über den 10-Meter-Streifen zum verletzten Max Grübner. Sie halten sich an das Verbot.

Nach einer Viertelstunde stellt der Zöllner Georg K. den Tod des Flüchtlings fest. Max Grübner ist an seinem eignen Blut erstickt. Er ist nur 44 Jahre alt geworden und hinterläßt drei minderjährige Kinder. Bei rechtzeitiger Hilfe hätte er vielleicht überlebt. Max Grübner wird auf dem Ludwigsstädter Friedhof beerdigt.

Ulrich Gau wird von seinen Befehlsgebern belobigt, erhält hundert Mark, ein Abzeichen und eine Urkunde vom Zentralrat der »Freien Deutschen Jugend« (FDJ). Unterschrieben hat der Vorsitzende: Erich Honecker.[1]

»Republikflucht Probstzella: Am Sonnabend, dem 26.11.55, führte die Jugend einen Sportlerball durch. Nach dem Tanz gingen schwarz über die Grenze der Jugendliche K., der Jugendliche S., ... der Jugendliche Sch., Bahnhofstraße, der als Organisator der Republikflucht auftrat ... K. und S. kehrten am Sonntag wieder schwarz über die Grenze zurück, Sch. verblieb im Westen.«[2]

1955

Mehr als eine Viertelmillion Menschen fliehen 1955 aus der DDR, größtenteils über West-Berlin.[3] Über dreißigtausend Menschen werden beim »unkontrollierten Grenzübertritt an der Grenze West« von Angehörigen der ostdeutschen Grenzpolizei festgenommen.[4]

»Informationsbericht aus dem Gebiet Probstzella: ... Große Unzufriedenheit und Mißstimmung gibt es in der Bevölkerung, weil man den Betrieben ein Kontingent von Bohnenkaffee zugewiesen hat, wonach jedes Belegschaftsmitglied 27 Gramm erhält. Konkret wurde das festgestellt in der ›Plasta‹ mit dem Kreisleitungsmitglied Genossin Föhst. Dort wurde der Bohnenkaffee ausgewogen und an die Kollegen verteilt, wobei solche Diskussionen auftraten wie: ›Es soll besser werden? Das wird ja immer schlechter. Es war ja 1950 besser. Mehr arbeiten sollen wir, Plan erfüllen, aber den Arbeitern könnt ihr nichts geben. Wir glauben euch überhaupt nichts mehr, der Partei.‹ ...
Weiterhin erhielt der Konsum Zuteilung von Rosinen, da aber das Kontingent nicht groß war, wurden einmal je Person 100 Gramm verkauft. Hier läuft die Diskussion so: ›Ob die denn überhaupt noch einen Verstand haben, von der Regierung und der Partei, ob man mit 100 Gramm einen Stollen backen kann?‹ ...
In einer längeren Aussprache mit den Kollegen der Güterabfertigung brachten alle Kollegen unmißverständlich zum Ausdruck, daß sie mit der Bedienung im Konsum und HO-Lebensmittel nicht zufrieden seien. Die Kollegen K. und M. sagten: ›Es ist alles gut und schön, aber zu Weihnachten müßte es doch unsere Regierung fertigbringen, daß es in genügenden Mengen weißes Mehl, Rosinen und andere Mengen der für den Weihnachtstisch benötigten Waren gibt.‹ ... Weiterhin erklärten die Kollegen, sie können nicht verstehen, daß die Privat-Kaufleute ihre Fenster für Weihnachten mit wunderbaren Sachen ausgelegt haben, von der Ausschmückung gar nicht zu reden, so daß die Leute alle vor den

Dokumentation der Flucht:
1 Standort des Schützen
2 Schußlinie
3 Grenzlinie
4 10-Meter-Streifen

Max Grübner gelangt auf bayerisches Gebiet, aber dann bricht er schwerverletzt zusammen und stirbt. Er wird in Ludwigstadt begraben.

1956

Auslagen stehen und sich die Nase breit drücken, dagegen in den Fenstern des Konsums und in der HO nichts zu sehen ist...
Gesamtdeutsche Arbeit:... Am 21.12.1955 wurde mit dem Einsatz der Weihnachtsmänner und der Märchengestalten begonnen, und zwar an den jeweiligen Mittagszügen, die aus Westdeutschland kommen. Die Weihnachtsmänner sowie die Märchengestalten begeben sich nach der Kontrolle in den Zug, begrüßen und beschenken die Kinder. Auch erhält oftmals ein altes Mütterchen oder Opa ein kleines Geschenk. Dies hat eine große Begeisterung unter den Interzonenreisenden ausgelöst...«[5]
Berichte des Probstzellaer SED-Ortssekretärs Lochner von November/Dezember 1955 an die Kreisparteileitung

1956

»Einem 52jährigen Maurermeister und Bauunternehmer aus Probstzella in Thüringen ist am Morgen des Ostersamstags auf einem mit Baumaschinen beladenen Lastkraftwagen die Flucht in die Bundesrepublik geglückt. Der Genannte und zehn weitere Familienmitglieder, darunter zwei Schwiegersöhne und drei Enkelkinder, sind auf verschiedenartigen und getrennten Fluchtwegen in der Osterwoche bei Bekannten aus der thüringischen Heimat in Königstein eingetroffen...
In Probstzella betrieb der Maurermeister bis zum letzten Tage ein Baugeschäft mit achtzehn Beschäftigten, das 1888 von seinem Vater gegründet und 1936 von ihm selbst übernommen worden war. In den Jahren vor dem Krieg wurde zeitweilig mit einhundert und mehr Beschäftigten gearbeitet...
Der Entschluß, im Frühjahr 1956 in die Bundesrepublik zu fliehen, wurde bereits im September vorigen Jahres gefaßt und ist nach Angaben des Geflüchteten nicht auf wirtschaftliche Not, sondern auf rein politische und menschliche Gründe zurückzuführen...
Am Montag vor Ostern reiste eine verheiratete Tochter mit zwei Kindern, darunter einem erst drei Monate alten Baby, nach Berlin und trat mit dem Flugzeug die Reise nach dem Westen an. Am Mittwoch folgte die älteste Tochter mit ihrem zweijährigen Kind, die mit einem Interzonenpaß die Reise über die Grenze unternommen hatte. Am Tage darauf glückte einem der Schwiegersöhne der Durchbruch nach Berlin und der Weiterflug nach dem Westen. Freitagnacht begab sich dann die Frau des Bauunternehmers mit ihren beiden jüngsten Kindern, die sechs und zehn Jahre alt sind, mit dem Interzonenzug auf die Reise nach Bayern.
In der Gewißheit, daß alle Familienmitglieder glücklich die Grenze passiert hatten, setzten der Bauunternehmer und sein zweiter Schwiegersohn am Ostersamstagmorgen zum planvoll vorbereiteten gewaltsamen Durchbruch in die Freiheit an. Sie hatten schon acht Tage lang genau den Zugverkehr auf der Interzonenstrecke Berlin – München beobachtet und die Zeit zwischen 7.45 Uhr und 8.15 Uhr als die günstigste für die Ausführung ihres Vorhabens ermittelt...
8.07 Uhr zeigte die Uhr, als man am Schlagbaum der Kommandantur Probstzella vorfuhr. Der Grenzpolizist erkannte Fahrzeug und Besatzung, wußte auch, daß

Probstzella – im Hintergrund der Bocks-Berg – war einst eine beliebte Sommerfrische. Seit Einrichtung der Sperrzone aber sind die Einwohner angehalten, Fremden mit Mißtrauen zu begegnen, da es sich um »Grenzverletzer« handeln könnte.

der Unternehmer zur Ausführung einer Brückenarbeit in der Sperrzone eingesetzt war, und öffnete den Schlagbaum. Das allerdings in der Erwartung, daß der Fahrer des Lastwagens bestimmungsgemäß an dem etwa vierzig Meter weiter gelegenen Kommandanturgebäude halten würde, wo jedem der wenigen Passanten der 500-Meter-Zone ein bewaffneter Begleiter beigegeben wird.

Die Flüchtenden fuhren am Kommandanturgebäude vorbei und dann in erhöhtem Tempo auf einem etwa einen Kilometer langen Weg in Richtung Grenze bis zu einem durch eine Schranke ständig geschlossenen Bahnübergang. Der 28jährige Schwiegersohn sprang aus dem Fahrzeug und drehte die Schranke auf, so daß der Bauunternehmer das Gefährt über die Gleise steuern konnte.

Eine Fortsetzung des Weges unmittelbar nach dem Übergang ist durch Drahtverhaue und eine dahinter völlig aufgerissene Straße unmöglich. Man stieß das Fahrzeug zurück und rangierte es parallel zum Bahngleis, um so die Möglichkeit zu erhalten, zwischen den Schienen auf dem Bahnkörper bis zum nächsten, bereits auf westlichem Gebiet gelegenen Bahnübergang und auf die dort abzweigende Straße zu gelangen.

Bayerische Grenzpolizisten beobachteten den Vorfall und konnten auch sehen, wie zwei Minuten nach dem Geschehen am Bahnübergang ein motorisierter ostzonaler Grenzpolizist der Kommandantur Probstzella erschien, jedoch nichts mehr auszurichten vermochte.«[1]

Bericht der »Taunus-Zeitung« zur Flucht des Kurt Ziermann am 31. März 1956

»Zwei Tage vor dem illegalen Verzug des Ziermann soll in der Gastwirtschaft Marktgölitz (Post) eine Art Saufabend durchgeführt worden sein. Hieran sollen einige Arbeiter des Ziermann teilgenommen haben. Ziermann soll in diesem Zu-

1956

sammenhang geäußert haben, daß sie sich noch einmal richtig vollsaufen sollen, es wäre das letzte Mal. Dieser Hinweis stammt von einer Vertrauensperson und ist nicht überprüft.

Zu den engsten Freunden und Bekannten des Ziermann zählen folgende Personen: Bürgermeister Säuberlich; H., Leiter des BW; G., selbständiger Handwerker in Probstzella; P., Konsumfleischerei Probstzella; B., selbständiger Schneidermeister; Fleischermeister L. (SED).

Der letztgenannte L. soll hinsichtlich der Politik unserer Partei negative Äußerungen gemacht haben. (Der Marxismus würde durch die SED falsch ausgelegt, er wolle kein Russe werden u. ä.)«[2]

Bericht des Polizeirats Legler, Volkspolizeikreisamt Saalfeld, »über das illegale Verlassen der DDR durch den Bauunternehmer Ziermann«

Karl Zenkel

»Seit 1956 war ich bei der Grenzpolizei-Inspektion Ludwigsstadt im Innendienst tätig. Ich war zunächst zuständig für Flüchtlingsbefragungen. Auch Haftentlassene von drüben habe ich befragt: aus Bautzen, aus Waldheim, aus Hoheneck ... Das nackte Elend bekam ich da zu hören, ich hab's erst nicht geglaubt. Mit der Zeit hat man gewußt: Wenn zwei, drei das gleiche aussagen, muß es wohl stimmen – die Einzelzellen im Stasi-Gefängnis Berlin-Hohenschönhausen, im ›U-Boot‹-Keller, wo alle paar Sekunden ein Wassertropfen von der Decke runterkommt. Wo nur Beton ist, und sie müssen nackt drin stehen. Oder die Dunkelzellen, wo man sie zehn Tage in vollkommener Dunkelheit eingesperrt hat.

Auch den Steinbachsmüller hab ich befragt, als er nach sechs Jahren Haft wieder rüberkam. Er war, mit etwa fünfzig Jahren, ein gebrochener Mensch: die Rippen gebrochen, die Zähne ausgeschlagen – bei seiner Vernehmung durch Sowjets. Wir mußten unsere Befragung immer wieder unterbrechen.«

In Lichtentanne nimmt 1956 der 23jährige Hans-Joachim Schoeps die Vikarstelle an. Er geht freiwillig ins Sperrgebiet, wenn auch »mit dem Pflanzstock des Landeskirchenrates«. Über die Sperrzone weiß der junge Mann aus Arnstadt, daß man es dort als Pfarrer »etwas schwerer hat in bezug auf die Gemeindearbeit«.

Ende November 1956 passiert der Lkw mit den Möbeln des Junggesellen den Schlagbaum an der Zufahrt zum Sperrgebiet. Bis zu seiner Pensionierung wird Hans-Joachim Schoeps in Lichtentanne bleiben, länger im Grenzgebiet aushalten als jeder andere Pfarrer in der Region. Immer wenn die Pfarrstelle in Probstzella unbesetzt ist, übernimmt er auch dort die Gemeindearbeit.

Hans-Joachim Schoeps

»Ich bin ohne Passierschein nach Lichtentanne rein, die Zuzugsgenehmigung war monatelang nicht gekommen. Wir haben abgeladen, und ich hab mich ans Telefon gehängt und die Abteilung Inneres beim Rat des Kreises Saalfeld angerufen: ›Ich bin eingezogen. Sie haben mir den Zuzug bisher nicht geschickt, ich bitte, daß das jetzt umgehend passiert.‹

Die haben dann ein großes Faß aufgemacht, geschimpft. Ich hab gesagt: ›Machen Sie, was Sie wollen – ich bin hier.‹ Ich dachte, die kommen, laden die Möbel wieder auf und fahren mich weg. Zehn Jahre später wäre das auch passiert, da wäre ich gar

nicht erst reingekommen. Aber damals passierte nichts, der Zuzug kam zehn Tage darauf.
Man mußte es immer – jedenfalls ich hab es so gemacht – drauf ankommen lassen. Ich hab es in den Jahren, die ich in Lichtentanne war, immer wieder dahin gebracht, daß meine Frau gesagt hat: ›Jetzt sind wir aber fällig.‹«

Zur Lichtentanner Pfarrei gehören seit der Gründung des Ortes (um das Jahr 1000) Wälder, Äcker, Wiesen. Von 1952 an liegt der gesamte Pfarrwald, ungefähr zweihundert deutsche Morgen, im »Schutzstreifen«.
Anfangs darf Hans-Joachim Schoeps noch in den Wald, aber nur bis zur Grenzlinie am Steinbach; gelegentlich bewachen ihn Grenzpolizisten, wenn er mit seinen Holzmachern in den Pfaffengrund zieht, und es kommt vor, daß bayerische Grenzer den Waldarbeitern auf der anderen Seite Bierflaschen in den Steinbach legen. Anfangs winkt Hans-Joachim Schoeps nach Steinbach an der Haide hinüber, dem nächsten Ort auf bayerischer Seite, nur zweitausend große Schritte entfernt. (»Wir mußten doch mit den Westdeutschen in Kontakt bleiben; ich habe alle Register gezogen.«) Bald schon sagt man dem Vikar: »Lassen Sie das bitte.«

HANS-JOACHIM SCHOEPS
»Nicht mehr in den Westen dürfen, das hat sich so nach und nach ergeben. Die Leute sind in den fünfziger Jahren noch rüber und 'nüber gegangen. Jeder wußte seinen Weg; auch in meiner Zeit, also ab 1956, sind vereinzelt noch Leute nach drüben gegangen und wieder rübergekommen, ohne daß was passiert ist. ›Laß dich nicht erwischen‹, hieß es.
Manchmal wurde ich auch von Fremden nach dem Weg zur Grenze gefragt. Ich war viel unterwegs gewesen, zu Fuß und mit dem Fahrrad. Dann tauchte plötzlich jemand auf der Straße auf und sagte: ›Wo geht's denn hier nach dem Westen? Helfen Sie mir mal …‹ Ich hatte mir was ausgedacht, danach bin ich jedesmal verfahren: ›Da geht's in die DDR!‹ und bin weitergegangen. Da konnt er sich ausrechnen, daß es entgegengesetzt eben in den Westen geht. Wenn er zu dumm ist dazu, tut er mir leid. So mußt man sich eben helfen. Es konnte doch auch einer sein, der mich nur aushorchen will.«

1957

»Am 2. Osterfeiertag 1957 wurde in der Ortschaft Lauenstein (Bayern) von dem republikflüchtigen Baumeister Ziermann ein Treffen mit Probstzellaern durchgeführt. Aus der Ortschaft Probstzella nahmen 24 Personen teil. Weitere 16 Personen haben ehemals in Probstzella gewohnt, sind im Laufe der Zeit jedoch nach Westdeutschland republikflüchtig geworden.
Der Auftakt hierzu war ein gemeinsames Fernsehprogramm in der Gastwirtschaft ›Burghotel‹. Vordem hatte L. aus Probstzella, der Verwalter von Ziermann, mit dem Ziermann eine Aussprache. L. ist als Angestellter in der Gemeindeverwaltung tätig. Er ist Mitglied der SED.

Unter den 24 Personen aus Probstzella befanden sich außer dem L. noch der junge W. mit seiner Frau, der ehemalige Fleischermeister und jetzige Landwirt B. mit seiner Frau und der Reichsbahnverwaltungsangestellte L. mit seiner Frau. Die Frau ist Inhaberin eines Zigarrengeschäftes in Probstzella.«[1]

Meldung des Hauptmannes Hahn von der Grenzbereitschaft Zschachenmühle, Unterabteilung Aufklärung, an die SED-Kreisleitung Saalfeld

»Der Genosse Säuberlich als Bürgermeister der Grenzgemeinde Probstzella führt eine Arbeit durch, die seit geraumer Zeit alle möglichen Anlässe gibt zur Diskussion mit ihm. Dabei handelt es sich um gröblichste Verletzung seiner Funktion als Bürgermeister und der Wahrung der Gesetzlichkeit unserer DDR:
a) Erteilung von Zuzugsgenehmigungen nach Probstzella ohne Zustimmung des Rates des Kreises und der Kommission in der Abteilung Inneres
b) Unterstützung von republikflüchtigen Personen

Auch im benachbarten Bayern gab es Ausflugsziele, die gerne von den Thüringern besucht wurden. Dazu zählte vor allem die Burg Lauenstein.

c) Sicherung der Hinterlassenschaften von Republikflüchtigen
d) unberechtigte Erteilung von Genehmigungen zu Westreisen von Angestellten der Stadtverwaltung Probstzella
e) unzulängliche Arbeit in der ganzen Wohnraumlenkung im Ort
f) Nichtbeachtung der Beschwerden und Kritiken der Bevölkerung
g) Nichtbeachtung der Wachsamkeit und der Sicherheit durch Anbringen von Wegeschildern und ganzen Kartenübersichten über die Wanderwege im 5-km-Streifen
h) unzulängliche Arbeit der Gemeindevertretung und des -rates, selbstherrliche Entscheidungen durch den Bürgermeister.«[2]

Bericht der Partei-Kontroll-Kommission der SED-Kreisleitung Saalfeld

Martin Säuberlich, 64 Jahre alt, trat 1918 der SPD bei, seit 1946 ist er SED-Mitglied, seit Juli 1949 in Probstzella Bürgermeister. Als die Sperrzone 1952 eingerichtet worden ist, hat der Gemeinderat ihn vorübergehend seines Amtes enthoben. Im Juni 1957 wird er endgültig abgesetzt. Sein Nachfolger ist der 33jährige Werner Götze.

Klara Gerold

»Bürgermeister Götze kam zu mir und sagte, er wolle gern den Tresor meines Schwagers Kurt Ziermann haben, der in den Westen abgehauen war. Ich sagte, er

könne ihn haben, wenn er mir helfe, eine Besuchsgenehmigung für Westdeutschland zu bekommen. Er kümmerte sich darum, ich bekam die Papiere, er den Tresor – mit einem Schlüssel. Den zweiten fand ich später. Da stand der Tresor aber schon in der Polizeidienststelle Probstzella. Ich sah ihn dort, und mir wurde ganz heiß – ich hatte den Schlüssel! Später warf ich ihn in die Saale.
Als ich meinem Schwager im Westen die Geschichte erzählte, sagte er: ›Na, wenn das so leicht geht mit den Papieren, dann laß ich dem Götze demnächst eine Maschine den Berg runterrollen, mal sehen was er dafür macht...‹«

Bei den Kreistags- und Gemeinde-»Wahlen« verweigern im Juni 1957 vier Bürger von Probstzella die Teilnahme. Zu den »Nichtwählern« gehört Klara Gerold. Nach dem offiziellen Wahlergebnis haben 97,2 Prozent der wahlberechtigten Einwohner Probstzellas an der Wahl teilgenommen; 99,9 Prozent sollen für die Nationale Front gestimmt haben.

Von Juli 1957 an drosseln die DDR-Behörden den Interzonenreiseverkehr. Nach einer Vorgabe des SED-Politbüros wird im Dezember desselben Jahres mit dem »Gesetz zur Änderung des Paßgesetzes« jedes Verlassen der DDR ohne behördliche Genehmigung unter Strafe gestellt. Auf »Republikflucht« stehen bis zu drei Jahre Gefängnis, auch Vorbereitung und Versuch sind strafbar. Das »Verleiten zum Verlassen der DDR« wird mit Zuchthaus bis zu fünfzehn Jahren bestraft.
Unter anderen erhalten Schüler, Studenten, Angehörige von DDR-Flüchtlingen und Beschäftigte in der öffentlichen Verwaltung überhaupt keine Genehmigung mehr für Westreisen.
Im ersten Jahr nach Inkrafttreten des neuen »Paßgesetzes« wird rund die Hälfte aller Anträge auf eine Reisegenehmigung für die Westzonen abgelehnt, das sind mehr als eine halbe Million Ablehnungen. Die Zahl der beantragten und genehmigten Reisen verringert sich von über 2,7 Millionen im Jahr 1957 auf etwa sechshunderttausend im darauffolgenden Jahr.[3]

1958

»Informationsbericht über die Durchführung des 1. Mai in Probstzella – Vorabend: Während am Vormittag des 30. April erst wenige Gebäude ein festliches Gewand bekommen hatten, war am Abend der gesamte Ort mit Ausnahme von nur sehr wenigen Häusern vorbildlich geschmückt. Man kann wohl behaupten, daß das diesjährige Bild des Ortes das des Vorjahres übertraf.
Gegen 19.30 Uhr wurde auf dem Marktplatz der Maibaum aufgestellt. Das Kinderblasorchester Bad Blankenburg sowie die Volkstanzgruppe und der Chor der Pionierfreundschaft der hiesigen Schule unterhielten dort die herbeigeströmten Einwohner. Es hatten sich ca. 700 Einwohner versammelt. Zu einer Massendemonstration gestaltete sich der nun folgende Fackelzug durch den Ort ... Anschließend wurde auf dem Großgeschwendaer Berg ein großes Friedensfeuer abgebrannt.

1958

1. Mai: Da die Demonstration bereits um 8.00 Uhr begann, waren wegen der Teilnahme einige Funktionäre skeptisch. Die Bevölkerung bewies aber das Gegenteil. Pünktlich um 8.00 Uhr setzte sich der große Demonstrationszug in Bewegung. Über 1200 Einwohner zogen in 5 Marschblöcken durch den Ort zum Sportplatz, wo die Kundgebung stattfand ... Die anderen Veranstaltungen verliefen ebenfalls alle programmgemäß, die Teilnahme der Bevölkerung war sehr groß ...«[1]

Schreiben des Genossen Jauch, SED-Ortsleitung Probstzella, an die Kreisparteileitung

1958 wird die Grenze zum Westen erneut verstärkt, unter anderem durch Betonbunker mit Schießscharten.

Von Frühjahr 1958 an verstärken ostdeutsche Grenzpolizisten die Sperranlagen an der innerdeutschen Grenze: Sie bauen »Erdbeobachtungsstände« und Betonbunker mit Schießscharten. »Kfz-Sperrgräben« sollen »Grenzdurchbrüche« mit Kraftfahrzeugen verhindern. Der einreihige Stacheldrahtzaun wird durch einen »Doppelreiher« ersetzt – im Spätsommer 1958 auch im Bereich des Falkensteins bei Probstzella.

Ab Juni werden »fortschrittliche männliche Bürger« der Sperrzone als »Freiwillige Helfer« der Grenzpolizei angeworben. Monatlich leisten sie etwa zwölf Stunden »Grenzdienst zur Aufrechterhaltung der Sicherheit und Ordnung in den Grenzorten«. Bereits seit 1952 gibt es im Grenzgebiet der DDR ein paar tausend Freiwillige Helfer der Volkspolizei.[2]

Bis zum August 1958 sinkt die Zahl der Republikflüchtlinge im Bezirk Gera im Vergleich zum Vorjahreszeitraum auf die Hälfte. Der amtierende Polizeichef des Bezirks, Oberstleutnant Schiffel, gibt in seiner »Analyse der illegalen Abwanderungen« für den Berichtszeitraum 1958 aber immer noch 4254 Flüchtlinge an. In dem Bericht heißt es: »Einen Schwerpunkt innerhalb der Republikflucht bilden die Jugendlichen. Die Gründe sind in der Mehrzahl darin zu suchen, daß man etwas erleben will und andererseits der westliche Rundfunk einen bestimmten Einfluß hat (Schlager usw.).«[3]

Hildegard Ebert aus Gräfenthal hat zwei Kinder, einen Jungen und ein Mädchen, mit dem dritten Kind ist die 23jährige schwanger. Ihr Mann hat sie verlassen, abgehauen ist er über die nahe Grenze, wieder einmal.

12. Juli 1958. Heute will Kurt Ebert nach Hause zurückkommen. Es gelingt ihm, bei Spechtsbrunn die Grenze unbemerkt zu überschreiten. Er ist schon an der Straße nach Gräfenthal, in der Nähe der Buchbacher Mühle, als ihn ein Grenzposten gegen fünfzehn Uhr stellt. Bei einem Fluchtversuch wird die Schußwaffe angewandt, sagt der Grenzer. Kurt Ebert, 23 Jahre alt, rennt los. Drei Warnschüsse, drei Zielschüsse gibt der Soldat Geßner ab und trifft den Flüchtenden im Oberschenkel. Dann leistet der Schütze Erste Hilfe. Während der Operation im Gräfenthaler Krankenhaus stirbt Kurt Ebert. Eine Krankenschwester fragt den anwesen-

1958

den Polizisten, ob sie die Angehörigen verständigen dürfe. »Waaas?« schreit der sie an, »wo denken Sie hin? Wissen Sie überhaupt, was Sie da eben gesagt haben?« »Frau Ebert, Ihr Mann ist gestorben«, sagt ein dazu Ermächtigter zum festgelegten Zeitpunkt. Sie darf ihren Kurt noch einmal sehen im Krankenhaus. Über seine Erschießung sprechen darf Hildegard Ebert nicht, denn dann kommt sie ins Gefängnis, und ihre Kinder müssen ins Heim, hat man ihr beim Polizeiverhör gedroht. Der Grenzübertritt vom Ebert sei verraten worden, erzählen die Leute in Gräfenthal.[4]

Seit der Gründung der DDR unterdrückt die SED die Kirchen: Zur atheistischen Propaganda kommt der Ausschluß der Religionslehrer aus den Schulen, die »Junge Gemeinde« wird kriminalisiert, die Berufswahl von bekennenden Christen massiv eingeschränkt.

1952 gehört noch der überwiegende Teil der Einwohner Probstzellas der Evangelischen Kirche an.[5] »Die Oberschüler halten sich der Jungen Gemeinde fern, da sie persönliche Schwierigkeiten befürchten. Auch die arbeitende Jugend hält sich stark zurück«, schreibt der evangelische Pfarrer von Probstzella, Walter Köhler, 1953 in die Kirchenchronik und bezeichnet das als »schweren Schlag gegen die kirchliche Jugendarbeit«.

Unter der Bevölkerung des Grenzgebietes werden »Freiwillige Helfer« zur Unterstützung der Grenzpolizei geworben.

1953 erreicht der Kampf gegen die Kirchen in der DDR seinen Höhepunkt. Die Evangelische Bischofskonferenz erklärt: »Der Druck, der in Glaubens- und Gewissensfragen auf Glieder der Evangelischen Kirche innerhalb der Deutschen Demokratischen Republik ausgeübt wird, droht unertragbar zu werden.« In den ersten vier Monaten des Jahres 1953 verhaftet der DDR-Staatssicherheitsdienst etwa fünfzig Geistliche, Laienhelfer und Diakone. Mit dem »Neuen Kurs« beendet die SED allerdings noch im selben Jahr den direkten Kirchenkampf.

Im Sommer 1958 erklären Vertreter der Evangelischen Kirche in der DDR nach Verhandlungen mit der Regierung: »Ihrem Glauben entsprechend erfüllen die Christen ihre staatsbürgerlichen Pflichten auf der Grundlage der Gesetzlichkeit. Sie respektieren die Entwicklung zum Sozialismus und tragen zum friedlichen Aufbau des Volkslebens bei.«

»Seit Februar dieses Jahres ist eine Kirchenaustrittswelle im Rollen. Sie ist offensichtlich von der SED angekurbelt. Es treten aus: Staatsfunktionäre, nämlich Grenzpolizisten, Volkspolizisten, Angehörige des Zolls und Lehrer. Bis zum Ende des Jahres 1958 sind 109 Austritte zu verzeichnen. Gleichzeitig versucht man, eine sozialistische Gestaltung der Lebenshöhepunkte durchzusetzen.«

Eintrag des Pfarrers Köhler in die Kirchenchronik von Probstzella, 1958

1958 KLARA GEROLD

»Eine ganz harte Zeit für die Familien war, als über die Frage gestritten wurde: Sozialistische Jugendweihe oder Konfirmation? Die Kirche hatte sich sehr dagegen gewehrt, daß die Kinder beides bekommen können. Für uns hieß es: Entweder – oder! Auf der anderen Seite wollte zum Beispiel in Probstzella ein Mann sehr gern sein Kind konfirmieren lassen, aber er hatte Angst um seine Arbeit als Lokführer auf dem Bahnhof. Wir hatten in der Kirche viele Diskussionen: Können wir unsere Kinder der Härte aussetzen, dazwischenzustehen? Später ging beides: Jugendweihe und Konfirmation.

Einmal erlebte ich folgendes: In Großgeschwenda, einem schönen geschlossenen Bauernort, war noch jedes Kind im Christenlehre-Unterricht, als das in Probstzella schon längst nicht mehr so war; wir haben den Ort mitversorgt. Eines Tages schau ich aus dem Fenster, da sitzt ein Kind und weint. Es war das Kind eines Polizisten, aber ich kannte es nicht. Ich frage: ›Warum weinst du denn?‹ – ›Ich darf nicht da rein.‹ – ›Du darfst auch‹, sag ich und hab das Kind hereingelassen.

Hinterher bin ich zur Polizei bestellt worden. Der Polizist fährt mich an: ›Wie können Sie nur …? Sie haben kein Recht dazu!‹ – ›Sie sind ein grausamer Vater! Soll ich Ihr Kind weinend draußen sitzen lassen? Haben Sie denn schon ganz vergessen, wo wir hingekommen sind, in dieser gottlosen Hitler-Zeit?‹

Es hat nicht lange gedauert, und wir sind auf ein religiöses Gespräch gekommen. Am Ende fragte er mich auf einmal: ›Denken in der Kirche alle so wie Sie?‹ (Ich war gar kein richtiger Feind für ihn.) Ich sage: ›Ja, hören Sie mal gut hin.‹«

»Durch den Pfarrer Köhler wurde der Schaukasten der Evangelischen Kirche in Probstzella zweifelhaft ausgestaltet. So war bildlich eine moderne Straße (vermutlich war die Stalin-Allee gemeint) dargestellt, auf der sich beiderseitig Menschenmassen stauten, die von einer Polizeikette zurückgehalten wurden. Dieses

Konfirmation 1960 mit
Pfarrer Köhler

Bild war überschrieben ›Christus kommt‹. Unter dem Bild stand: ›So kommt er nicht.‹
Auf unsere Veranlassung wurde durch den Bürgermeister von Probstzella mit dem Pfarrer eine diesbezügliche Aussprache geführt, in welcher sich der Pfarrer von selbst bereit erklärte, diese Zeichnung usw. zu entfernen und neu auszugestalten. Dies hat er dann auch unverzüglich getan.«[6]

Monatsbericht des Volkspolizeikreisamtes Saalfeld vom Dezember 1958

»In einem totalitären Bereich gibt es überhaupt kein Recht … Weder ein Maximum noch ein Minimum, sondern überhaupt kein Recht …
Es gibt nur noch eine ›Gesetzlichkeit‹, … die die Machthaber im Interesse ihrer Macht erlassen.«

Otto Dibelius, Bischof von Berlin-Brandenburg und Vorsitzender des Rats der Evangelischen Kirche in Deutschland, in seiner Publikation »Obrigkeit?«, 1959

1959

Hans-Joachim Schoeps

»Ich war zunächst mit der Vorstellung nach Lichtentanne gekommen: Hier bleibst du zwei bis drei Jahre, bis dein Vikariat zu Ende ist. Als es dann soweit war, mich irgendwo zu bewerben, hab ich mich entschieden, aufgrund der Verhältnisse hier zu bleiben. Mir wurde vom Landeskirchenrat mehrfach angeboten, woanders hinzugehen, aber immer nur in die Sperrzone: ›Sie verstehen es doch, mit den Menschen in der Sperrzone zu arbeiten …‹ Ich habe meiner oberen Behörde gesagt: ›Wenn ich im Sperrgebiet bleibe, dann bleibe ich in Lichtentanne. Ich gehe nicht im Gefängnis von einer Zelle zur anderen.‹
Wir hatten hier in der Gemeinde ein sehr gutes Miteinander, die Gemeinde war sehr stark. Wir haben viel angestellt, waren aufeinander eingeschworen … Die Gemeinde in Lichtentanne war in der Hitler-Zeit eine Gemeinde der Bekennenden Kirche, wie auch in Probstzella. Von daher hat sie schon vor der DDR eine Zeit gehabt, wo man merkte, es kommt darauf an, daß man zusammenhält. Die Familien, die damals rege waren, waren es später auch.«

»Die Bezirksleitung der SED erhielt erste Signale über das Zurückbleiben auf allen Gebieten des politischen und gesellschaftlichen Lebens im Raum Probstzella, besonders über die mangelnde Durchführung der Beschlüsse des V. Parteitages. Auf Beschluß des Büros der Bezirksleitung der SED Gera kam in der Zeit vom 9.3. bis 29.5.1959 im Raum Probstzella eine Komplexbrigade der Bezirksleitung mit der Aufgabe, die Verhältnisse in Probstzella zu verändern und die Sicherheit an der Staatsgrenze in diesem Raum zu erhöhen, zum Einsatz …
Die SED-Parteiorganisation umfaßt ohne die Parteiorganisationen der DGP und des AZKW mehr als 400 Mitglieder, so daß jeder sechste Einwohner Mitglied der SED ist. Charakteristisch für den ideologischen Zustand der Parteiorganisation in Probstzella ist, daß noch 75 Prozent der Parteimitglieder der Kirche angehören.

1959

Rein äußerlich fällt auf, daß die wenigsten Parteigenossen in Probstzella das Parteiabzeichen tragen ...

In Probstzella selbst gibt es starke Diskussionen unter der Bevölkerung dahingehend, daß das kulturelle Leben zur Zeit Ittings in Probstzella besser gewesen wäre. Im wesentlichen beschränkt sich das kulturelle Leben auf Kino, einige Theatersowie Tanzveranstaltungen. Allgemein ist Probstzella nach 20.00 Uhr ein toter Ort. Es gibt seit Jahren keinen Volkschor mehr, aber dafür einen starken Kirchenchor. In der Vergangenheit trat die Kirche in Probstzella nicht offen feindlich auf; in dem Bewußtsein eines großen Teils der Bevölkerung spielt sie jedoch eine nicht unbedeutende Rolle ...

Bis 31.5.59 passierten zur Nachtzeit vier Interzonen-Reisezüge täglich mit einer Besetzung von 30 bis 120 Prozent; d. h., 1000 bis 4000 Personen passierten die Staatsgrenze täglich. Ab 1.6.59 passieren acht Interzonen-Reisezüge, vier zur Nacht und vier zu Tage, den Kontrollpunkt Probstzella, darunter ein Zugpaar des Schweden-Expresses. Der Bahnhof Probstzella ist Um- und Zusteigebahnhof für die Reisenden im innerdeutschen Reiseverkehr, d.h. westdeutsche Bürger, die in das Gebiet des Bezirkes Suhl einreisen, verlassen in Probstzella den Interzonen-Zug und fahren mit Bus oder Personenzug an ihr Ziel. Für den Ort Probstzella bedeutet das, daß westdeutsche Bürger oder Reisende aus dem kapitalistischen Ausland während des Sommerfahrplanes den Ort Probstzella nicht nur nachts bei Dunkelheit, sondern auch tagsüber bei Helligkeit passieren, so daß rein äußerlich das Gesicht des Ortes den Unterschied zwischen einem Ort eines kapitalistischen Landes und eines Staates, in dem der Sozialismus aufgebaut wird, widerspiegeln muß. Probstzella muß als Schaufenster der Deutschen Demokratischen Republik wirken ...

Ein Beispiel der ungenügenden Sicherung zeigte sich bei einem Vorfall vor einigen Tagen auf dem Bahnhof Probstzella. Beim Einfahren des D 152 (Interzonenzug DDR – Bundesrepublik) stieg ein Unbekannter auf der dem Bahnsteig abgewandten Seite aus und entfernte sich ... Der Vorfall wurde durch einen Eisen-

Bahnhof Probstzella in den fünfziger Jahren. Hier an der Grenze spürt man unmittelbar, daß der sozialistische Fortschritt mit dem westlichen Wirtschaftswunder nicht mithalten kann. Statt »Schaufenster der DDR« sei »Probstzella nach 20.00 Uhr ein toter Ort«, stellen die Genossen der SED-Bezirksleitung Gera fest.

bahner beobachtet. Nach seinen Aussagen hat er, nachdem es ihm nicht gelang, einen Posten des Grenzkontrollamtes auf dieser Seite des Zuges zu finden, mit einem anderen Eisenbahner zusammen versucht, den Unbekannten zu stellen, was ihm aber nicht gelang. Bei der Weiterfahrt des Zuges in Richtung Bundesrepublik stieg ein Unbekannter, wahrscheinlich der gleiche, auf die E-Lok auf und verließ mit diesem Zug die DDR ...
Die Ergebnisse der Festnahmen von Grenzverletzern, die im Verhältnis zu anderen Grenzkompanien nicht schlecht waren, wurden weiter verbessert. Insbesondere ist dabei die Mitarbeit der Bevölkerung hervorzuheben. Zum Beispiel wurden am 30.4.59 durch einen Zugführer der Reichsbahn 3 Grenzverletzer gemeldet und durch die Kompanie festgenommen. Zwei ›Junge Pioniere‹ gaben den Grenzpolizisten Hinweise, die zur Festnahme eines Grenzverletzers führten ...«[1]

ELMAR NEUBAUER
»Nach vier Jahren Ausbildung bei der Bayerischen Bereitschaftspolizei bin ich mit 22 Jahren im September 1959 zur Bayerischen Grenzpolizei versetzt worden, zur Station Falkenstein. Eigentlich wollte ich nicht dorthin, aber man hat damals nicht allzuviel gefragt, man ist einfach versetzt worden. Als junger Kerl wollt ich etwas anderes, wo mehr los ist. Nicht immer nur im Wald rumlaufen ... Nun, die Belegschaft auf der Station Falkenstein, wir waren acht Mann, war recht gut, nach ein paar Tagen hab ich mich heimisch gefühlt.
Wir waren für den Abschnitt vom ›Probstzella-Blick‹ bis zur Lehestener Sperre zuständig, also etwa für zehn Kilometer Grenze. Viel zu tun hatten wir, es kamen noch etliche Flüchtlinge rüber. Bayern reicht ja bei uns wie ein Finger nach Thüringen rein – der Grenzgänger wird sich gesagt haben: ›Da lauf ich hin, da bin ich erst mal in Sicherheit.‹ Dazu kam die Straße und die Bahnlinie, wo man sich orientieren konnte (in der Regel waren die Flüchtlinge nicht ortskundig). Es waren Leute dabei, die waren tagelang, manchmal sogar wochenlang unterwegs gewesen; die waren oft total durchnäßt und halb verhungert. Die meisten Leute sind nachts abgehauen. Im Frühjahr, wenn der Schnee weg war, wurden es immer mehr.
Ende 1959 war das Verhältnis zu den Grenzern drüben schon gespannt, die haben nicht mehr gegrüßt oder mit uns geredet. Nur hier und da, wenn Ältere dabei waren, ist das noch vorgekommen. Mit einigen haben wir auch mal am Falkenstein ein, zwei Stunden Bier getrunken, in dem Pavillon direkt an der Grenze. Wir unterhielten uns über allgemeine Dinge, über Fußball zum Beispiel.
Damals sind wir im Winter auch noch mit den Skiern auf deren Spuren gefahren. Als sie uns mal erwischt haben, haben sie geschimpft: »Laßt euch nicht erwischen!« Wir sind den Berg schräg runter und im Dickicht verschwunden.
Mit dem Zoll haben wir uns so abgesprochen, daß zu jeder Tages- und Nachtzeit eine Streife draußen ist, Sommer wie Winter. Bis in die sechziger Jahre hatten wir Pelzmäntel, Filzstiefel und Pelzkappen. Damit konnten wir eine ganze

Der bayerische Grenzpolizist Elmar Neubauer (mit Fernglas) im Wintereinsatz.

1960

Nacht bei minus zehn, fünfzehn Grad im Schnee liegen, ohne daß wir gefroren haben. Manchmal sind wir früh um drei, viere eingeschlafen, und als wir aufwachten, waren wir zugeweht, aber gefroren hatten wir nicht!«

1960

Wenige Monate nach Kriegsende waren in der sowjetisch besetzten Zone auf Weisung der Besatzer sämtliche landwirtschaftlichen Großbetriebe mit mehr als hundert Hektar Betriebsfläche entschädigungslos enteignet und das durch die Bodenreform enteignete Land zu zwei Dritteln an private Kleinbetriebe verteilt worden: an Kleinbauern und ehemalige Landarbeiter, an Arbeiter und Handwerker sowie an Flüchtlinge aus den deutschen Ostgebieten.
Auf der II. Parteikonferenz der SED im Juli 1952 beschlossen die Genossen die

Trügerisches Idyll an der Grenze: Schon die Kleinsten sollen Verdächtige melden.

1960

»freiwillige Vorbereitung des Sozialismus auf dem Lande« durch Gründung Landwirtschaftlicher Produktionsgenossenschaften (LPG). Bis Ende der fünfziger Jahre ist etwa ein Drittel der landwirtschaftlichen Privatbetriebe in Genossenschaftseigentum übergegangen; dabei haben SED-Funktionäre zunehmend wirtschaftlichen und psychologischen Druck auf die Einzelbauern ausgeübt.
Anfang 1960 werden innerhalb von drei Monaten noch einmal fast vierzig Prozent der landwirtschaftlichen Nutzfläche kollektiviert. Eine halbe Million Bauern tritt der LPG bei. Am Jahresende ist die Kollektivierung abgeschlossen – in der DDR-Landwirtschaft existieren nur noch knapp dreißigtausend »übrige Betriebe«. Nach der Bodenreform hatte es noch fast achthunderttausend landwirtschaftliche Privatbetriebe gegeben.

FRIEDRICH REICHENBÄCHER
»Ich war einer der letzten drei Einzelbauern im Ort, hatte noch sechs Stück Großvieh, Zug- und Nutzvieh, ich bearbeitete alles mit Kühen. Dann haben die uns für die LPG geworben – die setzten alles ein: Ich habe mit meiner Mutter oben auf der Graukuppe gesät, da kamen dreißig, vierzig Mann und gingen auf uns los. Die hielten uns von der Arbeit ab und redeten auf uns ein. Ich bin schließlich in die LPG Typ 1 gegangen.
Ein paar Jahre später bin ich in Typ 3 gegangen, da durften Sie nicht mal mehr Holz aus Ihrem Wald holen. Das Vieh wurde aus dem Stall geholt, das war grad so, als ob Ihnen die Seele aus dem Leib gerissen wird. Die Tiere wurden in die LPG-Großställe in Zopten getrieben. Drei Tage arbeitete ich dort mit, dann konnte ich das Elend nicht mehr mit ansehen. Die Tiere verkrafteten das Sozialistische nicht. Innerhalb von einem halben Jahr sind sie an den Eutern krank geworden und zur Notschlachtung gekommen.«

Bis 1960 weigert sich Friedrich Reichenbächer, einer LPG beizutreten. Dann aber wird der Druck zu groß. Doch schon nach drei Tagen verläßt er den landwirtschaftlichen Großbetrieb wieder, weil er die Art, wie die Tiere dort gehalten werden, nicht ertragen kann.

Am Abend des 5. Juni 1960 erhält Albin Weigelt, der stellvertretende Leiter der bayrischen Grenzpolizeistation Buchbach (Inspektion Ludwigsstadt), einen Hinweis: Agenten sollen am nächsten Tag an der Grenze verabredet sein. Eine Frau aus Schauberg sagt, sie habe am Nachmittag – beim Futtersammeln für ihre Hasen – unmittelbar an der Demarkationslinie einen entsprechenden Zettel gefunden, versteckt unter einem Brett.
Sofort macht sich Albin Weigelt mit seinem Chef, Polizeiobermeister Schärtl, mit dem Motorrad zum mutmaßlichen Treffpunkt auf. Der »tote Briefkasten« soll sich an der Brücke über der stillgelegten Bahnlinie Tettau–Pressig befinden. Während sein Kollege zurückbleibt, geht Albin Weigelt die Böschung hinunter zum Stacheldrahtzaun. Tatsächlich entdeckt er zwei Meter vor dem Zaun, noch auf bayerischem Gebiet, das Brett. Als er zurückgehen will, erschallt der Ruf: »Halt! Hände hoch!« In etwa fünfzig Metern Entfernung steht ein DDR-Grenzer, der mit der Waffe auf ihn zielt. Durch einen Sprung in das Flußbett der Tettau

Ansichtsskizze
zum schweren Grenzzwischenfall ca. 800 m südlich der Ortschaft Schauberg, Landkreis Kronach
Verletzung des Pol.Mstr. Weigelt der GPStation Buchbach

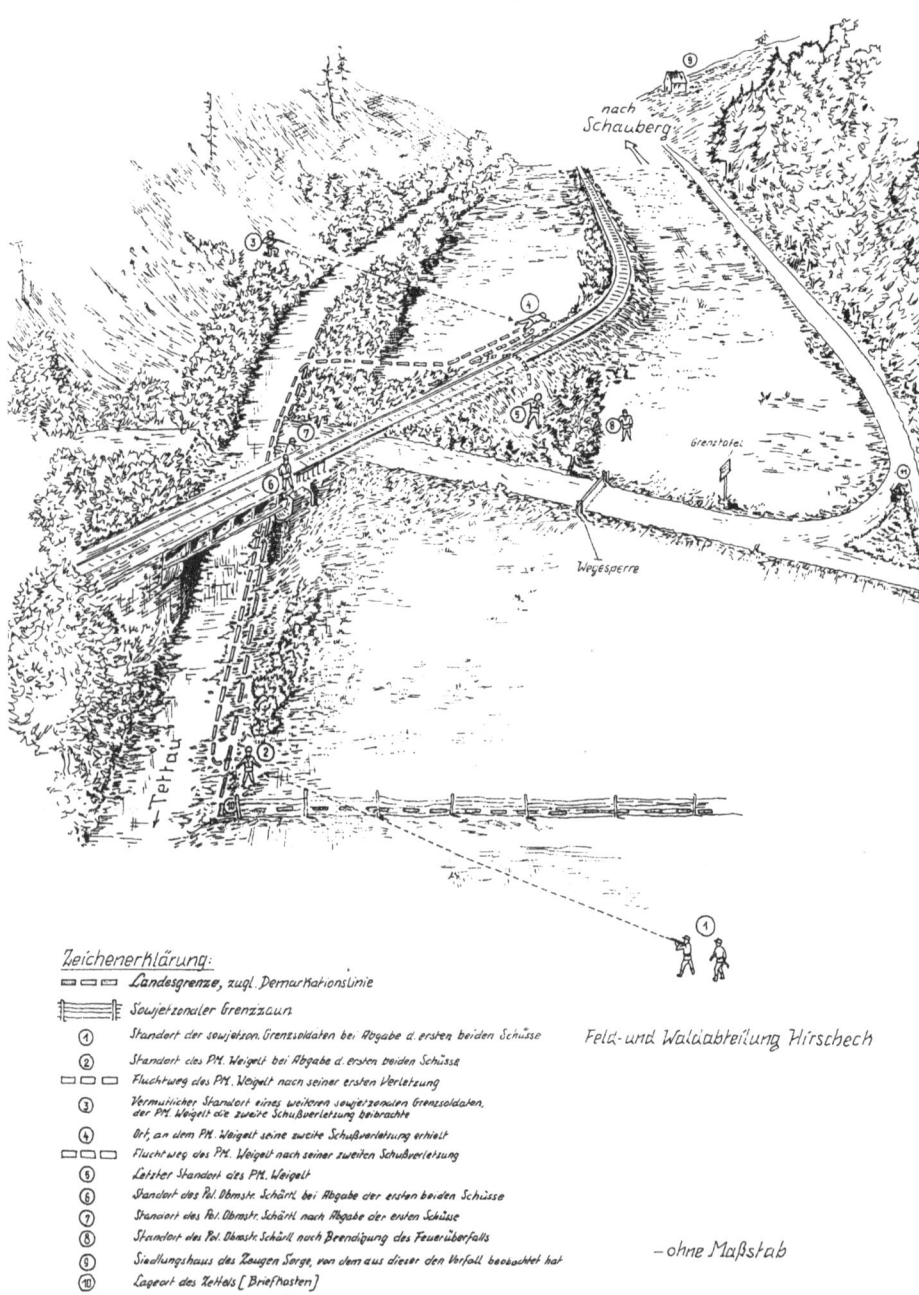

Zeichenerklärung:
- ▭▭▭ Landesgrenze, zugl. Demarkationslinie
- ▥▥▥ Sowjetzonaler Grenzzaun
- ① Standort der sowjetzon. Grenzsoldaten bei Abgabe d. ersten beiden Schüsse
- ② Standort des PM. Weigelt bei Abgabe d. ersten beiden Schüsse
- ▭▭▭ Fluchtweg des PM. Weigelt nach seiner ersten Verletzung
- ③ Vermutlicher Standort eines weiteren sowjetzonalen Grenzsoldaten, der PM. Weigelt die zweite Schußverletzung beibrachte
- ④ Ort, an dem PM. Weigelt seine zweite Schußverletzung erhielt
- ▭▭▭ Fluchtweg des PM. Weigelt nach seiner zweiten Schußverletzung
- ⑤ Letzter Standort des PM. Weigelt
- ⑥ Standort des Pol. Obmstr. Schärtl bei Abgabe der ersten beiden Schüsse
- ⑦ Standort des Pol. Obmstr. Schärtl nach Abgabe der ersten Schüsse
- ⑧ Standort des Pol. Obmstr. Schärtl nach Beendigung des Feuerüberfalls
- ⑨ Siedlungshaus des Zeugen Sorge, von dem aus dieser den Vorfall beobachtet hat
- ⑩ Lageort des Zettels (Briefkasten)
- ⑪ abgestelltes Krad der beiden Grenzpolizeibeamten

Feld- und Waldabteilung Hirschech

– ohne Maßstab

sucht Albin Weigelt aus dem Schußwinkel zu entkommen, doch eine Kugel trifft seine Hüfte. Während er in Todesangst in Richtung Bahndamm hastet, hört er einen zweiten Schuß, der, so nimmt er an, seinem Kollegen gilt. Dieser hat hinter der Brücke Deckung gefunden. Albin Weigelt will sich dort ebenfalls in Sicherheit bringen. Aber als er schon rund vierzig Meter auf bayerischem Gebiet zurückgelegt hat, trifft ihn der Schuß eines zweiten Schützen, der jenseits der Tettau postiert ist, in den Oberschenkel.

Eine halbe Stunde liegt Albin Weigelt wie tot in seinem Blut. Dann kriecht er über den Bahndamm. Drei aus Schauberg herbeigeeilte Einwohner helfen bei seiner Bergung. Der erst 36 Jahre alte Polizist muß seinen Beruf infolge der Schußverletzungen aufgeben und wird zeitlebens immer wieder unter starken Schmerzen leiden. ADN bezeichnet das Geschehen als eine neue »Grenzprovokation« des Westens.[1]

1960

»Beginnen möchte ich mit einigen Fragen der Sicherheit. Wir haben ein FDGB-Heim im Ort (ehemals Itting) mit 200 Leuten, die alle 13 Tage wechseln. Warum hat man gerade diese Leute im 500-Meter-Streifen? Unsere Bevölkerung und unsere Sicherheitsorgane wissen nicht, wer sich im Ort aufhält, eben dadurch, weil alle 13 Tage gewechselt wird. So kommt es auch, daß sich bei uns Wirtschaftsverbrecher aufhalten, die dann auch festgenommen wurden; daß sich dort Jugendliche aus Leipzig und Dresden aufhalten, die eine sehr heruntergekommene Haltung an den Tag legen. Um diesen Zustand zu verändern, haben wir keine Grundlage. Beim vorletzten Durchgang der Feriengäste gingen zwei Jugendliche, die sich erst antranken, über die Grenze, tranken drüben noch mehr und randalierten. Die Ortsparteiorganisation und die örtlichen staatlichen Organe sind der Meinung, daß unbedingt eine Veränderung getroffen werden muß in der Form, daß man dort das Heim schließt … Es ist so, daß ein großer Teil der Bevölkerung, besonders unsere Jungen Pioniere und auch die Kleinsten im Kindergarten, aktiv mit zur Sicherung der Grenze beitragen, indem sie uns mit Hinweisen von Grenzverletzern unterstützen können …

Zu einigen Problemen selbst, die im vergangenen Jahr sehr stark mit der Bevölkerung diskutiert wurden: Das war unser Grenzprogramm. Dort wurden Maßnahmen festgelegt wie der Bau eines Bades, einer Kinderkrippe usw. Es ist aber so, daß meiner Ansicht nach einige Mitarbeiter beim Rat des Kreises und besonders in der Plankommission an diesem Grenzprogramm so lange einsparen, bis davon nichts mehr übrig ist. Darüber ist die Bevölkerung mit Recht verargert … Es wurde geklärt und geklärt und hinausgeschoben, so daß Kinderkrippe und Bad praktisch bis heute noch nicht stehen … Soweit ich das einschätzen kann, können wir 1964 noch darauf warten, daß dort irgend etwas geschieht …

Wir stehen zum Beispiel jetzt vor der Mahd der Gerste. Wir sind nachts mit der Taschenlampe hinausgegangen und haben mit der Hand Gerste gemäht. Ebenfalls stehen einige Traktoren aufgebockt, weil die Bereifung fehlt. Damit können wir doch auf keinen Fall den auf den gegenüberliegenden Feldern arbeitenden westdeutschen Bauern beweisen, daß wir besser arbeiten. Ich bitte, daß sich unbedingt die Genossen von Gera mit diesem Problem befassen, um hier Abhilfe zu schaffen. Das beste Beispiel, wie es nicht sein soll, gab es beim Wohnungsbau der AWG. Im Jahre 1960 sind 2 Häuser mit 36 Wohneinheiten im Rohbau und ein Haus mit Kel-

Dokumentation zu einem Grenzzwischenfall an der Bahnlinie Tettau–Pressig, bei dem der bayerische Grenzpolizist Albin Weigelt auf heimischem Boden durch Schüsse von der Gegenseite schwer verletzt wird.

1960

lergeschoß vorgesehen. Das Ergebnis ist bis jetzt, daß ein Haus bis zur Hälfte und das zweite Haus bis zum Kellergeschoß fertig ist. Beim dritten Haus ist die Jauchegrube ausgehoben. Diese schleppende Arbeit wurde mit Materialmangel begründet. Das westdeutsche Zugpersonal lacht über unsere Bauweise. Sie erklärten uns, daß man drüben in drei bis vier Wochen ein Haus fertigstellt ...
Das sind Dinge, die meines Erachtens nicht dazu beitragen, den sozialistischen Gürtel an der Staatsgrenze zu festigen. Das sind Dinge, die unseren Staat diskriminieren. Das ist nicht überall so, aber bei uns sind einige Kollegen fehl am Platze.«[2]

Werner Götze, Bürgermeister von Probstzella, am 20. Juli 1960 vor SED-Genossen

Das FDGB-Heim Probstzella im enteigneten »Hotel Itting« wird 1961 geschlossen. Ein Schwimmbad – dessen Bau man schon nach dem Arbeiteraufstand im Sommer 1953 beschlossen hatte – werden die Einwohner Probstzellas bis zum Ende der Deutschen Demokratischen Republik nicht bekommen.

»Durch die Kreisparteiorganisation sowie die Dienststellen der bewaffneten Organe wurden in den Grenzkreisen verstärkt Versammlungen mit der Bevölkerung durchgeführt, in denen Vorkommnisse aus dem Grenzgebiet ausgewertet und die Bevölkerung zur Mitarbeit angesprochen wurden.
Es ist bereits festzustellen, daß diese Maßnahmen zu Erfolgen führten. Das zeigt sich darin, daß Bürger, die sich bisher indifferent in Fragen der Sicherheit verhalten haben, Hinweise, die zur Festnahme von verdächtigen Personen führten, gaben. In einigen Fällen wurden durch die Bürger selbst Festnahmen durchgeführt und den Sicherheitsorganen übergeben. So wurde der Bürger Büttner, Albert, aus Probstzella und andere durch die Deutsche Grenzpolizei wegen vorbildlicher Unterstützung ausgezeichnet.«[3]

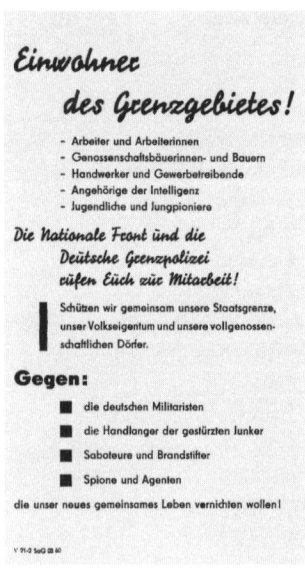

Aufruf der Deutschen Grenzpolizei

Bürovorlage des Sicherheitsbeauftragten der SED-Kreisleitung Saalfeld »über die Verwirklichung der Direktive des ZK vom 9.6.60«

Seit 1957 sind von Jahr zu Jahr weniger Menschen aus der DDR geflohen, 1960 werden es wieder mehr. Fast zweihunderttausend Flüchtlinge melden sich in diesem Jahr in den Notaufnahmestellen der Bundesrepublik und West-Berlins. Annähernd fünfzehntausend Bauern verlassen – meist mitsamt ihren Familien – den »Arbeiter- und Bauernstaat«.
Unter den Flüchtenden befinden sich über 4600 Einzelhändler, Handwerker und Gewerbetreibende, die 1960 ebenfalls verstärkt zur Aufgabe ihrer Selbständigkeit getrieben werden. Allein 230 selbständige Bäcker und 140 Fleischer kehren der DDR den Rücken, ferner etwa 14 000 Metallarbeiter, 7000 Bauarbeiter, 2500 Elektriker und knapp 900 Bergleute sowie über 2600 Ingenieure und Techniker. Mehr als 2000 Lehrer, rund 1000 Ärzte und Zahnärzte sowie 170 Apotheker verlassen die DDR. 700 Angehörige von Volksarmee und Volkspolizei »laufen zum Klassenfeind über«.[4]

1960

»Die großen Erfolge beim Aufbau des Sozialismus in der DDR führten zu einer verstärkten Hetze durch den Klassengegner. Ein besonderer Höhepunkt der Hetze und Feindtätigkeit war im Zusammenhang mit der sozialistischen Umgestaltung in der Landwirtschaft zu verzeichnen ...
Der Gegner findet mit seiner Hetze am meisten Anklang in solchen LPG, in denen die innergenossenschaftliche Demokratie wenig entwickelt ist und die wirtschaftlich schwach sind. Die Entwicklung der innergenossenschaftlichen Demokratie wird zum Teil dadurch gehemmt, daß Staatsfunktionäre den Genossenschaften ›Weisungen‹ erteilen und damit in das innere Leben der LPG eingreifen ... Ebenfalls wird die Initiative der LPG-Mitglieder vielfach nicht beachtet, und Vorschläge werden nicht aufgegriffen ... In vielen ländlichen Gebieten wirkten sich oft eine mangelhafte Versorgung und ein wenig entwickeltes kulturelles Leben negativ aus ...
In einer Reihe von Aussprachen im Bezirk Gera, in denen die illegale Abwanderung von Pädagogen ausgewertet wurde, brachte ein Teil der Lehrer zum Ausdruck, daß sie nicht als ›vollständige Intelligenzler‹ betrachtet würden. Weitere Ursachen der Republikflucht sind nach ihrer Meinung die starke Beanspruchung in der gesellschaftlichen Arbeit und die vielfach nicht befriedigende Arbeit an den Schulen. Des weiteren sind sie verärgert über die Reiseeinschränkungen zum Besuch der Angehörigen in der Westzone. So teilte z. B. ein Lehrer aus Saalburg der Abteilung Volksbildung beim Rat des Bezirkes mit, daß er sich den Weihnachtsbaum im anderen Teil Deutschlands für immer ansehen wird, falls er keine Genehmigung zum Besuch der Mutter erhält.«[5]
Analyse des Ost-Berliner Innenministeriums über »Ursachen der Republikfluchten« im Jahre 1960

Seit der Gründung der Deutschen Demokratischen Republik im Jahr 1949 hat bis zu diesem Zeitpunkt annähernd jeder zehnte Bürger den »ersten sozialistischen Staat auf deutschem Boden« für immer in Richtung Westen verlassen.[6]
Aus Probstzella ist in den fünfziger Jahren im Durchschnitt pro Monat ein Einwohner »nach drüben« geflüchtet.[7]

»Eine mangelhafte Versorgung« – Oberstleutnant G. (DDR) läßt sich im August 1960 an der Grenze bei Kronach zwei Päckchen Säuglingsnahrung und eine Schachtel Zigaretten über den 10-Meter-Streifen zuwerfen.

Berlin, 13. August 1961

Entgegen der Versicherung Walter Ulbrichts werden am 13. August 1961 mitten durch Berlin Stacheldrahtbahnen gezogen, die man dann nach und nach durch eine Mauer ersetzt.

»Sollen wir eine Bevölkerung von 18 Millionen in der DDR für nichts preisgeben, ohne einen Kampf? Das ist blöd«, hat der sowjetische Parteichef Chruschtschow seinem polnischen Amtskollegen 1958 erklärt.

Mitte Juni 1961 verkündet der Erste Sekretär des ZK der SED Walter Ulbricht auf einer internationalen Pressekonferenz in Berlin, daß man vom Jahresende an den Interzonenverkehr zwischen West-Berlin und der Bundesrepublik einschließlich des Luftverkehrs kontrollieren werde. Dann gebe es, so Ulbricht, »selbstverständlich keine Flüchtlingslager« mehr. West-Berlin, das letzte Schlupfloch ostdeutscher Flüchtlinge, soll gestopft werden.

Auf die Frage einer westdeutschen Journalistin, ob man demnächst am Brandenburger Tor eine Staatsgrenze errichten wolle, antwortet der Chef der Staatspartei: »Niemand hat die Absicht, eine Mauer zu errichten.«

Daraufhin setzt die größte Fluchtwelle seit 1953 ein: Allein im Juli 1961 treffen über dreißigtausend Flüchtlinge in den Notaufnahmelagern ein.

1961

»Die wahren Menschenrechte« verkündet am 31. Juli das »Neue Deutschland«. Auf der Titelseite wird unter der Überschrift: »Kommunismus bringt der Welt Frieden, Arbeit, Freiheit, Gleichheit und Glück« erläutert, wie das vonstatten gehen soll: »Bis 1980 wird kostenlos: Nutzung des Wohnraums, kommunale Verkehrsmittel…« Bis 1980 soll, zunächst in der Sowjetunion, der »Überfluß an materiellen und kulturellen Gütern« gesichert sein. Bis 1980 soll dort auch die »Abhängigkeit der Landwirtschaft von Naturelementen auf ein Minimum« zurückgehen. Bis 1980 soll das Realeinkommen der Arbeiter und Angestellten um das Dreieinhalbfache steigen.

Am 1. August 1961 stehen wieder über tausend Menschen in der Warteschlange des West-Berliner Notaufnahmelagers Marienfelde.

Vom 3. bis 5. August 1961 treffen sich in Moskau die Ersten Sekretäre der kommunistischen Parteien der »Warschauer-Pakt«-Staaten. Dazu gehören – neben der UdSSR und der DDR – Polen, die Tschechoslowakei, Ungarn, Rumänien, Bulgarien und Albanien. »In diplomatischen Kreisen des Westens wird vermutet, daß Ulbricht die sowjetische Zustimmung zur Schließung der Sektorengrenzen in Berlin haben will, um die Fluchtbewegung zu unterbinden«, berichtet die West-Berliner »Morgenpost« am 6. August.

Eine gute Woche später steht in den Zeitungen der DDR: »Die Regierungen der Warschauer Vertragsstaaten wenden sich an die Volkskammer, an die Regierung und an alle Werktätigen der DDR mit dem Vorschlag, an der Westberliner Grenze eine solche Ordnung einzuführen, die der Wühltätigkeit gegen die Länder des sozialistischen Lagers zuverlässig den Weg verlegt und rings um das ganze Gebiet Westberlins, einschließlich seiner Grenze mit dem demokratischen Berlin, eine zuverlässige Bewachung und eine wirksame Kontrolle gewährleistet.« Als die »Werktätigen der DDR« von dem »Vorschlag, an der Westberliner Grenze eine solche Ordnung einzuführen«, erfahren, ist die neue Ordnung bereits eingeführt. Auch Volkskammer und Regierung sind nur Ausführende.

Am 7. August 1961 berichtet Walter Ulbricht auf einer außerordentlichen Sitzung des SED-Politbüros über »die Beratung der 1. Sekretäre«. Im Sitzungsprotokoll steht: »Die Volkskammer soll ihre Übereinstimmung mit den Beschlüssen dieser Beratung erklären. Sie soll einen Beschluß zur Frage des Kampfes gegen den Menschenhandel fassen, in dem dem Ministerrat alle Vollmachten erteilt werden… Der Beginn der vorgesehenen Maßnahmen zur Kontrolle erfolgt in der Nacht vom Sonnabend zum Sonntag auf Grund eines Beschlusses des Ministerrates.«[1]

»Niemand kann den Sozialismus aufhalten. Niemand kann vor ihm davonlaufen. Der Sozialismus hat sich als das erfolgreichere System erwiesen.«
Walter Ulbricht am Freitag, dem 11. August 1961, im »Neuen Deutschland«

Am Spätnachmittag des 11. August »bestätigen« die versammelten Mitglieder des SED-Politbüros den »Entwurf eines Beschlusses des Ministerrates auf Grund der Erklärung der Teilnehmer-Staaten des Warschauer Vertrages« und den »Beschluß der Volkskammer«.² Diese hat am Vormittag den Ministerrat formell beauftragt, »alle Maßnahmen vorzubereiten und durchzuführen«. Im Ministerratsbeschluß heißt es: »Zur Unterbindung der feindlichen Tätigkeit der revanchistischen und militaristischen Kräfte Westdeutschlands und Westberlins wird eine solche Kontrolle an den Grenzen der Deutschen Demokratischen Republik einschließlich der Grenze zu den Westsektoren von Groß-Berlin eingeführt, wie sie an den Grenzen jedes souveränen Staates üblich ist. Es ist an den Westberliner Grenzen eine verläßliche Bewachung und wirksame Kontrolle zu gewährleisten, um der Wühltätigkeit den Weg zu verlegen. Diese Grenzen dürfen von Bürgern der Deutschen Demokratischen Republik nur noch mit besonderer Genehmigung passiert werden.«

Eine halbe Stunde nach Beendigung der Politbüro-Sitzung vom 11. August 1961 verliest im Ost-Berliner Ministerium für Staatssicherheit Erich Mielke den Volkskammerbeschluß über »die Lösung des Westberlin-Problems«. Anschließend sagt Minister Mielke zu den fast fünfzig angetretenen Offizieren (vom Oberleutnant bis zum General) des DDR-Geheimdienstes: »Heute treten wir in einen neuen Abschnitt der tschekistischen Arbeit ein. Dieser neue Abschnitt erfordert die Mobilisierung jedes einzelnen Mitarbeiters der Staatssicherheit. In der jetzigen Periode wird sich erweisen, ob wir alles wissen und ob wir überall verankert sind ...
Was ist die Hauptfrage? – Größte Wachsamkeit üben, höchste Einsatzbereitschaft herstellen und alle negativen Erscheinungen verhindern. Kein Feind darf aktiv werden, keine Zusammenballung darf zugelassen werden! ... Wer mit feindlichen Losungen auftritt, ist festzunehmen. Feinde sind streng und in der jetzigen Zeit schärfer anzupacken. Feindliche Kräfte sind sofort, ohne Aufsehen, unter Anwendung entsprechender Methoden festzunehmen, wenn sie aktiv werden.« Dann gibt der Minister Mielke noch den Decknamen für die Aktion bekannt: »Rose«.³

In den frühen Morgenstunden des 13. August 1961, gegen zwei Uhr, gehen an der Ost-Berliner Sektorengrenze zu West-Berlin Tausende von Grenz- und Volkspolizisten sowie Angehörige der Betriebskampfgruppen in Stellung. Sie decken Pioniereinheiten, die mitten durch Berlin Stacheldrahtbahnen ziehen.
Als an diesem Augusttag in Berlin die Sonne aufgeht, sind bereits sechzig innerstädtische Straßenübergänge geschlossen. Aus dem Radio erfahren die Menschen in der DDR, daß die westliche Wühltätigkeit unterbunden werden soll und sie deshalb fortan nicht mehr nach West-Berlin dürfen.
Keine S-Bahn, keine U-Bahn fährt mehr in Ost-Berlin; wer dennoch zur Grenze kommt, sieht sich bewaffneten Grenz- und Volkspolizisten gegenüber. Über zweihundert Panzer der Volksarmee stehen bereit. Noch kann man durch den Stacheldraht »nach drüben« sehen zu den Berlinern auf der anderen Seite, die hilflos herüberschauen.
Im Protest des West-Berliner Senats heißt es: »Senat und Bevölkerung von Berlin erwarten, daß die Westmächte energische Schritte bei der sowjetischen Regierung unternehmen werden.«
Die alliierten Stadtkommandanten der USA, Frankreichs und Großbritanniens befehlen dem Regierenden Bürgermeister von West-Berlin, Willy Brandt, die Grenze vor Angriffen aus West-Berlin zu schützen ...

1961

Die »bewaffneten Organe« würden an der Grenze zu West-Berlin Ruhe und Sicherheit gewährleisten, verbreitet das DDR-Radio am 13. August 1961. »Und sie haben Gewehre mit für den Fall, daß es ein par Leute geben sollte, die gerne tanzen möchten, dann werden wir ihnen aufspielen dazu«, ergänzt ein Reporter. Trotz der Drohungen protestieren Tausende Menschen auf beiden Seiten des Stacheldrahts. Doch letztlich arrangieren sich die Berliner mit den Tatsachen.

Um 10.45 Uhr meldet die Volkspolizei von der Köpenicker Straße, dort hätten sich »auf beiden Seiten je ca. 100 Personen angesammelt. Die Personen provozieren die Posten und versuchen, die Sperren zu durchbrechen«. Zwei Hundertschaften der Kampfgruppen der Arbeiterklasse eilen herbei. Kurz darauf setzt die Ost-Berliner Polizeiführung auch an anderen Stellen »Kräfte zur Auflösung der Ansammlungen« ein, beispielsweise in der Brunnenstraße, wo sich um 11.15 Uhr etwa dreihundert Ost-Berliner und zweihundert West-Berliner Bürger gegenüberstehen.
Am Abend sind auf beiden Seiten des Brandenburger Tores Wasserwerfer der Polizeien einsatzbereit. Auf der Ostseite des Bauwerks verjagen gegen 18.00 Uhr Kampfgruppen innerhalb von fünf Minuten fast dreihundert Menschen, obgleich diese »keine negative Haltung« eingenommen haben. Ansonsten werden zu diesem Zeitpunkt in Ost-Berlin »keine Provokationen« gemeldet.
Als eine Stunde später auf der Bouchéstraße über zweihundert Jugendliche beiderseits der Grenze »ein wüstes Pfeifkonzert veranstalten«, wird flugs eine Abteilung der Bereitschaftspolizei »zur Normalisierung des Zustandes« in Bewegung gesetzt. An der Kopenicker Straße treten West-Berliner Jugendliche Drahtsperren nieder. In der Wollankstraße kommen über fünfhundert West-Berliner zusammen, auf der Ostseite der Straße »randalieren ca. 500 Jugendliche«. Zwei Züge Kampfgruppen, ein Zug Volkspolizei und ein Schnellkommando sind dort unter der Leitung von Major Kleeberg im Einsatz.
Um 22.10 Uhr wird an der Puschkinallee »die Zusammenrottung von ca. 150 Personen aufgelöst und die Ordnung wiederhergestellt«. Kurz vor Mitternacht treibt die West-Berliner Polizei am Brandenburger Tor etwa dreitausend Jugendliche unter Einsatz von Gummiknüppeln auseinander. Ein junger Mann schreit: »Ihr schlagt gegen die falsche Seite!«
Ein paar Tage später schreibt der Präsident der Vereinigten Staaten von Amerika, John F. Kennedy, dem Regierenden Bürgermeister Willy Brandt: »So ernst die Sache auch ist, so stehen uns doch ... keine Schritte zur Verfügung, die eine wesent-

1961

liche materielle Änderung der augenblicklichen Situation erzwingen könnten. Da die brutale Abriegelung der Grenzen ein schallendes Bekenntnis des Scheiterns und der politischen Schwäche darstellt, handelt es sich offensichtlich um eine grundlegende sowjetische Entscheidung, die nur ein Krieg rückgängig machen könnte. Weder Sie noch wir, noch irgendeiner unserer Verbündeten haben je angenommen, daß wir wegen dieses Streitpunktes einen Krieg beginnen sollten.«

Im DDR-Fernsehen fragt Kommentator Karl-Eduard von Schnitzler die Zuschauer: »Haben Sie schon gehört, daß Brandt die Alliierten zu Hilfe gerufen hat?« und antwortet dann selber: »Ja, ich hab's gehört, aber die Alliierten nicht.«

Geraer »Volkswacht« vom 14. August 1961

> **Erklärung der Regierungen der Warschauer-Vertrags-Staaten**
>
> # Wir sichern unsere Grenzen!
>
> **Warschauer-Vertrags-Staaten richten Ansuchen an Regierung der DDR**
> **Maßnahmen gegen Wühltätigkeit aus Westberlin getroffen**
>
> ● Es gibt auf der Erde keinen Ort, wo so viele Spionage- und Wühlzentralen fremder Staaten konzentriert sind und sich so ungestraft betätigen können wie in Westberlin
> ● Herrschende Kreise der Bundesrepublik und der NATO-Länder benutzen Lage an Westberliner Grenze für Wirtschaftsstörungen gegen die DDR, Betrug, Korruption, Erpressung von DDR-Bürgern
> ● Die Wühltätigkeit gegenüber der DDR und den sozialistischen Ländern hat sich in letzter Zeit verstärkt, besonders nach den Vorschlägen der Sowjetunion und der Länder des Sozialismus zur Friedensregelung mit Deutschland
> ● Die Regierungen der Warschauer-Vertrags-Staaten wenden sich an die Volkskammer und an die Regierung der DDR, an alle Werktätigen der DDR mit dem Vorschlag, an der Westberliner Grenze eine Ordnung einzuführen, durch die die Wühltätigkeit zuverlässig den Weg versperrt wird
> ● Selbstverständlich werden diese Maßnahmen die geltenden Bestimmungen für Verkehr und Kontrolle an den Verbindungswegen zwischen Westberlin und Westdeutschland nicht berühren
> ● Die Notwendigkeit dieser Maßnahmen entfällt, sobald die Friedensregelung mit Deutschland verwirklicht ist
>
> ## Dem Treiben der westdeutschen Militaristen einen Riegel vor
>
> **Beschluß des Ministerrats der Deutschen Demokratischen Republik**

Am 14. August meldet ADN »gelassene Ruhe in unserem Berlin«: »Die Arbeiter und Angestellten begaben sich, wie an jedem Wochentag, zu ihren Arbeitsplätzen in den Fabriken, Verwaltungen und Geschäften.«

Die Genossen der SED-Bezirksleitung Gera berichten am 16. August dem Zentralkomitee der SED nach Berlin: »Der überwiegende Teil unserer Bevölkerung steht den Maßnahmen aufgeschlossen und positiv gegenüber. Der Arbeitsablauf in den Produktionsstätten verläuft normal.« Immer mehr Betriebe gäben dem Genossen Walter Ulbricht in Briefen zur Kenntnis, daß sie treu zur Arbeiter- und Bauernmacht stehen. So habe die Brigade »1. Mai« aus der »Maxhütte« bei Saalfeld in einer »Stellungnahme zum Ausdruck« gebracht: »Wir wollen gute Deutsche sein und alles tun, um unsere Arbeiter- und Bauernmacht gegen alle Anschläge der Militaristen von innen und außen zu schützen.«

Aber in dem Bericht ist auch die Rede von einer »Zunahme der negativen Diskussionen«. Zwar komme es in den Kreisen des Bezirks nur vereinzelt zu »provokatorischem Auftreten«, jedoch sei »eine ansteigende Tendenz zu verzeichnen«. So habe im VEB Zeiss Jena der SED-Genosse Ernst U. dazu aufgefordert, für zwei Minuten die Arbeit zu unterbrechen. (»Entsprechende Maßnahmen gegen ihn sind eingeleitet.«) In der Abteilung Formbau des Zeiss-Betriebes sei man der Meinung:

»Jetzt gibt es nur noch eins: Schnauze halten.« Verschiedentlich habe man es abgelehnt, »Zustimmungserklärungen, welche die Maßnahmen des Ministerrates begrüßen, zu unterschreiben«. Im Geraer VEB Kühl- und Schankanlagenbau habe »eine große Anzahl der Beschäftigten« eine entsprechende Versammlung verlassen. Die »Lage an der Staatsgrenze« zur BRD sei normal, der Verkehr zwischen West-Berlin und Westdeutschland über den Grenzkontrollpunkt Probstzella sei angestiegen.[4]

Aus der SED-Kreisleitung Saalfeld erfährt die Bezirksleitung von folgender »Stellungnahme«: »Wir Eisenbahnerinnen und Eisenbahner des Grenzbahnhofes Probstzella haben Kenntnis genommen von den Maßnahmen unserer Regierung im Kampf gegen den Menschenhandel und stimmen diesen vollinhaltlich zu.« Gleichwohl tauche in allen Betrieben Probstzellas die Frage auf, »warum so viele Bürger unsere Republik verlassen würden«. Die SED-Ortsleitung vermutet, daß diese »provokatorische Fragestellung« aus dem Ostbüro der SPD komme. »Im Porzellanwerk Probstzella waren die Kollegen M. und S. der Meinung, daß man doch abwarten soll, was noch herauskommt.«[5]

Wegen Staatsverbrechen (»staatsgefährdende Propaganda« u. a.) werden im zweiten Halbjahr 1961 siebentausendzweihundert DDR-Bürger abgeurteilt. Dazu kommen mehr als 4500 Verurteilungen wegen »Staatsverleumdung«.[6]

Moritz Mitzenheim, der Thüringer Landesbischof, läßt sich am 17. August 1961 von Walter Ulbricht den »Vaterländischen Verdienstorden in Gold« überreichen. 1952 hatte er noch erklärt, die Kirche habe »als Anwalt der Bedrängten dann zu sprechen, wenn sie bei der Durchführung staatlicher Maßnahmen Grundsätze der Gerechtigkeit und Menschlichkeit verletzt sieht«.

Die Stacheldrahtbahnen quer durch Berlin werden nach und nach durch eine Mauer ersetzt. West-Berliner dürfen nicht mehr in die DDR, Ostdeutsche bekommen die »besondere Genehmigung« für eine Reise in die Bundesrepublik einschließlich West-Berlin nur noch bei Dienstreisen. 1960 sind über siebenhunderttausend DDR-Bürger nach West-Deutschland gefahren.[7]

In der Zeit vom 13. August bis zum Jahresende 1961 flüchten rund achttausendfünfhundert Menschen unter Gefahr für Gesundheit und Leben in die Bundesrepublik und West-Berlin.[8] Allein in Berlin kommen mindestens elf Menschen beim Fluchtversuch um. Sie werden erschossen, ertrinken oder stürzen beim Sprung aus dem Fenster auf die West-Berliner Seite in den Tod.[9]

Über dreitausendvierhundert DDR-Bürger werden im Grenzgebiet, auf der Reise dorthin oder schon am Wohnort wegen des Verdachts auf Republikflucht festgenommen.[10]

»Sie haben es für nötig gehalten, ›an alle Offiziere und Mannschaften der militärischen und halbmilitärischen Einheiten‹ der DDR einen ›Appell‹ zu richten, in dem Sie uns aufrufen, auf ›die Stimme des Gewissens zu hören‹, uns ›nicht zu Lumpen‹ machen zu lassen, uns ›menschlich zu verhalten‹ und ›nicht auf unsere Landsleute‹ zu schießen …

Den Frieden zu schützen und Kriegsbrandstifter zu zügeln, ist ein Akt höchster Menschlichkeit. Dem Vaterland den Frieden zu retten, ist das Gewissenhafteste, was es gibt. Und den größten Gefallen, den man unserem sozialistischen Staat,

aber auch unseren Brüdern und Schwestern in Westberlin und Westdeutschland tun kann, ist es, gesinnungslosen Lumpen wie ihnen übers Maul zu fahren, wenn sie auch nur zu mucken wagen. Dafür haben wir Waffen mit abkühlendem Wasser und scharfer Munition – je nach Bedarf.
Und was die ›Landsleute‹ angeht, auf die wir ›nicht schießen‹ sollen: Seit wann sind Einbrecher, Strauchdiebe und Mörder ›Landsleute‹? … Wir wissen Freund und Feind zu unterscheiden! Die Feinde unseres Volkes beißen bei uns auf Granit und lassen – je nachdem, wie frech sie es treiben – Zähne, Haare oder das Leben.«

»Neues Deutschland«, 23. August 1961

Einen Tag nach der Absperrung der Berliner Sektorengrenzen »bestätigt« das SED-Politbüro den Befehl Nummer 39/61 des Innenministers »zur Erhöhung der Sicherheit im Grenzsperrgebiet«. Die Parteifunktionäre in den Grenzkreisen werden beauftragt, der dortigen Bevölkerung zu erklären, »daß auf Grund der Aggressivität des westdeutschen Militarismus bestimmte Maßnahmen zur Sicherung der Deutschen Demokratischen Republik erforderlich sind«. Laut Befehl des Innenministers Karl Maron ist im Sperrgebiet »eine straffe Ordnung durchzusetzen«. Fortan sei die Ausstellung von Passierscheinen an Bürger der DDR nur dann vorzunehmen, »wenn ein gesellschaftliches Interesse vorliegt. Der Aufenthalt aus privaten Gründen ist besonders in dem 500-m-Schutzstreifen wesentlich einzuschränken und nur dann zu gestatten, wenn besondere familiäre Gründe, wie Todesfälle und schwere Erkrankungen von nahen Angehörigen, vorliegen … Staatsangehörigen kapitalistischer Staaten und Staatenlosen ist das Betreten und der Aufenthalt der 5-km-Sperrzone und des 500-m-Schutzstreifens nicht gestattet«.[11] Der Befehl gilt von Mitte September 1961 an.

Hans-Joachim Schoeps

»In den ersten Jahren meines Hierseins war das Leben in Lichtentanne erträglich, da hab ich auch im großen und ganzen die Leute reinbekommen, die ich eingeladen habe: Freunde, auch meine Junge Gemeinde aus Arnstadt. Sogar meine Verwandtschaft aus Düsseldorf.
Nach dem Mauerbau 1961 kriegte ich niemanden mehr rein, keinen Freund, nur Verwandtschaft ersten Grades, also Geschwister und Eltern. Die anderen nur zu ganz besonderen Feierlichkeiten. Wir haben uns entfremdet. Meine Familie war hier sehr allein. Die Leute im Dorf haben das nicht gemerkt, die hatten ihre Verwandtschaft hier.«

Seit Anfang 1955 pendeln täglich bis zu hundertzwanzig bayerische Arbeiter zu den thüringischen Staatsschieferbrüchen von Lehesten. Sie benutzen den Übergang Ziegelhütte, vier Kilometer südöstlich von Ludwigsstadt. Am 15. September 1961 wird auch dieses »letzte Loch im Eisernen Vorhang«, wie die Leute in der Region den Übergang Ziegelhütte nennen, geschlossen. Zwei Wochen zuvor hat sich der höchste militärischen Führungszirkel der DDR, der Nationale Verteidigungsrat (NVR), unter Vorsitz von Walter Ulbricht mit dem Problem der letzten siebzig westdeutschen Fachkräfte im Lehestener Schieferbergbau befaßt und die Arbeiter aufgefordert, mit ihren Familien in die DDR umzuziehen …[12]

1961

Am 15. September wird mit der Schließung des Übergangs Ziegelhütte das letzte Loch in der Grenze zwischen Thüringen und Bayern gestopft.

Ende September 1961 wird der Bevölkerung des Sperrgebiets eine neue »Grenzordnung« entsprechend dem Befehl 39/61 des DDR-Innenministers bekanntgegeben. Zu den neuen Bestimmungen gehört, daß die Aufenthaltsgenehmigung für Einwohner der Sperrzone nur noch im eignen Kreisgebiet gilt. Die Einwohner von Probstzella, Kreis Saalfeld, kommen fortan nicht mehr ohne besonderen Passierschein in den vier Kilometer entfernten Nachbarort Gräfenthal, Kreis Neuhaus. Im Südosten reicht der Radius fünf Kilometer bis hinter Lichtentanne; die nächsten Orte Lehesten und Schmiedebach liegen bereits im Kreis Lobenstein.
Bislang sind die Einwohner Probstzellas in Gräfenthal ins Krankenhaus gegangen, nun müssen sie zwanzig Kilometer fahren bis nach Saalfeld.

»In Lichtentanne wurde ... eine Parteiversammlung durchgeführt. Dabei traten die Genossen R. und E. gegen die Verordnung auf. Sie forderten ein offenes 5-km-Gebiet ohne kreisliche Abgrenzung. Weiterhin brachten sie zum Ausdruck, daß durch die kreisliche Begrenzung der Passierscheine Deutsche gegen Deutsche gehetzt würden. Der Genosse T. brachte noch zum Ausdruck, daß sie als Bergleute eine harte Sprache haben, und das letzte Wort wäre noch nicht gesprochen.
Die Ärztin aus Lehesten besitzt noch einen Stempel für Lichtentanne. Kreis Lobenstein veranlaßt, daß der Stempel ungültig gemacht wird.«[13]
»Situationsbericht« der SED-Ortsleitung Probstzella

HANS-JOACHIM SCHOEPS
»Die Ärztin von Lehesten kam einmal in der Woche nach Lichtentanne rüber und hat hier zwei Stunden Sprechstunde gehalten. Als sie nach der Abriegelung der Kreisgrenzen nicht mehr kommen durfte, hieß es: ›Was wird das nun, kommt hier kein Arzt mehr?‹ – ›Ja, wir schicken einen Arzt von Leutenberg.‹ (Das lag nicht in der Sperrzone.) Als er eines Nachmittags kam, ging kein Mensch hin. Er ist nach Hause, hat geschimpft, kam die Woche darauf wieder – kein Mensch da. Dann haben die Ärzte aus Leutenberg gesagt: ›Wir gehen da nicht wieder rauf.‹ Die Ärztin aus Lehesten ist dann auf irgendwelchen Schleichwegen durch den Wald gekommen, das ging wie ein Buschfunk durchs Dorf: ›Die Ärztin ist da!‹ Sie hat es

riskiert, und die Leute hier haben's auch riskiert. Das konnte man im Sperrgebiet manchmal noch machen: ›Wir wollen doch mal sehen, ob wir nicht etwas durchsetzen.‹ Wir haben's durchgesetzt: Die Lehestener Ärztin bekam einen Passierschein. Aber da war ja auch noch kein elektrischer Zaun, die Leute waren noch nicht so eingekreist. Die hatten immer noch das Gefühl, man könne was tun.

Ich hatte in Schmiedebach, vier Kilometer von Lichtentanne, eine Filiale, da mußt ich praktisch jeden Tag hin. Aber meine Pfarrkinder von dort durften mich nicht hier im Pfarrhaus besuchen, die haben ihren Nachbarort nie gesehen. Das war sehr, sehr hart.

Da war also zwischen Lichtentanne und Schmiedebach nichts, es waren, glaub ich, vier Leute, die 'ne Sondergenehmigung hatten. Ich mußte meine Sondergenehmigung, einen roten Schein, alle vier Wochen neu beantragen. Ich hatte auch in Brennersgrün, das lag im 500-Meter-Streifen, eine Gemeinde. Dazu brauchte ich einen grünen Schein, den mußte ich extra beantragen...

Wir mußten uns jedes Vierteljahr ›das Wohnrecht‹ quittieren lassen, mußten antanzen mit unserem Personalausweis, da wurde ein Stempel reingedrückt. Dann durften wir wieder ein Vierteljahr hier wohnen. Der ewige Ärger mit den Passierscheinen..., das war das Erniedrigende. Dagegen mußte man sich wehren. Da hat manch einer gesagt: ›Bin ich ruhig, bekomme ich vielleicht beim nächsten Mal einen Passierschein.‹«

»Die stattgefundene Einwohnerversammlung in Probstzella am 25.8.1961 findet unter der Bevölkerung in Probstzella einen großen Widerhall. Sie wird positiv eingeschätzt, und man ist der Meinung, daß sowohl das Referat des Genossen Eberling wie auch der Beschluß, daß alle Fernsehantennen, die auf Westsender gerichtet sind, zu verschwinden haben, sehr richtig waren. So sagte zum Beispiel die Kollegin M. vom Bahnhof Probstzella: ›Diese Versammlung war sehr gut, und vor allem hat es mich gefreut, daß man hier den Beschluß faßte, die Ochsenkopfantennen im Grenzort Probstzella zu entfernen. Wir brauchen keine Westantennen in Probstzella, denn dieses Gift, was die ausspritzen, kann unseren Bürgern nur schaden.‹

Die Flugblattaktion in Probstzella ›Lieber Bürger, sei kein Tropf, entferne deinen Ochsenkopf‹ hat bis jetzt erreicht, daß offensichtlich 8 Einwohner ihre Westantenne entfernten. Die Arbeitsgruppe wird die Flugblattaktion weiter verfolgen und hat sich zum Ziel gestellt, daß alle Westantennen aus dem Grenzgebiet verschwinden. Die freiwillige Feuerwehr ist angewiesen worden, Brandschutzkontrollen durchzuführen, um festzustellen, inwieweit noch auf den Böden solche Antennen vorhanden sind.«[14]

»Situationsbericht« der SED-Ortsleitung Probstzella vom 28. August 1961

»In der ›Plasta‹ äußerte sich der Kollege M., daß man sich bei uns wie im Gefängnis fühlt, weil die Westfernsehantennen verschwinden sollen. Stacheldraht wäre bereits um die ganze DDR gezogen. Auch sagte er, wenn er einen Fernsehapparat hätte und es käme jemand, der die Westantenne abmachen wollte, dann hätte er für den eine Axt bereitstehen.«[15]

»Situationsbericht« der SED-Ortsleitung Probstzella vom 30. August 1961

»Der Aufruf ›Lieber Bürger, sei kein Tropf, entferne deinen Ochsenkopf!‹ hat in Probstzella erreicht, daß nach Schätzung der Arbeitsgruppe bis auf 10 alle ihre Westantennen entfernt haben. Der ABV wurde beauftragt festzustellen, welche Bürger diesem Aufruf noch nicht gefolgt sind. Mit diesen Menschen wird dann individuell gesprochen, um zu erreichen, die Westantennen abzuschaffen.«[16]
»Situationsbericht« der SED-Ortsleitung vom 31. August 1961

»Gestern wurde in Probstzella die Versammlung der Dorfparteiorganisation zum Gesetz zum Schutz der DDR und zur Verordnung über das Grenzgebiet durchgeführt. Die anwesenden Genossen stimmten den Maßnahmen zu und erklärten sich bereit, mit der übrigen Bevölkerung diese Maßnahmen zu diskutieren. In der Diskussion erklärten sich die Genossen Paula R., Erna R., Albert B. und Anton G. bereit, den Westkanal ihres Fernsehapparates ausbauen zu lassen. Sie rufen die gesamte Bevölkerung unseres Grenzgebietes auf, ihrem Beispiel zu folgen.«[17]
»Situationsbericht« der SED-Ortsleitung vom 23. September 1961

Die Ersten Sekretäre der SED-Kreisleitungen in den Grenzkreisen erhalten im September 1961 ein Schreiben aus dem Sekretariat des ZK der SED, in dem es um die »verstärkte massenpolitische Arbeit« im Zusammenhang mit den »zu erwartenden Maßnahmen zur Sicherung des Friedens« geht. Um die »Diversionstätigkeit« der feindlichen Ätherwellen auszuschalten, sei anzustreben, daß die Besitzer von Fernsehern »freiwillig den Kanal für Westfernsehen ausbauen lassen … In Gebieten, wo … das Fernsehen der DDR nicht empfangen werden kann, haben die Organe der Post die Fernsehzulassungen zu kündigen und dafür zu sorgen, daß die Empfänger außer Betrieb gesetzt werden. Der staatliche Handel wird angewiesen, in diesen betreffenden Gebieten keine Fernsehgeräte zu verkaufen. Ab sofort sind dort, wo in größerem Umfang organisiertes Westfernsehen und die Verbreitung westlicher Nachrichten auftreten, einige gut vorbereitete Strafprozesse durchzuführen und politisch auszuwerten.«[18]
Nur etwa ein Fünftel der DDR-Bürger hat 1961 ein Fernsehgerät. Man trifft sich zum »organisierten Fernsehen« bei Nachbarn, Freunden und Verwandten. Antennen werden vom Dach gesägt, »Westkanäle« auch unfreiwillig ausgebaut. Die Propagandisten von der SED-Kreisleitung Saalfeld führen ihre Kampagne gegen eine Sendeanlage auf dem fränkischen Berg Ochsenkopf.

In der Sitzung des Nationalen Verteidigungsrates vom 28. August 1961 ist auch ein Befehlsentwurf des Innenministers Maron über die »Ausweisung von Personen aus dem Grenzgebiet der Westgrenze der DDR« bestätigt worden. Tags darauf wird im SED-Politbüro mittels »Empfehlung« die Umsetzung des Aussiedlungsbefehls beschlossen. Schon am 16. August 1961 hat das Sekretariat des ZK der SED eine von Walter Ulbricht unterzeichnete Weisung an die Parteileitungen der Grenzbezirke und -kreise verschickt, nach der »feindliche Elemente, die eine Gefahr für die Sicherheit im Grenzgebiet bedeuten«, auszusiedeln sind.
Mitarbeiter der MfS-Kreisdienststellen sowie von Polizei und Grenzpolizei erarbeiten aus vorhandenen Unterlagen Listen mit den Namen der Auszusiedelnden. Die Leiter der Volkspolizeikreisämter geben die Listen weiter an die Kreiseinsatzleitungen (KEL). Von dort werden sie zur Bestätigung an die Bezirkseinsatzleitun-

gen (BEL) weitergegeben. (Diese sind direkt dem Nationalen Verteidigungsrat unterstellt.)[19]

Den Vorsitz in den Bezirks- und Kreiseinsatzleitungen haben die Ersten Sekretäre der Bezirks-/Kreisleitungen der SED. Einer Kreiseinsatzleitung gehören außerdem an: der Leiter der Abteilung Sicherheit der SED-Kreisleitung, der Vorsitzende des Rates des Kreises, die Leiter der MfS-Kreisdienststelle, des VPKA und des Wehrkreiskommandos.

Fünfundzwanzig Männer und drei Frauen werden in Probstzella, einschließlich der Ortsteile Zopten und Kleinneundorf, zu »belasteten Personen«, davon sind zwei »Grenzgänger«, und sechzehn fallen wegen »reaktionärer Einstellung« auf.[20] Als Zeichen »reaktionärer Einstellung« zählen beispielsweise »negative Diskussionen in der Vorbereitung der Wahl« und »organisiertes Westfernsehen«. »Reaktionär eingestellt« ist auch, wer »gegen die sozialistische Umgestaltung der Landwirtschaft« ist. Alfred K. aus Probstzella, 62 Jahre alt, Kassenleiter, »lehnt unsere Entwicklung ab ..., ein Sohn ist katholischer Pfarrer«. Herr K., seit der Zwangsvereinigung von KPD und SPD Mitglied der SED, ist 1960 aus der Partei ausgetreten – eine weitere Begründung für die Aussiedlung von Alfred K. und seiner Frau Anna.

»Es muß ein Einsatzplan erarbeitet werden, der die Durchführung bis ins einzelne festlegt. Darunter muß in Erscheinung treten, daß die Auszusiedelnden das Gefühl erhalten, daß sie nicht als Feinde betrachtet werden, sondern daß es notwendig ist, auf Grund der Durchführung von Sicherungsmaßnahmen ... Es ist davon auszugehen, daß es niemandem gefällt, wenn er umgesiedelt wird ... Die Menschen müssen das Gefühl haben, daß sie nur örtlich verändert werden, aber materiell keinen Schaden erleiden ... Nach der Aussiedlung der festgelegten Leute muß unbedingt Ruhe eintreten.«[21]

Erich Mielke auf einer Dienstbesprechung am 17. September 1961

Mit dem Kennwort »Herbst« befiehlt der Erste Sekretär der SED-Bezirksleitung Gera, Paul Roscher, den Beginn der Operation.[22]

Eine Hundertschaft der Kampfgruppen des »VEB Maxhütte« hat gemeinsam mit der Grenzkompanie Probstzella den Auftrag, die Grenze zu blockieren. Ein elf Mann starkes Schnellkommando der Volkspolizei steht in Probstzella bereit, um »staatsgefährdende Provokationen« zu bekämpfen. Jeder auszusiedelnden Familie ist ein Lkw mit Anhänger zugeordnet; das »Ladekommando« – bestehend aus vier Kampfgruppen-Angehörigen in Zivil, bewaffnet mit Schlagstöcken – soll das »lebensnotwendige Inventar (Schlaf-, Wohnzimmer, Küche)« sowie »besondere Liebhabereien (Aquarien, Hunde usw.)« aufladen.[23]

Die Aktion »Festigung« beginnt in Probstzella am 3. Oktober 1961, einem Dienstag, morgens um fünf Uhr mit der »Bekanntgabe der Aussiedlung in entsprechender Form«. Seit einer Stunde sind die Telefonanschlüsse der Betroffenen unterbrochen. Im Ort ist es noch dunkel, richtig hell wird es in den nächsten Stunden nicht, dichter Nebel liegt im Tal der Loquitz.

HEDWIG DIEDER

»Ich bin, wie immer, recht früh aufgestanden, schaue in der ersten Etage durchs Flurfenster: Ein Aufgebot von Leuten, Pkw, Lkw ... Ich hatte keine Ahnung, was das soll. Da stand dann dieser Herr unten und fragt, ob er mal raufkommen könnte. Ich hab ihm die Tür geöffnet.«

»Guten Morgen! Sie werden zunächst überrascht sein, Fräulein Dieder, zu dieser Stunde durch einen Angehörigen der Deutschen Volkspolizei Besuch zu erhalten. Ich möchte daher zuerst kurz erklären, welchen Zweck mein Besuch bei Ihnen hat. Eine Bitte sei jedoch vorausgeschickt: Hören Sie mir in Ruhe und bis zu Ende zu, was ich Ihnen im Auftrage des Leiters des Volkspolizeikreisamtes mitzuteilen habe und durchzusetzen befugt bin.
Durch die Publikationsorgane unserer Republik (Presse, Rundfunk, Fernsehen u. a.) sind Sie ausreichend darüber informiert worden, daß die Bonner Militaristen und Revanchisten aggressive Maßnahmen gegen unsere Republik und das gesamte sozialistische Lager vorbereiten. Gleichzeitig ist Ihnen auch bekannt, daß die Bonner Ultras alles mögliche unternehmen, um in Vorbereitung und Durchsetzung ihrer Vorhaben Störversuche und Provokationen aller Art in unserer Republik und besonders an der Staatsgrenze West zu organisieren. Es ist kein Geheimnis, daß sie sich hierbei besonders auf solche Bürger der Deutschen Demokratischen Republik zu stützen gedenken, die mit ihrer Vergangenheit noch nicht gebrochen haben oder von denen sie das vermuten. Sie scheuen keine Mittel, um mit den vielfältigsten Methoden des Druckes, der Drohung, der Erpressung solche Bürger gefügig zu machen, bei denen sie annehmen, gute Anknüpfungsmöglichkeiten zur Durchsetzung ihrer Ziele zu besitzen. In dieser Hinsicht entwickeln die Bonner Ultras bereits eine großangelegte Wühltätigkeit, um diese Bürger zu mißbrauchen.
Aus all diesen Gründen werden Sie verstehen, daß unsere Regierung im Interesse der Erhaltung des Friedens alles nur Erdenkliche unternimmt, um, erstens, die Sicherheit unseres Staates und, zweitens, die Sicherheit aller Bürger – in diesem Falle auch Ihre persönliche Sicherheit – zu gewährleisten. Deshalb hat der Leiter des Volkspolizeikreisamtes nach den Verordnungen vom 26.5.52 und 3.5.56 sowie der Bekanntmachung des Ministers des Innern der DDR vom 21.9.61 – über Maßnahmen an der Grenze zwischen der DDR und der Westzone – verfügt, daß Sie und Ihre im Haushalt wohnenden Familienangehörigen Ihren Wohnort wechseln.
Ich kann Ihnen mitteilen, daß hierzu alle Maßnahmen getroffen sind, um Ihnen zu helfen. Der entsprechende Transportraum, die notwendigen Verladekräfte und eine Wohnung in Ranis, Pößnecker Straße 48, stehen zur Verfügung. Sie werden dort sofort zur Wahrung Ihrer persönlichen Interessen betreut werden. Entsprechende Maßnahmen an Ihrem neuen Wohnort garantieren Ihnen auch weiterhin eine gesicherte Existenz als gleichberechtigter Bürger der Deutschen Demokratischen Republik.
Ich bin außerdem beauftragt, Ihnen den Wohnungseinweisungsschein für Ihren neuen Wohnort zu überreichen. Gleichzeitig stelle ich Ihnen Herrn ... vor, an den Sie sich mit zur Klärung aller im Zusammenhang mit Ihrem Umzug entstehenden Fragen wenden können. Zum Beispiel auch die Frage der Entschädigung in Geld beziehungsweise gleichwertigem Ersatz für unbewegliches Inventar und an-

dere Fragen. Natürlich stehe auch ich Ihnen bis zur Übernahme durch den Betreuer im neuen Wohnort zur Verfügung.
Ich hoffe, daß Sie, obwohl ein Wechsel des Wohnortes natürlicherweise von gewissen Beschwernissen begleitet ist, Verständnis für diese Maßnahmen aufbringen, und bitte Sie, uns zu helfen, in Ihrem eigenen Interesse alles Erforderliche schnell und reibungslos durchzuführen.«[24]

HEDWIG DIEDER

»Ich war erstarrt. Ich konnte nicht denken, war im Grunde genommen leer. Dann haben die alles zusammengepackt. Ich weckte meine Mutter. Für sie stand für alle Fälle ein Krankenwagen bereit. Ich weiß nicht, ob sie begriff, was passierte, sie war sehr gefaßt. Auch ich habe die ganze Sache zunächst ganz teilnahmslos angenommen. Alles ging rasend schnell. Mittags um zwölf Uhr, die Kirchenglocken läuteten gerade, standen wir vor dem Rathaus, und dieser Polizist ist dann mit gewissen Papieren zum Bürgermeisteramt gegangen und hat uns wohl abgemeldet. Dann wurden wir in einem Pkw nach Ranis gefahren. In der Luft kreisten über der Grenze auf westlicher Seite zwei Hubschrauber.«

MANFRED ESCHERICH

»Am frühen Morgen des 3. Oktober 1961 stand ein Offizier der Polizei bei uns vor der Tür und bat mich zu einem Gespräch unter vier Augen. Mein Vater, der mit meiner Mutter im unteren Teil des Hauses wohnte, sagte: ›Wir haben keine Geheimnisse voreinander.‹ Der Offizier kam in unsere Stube und erklärte, daß wir ausgesiedelt werden. Als wir fragten, warum, meinte der Polizeioffizier: ›Zu unserer und Ihrer Sicherheit werden Sie ausgesiedelt.‹
Das Haus war umstellt, die Kampfgruppen sind mit einem Lastauto vorgefahren und haben innerhalb von fünf Stunden alles, was zum Haushalt gehört – Küche, Wohnzimmer, Schlafstube –, auf den Lkw gepackt. Ich hab zu meiner Nachbarin auf der anderen Straßenseite gerufen: ›Helga, hast du vielleicht einen Wäschekorb? Wir wollen ein paar Gläser einpacken …‹ – ›Ja, komm rüber!‹ Als ich den Korb holen wollte, ist einer mit dem Gewehr mitgelaufen.
So gegen elf Uhr war der Lkw voll; ich wurde mit meiner Familie in einen ›Barkas‹ geladen und in Richtung Gera geschafft. Ich war damals jung verheiratet, hatte zwei Kinder, der Sohn war fünf Jahre und das Mädel zwei. Nachbarn riefen uns noch hinterher: ›Macht's gut! Alles Gute!‹ Das war alles. Was sollten die auch machen? Die konnten ja auch nichts weiter sagen oder protestieren. Die hatten ja auch Angst.«

Manfred Escherich

KLARA GEROLD

»Bei der zweiten Evakuierung in Probstzella haben wir schon früh gewußt, daß wieder was los ist. Wir wußten nun ja schon, wie so was läuft, und haben versucht, zu den Leuten zu gehen. Man hat uns abgewiesen.
Auf dem Markt stand ein Lastwagen mit Leuten, die weggebracht wurden. Ich springe auf den Wagen und sehe ein Sofa, da sitzen die alten Eltern vom Bauer J. drauf, die müssen weg. Ich konnte kaum mit denen ein Wort reden, da war schon die Polizei da: ›Was wollen Sie hier?‹ Ich sagte: ›Ich möchte mich von diesen Menschen verabschieden.‹ Ich mußte runter.«

»Bis 8.00 Uhr wurde in Probstzella bei allen Familien Einverständnis zum Umzug erreicht. Besonders direkte feindliche Äußerungen der Betroffenen waren nicht zu verzeichnen. Außer die Tochter des Drogisten W. in Probstzella, die zu ihrer Mutter sagte: ›Wären wir damals nach Westdeutschland abgerückt, hätten wir uns das ersparen können.‹ Oder ein gewisser Escherich in Kleinneundorf, der erklärte, er will sich aufhängen, aber kurze Zeit später schon tatkräftig mit anpackt.
Die Bevölkerung hat in allen Orten die Aussiedlung mit Ruhe aufgenommen und ist heute zum großen Teil ihrer Arbeit nachgegangen. Besondere Diskussionen unter der Bevölkerung sind nicht aufgetreten, außer in Großgeschwenda, wo man durch den frühzeitigen Einsatz der VP und Feuerwehr der Auffassung war, daß das ein Kriegsbeginn sei.«[25]
Fernschreiben der SED-Kreisleitung Saalfeld an die Bezirksleitung vom 3. Oktober 1961, 10.55 Uhr

»Von der Parteiorganisation Konsum Probstzella verpflichteten sich die Genossen Verkäuferinnen, mit den Kunden über die durchgeführten Maßnahmen zu diskutieren. Bei der Kontrolle wurde festgestellt, daß diese Verkäuferinnen den Beschluß eingehalten haben und die Diskussionen mit den Kunden führten.«[26]

Einwohnerversammlungen finden am Abend nach der Aussiedlungsaktion in allen Orten der Sperrzone des Kreises Saalfeld statt. Die Beteiligung der Einwohner sei »außerordentlich gut«, stellt man bei der SED-Kreisleitung fest. In Probstzella nehmen etwa sechshundert Menschen teil.[27]

»Die Bürger des Ortes Probstzella haben in den letzten Wochen durch ihre Taten bewiesen, daß sie treu zu unserem Arbeiter- und Bauernstaat stehen ... Die Jungen Pioniere leisteten besonders gute Aufklärungsarbeit im Kampf gegen den Einfluß des Ochsenkopfes. Die Bevölkerung des Ortes beweist immer wieder, daß sie wachsam ist und viele Grenzverletzer gestellt hat.
Selbstverständlich wissen wir auch, daß es noch einige Einwohner gibt, die noch nicht aus innerer Überzeugung die Politik unseres Staates unterstützen, die Beispiele der Fluchten von Sch. und Z., die unseren Staat verraten haben, beweisen das. Wir fordern die Bevölkerung von Probstzella auf, wachsam zu sein gegenüber solchen Elementen wie R. Alle fortschrittlichen Kräfte müssen sich ständig die Frage stellen: Haben wir schon alle Sch.s, Z.s und R.s erkannt? Gibt es nicht noch Bürger, die mit Itting in Verbindung stehen und ideologische Diversion treiben? ...
Es erweist sich als notwendig, daß Bürger, die bis heute noch feindlichen Einflüssen unterliegen, selbst noch faschistisches Gedankengut verbreiten, im Interesse ihrer eignen Sicherheit und der Sicherheit unserer Grenzbevölkerung herausgelöst und an einer anderen Stelle unserer Republik arbeiten und leben werden.«[28]
Argumentation der SED-Kreisleitung Saalfeld vor der Einwohnerversammlung in Probstzella

»Durch die Einwohnerversammlungen wurde erreicht, daß die Mehrzahl der Anwesenden besser verstehen lernte, was es heißt, die Sicherheit der Staatsgrenze auf allen Gebieten zu gewährleisten. Provokatorisches Auftreten hat es nicht gegeben. Während der Nacht war in den Grenzorten Ruhe.«[29]

Fernschreiben der SED-Kreisleitung Saalfeld an die Bezirksleitung vom 4. Oktober 1961

»Die Kollegin W. vom Energiebezirk Süd sagte zu den Maßnahmen – speziell zu der Umsiedlung der Familie Dieder –, es war schon lange Zeit, daß diese umgesetzt wurden ... Die Lehrerin Kollegin E. sagt: Für die betroffenen Leute ist das sehr schwer, aber sie ist selbst mit den Maßnahmen vollkommen einverstanden. Die Verkäuferin Gen. Z. sagt, daß sie mit den Maßnahmen vollkommen einverstanden ist, aber daß sich auch noch einige Familien in Probstzella befinden, die sich bisher so verhalten haben, daß sie unbedingt in die Maßnahmen mit einbezogen werden müßten. So hätte der Geschäftsmann L. sehr gute Verbindungen zum Drogisten W. gehabt. Diese Meinung taucht des öfteren auf, daß es noch Menschen in Probstzella gibt, die für eine Umsiedlung in Frage kämen.«[30]

»Situationsberichte« der SED-Ortsleitung Probstzella vom 5./6. Oktober 1961

Manfred Escherich

»In Gera stand schon eine Wohnung für uns bereit, da paßten aber unsere Gardinen aus Probstzella nicht. Wir hatten einen Betreuer von der Stadt, der organisierte aus Wohnungen von Leuten, die in den Westen abgehauen waren, passende Gardinen für uns.

Für unseren Besitz in Probstzella sind wir entschädigt worden: Ich hatte dort ein Drittel Anteil am Haus meiner Eltern, an der Scheune, den Stallungen, den zehn Morgen Feld. Das fiel dann unter das Verteidigungsgesetz, und ich bekam 4500 Mark Entschädigung.

Meine Frau fand in einem Geraer Kindergarten Arbeit; ich hab wieder bei der Post gearbeitet. Ich hab mir nichts zu schulden kommen lassen, hab mein Meisterstudium gemacht. Aber man zeigte mit dem Finger auf mich. Hinter meinem Rücken hieß es, ich hätte Leute über die Grenze geschleust.

Ich hab gute Verbindungen geknüpft zu vier anderen Familien, die aus dem Sperrgebiet nach Gera gekommen sind. Die einen wohnten in unserer Straße; wie die sahen, daß auch wir neu einziehen, sind die gleich auf uns zugegangen. Über diese Leute haben wir dann die anderen Familien kennengelernt.«

Hedwig Dieder

»Ich hatte einen Schock bekommen, war sehr lange krank, war kaum ansprechbar. Ich hatte Schwierigkeiten mit allen Organen, habe ständig erbrochen, hatte große Kreislaufstörungen, das Klimakterium setzte sofort ein.

Ein Arzt aus Ranis hatte mich behandelt, ich war eine ganze Weile krank geschrieben. Dann wurde ich zum Bürgermeister bestellt, dort waren ein paar Leute, die ich nicht kannte, sicher Funktionäre. Der eine Herr fragte mich, wie lange ich noch gedenke, krank zu sein, wann ich wieder arbeiten wolle. Ich hab gesagt, die Entscheidung darüber müsse man dem Arzt überlassen. Der Arzt hat mich dann gesund geschrieben.

Ich glaubte anfangs gar nicht, daß dieser Rausschmiß sowas Endgültiges ist. Ich versuchte dann, wieder im gleichen Betrieb, bei der Energieversorgung in Saalfeld, Arbeit zu finden. Das wäre auch möglich gewesen, aber es gab eine Verfügung, daß die Ausgesiedelten nicht mehr im Grenzkreis arbeiten dürfen – Saalfeld war Grenzkreis. Das war dann der zweite Schlag: Du wirst ausgegrenzt!
Ich bin nach Pößneck zum Rat der Stadt. Dort hat man mir eine Arbeit in einem Pößnecker Lehrmittelverlag als Verlagssekretärin zugewiesen. Die Stelle war für mich gut. Ich war lange Zeit nicht voll einsatzfähig, aber der damalige Verlagsdirektor hatte sehr viel Nachsicht mit mir. Das war eine Fügung, ein großes Glück.«

Zehn Tage vor der Aussiedlungsaktion hat der Leiter der MfS-Bezirksverwaltung Gera, Oberstleutnant Julius Michelberger, den Leitern der MfS-Kreisdienststellen, »in deren Bereich Umsiedler aufgenommen werden«, befohlen, »mit dem Zeitpunkt des Beginns der Aktion eine aktive Kontrolle der Zugewiesenen durchzuführen. Nach erfolgter Einweisung sind alle zugewiesenen Familien in operative Bearbeitung zu nehmen.«
Ziel der »Bearbeitung« ist, »diese Personen unter operative Kontrolle zu bringen, zu verhindern, daß sie feindliche Aktionen oder Provokationen durchführen«. Inoffizielle Mitarbeiter des Staatssicherheitsdienstes werden beauftragt, »schnellstens Verbindung zu den Eingewiesenen aufzunehmen und den Kontakt zu festigen«.[31]
Um den aus Probstzella ausgesiedelten Kassenleiter Alfred K. in seinem neuen Wohnort Kahla »unter operative Kontrolle zu bringen«, ist »sofort nach Klärung der Arbeitsstelle« (Bahnhof oder Sparkasse) dort eigens für ihn »eine Kontaktperson zu schaffen und mit der Bearbeitung zu beauftragen«.

»Eine kurze Zeit nach der Umsiedlungsaktion an der Grenze war festzustellen, daß sich Einwohner aus dem 5-km-Sperrgebiet mit umgesiedelten Personen in unserem Kreis bzw. in dem Kreis der eingewiesenen Personen getroffen haben. Hierbei handelt es sich um …
E., Probstzella: Bekannt wurde uns, daß der Schwager vom E., welcher Parteisekretär im VEB Plasta Probstzella ist, mit dem Dienstwagen den Obengenannten im neuen Wohnort aufsuchte, um sich zu erkundigen, wie er untergebracht ist.
Dieder, Hedwig, ehem. Probstzella und Sekretärin im VEB Energiebezirk Süd: Die D. wurde von 2 Betriebsangehörigen, von dem G. und S., in ihrem Wohnort aufgesucht. Außerdem wurde sie von dem Betriebsleiter vom EB-Süd Saalfeld L. aufgesucht. L. erkundigte sich über ihre jetzigen Verhältnisse und machte ihr Versprechungen hinsichtlich der Arbeitsbeschaffung. L. ist weiterhin Vorsitzender der Nationalen Front in Saalfeld und Mitglied der SED.«[32]
»Hinweise« der SED-Kreisleitung Saalfeld an die Bezirksleitung

Insgesamt sind am 3. Oktober 1961 über dreitausendeinhundert Menschen aus Städten und Gemeinden entlang der DDR-Grenze zur Bundesrepublik ausgesiedelt worden, darunter über tausend Kinder.[33]
In Probstzella haben dreiundvierzig Menschen ihr Zuhause verlassen müssen – weniger, als zunächst »zur Aussiedlung vorgesehen« waren.[34] Von rund hundert-

1961

fünfzig geplanten Ausweisungen sind im Kreis Saalfeld sechsundneunzig vorgenommen worden.³⁵

Pfarrer Köhler aus Probstzella und Pfarrer Schoeps aus Lichtentanne werden, obgleich das zunächst beabsichtigt ist, nicht ausgesiedelt. In Lichtentanne ist überhaupt keiner der siebzehn zur Aussiedlung Vorgesehenen (vier Männer mit dreizehn Familienangehörigen) des Ortes verwiesen worden.³⁶

Plan der SED-Bezirksleitung: Wie zu Beginn der fünfziger Jahre werden auch nach dem Mauerbau Bewohner des Grenzgebiets zwangsumgesiedelt. Wieder haben Denunzianten leichtes Spiel.

Kreis Saalfeld			PROBSTZELLA			
			Familienangehörige			
UMS	Männer	Frauen	Männer	Frauen	Kinder	Insgesamt
11	8	2	3	18	8	43

Mitarb. BL   Gen. ~~Fischer~~   Fischer Hans-Peter
Verantw. KL   Gen. Malisius
Beauftr. BL   Gen. Zentgraf
im Ort: " Zentgraf

HANS-JOACHIM SCHOEPS

»Nachdem in Lichtentanne niemand ans Messer geliefert worden war, wurde der Bürgermeister des Ortes entlassen; er ist dann Preisprüfer im ›Konsum‹ Saalfeld geworden. Ich nehme an, daß die Leute es ihm zu verdanken haben, daß sie noch hier sind. Doch bei den Leuten hieß es damals: ›Die Entscheidungen fallen in Berlin.‹ Am Abend nach der Aussiedlungsaktion im Kreis Saalfeld mußte sich in Lichtentanne aus jedem Haus ein Mann im Schulsaal einfinden, dann wurde der Schulsaal geschlossen. Sie haben uns da drin deutlich zu verstehen gegeben: ›Wer sich öffentlich gegen diese Maßnahmen wendet, der hat damit zu rechnen, daß er der erste in Lichtentanne ist, der wegkommt, wenn auch bisher niemand ausgesiedelt wurde.‹

Drei Tage war der Ort umstellt, niemand durfte raus. Die Lkw zum Aufladen standen am Teich, auf die wurde verwiesen: ›Die stehen noch da ...!‹«

»Die Entfernung der negativen Personen aus dem Sperrgebiet und die Unterbindung ihres Einflusses auf die Bevölkerung hatte zur Folge, daß jetzt eine aktivere Mitarbeit der Bevölkerung bei der staatlichen Leitungstätigkeit zu verzeichnen ist ... Die Feststellungen und Festnahmen von Grenzverletzern durch die Bevölkerung übersteigen die der Sicherheitsorgane.«³⁷

Bericht der Bezirksbehörde der Deutschen Volkspolizei Gera »über die Ergebnisse der Arbeit im zweiten Halbjahr 1961«

KARL ZENKEL

»Im Herbst 1961 fing man auch im Raum Probstzella an, die Grenzsperren auszubauen: die Schneise im Wald wurde verbreitert, teilweise auf hundert, zweihundert Meter. In den Zeitungen waren Schlagzeilen: ›Die Grenze brennt!‹ Man hatte alle dreißig, vierzig Meter die Äste der abgesägten Fichten verbrannt.

Ich stand bei Lauenstein auf der Höhe und konnte von Probstzella bis nach Lichtentanne genau den Grenzverlauf sehen: der weiße Rauch ...«

FRIEDRICH REICHENBÄCHER

1962

»Hinter den AWG-Blöcken haben fünf große russische Raupen drei Wochen lang gearbeitet, die Hohlwege sind alle eben geschoben worden, die ganzen Hügel und Ränder sind zu einer Fläche gemacht worden – gerade, frei und übersichtlich.«

Mit den Gartenbesitzern, deren Grundstück hinter dem Sportplatz am Ortsrand von Probstzella liegt, rund fünfhundert Meter von der Grenze entfernt, wird »eine Aussprache geführt« und festgelegt, daß die Gärten innerhalb von zwei Wochen »abgeerntet sind und daß in Zukunft daraus Wiese wird«.[38]

Auf Befehl des Verteidigungsministers Heinz Hoffmann gelten von Oktober 1961 an für die »Wachen, Posten und Streifen« an der DDR-Grenze die »Bestimmungen über Schußwaffengebrauch« der Nationalen Volksarmee (NVA). Die Deutsche Grenzpolizei ist Mitte September 1961 in die »Grenztruppen der NVA« umgewandelt worden, welche dem Ministerium für Nationale Verteidigung (MfNV) unterstellt sind.
Laut Befehl 76/61 des Verteidigungsministers sind die Grenzsoldaten »verpflichtet«, die Schußwaffe anzuwenden »zur Festnahme von Personen, die sich den Anordnungen der Grenzposten nicht fügen, indem sie auf Anruf ›Halt – stehenbleiben – Grenzposten‹ oder nach Abgabe eines Warnschusses nicht stehenbleiben, sondern offensichtlich versuchen, die Staatsgrenze der Deutschen Demokratischen Republik zu verletzen und keine andere Möglichkeit zur Festnahme besteht«.

Auf dem Bahnhof Probstzella springt am 10. November 1961 gegen 0.15 Uhr ein Zöllner auf einen ausfahrenden Güterzug und verläßt die DDR. Etwa zweihundertsiebzig Angehörige von NVA, Volkspolizei, MfS und Zoll flüchten nach dem 13. August 1961 bis zum Jahresende in den Westen. Im folgenden Jahr sind es über sechshundertsechzig.[39]

»Die Grenze brennt!« – mit dem Mauerbau werden die Sicherungsmaßnahmen an der innerdeutschen Grenze ein weiteres Mal verstärkt und das Gelände – wie hier bei Probstzella – durch Rodung übersichtlicher gestaltet.

1962

»Zur Erfüllung der ehrenvollen nationalen Pflicht, das Vaterland und die Errungenschaften der Werktätigen zu schützen, wird entsprechend dem Willen und der Entschlossenheit der Bürger der Deutschen Demokratischen Republik zur Verteidigung der sozialistischen Heimat die allgemeine Wehrpflicht eingeführt.«
»Gesetz über die allgemeine Wehrpflicht«, am 24. Januar 1962 von der Volkskammer beschlossen

1962

Nach dem Wehrpflicht-Gesetz sind in der DDR fortan alle Männer zwischen dem achtzehnten und fünfzigsten Lebensjahr »wehrpflichtig«. Der »Grundwehrdienst« in der NVA dauert 18 Monate.
Die jungen Soldaten – die Hälfte ist noch keine 22 Jahre alt, kaum einer über 25 – müssen schwören, der DDR »allzeit treu zu dienen« und »den militärischen Vorgesetzten unbedingten Gehorsam zu leisten«. Tun sie dies nicht, trifft sie »die harte Strafe der Gesetze unserer Republik«.[1]

Am Abend des 4. Februar 1962 kommen in Haselbach (15 Kilometer südwestlich von Probstzella), in der Karl-Marx-Straße 36, drei Familien zusammen. Der Gastgeber, Ernst R., 38 Jahre alt, von Beruf Elektroinstallateur, hat eine Woche zuvor an der Grenze bei Hasenthal einen Weg erkundet, über den er mit seiner 35jährigen Frau und den beiden Söhnen, zehn und 13 Jahre alt, flüchten will. Gemeinsam mit der Familie R. will auch die Familie Paul F. aus Sonneberg, zwei Kinder, neun und elf Jahre, die DDR verlassen, sowie der Porzellantechniker Hans B. aus Mengersgereuth (bei Sonneberg) mit Frau und zweijährigem Kind. Schließlich stößt noch Wilhelm Z., 33 Jahre alt, Ingenieur in Neuhaus-Schierschnitz, zu der Gruppe.
Aus Bettlaken haben die Frauen Tarnhemden genäht; auch drei Kameras, Goldschmuck und das Tafelsilber sind in Bettzeug eingenäht. Ernst R. nimmt eine Pistole mit auf den Weg.
Fünf Kilometer ist die Grenze entfernt, der Wind weht eisig, am Ende geht es steil einen bewaldeten Hang hinauf. Es ist noch immer stockfinster, als die zwölf Flüchtlinge gegen halb sieben Uhr morgens fast am Ziel sind. Dreihundert Meter vor der Grenze wird die Gruppe von einer Streife bemerkt. Als die Flüchtlinge auf den Anruf hin nicht stehenbleiben, geben die beiden Grenzsoldaten Warnschüsse ab. Bei der Verfolgung entdecken die Grenzer im Nebel zuerst ein Mädchen und zwei Frauen, die sich in den Schnee geworfen haben. Die Frauen rennen los, die Soldaten stürzen sich auf sie. Verzweifelt schreit Frau B., 21, nach ihrem Hans. Postenführer Anton K. befiehlt seinem Posten A., die Grenzkompanie zu verständigen.
Auf dem Weg zum Nachbarposten bemerkt Soldat A. Herrn R. mit seinen beiden Jungen. Bei der Festnahme bietet Vater R. dem Grenzer fünftausend Mark dafür an, daß er sie laufen läßt; seine Pistole hat er weggeworfen. Soldat A. führt die drei zum Nachbarposten ab.
Die Grenze wird abgeriegelt. Man verfolgt die Spuren der Flüchtigen, sie führen zurück in die DDR ... Am Ortseingang von Hasenthal nimmt der alarmierte SED-Ortssekretär S. zusammen mit dem VP-Abschnittsbevollmächtigten (ABV) Paul F. und Hans B. mit ihren Kindern sowie Wilhelm Z. fest. Frau R. versucht, unbemerkt ihre Haselbacher Wohnung zu erreichen. Gegen Mittag wird sie vor der Haustür von Volkspolizisten gestellt.
Für ihre »vorbildliche Pflichterfüllung, Standhaftigkeit und Entschlossenheit« bei der Festnahme der »Verbrecherbande« zeichnet der Grenztruppenchef Erich Peter den Postenführer K. und den Soldaten A. mit der »Medaille für vorbildlichen Grenzdienst« aus.
Bei der »Festnahme der restlichen Banditen« hat auch die Bevölkerung mitgearbeitet.[2]

1962

Im Herbst 1961 beteiligen sich Kampfgruppen am Abriß von Häusern, die unmittelbar an der Grenze liegen wie das Haus der Familie R. in Spechtsbrunn.

Im Bereich der Grenzpolizei-Inspektion Ludwigsstadt werden 1962 mehrere Wohnhäuser, die unmittelbar an der Grenze liegen, abgerissen. Das Dorf Rottenbach, gegenüber Schauberg gelegen, ist seit Anfang der fünfziger Jahre nach und nach zerstört worden und wird nun gänzlich dem Erdboden gleichgemacht. Am Ortsrand der fränkischen Gemeinde Sattelgrund muß Rosa N. zusehen, wie ihr 1938 auf Thüringer Gebiet gebautes Haus abgerissen wird. Die Häuser ihrer Nachbarn sind bereits im Herbst 1961 zerstört worden. Kampfgruppen haben an einem Wochenende im Oktober 1961 in der Nähe des Falkensteins auch das Haus am Heckenbruch abgerissen.

Am Ortsrand von Kleintettau (Bayern) liegen drei Wohnhäuser auf Thüringer Territorium, das an dieser Stelle wie ein schmaler Teppich fast einen Kilometer weit in fränkisches Gebiet hineinragt. Die Bewohner des »Kleintettauer Zipfels« haben allerdings bundesdeutsche Pässe. Anfang März 1962 erfahren sie, daß sie in die DDR verschleppt und ihre Häuser abgerissen werden sollen. Daraufhin bewachen bayerische Grenzer die Anwesen rund um die Uhr. Mit den Bewohnern vereinbaren sie, daß bei Gefahr einige Schüsse abgefeuert werden, damit alle sich rechtzeitig in Sicherheit bringen können.

Ein etwa zwanzig Mann starkes Arbeitskommando der NVA rückt am 23. März 1962 an. Die Familien stürzen aus ihren Häusern, das Räumkommando zieht sich auf die Schüsse hin in den Wald zurück. Wenig später kommt ein Offizier in Begleitung von einigen Soldaten zurück und fragt die Bayern: »Wer hat denn diesen Blödsinn verzapft – niemand will die Häuser abreißen, und niemand will die Leute abholen!«

Vier Tage nach diesem Vorfall berichtet Verteidigungsminister Hoffmann dem ZK-Sekretär für Sicherheit, Erich Honecker, »daß im Abschnitt Klein-Tettau, Bezirk Suhl, de facto ein Teil des Territoriums der Deutschen Demokratischen Republik freiwillig an Westdeutschland abgetreten wurde«. Der Armeegeneral schlägt vor, die drei Wohnhäuser »ohne größeres Aufsehen« zu räumen. Zwei Wo-

Im März 1962 verläßt die Familie H. den »Kleintettauer Zipfel«, weil ihr Haus abgerissen werden soll. Obwohl es schließlich nicht dazu kommt, kehrt die Familie nicht mehr zurück.

chen darauf teilt Honecker dem Verteidigungsminister mit, »daß bis auf weiteres kein Interesse besteht, im Abschnitt Klein-Tettau, Bezirk Suhl, eine Veränderung vorzunehmen«.[3]

So bleiben die Häuser tatsächlich stehen, das Ehepaar Gertrud und Wilhelm Wiegand wird dort weiterhin wohnen – ihre Nachbarn wagen es nicht.

Im Herbst 1961 hat man begonnen, den Bahnverkehr über Probstzella »umzugestalten«. Bis dahin ist es Flüchtlingen immer wieder gelungen, auf dem Bahnhof aus dem Personenzug Saalfeld–Sonneberg in den bereitstehenden Interzonenzug »umzusteigen«.

Zunächst wird diese Verbindung unterbrochen; ein Omnibusbetrieb übernimmt den »Schienenersatzverkehr«. Von April 1962 an werden die Züge Saalfeld–Sonneberg über eine neue Eisenbahnbrücke umgeleitet und halten nicht mehr in Probstzella. Zwei Jahre später wird am Ortsrand ein Bahnhof für den »Binnenverkehr« eröffnet – »Bahnsteig 3« heißt er offiziell.

1740 Tonnen Stacheldraht hat der Nationale Verteidigungsrat im Herbst 1961 für den weiteren »pioniermäßigen Ausbau der Staatsgrenze« veranschlagt. Der Sperrdraht kommt zum größeren Teil aus der Tschechoslowakei, Polen und Bulgarien, zum kleineren Teil aus der DDR und Rumänien. Als im Frühjahr 1962 die Vorräte zu Ende gehen, bestellt man nochmals siebenhundert Tonnen in der Tschechoslowakei und Ungarn.[4]

DDR-Grenzsoldaten bauen im Bereich der Polizei-Inspektion Ludwigsstadt von August 1962 an einen doppelreihigen Stacheldrahtzaun. Südlich von Probstzella wird man im Herbst beginnen, sowjetische Infanteriemien vom Typ PMD 6 (»Holzkastenminen«) zwischen die neuen Zäune zu legen.

Die Arbeitskommandos, bis zu hundert Mann stark, werden ständig von bayerischen Grenzern begleitet, Kilometer für Kilometer. Mit dabei ist auch Grenzpolizist Karl Zenkel, der den Bau der Sperranlagen fotografiert.

Karl Zenkel

»Der Anlaß für meine Fotoarbeiten an der Grenze war 1959: Ein Team vom Süddeutschen Rundfunk Stuttgart war zum Betriebsausflug an der Grenze; ich erklärte ihnen die Sperranlagen, als einer von denen sagt: ›Halten Sie das hier fest für die Nachwelt! Irgendwann wird das zu Ende sein, auch wenn Sie's nicht mehr erleben.‹ Ich kaufte mir eine ›Exakta‹, hergestellt in Dresden, mit ein paar Objektiven.

Als man 1962 am Falkensteiner Grund den doppelten Stacheldrahtzaun errichtete, bin ich mit meinem Normalobjektiv bis an die Grenzlinie ran und stellte mich auf einen Grenzstein. Die Hälfte des Grenzsteines gehörte der DDR, die andere der Bundesrepublik. Beim Fotografieren versinkt die Welt um mich ... Mein

Im Oktober 1962 werden gegenüber der Steinbachsmühle Minen verlegt.

Kollege Elmar Neubauer war etwa fünfzig Meter weiter weg und sah, daß sich von den Bewachern der Pioniere vier Mann lösen und auf mich zukommen. Sie waren noch circa zehn Meter von mir weg, als Elmar pfiff. Ich runter und drei Meter zurück! Elmar hatte schon die Waffe bereit gehabt.«

Der Maurer Peter Fechter arbeitet auf dem Ost-Berliner Marx-Engels-Platz am Gebäude für den Staatsrat. Am 17. August 1962 verläßt er in der Mittagspause gemeinsam mit seinem Kollegen Helmut Kulbcik die Baustelle. Die beiden wollen an der Mauer Fluchtmöglichkeiten auskundschaften. Seit dem Frühjahr trägt Peter Fechter sich mit den Gedanken, die Deutsche Demokratische Republik zu verlassen. Ein Reiseantrag zu einer Schwester im Westteil der Stadt ist gerade erst abgelehnt worden.
In der Charlottenstraße, unmittelbar an der Mauer, entdecken Helmut Kulbeik und Peter Fechter den unverschlossenen Eingang zu einer Schreinerei. Die beiden jungen Männer in Arbeitskleidung fallen in der Werkstatt nicht weiter auf. Zwei Stunden verstecken sie sich dort, dann, gegen 14.10 Uhr, springen sie durch ein noch unvermauertes Fenster auf die Zimmerstraße, die man zum »Todesstreifen« gemacht hat. Sie überklettern einen Stacheldrahtzaun und rennen über die zehn Meter breite Fahrbahn bis an die zwei Meter hohe Mauer.

1962

Am Nachmittag des 17. August schießen DDR-Grenzpolizisten auf den flüchtenden Peter Fechter und verletzten ihn schwer. Der junge Mann verblutet vor den Augen der Weltöffentlichkeit. Keiner kommt ihm zu Hilfe – die einen wollen nicht, die anderen dürfen nicht.

HELMUT KULBEIK

»Peter Fechter war zuerst dran, ich war noch zwei bis drei Schritt zurück. In diesem Augenblick fielen Schüsse …
Peter blieb wie angewurzelt an der Mauer stehen. Ich war inzwischen ebenfalls an der Mauer angelangt, sprang hoch und zwängte mich durch den an der Mauer angebrachten Stacheldraht. Warum Peter nicht geklettert ist, er hätte vor mir auf der Mauer sein müssen, weiß ich nicht. Er sprach kein Wort, und ich hatte den Eindruck, als die ersten Schüsse fielen, daß Peter Fechter einen Schock bekommen hat. Ich rief ihm noch laut zu: ›Nun los, nun los, nun mach doch!‹ Er rührte sich aber nicht.«[5]

Insgesamt 33 Schuß geben die Grenzposten Schreiber, Friedrich und Schönert auf den Flüchtling ab; ein vierter, Siegfried Buske, schießt nur einmal gezielt daneben. Ein Schuß trifft Peter Fechter in der rechten Hüfte; er bricht zusammen, schreit vor Schmerz und ruft immer wieder: »Helft mir doch … bitte helft mir

1962

doch!« Helfen will ihm die siebzehnjährige Renate Pietsch, die das Geschehen von Ost-Berliner Seite aus verfolgt, aber ein Grenzpolizist stößt sie weg. Rund hundert Ost-Berliner, die etwa 150 Meter vom Tatort entfernt zusammenkommen, werden von Volkspolizisten abgedrängt. Auch eine Ost-Berliner Rot-Kreuz-Schwester, die dem Verletzten zu Hilfe eilen will, läßt man nicht durch. Der zuständige Offizier im Grenzabschnitt, Oberleutnant Leistner, unterläßt den Versuch, dem »verletzten Grenzverletzer« sofort Hilfe zukommen zu lassen.

Auf West-Berliner Seite haben sich innerhalb kurzer Zeit annähernd zweihundertfünfzig Menschen versammelt. »Mörder, Mörder!« schallt es über die Mauer hinweg. Den West-Berliner Polizisten rufen die empörten Menschen zu: »So tut doch endlich etwas!« Daraufhin werfen diese dem Verblutenden Verbandspäckchen zu. Ein amerikanischer Offizier verweigert sich der Bitte einiger West-Berliner, dem Sterbendem Hilfe zukommen zu lassen: »Das ist nicht unser Problem.« Zwar können amerikanische Soldaten in Uniform Ost-Berlin ungehindert betreten, doch die GIs haben strikte Order, jede Art von Konfrontation im Zusammenhang mit Fluchtversuchen zu vermeiden. Schließlich verstummt das Wimmern auf dem Todesstreifen.

Das Sterben Peter Fechters an diesem sonnigen Augustnachmittag findet vor laufender Kamera statt: Auf West-Berliner Seite wird ein Jahr nach dem Mauerbau gerade eine Reportage über die Grenze gedreht. Etliche Fotografen sind am Tatort. Die Bilder vom »verblutenden Mauerflüchtling« gehen um die Welt.

Etwa eine halbe Stunde dauert es, bis ein Oberfeldwebel und ein Gefreiter, die vom 200 Meter entfernten Kontrollpunkt Friedrichstraße herüberkommen, Erste Hilfe leisten. Eine weitere Viertelstunde vergeht, bis am Tatort ein Hauptmann der DDR-Grenzpolizei eintrifft und Peter Fechter gegen 15 Uhr ins Polizeikrankenhaus abtransportieren läßt. Dort erliegt der Achtzehnjährige gegen 15.10 Uhr seinen Verwundungen: inneren Blutungen infolge eines Beckendurchschusses. Noch am selben Tag läßt Oberst Tschitschke, der Kommandeur der 1. Grenzbrigade, die Schützen mit einer Geldprämie auszeichnen.

Gegen 17.30 Uhr stellen West-Berliner in Höhe des Tatorts ein schwarzes Holzkreuz auf mit der Aufschrift: »Wir klagen an!« Hunderte demonstrieren gegen die Gewalttat. Tags darauf werfen West-Berliner Demonstranten am »Checkpoint Charlie« mit Steinen nach einem Bus mit sowjetischen Soldaten.

Einen »Akt barbarischer Unmenschlichkeit« nennt der amerikanische Stadtkommandant in West-Berlin, Generalmajor Watson, die Erschießung Peter Fechters in einem Schreiben an den amtierenden sowjetischen Stadtkommandanten. Eine Gruppe von West-Berlinern erstattet bei der Kripo symbolisch eine Strafanzeige gegen General Watson wegen unterlasse-

Das Schicksal Peter Fechters bewegt noch Jahre später Menschen in aller Welt. Im Oktober 1964 gedenken schwedische Studenten seiner am Mahnmal in der Berliner Zimmerstraße.

1962

ner Hilfeleistung mit Todesfolge. Der frühere amerikanische Stadtkommandant Howley bezeichnet es in einem Interview als »schreckliches Versagen«, daß kein Amerikaner den Angeschossenen gerettet habe: »Das hätte auf der Stelle auf einer unteren Ebene erledigt werden können.«

Zwei Tage nach dem Tod Peter Fechters demonstrieren fast fünftausend aufgebrachte West-Berliner an der Mauer; Steine fliegen gegen die Grenzbefestigungen und erneut gegen ein sowjetisches Militärfahrzeug. Auch amerikanische Soldaten werden am »Checkpoint Charlie« vereinzelt mit Steinen beworfen. Die West-Berliner Polizei sperrt die Brennpunkte an der Mauer weitgehend ab und geht gegen wütende Demonstranten mit Gummiknüppeln und Wasserwerfern vor. In einer improvisierten Ansprache versucht Willy Brandt die erregte Menschenmenge zu beruhigen. Am 20. August 1962 werden zwölf Polizisten und siebzehn Demonstranten zum Teil erheblich verletzt, danach kommt es zu keinen größeren Demonstrationen mehr.

Man werde die Mörder vor Gericht bringen, erklärt die Bundesregierung drei Tage nach dem Tod Peter Fechters: »Die Täter wird die volle Härte des Gesetzes treffen.«

Der Chefkommentator des DDR-Rundfunks, Karl-Eduard von Schnitzler, verhöhnt den Toten: »Wer sich in Gefahr begibt, kommt darin um!« Gleichzeitig nennt er ihn im Zusammenhang mit »Sprengstoff-Attentätern, Dieben, Polizistenmördern, Hochstaplern, Agenten«. Schließlich, so rät der SED-Propagandist seinen Zuhörern, »soll man von unserer Staatsgrenze wegbleiben, dann kann man sich Blut, Tränen und Geschrei sparen«.

Als Verbrecher wird Peter Fechter im SED-Blatt »Neues Deutschland« bezeichnet, der sich, von West-Berliner »Frontstadtbanditen zum Selbstmord angestiftet«, nicht habe abhalten lassen, »in das Schußfeld unserer Grenzposten zu rennen«.

In einem Protestbrief an den sowjetischen Staats- und Parteichef Chruschtschow nennt der Vorsitzende des (West-)Deutschen Gewerkschaftsbundes die Tötung Peter Fechters »nichts als Mord!«. Auch die Londoner »Times« spricht in diesem Zusammenhang von einem »besonders grausigen Mord«. Die norwegischen Jungkonservativen fordern vom sowjetischen Ministerpräsidenten per Telegramm »die Beseitigung der Schandmauer«.

Von einer »Strategie des Terrors an der Berliner Mauer« ist in der »New York Times« die Rede. Im amerikanischen Senat wird die Erschießung Peter Fechters als »absolut unerträglich« bezeichnet, die amerikanische Regierung nennt sie in einer Note an die Sowjetführung eine »sinnlose Grausamkeit« und ermächtigt US-Truppen in Berlin ausdrücklich, künftig verletzten Flüchtlingen auf der östlichen Seite der Mauer Sanitätsdienste zu leisten. Dazu stationiert man am »Checkpoint Charlie« umgehend einen alliierten Krankenwagen.

Bundeskanzler Adenauer richtet Ende August 1962 ein Schreiben an Nikita Chruschtschow, in dem es unter anderem heißt: »Es gibt in der Welt bestimmte elementare Regeln menschlichen Zusammenlebens, die von allen Mitgliedern der Völkerrechtsgemeinschaft selbst im Kriege respektiert werden. Dazu gehört die Hilfeleistung in Todesnot. Einem jungen Deutschen wurde sie mitten in einer Großstadt der zivilisierten Welt vor unseren Augen verwehrt.« Am Ende des Briefes bittet Konrad Adenauer den sowjetischen Ministerpräsidenten dazu beizutra-

gen, daß den Menschen in Berlin neues Leid erspart werde. Nach vier Monaten antwortet Nikita Chruschtschow, Peter Fechter sei »bedauerlicherweise ein Opfer des Verbrechens geworden, in das er von halbfaschistischen Hetzern aus der Bundesrepublik und aus Westberlin getrieben worden war«.
Der Vorsitzende der Demokratischen Partei des Bundesstaates New York erklärt Peter Fechter zum »Symbol des ewigen Kampfes für eine demokratische Lebensordnung«. Peter Fechner wird der bekannteste DDR-Grenztote.
1962 sterben an der Berliner Mauer mindestens vierundzwanzig Menschen und nicht weniger als zehn an der DDR-Grenze zu Westdeutschland. Sie ertrinken, werden erschossen oder von Minen zerrissen ...[6]

Am Morgen des 24. August 1962 fahren südlich vom thüringischen Sattelgrund rund dreihundert Grenzsoldaten verteilt auf zwölf Lastwagen zum Einsatz bei der Grenzbefestigung. Der Waldweg ist sehr schmal, auf der linken Seite fällt das Gelände über einen freigeholzten Hang steil zum Grenzbach Tettau ab. Auf der Ladefläche des ersten Wagens hocken sechsundzwanzig Soldaten, ausgerüstet mit Hacken, Spaten und einer Fahne. Plötzlich rutscht das schwere Fahrzeug nach

An der Straße zwischen Schauberg und Sattelgrund verunglücken am 26. August sechsundzwanzig Grenzsoldaten. Gegenüber der Unfallstelle errichtet Josef Hanus, der katholische Seelsorger aus dem fränkischen Buchbach, mit seiner Jugendgruppe ein Mahnkreuz. Es trägt die Inschrift: »Für alle Opfer der Gewalt/›Liebet einander, wie ich euch geliebt habe.‹ (Joh. 15-12)«

links, stürzt den Hang hinab und überschlägt sich dabei mehrfach. Die jungen Männer werden durch die Luft geschleudert, viele bleiben blutüberströmt auf dem Hang liegen. Siebzig Meter lang ist die Trümmerspur des Lkw.
Die Soldaten der folgenden Fahrzeuge suchen ihre Kameraden zu bergen. Sanitäter treffen am Unfallort ein und versorgen die sechs Schwerverletzten und dreizehn leichter Verletzten.[7] Nach dem Abtransport der Verwundeten sammeln die Grenzer die zerborstenen Teile des Unfallfahrzeugs ein, heben die schweren Teile mittels einer Seilwinde und schütten Erde über die Blutlachen. Nach anderthalb Stunden erinnert kaum noch etwas an den Unfall.

Bei Rotheul (Kreis Sonneberg) wird wenige Tage vor dem Unfall mit dem NVA-Mannschaftswagen ins Tettau-Tal der achtzehnjährige Grenzsoldat Edgar Winkler vom Soldaten B. erschossen. Der Schütze hatte nach der Fahnenflucht eines

1962

Unteroffiziers wohl angenommen, daß auch Kamerad Winkler fliehen wolle. Das war offenbar ein Irrtum.

Im Mai des Jahres ist der 23jährige Soldat Günter B. in der Kompanie Probstzella durch »fahrlässigen Gebrauch der Schußwaffe« getötet worden. Annähernd hundert Grenzsoldaten kommen zwischen 1960 und dem Ende der DDR durch »Unfälle im Grenzdienst« ums Leben, vorwiegend beim »fahrlässigen Schußwaffengebrauch« und bei Verkehrsunfällen. Mindestens sechzehn Grenzer werden erschossen beim Versuch, in den Westen zu desertieren. Ihre Kameraden haben den Befehl, auf Fahnenflüchtige ohne Anruf und Warnschuß zu schießen.[8]

Im September 1962 gelingt dem siebzehnjährigen Schlosserlehrling F. aus Probstzella gemeinsam mit zwei weiteren Jugendlichen die Flucht aus der DDR: die drei springen auf einen in den Westen fahrenden Kohlenzug auf.[9]

Auf dem Bahnhof Probstzella versteckt sich am 13. Oktober 1962, gegen 21.45 Uhr, der achtzehnjährige Hilfsarbeiter Karl-Heinz R. Der gebürtige Probstzellaer ist kurz zuvor aus einem Heim in Gera entwichen. Nun harrt er, wenige Meter von der Lok eines Güterzuges entfernt, in einem Busch eine Dreiviertelstunde lang aus. Auf beiden Seiten des Zuges stehen jeweils fünf Grenzsoldaten mit schußbereiten Maschinenpistolen. Als sich der Zug gegen 22.30 Uhr in Bewegung setzt, springt Karl-Heinz R. zwischen zwei Posten hindurch auf den ersten Wagen hinter der Lok. Einer der Posten schießt auf den Flüchtenden. Obwohl der westdeutsche Lokführer die Schüsse hört, setzt er die Fahrt fort. Ein Uniformierter, der auf den Zug zuläuft, vermutlich um die Bremsen zu betätigen, wird von einem Schuß am Bein verletzt. Karl-Heinz R. erreicht unverletzt bayerischen Boden.

1962 flüchten über fünftausendsiebenhundert DDR-Bürger unter Gefahr für Gesundheit und Leben in die Bundesrepublik Deutschland einschließlich West-Berlin.[10]

1963

Mehr als dreitausendsiebenhundert DDR-Bürgern gelingt 1963 unter Gefahr für Gesundheit und Leben die Flucht über die innerdeutsche Grenze.[1]

Im Kreis Saalfeld glücken in diesem Jahr mindestens 18 Fluchten, 67 Fluchtversuche scheitern, zwei Flüchtende sterben bei Probstzella.

Während der Osterfeiertage 1963 stellen Soldaten der Grenzkompanie Probstzella elf Republikflüchtlinge.

Am 16. April 1963, gegen 16.10 Uhr, wird auf dem Bahnhof Probstzella, kurz vor der Abfahrt nach Ludwigsstadt, im Waggon eines Güterzuges der achtzehnjährige Heino Sch. entdeckt. Er hat sich am Abend zuvor in einem über hundert Kilometer entfernten Braunkohletagebau, wo er als Rangierer arbeitet, unter einer Ladung Kohlen versteckt. Ein Mitarbeiter der Deutschen Bundesbahn, der den Zug auf dem Bahnhof Probstzella von seinen Kollegen der (Ost-)Deutschen Reichs-

bahn übernimmt, sieht, wie Grenzsoldaten mit Maschinenpistolen im Anschlag einen jungen Mann im blauen Arbeitsanzug abführen.
Heino Sch. ist als Elfjähriger mit seinen Eltern aus der DDR in die Bundesrepublik geflüchtet; mit siebzehn kehrt er in die DDR zurück und wohnt dort bei seinem Onkel. Als Fluchtmotiv gibt Heino Sch. Streit mit dem Onkel an und daß ihm seine Arbeit nicht mehr gefalle, weil er zu viele Nachtschichten machen müsse. Er wolle zurück zu seinen Eltern ...[2]
Nur ein paar Stunden nach der gescheiterten Flucht des Heino Sch. verdrückt sich bei Sonnenuntergang der Soldat L. aus der Baracke der Kompanie Probstzella. Er wolle Bier kaufen, sagt er einem Unteroffizier. Eine Viertelstunde später überschreitet der Soldat L. die Grenze.
L. ist seit fünf Monaten in der Kompanie Probstzella gewesen und hat als »guter Soldat« gegolten. Daß er sich gegenüber seinen Kameraden »wiederholt in negativem Sinne gegen unseren Staat und die Regierung geäußert hat«, daß er gesagt haben soll, die Arbeiter in Westdeutschland hätten eher die Möglichkeit, sich ein Auto anzuschaffen, das hören die Vorgesetzten erst nach der Flucht. Die Freundin von L. erzählt der Überprüfungskommission, daß sie ihrem Freund erst kürzlich eröffnet habe, sie wolle einen anderen heiraten.[3]
Vier Jugendliche aus Saalfeld verlassen am Morgen des 6. Mai 1963, gegen vier Uhr, im Falkensteiner Grund die DDR. In Bayern treffen sie auf zwei weitere junge Saalfelder, die in derselben Nacht, drei Stunden zuvor, im selben Grenzabschnitt über die Grenze gekommen sind. Zunächst bleibt die Flucht der vier Jugendlichen unbemerkt. Gewißheit über ihren Verbleib hat die Kripo erst, als einer der vier an seinen Bruder eine Karte schickt: »Bin gut angekommen, bin zur Zeit in Nürnberg. Schreibe noch, wo ich bleiben werde.«[4]
Den Fluchtweg der vier Saalfelder werden sechs Wochen später zwei ihrer Freunde einschlagen und grausam scheitern. Bis dahin gelingt noch fünf weiteren DDR-Bürgern im Raum Probstzella die Flucht, darunter zwei Soldaten der Grenzkompanie.[5] Ein Vierzehnjähriger aus Saalfeld, der zu seinem Vater in den Westen will, weil er im Russischunterricht eine Fünf bekommen hat, wird am 15. Juni 1963 in der Nähe des Falkensteins festgenommen.[6]

»Durch die Kreiseinsatzleitung wurde in der Beratung festgestellt, daß im Raum Probstzella, Marktgölitz, Ober- und Unterloquitz es der Partei, den örtlichen Organen und der Volkspolizei gelungen ist, die Masse der Bevölkerung zur Sicherung der Grenze mit einzubeziehen und die Sicherheitsorgane durch die Bevölkerung gute Unterstützung bei der Festnahme von Personen erhalten.«[7]
Bericht des Leiters des VPKA Saalfeld, Major Kastner

EGINHARD VELKE

»1950 bin ich nach Saalfeld gekommen. Ein, zwei Jahre darauf habe ich Hans-Ullrich Kilian kennengelernt, er wohnte in der unmittelbaren Nachbarschaft. Seitdem waren wir sehr eng befreundet, wir waren fast wie Brüder.
Er hat ein schlechtes Elternhaus gehabt; seine Mutter war Kellnerin, da ging das nicht so akkurat ab. Mein Elternhaus war wesentlich besser, auch von daher hat sich Hans-Ullrich zu mir und zu meinen Eltern hingezogen gefühlt. Er war jeden Tag bei mir, aß auch mit, das war selbstverständlich. Wir waren zusammen in der

1963

›Geschwister-Scholl-Schule‹, Uli war in der Parallelklasse. Wir waren also ständig zusammen: früh, mittags, abends.

Beim Uli haben wir oft am Fahrrad rumgebastelt, später, so mit fünfzehn, am Moped. Oder wir haben kleine Motorboote gebaut, die sind hin, wo sie wollten. Auf dem Hexenteich war's schwierig: wenn sich die Boote in der Mitte ausgetuckert hatten, mußten wir hinschwimmen und sie holen.

Ich bin 1958 aus der achten Klasse raus und fing die Lehre in einer Buchdruckerei an, Uli machte in Unterwellenborn seine neunte und zehnte Klasse. 1960 begann er seine Lehre im Autohof Saalfeld, nach Arbeitsschluß waren wir wieder ständig zusammen.

Im Frühjahr 1963 ist Hans-Ullrich dann mit der Lehre fertig geworden, kurz bevor er abgehauen ist. Uli wollte von zu Hause weg, er wollte sein eigenes Leben leben. Die andere Welt hat ihn gereizt, die Freiheit. Er hatte auch eine Sehnsucht gehabt nach den Weiten Kanadas.

Hans-Ullrich Kilian und Eginhard Velke (rechts) bilden zu Beginn der sechziger Jahre mit anderen Saalfelder Jugendlichen einen Freundeskreis, der eine große alte Scheune ausbaut, wo man sich trifft, Musik hört, tanzt und Pläne schmiedet.

Damals sind sehr viele von meinen Freunden über die Grenze bei Probstzella fort. Mein Freundeskreis, so um 1959, das waren dreißig, fünfunddreißig Mann. Die sind sogar noch in Scharen abgehauen, als das mit Uli schon passiert war. Bis zum Mauerbau waren wir immer noch mal nach West-Berlin gefahren, haben dort in den Wechselstuben Geld umgetauscht und uns zum Beispiel Niethosen gekauft. Im August 1961 mußte ich dann vor Berlin wieder umkehren...

Unser Freundeskreis war eine Supertruppe. Es gab weder Diebstahl noch Schlägereien, das einzige, was es gab: Fahren mit zu hoher Geschwindigkeit. Zum Stamm gehörten Gerd Fuchs (›Bongo‹), ›Funzel‹, Hans-Ullrich (›Kille‹), Udo und ich (›Schneck‹). Wir hatten uns damals eine große Scheune zum Haus ausgebaut: Gerd Fuchs wohnte in der Klostergasse in einem ganz alten Haus. Gegenüber, in der Klostergasse 9a, stand eine Scheune, 16 Meter hoch, die gehörte früher zu den Speichern des Franziskaner-Klosters. Die Wände hatten so 1,50 Meter Durchmesser. 1960 bewarb sich ›Bongo‹ um diese Scheune und bekam sie für viereinhalb Tausend Mark von dem privaten Eigentümer.

Der Hausbau war zunächst katastrophal: Die Speicher lagen voller Heu und Stroh,

das da schon fünfzig, sechzig Jahre drin war. Das haben wir rausgeschafft und haben dann Zwischenwände rausgerissen und neue Wände hochgezogen. Wir sind zu alten Saalfelder Ruinen und klopften Steine. Ein Bekannter hat uns die Steine fast gratis zur Scheune gefahren. So haben wir diese riesige Scheune zu einem der schönsten Häuser Saalfelds umgebaut. Tagsüber gebaut und abends Bierchen getrunken. Wir hatten ein Tonband, spielten viel die ›Beatles‹ und die ›Rolling Stones‹. Unsere Clique war jeden Tag da drin, immer so sechs, acht Mann. In der Scheune hatten wir übrigens eine Art bundesdeutsche Fahne: Wir hatten eine DDR-Flagge runtergeholt und das Emblem rausgerissen ...
Die Flucht von Hans-Ullrich Kilian kam für uns alle sehr überraschend. Der Uli war ein ganz ruhiger, ausgeglichener Typ, sehr intelligent. Er war ein großer, gutaussehender junger Mann, trotzdem hatte er Minderwertigkeitskomplexe wegen seiner Pickel im Gesicht. Er hat sich deswegen immer ein wenig geschämt.
Uli war mein bester Freund, ich dachte, wir wären unzertrennlich. Deswegen war ich so erstaunt, als er dann weg war. Wir wußten damals ja, wie schwer es ist, bei uns, bei Probstzella, über die grüne Grenze zu kommen, weil alles vermint war ...«

Wilfried Henschel

»Der Ullrich Kilian war bekannt durch seinen Sport, er hat Judo und Langlaufen gemacht. Er war beliebt, ein Pfundskerl – jung, lebenslustig, aufgeschlossen. Ein dufter Kumpel. Wir waren Freunde, eine Altersklasse, gerade mit der Schule fertig. Ich habe bei einer Privatfirma Karosseriebauer gelernt, Uli hat Kfz-Schlosser gelernt.
Es kam der Jugendtanz, das ›Klubhaus der Jugend‹, wo es die jungen Kerle hingezogen hat. Es war eigenartig: Fast jeden Abend, so um fünf, sechs Uhr, traf sich die Saalfelder Jugend, die im Stadtzentrum gewohnt hat, auf dem Markt, so 'ne Gruppe zwischen dreißig und fünfzig Mann. Dann wurde beschlossen: ›Heute gehen wir ins Kino‹ oder was anderes. Sonnabendabend war immer Spätvorstellung, das war herrlich. Da gab es Gags! Wir haben viel gemeinsam gemacht, waren eine verschworene Truppe. Eine schöne Zeit.
Etwa ein Jahr vor unserem Fluchtversuch sprach Uli das erste Mal davon abzuhauen. Da kam die Unzufriedenheit unter uns Jugendlichen; es war nicht weit bis zur Grenze, das hat verleitet. Wir waren unzufrieden über das System, wie das hier lief. Daß hier keine Freiheit war. Wir hatten damals zur Information nur das Radio – die schon Fernseher hatten, erzählten, wie es im Westen aussieht.
Es entwickelte sich so, daß sich immer mal so zwei, drei aus der Gruppe abgesetzt haben. Die haben dann auch geschrieben, und es stand zur Debatte. ›Wollen wir's auch probieren?‹ Als der Uli mich das erste Mal fragte, hab ich ihm gesagt: ›Ich hab keine Lust dazu.‹ Von dem Gespräch wußte niemand.
Dann haben sich immer mehr aus der Gruppe abgesetzt, und es ging bei mir im Elternhaus ein bissl drunter und drüber. Es kam ein bissl Zoff auf, als wir uns überworfen hatten. Am Anfang hatte mich doch die Angst im Elternhaus zurückgehalten, aber als sich das mit dem Elternhaus noch zerschlagen hatte, hab ich mich gefragt: ›Was soll ich jetzt noch hier?‹
›Jetzt geh ich mit‹, sagte ich zum Uli. Das war Ende Mai 1963. Wir haben unsere Vorbereitungen getroffen – das sollte ja ein todsicheres Ding werden. Wir haben überlegt, wie wir übers Minenfeld kommen: Mit einer ausziehbaren Rübenhacke

wollten wir jeweils ein paar Meter vor uns herstochern ... Dann haben wir uns überlegt, wie wir überhaupt erst mal bis zur Grenze kommen. Wir haben eine Stelle gesucht, die von hier aus am nächsten an der Grenze liegt, haben erst mal Karten gewälzt und dann folgenden Entschluß gefaßt: Wir fahren bis nach Leutenberg, dort ist dieses Bad, wohin man noch ungehindert fahren konnte. Denn es war so: Wenn man in Saalfeld in den Zug gestiegen ist Richtung Kaulsdorf, ist schon die Transportpolizei eingestiegen und hat bei jungen Leuten Ausweiskontrollen gemacht mit der Frage, wo man hin will. Leutenberg war da nicht anstößig. Von dort aus wollten wir mit Karte und Kompaß zur Grenze laufen.

Wir sagten uns: Entweder es klappt, oder es klappt nicht. Man rechnet damit, daß man Glück hat. Viele haben es ja geschafft. Viele haben es nicht geschafft, das wußten wir auch. Aber daß es so endet, haben wir nicht gedacht.

Wir haben uns vierzehn Tage intensiv drauf vorbereitet. Den 17. Juni 1963 hatten wir noch ausgelassen, weil da immer verstärkte Grenzkontrollen waren. Am 19. Juni sind wir am Nachmittag nach Leutenberg ins Bad gefahren. Als es dunkel wurde, sind wir los, Kompaß raus und losgelaufen.

Wir sind durch einen Bach marschiert, sind einen Kilometer weit nur durchs Wasser. Durch einen Ort sind wir gelaufen, das war nach Mitternacht, das kann nur dieses Geschwenda gewesen sein, dahinter geht's gleich in die Schlucht rein. Im Wald – es war Mondschein – haben wir uns unterhalten: ›Jetzt kann es nicht mehr lange dauern.‹ Die Stimmung war eigentlich gut: Ein bißchen Herzrasen war schon dabei, denn man wußte ja nicht: Was erwartet uns jetzt? Aber bedrückt waren wir nicht.«

BERNHARD D.

»In dieser Nacht war ich ab 18 Uhr als Verantwortlicher der Grenzkompanie eingesetzt ... In den Abendstunden des 19.6.63 wurde der Kompanie durch Hinweise aus der Bevölkerung gemeldet, daß sich von der Ortschaft Reichenbach aus eine fremde Person in Richtung Grenze begeben hat. Auf Grund dieses Hinweises gab ich gegen 22.00 Uhr den Genossen W. und L. nach der Vergatterung den Befehl, daß sie bis zum 20.6.63, 3.00 Uhr, die Sicherung der Staatsgrenze in der Großgeschwendaer Schlucht zu übernehmen haben.«[8]

WILFRIED HENSCHEL

»Der erste Zaun kam, wir haben ihn durchgeschnitten, das war so gegen zwei Uhr nachts. Da waren wir eigentlich schon in verhältnismäßig fröhlicher Stimmung: Haben wir es geschafft, war das schon alles? Wenige Meter nach dem Zaun kam dieses Kommando, so aus etwa dreißig Metern Entfernung: ›Stehenbleiben! – Grenzpolizei – Parole!‹ – die wir leider nicht wußten.

Ihre Gesichter konnte ich nicht sehen, sie standen im Wald, es war zu dunkel. Wir haben uns, als der Anruf kam, sofort hingeschmissen, in so eine kleine Mulde rein. Etwa fünf Meter lagen wir auseinander. Die haben ein paarmal gerufen: ›Stehen Sie auf! Ergeben Sie sich! Hände hoch!‹ Das haben wir nicht gleich getan, da haben sie das erste Mal geschossen, wir sahen das kleine, blaue Mündungsfeuer. Wir sind trotzdem liegengeblieben, denn das war ja das Sicherste. Ich hab mir gesagt, solange ich hier liege, liege ich – wenn ich aufstehe, können sie mich treffen. Sie haben den Hund losgemacht: ›Faß!‹ Da geht einem schon die Düse. Der Hund ist vor

1963

unserer Nase vorbeigerannt, der war gleich verschwunden. Dann haben sie wieder ein paarmal geballert und zwischendurch gerufen: ›Stehen Sie auf und nehmen Sie die Hände hoch!‹ Sie kamen auf uns zu, da konnte ich den einen Grenzer sehen, als er unmittelbar vor mir stand. Er hatte die Maschinenpistole im Anschlag. Der andere Grenzer stand vor dem Kilian, so zwei, drei Meter entfernt. Ich bin aufgestanden, in dem Augenblick hat's geknallt. Ob einmal oder zweimal, weiß ich nicht. Ich hab nur noch gehört, wie der Uli schrie. Ich hab den Kopf nochmal kurz rumgedreht und gesehen, wie er zusammengesackt ist.«

Dieter L.

»Erst nach ungefähr einer Minute erhoben sich beide langsam und kamen in geduckter Haltung auf uns zu. Meiner nochmaligen Aufforderung: ›Hände hoch – stehenbleiben!‹ und einem Warnschuß meines Postenführers kamen sie wiederum nicht nach. In diesem Augenblick sah ich ein Messer in der rechten Hand der einen Person, die sich mir bereits bis auf zwei Meter genähert hatte. Ehe dieser dieses anwenden konnte, brach er durch einen Zielschuß von mir zusammen. Erst jetzt ergab sich die andere Person und folgte den Anweisungen meines Postenführers.«⁹

Wilfried Henschel

»Nach etwa fünf Minuten kam der Hund, den haben sie zum Kilian hingesetzt, daß er aufpassen soll, obwohl Uli nur noch geschrien und geröchelt hat. Er hat nichts mehr gesagt, nur noch, daß er Durst hat. Sie haben ihm auch Wasser gegeben, aus dem Bach, der dort war. Mich hatten sie hingelegt mit den Händen hinterm Kopf, Gesicht im Dreck, Beine breit. Dabei ging es laut zu, denn sie waren ja stolz drauf, daß sie uns hatten.
Sie haben Verstärkung angefordert, die dann auch bald kam, zwei Mann. Ich mußte aufstehen, die Hände über dem Kopf, und losmarschieren. Die haben noch gesagt: ›Bei der geringsten Bewegung ziehen wir durch.‹ Das waren ihre Worte. Dann haben sie noch ein bißchen gehänselt: ›Wärt ihr hier die Schienen langgelaufen, könntet ihr jetzt schon HB rauchen.‹ Solche Worte fressen sich fest. Ich hab keine Bahnschienen gesehen, ich hab geguckt, wo ich hinlaufe. In dem Moment hat man so einen Schiß in der Hose, weil man ja damit rechnen muß, wenn man irgendwo stolpert, daß die geschossen hätten.
Sie haben mich auf das Grenzkommando Probstzella reingeschafft. Es ging die ganze Nacht und den ganzen Tag: ein Verhör nach dem anderen. Zunächst hieß es: Hinsetzen und warten! Dann kam einer nach dem anderen von denen, Offiziere, das ging Schlag auf Schlag. Und immer wieder die gleichen Fragen: Warum, weshalb, wieso, woher? Wie vorbereitet? Immer ein Posten und einer, der fragte.«

Hans-Ullrich Kilian wagt mit seinem Freund Wilfried Henschel in der Nacht zum 20. Juni 1963 die Flucht über die Grenze bei Großgeschwenda. Als sie entdeckt werden, will er sich nicht ergeben und wird durch einen Schuß tödlich getroffen.

Hans-Ullrich Kilian hat einen Bauchschuß. Nach einer knappen Stunde wird er mit dem Krankenwagen nach Gräfenthal gebracht. Bei der Aufnahme im Krankenhaus atmet er nur noch oberflächlich, gepreßt und stoßweise.

»Am 20.6.1963, gegen 16.00 Uhr, begab sich Unterzeichnender in das Krankenhaus Gräfenthal, um den dort eingelieferten Kilian zu vernehmen beziehungsweise zu befragen. Eine Rücksprache mit Dr. Jahn, der Kilian nach der Einlieferung ope-

1963

riert hat, ergab, daß für Kilian keine Hoffnung auf Besserung besteht und der Tod in den nächsten Stunden eintreten wird.
Nach Einschätzung des Arztes ist ein klares Bewußtsein bei dem Verletzten nicht vorhanden, da er die Schockwirkung nicht überwunden hat. Eine Befragung oder Vernehmung wurde vom Arzt abgelehnt. Als der Arzt im Beisein des Unterzeichnenden den Kilian nach seinem Befinden fragte, antwortete dieser: ›Hoffentlich gehe ich bald drauf, damit diese Quälerei ein Ende hat.‹ Auf weiteres Ansprechen reagierte er nicht mehr.«[10]

Aktenvermerk des Oberleutnants Rzehak, Referatsleiter in der Untersuchungsabteilung der MfS-Bezirksverwaltung Gera

WILFRIED HENSCHEL

»Erst im Laufe des Tages bekam ich etwas zu essen. Ich war für die ein Schwerverbrecher, man hat gemerkt, wo man war. Die Verhöre gingen bis zum Abend. Dann haben die mich ins Auto geladen – von Probstzella nach Saalfeld, in die Sonneberger Straße, die damalige Niederlassung der Stasi. Dort war ich nur kurz zur Befragung, das gleiche nochmal. Weiter nach Gera, in die Stasi-Untersuchungshaftanstalt. Da konnt ich erst mal schlafen.«

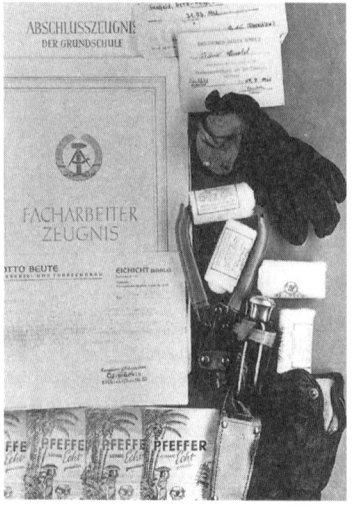

»Fluchtgepäck« von Hans-Ullrich Kilian und Wilfried Henschel

»Dem Beschuldigten Henschel, Wilfried, wurden bei seiner Einlieferung in die Haftanstalt folgende Effekten abgenommen und der Haftanstalt zur Aufbewahrung übergeben: 1 Brieftasche – Kunstleder, 1 Armbanduhr gelb, 1 Tüte mit 11 Fotografien, 1 Paar Ärmelhalter, 1 Geldbörse mit 1,- DM, 1 Kugelschreiber gelb, 1 Paar Manschettenknöpfe weiß, 1 Binder, 1 Kamm, 1 Campingbeutel, 1 weißes Oberhemd, 2 Taschentücher, 3 Paar Socken, 1 Skatkartenspiel, 3 Binden, 1 Anzug, 1 Hose.«[11]

Sechzehn Stunden nach dem Fluchtversuch, am Abend des 20. Juni 1963, versagt der Kreislauf des neunzehnjährigen Hans-Ullrich Kilian im Gräfenthaler Krankenhaus. Die Schußverletzungen an Magen, Wirbelsäule und Rückenmark waren tödlich. Ein Lehrling und ein junger Soldat, die mit dem Sterbenden im Zimmer liegen, hören, daß er etwas sagt von einer Karte, einem Kompaß, einem Hund, einem Schlag am Bein – und daß Deutsche auf Deutsche schießen. Oberleutnant Rzehak notiert es.[12]

Am Todestag von Hans-Ullrich Kilian veröffentlicht die Regierung der DDR einen »Appell an die Bevölkerung Westdeutschlands« zur Schaffung sachlicher und normaler Beziehungen zwischen beiden deutschen Staaten. Tags darauf erläßt der DDR-Ministerrat eine Verordnung »zum Schutze der Staatsgrenze zwischen der DDR und Westberlin«. Nunmehr wird auch dort ein »besonderes Grenzgebiet« mit einer »besonderen Ordnung« errichtet.
Im Juni 1963 besichtigt der amerikanische Präsident John F. Kennedy gemeinsam mit Bundeskanzler Konrad Adenauer und dem Regierenden Bürgermeister von Berlin, Willy Brandt, am »Checkpoint Charlie« die Mauer. Der sowjetische Staats- und Parteichef Nikita Chruschtschow ist schon im Januar dort gewesen.

WILFRIED HENSCHEL
»Mit den Verhören ging es am nächsten Tag weiter. Geschlagen wurde ich nicht, aber ich war in Einzelhaft. Die Vernehmer, wie die sich betitelt haben, tischten das immer wieder auf: Warum, weswegen, wie vorbereitet? Nie ist ein Wort gefallen über den Kilian. Dann: Wer war der Urheber von der ganzen Sache?«

»Im Zusammenhang mit dem versuchten Grenzdurchbruch in der Großgeschwendaer Schlucht, bei dem der Grenzverletzer Kilian durch einen Schuß tödlich verletzt wurde, kursieren im Kreis Saalfeld die verschiedenartigsten Gerüchte. Es wird diskutiert, daß ein 13jähriges Kind erschossen worden sei. Weiterhin spricht man vom Erschießen mehrerer Personen, welche die DDR verlassen wollten.«[13]

»Informationsbericht« der BDVP Gera, Abteilung Aufklärung

Auf Befehl des Grenztruppen-Chefs, Generalmajor Erich Peter, werden keine drei Tage nach der Tötung von Hans-Ullrich Kilian die Gefreiten W. und L. für ihr »richtiges und entschlossenes Handeln« ausgezeichnet mit der »Medaille für vorbildlichen Grenzdienst«. Jeder bekommt eine Prämie in Höhe von 150,- Mark.[14]

WILFRIED HENSCHEL
»Die Untersuchungshaft war ein Vierteljahr, so zwei Verhöre pro Woche. Dort war es schon nervend: Die Zelle war zwei Meter breit, vier Meter lang. Drin stand eine Pritsche und der Kübel.
Früh um sechs aufstehen, da hat man eine Schüssel mit Wasser reingekriegt. Nach draußen sehen konnte man nicht, es waren Glasbausteine davor, man hat nur die Kirchenglocken gehört. Man eignet sich so einen Rhythmus an, meiner war der nach der Glockenuhr. Ich hab dann immer angefangen, in der Zelle auf und ab zu laufen. Am Tag gab's, wenn das Wetter gut war, eine halbe Freistunde. Aber auch da hat man nie einen zu sehen gekriegt.«

Oberleutnant Rzehak: »Warum wollten Kilian und Sie gerade nach Westdeutschland, und was war nach einem erfolgreichen Grenzdurchbruch geplant?«
Wilfried Henschel: »Kilian und ich hatten vereinbart, in Westdeutschland zusammenzubleiben. Unsere Vorstellung war es, daß ich eine Anstellung als Fernfahrer erhalte und Kilian mit mir als Beifahrer fährt.«[15]
Oberleutnant Rzehak: »Welche weiteren Vorbereitungen, die Staatsgrenze der Deutschen Demokratischen Republik nach Westdeutschland erfolgreich zu durchbrechen, wurden von Kilian und Ihnen getroffen?«
Wilfried Henschel: »Weiterhin trainierte Kilian das Messerwerfen. Ich habe das auch versucht, hatte dabei aber keine Erfolge ... In der Wohnung des Kilian stellte ich fest, daß die Türen vom Messerwerfen stark beschädigt waren ...
Außerdem hatten wir noch vereinbart, im Falle eines Zusammentreffens mit einer Grenzstreife Pfeffer in die Hand zu nehmen und die Posten herankommen zu lassen. Wenn wir dann die Hände hoch haben und unmittelbar vor dem Posten stehen, sollte mit einer schnellen Bewegung der Pfeffer den Posten in die Augen geworfen werden. Danach war vorgesehen, sie zu entwaffnen und kampfunfähig zu machen. Das Kampfunfähigmachen sollte dann durch einen Schlag oder was geschehen, damit sie nicht schreien konnten.«[16]

1963

Oberleutnant Rzehak: »Welche Umstände waren für Sie ausschlaggebend, daß Sie bereit waren, den Grenzdurchbruch, wenn notwendig, mit Gewalt durchzuführen, und dabei die Tötung von Angehörigen der Grenzsicherungskräfte einplanten?«
Wilfried Henschel: »Wir waren der Ansicht, daß die Schließung der Grenzen am 13. August 1961 nicht richtig war. Dabei vertraten wir die Meinung, daß man jetzt überhaupt nicht mehr nach dem Westen kann und deshalb gezwungen ist, gewaltsam die Grenze zu durchbrechen, wenn man nach Westdeutschland will. Wir sahen deshalb auch eine Gewaltanwendung gegen Grenzsicherungskräfte als eine Verteidigung unsererseits an.«[17]

»Der Kollege Wilfried Henschel ... wurde am 1.4.1963 als Kraftfahrer in unserem Betrieb eingestellt ... Sein auftretendes Phlegma in der Arbeit wurde durch eine spontane Lebensbejahung in seinen freien Stunden abgelöst ... Unsere Bemühungen gingen dahin, aus dem Koll. Henschel ein brauchbares Mitglied unserer Gesellschaft zu machen ... Bei den Kollegen war er ansonsten beliebt ... Selbstverständlich wird sein letzter Schritt verurteilt. Das Kollektiv ist der Meinung, daß er durch eine gerechte Strafe zur Einsicht kommt. Man sollte allerdings die Verhältnisse im Haus und seine Jugend berücksichtigen. Diese Beurteilung wurde im Kollektiv erarbeitet.«[18]

Beurteilung des Direktors der Großhandelsgesellschaft Lebensmittel Saalfeld für das MfS

Oberleutnant Rzehak: »Was wußten Sie über das Vorhaben, daß Ihr Stiefbruder Kilian, Hans-Ullrich, und Henschel, Wilfried, die Deutsche Demokratische Republik illegal verlassen wollen, um sich nach Westdeutschland zu begeben?«
Hanni D., siebzehn Jahre: »In den letzten acht Tagen, bevor sie den Versuch unternahmen, bemerkte ich, daß beide sehr viel zusammen waren. Außerdem stellte ich in unserer Wohnung fest, daß mein Stiefbruder einen Kompaß beschafft hatte und in der Brusttasche seines Sakkos ein feststehendes Messer stecken hatte. Ich traf weiter die Feststellung, daß beide Urlaub genommen hatten. Durch diese Dinge kam ich zu der Schlußfolgerung, daß es nicht stimmen kann, was sie der Hannelore E., meiner Mutter, meiner Großmutter wie auch mir erzählten, nämlich, daß sie nach Dresden in eine Keksfabrik fahren wollen.
Aus diesem Grunde richtete ich am Dienstagabend, als sie dabei waren, die Campingbeutel schwarz zu färben, an beide die Frage, was sie denn vorhaben. Ich gab ihnen offen zu verstehen, daß ich es nicht glaube, was sie über Dresden erzählt haben, sondern sie beabsichtigen, nach Westdeutschland zu gehen. Zunächst wollten sie es nicht zugeben, denn sie gaben mir zur Antwort, wie ich darauf käme und was sie denn überhaupt in Westdeutschland sollten. Als ich nicht lockerließ und sagte, daß sie mir nichts vorgaukeln könnten, gaben sie es zu, daß sie am nächsten Tag – also am Mittwoch vergangener Woche – versuchen wollen, schwarz hinüberzukommen. Sie forderten mich gleichzeitig auf, ja niemandem etwas zu sagen.
Als ich ihnen die Zusicherung gab, daß ich nichts verrate, zeigten sie mir die Karte, auf der von dem Ort Leutenberg bis zur Grenze eine gerade Linie gezogen war. An dieser Linie legten sie die Kante des Kompasses an und erläuterten mir, daß

das die Marschrichtungszahl 37 ist, nach der sie von Leutenberg aus gehen müßten. Weiter zeigten sie mir die Drahtscheren und sagten dazu, daß sie damit ein Loch in die Drahtsperre schneiden wollen, um dann hindurchkriechen zu können. Außerdem erzählten sie mir, daß sie Pfeffer beschafft hätten, den sie ausstreuen wollten, wenn sie von einem Hund verfolgt werden, damit dieser die Spur verliert.
Nachdem sie mir das alles gesagt hatten, stellte ich die Frage, was wird, wenn sie geschnappt werden. Darauf erwiderten sie: »Dann sitzen wir eben ein paar Jahre ab.« Mein Stiefbruder sagte zu mir, daß er sofort, wenn er drüben sei, ein Telegramm schicken wolle. Wenn ich dann nachkommen will, soll ich mir einen Kompaß kaufen und wie sie nach der Marschrichtungszahl 37 von Leutenberg aus laufen. Ich solle ihnen aber vorher schreiben, damit sie mich an der Stelle auf westlichem Gebiet erwarten können. Wenn ich nicht allein gehen will, dann soll ich sehen, ob ich noch jemanden finde, der mitgehen will. In seinem Brief, den er am Mittwochvormittag, bevor er die Wohnung verließ, geschrieben haben muß, ich war zu dieser Zeit in der Schule, gab er mir nochmals den Hinweis, daß ich ihm mitteilen soll, wenn jemand die Deutsche Demokratische Republik verlassen will. Diesen solle ich dann sagen, auf welchem Wege sie – Kilian und Henschel – über die Grenze gekommen sind. Diese Auslegung entnehme ich aus den Sätzen ›Schreibe mir Bescheid, wenn welche kommen wollen. Die Strecke ist dir bekannt.‹
Das ist alles, was ich über das Vorhaben meines Stiefbruders und des Henschel wußte. Am Mittwoch früh habe ich mich von meinem Bruder verabschiedet, denn ich hatte nie die Absicht, nach Westdeutschland zu folgen.«
Oberleutnant Rzehak: »Aus welchem Grunde unternahmen Sie nichts, als Sie von dem Vorhaben Kenntnis hatten, um es zu verhindern?«
Hanni D.: »Ich wollte die beiden nicht verraten, da es ja mein Stiefbruder war. Sie wären mir sehr böse gewesen, wenn ich mein Versprechen, niemandem etwas zu sagen, nicht gehalten hätte.«[19]

Oberleutnant Rzehak: »Was ist Ihnen über das Vorhaben Ihres Sohnes, die Deutsche Demokratische Republik illegal zu verlassen, bekannt?«
Lisa R., Mutter von Hans-Ullrich Kilian: »Von diesem Vorhaben war mir nicht das Geringste bekannt. Er hat vor längerer Zeit manchmal gesagt, er wolle zu den Goldgräbern nach Peru gehen. Diese Äußerung habe ich aber nie für voll genommen, sondern nur als Hirngespinst angesehen.«[20]

Oberleutnant Eismann: »In welchem Verhältnis stehen Sie zu Ihrem Bruder Wilfried?«
Gisela H., sechzehn Jahre: »Ich stehe mit meinem Bruder Wilfried in einem guten Verhältnis. Er machte mir zu meinem Geburtstag und zum Weihnachtsfest schöne Geschenke und unterstützte mich auch sonst, da ich noch die Schule besuchte, in finanzieller Hinsicht.«[21]

Oberleutnant Rzehak: »Welche Erziehungsschwierigkeiten hatten Sie mit Ihrem Sohn?«
Gertrud H., Mutter von Wilfried Henschel: »Ich hatte keinerlei Erziehungs-

Rekonstruktion am Tatort mit Wilfried Henschel (rechts)

schwierigkeiten mit meinem Sohn. Er war immer ehrlich und hatte einen guten Kontakt zu anderen Menschen. In der Schule war er sehr gut, und während der Lehrzeit wurde er einmal für gute Leistungen ausgezeichnet.«

Oberleutnant Rzehak: »Mit was beschäftigte er sich in seiner Freizeit?«

Gertrud H.: »Ich könnte nicht sagen, daß er eine besondere Neigung für irgendwelche Dinge hatte. Er hat sehr viel Abenteuerromane, die bei uns in Broschürenform verkauft wurden, und Liebesromane aus der Bücherei gelesen. Er hat in seiner Freizeit viel meinem Mann im Nationalen Aufbauwerk bei der Instandsetzung unseres Hauses, welches Eigentum des Staates ist, geholfen. In der letzten Zeit hat er … seine Freizeit bei Kilian und dem Mädel verbracht.«[22]

Oberleutnant Eismann: »Wie waren die Arbeitsleistungen des Henschel?«
Otto B., ehemaliger Lehrmeister: »Die Arbeitsleistungen des Henschel waren gut. Er gab sich Mühe, um ein guter Facharbeiter zu werden. Im Berufswettbewerb wurde er mit einer Bronzemedaille ausgezeichnet. Von der Handwerkskammer erhielt er hierfür eine Prämie. Auch als Gehilfe verrichtete er seine Arbeit zur Zufriedenheit.«
Oberleutnant Eismann: »Wie war seine Einstellung zur Deutschen Demokratischen Republik?«
Otto B.: »Henschel hat mir gegenüber keine politischen Gespräche geführt. Wie seine Einstellung zur Deutschen Demokratischen Republik war, kann ich nicht sagen, da ich mit ihm nie darüber gesprochen habe.«[23]

»In der Hausgemeinschaft und im Wohnbezirk hat der Henschel einen guten Leumund. Den Hausbewohnern gegenüber war er immer anständig und hilfsbereit … Der Ausschuß der Nationalen Front, Wohnbezirk III, und die Parteileitung der Wohnparteiorganisation III schätzt ein, daß es sich bei Henschel um einen sehr ordentlichen jungen Menschen handelt, der jedoch dem jahrelangen Einfluß seiner Eltern unterlag und die Hauptschuld seiner Tat im Elternhaus zu suchen ist.«[24]

WILFRIED HENSCHEL 1963

»Man hat mich noch mal zur Rekonstruktion an die Stelle gefahren. Ich wurde in einen ›Barkas‹ geladen mit einem Käfig drin, dort hat man grad so reingepaßt. Der Posten aus der Untersuchungshaft war sehr vernünftig, ein Älterer. Ein anderer hatte gesagt: ›Machen Sie keinen Blödsinn, ich ziehe blank.‹
Dann wurde ich in einen Jeep umgeladen, ich bekam Handschmuck hinten dran, es ging an die Grenze, zu dieser Schlucht. Rechts und links standen Grenzposten mit Maschinenpistolen im Anschlag, alle zehn Meter einer, das waren mindestens zwanzig. Mir haben sie hinten an die Handschellen noch eine Leine rangemacht, damit ich ja nicht zu weit enteile. Vom ersten Zaun an mußte ich alles noch mal rekonstruieren. Ich durfte noch mal richtig mit der Schere schneiden.
Es hieß: ›Fuß hoch!‹ – Bild. ›Fuß runter!‹ – Bild. ›Anderen Fuß hoch!‹ – Bild. Bis zu der Stelle ... Dort habe ich die richtige Grenze gesehen und habe gesehen, daß auf der anderen Seite auch welche standen. Ich mußte mich auch noch mal in die Kuhle legen. Die beiden Grenzposten waren dabei, die vom Gericht waren da, der Staatsanwalt ...
Auf der Rückfahrt bin ich zusammengeklappt. Ich hab nur noch gemerkt, wie mir in der Zelle mulmig wurde – ich hab geklopft. Als ich zu mir gekommen war, lag ich irgendwo am Straßenrand, mit Handschellen. Mein alter Herr saß neben mir und hat immer gesagt: ›Sterben Sie mir nicht, sterben Sie mir nicht ... Herrje, ich hab ja gehört, wie Sie geklopft haben, aber ich darf Ihnen nicht aufmachen.‹ Das war der einzige Mensch.
Ich mußt in der Untersuchungshaft eine Stellungnahme zu meiner Tat schreiben; da haben die schon gesagt, was sie erwarten: Daß ich das alles bereue und so, das hab ich auch geschrieben.«

»Im Verlauf meiner Untersuchungshaft ist mir erst klargeworden, wie schwer dieses Verbrechen ist und was durch das Hören von Westsendern geschehen kann. Es ist mir klargeworden, daß durch den Übergang vom Kapitalismus zum Sozialismus Schwierigkeiten auftreten, die erst mit der Zeit behoben werden. Wenn man dagegen so eine Handlungsweise wie ich an den Tag legt, so treten weitere Schwierigkeiten auf ...
Für mich steht fest, daß ich durch meine Straftat viel gutzumachen habe, was auch mein Wunsch und meine Pflicht dem Staat gegenüber ist. Damit will ich bereits

jetzt beginnen, indem ich in meiner Verhandlung die volle Wahrheit sagen werde. Des weiteren werde ich während meines Strafvollzuges eine einwandfreie Arbeitsleistung an den Tag legen, um zu zeigen, daß die alte Lebensauffassung verschwunden ist und ich mein weiteres Leben zugunsten des Staates einrichten und vor allem nie wieder ein Verbrechen begehen werde. Mein Ziel wird es auch sein, junge Menschen mit der Auffassung, wie ich sie hatte, zu belehren, damit sie nicht erst durch Schaden klug werden müssen.«[25]

Wilfried Henschel in der »Stellungnahme zu der von mir begangenen Straftat«

WILFRIED HENSCHEL

»Der Prozeß war vor dem Bezirksgericht Gera. Der Staatsanwalt war sehr clever in seiner Fragestellung: ›Wie schätzen Sie denn Ihre Handlung ein? Sind Sie nicht der Meinung, daß so was Angst unter der Bevölkerung hervorruft?‹ Ich sag: ›Ich weiß nicht, wie Sie das jetzt meinen.‹ Er: ›Na ja, wir schreiben doch in unseren Zeitungen, unsere Grenzen sind zuverlässig geschützt. Jetzt wäre Ihnen das gelungen und Sie wären durchgekommen …‹ Ich: ›Na, die Leute müssen das doch nicht erfahren.‹ – ›Na, das kann doch durchsickern, daß wieder welchen gelungen ist, die Grenze zu durchbrechen. Meinen Sie nicht auch, daß das eine Unruhe unter der Bevölkerung hervorruft?‹ – ›Das könnte schon sein.‹

Es fing schon beim Beginn der Verhandlung an: Der Staatsanwalt hat den Antrag gestellt, die Öffentlichkeit auszuschließen, wegen der Gefährlichkeit der Sache. Weil hier tiefer geforscht werden müsse und Fremde Tips erhalten, die sie für sich ausnutzen könnten, um einen Durchbruch zu schaffen. (Am ersten Tag waren noch ein paar Leute drin, ich vermute, das waren Journalisten.) Dem Antrag des Staatsanwaltes wurde stattgegeben, es blieben auf den Publikumsbänken nur noch die Herren Offiziere von der Grenze übrig, die Leute von der Staatssicherheit. Es stand alles fest.

Bei der Anklageeröffnung hieß es: ›Der Angeklagte Henschel und der bereits verstorbene …‹ Bis dahin hatte ich immer noch geglaubt, daß der Uli lebt. Es gab ja keinen Kontakt nach draußen, keine Besuche, nichts.

Die beiden Grenzposten, die uns gestellt hatten, sagten auch aus. Die waren so alt wie ich oder ein, zwei Jahre älter. Damals kamen nur die Hundertprozentigen zur Grenze, das waren noch mehr oder weniger Freiwillige. Für die waren wir nur Gangster und Verbrecher, das haben die so gesagt. Derjenige, der den Uli erschossen hat, behauptete, der Kilian hätte versucht, ihn anzugreifen. Er hätte angeblich ein Messer in der Hand gehabt. Ich weiß nicht, ob das stimmt. Wenn einer mit 'ner Maschinenpistole im Anschlag vor mir steht, da hab ich doch keine Chance! Die haben nicht mal gewußt, ob sie den Kilian mit Einzel- oder Dauerfeuer erschossen haben.

Ich hatte bloß einen Pflichtverteidiger, der hat gesagt: ›Hohes Gericht, ich bitte beim Urteil das jugendliche Alter des Angeklagten zu berücksichtigen. Ansonsten schließe ich mich den Aussagen des Staatsanwaltes an.‹ Der Staatsanwalt hat den Antrag gestellt: fünf Jahre! Mein Verteidiger sagte zu mir: ›Sollte es bei den fünf Jahren bleiben, wollen wir zufrieden sein, wird es weniger, freuen wir uns darüber, sollt es mehr werden, können wir ja in Berufung gehen. Aber ich sag Ihnen gleich, zur Urteilsverkündung bin ich nicht da, ich schick einen Vertreter.‹

Man hat mir dann die fünf Jahre Zuchthaus draufgebraten. Ich war ein Schwerverbrecher. Das ging alles nach diesem Strafergänzungs-Gesetzbuch, das war speziell für die Politischen. Die haben einen Haufen Paragraphen aufgezählt. Ich hab nicht mal mein Urteil bekommen, das durft ich nur unterschreiben. Es hieß: ›Sie haben ja alles gehört.‹«

»Bei der rechtlichen Würdigung der verbrecherischen Handlungsweise des Angeklagten ist das versuchte illegale Verlassen der Deutschen Demokratischen Republik allein nicht ausreichend charakterisierend. Aus ihren Vorbereitungen und aus ihrem geplanten Verhalten beim Zusammenstoß mit einer Grenzstreife ergibt sich ihre Zielsetzung, mit Gewaltakten gegen Grenzsicherungskräfte und -anlagen die Sicherheit unseres Arbeiter- und Bauernstaates sowie das Leben von Bürgern der Deutschen Demokratischen Republik zu gefährden. Ihr vorbereitetes und geplantes Verbrechen, an welchem der Angeklagte maßgeblich beteiligt war, ist durchaus geeignet, Unruhe unter der Bevölkerung hervorzurufen und Zweifel an der Sicherheit unserer Grenzsicherungsanlagen bei der Grenzbevölkerung aufkommen zu lassen.
Nach eigenen Angaben war sich der Angeklagte darüber im klaren, daß ihr verbrecherisches Handeln ein Feuergefecht zwischen Grenzsicherungskräften beider deutscher Staaten auslösen könnte, das unter Umständen ein von den westlichen Ultras seit langem geplanter Krieg ausgelöst werden könnte, mit dem Ziel, die Deutsche Demokratische Republik wieder in die Machtsphäre der Imperialisten einzubeziehen. Diese Umstände sind geeignet, unter der Bevölkerung, die sich nach einem dauerhaften Frieden sehnt und darum kämpft, Furcht und Schrecken zu verbreiten.«
Urteil des Bezirksgerichts Gera vom 15. September 1963, verfaßt vom Vorsitzenden des Ersten Strafsenats, Oberrichter Erich Altmann (SED)

»In einer persönlichen Aussprache mit Staatsanwalt Juch brachte dieser zum Ausdruck, daß er in dieser Strafsache erstmalig gegen sein Gewissen einen Strafantrag in Höhe von 5 Jahren gestellt habe. Er selbst habe vor dem Verhandlungstermin schriftlich den Antrag – dreieinhalb Jahre – an den Generalstaatsanwalt eingereicht. Diese Höhe der Strafzumessung wäre seiner Meinung nach für das von Henschel und Kilian begangene Verbrechen ausreichend gewesen. Durch die Tatsache, daß er kurz vor dem Verhandlungstermin eine schriftliche Weisung vom Generalstaatsanwalt erhalten habe mit der Maßgabe, in dieser Strafsache 5 Jahre Zuchthaus zu beantragen, habe er in der gerichtlichen Hauptverhandlung den Strafantrag für 5 Jahre Zuchthaus ausgesprochen ... Obwohl der Vorsitzende des 1. Strafsenats bei der Antragstellung des Staatsanwaltes, Henschel mit 5 Jahren Zuchthaus zu bestrafen, auffällig den Kopf schüttelte, kam es am 7.9.1963 zu der bereits angeführten Verurteilung des Angeklagten zu 5 Jahren Zuchthaus.«[26]
Prozeßbericht des Leiters der Untersuchungsabteilung der MfS-Bezirksverwaltung Gera

WILFRIED HENSCHEL
»Man hat mich nach Berlin-Hohenschönhausen geschafft ins ›Kommando X‹, das war ein Strafvollzug vom MfS. Wir waren über achthundert Mann in Hohenschönhausen.

1963

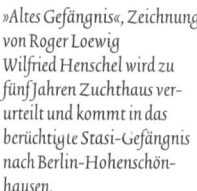
»Altes Gefängnis«, Zeichnung von Roger Loewig
Wilfried Henschel wird zu fünf Jahren Zuchthaus verurteilt und kommt in das berüchtigte Stasi-Gefängnis nach Berlin-Hohenschönhausen.

Ich hab in einer Werkstatt für Kraftfahrzeuge gearbeitet. Wir haben nur für die Stasi Fahrzeuge repariert, ›Wartburg‹, ›Wolga‹ und den Lkw ›S 4000‹. Unser Geld, das wir im Zuchthaus verdient hatten, mußten wir ausgeben. Viel war es nicht, 12,50 Mark hatte ich am Anfang im Monat verdient. Nach einem Vierteljahr 14,50 Mark und nach einem halben Jahr war ich Spitzenverdiener: 18,50 Mark. Wir hatten drinnen einen Laden, ›Konsum‹, dort konnte man einkaufen. Ich hab Tabak, Blättchen und Tee gekauft.

Nach einem Jahr hatte ich einen Unfall, mein rechter Mittelfinger war gebrochen. In meinem Beruf durfte ich dann nicht mehr arbeiten, wurde umgesetzt ins Büro und hab dort die Poststelle gemacht, die Besucherscheine geschrieben. Es gab drei Kategorien: Eins waren die Leichten, die hatten jeden Monat eine halbe Stunde Besuch. Kategorie zwei: alle zwei Monate eine halbe Stunde. Und K3, das waren die Schlimmen, wie ich: alle drei Monate eine halbe Stunde. Es durften nur die nächsten Angehörigen zu Besuch kommen, normalerweise zwei auf einmal.

Wir haben vereinbart, daß meine Eltern alle halbe Jahre von Saalfeld nach Berlin kommen, eine Stunde. Da durfte ich mich umziehen, habe bessere Klamotten gekriegt, andere Haftkleidung. Wir haben durch eine Glaswand gesprochen, daneben saßen die Posten. Ich hab in der Regel nur gefragt, wie es zu Hause ist, wie es ihnen geht, man kann sagen: Belangloses. Über die Sache selbst durfte nicht gesprochen werden. Die Redezeit ist verhältnismäßig schnell vergangen.

Meine Eltern haben ein Gesuch an den Staatsanwalt geschrieben, um mich rauszukriegen. Sogar das Gesuch der Anstalt nach der Hälfte der Haftstrafe wurde mit der Begründung abgelehnt: ›Der Umerziehungsprozeß ist noch nicht abgeschlossen.‹ Das war gerade zur Weihnachtszeit.

Ich war mit achtzehn Mann in der Zelle, so fünf mal fünf Meter. Sechs dreistöckige Betten. In der Mitte ein Tisch. Ziemlich dunkle Beleuchtung. Morgens stubenweise aufstellen zum Zählen. Dann ging's auf Arbeit. Mittags wieder zählen. Nachmittags nochmal zählen, wieder ins Gebäude rein, das wurde dann von außen zugemacht, aber innen konnte man sich noch ›frei‹ bewegen. Um zehn wurden die Gänge zugeschlossen. Am Wochenende hat man rumgelungert, Schach gespielt, Karten gespielt. Wir Politischen hielten zusammen, weil wir wußten, wir sind alle unschuldig drinne. Am Anfang waren es nur Politische. Ich mit meinen fünf Jahren war ein kleiner Fisch. Als ich reinkam, fragten sie: ›Na, Kleiner, was hast'n mitgebracht?‹ – ›Fünf Jahre.‹ – ›Ach, du brauchst doch gar keine Decke empfangen.‹ Die anderen hatten zehn Jahre, zwölf Jahre, fünfzehn Jahre, lebenslänglich. Wegen Spionage, Sabotage ... Da war ein alter Mann dabei, der ist mit 'nem Pferdefuhrwerk zweimal in der Woche in die russische Kaserne eingefahren, hat dort Küchenabfälle geholt und hat ein paar Bilder von der Kaserne gemacht. Dem haben sie lebenslänglich draufgebrummt, wegen Spionage.

Mit der Zeit ließ es mit den Politischen nach, das waren nicht mehr so viel, es kamen mehr Kriminelle. Politisch waren noch die Tunnelbauer von Berlin, eine ganz schöne Truppe. Und die Seilbahnbauer ... Man hat drin 'ne Menge gehört, was sich der Mensch alles ausdenkt, nur um fortzukommen.

Nach viereinviertel Jahren in Hohenschönhausen kam mein Vorgesetzter und teilte mir mit, ich solle meine Privatsachen zusammenpacken. Dann ging's raus in die Untersuchungshaft nebenan, dort waren wir fünf Mann in der Zelle. Wir wollten wissen, was eigentlich los ist – wir haben keine Antwort gekriegt. Am nächsten Morgen bekamen wir Milchsuppe, die kannten wir gar nicht mehr, bekamen sogar Butterbrot. Dann fuhren wir in die Barnimstraße, zwei Frauen kamen rein und nochmal zwei Mann. Alle saßen wir wegen ›RF‹, Republikflucht. Wir fuhren Richtung Schönefeld. Der eine, ein Berliner, sagte, die werden uns doch nicht etwa nach dem Westen ausfliegen wollen? Wir wußten ja, daß es diesen modernen Menschenhandel gab.

Weiter nach Karl-Marx-Stadt, wieder in die Untersuchungshaft, wieder in die Zelle. Die brachten uns Essen, das haben wir verweigert. Wir wollten wissen, was mit uns gespielt wird. Es kam immer wieder das gleiche: ›Macht euch mal keinen Kopf, das entscheiden andere für euch.‹ Wir mußten alle duschen gehen, dann haben wir andere Klamotten gekriegt.

Ich wurde in ein Zimmer reingeführt und hab wie gewohnt meine Meldung gemacht. Dort saß ein Herr am Schreibtisch, eine Brille wie Karl-Eduard von Schnitzler, dick. Er sagt: ›So, deswegen haben Sie vier Jahre gebrummt. Wollen Sie rüber oder wollen Sie hierbleiben?‹ So klipp und klar hat er die Frage gestellt. Wenn man viereinviertel Jahre hinter sich hat, überlegt man sich, was man sagt. Ich hab gesagt: ›Ich will hierbleiben.‹ – ›Haben Sie sich das reichlich überlegt?‹ Ich sag: ›Ja.‹ – ›Na, ist in Ordnung, da verlange ich aber von Ihnen, daß wir uns hier nie wiedersehen.‹ – ›Das glaub ich nicht ...‹ – ›Na, dann werden wir Sie entlassen.‹ Da hat dieser Mann festgelegt, daß ich entlassen werde. Mir wurden acht Monate Haft erlassen, auf drei Jahre Bewährung. Mit Arbeitsplatzbindung.

Die Hälfte von denen, die mit mir runtergefahren waren nach Karl-Marx-Stadt, haben gesagt, wir gehen rüber. Die wurden noch am selben Tag in den Westen entlassen. Wir haben die Posten gefragt: ›Wo sind denn die anderen?‹ – ›Die sind drüben, ihr wolltet doch hierbleiben.‹

Ich wußte ja nicht, was passiert, wenn ich sage, ich will rüber. Ich war doch schon wieder in der Untersuchungshaft, es hätte vielleicht noch einen kleinen Nachschlag geben können: ›Aus den Jahren immer noch nicht gelernt ...‹ Wenn ich gewußt hätte, daß ich ohne Strafe ... ich wär sofort gegangen.«

Saalfeld in den sechziger Jahren. Lange bevor die Flucht von Hans-Ullrich Kilian bekannt wird, fällt der »Freundeskreis des K.« der Stasi »negativ« auf.

Zwischen 1963 und dem Ende der DDR werden im Zuge »besonderer Bemühungen der Bundesregierung im humanitären Bereich« mehr als dreiunddreißigtausend politische Häftlinge »freigekauft«. Dazu kommen annähernd eine Viertelmillion Menschen, die im Rahmen von Familienzusammenführungen die DDR verlassen dürfen. Mindestens 3,4 Milliarden D-Mark werden dafür bezahlt.[27]

WILFRIED HENSCHEL

»Als ich rauskam, hatte ich Arbeitsplatzbindung im Autohof Saalfeld. Nach vierzehn Tagen mußte ich zur Kripo, die stellten mir die Frage: ›Sagen Sie mal, wo waren Sie eigentlich die letzten Jahre? Wir haben Ihre Spur verfolgt, und die endet in Gera.‹ – ›Wenn Sie das wissen wollen, wenden Sie sich bitte an die Sonneberger Straße. Ich habe eine Schweigeverpflichtung unterschrieben.‹ – ›Wir sind doch auch eine Behörde, genau wie die Staatssicherheit …‹

Ansonsten habe ich allen, die es von mir wissen wollten, erzählt, wo ich war und warum. Ich brauchte ja seltsamerweise in Wirklichkeit gar keine Schweigeerklärung unterschreiben. Zwei Wochen, nachdem ich rausgekommen bin, hab ich im Betrieb angefangen und eine Woche später meine Frau kennengelernt, auf einer Kirmes. Ich sagte ihr gleich, daß ich gesessen hab und warum. Die Leute aus dem Ort gingen zu ihrem Vater und erzählten ihm, was ich für einer sei … Aber er störte sich nicht daran, und wir heirateten.«

EGINHARD VELKE — 1963

»Am 21. oder 22. Juni 1963 kam die Nachricht, daß Hans-Ullrich Kilian tödlich verunglückt sei. Die Stasi sagte zu Ulis Mutter, sie solle mit dem Bestattungsunternehmen vereinbaren, daß ihr Sohn nicht aufgebahrt wird. Ich meinte zu ihr, daß sie darauf bestehen solle. Nach großem Tamtam ist er auch aufgebahrt worden.
Bei der Scheune haben wir uns zur Trauerfeier formiert und sind in Zweierreihen zur Beerdigung gelaufen, etwa vierzig Mann. Ich hab zu meinen Freunden gesagt: ›Reißt euch zusammen ... Wir lassen das hier ordnungsgemäß über die Bühne laufen, wie sich das gehört.‹ Auf dem Friedhof wimmelte es von Stasi, mindestens zehn, fünfzehn Mann. Die haben fotografiert auf Teufel komm raus. Wir konnten also Uli noch mal sehen, er lag noch eine halbe Stunde offen. Der Trauerredner sprach dann von einem ›tragischen Unglücksfall‹.
Später sind wir geschlossen in die ›Tanne‹, haben uns über die Trauerfeier unterhalten, auch über den Redner, und sind dann auseinandergelaufen. Danach gingen wir weiter tagsüber unserer Arbeit nach und haben uns abends getroffen. Wir sprachen viel über Uli, und dabei sind wir bespitzelt worden.«

Bei der Saalfelder Kreisdienststelle des Ministeriums für Staatssicherheit beginnt man schon vor der Beerdigung Hans-Ullrich Kilians mit der »Aufklärung« der »negativen Kreise unter der Jugend«. Durch gezielte Ermittlungen und »analytische Tätigkeit« erhalten MfS-Mitarbeiter Anhaltspunkte dafür, daß es in der Stadt unter den Jugendlichen »Gruppierungen, Klubs und Banden« gibt. Sie stoßen auf »umfangreiche negative Diskussionen unter den Kreisen der Jugend«. Durch den »Geheimen Informator« (GI) »Horst Feiler«, einen Achtzehnjährigen aus Saalfeld, erfahren sie, daß sich in einer alten Saalfelder Scheune regelmäßig eine »negative Gruppierung« treffe, der »Freundeskreis des K.«.

»Schneck« (Eginhard Velke, links) und »Bongo« während der Bauarbeiten an der alten Scheune, dem Treffpunkt der Jugendlichen um Hans-Ullrich Kilian.

»Horst Feiler«, Klarname: Giso Rösch, informiert seinen Führungsoffizier über die Größe der Gruppe. Er nennt Namen und Spitznamen. Er schildert, wie sich der Freundeskreis auf die Beerdigung Hans-Ullrich Kilians vorbereitet hat, berichtet detailliert, wer was gesagt hat. Dabei belastet der junge Mann einige aus der Gruppe schwer. Gerd Fuchs habe gegenüber dem zwölfjährigen Peter Kilian, dem Bruder des Getöteten, seiner Wut auf den Grenzer, der die tödlichen Schüsse abgegeben hat, freien Lauf gelassen: »Wenn ich den Kerl erwische, bringe ich ihn um.«
Des weiteren berichtet »Horst Feiler«, daß sich in der Scheune ein Tonbandgerät, Marke »Smaragd«, befinde, »sowie ca. 4 Bänder, die ausschließlich nur mit heißen Westschlagern bespielt sind«, und daß man, als das Tonbandgerät entzweiging, den »Deutschlandfunk« gehört habe – »Aktueller Plattenteller«.
Im Auftrag des MfS nimmt Giso Rösch an der Beerdigung Hans-Ullrich Kilians teil. Vorher schreibt er auf die Rückseite der Litfaßsäule gegenüber der »Geschwister-Scholl-Schule« die Anzahl der jugendlichen Trauergäste: dreißig. Eginhard Velke habe Tränen in den Augen gehabt, erzählt »Horst Feiler« seinen Auftraggebern nach der Beerdigung. Auch Oma Kilian habe geweint und am offenen Sarg ihres Enkels gesagt: »Er war nicht feige, er hat sich nicht ergeben.«

1963

In »Anerkennung seiner Arbeit« erhält der gelernte Dreher von der Stasi eine Geldprämie. Hauptmann Baier merkt in seinem Bericht vom 1. Juli 1963 an, daß Giso Rösch bei »der Darlegung sehr negativer Äußerungen des Bongo usw. nicht ganz wohl« gewesen sei. Aber als ihn der Hauptmann darauf hingewiesen habe, »daß seine Person im Hintergrund bleibt und sein Name nie genannt wird«, habe sich »Horst Feiler« aufgeschlossen gezeigt. »Bei weiterer Schulung wird er ein guter und sehr wertvoller IM werden.« (Giso Rösch wird bis zum Ende der DDR für das MfS spitzeln.) Die Stasi-Mitarbeiter treffen sich zum »Gespräch« in einem speziellen Zimmer in der Saalfelder Werkzeugmaschinenfabrik, im Kulturhaus Kaulsdorf oder am Güterbahnhof und fahren von dort mit »Horst Feiler« in die Kreisdienststelle.

Noch am Todestag Hans-Ullrich Kilians hat das MfS Saalfeld die »Bearbeitung« des Freundeskreises des Opfers eingeleitet und einen »Operativen Vorgang« (OV) mit dem Namen »Ratten« angelegt. Die Mitarbeiter des MfS haben sich vorgenommen, »die Anführer der Gruppe aufzuklären und strafrechtlich zur Verantwortung zu ziehen«. (Daß dies gelingt, wird die Stasi später in erster Linie dem Spitzel Giso Rösch zuschreiben.)

Die Stasi-Männer Karl, Faltis und Baier, zwei Oberfeldwebel und ein Hauptmann, ermitteln an den Wohnorten und auf den Arbeitsstellen der jungen Leute. Sie fertigen eine Lageskizze der Scheune an, überprüfen die Anwohner und veranlassen, daß die Post der observierten Jugendlichen überprüft wird. Sie beauftragen Funktionäre von gesellschaftlichen Organisationen, etwa der »Freien Deutschen Jugend« und der »Gesellschaft für Sport und Technik« (GST), unter harmlosen Vorwänden politische Diskussionen mit den im »OV Ratten« Erfaßten zu führen, um Beweismaterialien zu schaffen.

Oberfeldwebel Konietzy erkundet in der Friedhofsgärtnerei, wer den Kranz für das Grab Hans-Ullrich Kilians bestellt hat. Hauptmann Baier versucht herauszubekommen, »wer bei der Beerdigung des Kilian veranlaßt hat, ›Unsterbliche Opfer‹ zu spielen«. Der GI »Horst Feiler« und ein weiterer Spitzel mit dem Decknamen »Gerhard Springer« sollen besonders darauf achten, wie man in der Gruppe auf »polit. Tagesfragen usw.« reagiert und ob man eine »R.-Flucht« vorbereitet. »Gerhard Springer« soll den Kontakt durch »Einladen zu einem Glas Bier« festigen.

Der GI »Fritz Grau« teilt mit, daß bereits mehrmals in der Scheune zu westlicher Musik »von den Jugendlichen Rock 'n' Roll und andere wüste Tänze dargeboten wurden (nur Jungen!)«. Wer etwas für den Grabkranz gespendet hat und wieviel, erfährt die Stasi von Giso Rösch. Der GI »Klaus Lange« (Jürgen Lehmann) meldet, daß sein Schulfreund Eginhard Velke bei einem Treffen in Saalfeld geäußert habe, er wolle mit seinen Freunden den toten Hans-Ullrich Kilian rächen und dann in den Westen abhauen.[28]

Eginhard Velke

»Am 4. September 1963, früh gegen acht Uhr, wurde ich verhaftet. Drei Mann Stasi fuhren vor meiner Wohnung vor. Einer ging hinten herum, einer war unten, einer kam hoch. Er bat mich, mit nach Gera zu kommen, zu einer ›Zeugenaussage betreffs der Angelegenheit Kilian‹. Ich fragte: ›Wie lange wird's denn dauern?‹ – ›Heut abend sind Sie wieder zu Hause.‹ Das sagte ich auch zu meiner Mutter. Ich brauche nichts mitnehmen, meinte der. Unten standen zwei schwarze BMW, das waren damals bei denen die gebräuchlichen Autos. In dem einen Wagen saß ein Freund von mir, der Uwe, den hatten sie schon von zu Hause abgeholt. Ich kam in das andere Auto, wir fuhren, ohne daß ein Wort gesagt wurde, nach Gera.

1963

Gegen neun kamen wir bei der Zentrale der Staatssicherheit in Gera an, am Nachmittag bin ich vorgeführt worden. Solange mußte ich in einer Zelle warten, mittags bekam ich Salzkartoffeln und Rührei. Ich wurde dem Leiter der Stasi-Bezirksverwaltung Gera vorgeführt; er hat mich zunächst allgemein über die Freundschaft zwischen mir und Uli befragt. Dann wollte er von mir wissen, wie Uli seine Flucht organisiert hat. Da konnte ich ihm auch nicht helfen. Der war so voreingenommen gegen mich! Die dachten, sie hätten es mit der Unterwelt von Saalfeld zu tun. Die glaubten wirklich, wir wollten die sowjetische Garnison und die Saalfelder Polizei entwaffnen.

Ich war verblüfft, was die alles wissen: Was ich mal gesagt habe – als wenn ich es ihnen selber erzählt hätte! Am Abend habe ich den gefragt, was wird. Der meinte, sie könnten mich 24 Stunden ohne Haftbefehl festhalten. Nachts steckten die mich in eine Einzelzelle, früh wurde mir der Haftbefehl vorgelesen: Paragraph 19, Staatsgefährdende Hetze.

Ich saß in einem großen Zimmer auf einem harten Schemel, der im Boden verankert war, von früh bis abends, mitunter bis in die Nacht. Wenn der Vernehmer von mir nicht das zu hören bekam, was er wollte, wurde er laut. Die Vernehmungen gingen über acht Wochen. Ich kam mir mit der Zeit vor wie ein Schwerverbrecher, dabei wußte ich gar nicht, was ich verbrochen habe. Daß Freunde von mir im gleichen Gefängnis saßen, wußte ich nicht.

Im Februar hatten wir dann vier Tage nacheinander Verhandlung, es war ein Schauprozeß: ›Propaganda, Mordhetze, Morddrohung, Verherrlichung des Faschismus...‹ Sie haben meinem Rechtsanwalt, einen Pflichtverteidiger, ein paarmal das Wort verboten. Er hatte versucht, das Ganze in eine andere Richtung zu bringen. Zu mir hatte er gesagt: ›Das ist eine Farce! Wegen so was angeklagt zu werden...‹ Das Urteil: Gerd Fuchs 22 Monate Gefängnis, Udo 27 Monate, »Funzel« 32 Monate, ich 34 Monate.«

»In ihrer ablehnenden und negativen Einstellung zu unserer Arbeiter- und Bauernmacht stützten sich die Angeklagten Velke, B., W. und Fuchs auf die Hetzsendungen westlicher Rundfunk- und Fernsehstationen sowie zum Teil auf den Inhalt von Briefen, die sie von ehemaligen Angehörigen der Gruppe aus Westdeutschland erhielten. Sie bedienten sich der Redewendungen dieser westlichen Hetzsendungen und hetzten im Jargon der Feinde der Arbeiterklasse. Sie bezogen in ihrem gesamten Auftreten und Tätigwerden eine klassenfeindliche Position. Das kommt darin zum Ausdruck, daß sie im westdeutschen Staat ihr Ideal sahen und daß sie sich bemühten, sich gegenseitig negativ zu beeinflussen, und keiner wollte dem anderen nachstehen.

Die Gefährlichkeit ihrer Hetze zeigt sich allein schon darin, daß sie sich einig waren und die ernste und feste Absicht zum Ausdruck brachten, den Grenzpolizisten umzubringen, der in Treue zu unserem Arbeiter- und Bauernstaat seine Pflicht zum Schutze der Deutschen Demokratischen Republik in Ehren erfüllte. Ihr Haß richtete sich gegen den Menschen, der einen gewaltsamen Grenzdurchbruch von

Grenzprovokateuren verhinderte und dadurch mithalf, ernste Zwischenfälle an der Grenze zu vermeiden.«

Urteil des Bezirksgerichts Gera, verfaßt vom Vorsitzenden des Ersten Strafsenats, Oberrichter Erich Altmann

Eginhard Velke

»Einige Zeit, nachdem wir verurteilt waren, übergab uns die Stasi ans Ministerium des Innern. Ein Oberleutnant sagte noch: ›Sollten im Strafvollzug irgendwelche Schwierigkeiten auftreten, Schikanen oder ähnliches, wenden Sie sich an uns, wir versuchen Ihnen dann zu helfen.‹

Wir wurden ins Auto eingeladen, und man fuhr uns vom ›Amthordurchgang‹ in die U-Haft Zeppelinstraße. Dort waren wir drei Wochen lang mit über dreißig Mann in einer Zelle. Dann sind wir auf Transport gekommen. Zunächst standen wir mit Handschellen in Gera auf dem Bahnhof, neben uns standen Polizisten mit Maschinenpistolen und Hunden. Wir sind in den Zug verladen worden, dort hatte jeder eine eigene Zelle, ganz eng. Die Leute auf dem Bahnhof schauten weg, die dachten wohl, wir seien Schwerverbrecher. Das glaubte ich früher auch, wenn ich die Häftlinge von der ›Maxhütte‹ sah, wie sie in Bussen durch die Saalfelder ›Straße des Friedens‹ gefahren wurden.

Erst war ich ein paar Tage in Karl-Marx-Stadt im Gefängnis, dann in Leipzig drei, vier Wochen, danach in Altenburg. In Halle war ich auch eine Woche, dort haben wir mit Filzläusen zu tun gehabt. Danach bin ich für zwei, drei Monate in das Straflager nach Raßnitz gekommen und dann nach Bitterfeld. Dort war ich bis zur Entlassung nochmal anderthalb Jahre.

Die anderen Häftlinge in Bitterfeld waren zum größten Teil Kriminelle: Sitte, Diebstahl, Körperverletzung, Totschlag ... Als Politischer mußte ich gleich zum Oberleutnant pkE, ›politisch-kulturelle Erziehung‹, der hat mir erst mal meine Straftat vorgeworfen. Daß ich als junger Mensch so eine Anklage haben könne! Ich solle doch meine Fehler einsehen. Ich gab ihm zu verstehen, daß ich keine Fehler gemacht hätte. Da wurde er unschön: Er sagte mir, daß ich in eine Brigade käme, in der ich das Arbeiten lernen würde, daß man mich dort ›hart rannehme‹. Das hat man dann auch gemacht: Ich kam in ein Tagebau-Arbeitskommando, in jeder Sohle drei Brigaden, je sechzehn Gefangene, ein Posten ...

Ich hatte nach der U-Haft noch 58 Kilogramm gewogen. Man verlangte sofort von mir, daß ich alleine Eisenbahnschwellen tragen sollte. Die waren 1,80 Meter lang und wogen etwa zwei Zentner. Ich weigerte mich, das zu machen. Der Brigadier verlangte das erneut (er saß damals wegen Totschlags). Zwei Mann hoben dann die Schwelle an und wollten sie mir auf die Schulter legen. Ich hab gesagt, daß ich die Schwelle nicht nehme, da ich wahrscheinlich unter ihr begraben würde. Als ich mich das dritte Mal geweigert hatte, die Schwelle allein zu tragen, hetzte der Posten seinen Hund auf mich, nahm seinen Karabiner in Anschlag und legte auf mich an. Ich bin stehengeblieben wie eine Litfaßsäule. Ich hatte so eine Angst ..., der Hund stand vor mir und hat mich angekläfft. Wenn ich mich bewegt hätte, hätte er mich wahrscheinlich zerrissen.

Dann hat mich der Posten ›in die Fahnen gestellt‹, das heißt, ich mußte mich auf einen Platz stellen und wurde von vier Metallstäben mit roten Blechdreiecken an der Spitze ›eingerahmt‹, ganz dicht an meinem Körper. Die ›Fahnen‹ sind eigentlich dazu dagewesen, einen Arbeitsbereich zu markieren, in dem wir uns bewegen durften. Wenn man den Bereich verlassen hat, konnte man ohne Anruf erschossen werden. So eingerahmt, durfte ich den ganzen Tag stehen, mit der Mütze in der Sonne. Ohne Trinken, ohne Essen hat der mich stehen lassen.

Der Posten, den ich damals hatte, ein Hauptwachtmeister, der war nicht nur doof, der war strohdoof. Der war in der Lage, einen Hund zu halten und einen Karabiner und mehr nicht. Es waren doch nur Bekloppte dort, die konnten nicht mal ihren Namen richtig schreiben. Und denen haben die eine Maschinenpistole in die Hand gegeben!

Nachdem ich diesen Tag so recht und schlecht überstanden hatte, habe ich mich abends sofort zum OvD gemeldet, zum Offizier vom Dienst, und hab um eine Aussprache mit dem Anstaltsleiter gebeten. Dem sagte ich dann, daß ich Beschwerde einlegen werde, beim Ministerium für Staatssicherheit. Der Anstaltsleiter hat dann den Posten und den Brigadier kommen lassen, und es stellte sich heraus, daß das, was ich gesagt habe, der Wahrheit entspricht – daß ich schikaniert worden bin und, nur weil ich Politischer bin, härter rangenommen werden sollte als alle anderen. Dagegen hab ich mich verwahrt, hab gesagt, daß ich mich bemühe, meine Arbeit so gut es geht zu machen – entsprechend meiner körperlichen Verfassung. Das hat man dann auch akzeptiert. Fortan haben wir die Schwellen zu viert angehoben ... Ich machte meine Arbeit, schaute, daß mir keiner was am Zeug flicken konnte.

Eines Tages bekam ich eine Nierenentzündung. Da haben die mich erst mal den ganzen Tag draußen auf der Erde liegen lassen. Ich hatte unheimliche Schmerzen in der linken Nierenseite und hab das dem Posten mitgeteilt. Daraufhin hat er mich in die Schaufel eines Eimerkettenbaggers gelegt. Meine Mitgefangenen gaben mir ihre Jacken.

Abends haben sie mich zum Sani-Stützpunkt reingebracht; acht Wochen lag ich im Lazarett. Die Betreuung war unter aller Sau: Dort hat sich ein Strafgefangener um uns gekümmert und die Diagnosen erstellt. Einmal ist ein Arzt gekommen und hat sich ein Blutbild von mir machen lassen und dann gesagt: ›Der Mann ist krank.‹ Ich hab ein paar Kapseln bekommen, so ein Allround-Mittel, das war alles.

Aus dem Straflager fliehen wollte ich nicht, ich hatte keine Lust, mich von Hunden zerreißen zu lassen. Die haben alle wieder zurückbekommen. Man wurde dann einen ganzen Tag im Hof zur Schau gestellt, mit Handschellen auf dem Rücken. Dann ist man in den Arrest gekommen, das heißt, man bekam alle drei Tage etwas Warmes zu essen.

Einmal wurde ich verdroschen: So ein paar Prügel, vier Kerle, Wärter, jeder 1,90 groß, haben mich in ein Zimmer gezerrt und dann zusammengeschlagen. Ich war dazwischengegangen, als ein Mitgefangener drangsaliert wurde.

Das Verhältnis unter den Gefangenen war schlecht, einer war des anderen Teufel. Jeder hoffte auf vorzeitige Haftentlassung wegen guter Führung. Um Pluspunkte zu sammeln, hat einer den anderen angezinkt. Im Zimmer waren wir sechzehn Mann, ich war der einzige Politische. Ein paar haben gut zusammengehalten.

Freizeit hatten wir kaum, die haben sich immer was einfallen lassen für uns: Zum Beispiel mußten wir immer wieder die ›Feuerzone‹ harken, das war ein Bereich am Anstaltszaun, wo sie auf einen schießen würden, ohne anzurufen.

Kurz vor dem Ende meiner Haftzeit hab ich noch mal vierzehn Tage arbeitsfrei be-

1963

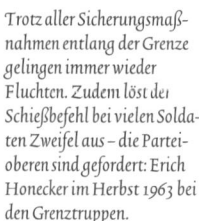

Trotz aller Sicherungsmaßnahmen entlang der Grenze gelingen immer wieder Fluchten. Zudem löst der Schießbefehl bei vielen Soldaten Zweifel aus – die Parteioberen sind gefordert: Erich Honecker im Herbst 1963 bei den Grenztruppen.

kommen. Ich war nicht der einzige, der auf seine Entlassung gewartet hat, wir haben zusammen Karten gespielt. Am Entlassungstag wollte der Anstaltsleiter noch ein großes Blabla mit mir machen. Ich hab ihm gesagt, das könne er sich sparen. ›Sie sehn mich hier nie wieder. Ein zweites Mal passiert mir das nicht.‹ – ›Sie mit Ihrer Einstellung, Sie kommen bald wieder.‹ – ›Den Gefallen tue ich Ihnen nicht.‹ Als ich aus dem Knast kam, habe ich politisch meine Klappe gehalten, denn ich hatte keine Lust, nochmal einzusitzen. In Saalfeld beim Rat des Kreises wollten die mich dann gleich in die ›Maxhütte‹ arbeiten schicken. Ich hab gesagt: ›Leckt mich am Arsch!‹ Ich bin erst mal weg auf Montage gegangen und hab später wieder in Saalfeld, in einer Chemischen Reinigung, gearbeitet.«

»Nach wie vor gelingen täglich Grenzdurchbrüche von Personen nach Westdeutschland und Westberlin. Beim Erkennen der Grenzverletzer wird zwar in der Regel von der Schußwaffe Gebrauch gemacht, doch der Aufwand an Munition steht im krassen Mißverhältnis zum Erfolg. Die Ursache dafür ist sowohl in mangelhafter Schießausbildung zu suchen als auch besonders im subjektiven Treffenwollen der einzelnen. Die Einflußnahme des Gegners, ›Triff daneben – werde nicht zum Mörder!‹, ist keinesfalls ohne Wirkung…
Um die verantwortungsvolle Tätigkeit der Grenztruppen besonders zu würdigen und ihnen Hilfe im ideologischen Kampf zu geben, schlagen wir vor, daß leitende Genossen des Zentralkomitees… öfter vor Einheiten der Grenztruppen auftreten.«[29]

Information der ZK-Abteilung für Sicherheitsfragen für die Sitzung des Nationalen Verteidigungsrates am 20. September 1963

»… an unserer Staatsgrenze gibt es nichts abzubröckeln, gibt es nichts anzubeißen, gibt es nichts durchlässig zu machen, denn wer an der Grenze rüttelt, der rüttelt am Frieden, und dem wird so auf die Finger geklopft, daß er sie in Zukunft nicht mehr gebrauchen kann…

1963

Ich sage, jeder Schuß aus der Maschinenpistole eines unserer Grenzsicherungsposten zur Abwehr solcher Verbrechen und zur Abwehr solcher Verbrecher rettet in der Konsequenz Hunderte von Kameraden, rettet Tausenden Bürgern der DDR das Leben und sichert Millionenwerte an Volksvermögen.
Ihr schießt nicht auf Bruder und Schwester, wenn ihr mit der Waffe den Grenzverletzer zum Halten bringt. Wie kann der euer Bruder sein, der die Republik verrät, der die Macht des Volkes verrät, der die Macht des Volkes antastet! Auch der ist nicht unser Bruder, der zum Feinde desertieren will. Mit Verrätern muß man sehr ernst sprechen. Verrätern gegenüber menschliche Gnade zu üben, heißt unmenschlich am ganzen Volke handeln. Und man muß in dieser unserer Zeit an jener Stelle, an der wir stehen, nämlich an der Nahtstelle zwischen den beiden Welten, der Welt des Friedens hier und der Welt des Krieges, um des Friedens willen entschieden handeln.«[30]

Rede Albert Nordens, Mitglied des SED-Politbüros, vor Soldaten und Offizieren der 1. Grenzbrigade Berlin im Herbst 1963, veröffentlicht in der Zeitung »Volksarmee«

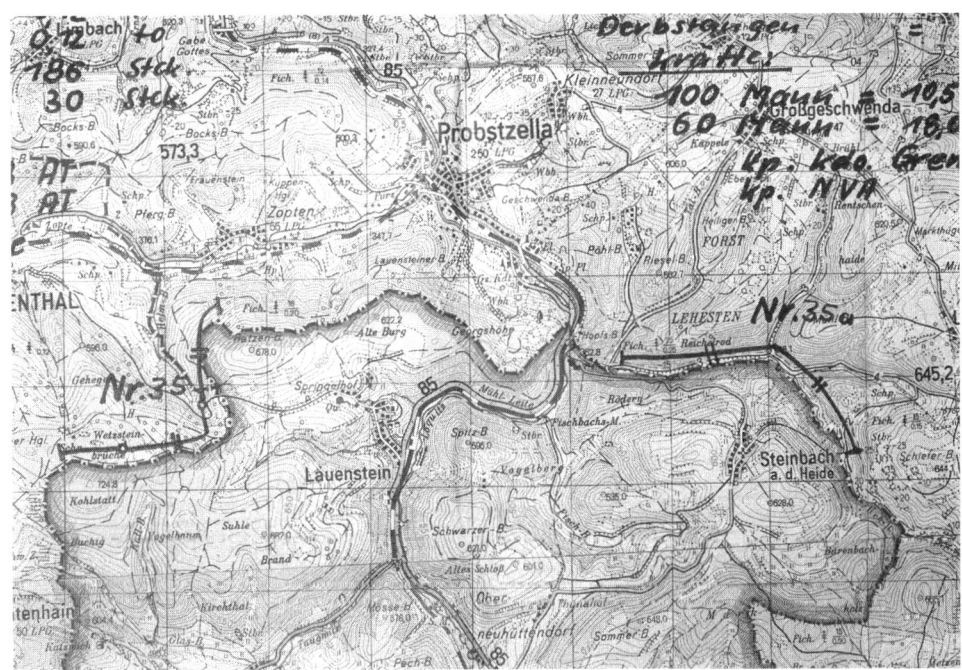

Befehlskarte der NVA mit den ersten Minenfeldern bei Probstzella

»Das ›Treffenwollen‹ ist grundlegend zu verbessern und eng mit der politisch-ideologischen Arbeit zu verbinden. Alle Angehörigen der Grenzregimenter sind … zu ausgezeichneten Schützen zu erziehen, die in der Lage sind, jedes unbewegliche und sich bewegende Ziel mit dem ersten Feuerstoß bei Tag und Nacht zu vernichten.«[31]

Anordnung 50/63 des Berliner NVA-Stadtkommandanten, November 1963

1963

KARL ZENKEL

»1963, ich glaube, es war im späten Frühjahr gewesen, kam ein Student aus Jena als Flüchtling zu uns, und ich hab diesen jungen Mann befragt. Im Laufe der Stunden ist ein gewisses Vertrauensverhältnis entstanden. So hab ich zu ihm gesagt: ›Sie haben Glück gehabt: Wären Sie hundert Meter weiter rechts rüber gekommen, wären Sie genau ins Minenfeld gelaufen.‹

Wir vermuteten, daß er zufällig über eine Gasse durchs Minenfeld gegangen war, einer Schleusungsstelle für Agenten. Der Student sagte zu mir: ›Geben Sie mir doch mal bitte Papier und Bleistift.‹ Er hat die Grenzsperren aufgezeichnet und gefragt: ›Ja, wo liegen denn jetzt die Minen? Es ist ja direkt ein Wunder, daß ich da nicht reingelaufen bin …‹ – ›Schauen Sie: Hier ist die Abschnittsgrenze zwischen den Bezirken Suhl und Gera. Und Sie sind im Bezirk Suhl rübergekommen. Hundert Meter weiter wären Sie genau in die Minen gelaufen.‹

Er hat wieder den Bleistift genommen und gezeichnet: ›Hier ist der Zaun. Weiter hinten war der elektrische Zaun. Dann der Kontrollstreifen … Und wo genau beginnen die Minen?‹ – ›Hier, gegenüber vom Grenzstein X.‹ Er hat noch schön weitergezeichnet, und ich hab mir schon Gedanken gemacht: Hoffentlich macht dieser junge Mann nicht den Blödsinn und schickt diese Handskizze in die DDR zu seinen Freunden. Er hat's gemacht.«

ELKE FORKERT

»Dieter wollte schon immer weg, er hatte keine Geduld gehabt. Unsere Schwester war 1957 auch nach Hamburg abgehauen, sie kam immer zu Besuch. Erst durfte sie nicht, sie war ja ›der Abschaum‹: Als meine Mutter mal für sie eine Einreisegenehmigung beantragen wollte, haben die zu ihr gesagt: ›Der Abschaum soll da bleiben, wo er hingehört.‹ Wir mußten zwei, drei Jahre warten, bis sie zu Besuch kommen durfte. Meine Schwester hat schöne Pullover mitgebracht, Schuhe, Schallplatten und Bücher. Sie hat erzählt, es sei alles besser dort. Das glaubten wir auch.

Dieter Fürneisen mit seiner Schwester Elke. Er »wollte schon immer weg«.

Wir sind in Jena großgeworden, erst im Westviertel, dann in der Schenkstraße. Meine Mutter war Stenotypistin bei ›Zeiss‹, mein Vater Buchhalter. Mein Bruder war zwei Jahre älter als ich. Er war vom Sternbild her ›Krebs‹, meine Schwester meint, er sei deswegen so empfindsam gewesen. Die Nachbarn haben auch immer gesagt: ›Der Dieter ist ein feiner junger Mensch.‹ Selbst wenn sich unsere Eltern mal mit Nachbarn gezänkt haben, sagte er nach wie vor ›Guten Tag!‹ und war höflich.

Dieter war sehr künstlerisch veranlagt: Er hat Klavier gespielt, ohne eine Note zu kennen, aus dem Kopf auf die Tasten – die tollsten Sounds! Die üblichen aktuellen Schlager, zum Beispiel ›Rote Lippen soll man küssen‹. Das hat mein Bruder von früh bis abends gespielt, meine Mutter hörte das so gern. Sie konnte leider nicht durchsetzen, daß Dieter in die Klavierstunde geht, weil sein Metier der Sport war. Er hat schon als kleiner Junge mit mir auf dem Sofa gekämpft, das waren seine ersten Ringkämpfe. Es war furchtbar für mich, ich hab da manchmal geheult. Wenn ich aus der Schule kam, sagte er oft: ›Komm, Elke, ich muß erst mal mit dir kämpfen.‹ Bei sportlichen Wettkämpfen in Ferienlagern war er immer Sieger.«

1963

Anfang der Sechziger ist Dieter Fürneisen aus Jena Anfang zwanzig. Er trifft sich regelmäßig mit einem Dutzend Gleichaltriger – unter der Normaluhr zum Fußball, im Café »Paradies« oder im »Volkshaus« zum Tanzen. Alle tragen ein Marienkäfer-Abzeichen als Erkennungssymbol – die Jenaer MfS-Kreisdienststelle vermutet eine »Bandenbildung«, eine staatsfeindliche Gruppe.

Die »Gruppe Fürneisen« wird observiert. Ein GI berichtet, Dieter Fürneisen trage einen »Rundschnitt«, habe eine »besondere Vorliebe für heiße Musik« und würde danach »unanständig tanzen«. Stasi-Mitarbeiter notieren: In der »Gruppe Fürneisen« werde »Radio Luxemburg« gehört, man sah die jungen Leute »wüst tanzen, hotten bzw. Rock 'n' Roll tanzen«. Sie sollen sich »unterhalten, wie man am besten die Republik verlassen kann«.

ELKE FORKERT

»Dieter hat immer geliebäugelt, über die Grenze zu gehen. Ein Freund sagte ständig zu ihm: ›Dieter, wollen wir nicht ..., wollen wir nicht über die Grenze gehen?‹ Mein Bruder hat gezögert.

Er war von Beruf Werkzeugmacher und hatte in der DDR eine gute sportliche Laufbahn vor sich, als Ringer, er soll sogar für die Olympiade in Tokio vorgesehen gewesen sein. Aber darauf pfiff er dann eben.

Mein Bruder hatte sehr viele Freunde in Jena, die wußten alle, daß er mal irgendwie wegwill. Es wollten ja viele weg. Seine Freunde haben immer zu Dieter gesagt: ›Du bist der Mutigste und der Sportlichste – geh du zuerst!‹ Mit 22 Jahren ist man ja noch so dumm ... Dieter hat immer für andere die Kohlen aus dem Feuer geholt, er hatte einen guten Charakter. Dieter hatte auch ein kleines Kind. Er wollte erst mal die Lage peilen, und dann wollte er die Freundin und das Kind mit rüberholen, im Rucksack. Das hatte er irgendwann mal zu mir gesagt: ›Wenn ich mal abhaue, gehe erst ich und dann hole ich die Cornelia und das Kind nach.‹

Ich glaube eigentlich nicht, daß Dieter über die Grenze geht. Man wußte das ja mit den Minen, aber die waren damals noch ziemlich neu und nicht überall verlegt. Da hat er sicher gedacht, er kommt durch.

Meine Mutter ahnte es irgendwie schon, daß Dieter mal abhaut, sie hat damit gelebt. Aber daß es dann so plötzlich gekommen ist ... Vielleicht lag es auch am November: Da werden die Menschen ein bißchen nachdenklicher, tiefsinniger, trübsinniger ... Es geschieht nicht viel in der Natur, so daß er vielleicht dachte: Jetzt oder nie!

Einen Tag, bevor mein Bruder sich auf den Weg machte, wurde John F. Kennedy ermordet. Da hab ich noch mit Dieter drüber gesprochen, da haben wir noch geweint. Kennedy sollte uns doch von dem Ganzen hier erlösen. Der kam doch nach Berlin, der stand doch an der Mauer, und wir haben gejubelt: ›Mensch, Amerika hilft uns!‹ Das haben wir gedacht ... Nach dem Attentat auf Kennedy sahen wir unsere Chance, daß es uns mal besser geht, dahinfließen. Da wird Dieter gedacht haben: Jetzt ist es ganz vorbei, jetzt dauert es

Dieter Fürneisen bei einem Wettkampf im Oktober 1963. Ihm schien eine sportliche Zukunft in der DDR zu winken. Zu dieser Zeit wird die »Gruppe Fürneisen« allerdings schon observiert.

wieder lange, bevor sich was ändert. Jetzt mach ich's. Er hatte sich noch ein Parteiabzeichen besorgt und es sich angesteckt, für den Fall, daß man ihn auf dem Weg zur Grenze anhält. Das haben wir dann noch zurückbekommen.
Dieter hatte uns nichts davon gesagt. Nur meiner Mutter hinterließ er einen Brief: ›Liebe Mutti! Ich werde dich immer in Ehren halten. Du warst für mich die Liebste. Dein Dich liebender Sohn Dieter.‹ Das war's.«

Am Morgen des 24. November 1963 trifft Dieter Fürneisen mit dem Zug aus Jena um 4.09 Uhr auf dem Bahnhof in Gräfenthal ein. Er schleicht die Bahnlinie entlang Richtung Probstzella–Zopten. Zwei Kilometer in drei Stunden. Gegen 7.30 Uhr, kurz vor Sonnenaufgang, erreicht er etwa 2000 Meter südwestlich von Probstzella die Grenzsperren in der Nähe des Helmbachs. Noch 400 Meter bis Bayern! Er muß sich beeilen, denn er wird bereits gesucht: Ein Freiwilliger Helfer der Grenztruppen hat ihn gesehen und gemeldet. Er kriecht in das Minenfeld zwischen den beiden letzten Stacheldrahtzäunen. Mit dem Knie gerät er auf eine Mine, die explodiert. Er schleppt sich weiter. Nach zweieinhalb Metern geht die nächste Mine hoch. Diese reißt ihm den Arm ab, zerfetzt den Kopf. Die Detonationen sind in Probstzella zu hören.
Der Wachposten am Ratzenberg verständigt die Kompanie. Man findet Fleischfetzen und Kleidungsstücke im Umkreis von sechzig Metern: dort der linke Fuß mit Schuh, hier ein Stück Hose mit Brieftasche und Personalausweis. MfS-Mitarbeiter eilen zum Fundort. Der Kommandeur des 11. Grenzregiments, Oberstleutnant Rolf Putze, vierzig Jahre alt, kommt dazu. (»Dieser Fall beweist: das Minenfeld ist undurchdringlich – machen Sie's in Gräfenthal bekannt!«) Grenzsoldaten suchen die Überreste von Dieter Fürneisen zusammen. Der Sarg wird versiegelt.[32]

Friedrich Reichenbächer
»Ich hab gerade oben geackert, so um Mittag rum ist ein schwarzes Leichenauto hochgefahren, das sahen wir vom Feld aus. Wir unterhielten uns kurz darüber, haben es aber nicht weiter beobachtet. Ich mußte arbeiten, ich mußte ackern, ich hatte ja mein Soll.«

Elke Forkert
»Ich war damals wissenschaftliche Fotografin in einer Klinik. Meine Mutter ist abends gekommen und erst an eine Krankenschwester herangetreten. Diese Krankenschwester, eine gute Bekannte von mir, sagte zu mir: ›Komm doch mal mit in mein Zimmer, Elke, Mutti ist oben.‹ Sie hat ihren Arm um mich gelegt. Meine Mutter empfing mich mit den Worten: ›Elke, jetzt darfst du nicht weinen ... Dein Bruder ist nicht mehr. Er ist an der Grenze verunglückt.‹
Auf dem Volkspolizeikreisamt in Jena fragte meine Mutter: ›Wo ist denn mein Sohn? Ich würde ihn gern noch mal sehen.‹ Da zeigte der eine auf 'ne Tür: ›Er ist hier hinter, aber ich kann Ihnen das nicht zeigen. Es ist nicht mehr viel übrig ..., auch kaum noch Sachen.‹ Meine Mutter wollte noch mal irgendwie eine Verbindung zu Dieter finden.
Am Tag nach Dieters Tod war bei uns Hausdurchsuchung. Diese Schweinehunde haben sein Tagebuch beschlagnahmt und seine Briefe. Furchtbare Typen. Die wußten, daß er tot ist, und wollten von uns wissen, wo er ist!

Der Ali, ein Freund von mir, erzählte mir damals, daß ein Herr Bormann, der bei ihm im Haus wohnte, sich geäußert habe, ein Wachposten habe gerufen: ›Junge, bleib steh'n! Halt!‹ Er soll aber weitergelaufen sein. In ganz Jena hat man gemunkelt, er sei erschossen worden; es waren viele Gerüchte um diesen Fall. Dieser Bormann war ein Kollege meiner Mutter bei ›Zeiss‹. Sie hat sich damals Notizen gemacht: ›8.12. Betrifft Dieters Tod/Minen: Ich suchte Bormann auf und fragte ihn, woher er dies wüßte. Er sagte: ›Wir haben Informationen bekommen.‹ Er gab mir aber keine genauen Schilderungen. Er sagte, es würde erst gewarnt und dann erst von der Schußwaffe Gebrauch gemacht. Ein paar Tage später traf ich ihn im Eßsaal und bat ihn, dafür zu sorgen, daß ich die Privatbriefe und das Tagebuch von Dieter bekomme. Auch möge er sich erkundigen, ob ich die Überführungskosten tragen müßte. Er sagte, er wolle sich erkundigen und auf mich zurückkommen.‹

Am 28. November 1963, vier Tage danach, war die Trauerfeier auf dem Nordfriedhof – das mußte ruck, zuck gehen. Dieters Freunde waren auch da. Meine Mutti hat sich das ›Avemaria‹ gewünscht ... Es war alles sehr geheimnisvoll, diese Beamten von der Kriminalpolizei sind auf dem Friedhof rumgestromert und haben alles beobachtet. Als wir aus der Halle rausgekommen sind, bin ich dann noch auf den einen zugegangen und hab ihm ins Gesicht gesagt: ›Genosse Hellmuth, Sie sollten sich schämen! Sie haben doch gewußt, daß mein Bruder tot ist, als Sie mich fragten, wo er ist.‹ Der ist ohne Worte weggegangen.

Die Verbrennung wurde uns aufdiktiert. Wir durften keinen Abschied nehmen, der Sarg war versiegelt. Die Leichenfrau hat zu meiner Mutter gesagt: ›Ich würde Ihnen nicht empfehlen, ihn noch mal anzugucken. Es ist nicht mehr viel übrig ...‹
Ich bin dann bis zur Verbrennung mit runtergegangen, bis dahin, wo's reingeht ... Ich hatte gedacht, man würde den Sarg vielleicht doch noch mal öffnen, und

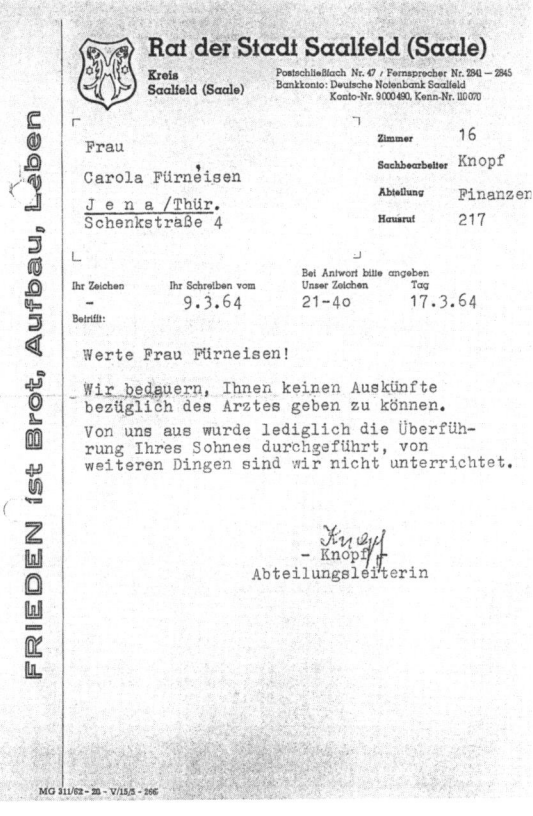

Dieter Fürneisen findet am 24. November 1963 in einem Minenfeld in der Nähe des Helmbachs den Tod.

Freigespülte Holzkastenmine am Falkenstein

ich könnte Dieter noch mal sehen. Wir hatten ja bezweifelt, daß Dieter überhaupt da drin liegt. Und wenn, dachten wir, hat er nur eine Schußwunde. Aber ich sah nur noch, wie der Sarg reingeschoben wurde.«

Im Jahr vor dem Tod Dieter Fürneisens ist im Bereich des Grenzregiments 11, zu dem auch Probstzella gehört, rund jeder dritte Fluchtversuch geglückt, davon etwa ein Drittel über Minenfelder ... [33]

»Diese geringe Wirksamkeit ist nur teilweise durch eine unzureichende Minendichte – also durch den Glücksumstand für den Grenzverletzer, zufällig keine Mine berührt zu haben – bedingt. Weitere wesentliche Ursachen für diese Erscheinung bestehen darin,
– daß Grenzverletzer die Sperre unter Ausnutzung von Wildwechseln, Gräben, Wasserläufen, Baumstümpfen passierten und für diese Methode schon weit im Hinterland Hinweise erhalten
– daß Grenzverletzer die Sperre mit Hilfsmitteln überwinden
– daß in vielen Abschnitten die Minen durch Witterung freigelegt wurden und umgangen werden können
– daß die Minen bei Bodenfrost weitgehend unwirksam werden.
Diese geringe Wirksamkeit der Minensperre ist auch unter der Grenzbevölkerung bekanntgeworden. Möglicherweise besteht bei Teilen der Bevölkerung die Annahme, daß es sich abschnittsweise nur um Scheinminenfelder handelt. Dadurch hat die Minensperre viel von ihrer moralischen Wirkung verloren.«[34]

Analyse des Stabschefs der 13. Grenzbrigade »über die Ergebnisse der Grenzsicherung«

Ende September 1963 ist der Aufbau »pioniertechnischer Anlagen« an der DDR-Grenze, wie ihn die SED-Führung zwei Jahre zuvor angeordnet hat, zunächst einmal abgeschlossen: 96,5 Prozent der fast 1400 Kilometer langen »Staatsgrenze« sind auf diese Weise abgesperrt, davon mehr als die Hälfte (774 km) mit Minen. Insgesamt werden bis zum Ende der DDR mehr als anderthalb Millionen Minen verlegt, die »Verlegedichte« beträgt 500 bis 1000 Minen auf einen Kilometer Minensperre. Das Rechenzentrum des Verteidigungsministeriums hat ermittelt: Bei einer »Verlegedichte von 0,5 (1000 Minen auf 1 km) lösen von 100 Personen, die durch die Minensperre gehen, 9 Personen eine Mine aus«. Jedoch sei, so der Chef Pionierwesen, Oberstleutnant Noack, »der wichtigste Faktor bei Minensperren die moralische Wirkung..., die viele Menschen von vornherein davon abhält, die Sperre zu betreten« sowie eine »Verzögerung der Bewegung« von »Grenzverletzern«.

»Zur Verbesserung der Wirksamkeit des Sperrsystems an der Staatsgrenze West« schlägt Diplom-Ingenieur Noack ein Vierteljahr nach dem Tod Dieter Fürneisens vor, »die Verlegedichte in den Minensperren zu erhöhen, so daß 2 Minen auf einen laufenden Meter kommen«. Zusätzlich solle man eine Erprobung durchführen »über die Wirksamkeit einer dichten Dornenhecke, verstärkt durch einen Stacheldrahtzaun und versteckte Spanndrahtminen«. Wenig später präzisiert Horst Noack seine Vorstellungen über »schwer passierbare Anpflanzungen« an der Grenze: »Tiefe mindestens 10 m. In Zusammenarbeit mit Fachleuten aus der Forstwirtschaft ist zu ermitteln, welche Gehölze dafür am besten geeignet sind... Eine solche Sperre ist bei genügender Tiefe sehr wirksam, erfordert wenig Instandhaltungsarbeiten und macht eine Unkrautbekämpfung überflüssig.«[35]

Vertreter der DDR-Regierung und des West-Berliner Senats unterzeichnen kurz vor dem Weihnachtsfest 1963 ein erstes »Passierschein-Abkommen«. Danach dürfen West-Berliner über die Feiertage Verwandte im Ostteil der Stadt besuchen. Über 1,3 Millionen Passierscheine werden erteilt. Tausende von Antragstellern warten stundenlang in Kälte und Schnee vor den Ausgabestellen.

Rund dreißigtausend DDR-Bürger siedeln 1963 mit Ausreise-Genehmigungen in die Bundesrepublik über.[36]

Am zweiten Weihnachtsfeiertag 1963, gegen 0.30 Uhr, wird in Hasenthal, fünfzehn Kilometer südwestlich von Probstzella, eine 42jährige Frau aus dem Sächsischen, die mit ihren drei Kindern, fünf bis sieben Jahre alt, »die Staatsgrenze durchbrechen« wollte, von Grenzern gestellt. Als Fluchtgrund gibt sie schlechte Wohnverhältnisse und den geringen Verdienst als »Reinigungskraft« an. Man schickt die Frau mit ihren Kindern zurück in ihren Wohnort.[37]

1964

Zwei Monate nach dem Tod von Dieter Fürneisen sitzt in der Grenzpolizei-Inspektion Ludwigstadt ein Mann, dem die Flucht aus der DDR gelungen ist; Polizeimeister Karl Zenkel führt die »informatorische Befragung« durch. Der

1964

Flüchtling berichtet von einer Tötung durch Minen Ende 1963, von der er »durch einen befreundeten Grenzpolizeihelfer« erfahren habe. Diesem sei »der Vorfall« während einer Schulungsstunde von einem Offizier der Grenzkompanie Probstzella geschildert worden. (»Bei der zweiten Minendetonation wurden dem Republikflüchtigen der Kopf und eine Hand abgerissen.«)

Karl Zenkel erfährt, daß die Bevölkerung von Probstzella »diesen Vorfall im verborgenen heftig diskutiert und das Legen von Minen verurteilt« habe. »Es soll sich um einen 18- bis 20-jährigen Mann aus Jena gehandelt haben, dessen Freund einige Wochen vorher an der gleichen Stelle geflüchtet ist. Dieser Freund soll dem Verunglückten seine gelungene Flucht brieflich mitgeteilt und die Übertrittsstelle beschrieben haben.«

Eine Abschrift des Befragungsprotokolls geht an die »Zentrale Erfassungsstelle der Landesjustizverwaltungen« im niedersächsischen Salzgitter. Diese staatsanwaltliche Vorermittlungsbehörde ist im November 1961 eingerichetet worden. Sie soll alle verfügbaren Informationen über Gewalttaten von Staatsorganen der DDR sammeln und damit die Möglichkeit offenhalten für die Strafverfolgung der Täter. Bei der Gründung der »Zentralen Erfassungsstelle« Salzgitter kündigte der niedersächsische Justizminister Arvid von Nottbeck an: »Wir werden nichts vergessen, und es wird auch nichts verjähren.« Das Ermittlungsverfahren im Fall Fürneisen bekommt das Aktenzeichen 154/64 der Erfassungsstelle. In der Akte Nummer 844/63 sind Informationen zum Tod von Hans-Ullrich Kilian gesammelt, erschossen bei Probstzella in Thüringen im Juni 1963.[1]

Schon 1949 hat man den »Untersuchungsausschuß Freiheitlicher Juristen« (UFJ) gegründet, um über diese Vereinigung der DDR-Bevölkerung juristisch beizustehen. Annähernd eine halbe Million Besucher nutzten die Rechtsberatung in der West-Berliner Zentrale des Untersuchungsausschusses in den fünfziger Jahren. Zudem machten sich die Juristen zur Aufgabe, über das Unrechtssystem in der DDR aufzukären. Soweit das möglich war, wurden Fälle politischen Unrechts in der DDR erfaßt, ausgewertet und der Strafverfolgung zugeleitet.

Den UFJ-Mitarbeiter Walter Linse hatten Stasi-Mitarbeiter auf Beschluß des SED-Politbüros am 8. Juli 1952 nach Ost-Berlin verschleppt. Von sowjetischen Militärrichtern zum Tode verurteilt, war Walter Linse am 15. Dezember 1953 in Moskau erschossen worden.

Mehr als dreihundert Menschen hat man bis 1964 aus West-Berlin und West-Deutschland entführt und in der DDR inhaftiert. Nicht weniger als neun Verschleppte sind in dieser Zeit an den Folgen der Entführung oder in der Haft gestorben. Mindestens zehn weitere hat man hingerichtet, darunter Wolfgang Kaiser, Mitarbeiter der »Kampfgruppe gegen Unmenschlichkeit«.[2]

»Zur Gewährleistung der ununterbrochenen Sicherung der Staatsgrenze der DDR … im Abschnitt des Grenzregimentes 11 für die Zeit vom 31.5.64 bis 31.8.64 hat der Kommandeur befohlen, … alle Personen, die versuchen, die Staatsgrenze zu durchbrechen …, festzunehmen oder zu vernichten.«[3]

Im Sommer 1964 werden im Bereich des Grenzregiments 11 innerhalb von zwei Monaten vier Flüchtlinge erschossen. DDR-Verteidigungsminister Hoffmann fordert in diesem Jahr vor Grenztruppen-Kommandeuren, jedem Grenzer müsse in Fleisch und Blut übergehen, daß der Grenzverletzer ein Feind der Republik sei. Wer »wie eine Ratte« die Staatsgrenze zu unterwühlen versuche, der sei ein Feind und werde wie ein Feind behandelt.⁴

1964

Drei junge Thüringer beschließen Anfang Juni 1964, aus der DDR zu flüchten: Werner ist 21 Jahre alt, Hans 19 und Peter 16. Von Ruhla aus fahren sie mit der Bahn über Eisenach und Erfurt nach Saalfeld, dann weiter mit dem Taxi nach Kaulsdorf. Von dort aus geht es zu Fuß bis Döhlen, einem kleinen Dorf von zwei Dutzend Häusern, fünf Kilometer nördlich von Probstzella gelegen. Hans kennt die Gegend, er hat an der Hohenwarte-Talsperre mitgebaut. In der Döhlener Flaschenbierhandlung Bochynski bestellen sie drei Bier und setzen sich auf die Stühle vorm Haus. Der sechzehnjährige Sohn des Bierhändlers, Friedhard, gesellt sich zu ihnen. Es ist der 9. Juni 1964, sechs Uhr abends.

Man unterhält sich, spielt Skat, trinkt einen Kasten Bier leer, dreißig bauchige, braune Fläschlein, jedes ein Drittel Liter stark. Friedhard Bochynski hält sich beim Trinken zurück.

In der Scheune von Döhlen, weit entfernt vom Grenzzaun, wird am 10. Juni 1964 ein angetrunkener junger Mann von einem Unteroffizier der Grenztruppen erschossen.

Gegen zehn Uhr fragen ihn die jungen Männer, ob sie auf dem Anwesen übernachten könnten. Ja, auf dem Heuboden in der Scheune sollte das möglich sein, er müsse aber erst seinen Vater fragen. Der kommt eine halbe Stunde später und hat nichts dagegen. Die drei bedanken und verabschieden sich gleich; am frühen Morgen wolle man aufbrechen »zur Frühschicht ins Pumpspeicherwerk Hohenwarte«. Sie klettern die steile Stiege zum Heuboden rauf, jeder nimmt noch eine Flasche Bier mit.

Keine halbe Stunde später erhält der Abschnittsbevollmächtigte des Nachbarortes Oberloquitz, Hauptwachtmeister Erdmann, einen Anruf aus der Polizeidienststelle Saalfeld: Der Bürger Bochynski, Heinz, Flaschenbierhändler aus Döhlen, habe eine Information gegeben ... ⁵

Hauptwachtmeister Erdmann ruft in der Grenzkompanie Probstzella an und bittet um Unterstützung bei der Festnahme der mutmaßlichen »Grenzverletzer«. Es wird Grenzalarm ausgelöst, eine Alarmgruppe in einem Lkw losgeschickt, zwei Unteroffiziere, drei Soldaten. An der Ortszufahrt von Döhlen steigt Hauptwachtmeister Erdmann dazu, das Fahrzeug wird vor der Scheune abgestellt, mit brennenden Scheinwerfern. Die drei Soldaten umstellen die Scheune, jeder eine MPi im Anschlag. Es ist der 10. Juni 1964, 0.30 Uhr.

Die beiden Unteroffiziere und der Volkspolizist gehen mit geladener und entsicherter Waffe die Stiege hoch. Unteroffizier Ronneberger, der Alarmgruppenführer, zwanzig Jahre alt, bleibt an der Treppe stehen, an der gegenüberliegenden Seitenwand postiert sich Unteroffizier K.; an ihren Uniformen tragen sie Taschenlampen. Hauptwachtmeister Erdmann nähert sich den Schlafenden und befiehlt

1964

ihnen, aufzustehen und sich mit dem Gesicht zur Wand zu stellen. Die drei folgen dem Befehl, der Polizist steigt nach unten, um die drei Soldaten zu holen.
Schlaftrunken rutscht Werner an der Scheunenwand ab, auf den Boden. Er solle aufstehen, herrscht ihn Unteroffizier Ronneberger an. Der junge Mann steht auf, dreht sich um, geht langsam, leicht schwankend auf den Unteroffizier zu, eine Bierflasche in der Hand. »Stehenbleiben!« ruft Rudolf Ronneberger. Werner Krause geht weiter, Unteroffizier K. gibt einen Schuß in die Decke ab. Unteroffizier Ronneberger schießt mit seiner »Kalaschnikow« aus der Hüfte mit Dauerfeuer auf Werner Krause, fünf Schüsse. Drei treffen ihn in den Bauch. Er bricht sofort zusammen, drei Meter vor dem Schützen. Er klagt über ein Brennen im Bauch, wimmert. Er verstummt.

Aus der Meldung des MfS an Honecker vom 12. Juni 1964

> Bochynski
> Da ▓▓▓▓ aus dem Verhalten der Genannten einen beabsichtigten Grenzdurchbruch vermutete, gewährte er ihnen Unterkunft und verständigte den ABV.
>
> Dieser setzte gegen 0.10 Uhr die Kompanie Probstzella in Kenntnis und ersuchte um Unterstützung bei der Festnahme der Jugendlichen.
>
> Gegen 0.30 Uhr traf die Alarmgruppe der Kompanie Probstzella in Döhlen ein, wo sie gemeinsam mit dem ABV die Scheune des ▓▓▓▓ durchsuchten.
> Durch den ABV, ▓▓▓▓ und ▓▓▓▓ wurden die 3 Jugendlichen auf dem Oberboden schlafend angetroffen. Sie wurden festgenommen und aufgefordert die Scheune zu verlassen.

Hans und Peter werden nach draußen gebracht, sollen sich an die Scheunenwand stellen. Hauptwachtmeister Erdmann ruft in der nächstgelegenen Arztpraxis an und teilt dem Ehemann der Ärztin mit, daß jemand erschossen worden sei. Der hält es für einen Scherz und fragt, was für ein Wild man denn erlegt habe. – Nein, kein Tier, ein Mensch. Die Ärztin solle sofort kommen.
Eine halbe Stunde später sind Karl und Birgit Buschner aus Eichicht in Döhlen. An einer Scheunenwand sehen sie zwei junge Männer stehen, mit dem Gesicht zur Wand, angestrahlt vom Scheinwerferlicht eines Armeefahrzeuges. Hauptwachtmeister Erdmann führt das Ehepaar Buschner auf den Heuboden. Rudolf Ronneberger kniet vor Werner Krause, Unteroffizier K. steht dabei. Man hat über den Verwundeten eine Decke gelegt. Die Ärztin untersucht ihn. Kein Puls, keine Atmung. Tot.
Birgit Buschner sieht die Einschüsse im Bauch des Getöteten. »Hier werden die Leute abgeschlachtet wie Hunde«, sagt Karl Buschner. Vor der Scheune füllt die Ärztin den Totenschein aus; ein herbeigeeilter Staatsanwalt richtet eine Taschenlampe auf die Unterlagen. Bei »Todesart« solle sie »Schußverletzung« eintragen. Ihr Mann sucht vergeblich nach einer entsprechenden Kennziffer. Schließlich sagt er zu seiner Frau laut und deutlich: »Für Mord und Totschlag gibt es keine Nummer.«[6]
Eine »Medaille für vorbildlichen Grenzdienst« erhalten Unteroffizier K. und Unteroffizier Rudolf Ronneberger und je zweihundert Mark Prämie.[7]

»Am 7.7.1964, 20.00 Uhr, wurde im Abschnitt der Grenzkompanie Neuenbau, Grenzregiment Zschachenmühle, der Zapf, Fritz, geb. am 26.8.26, whft.: Lichte, Krs. Neuhaus-Rennweg, Porzellanformer, beim Versuch, die Staatsgrenze in Richtung WD zu durchbrechen, durch Anwendung der Schußwaffe tödlich verletzt. Z. befand sich bereits in der Minensperre. Da er auf Anruf nicht stehenblieb, gab der Grenzposten 6 Warn- und 31 Zielschüsse ab, wobei der Z. einen Kopf- und Lungenschuß erhielt. Er verstarb kurz nach Einlieferung in das Krankenhaus Gräfenthal.«

Tagesmeldung Nr. 189/64 des Grenztruppen-Kommandos

Fritz Zapf wird am 7. Juli an der Grenze erschossen. Angeblich wurde er vorher angerufen, Ohrenzeugen hören aber nur die Schüsse.

»Am Dienstag, 7. Juli 1964, weidete ich meine Schafe im Wagnersgrund, unmittelbar an der Zonengrenze. Gegen 19.00 Uhr kamen zwei Angehörige der Grenztruppe mit einem Hund ... Nach etwa einer Viertelstunde sprangen die beiden Volkspolizisten plötzlich auf und schossen mit ihren Waffen in Richtung Wildberg ... Vor, während und nach Abgabe der erwähnten Schüsse habe ich weder Rufe noch Schreie gehört oder andere Wahrnehmungen gemacht. Ob wirklich jemand angeschossen oder erschossen worden ist, konnte ich nicht feststellen.«

Aussage des westdeutschen Schäfers Hermann W. bei der Bayerischen Grenzpolizei am 9. Juli 1964

Elmar Neubauer

»Seit 1964 gab es zwischen uns bayerischen Grenzpolizisten und den DDR-Grenzsoldaten keinen Kontakt mehr. Nur noch mit diesen Grenzaufklärern vom Ministerium für Staatssicherheit konnte man vorn am Zaun sprechen. Die haben uns gezielt angesprochen, wenn mal wieder einer abgehauen ist; da konnte man drauf warten, daß man am nächsten Tag angesprochen wird.«

Eine Woche, nachdem Fritz Zapf getötet worden ist, glückt zwei DDR-Bürgern nur etwa zwölf Kilometer weiter nordöstlich die Flucht über die Grenze, direkt am Hotel »Falkenstein« bei Probstzella. Bei ihrer Befragung in der Polizeidienststelle Ludwigstadt geben sie an, einen Draht des doppelreihigen Zaunes durchschnitten zu haben. Polizeimeister Karl Zenkel fährt mit seinem Kollegen R. zur Übertrittsstelle, um die Angaben der Flüchtlinge zu überprüfen. Damit die DDR-Grenzer nicht merken, wonach die bayerischen Polizisten schauen wollen, beginnen diese am ehemaligen Straßenübergang mit ihren Erkundungen.
Am Falkenstein bauen mehrere Soldaten an einem Stacheldrahtzaun. Als Karl Zenkel und sein Kollege am Brauereigarten angekommen sind, werden sie von zwei Grenztruppen-Offizieren, die nur wenige Meter entfernt hinter dem Turbinenhäuschen stehen, mit Ferngläsern beobachtet. Polizeimeister Zenkel geht noch ein Stück weiter. Sein Kollege R., der am Gartenzaun stehenbleibt, hört plötzlich ein Rascheln im Gebüsch. Die beiden Offiziere treten hervor, einer will den bayerischen Polizisten über den Zaun hinweg aus nächster Nähe fotografieren.
R.: »Bitte lassen Sie das, das ist doch nicht nötig, wir können uns ja Auge in Auge sehen.« Der Hauptmann läßt den Fotoapparat sinken: »Wir wollen Sie ja gar nicht fotografieren.« Dann tritt er an den Gartenzaun, der an dieser Stelle »Staatsgrenze« ist, grüßt freundlich und fragt: »Wie geht's?« – »Danke, gut, und wie geht es Ihnen?« Man kommt ins Gespräch.

1964

Der doppelte Grenzzaun am Falkenstein. Mitte Juli durchtrennen an dieser Stelle zwei DDR-Bürger den Draht und gelangen in den Westen.

R.: »Nun, wenn Sie ein ehrliches Gespräch mit mir führen wollen, dann sagen Sie mir doch, wie der Mann heißt, der vorige Woche bei Tettau erschossen wurde …« – »Über die Schießerei ist doch in Ihrer Presse ausführlich berichtet worden. Im übrigen gibt es Dienstgeheimnisse.« Der bayerische Grenzpolizist zögert einen Moment, dann sagt er: »Sie können mir den Namen ruhig sagen, ich kenne ihn ja.« Der Offizier schweigt. Überhaupt müsse er jetzt weiter.
R.: »Der Name beginnt mit Z…« – »Für mich ist es ein Dienstgeheimnis«, platzt es aus dem Hauptmann heraus, »aber Sie wissen ihn ja selbst. Und jetzt muß ich weiter.« – »Es war unmenschlich, einen Menschen niederzuschießen.« – »Es liegen gesetzliche Bestimmungen vor! Die Bevölkerung ist entsprechend belehrt worden.« Sagt's und verschwindet im Gebüsch.[8]
Das Verfahren gegen Unbekannt wegen der Tötung des Fritz Zapf erhält in Salzgitter das Aktenzeichen 701/64. In der DDR werden die Grenzsoldaten Willi Kalbhenn und Manfred Pischtschan mit dem »Leistungsabzeichen der Grenztruppen« geehrt. Sie hätten sich ausgezeichnet verhalten, denn sie hätten den Grenzverletzer »mit gezieltem Feuer vernichtet«. Die Prägung der messingfarbenen Medaille stellt einen Grenzpfahl und eine Maschinenpistole dar, umrahmt von einem Lorbeerkranz.[9]

Am 20. Juli 1964, gegen 18 Uhr, sind drei junge Arbeiter aus Neustadt (Kreis Pößneck) in der Ortschaft Kießling in Richtung DDR-Grenze unterwegs. Zwei Jugendliche melden die »fremden Personen« einem Offizier der Grenzkompanie Schlegel, der im Begriff ist, mit dem Moped nach Hause zu fahren.
Der Chef der 7. Kompanie des 11. Grenzregiments, Oberleutnant Wilfried Baumann, läßt die Grenze abriegeln und organisiert die Verfolgung. Gegen 18.45 Uhr stoßen die drei Flüchtlinge auf einen Grenzposten, der schießt, sie können jedoch in ein Waldgebiet entkommen. Eine Viertelstunde später laufen sie im Dorschengrund dem nächsten Posten in die Arme, dreihundert Meter vor der Grenzlinie. Zunächst schießt der 25jährige Soldat Peter Rühmer über die Flüchtenden hinweg. Zwei werfen sich in Deckung, einer, Kurt Windzus, läuft weiter. Unteroffizier Dieter Tröge, 22 Jahre alt, befiehlt: »Schieß doch, schieß!« Aus rund hundert Metern Entfernung gibt Soldat Rühmer einen Feuerstoß ab und trifft Kurt Windzus – zwanzig Meter vor dem Stacheldraht – in den Oberschenkel. »Au, mein Bein!« schreit der, als er zusammenbricht.
Dieter Tröge versucht, Erste Hilfe zu leisten, die Wunde läßt sich jedoch nicht abbinden. Erstarrt steht Peter Rühmer daneben. Der Kompaniechef und weitere Soldaten kommen hinzu. Aus einem Bach bringt man dem Verletzten Wasser. Es dauert eine halbe Stunde, bis das Sanitätsfahrzeug der Kompanie eintrifft. Gegen 20.00 Uhr, auf dem Transport ins Krankenhaus Ebersdorf, stirbt Kurt Windzus im Alter von 26 Jahren. Verblutet.
Soldat Rühmer erhält das »Leistungsabzeichen«, Kompaniechef Baumann wird für »richtiges Handeln« belobigt.
Die aufmerksamen »Bürger aus Kießling, welche die Hinweise gaben, werden mit jeweils 50,– Mark prämiert«.[10]
Einen Monat später berichtet der aus der 7. Kompanie geflüchtete Grenzer Herbert M. bei der Bayerischen Grenzpolizei: Bestürzt sei der Soldat, der die tödlichen Schüsse abgegeben habe, über die Nachricht vom Tod des Flüchtlings gewesen. Unteroffizier Tröge habe es jedoch keinesfalls erschüttert, daß der Verletzte gestorben sei. Vielmehr habe er so getan, als sei damit eine große Tat vollbracht worden. Am Tag nach dem Vorfall habe die gesamte Kompanie zum Appell antreten müssen: Unteroffizier Tröge und der Schütze seien befördert worden – als Belohnung für ihre Leistung, wie der Politoffizier des Regiments, Major Erwin Kutza, betont. Kompaniechef Baumann habe gemeint, alle Angehörigen der Kompanie sollten sich am Handeln der beiden ein Beispiel nehmen. Der größte Teil der Soldaten habe diese Art Beförderung aber mißbilligt.[11]
»Tötung eines unbekannten Flüchtlings«, so wird der Fall Kurt Windzus im Ermittlungsverfahren 900/64 der Zentralen Erfassungsstelle Salzgitter erfaßt.

Dem Jenaer Automechaniker Hans R., 21 Jahre alt, gelingt am 2. August 1964 bei Probstzella die Flucht in die Bundesrepublik. Ein Jahr zuvor ist er bei einem Fluchtversuch gemeinsam mit seinem Bekannten Gerhard B. schon am Beginn der Sperrzone, im Bereich Oberloquitz, festgenommen worden. Drei Tage nach der Entlassung aus der Haft hat sich Hans R. erneut auf den Weg zu seiner Mutter nach West-Deutschland gemacht...[12]
Am Abend desselben Tages versuchen im gleichen Grenzabschnitt zwei Münchner, 29 und 23 Jahre alt, zwei Frauen aus Leipzig, beide 21 Jahre, aus der DDR her-

	Datum	VS- N_Text/ɔ 8 0 6 5 1. Ausf. Blatt 2 d 44
2	03.08.64	Am 03.08.64 gegen 02.00 Uhr wurde der Gefreite M▆▆▆▆ und Soldat K▆▆▆ von der 1. Grenzkompanie als Hinterhaltsposten zur Sicherung der Staatsgrenze eingesetzt. Durch ihre vorbildliche Wachsamkeit und ihr taktisch kluges Verhalten verhinderten sie den Durchbruch eines mit einer Pistole bewaffneten Grenzverletzers. Ihr umsichtiges Handeln und die schnelle Anwendung ihrer eigenen Waffen hinderten den Grenzverletzer an seiner Absicht, die Grenzposten durch Feuer unschädlich zu machen. Der Grenzverletzer verstarb am 04.08.64 im Krankenhaus Sonneberg.

Darstellung des 11. Grenzregiments zur Erschießung des Flüchtlings Karl Matz

auszuholen – der eine seine Schwester, der andere eine Freundin. Von zwei Soldaten werden sie gegen 22.55 Uhr kurz vor der Grenze gestellt und beschossen. Einer wird gleich festgenommen, der andere eine Stunde später, gemeinsam mit den beiden Frauen. Bei der Durchsuchung der Flüchtlinge findet man zwei geladene Pistolen und sechs Sprengladungen.[13]

Am Abend dieses Tages ist keine zehn Kilometer entfernt in Neuenbau Kirmes, in der »Konsum«-Gaststätte ist Tanz. Unter den Gästen sind der Monteur Karl Matz, 49 Jahre alt, und seine Frau. Anfang des Jahres ist er wegen »Staatsverleumdung« zu acht Monaten Gefängnis verurteilt worden, ausgesetzt zur Bewährung. Der Rat der Gemeinde hat ihn für das Gericht beurteilt – und zwar ungerecht, wie Karl Matz findet. Das will er dem Bürgermeister des Ortes an diesem Abend deutlich sagen. Es kommt zum Streit.

Auf dem Heimweg, kurz nach Mitternacht, überholt das Ehepaar Matz einen Funktionär der SED-Kreisleitung Neuhaus, der ebenfalls mit seiner Frau zum Tanz gewesen ist. »Komm, laß die Kommunisten in Ruhe!« sagt sich Karl Matz im Vorbeigehen, doch dann dreht er sich noch einmal um: »Ihr Lumpen!« Als der SED-Funktionär erwidert, er solle sich mal beherrschen, reißt sich Karl Matz von seiner Frau los und schlägt den Genossen zu Boden. Zwei Männer gehen dazwischen und bewegen Karl Matz, nach Hause zu gehen. Dann informiert einer der beiden die Grenzkompanie über den Vorfall.

Das Wohnhaus der Familie Matz, 150 Meter von der Grenze entfernt, wird unter Beobachtung gestellt. Karl Matz weiß, daß er nun ins Gefängnis kommen wird. Gegen 2.10 Uhr sieht der Beobachtungsposten, wie Herr Matz das Haus in Richtung Grenze verläßt. Zwei Grenzer eines Hinterhaltspostens fordern ihn zum Ste-

henbleiben auf und geben ein paar Warnschüsse ab. Sie lassen den Hund auf den Flüchtling los; der kann sich befreien, schlägt sich ins Gebüsch. Wieder fallen Schüsse. Der Hund findet Karl Matz auf einem Abhang liegend. Der Flüchtling entsichert eine Pistole. Darauf schießen die Grenzer erneut. Karl Matz, Vater von vier Kindern, wird an beiden Unterschenkeln getroffen. Er stirbt im Krankenhaus Sonneberg am 3. August 1964, gegen 21.55 Uhr, infolge der Verletzungen und eines hohen Blutverlustes.
Die beiden Grenzer, die auf Karl Matz geschossen haben, der Gefreite M. und Soldat K., werden mit der »Medaille für vorbildlichen Grenzdienst« ausgezeichnet.[14]

»Die im Jahr 1963/64 notwendige häufige Anwendung der Schußwaffe gegen Grenzverletzer und Banditen mit tödlichem Ausgang wird ... noch nicht von allen Soldaten richtig verstanden. Das kommt in folgenden bekannt gewordenen Beispielen zum Ausdruck:
– Soldaten zweifeln die Richtigkeit ihrer Handlungen nach der erfolgreichen Anwendung der Schußwaffe, besonders nachdem Grenzverletzer oder Banditen verstorben sind, an.
– Verliehene Auszeichnungen bzw. Beförderungen wurden im Urlaub nicht getragen, damit ihre richtigen Handlungen im Heimatort nicht bekanntwurden.«[15]
Chronik des Grenzregiments 11

Am letzten Augusttag des Jahres 1964, abends halb acht, gehen bei Gräfenthal zwei Jungs, zwölf und dreizehn Jahre alt, über die Grenze. Sie schlafen im fränkischen Wald und kehren, da es kalt ist und sie kein Geld, aber Hunger haben, am nächsten Morgen gegen halb fünf auf demselben Weg zurück. Sie hätten sich im Westen jeder eine Pistole besorgen wollen, sagen sie den Grenzern, als die wissen wollen, warum sie das gemacht haben.[16]

Seit der Einführung der Wehrpflicht im Januar 1962 haben bis zum Sommer 1964 über anderthalbtausend DDR-Bürger den Wehrdienst verweigert. Auf Anordnung des Nationalen Verteidigungsrates vom 7. September 1964 können fortan Wehrpflichtige, »die aus religiösen Anschauungen oder aus ähnlichen Gründen den Wehrdienst mit der Waffe ablehnen«, zu den »Bausoldaten« einberufen werden. Als Angehörige der NVA-Baueinheiten (»Spatensoldaten«) bauen sie Militärflugplätze, Kasernen, Offizierskasinos, Armeesanatorien, Wehrkreiskommandos. Zunächst wird als Bausoldat anerkannt, wer sich spätestens bei der Musterung zum waffenlosen Wehrdienst bekennt. Später werden nichtreligiöse Begründungen zumeist abgelehnt. Wer als Bausoldat registriert worden ist – bis zum Ende der DDR sind es mehr als siebenundzwanzigtausend Menschen –, wird beruflich benachteiligt. Wer jeglichen Wehrdienst verweigert – insgesamt etwa fünftausend DDR-Bürger –, wird mit mindestens achtzehn Monaten Haft bestraft.[17]

Bundespräsident Heinrich Lübke schaut am 7. Oktober 1964, dem 15. Jahrestag der DDR-Gründung, am Falkenstein zwischen Ludwigstadt und Probstzella rüber nach Thüringen. Eine Woche später beginnen DDR-Grenzer an dieser Stelle mit dem Bau eines neuen Zauns.

1964

In Probstzella wird mit großem Kostenaufwand die Kontrollbaracke für den Grenzverkehr erweitert, da von November an DDR-Rentner vier Wochen im Jahr ihre Angehörigen im Westen besuchen dürfen. Täglich verkehren hier nun zwei »Rentnerzüge« zwischen Ost und West.

Mitte Oktober wird der sowjetische Partei- und Regierungschef Chruschtschow abgesetzt. Sein Nachfolger, Leonid Breschnew, verkündet drei Wochen später, die Existenz zweier deutscher Staaten sei eine Grundlage für den europäischen Frieden.

Von November 1964 an dürfen DDR-Rentner einmal im Jahr für vier Wochen ihre Angehörigen in der Bundesrepublik besuchen. Rund siebzehntausend gelangen in diesem Monat allein über Probstzella nach Ludwigstadt in den Westen. Zwei »Rentnerzüge« verkehren hier zwischen Leipzig und Augsburg sowie zwischen Weimar und Nürnberg. Um dem Ansturm zu begegnen, legt man im Verteidigungsministerium fest, »daß die Kontrollbaracke an der Grenzübergangsstelle Probstzella mit einem Kostenaufwand von 120.000,- Mark zu erweitern ist«.[18]

Ende November beschließt die DDR-Regierung, Besuchern aus der Bundesrepublik und dem westlichen Ausland einen Zwangsumtausch von West-Mark in Ost-Mark aufzuerlegen.

»Bessere Ergebnisse bei der Sicherung der Staatsgrenze« bilanziert die Führung der 13. Grenzbrigade, der auch das Grenzregiment 11 (Zschachenmühle) unterstellt ist, im November 1964 für das vergangene Halbjahr: Neunzig Prozent aller Grenzverletzer seien im Zusammenwirken mit der Volkspolizei und der Grenzbevölkerung gestellt worden, was eine Steigerung von neun Prozent sei. Die Wirksamkeit der Grenztruppen sei von 55 auf 77,7 Prozent erhöht worden, das bedeutet: drei Viertel von denen, die die Sperrzone erreicht haben, sind dort von Grenzern festgenommen worden. Den größten Anteil an Grenzdurchbrüchen (»19 Fälle und 28 Personen«) habe das 11. Regiment gehabt.[19]

Insgesamt glücken 1964 im Bereich des Grenzregiments 11, einem Abschnitt von 87 Kilometern zwischen Judenbach und Sparnberg, mehr als siebzig Fluchten. Annähernd dreihundert werden verhindert, davon über fünfzig mit Hilfe von Be-

wohnern des Sperrgebiets, wofür diese rund zweitausend Mark Prämie bekommen (im Kreis Saalfeld: »27 Hinweise durch die Bevölkerung«).[20]
Mehr als dreitausend DDR-Bürgern gelingt 1964 die Flucht in die Bundesrepublik einschließlich West-Berlin unter Gefahr für Gesundheit und Leben.[21]

1965

KARL ZENKEL

»Ich kam mit einem Kollegen von Steinbach (Haide) runtergefahren, an der Grenze entlang. Kurz vor der Brücke am Falkenstein schauen wir auf den Steilhang rüber nach Thüringen. Wir sehen, wie hinter dem (von uns aus gesehen) zweiten Stacheldrahtzaun eine Frau mit einem hellen Kinderwagen steht. Dann erst sehen wir im Minenfeld hinter dem (von uns aus) ersten Zaun einen Mann stehen – wie er ein Kind über den Zaun hebt und auf bayerischem Gebiet absetzt!
Sofort ist er wieder den Hang hochgelaufen und hat mit der Frau den Kinderwagen über den zweiten Zaun gehoben. Sie sind den Hang runter, sind schon in der Mitte – da bricht der Mann zusammen! Bei uns war das Kind, der Mann liegt bewußtlos im Minenfeld, die Frau schreit. Was haben wir gemacht? Kurz entschlossen sind wir rüber und holten sie raus.
Wir haben sie in den »Falkenstein« gebracht und erst mal hingesetzt. In dem Moment sehen wir oben am Kontrollstreifen drei DDR-Grenzsoldaten laufen ...«

1965 dürfen nur noch etwa halb so viele DDR-Bürger wie im Jahr zuvor mit Genehmigung der Behörden in die Bundesrepublik und nach West-Berlin übersiedeln, knapp achtzehntausend. Mehr als zweitausenddreihundert flüchten unter Gefahr für Gesundheit und Leben dorthin.[1]
Die Anzahl der gescheiterten Fluchtversuche im Bereich des Grenzregiments 11 bleibt annähernd gleich: nur noch die Hälfte der Fluchten gelingt, etwa fünfunddreißig.[2]
Fast jeder zweite der gestellten Flüchtlinge hat im Raum Probstzella über die Grenze gewollt (rund hundertdreißig sind es insgesamt). Sechs kommen dort durch.[3]

Eine dicke Schneedecke liegt im Winter 1965 über den Sperranlagen des 11. Grenzregiments. Zwei DDR-Bürger entkommen am 11. Februar 1965, nachts halb drei, zwischen Neuenbau und Tettau mit Skiern. Im dichten Schneetreiben hat sie der nächste Grenzposten, nur dreihundert Meter entfernt, nicht bemerkt. Keine drei Wochen danach glückt, wieder im Schneetreiben, ein Fluchtversuch zwischen Hasenthal und Tettau: Beim Überqueren des Minenfeldes folgen die Flüchtenden den Spuren von Tieren.
Südwestlich von Probstzella gelingen Mitte März 1965 in zwei aufeinanderfolgenden Nächten drei Fluchten:
– Gegen zwei Uhr nachts kriecht am 15. März der Drahtweber Josef R. aus Gräfen-

1965

thal über das Minenfeld, auf dem noch immer ein Meter Schnee liegt. Der Achtzehnjährige hätte sich an diesem Tag beim Wehrkreiskommando zur Musterung einfinden sollen.

– Zwischen Spechtsbrunn und Tettau gleiten am Abend desselben Tages bei starkem Nebel zwei neunzehnjährige Arbeiter aus Leipzig auf Skiern übers zugeschneite Minenfeld. Auch Karl-Heinz L. hat sich der Musterung entzogen; mit seinem Kollegen Josef K. ist er am Morgen des Fluchttages von der Jugendherberge Lauscha aus in Richtung Osten aufgebrochen, um »in den Westen« zu kommen.

– Am 16. März, wiederum zwei Uhr nachts, flüchten bei Gräfenthal ein Mann und eine Frau nach Bayern. Daraufhin wird dort »zur Unterstützung der Grenzsicherung am Rande des Schutzstreifens täglich zur Schwerpunktzeit ein Zug des Ausbildungsbataillons eingesetzt«.⁴

Bayerische Grenzpolizisten unmittelbar an der Demarkationslinie (zweiter von rechts: Karl Zenkel)

KARL ZENKEL

»In Probstzella war eine große Veranstaltung zum 1. Mai. Die Kollegen von der Bundeswehr, Abteilung ›Psychologische Kampfführung‹, haben vom ›Probstzella-Blick‹ aus mit Ballons Flugblätter rübergeschickt.

Wir konnten sehen, daß auf dem Marktplatz Probstzella die Betriebskampfgruppen, die Grenztruppen und Zivilisten mit drei Flügeln ein offnes Rechteck bildeten; das Ganze mit Fahnen und Musik. Wir konnten auch hören, daß was über Lautsprecher gesprochen wird.

Der erste Ballon mit Flugblättern kam schon in Höhe des Bahnhofs runter; da mußte der erste Flügel vom Marktplatz wegtreten und erst mal Flugblätter einsammeln gehen. Der nächste Ballon ist hinter dem Marktplatz gelandet – der andere Flügel war weg. Zum Schluß hatte sich die Maifeier aufgelöst.«

Den »Flugblattkrieg der Bundeswehr« – Millionen von »Hetzschriften« – beantwortet die Gegenseite mit der »Spezial-Propaganda« der NVA, ebenfalls in Millionenauflage. Mittels Raketen werden die DDR-Flugblätter in den Westen geschossen. Am Falkenstein bei Probstzella wirft die NVA das Propagandamaterial vom Hubschrauber aus jenseits der Grenze ab oder legt es in den D-Zug Berlin–München. Zuweilen gelangen die Parolen per Lautsprecher in den Westen hinüber.⁵

STEFAN APPELIUS

»Herbert Wehner, jüngst zum stellvertretenden SPD-Vorsitzenden gewählt, verfügt im Herbst 1958 die Auflösung der Ballonbasis (Walter Reiches im Frankenwald). Der »Agentenschuppen« (Wehner) paßt nicht mehr in die Zeit. In Ost-Berlin aber hat man den verhaßten ›Klassenfeind‹ nicht vergessen. Am 1. Mai 1959 ziehen Reiches nach Bonn. Der altgediente Genosse tritt eine gutbezahlte Stelle als Bundessekretär der Arbeitsgemeinschaft selbständig Schaffender in der SPD an.

1965

Der frischgebackene Mittelstandsreferent führt ein vergleichsweise unspektakuläres Leben in seiner neuen Heimat.

Am frühen Morgen des 2. Mai 1960 wird er wegen ›staatsverräterischer Beziehungen‹ in seiner Bonner Wohnung verhaftet. Er sei während einer Messe in Leipzig vom Staatssicherheitsdienst angeworben worden, glauben die Häscher zu wissen. Doch im Gefängnis Linz am Rhein gelingt es dem angeblichen Ostagenten schon nach kurzer Zeit, ein einwandfreies Alibi nachzuweisen. Auch eine Hausdurchsuchung hat keine Beweise erbracht.

Nach sechs Wochen wird Reiche auf freien Fuß gesetzt: ›Sie können jetzt machen, was Sie wollen, sogar ins Ausland reisen.‹ Nur die Bonner Sozialdemokraten mißtrauen ihrem Genossen. Reiche darf die ›Baracke‹ nicht mehr betreten. Er wird in ein Café bestellt, erfährt, daß er gekündigt ist. In der Ost-Berliner Normannenstraße ist man sichtlich zufrieden. Die Anschuldigungen gegen den ›Klassenfeind‹ waren fingiert. Unter Tagebuch-Nummer 1589/60 wird die Akte mit deutscher Gründlichkeit geschlossen: ›Reiche, der von dem Verräter Max Heim fälschlich belastet wurde, ist vom Parteivorstand aus der SPD ausgeschlossen worden.‹

Zwar stellt der Generalbundesanwalt am 28. Februar 1961 das Ermittlungsverfahren gegen Walter Reiche ein, doch der überzeugte Sozialdemokrat ist als vermeintlicher Ostagent gebrandmarkt und gedemütigt. Eine neue Arbeit findet er nicht. Spätestens, wenn sein Führungszeugnis ins Spiel kommt, ist man nicht

1. Mai in Probstzella: Kaum sind alle Formationen zur Kundgebung auf dem Marktplatz angetreten, schweben Ballons aus dem Westen ein, an denen Flugblätter der Bundeswehr befestigt sind. Vom Westen aus kann man die Auswirkung dieser Aktion verfolgen.

Vorder- und Rückseite eines Flugblatts der »Psychologischen Kampfführung« der Bundeswehr

mehr interessiert. Um seine Familie zu versorgen, nimmt Reiche einen Job als Paketträger im Nachtdienst beim Bonner ›General-Anzeiger‹ an. Er arbeitet sich im Laufe der Jahre zum stellvertretenden Vertriebsleiter hoch.«[6]

Vor der Volkskammer verkündet Partei- und Staatschef Ulbricht am 5. Mai 1965, ein wiedervereinigtes Deutschland sei nur noch als ein sozialistisches Deutschland möglich. Wenige Tage zuvor hat Walter Ulbricht auf einer Tagung des ZK der SED gemeint, die Bundesregierung müsse nun 120 Milliarden Mark »Schulden« zahlen, die der DDR durch Reparationsleistungen und »Abwerbung« von Einwohnern (gemeint ist die Massenflucht) entstanden seien.[7]
Im Sommer 1965 baut man am Ortsrand von Probstzella eine neue Grenztruppen-Kaserne. Diese ist nicht mehr aus Holz, sondern aus Stein.

Ein Dutzend Soldaten der Kompanie Probstzella lassen sich im Sommer 1965 von Besuchern des Gasthauses »Falkenstein« ein paar fränkische Bierchen über den Gartenzaun reichen; Zigaretten bekommen sie von bayerischen Zöllnern spendiert. Ende Oktober wird durch die »Abwehrorgane« des Ministeriums für Staatssicherheit die »Kontaktaufnahme aufgedeckt«. Es werden umgehend informiert: der Kommandeur der 13. Grenzbrigade und der Leiter der Politischen Verwaltung der Grenztruppen, der Grenztruppenchef und der Chef des NVA-Hauptstabes, Staatssicherheitsminister Mielke, und der ZK-Sekretär für Sicherheitsfragen, Honecker, sowie der Militärstaatsanwalt.
Während der Untersuchungen löst man die gesamte Kompanie aus dem Grenzdienst heraus; die Nachbarkompanie übernimmt die »Grenzsicherung«. Die an den »Kontaktaufnahmen« Beteiligten (»die Dauer betrug von 15 Minuten bis zu 2 Stunden«) kommen zunächst in Untersuchungshaft. Später wird der bayerische Grenzpolizist Zenkel erfahren, daß die Soldaten »ziemlich hart bestraft« worden seien. Sie müssen mehrjährige Haftstrafen verbüßen.[8]

Das Sekretariat der Politischen Hauptverwaltung der NVA behandelt am 25. November 1965 den Bericht über eine soziologische Untersuchung in Truppenteilen der 3. Grenzbrigade. Als Ergebnis einer Befragung von Grenzsoldaten hat man festgestellt: »87,1 Prozent vertraten die Auffassung, daß die Verletzung der Staatsgrenze der DDR eine strafbare Handlung ist, die ... mit allen Konsequenzen bekämpft werden muß.« Jedoch hätten 11,3 Prozent der Befragten die entsprechende Frage mit »Nein« beantwortet.
»82,2 Prozent halten den Gebrauch der Schußwaffe gegen Grenzverletzer für einen wirksamen und notwendigen Beitrag zur Sicherung unserer Staatsgrenze, 15,9 Prozent als zu hart und nicht gerechtfertigt ... Des weiteren bekunden 87,4 Prozent ihre Bereitschaft, zur Verhinderung von Grenzdurchbrüchen ... von der Schußwaffe Gebrauch zu machen. 10 Prozent gaben an, dazu nicht bereit zu sein.« Man habe Hemmungen, auf Menschen zu schießen und zu töten, sei die ablehnende Haltung vor allem begründet worden. (»Sie wollen nicht zum ›Mörder‹ werden.«)[9]

1966

Im Eilzug 224 zwischen Saalfeld und Probstzella sitzen am Nachmittag des 8. Januar 1966 etwa achtzig Reisende. Mit diesem »Zubringerzug« werden Westreisende aus der DDR jeweils zum Grenzbahnhof gebracht; dort steigen sie in den nach Bayern fahrenden Transitzug zu. Eine Kontrolle erfolgt schon vor Probstzella durch die Paßkontrolleinheit (PKE), allesamt MfS-Mitarbeiter. Der »Mitropa«-Kellner B. aus Leipzig wird an diesem Januartag nicht kontrolliert: Man nimmt an, daß er »im Besitz gültiger Papiere« ist, mit denen er bis Probstzella mitfahren darf. Mit 44 Minuten Verspätung trifft der E 224 in Probstzella ein; deshalb steht am selben Bahnsteig ausnahmsweise schon der D 152 Berlin–München zur Abfahrt bereit. Leutnant Bootz von der PKE erlaubt, die Reisenden gleich in den Zug nach München umsteigen zu lassen. Unter die Umsteigenden mischt sich der Kellner. Frau D., die auf dem Bahnhof als Putzfrau arbeitet, sieht es. Sie meldet ihre Beobachtung, nachdem der D 152 um 15.18 Uhr in Richtung Ludwigstadt abgefahren ist. Zur »Erhöhung der Sicherheit im grenzüberschreitenden Verkehr« wird daraufhin auf dem Bahnsteig 2 eine Trennwand errichtet; die Durchlässe in der Wand kontrolliert man scharf.[1]

Rund tausendsiebenhundert Menschen flüchten 1966 aus der DDR unter Gefahr für Gesundheit und Leben.[2] Lediglich drei Fluchten gelingen in diesem Jahr an der Grenze im Kreis Saalfeld, fünfzig Fluchtversuche scheitern, davon einer im D-Zug 1052 Weimar–Nürnberg.[3] Auch in den Nachbarkreisen wagen immer weniger Menschen den Weg über die Sperranlagen.
Am 3. Februar 1966 schießen an der Grenze bei Sonneberg die Soldaten Horst S. und Manfred P. aus etwa zweihundert Metern Entfernung auf zwei Schüler, dreizehn und vierzehn Jahre alt. Einer der beiden, Jürgen B., erleidet einen lebensgefährlichen Lungendurchschuß. Auf Anordnung des Regimentskommandeurs, Oberstleutnant Günter Schölens, wird »das Vorkommnis verallgemeinert und in allen Einheiten des Truppenteils als vorbildliches Beispiel insbesondere mit den Postenführern ausgewertet«. Für »ihre hohe Einsatzbereitschaft bei der Festnahme von Grenzverletzern« wird den beiden Grenzern das »Leistungsabzeichen« verliehen.[4]

Im Februar 1966 beantragt der Staatsrat unter seinem Vorsitzenden Walter Ulbricht beim UN-Generalsekretär die Mitgliedschaft der DDR in den Vereinten Nationen. Die DDR identifiziere sich mit der Allgemeinen Erklärung der Menschenrechte, erklärt man in diesem Zusammenhang offiziell.
Artikel 3: »Jeder hat das Recht auf Leben, Freiheit und Sicherheit der Person.«
Artikel 9: »Niemand darf willkürlich festgenommen, in Haft gehalten oder des Landes verwiesen werden.«
Artikel 13: »Jeder hat das Recht, sich innerhalb eines Staates frei zu bewegen und seinen Aufenthaltsort frei zu wählen. Jeder hat das Recht, jedes Land, einschließlich seines eigenen, zu verlassen und in sein Land zurückzukehren.«

»Wie soll denn in Deutschland offen und unbefangen diskutiert werden, wenn auf Menschen geschossen wird, weil sie aus dem durch Minenfelder, Mauer und

1966

Drahtverhaue abgetrennten Teil ihres deutschen Vaterlandes ausbrechen wollen? Oder weil sie einfach von Deutschland nach Deutschland wollen – zu ihren Angehörigen, ihren Freunden, ihren Landsleuten.«

Antwortbrief der bundesdeutschen SPD-Führung an die SED auf den Vorschlag des SED-Politbüros, über »Möglichkeiten für die Normalisierung der Beziehungen zwischen den beiden deutschen Staaten« zu debattieren (abgedruckt im »Neuen Deutschland« am 26. März 1966)

»Keinem Menschen wird ein Haar gekrümmt, der die gesetzliche Ordnung der DDR achtet. Wer aber der verbrecherischen Aufforderung zur Verletzung unserer Grenzen und Gesetze folgt, wer der törichten Propaganda glaubt, ein Staat DDR existiere nicht, man brauche seine Grenze nicht zu respektieren, der riskiert Kopf und Kragen. Daran kann nichts geändert werden.«

Antwort auf den SPD-Brief (abgedruckt im »Neuen Deutschland« am 26. März 1966)

Fünfzig Meter neben der Straße, die einmal Spechtsbrunn in Thüringen und Tettau in Franken verbunden hatte, steigt am 30. April 1966, morgens halb vier, der Maurer F. aus Piesau über den Grenzzaun.
Am Abend zuvor hat F. in Neuhaus an einem Trinkgelage teilgenommen, ist kurz nach Mitternacht mit dem Bus nach Piesau gefahren, um von dort mit dem Taxi nach Spechtsbrunn zu gelangen, wo er weiterbechern wollte. Der Pförtner des Piesauer Glaswerkes hat sich geweigert, dem angetrunkenen Mann ein Taxi zu rufen, statt dessen hat er die Grenzkompanie alarmiert. Zu Fuß ist Herr F. nach Spechtsbrunn gegangen und hat festgestellt, daß keine Kneipe mehr geöffnet ist. Auch die »Kalte Küche«, der Grenze schon sehr nah, hatte bereits geschlossen. So hat sich F. entschlossen, nach Tettau zu gehen und dort zu trinken. Tags darauf fährt er mit der Bahn über Probstzella wieder zurück in die DDR.[5]

»Dieser sagenhafte Schießbefehl existiert bekanntlich nicht. Für unsere bewaffneten Kräfte einschließlich der Grenzsicherungskräfte gibt es – ebenso wie für die bewaffneten Kräfte aller Länder der Welt und an allen Grenzen der Welt – bestimmte Vorschriften, die den Waffengebrauch, insbesondere den Gebrauch von Schußwaffen, regeln.«

Walter Ulbricht im »Neuen Deutschland«, 30. April 1966

»Ihr schützt die menschlichste Ordnung, die es jemals in der Geschichte gegeben hat. Deshalb sind wir zutiefst überzeugt, daß eure Hand niemals zittern wird, wenn ihr einen Feind im Visier habt.«[6]

Verteidigungsminister Hoffmann am 25. Mai 1966 vor Berliner Grenztruppen

Nach dem Mittagessen verläßt der 23jährige Hans-Adolf Scharf seine Frau Sieglinde und seine zweijährige Tochter. Er müsse noch mal in den Betrieb, Geld holen; in zwei Stunden wolle er zurück sein. Hans-Adolf Scharf ist Schleifer in der Werkzeugmaschinenfabrik Königsee, unweit von Saalfeld. Vergebens wartet Frau Scharf am 10. Juni 1966 auf ihren Mann. Er wird nicht mehr nach Hause kommen. Der Volkspolizist Manfred Schiffner, 21 Jahre alt, hat an diesem Tag am Kontrollpunkt Marktgölitz Dienst, gemeinsam mit seinem Kollegen M. Das Wachhäuschen befindet sich an der Zufahrt zum »5-km-Sperrgebiet«, direkt an der Fernverkehrsstraße F 85. Bis Probstzella sind es von hier aus noch vier Kilometer. Gegen 19.50 Uhr bemerkt Oberwachtmeister Schiffner in rund zweihundert Metern Entfernung einen Mann, der von Oberloquitz kommend auf dem Bahngleis in Richtung Probstzella läuft. Manfred Schiffner greift zur MPi, nähert sich der »verdächtigen Person« leise bis auf zehn Meter, ruft sie an: »Stehenbleiben! Deutsche Volkspolizei! Mitkommen!«

Langsam geht Hans-Adolf Scharf auf den Polizisten zu, der auf der Straße steht. Mit seiner Aktentasche versucht er, die MPi zur Seite zu hauen, und rennt zurück in Richtung Oberloquitz. Hinter einem vorbeikommenden Mopedfahrer sucht der Flüchtende Deckung. Oberwachtmeister Schiffner ruft ein letztes Mal »Stehenbleiben!«, schießt dreimal in die Luft. Der Mopedfahrer fährt rechts ran, Manfred Schiffner schießt aus der Hüfte zwei Kugeln auf Hans-Adolf Scharf, aus über zwanzig Metern Entfernung. Der fällt, am Fuß und im Rücken getroffen, in den Straßengraben. Als nach einer halben Stunde ein Arzt eintrifft, ist er bereits tot, innerlich verblutet. In seiner Aktentasche findet man eine Skizze der Grenze bei Probstzella.[7]

Hans-Adolf Scharf mit seiner Braut Sieglinde bei der Verlobung 1963 und mit seiner Tochter Viola

Gegen 22.30 Uhr klopft es bei Frau Scharf an der Wohnungstür. Jetzt kommt er, denkt Sieglinde Scharf. Vor der Tür stehen zwei Polizisten. Wo ihr Mann sei. Sie sagt, wohin er habe gehen wollen, und fragt, was denn überhaupt los sei. »Ihr Mann geistert im anderen Kreisgebiet herum. Sie brauchen heute Abend nicht mehr auf ihn zu warten. Er kann nicht …« Am nächsten Morgen ruft Frau Scharf bei der Polizei an. Man sagt ihr, daß man nichts wisse. Gegen Mittag wird Sieglinde Scharf mitgeteilt, ihr Mann habe in der vergangenen Nacht »die Staatsgrenze überschreiten« wollen. Er habe nicht stehenbleiben wollen und sei erschossen worden. Am darauffolgenden Tag kommen Männer von der Kriminalpolizei und erzählen ihr, Herr Scharf habe bei Probstzella versucht, hinüberzugelangen. An zwei Posten sei er vorbeigekommen, den dritten habe er niedergeschlagen, beim letzten sei er erschossen worden. Später sagt man ihr, sie solle doch froh sein, daß ihr Mann tot sei – wäre sein Vorhaben geglückt, hätte sie keinen Anspruch auf finanzielle Unterstützung … Es dauert keine drei Wochen, bis Frau Scharf herausbekommt, daß ihr Mann gar nicht bis zur Grenze gekommen ist. Daß er schon am Kontrollpunkt von einem Polizisten erschossen worden ist. Sie versteht nicht, warum ihr Mann sie verlassen hat. Man gestattet ihr nicht, ihren »Hansi« zu beerdigen. Er wird verbrannt. Ihrer Schwägerin schreibt sie: »Ich weiß noch nicht einmal richtig, wo er erschossen wurde … Bei uns ist das schlecht, daß man von A bis Z belogen wird.«

Viola am Grab des Vaters, der die Familie ohne ein Wort der Erklärung verlassen hat. Als er versucht, die Grenze zu überwinden, wird er erschossen.

1966

Fünf Tage nach der Tötung von Hans-Adolf Scharf geht bei Probstzella morgens um vier ein Flüchtling durch den »Eisernen Vorhang«, dort, wo eine breite Lücke im Zaun ist, dort, wo die Züge durchsausen. Der Schrankenwärter der Deutschen Bundesbahn am Falkenstein traut seinen Augen nicht. Fünf Minuten später fällt drüben ein Schuß.

Heinz Engelhardt, sechzehn Jahre alt, ist mit acht Geschwistern im thüringischen Kölleda aufgewachsen. Der Vater ist in der SED, der Sohn weigert sich, im Lehrbetrieb in die FDJ einzutreten, bricht schließlich die Maurerlehre ab. Ende Juni 1966 läuft Heinz weg von seinen Eltern, weg von der Arbeitsstelle. Er versteckt sich bei einem Freund. Von seinem älteren Bruder erfährt er, daß man ihn in einen »Jugendwerkhof« – eine Art Zuchthaus für Jugendliche – stecken will. Heinz schwingt sich aufs Fahrrad, fährt in Richtung Grenze. Freitag, 1. Juli 1966, acht Uhr abends.

Er kommt über vierzig Kilometer weit, bis Bad Berka. Dort legt er sich im Wald schlafen. Am nächsten Tag erreicht er, nach mehr als fünfzig Kilometern, die Sperrzone bei Lichtentanne. Bis es Abend wird, versteckt Heinz sich unter einer Flußbrücke. Gegen acht Uhr bricht er auf; sein Fahrrad läßt er, mit Gras zugedeckt, zurück. Samstag, 2. Juli 1966.

Der junge Mann irrt durch die Nacht. In der Morgendämmerung erkennt er in einem Tal Sperranlagen. Er rutscht eine Halde hinunter und landet in einem Wassergraben. Hunde bellen, Motoren brummen. Jetzt sind sie hinter mir her, denkt er. Verzweifelt versucht er, sich durch den Stacheldraht zu zwängen. Es gelingt ihm nicht. Er rennt am Zaun entlang, sucht ein Loch, findet keins. Er flüchtet in ein Waldstück, hält inne. Was tun? Nach Probstzella will er. Läuft den halben Tag. Sonntag, 3. Juli 1966.

Gegen 14.00 Uhr trifft Heinz Engelhardt in Probstzella ein. Er sieht den eingezäunten Bahnhof. Auf den Hügeln vermutet er die Grenze, dort will er es probieren. Plötzlich kommt ihm eine Frau mit einem Kinderwagen entgegen. Er versucht in ein Haus zu entkommen – die Tür ist verschlossen. Die nächste auch. Endlich ein offenes Haus! Heinz steht im Hausflur, sieht einen Zöllner. Der bemerkt ihn nicht. Raus auf die Straße, weiter Richtung Grenze. Unterwegs muß er sich vor Soldaten verstecken, erreicht einen Wald, steht wieder vor einem Zaun. Er biegt die Stacheldrähte auseinander, schlüpft durch. Der weiche Boden unter seinen Füßen ist mit Gras bewachsen. Den zweiten Zaun im Blick tritt Heinz gegen 17.45 Uhr auf eine Mine. Einen Kilometer südwestlich von Probstzella, kurz vor der bayerischen Grenze, zwischen Lauensteiner Berg und Klinge. Die Grenze ist hier in den vergangenen Jahren vollständig vermint worden: von dort, wo das 11. Grenzregiment südwestlich von Tettau beginnt, über Spechtsbrunn, Lichtenhain, Gräfenthal, Probstzella bis nach Lichtentanne und darüber hinaus …

Die Druckwelle schleudert Heinz Engelhardt meterweit. Er steht unter Schock, ist aber bei Bewußtsein. Seine Hände und Arme sieht er bluten, spürt das Blut im Gesicht. Der rechte Fuß ist abgerissen, der linke hängt noch an Hautfetzen. In den Waden, in den Schenkeln – überall Splitter. Eine Viertelstunde nach der Detonation findet ein Suchposten – ein Oberleutnant, ein Soldat, ein Hund – den gescheiterten Flüchtling. »Wo sind die anderen?« fragen sie ihn. – »Ich bin allein, helft mir!« Man wirft ihm ein Verbandspäckchen zu, es fällt daneben.

Der sechzehnjährige Heinz Engelhardt (hier nach seiner Jugendweihe) hat Schwierigkeiten im Elternhaus und Schwierigkeiten mit den Einrichtungen des Staates, in dem er lebt. Als er in ein Erziehungsheim kommen soll, versucht er über die Grenze zu fliehen. Ein Minenfeld bei Probstzella wird ihm zum Verhängnis.

Heinz Engelhardt versucht, sich in Richtung Westen zu bewegen. Da hört er Schüsse durch die Luft pfeifen. Er gibt auf. Der Oberleutnant setzt eine Meldung ab: Eine verletzte männliche Person liege in der Sperre und werde »durch Feuer gesichert«. Über eine halbe Stunde vergeht. Ein Major kommt hinzu. Nun werfen sie Heinz Engelhardt ein Drahtseil zu, ziehen ihn daran aus dem Minenfeld. Das verbrannte Fleisch stinkt süßlich. Ein Soldat, der ihn mit auf die Trage hebt, muß sich übergeben. Es dauert noch mal eine Stunde, bis der Schwerverletzte im Gräfenthaler Krankenhaus ankommt. Dort wird ihm das rechte Bein bis zum Oberschenkel, das linke bis zum Wadenbein amputiert. Als Heinz Engelhardt wieder zu sich kommt, fragt er: »Schwester, wo ist mein Bein?«[8]

Einen Monat später berichtet ein Bundesbahner einem bayerischen Grenzpolizisten in Ludwigsstadt, ein Reichsbahner habe ihm auf dem Bahnhof Probstzella erzählt, an der dortigen Grenze seien einem Flüchtling durch eine Mine beide Beine abgerissen worden ...

Heinz Engelhardt zwei Jahre später, nach mehreren Operationen und einem Aufenthalt in einer geschlossenen Nervenklinik.

»Was die Frage der Vereinigung der beiden deutschen Staaten betrifft, so führt der Weg zu ihrer Verwirklichung über die Entspannung, über die allmähliche Annäherung zwischen den beiden souveränen deutschen Staaten und über Abmachungen zwischen ihnen, über Abrüstungsvereinbarungen in Deutschland und in Europa, auf der Grundlage des Prinzips, daß das zukünftige vereinigte Deutschland ein wirklich friedliebender demokratischer Staat sein wird, von dem niemals eine Bedrohung seiner Nachbarn und des europäischen Friedens ausgehen wird.«
Bukarester Erklärung der »Warschauer-Pakt«-Staaten, »Neues Deutschland« vom 9. Juli 1966

Acht Kilometer nordwestlich von Kronach entkommen in der Nacht vom 17. zum 18. Oktober 1966 elf Menschen über die Grenze. Man trifft sich im Haus des 31jährigen Kraftfahrers G. in Rotheul, sechshundert Meter vor der Grenze: zwei Ehepaare mit je drei Kindern, dazu noch eine Großmutter. Den Stacheldraht zerschneiden sie, über das Minenfeld gelangt man mittels einer Bohle ...[9]
Just an der Stelle, wo im Frühjahr der angetrunkene Herr F. aus Piesau über den Grenzzaun gestiegen ist, flüchten im Herbst 1966 der Schlosser P. und der Maler S. aus Gräfenthal in die Bundesrepublik – keine vierhundert Meter am nächsten Grenzposten vorbei. Vorher sind sie noch bei den »Dorffestspielen« in Spechtsbrunn gewesen.[10] In der Grenzpolizeistation Tettau sagt der zwanzigjährige Ernst P. aus, ihm sei bekannt, daß im Gräfenthaler Krankenhaus seit vier Monaten ein Sechzehnjähriger liege, dem durch Minen die Beine abgerissen worden seien. Das habe er von einem Verwandten erfahren, der im Krankenhaus arbeite.
Im Herbst 1966 wird Heinz Engelhardt nach Stadtroda in eine geschlossene Nervenklinik gebracht. Schon in Gräfenthal ist er von MfS-Mitarbeitern mehrfach vernommen worden. Nun gehen die Verhöre weiter. Sie schärfen ihm ein, es habe keine Schüsse über dem Minenfeld gegeben ... Man verlegt ihn in das Krankenhaus Eisenberg. Dort wird am linken Bein siebenmal nachamputiert. Nach beinahe einem Dreivierteljahr entläßt man ihn. Heinz geht zurück zu seinen Eltern. Kurz darauf wird er in ein Rehabilitationszentrum eingewiesen, wo er in zweieinhalb Jahren das Handwerk des Orthopädieschuhmachers erlernt. Fünf Jahre später läßt man den Invaliden in die Bundesrepublik übersiedeln.

1967

Ein 21jähriger Soldat, der als Sicherungsposten des Sicherungszuges Probstzella auf dem Bahnhof eingesetzt ist, wird am Nachmittag des 27. November 1966 vom westdeutschen Zugführer des D 152 Berlin–München kurz vor der Abfahrt angesprochen: »Na, Kleiner, du frierst wohl? – Komm mit übern Berg, da ist es wärmer ...« Der Soldat sagt dazu erst mal gar nichts. Später erstattet er Meldung bei der Paßkontrolleinheit. Dann wird »das Vorkommnis ausgewertet« und als »Aufforderung zur Fahnenflucht« an das Kommando der Grenztruppen nach Berlin weitergemeldet. Dort wird die Meldung in der Abteilung »Aufklärung, Information und Nachweisführung« unter dem Aktenzeichen 46 08 25 (»Feindtätigkeit im eignen Grenzgebiet«) festgehalten.[11]

1967

Ab 1967 wird die DDR-Westgrenze umfassend »modernisiert«, so auch im Bereich der Grenzpolizei-Inspektion Ludwigstadt: Am Beginn des Schutzstreifens (»500-m-Streifen«) zieht man neuartige Grenzsignalzäune – bei Gräfenthal, bei Lichtentanne, am Ortsrand von Probstzella, gleich am Sportplatz: Diese Stacheldrahtzäune sind Teil eines elektrischen Stromkreises; beim Kontakt zweier Drähte und beim Zerreißen eines Drahtes wird ein optisches oder akustisches Alarmsignal ausgelöst. Kosten pro Kilometer: rund 200 000 DDR-Mark.

In unübersichtlichen Abschnitten wachen »gesunde Schäferhunde« an »Laufseilen« (gespannte Drahtseile, an denen die Hundeketten befestigt sind) oder freilaufend in »Laufgängen«. (Laut einer Anweisung des stellvertretenden Grenztruppenchefs Baumgarten ist diesen Hunden »Härte, Schärfe, Mut und Wachsamkeit« anzuerziehen.[1])

1967 werden die Grenzanlagen gründlich erneuert, indem man die alten Stacheldrahtzäune, wie hier bei Tettau, durch Streckmetallgitterzäune ersetzt.

»Schwerpunkte der Grenzverletzerbewegung« werden durch Scheinwerferreihen (»Lichttrassen«) taghell ausgeleuchtet. Die Wachtürme aus Holz ersetzt man allmählich durch Beobachtungstürme aus Beton (»BT 11«). Betonierte »Kolonnenwege« entstehen entlang der Grenze, für motorisierte Streifen und »Alarmgruppen«. Die neuen »Kfz-Sperrgräben« sind mit Betonplatten verstärkt. Den doppelreihigen Stacheldrahtzaun direkt an der Grenze wechselt man nach und nach aus gegen Streckmetallgitterzäune (MGZ). Einreihig sind sie rund drei, doppelreihig über zwei Meter hoch. Die Holzkastenminen zwischen den Zäunen, durch Witterungseinflüsse größtenteils wirkungslos geworden, werden durch Plastikminen ersetzt.

1967 schafft es im Kreis Saalfeld nur ein DDR-Bürger, die Grenzsperren zu überwinden. Zweiundvierzig Flüchtlinge werden dort festgenommen.[2] Noch insgesamt tausendzweihundert Menschen gelingt in diesem Jahr unter Gefahr für Gesundheit und Leben die Flucht aus der DDR.[3]

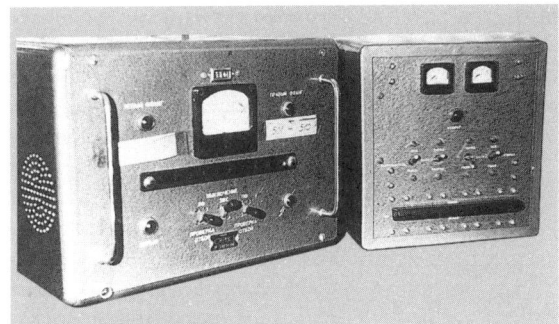

Anzeigegerät, das in den Führungsstellen »Grenzverletzungen« am Signalzaun meldet.

Zusätzlich bewachen Schäferhunde an Laufseilen unübersichtliche Stellen.

»Volkskammerwahlen« sind am 2. Juli 1967 in der Deutschen Demokratischen Republik und »Wahlen« zu den Bezirkstagen. Nach dem offiziellen Ergebnis stimmen mehr als 99 Prozent der Wahlberechtigten für die Volkskammerkandidaten. Schon um halb sechs stehen an diesem Morgen in Probstzella die ersten Bürger vor den Wahllokalen, obwohl die erst um sechs Uhr öffnen, der Andrang ist groß. Im Wahllokal I, dem ehemaligen »Haus des Volkes«, wählen zuerst die gesamte Hausgemeinschaft des NVA-Wohnblocks an den Auwiesen sowie die »führenden Genossen des Ortes«. Sie werden mit Musik empfangen. Ganze Betriebskollektive wählen, getreu ihren Verpflichtungserklärungen, bis neun Uhr. Kindergarten- und Schulkinder singen, die Blaskapelle sorgt »für gute Stimmung«.

Ab acht Uhr sind vierzig Agitatoren unterwegs, um potentielle Nicht-Wähler aufzuspüren. In den frühen Morgenstunden müssen »auf Grund der regen Wahlbeteiligung unserer Bürger nur die Gehbehinderten und Kranken aufgesucht werden«. Und weiter heißt es im Bericht der SED-Ortsleitung Probstzella über die Wahlen: »Negative Diskussionen traten bei zwei Bürgern auf, einmal bei Elfriede R., Reinigungskraft im VEB Plasta, mit ihr beschäftigten sich ca. 10 Agitatoren drei Stunden, sie gab dann aber ihre Stimme ab. Bei der Bürgerin Milda K. waren die Agitatoren dreimal in der Wohnung, als letzte Genossin Sch. und Genosse G. Hier gab es keinen Erfolg, die K. lehnt es konsequent ab, zur Wahl zu gehen, mit der Begründung, sie ist gegen die Genossenschaft und gegen den Kommunismus. Sie hat noch an keiner Wahl in unserem Staat teilgenommen... Um 14.00 Uhr hatten

1967

bereits 99,9 Prozent ihre Stimme abgegeben, so daß es lediglich noch an zwei Personen liegt, daß die Wahl nicht abgeschlossen werden kann.« (Offiziell haben die Wahllokale bis 18.00 Uhr geöffnet.)

Milda K. wählt nicht. Und der 31jährige Schlosser Fritz Sch. (»... ist Mitglied der ›Jungen Gemeinde‹«) entzieht sich »der Wahlpflicht trotz Aufforderung durch unsere Agitatoren ... und Ermahnung der Eltern und seiner Abgabe des Versprechens, noch zur Wahl zu erscheinen ... Er ist mit dem Motorrad mit unbekanntem Ziel weggefahren.«

Man notiert, daß acht Bürger die Wahlkabinen aufgesucht hätten. (Das bedeutet, alle anderen haben ihren Stimmzettel nur gefaltet und – ohne zum Beispiel darauf etwas durchzustreichen – in den Kasten geworfen.) Man notiert, daß der Genosse Parteiveteran Bernhard F., der »vor 4 Tagen von einem 14-tägigen Besuch aus Westdeutschland zurückkam«, zehn Minuten in der Wahlkabine gewesen sei. Daß der Pfarrer und die Katechetin Klara Gerold erst um zwölf Uhr zur Wahl erschienen seien und die Wahlkabine aufgesucht hätten. Daß es insgesamt zwei Stimmen gegen die Volkskammerkandidaten gegeben habe...[4]

22 Jahre lang haben sich Ost und West an das »Bierdeckelabkommen« gehalten, jenen Vertrag, mit dem im Sommer 1945 ein sowjetischer und ein amerikanischer Offizier den Grenzverlauf am Falkenstein zum beiderseitigen Nutzen neu festlegten. Obwohl die Regelung auch im zuständigen Katasteramt der DDR festgeschrieben ist, überschreitet am Freitag, dem 18. August 1967, ein Arbeitskommando der Grenztruppen jene Demarkationslinie von 1945 und setzt zwölf DDR-Grenzsteine auf eine bayerische Wiese neben der Gärtnerei am Falkenstein.

Bundesgrenzschützer fordern die Soldaten zunächst freundlich auf, die Steine zurückzunehmen. Keine Reaktion. Erst am Samstagmorgen, kurz nach fünf, gelingt es Oberinspektor Simke vom Zollgrenzkommissariat Ludwigsstadt, über eine DDR-Streife Kontakt herzustellen: Er bittet via Megaphon darum, daß ein verantwortlicher Offizier an die Demarkationslinie kommen möge – zwei Stunden später erscheint ein Oberstleutnant der Grenztruppen am Falkensteiner »Eisweiher«. Der Zöllner Simke geht auf ihn zu, gemeinsam mit einem Polizisten und einem BGS-Hauptmann. Die neue Grenzmarkierung entspreche nicht dem Abkommen von 1945, sagt der Polizist. Er bitte um eine Aussprache um neun Uhr am Schlagbaum Falkenstein.

Als der Offizier ablehnt, eröffnet ihm der BGS-Hauptmann: »Herr Oberstleutnant, ich habe den Auftrag, Ihnen im Namen der Bundesrepublik Deutschland die Forderung zu übermitteln, die falsch gesetzten Grenzsteine wieder zu entfernen, und darf feststellen, daß ich Ihnen diese Forderung um 7.20 Uhr übermittelt habe.« Der Oberstleutnant schaut auf seine Armbanduhr und sagt: »Ich habe diese Forderung um 7.20 Uhr zur Kenntnis genommen.« Er sei bereit zu versuchen, die erbetene Aussprache zustande zu bringen. Nach vierzig Minuten kommt er wieder und sagt ein Gespräch zu – gegen neun am Falkenstein.

Um halb zehn steht der gleiche Oberstleutnant am Schlagbaum, hundert Meter hinter ihm warten seine Begleiter. Die westdeutsche Seite vertritt der aus München mit dem Hubschrauber herbeigeeilte BGS-Oberst Grüner, Kommandeur der Coburger Grenzschutzgruppe. »Guten Morgen!« sagt Rudolf Grüner. Der Oberstleutnant legt die Hände an die Hosennaht: »Herr Oberst, ich habe den Auftrag,

Ihnen mitzuteilen, daß eine Entscheidung zu Ihrem Protest von meinen Vorgesetzten getroffen wird.« Oberst Grüner erläutert nochmals die westliche Sicht der Dinge. Auf seine Frage, bis wann mit einer Entscheidung zu rechnen sei, antwortet der Oberstleutnant ausweichend. Darauf setzt der BGS-Oberst eine 24-Stunden-Frist. Es dauert nur drei Stunden, bis der Oberstleutnant am Zaun des Falkensteiner Biergartens auftaucht: »Die DDR hat sich entschlossen, um Provokationen zu vermeiden, die Grenzsteine zu entfernen.« Dreißig Minuten später sind die Steine verschwunden.[5]

1968

1968

Die Abgeordneten der DDR-Volkskammer beschließen im Januar 1968 ein neues Strafgesetzbuch. Damit werden die Möglichkeiten zur Bekämpfung politischer Gegner erweitert und verschärft. Bei »Verbrechen gegen die Deutsche Demokratische Republik« und »Straftaten gegen die staatliche Ordnung« drohen in der Regel mehrjährige Haftstrafen. Auf (versuchten) »Ungesetzlichen Grenzübertritt« (§ 213) stehen bis zu acht Jahre Gefängnis.

Im Februar 1968 wird ein Entwurf der Volkskammer über eine neue Verfassung veröffentlicht und eine »Volksaussprache« zu diesem Entwurf durchgeführt. Auch mit Hans-Joachim Schoeps, Pfarrer in Lichtentanne, führt man eine »Aussprache«.

HANS-JOACHIM SCHOEPS

»Da kamen welche zu mir – einer war der Leiter der Abteilung Inneres in Saalfeld, Herr Schnappauf –, und sie wollten wissen, wie ich zur neuen Verfassung stehe. Es sollte eine sogenannte Diskussion werden. Ich sagte: ›Die Verfassung lehne ich ab, weil da eine ganze Reihe Paragraphen drin sind, auf die ich mich hier im Sperrgebiet nicht berufen kann …, zum Beispiel Wohnsitzwechsel. Wer im Sperrgebiet wohnt, muß sich an Ihre Notstandsgesetze halten.‹ Ich habe dieses Wort bewußt verwendet; da ist Herr Schnappauf an die Decke gegangen.

Er hat mir dann erzählt, daß gewisse Einschränkungen notwendig wären, damit der Feind die DDR nicht einsteckt. Ich hab gesagt: ›Es tut mir leid, ich würde zur Verfassungsabstimmung gehen, wenn die Paragraphen soundso nicht wären.‹ Ich hatte mir die alle aufgeschrieben. Herr Schnappauf meinte: ›Wenn Sie der Meinung sind, daß das so ist, dann kann ich Sie auch nicht überzeugen.‹«

Abweichend vom Entwurf nimmt man im Ergebnis der »Volksaussprache« die Grundrechte der Gewissens- und Glaubensfreiheit und des religiösen Bekenntnisses in die neue Verfassung auf (Art. 20). Die »Freiheit der Persönlichkeit« (Art. 19) ist ebenso »garantiert« wie die Meinungs- und Pressefreiheit (Art. 27). Zudem habe, nach Artikel 32, jeder DDR-Bürger das »Recht auf Freizügigkeit« – innerhalb der DDR und »im Rahmen der Gesetze«. In Artikel 1 ist der Führungsanspruch der »Arbeiterklasse und ihrer marxistisch-leninistischen Partei« festgeschrieben.

Am 6. April 1968 findet ein Volksentscheid über die Verfassung statt, der erste und

1968

letzte in der Geschichte der DDR. Offiziell stimmen 94,5 Prozent der Wahlberechtigten für die neue Verfassung. Nach Artikel 54 dieser Verfassung sind die Volkskammerabgeordneten auch künftig »in freier, allgemeiner, gleicher und geheimer Wahl« zu wählen ...

Zu Beginn des Jahres 1968 ist in der Tschechoslowakei mit Alexander Dubček ein »Reformer« an die Spitze der Kommunistischen Partei und damit an die Spitze der Staatsmacht gekommen. Der »Prager Frühling« endet jedoch am 21. August 1968 mit dem Einmarsch von Truppen des »Warschauer Paktes«. Mehr als neunzig Tschechoslowaken, die sich den Besatzern gewaltlos in den Weg gestellt haben, werden getötet. Alexander Dubček, der mit seinem Reformkurs beim tschechoslowakischen Volk begeisterte Zustimmung gefunden hat, enthebt man aller Ämter. Gegen mehr als fünfhundert DDR-Bürger ermittelt das MfS bis zum Jahresende 1968 wegen »Angriffen gegen die Hilfsmaßnahmen der fünf sozialistischen Bruderstaaten«, vor allem wegen »staatsfeindlicher Hetze« und »Staatsverleumdung«.[1] Nach der Niederschlagung des tschechoslowakischen Reformversuches bleibt es bei den kommunistischen Machtverhältnissen in den Ländern des »Warschauer Paktes«, bleibt es auch beim Grenzregime am »Eisernen Vorhang«. Gleichwohl versuchen im Laufe der Jahre Tausende DDR-Bürger über die Grenzen der »Bruderstaaten« in den Westen zu kommen – über die ČSSR, Ungarn, Rumänien oder Bulgarien nach West-Deutschland, Österreich, Jugoslawien, Griechenland oder in die Türkei. Tausenden gelingt dort die Flucht (1968 entkommen rund dreihundert DDR-Bürger auf diesem Weg in den Westen). Tausende werden abgefangen und in die DDR zurückgeschickt, wo man sie regelmäßig für Jahre ins Gefängnis sperrt. Für Dutzende endet der Fluchtversuch grausam: an der bulgarischen Grenze erschossen, in ungarischen Minensperren schwer verletzt, am tschechoslowakischen Zaun durch Stromschlag getötet ...[2]

Am Nachmittag des 25. November 1968, gegen vier Uhr, bemerkt der Posten auf dem Beobachtungsturm Isaak (Berg bei Sonneberg) eine »jugendliche männliche Person«. Der »Grenzverletzer«, der »vermutlich aus Richtung Westdeutschland kam«, befindet sich, von den beiden Soldaten aus gesehen, noch hinter dem doppelten Metallgitterzaun, aber schon auf dem Gebiet der DDR, dreißig Meter vom Turm entfernt. Sie fordern ihn auf, stehenzubleiben, schießen zwei Feuerstöße vor seine Füße – er rührt sich nicht mehr. Sie melden es dem Kompaniechef, Kurt Raddatz; der schickt sofort drei Soldaten eines Nachbarpostens los und fährt gemeinsam mit seinem Stabschef zum »B-Turm« Isaak, wo man gegen halb fünf eintrifft. Der Stabschef, Dieter Raßmann, geht an den Zaun und ruft dem Gestellten herüber, er solle sagen, woher er komme und wohin er wolle. – »Ich komme aus dem Erziehungsheim Voccawind, ... ich will in den Harz ...« Er sei zu Hause rausgeworfen worden, niemand verstehe ihn.

Major Raßmann schickt den Kompaniechef auf den Wachturm, nach eventuellen Zeugen auf westlicher Seite Ausschau zu halten, die das Geschehen im Dämmerlicht beobachten könnten. Da ist niemand. Der Stabschef legt seinen Uniformmantel ab, läßt sich von einem Soldaten die MPi geben und fordert den Jungen jenseits der Sperre auf, mit ihm auf gleicher Höhe den Zaun entlangzulaufen. »Halte dich genau an meine Anweisungen! Ansonsten mache ich von der

1968

Schußwaffe Gebrauch.« Er will ihn bis zu einer Stelle führen, wo keine Minen zwischen den Zäunen liegen – dort will er ihn festnehmen. Die Soldaten K. und A. sowie der Kompaniechef folgen dem Stabschef.
Sie gehen hangabwärts. Dieter Raßmann ist sehr erregt: Schon einmal ist ihm unter solchen Umständen einer entwischt. Bald ist es dunkel. Nach etwa hundert Metern fragt der Junge, wie weit er noch laufen müsse. »Frag nicht herum, mach, was ich dir sage!« – »Darf ich etwas weiter vom Zaun weg?« Major Raßmann wird wütend, droht mit der Waffe. »Untersteh dich!« Sie laufen weiter.
Da sie in zehn Minuten nur etwa dreihundert Meter vorwärts gekommen sind, beschließt der Stabschef, die Festnahme nicht wie geplant an der Gasse im Minenfeld vorzunehmen, sondern schon an einer früheren Stelle, an der er keine Minen im Boden vermutet. Den Soldaten K. und A. befiehlt er, ein Stück zurückzulaufen. Nachdem ihn der Kompaniechef in seinem Entschluß bestärkt hat (»Hier sind keine Minen, das weiß ich genau, hier kann er ruhig rüberlaufen«), fordert Major Raßmann den Jungen auf, über den Zaun zu steigen. Der hat Angst und weigert sich. Der Stabschef bringt die Maschinenpistole in Anschlag: »Los, nun mach schon, oder wir machen dir Beine!« Der Junge klettert über den Zaun, springt ins Minenfeld. Er solle geradeaus auf ihn zulaufen, ruft ihm Dieter Raßmann zu. Keine vier Schritte, und er tritt auf eine Mine, fällt ins hohe Gras, kommt mit dem Gesicht auf, ist nicht mehr zu sehen.
Die Majore, beide 37 Jahre alt, werden blaß. »So eine Scheiße, ich denke, da sind keine drin ...«, entfährt es dem Kompaniechef. Das habe ihm doch der Hauptmann O. gesagt. Um den Verletzten zu sehen, klettert Kurt Raddatz einen Zaunpfahl hoch. Sein Stabschef befiehlt ihm, »die Sicherung zu organisieren«. Er dürfe, auch bei Hilferufen, niemanden in die Sperre lassen ... Als Dieter Raßmann losrennt, ruft ihm der Kompaniechef noch hinterher: »Wir bleiben dabei, daß der von sich aus übern Zaun wollte.« – »Ich werde schon melden ...« In dem Moment versucht der Schwerverletzte, wieder zurück zum Zaun zu kriechen, und löst eine zweite Mine aus. Eine Streife der Bayerischen Grenzpolizei hört die Detonationen und dann, wie jemand ununterbrochen nach Hilfe schreit. Die DDR-Grenzer rufen: »Liegenbleiben! Hilfe kommt.«
»Hilfe! Holen Sie mich hier raus! Ich hab doch nichts verbrochen«, schreit der Junge. »Ich bin erst sechzehn Jahre alt ... ich will nicht sterben!« Und: »Bringt mich doch ins Krankenhaus – meine beiden Beine sind weg!« Den bayerischen Grenzpolizisten ruft er hinüber: »Holt mich doch raus! Ich verblute ... Helft mir doch! Warum hilft mir denn keiner?«
Eine Dreiviertelstunde nach den Explosionen kommen der Regimentsarzt und ein Pionieroffizier hinzu. Man wirft dem Verletzten Verbandspäckchen zu – sie erreichen ihn nicht –, man richtet ein paar Scheinwerfer auf den Explosionsort. Sonst nichts. Sie warten auf Anweisungen. Die Hilferufe werden schwächer.
Auf westdeutscher Seite sind inzwischen mehrere Angehörige von BGS und Zoll sowie weitere Grenzpolizisten eingetroffen. Sie nähern sich dem Tatort bis auf dreihundert Meter, dann beginnt das DDR-Territorium. Auch sie leuchten das Gelände mit Scheinwerfern aus, feuern ganze Serien von Leuchtkugeln ab – den Verletzten können sie nicht sehen. Er schreit jetzt nur noch, wenn sie ihr Licht in den Himmel schießen.
Gegen 18.15 Uhr kommt Major Raßmann gemeinsam mit dem ihm vorgesetzten

Günter Oppermann versucht an der innerdeutschen Grenze von West nach Ost zu gelangen – und wird von Grenzsoldaten ins Minenfeld geführt.

Major Schütz zurück. Es dauert eine weitere Viertelstunde, bis Harry Schütz seinem Regimentskommandeur zwei Varianten zur Bergung übermittelt. Es vergehen zwanzig Minuten, bis eine Variante von der Führung der 13. Grenzbrigade in Rudolstadt bestätigt wird. Da verstummen die Hilfeschreie. Eine Stunde dauert es, bis der Pionieroffizier vom Regimentsstab den Minenplan und Sprengstoff geholt hat. Gegen 20 Uhr schraubt man eine Platte des Streckmetallzauns ab; der Pionieroffizier sprengt eine Gasse ins Minenfeld. Um 20.30 Uhr – seit fast vier Stunden liegt der Verletzte in der Sperre – leistet der Regimentsarzt Erste Hilfe; Major Raßmann steht dabei. Der Junge ist noch immer bei Bewußtsein, vier Unteroffiziere legen ihn auf die Trage. Die bayerischen Grenzer sehen nur noch, wie gegen 21.00 Uhr eine leblose Person abtransportiert wird. Kurz vor halb zehn trifft der »Grenzverletzer« im Krankenhaus Sonneberg ein. Dort amputiert man dem Sechzehnjährigen das rechte Bein bis zum Unterschenkel und den halben linken Fuß.

Von MfS-Leuten wird der frischoperierte Günter Oppermann »isoliert« und scharf bewacht. Zunächst glaubt er sich in einem westdeutschen Krankenhaus. Im Westen hält man den Jungen für tot. »Im Minenstreifen verblutet«, titelt eine Zeitung am 27. November 1968, zwei Tage danach. Der US-Botschafter in Bonn erklärt daraufhin: »Der Tod des Flüchtlings erinnert uns erneut daran, daß das Regime in Ostdeutschland weiterhin zu allen Mitteln, einschließlich Mord, greift, um die Bevölkerung zu unterdrücken und sich selbst an der Macht zu halten.« Herbert Wehner, Minister für gesamtdeutsche Fragen, informiert umgehend das Bundeskabinett. Dort wird beratschlagt, wie man in ähnlichen Fällen künftig Kontakt zu DDR-Organen herstellen kann, um verletzten Flüchtlingen zu helfen. Bundeskanzler Kiesinger stellt zur Debatte, in ähnlichen Fällen BGS-Hubschrauber einzusetzen …

Am 29. November 1968 veröffentlicht das »Neue Deutschland« eine Meldung zum »Grenzprovokateur« Oppermann, der verletzt in einem Krankenhaus liege. In darauffolgenden ADN-Meldungen heißt es, für die medizinische Betreuung Oppermanns sei am Bergungsort alles getan worden. Die zu Hilfe geeilten Grenzsoldaten hätten ihn unter ständiger ärztlicher Aufsicht auf dem schnellsten Wege ins Krankenhaus gebracht. Die Bergung des Jungen sei für alle Beteiligten mit großem Risiko verbunden gewesen … Günter Oppermann sei »offenbar verzweifelt über die Verhältnisse in Westdeutschland« gewesen.

Noch im November darf der Vater Günter Oppermanns, aus dem Westharz kommend, über Probstzella in die DDR einreisen und – gemeinsam mit westdeutschen Journalisten – seinen Sohn besuchen. Am nächsten Tag ist im Kommentar des stellvertretenden Chefredakteurs des »Neuen Deutschland«, Günter Schabowski, zu lesen: »Günter Oppermann, der nach dem Wunsch von Wehner und Springer schon nicht mehr leben sollte, befindet sich in guter Pflege in der DDR.«[3]

Nach drei Wochen im Sonneberger Krankenhaus kann Günter Oppermann in die Bundesrepublik zurückkehren, wo er umgehend in die Universitätsklinik Göttin-

Wieder eine Bonner Lüge geplatzt

Berlin (ADN). In den letzten Tagen hat die Springer-Presse die Verletzung der DDR-Staatsgrenze im Raum Sonneberg durch den westdeutschen Bürger Günter Oppermann zum Anlaß einer maßlosen Hetze gegen die DDR und ihre Grenzsicherungsorgane genommen. Sie verbreitet u. a. die lügnerische Behauptung, daß auf Grund nicht gewährter medizinischer Hilfe der Grenzprovokateur seinen Verletzungen erlegen sei, die er erlitten hat, als er widerrechtlich die DDR-Staatsgrenze von westdeutschem Territorium aus überschritt.

Wie ADN dazu erfährt, ist Oppermann durch Angehörige der Grenztruppen der NVA unmittelbar erste medizinische Hilfe erwiesen worden. Er befindet sich gegenwärtig zur weiteren ärztlichen Behandlung in einem Krankenhaus.

Meldung im »Neuen Deutschland« vom 29. November 1968 zu einer »Grenzverletzung« von bundesdeutscher Seite.

Der Tod im Minenfeld beschäftigt Bonn
Kiesinger fragt nach Verständigungsmöglichkeiten zwischen den Zonengrenzwächtern

Bonn Eigener Bericht)

Das Bundeskabinett hat den Tod eines 16jährigen im Minengürtel der DDR zum Anlaß genommen, darauf hinzuweisen, daß die Errichtung von Minenfeldern mitten im Frieden zu dem Zweck, die eigenen Bürger einzusperren, ein „unmenschliches und barbarisches Vorgehen" sei.

Der gesamtdeutsche Minister Wehner berichtete dem Kabinett über den Vorfall, bei dem, wie berichtet, der Bub an der Zonengrenze bei Coburg nach der Detonation einer Mine verblutet war. Wehner sagte, die Soldaten der Nationalen Volksarmee hätten offenbar selbst nicht die Lage der Minen gekannt, so daß es erst der Einschaltung höherer Stellen bedurft und mehrere Stunden gedauert habe, bis eine Gasse in das Minenfeld habe gesprengt werden können.

keiten der Verständigung mit den Grenzwächtern drüben entwickelt werden könnten. So stellte er zur Debatte, einen Hubschrauber des Bundesgrenzschutzes einzusetzen. Doch war sich das Kabinett, wie Staatssekretär Diehl mitteilte, der „Problematik" eines solchen Vorschlags bewußt. Der Bundesinnenminister werde sich damit befassen.

Auch der Bundestagsausschuß für gesamtdeutsche Fragen reagierte, wie sein Vorsitzender Franke sagte, mit „Empörung und Abscheu" auf die Umstände des qualvollen Todes des Jugendlichen. Allein verantwortlich seien jene, die im anderen Teil Deutschlands Regierungsgewalt ausübten.

In einer scharf gehaltenen Erklärung haben die Vereinigten Staaten von Amerika den Tod des unbekannten 16jährigen als „Mord" verurteilt. Der amerikanische Botschafter in Bonn,

Bayerische Grenzer sehen, wie eine leblose Person abtransportiert wird.

gen eingeliefert wird. In der ARD-Sendung »Report« wird einen Monat darauf ein Interview mit ihm ausgestrahlt. Er schildert, wie er ins Minenfeld gezwungen worden ist. Das finden einige unglaublich – und glauben ihm nicht.

Bei der Befragung vor der Untersuchungskommission des Grenzregiments haben die Soldaten K. und A. erklärt, sie hätten – aus einer gewissen Entfernung, aber doch deutlich – gehört, daß der Genosse Major Raßmann den Grenzverletzer aufgefordert habe, über den Zaun zu steigen ... Zur Rede gestellt, gibt Major Raßmann zu, »daß er am Vortage aus Angst nicht die volle Wahrheit gesagt und eine Falschmeldung begangen« habe ... Er habe nur im Bestreben gehandelt, »den Grenzverletzer auf keinen Fall entkommen zu lassen«.

Man verpflichtet den Stabschef Raßmann, mit niemandem über das Geschehen zu sprechen – zur Verantwortung gezogen wird er nicht. Statt dessen befiehlt der Kommandeur der 13. Grenzbrigade »eine Reihe besonderer Maßnahmen« zur »Verhinderung politischen Schadens«. Der Abschlußbericht des Regimentskommandeurs endet mit den Sätzen: »Major Raßmann und Major Raddatz sind langjährige und erfahrene Offiziere, die ihre Aufgaben bisher mit großem Verantwortungsbewußtsein und einer hohen Intensität erfüllt haben ... Der tatsächliche Sachverhalt ist nur einem sehr beschränkten Personenkreis, der besonders belehrt wurde, bekannt. Mit den beteiligten Grenzposten wurden entsprechende Aussprachen über die Richtigkeit der Handlungen der Offiziere und das falsche Verhalten des Grenzverletzers geführt.«[4]

Das Regime in Ostdeutschland greife zu allen Mitteln, einschließlich Mord, um sich an der Macht zu halten, zitiert die »Süddeutsche Zeitung« am 28. November den amerikanischen Botschafter.

1969

Zwischen der Verletzung des sechzehnjährigen Heinz Engelhardt im Minenfeld bei Probstzella, Juli 1966, und der des gleichaltrigen Günter Oppermann bei Sonneberg, November 1968, liegen knapp zweieinhalb Jahre und fünfundzwanzig Kilometer. Dazwischen liegt auch die Äußerung des MfS-Offiziers Kurt Harnisch in der Sitzung des Grenztruppen-Militärrates vom 25. August 1967: »Es darf in der Frage der Minensperren keinerlei Humanitätsduselei geben.«[5]

1968 gelingt rund tausendeinhundert Menschen die Flucht unter Gefahr für Gesundheit und Leben aus der DDR. Davon flüchten rund sechshundert über die Grenzsperren nach Westdeutschland und hundert nach West-Berlin. Fast zweitausendzweihundert Flüchtende werden an der DDR-Grenze festgenommen.[6] Im Bereich des 11. Grenzregiments glücken nur noch etwa dreißig Fluchten, mehr als hundertzwanzig scheitern.[7]

1969

Rund tausendzweihundert DDR-Bürger überwinden 1969 die Sperranlagen ihres Staates oder die der »sozialistischen Bruderstaaten«, darunter sechsundachtzig »Angehörige der bewaffneten Organe«.[1] Einer von ihnen flüchtet als Soldat des Sicherungszuges vom Bahnhof Probstzella aus.
Über zweitausendzweihundert Fluchtversuche scheitern in diesem Jahr an der DDR-Grenze, so auch die Fahnenflucht des zwanzigjährigen Unteroffiziers Roland Held – er wird am 27. Mai 1969 bei Sonneberg erschossen.[2]

Im Kreis Saalfeld werden 1969 sechsundvierzig Flüchtende festgenommen, fast die Hälfte davon »auf Grund von Hinweisen der Bevölkerung«.[3] Fünf Menschen verlassen die DDR über die Grenzsperren bei Probstzella.
Der zwanzigjährige Heinz O. steigt am 10. Januar 1969 in der Großgeschwendaer Schlucht über den Zaun. Schon zweimal hat der junge Mann aus Mellenbach im Kreis Neuhaus, dem westlichen Nachbarkreis Probstzellas, »die DDR illegal verlassen«. Als an diesem Januartag abends um halb sieben wegen des abgängigen Heinz O. Grenzalarm ausgelöst wird, ist er längst über den Steinbach gesprungen. Gegen Mitternacht findet eine Streife seine Spur im Schnee am Fuße des Hopfs-Berges ...[4]

Zwei neunjährige Kinder aus Neuenbau, Ortsteil Sattelpaß, fahren mit ihrem Schlitten am Nachmittag des 19. März 1969 nach Bayern. Als Hans-Jürgen O. und Friedel W. am Sattelgrund übers zugeschneite Minenfeld stapfen, werden sie von Bundesgrenzschützern entdeckt. Langsam sollen sie laufen und vorsichtig, rufen ihnen die Männer zu. Man bringt sie zunächst in eine Gaststätte.
Sie wollten eine Tante in Tettau besuchen, erklären die zwei Jungs. Die Tante verständigt ihren Bruder in Neuenbau, der ruft am Abend bei der Grenzkompanie an: Eigentlich hätten die Kinder nur rodeln wollen, dann sei der Schlitten bei der Abfahrt nicht mehr zu bremsen gewesen. Am Nachmittag des nächsten Tages set-

zen bayerische Grenzpolizisten die Kinder in den Zug nach Probstzella. Im Verhör bei der Sonneberger Kriminalpolizei geben diese zu, daß sie zur Tante wollten. Ein Offizier wertet den »Grenzdurchbruch« in der Schule Neuenbau aus. Auf einer Einwohnerversammlung wird »nochmals eindringlich auf die Einhaltung der Grenzordnung hingewiesen«. Die Eltern im Ort werden aufgefordert, ihrer Aufsichtspflicht besser nachzukommen. Hinter den Häusern des Ortsteils Sattelpaß, der sich schon im Schutzstreifen befindet, wird ein »Scheinminenfeld« angelegt, und außerdem wird die »Ausweisung einer Reihe von Personen, die wegen Unzuverlässigkeit nicht länger unmittelbar an der Sperre wohnen können«, eingeleitet.[5]

Im Mai 1969 gehen wieder Kinder aus Neuenbau über die Grenze, am 12. September 1969 ein Mädchen aus Neuenbau und drei Geschwister aus Sattelpaß. Am Abend rufen die Verwandten aus dem fränkischen Alexanderhütte – keine zwei Kilometer hinter der Grenze – an: Die vier Kinder sind angekommen. Man findet ihre Spuren im Minenfeld ... Sie wollten Pilze suchen, haben sie ihren Eltern gesagt. Zehn, elf, zwölf und dreizehn Jahre sind sie alt. Am folgenden Tag gelangen sie mit dem Zug über Probstzella nach Hause zurück. Der Erste Sekretär der SED-Kreisleitung Sonneberg verfügt die vorläufige Einweisung der Kinder in ein Heim und die Aussiedlung der Familie aus Neuenbau.[6]

Oberleutnant Wolfrum von der MfS-Kreisdienststelle Saalfeld wirbt im August 1969 Bernd Gehricke als Spitzel für den Einsatz in Probstzella: Der Mann ist 29 Jahre alt, seit drei Jahren Leiter der Gaststätte im Kulturhaus des Ortes (früher

Im März 1969 gelangen Kinder aus Thüringen mit ihren Schlitten über die Grenze ins bayerische Tettau.

Kartenskizze aus dem Bericht des Regimentskommandeurs

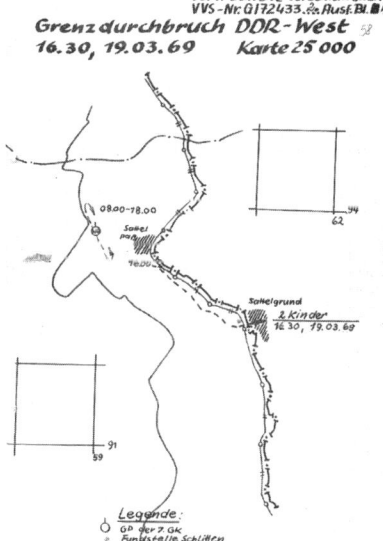

1969

»Haus des Volkes«). Er scheint »zur Aufklärung und Bearbeitung negativer und undurchsichtiger Personen im Grenzgebiet geeignet« und wird vorgesehen für »die systematische Untersuchung der Einwohner des Sperrgebietes nach der Fragestellung ›Wer ist wer?‹«. Kripospitzel haben Oberleutnant Wolfrum gesteckt, »daß in der Gaststätte durch negative Elemente mitunter feindliche Diskussionen geführt werden«. Der Kneipier könne dort »zielgerichtet bestimmte Aufklärungen durchführen«, denn »branchenbedingt ist bei ihm die Kontaktfreudigkeit gegeben«.

»Durchgeführte Werbung des Kandidaten Gehricke: ... Er sprach die Vermutung aus, daß Jugendliche besonders unter Alkoholeinfluß mitunter dazu neigen, über Kenntnisse des Grenzgebietes zu prahlen, und dabei undurchdachte Äußerungen möglich sein können. Er versprach, bei Feststellung auffälliger Momente unser Organ sofort in Kenntnis zu setzen. Ihm wurde daraufhin ... dargelegt, daß es im Interesse unseres Organs liegt, mit ihm einen beständigen Kontakt zu unterhalten. Ihm wurde diesbezüglich erläutert, daß eine Unterstützung unseres Organs seiner freien Entscheidung unterliegt und daß eine Entscheidung zur Unterstützung unseres Organs von ihm durchdacht sein muß, um eine wirkungsvolle Zusammenarbeit zu garantieren. Der Kandidat brachte zum Ausdruck, ... daß er es als seine Aufgabe betrachtet, die Sicherheitsorgane gegen staatsfeindliche Handlungen zu unterstützen ...
Er erklärte seine grundsätzliche Bereitschaft, die Organe des Ministeriums für Staatssicherheit zu unterstützen. Auf dieser Grundlage wurde nochmals auf die Prinzipien einer derartigen Zusammenarbeit eingegangen und ihm die grundsätzlichen Forderungen der Ehrlichkeit, Offenheit und andererseits der unbedingten Einhaltung der Schweigsamkeit erläutert. Vom Kandidaten wurden diese Probleme verstanden, und er brachte zum Ausdruck, daß ihm selbst auch daran gelegen ist, daß der Kontakt zu unserem Organ geheimgehalten wird. Er erläuterte dies in diesem Zusammenhang mit seiner Tätigkeit, die ihm bei Bekanntwerden der Verbindung bestimmte Schwierigkeiten bringen würde ...«
Oberleutnant Wolfrum am 8. August 1969

Zwanzig Jahre lang arbeitet Bernd Gehricke als Inoffizieller Mitarbeiter »Dieter Schulze« für die Stasi. Laut »Einschätzung« seines Führungsoffiziers macht sich der Wirt bis zuletzt »für die Einschätzung von Personen ... bereitwillig kundig und informiert exakt« über Gespräche mit seinen Gästen.
1970 liefert Bernd Gehricke dem MfS elf Namen von »Kirchenanhängern und Halbstarken«, die jeweils nach dem Kirchgang in die Gaststätte kommen und diskutieren. »Dieter Schulze« hält die Gruppe »weiterhin unter Kontrolle«. 1971 informiert er über das »freche Auftreten« zweier Jugendlicher im Kulturhaus gegenüber Zöllnern (›Ihr faulen Hunde! Wir müssen für euch das Geld mitverdienen.‹). Im selben Jahr meldet der IM, daß Grenzsoldaten in der Kneipe die »Bekleidungsordnung« nicht einhalten. (»Uniformjacken werden aufgeknöpft.«) Und so weiter.
Überdies nimmt der Gaststättenleiter »selbständig Personenkontrollen vor und gibt direkte Hinweise an die Schutzorgane« über »verdächtige Personen in der Gaststätte«. Mindestens »für einen Hinweis zum Verdacht einer Straftat« wird Herrn Gehricke »ein Präsent im Wert von 48,- (achtundvierzig) Mark überreicht«.[7]

Im Sommer 1968 hat man auf Anordnung des Grenztruppenchefs an der Grenze zur Bundesrepublik Flaschen mit einem »Wildverwitterungsmittel« angebracht: »Mit dem Einsatz dieses Mittels soll das Wild von den Sperren und Signalanlagen abgewiesen und in andere Richtungen verdrängt werden.« Es ist ein ätzendes Chlorgemisch aus dem »VEB Fettchemie Karl-Marx-Stadt«, das so übel riecht, daß es Erbrechen auslöst.

Der Offizier des Chemischen Dienstes im Grenzregiment 11, Hauptmann Handel, steht ein Jahr nach der Einführung des Mittels vor einem Problem: Nach »mehrmaligen Änderungen der Komponenten« soll eine neue, wirksamere Flüssigkeit eingesetzt werden. Dazu müssen erst die Fässer des alten Mittels leer zurück zum Hersteller, auch Fässer sind knapp. Was aber mit den 28 Fässern »Restbestände« tun? Hauptmann Handel weist an, sie in einen stillgelegten Schieferbruch bei Probstzella zu schütten.

Am 14. Juli 1969 gießen Grenzsoldaten 5600 Liter Wildvertreibungsmittel in den »Kantorsbruch«. Das Trinkwasser-Einzugsgebiet für die Kleinneundorfer Straße in Probstzella ist für Jahre vergiftet. Ekelhaft bissig rieche das Wasser, schimpfen die Leute. Irgendeiner habe was ins Einzugsgebiet geschüttet, sagt man ihnen und versorgt sie mit anderem Wasser. Hauptmann Handel erhält eine Verwarnung und muß »zur Wiedergutmachung« auf ein Monatsgehalt verzichten.[8]

Drei Flüchtlinge klettern in den frühen Morgenstunden des 3. Dezember 1969 über den Hopfs-Berg bei Probstzella in den Westen – nur wenige hundert Meter von der Stelle, wo am Jahresanfang der zwanzigjährige Heinz O. über den Steinbach gesprungen ist.[9]

Werbung eines Spitzels und dessen Verpflichtungserklärung

Moskau, 12. August 1970

Unterzeichnung des Moskauer Vertrages durch die Regierung Brandt/Scheel

Im thüringischen Erfurt treffen sich am 19. März 1970 die Regierungschefs des geteilten Deutschland zu einem Gespräch. Ministerpräsident Willi Stoph fordert von Bundeskanzler Willy Brandt die völkerrechtliche Anerkennung der DDR und ihrer »Staatsgrenze«. Bundeskanzler Brandt regt Kommissionen zur Beratung der innerdeutschen Beziehungen an. Bei einem Folgetreffen am 21. Mai 1970 in Kassel verlangt Ministerpräsident Stoph erneut die völkerrechtliche Anerkennung der DDR – Bundeskanzler Brandt entgegnet, der Zusammenhalt der Nation solle gewahrt bleiben. Am 12. August 1970 unterzeichnet Willy Brandt in Moskau den »Vertrag über Gewaltverzicht und Normalisierung der Beziehungen zwischen der Bundesrepublik Deutschland und der UdSSR«.

1970

Im November 1965 kam der 24jährige Karl-Helmut Hassenstein als Vikar nach Probstzella, wo er dem Lichtentanner Pfarrer Hans-Joachim Schoeps zur Ausbildung zugewiesen wurde.

KARL-HELMUT HASSENSTEIN
»In Jena, wo ich studiert habe, sagte eines Tages meine Wirtin zu mir: ›Herr Hassenstein, da waren ein paar Herren von der Polizei und haben sich nach Ihnen erkundigt – sie wollen doch nach Probstzella ... Na, ich hab Gutes über Sie ausgesagt.‹
Ich war bis dahin nie im Sperrgebiet gewesen, habe aber schon im Herbst 1961 mitbekommen, was Sperrzone heißt: Wir mußten als Studenten zu einem Ernteeinsatz in die Nähe von Rudolstadt. Da gab es zwei oder drei Familien, die mit Sack und Pack dort saßen und weinten – sie waren ausgewiesen worden. Wir Studenten haben uns schon drüber aufgeregt – und das war's auch.
Später hab ich das ja in Probstzella kennengelernt. Ich mußte ständig in Saalfeld Trauerfeiern halten, weil ausgewiesene Angehörige nicht in die Sperrzone zur Beerdigung durften. Noch schwerer war es, zu Bestattungen West-Deutsche in die Sperrzone zu bekommen. Ich hab's erlebt, wie die Angehörigen vom ›Probstzella-Blick‹ mit dem Fernrohr runtergeguckt haben, denn von dort aus konnte man den Friedhof sehen.
Ich hatte nur für das Kreisgebiet Saalfeld Aufenthaltserlaubnis, also für Lichtentanne, Großgeschwenda, Schlaga, Probstzella, Marktgölitz und Zopten. Bei der Taufe unseres Sohnes hat ein Freund aus Großneundorf, von Beruf Konditor, eine Torte gemacht. Hinter Zopten, wo die Bezirksgrenze ist, fand die Übergabe statt: da kam er mit seinem Auto und ich mit meinem, und wir haben die Torte übergeben.
Ich hatte eine ganze Reihe Christenlehrekinder, deren Väter in der Partei gewesen sind. Erst hab ich's nicht verstehen können, bis es mir wie Schuppen von den Augen gefallen ist: Leute, die zweimal Ausweisungen miterlebt haben, die wollten nicht auch noch ausgewiesen werden. Dann ist als Schutzmaßnahme einer aus der Familie in die Partei eingetreten, um dort erst mal einen Fuß zu haben, um dableiben zu können. Ich bewundere die, die in der Partei waren und trotzdem in der Kirche geblieben sind. Das würde ich durchaus noch als ein Stück Rückgrat ansehen. Meistens mußte aber, wer in die Partei eintrat, sofort aus der Kirche austreten.
Es gab manches, was nicht zusammengepaßt hat: Sonnabend die Jugendweihe und Sonntag die Konfirmation. Zur Jugendweihe kamen wenigstens mal ein paar Leute in die Sperrzone rein. So hatte man vielleicht einen Paten reinbekommen, den man mit der Begründung Konfirmation nie reinbekommen hätte. Zu unserer Zeit haben alle die Jugendweihe mitgemacht, und ich hab das auch nicht als etwas Verwerfliches empfunden. Die Mitglieder der Jungen Gemeinde waren meist auch in der FDJ.
So um 1968 herum kamen kurz vor der Konfirmation Eltern und sagten: ›Herr Pfarrer, was sollen wir machen? Der Ortsparteisekretär ist dagewesen und hat uns

1970

eröffnet, daß wir als Genossen unseren Sohn nicht konfirmieren lassen dürfen.‹ Ich bin nach Eisenach gefahren zu Bischof Mitzenheim und hab ihm das erzählt. Er sagte zu mir: ›Ich weiß nicht, wie ich helfen kann, aber ich will's versuchen.‹ Es dauerte nicht lange, da wurde der Ortsparteisekretär von oben zurückgepfiffen.«

»In Probstzella ist der Vikar Hassenstein und seine Frau als Vikarin tätig. Im Laufe des Jahres 1969 hat Vikar Hassenstein eine intensive Arbeit unter Jugendlichen entwickelt. Zur Zeit nehmen ständig ca. 20 Jugendliche (davon 7 Kinder von 5 Genossen) an den Zusammenkünften der Jungen Gemeinde teil. Von diesen 20 Jugendlichen waren 15 (davon alle 7 Kinder der 5 Genossen) am 8. und 9.11. im Rüstzeitheim Hoheneiche.
Pfarrer Hassenstein nimmt erst in den letzten Wochen wieder regelmäßig an den Sitzungen des Ortsausschusses der Nationalen Front teil. Seine Teilnahme wurde durch eine gründliche Aussprache des Genossen Gerber mit ihm erreicht. Die Vikarin Hassenstein leistet in den Gemeinden des Loquitzgrundes eine aktive Kinderarbeit.«[1]

»Zuarbeit zum Bericht zu der Lage im Sperrgebiet an der Staatsgrenze«, verfaßt von Otto Schnappauf, Leiter der Abteilung Inneres beim Rat des Kreises Saalfeld

KARL-HELMUT HASSENSTEIN

»Zu den Sitzungen der Nationalen Front bin ich eingeladen worden, bin mal gegangen, mal nicht. Da wurde die Ortspolitik besprochen und die große natürlich auch. Man hat weggehört, das konnte man ja inzwischen. Nein, meine Arbeit wurde dort nicht kritisiert.
Von der Abteilung Inneres kamen sie einmal im Jahr zur Weihnachtszeit: ›Wie geht's denn so? Wenn wir Ihnen helfen können, können Sie sich jederzeit an uns wenden.‹ Zu diesem Zeitpunkt wußte ich noch nicht, daß das meistens Stasi-Leute waren, die da zum Anstandsbesuch kamen.«

Das Pfarrhaus in Probstzella, wohin es 1965 den jungen Vikar Karl-Helmut Hassenstein mit seiner Frau verschlägt.

»Auf der Grundlage der sogenannten ›Neuen Ostpolitik‹ versucht die Brandt/Scheel-Regierung von Westdeutschland aus, den zersetzenden Einfluß auf unsere Bürger durch neue raffinierte und feinfühlige Art zu verstärken. Dieser verstärkte Druck macht sich besonders im Bereich des Grenzgebietes bemerkbar. Es verstärken sich die Fälle der versuchten Kontaktaufnahmen zu unseren Grenzsoldaten.«[2] (Zu den »versuchten Kontaktaufnahmen« wird jede »Entbietung des Tagesgrußes« durch bundesdeutsche Grenzstreifen gezählt und jedes Winken von drüben.)

1970

»Lageeinschätzung« des Stabes im Volkspolizeikreisamt Saalfeld, Anfang 1970

Reinhard S. und Jürgen R., zwei Fünfzehnjährige aus Probstzella, laufen am Nachmittag des 27. Mai 1970 von zu Hause weg. Sie marschieren in Richtung Grenze. Gleich hinterm Ort verschwinden sie im Wald, steigen über den Pöhlberg und stoßen am Hopfs-Berg auf einen Grenzposten. Die beiden Jugendlichen verstecken sich. Kurz darauf sehen sie, wie sich der Posten entfernt – er soll Waldarbeiter kontrollieren im Schutzstreifen an der »Oberen Ausdauer«. Der neue Posten ist noch unterwegs.
Gegen vier Uhr versuchen sie, über den Grenzzaun zu klettern. Der Posten am Falkenstein entdeckt sie und schießt: vier Schuß aus einem Maschinengewehr, aus über dreihundert Metern Entfernung. Jürgen entkommt zunächst über den Zaun, Reinhard nicht. Er rennt an dem Hindernis entlang aus der Schußlinie und versucht dann – vergebens – den Zaun zu untergraben. Zweihundert Meter weiter gräbt er erneut und kommt durch. Er läuft weiter und gelangt schließlich in der Großgeschwendaer Schlucht über die Grenze, eine Viertelstunde bevor die Fluchtstelle im »Raum der Hauptanstrengung« (RdH) abgeriegelt ist. Jürgen verirrt sich im Wald am Hopfs-Berg und wird nach einer halben Stunde aufgegriffen.
Drei Stunden später schreibt der Kommandeur des 11. Grenzregiments in das Fernschreiben an den Grenztruppenchef: »motiv: abenteuerlust – schlechte schulische leistung«.[3]
In Windeseile verbreitet sich in Probstzella die Nachricht von der gelungenen Flucht des Reinhard S., auch daß geschossen worden ist. Jürgen R. soll zwei Jahre Gefängnis bekommen haben, sagen die Leute.[4]

Der Gefreite Z. von der Kompanie Probstzella nimmt am Morgen des 17. Dezember 1970 am Pöhlberg zwei Männer fest, die in den Westen flüchten wollen. Bereits gegen halb drei Uhr nachts haben die beiden eine Leuchtrakete ausgelöst und sind von Grenzern entdeckt, beschossen und sechs Stunden lang verfolgt worden.[5]
Das Jahr 1970 hat in Probstzella am 5. Januar mit einer Flucht über die Bahnschienen begonnen und endet auch mit einem Grenzdurchbruch auf diesem Weg – einen Tag vor Heiligabend, gegen 20 Uhr: Der Gefreite Bernd W., ein Berliner, der »im Abschnitt Bahnlinie Probstzella–Ludwigsstadt zur Sicherung der Staatsgrenze der DDR eingesetzt« ist, meint zu seinem Posten, er wolle sich mal ein bißchen die Füße vertreten. Nach etwa zwanzig Metern beginnt Bernd W. zu rennen, »im Schutze des Bahndammes und der Dunkelheit«. Der Posten schießt, Bernd W. erreicht nach annähernd fünfhundert Metern fränkischen Boden. Er ist einer von rund sechzig Deserteuren, die 1970 aus der DDR in die Bundesrepublik entkommen.[6]
Am 30. Januar ist der neunzehnjährige Soldat Lutz P. aus der Kompanie Brenners-

1970

»Probstzella-Blick« – über die Grenze hinweg

grün nach einem Gaststättenbesuch über die Grenze geflüchtet. Ein Kamerad, der ihn begleitet hat, wird festgenommen. In Ludwigsstadt findet der gelernte Bäcker Lutz P. ein neues Zuhause.[7]

Neunundvierzig Flüchtende werden 1970 an der Grenze im Kreis Saalfeld gestellt; an der Westgrenze der DDR sind es in diesem Jahr insgesamt mehr als zweitausenddreihundert. Dabei setzen Grenzer fünfzigmal die Schußwaffe ein. Neunhundert DDR-Bürgern gelingt 1970 die Flucht in den Westen unter Gefahr für Gesundheit und Leben.[8]

1971

Die Struktur der DDR-Grenztruppen wird 1971 geändert: Fortan sind die Regimenter nicht mehr Grenzbrigaden zugeordnet, sondern drei regionalen Kommandos: dem Grenzkommando Nord mit Sitz in Kalbe (Altmark), Mitte (Berlin) oder Süd (Erfurt).
Mehr als achthundert Fluchten aus der DDR gelingen 1971 unter Gefahr für Gesundheit und Leben.[1] Etwa dreitausend Fluchtversuche werden von den Grenztruppen und der Volkspolizei – oft schon bei der Vorbereitung – verhindert, rund zweihundert vom MfS.[2]

»Durch die Untersuchungstätigkeit dieser Straftaten kann der Nachweis erbracht werden, daß sich die überwiegende Mehrheit der Täter zum Handeln entschloß, weil sie sich durch den Empfang imperialistischer Funk- und Fernsehstationen der Wirkung der politisch-ideologischen Diversion des Klassengegners aussetzten. 87,6 % aller Täter hatten infolge des regelmäßigen Abhörens derartiger Sendungen ablehnende Haltungen zu den sozialistischen Verhältnissen in der DDR und glaubten an ein schöneres Leben in der kapitalistischen BRD. 12,4 % der analysierten Täter trafen ihre Entscheidung, da sie persönliche Verbindungen zu Personen (auch Rückverbindungen) in die BRD oder ins kap. Ausland hatten und von dort beeinflußt worden sind bzw. auf andere Weise (Literatur, Flugblätter) zu gleichen negativen Auffassungen gelangten.
Beim Empfang der Sendungen stehen vor allem Werbesendungen, Kommentare und Musiksendungen an der Spitze, in deren Ergebnis sich bei den Tätern Auffassungen herausbilden, daß man in Westdeutschland billiger lebt und mehr Geld verdienen kann. Außerdem biete sich in der BRD die Möglichkeit, in viele ausländische Staaten zu reisen, was von der DDR aus nur in beschränktem Umfang der Fall sei.«[3]
Analyse der BDVP Gera »über vollendete und versuchte Grenzdurchbrüche im Bezirk«, 1971

Aus der 3. Kompanie (Probstzella) des Grenzregiments 11 (Zschachenmühle), 13. Grenzbrigade (Rudolstadt) wird im Februar 1971 die 12. Kompanie des Grenzregiments 15 (Sonneberg), Grenzkommando Süd. Acht Kilometer Grenzlinie gehören zur Kompanie, vom Schieferberg bei Lichtentanne bis zur Bezirksgrenze Gera/Suhl bei Zopten – die DDR-Grenze im Kreis Saalfeld.
Fünfundneunzig Menschen scheitern 1971 in diesem Grenzabschnitt bei dem Versuch zu flüchten; nur zweien glückt die Flucht.[4]

Am Abend des 27. Januar 1971 passieren nach acht Uhr nur noch vereinzelt Fahrzeuge den Kontrollpunkt Marktgölitz an der Zufahrt zur Sperrzone bei Probstzella. Es regnet stark, die beiden Hauptwachtmeister der Volkspolizei sitzen im Wachhäuschen. Kurz vor neun löst ein Signalgerät aus, die Polizisten schalten die Geländebeleuchtung ein und stürzen zum Suchscheinwerfer. Nervös streift der Lichtkegel durch die Dunkelheit. Sechsmal schießen sie gelbe Leuchtkugeln ab – niemand zu sehen, nichts zu hören, im nassen Boden keine Spuren. Nach zwanzig

1971

Minuten geben sie auf. Keine Stunde später stolpert jemand auf dem Weg nach Probstzella über einen Signaldraht der Grenztruppen, eine Leuchtrakete zischt in die Luft.

Gegen halb zwei Uhr morgens wird abermals ein Signalgerät an der Grenze ausgelöst. Erfolglos brechen die Soldaten die Suche ab. In der Morgendämmerung stellen sie einen Grenzdurchbruch über die Bahnlinie Probstzella–Ludwigsstadt fest. Dort liegt noch ein Wintermantel.[5]

SIEGFRIED SAUER, Probstzella

»Jüngere Kinder sind schon dazu erzogen worden, wenn sie einen Fremden auf der Straße sehen, daß sie den melden. Mich hat es einen Scheißdreck interessiert, wer hier rumläuft. Wenn mich aber einer gesehen hat, wie ich den Fremden gesehen und nicht gemeldet habe, dann hat der das gleich mitgemeldet.

Ich bin der Meinung: Leute, die was von sich gehalten haben, sind auch nicht zu den Grenzhelfern gegangen. Bei mir haben sie es einmal versucht, da war ich fünfzehn. Man hat mich auf die Polizei bestellt – ich wußt gar nicht, was los ist –, ich setz mich rein, da kommen zwei Mann, einer in Uniform und einer in Zivil, der fragt mich, ob ich bei den Grenzhelfern mitmachen will. Da war's bei mir aus, ich wär fast ausgerastet.

Es gab genug Leute, die aufgepaßt haben, wenn hier mal einer aufgetaucht ist. Sie haben auch direkt Leute von Saalfeld draufangesetzt zu gucken, wie man reagiert, wenn die hier rumlaufen: Die sind durch den Betrieb gelaufen, und wenn man nichts gesagt hat, gab's wieder 'ne Versammlung, und man ist wieder drauf hingewiesen worden und mußte 'ne Unterschrift leisten.«

In einer Jenaer Wohnung treffen sich am Spätnachmittag des 23. März 1971 die Maurer Bernhard Sperlich und Hans-Joachim W., beide neunzehn Jahre alt, sowie der achtzehnjährige Beifahrer Kurt Sch. Seit ihrer Schulzeit sind sie Freunde. Hans-Joachim und Kurt haben vor sieben Wochen an der Grenze bei Sonneberg

Freiwillige Grenzhelfer im Einsatz

1971

einen Fluchtversuch abgebrochen. Bernhard ist zwei Jahre zuvor auf dem Weg nach Probstzella festgenommen worden; noch einmal will er sich nicht einsperren lassen. Heute wollen sie aufbrechen.

Bernhard verabschiedet sich noch von seiner Freundin. Seine Mutter glaubt, er gehe zur Nachtschicht. »Bis morgen früh!« sagt Bernhard. »Mach's hübsch«, sagt die Mutter und schaut zu, wie er seine Brote in die Aktentasche steckt.

INGE HÜTTNER-SPERLICH
»Bernhard war ein bißchen temperamentvoll, aber jeder mochte ihn gern. Er war ein guter Junge. Er ist viel mit seiner Schwester ins ›Paradies-Café‹ tanzen gegangen und hat auch gern mal ein Bier getrunken. Ein begeisterter Fußballer war er.

Mein Bruder hatte zu Bernhard gesagt: ›Wenn du mal rüberkommen willst, und es ist eine Lücke im Zaun – ich nehm dich jederzeit auf.‹ Mein Sohn war ein bißchen labil, und da ist er mit. Mit seinem Moped ist er noch bis auf die Ringwiese gefahren, hat es dort abgestellt. Das wurde mir dann gebracht.«

Der Fluchtversuch des Maurers Bernhard Sperlich verläuft tödlich. Das Moped wird der Mutter später gebracht.

Kurz nach Mitternacht fahren die drei mit dem Zug nach Saalfeld, kommen dort gegen zwei Uhr an. Bis zur Grenze sind es zu Fuß noch über zwanzig Kilometer. Die jungen Männer laufen die ganze Nacht, bergauf, bergab, gedeckt durch den Wald. Bernhard schaut immer wieder auf die Landkarte. Als sie sich ihrem Ziel nahe glauben, wirft er sie weg.

Mittags halb eins kehren sie in Schaderthal in die Gaststätte »Zur frischen Quelle« ein; knapp anderthalb Stunden ruhen sie sich aus. Wohin sie wollen, fragt der Inhaber der Kneipe, Arno Fiedler. Man sei auf einem Ausflug. Nachdem die Jugendlichen losgegangen sind, ruft der 73jährige Wirt bei der Polizei an. Gegen 14.30 Uhr informiert der ABV von Probstzella den Bataillonsstab im Ort über drei verdächtige Jugendliche im Abschnitt Schaderthal, etwa sieben Kilometer vor der Grenze. Grenzalarm.

»Der Grenzalarm hat das Ziel, in kürzester Zeit mit den Kräften und Mitteln der Grenzkompanie eine erhöhte Dichte in der Grenzsicherung zu schaffen, um das Gebiet, durch das die Bewegungsrichtung der Grenzverletzer verläuft, abzuriegeln, die Grenzverletzer zu verfolgen, vorläufig festzunehmen bzw. zu vernichten.«
Dienstvorschrift 30/10 des MfNV vom 16. Dezember 1966

Vierzehn Volkspolizisten auf Motorrädern suchen im Bereich der Fernverkehrsstraße. Zwei zusätzliche Postenzüge sperren die Grenze bei Probstzella ab. Die Ortsgruppe der Freiwilligen Grenzhelfer schwärmt aus. Motorisierte Grenzstreifen dröhnen durch das Gelände. Ein Suchposten mit Hund macht sich auf den Weg.

1971

Fünfzehn Minuten nach der ersten Meldung entdeckt ein Polizist die drei Flüchtenden auf einem Schieferhügel bei Marktgölitz, verliert sie aber gleich wieder aus den Augen. Eine Stunde später nimmt der Hund des Oberfeldwebels Hovaguimian die Spur der mutmaßlichen »Grenzverletzer« auf. Mit dem Unterfeldwebel Sch. rasen der Oberfeldwebel und der Hund durchs Gelände, vier Kilometer, über eine Stunde lang. Dann stellen sie die Gehetzten in einer dichten Fichtenschonung am Nordosthang des Bocks-Berges, zwei Kilometer vor der Grenze.

»Halt, Grenzposten! Kommen Sie aus dem Gebüsch! ... Sie sollen aus dem Gebüsch kommen! ... Na wird's bald!« Zwei treten vor den wütenden Oberfeldwebel. »Wo ist der dritte?« Keine Antwort. »Kommen Sie vor! Ich warte ... Und Sie setzen sich auf den Boden – rauskommen, hab ich gesagt!« Günter Hovaguimian, 26 Jahre alt, Vater eines zweijährigen Jungen, schießt in die Luft.

»Bernd, nun komm doch endlich raus ...« Bernd kommt. »Auf den Boden! Los!« – »Ich mache, was ich will.« Der Oberfeldwebel, der »erfahrenste Staffelführer« des Bataillons mit dem »besten Fährtenhund«, Mitglied der SED, Stasi-Spitzel, FDJ-Sekretär seiner Kompanie, elf Belobigungen, feuert nochmals in den Himmel.

»Alle drei rechts rüber!« – »Ich gehe nicht.« – »Bernd, komm ...«

»Rechts rüber! ... Bei Fluchtversuch wird ohne Anruf von der Schußwaffe Gebrauch gemacht.« – »Die Waffe stört mich überhaupt nicht, ich haue sowieso ab.« – »Lassen Sie es nicht drauf ankommen, ich schieße!« – »Bernd, mach keinen Mist!« – »Ich haue ab.« Eine halbe Drehung in Richtung Gebüsch, ein Feuerstoß aus der Hüfte, aus sieben Metern Entfernung. Drei Kugeln, eine dringt in den Rücken ein, zerreißt die Leber, tritt über dem Bauchnabel wieder aus.

Hans-Joachim soll ihn verbinden. Aus dem Bauch pulsiert heftig Blut. »Laßt mich liegen ..., nicht verbinden ..., ihr seid Feiglinge ...« Sie sollen den Freund den Hang hinab auf eine Wiese neben der Straße ziehen. Dort legen sie den Verband an. Ein Radfahrer kommt hinzu, er soll die Grenzkompanie verständigen, einen Arzt holen. Nach einer halben Stunde kommt der Militär-Krankenwagen.

Der Feldscher fühlt den Puls des Verletzten, nimmt nur noch schwache Lebenszeichen wahr, legt einen Verband an. Währenddessen kommt der Personenzug Saalfeld–Sonneberg vorbei. Man sieht vom Zug aus den Krankenwagen, die Uniformierten und einen Menschen auf dem Boden liegen. Ein Flüchtling ist erschossen worden, wird man zu Haus erzählen.

Zehn Minuten fährt das Sanitätsauto bis zum Krankenhaus, das Tatütata gellt durchs Tal. Als die Ärzte in Gräfenthal gegen 17.40 Uhr die Hecktür des Wagens aufreißen, ist Bernhard Sperlich tot.

INGE HÜTTNER-SPERLICH

»Am Morgen sagte ich zu meiner Tochter: ›Du, horch mal, der Bernhard kommt gar nicht nach Hause.‹ Auf einmal klingelt's, und Bernhards Vorarbeiter von der Arbeit stand vor der Tür, der sagte ganz höhnisch: ›Ihr Sohn ist nicht auf Arbeit gekommen, bei welchem Weib schläft er denn?‹ – ›Ich weiß, daß er auf Arbeit gegangen ist‹, sagte ich.

Ich glaube, abends ist dann ein Polizist gekommen. Der sagte mir, daß Bernhard über die Grenze wollte – mit tödlichem Ausgang. Mehr könne er mir auch nicht sagen. Alles andere würden wir hören.«

Der neunzehnjährige Bernhard Sperlich kurz vor seinem zweiten Fluchtversuch

1971

»Über verletzte oder getötete Personen und deren Angehörige sind sofort konspirative Ermittlungen von der Abteilung VIII führen zu lassen. Angehörige solcher Grenzverletzer sind unter operative Kontrolle zu bringen...
Die Augenzeugen oder Familienangehörigen sind in geeigneter Form mit Einfühlungsvermögen unter der Legende der Zeugenbefragung zu isolieren und zum Schweigen zu verpflichten. Die Umgebung ist durch geeignete IM/GMS über einen längeren Zeitraum zu kontrollieren. Die Vorbereitung geeigneter Legenden, die sofort konkretisiert und durch den Leiter der BV bestätigt werden müssen, ist zu garantieren.«
MfS-Anweisung zur »Bearbeitung von verletzten und getöteten Grenzverletzern«, Mai 1970

Als Mitarbeiter von Polizei und MfS die Wohnung von Inge Sperlich durchsuchen, wirft sie rasch ihre West-Illustrierten über eine Mauer aufs Nachbargrundstück. Einer der Männer sagt zu Frau Sperlich, ihr Sohn sei auf eine Mine gelaufen.

Rückseite der Sterbeurkunde

```
Todesursache lt. Totenschein

Acuter Schockzustand nach Bauchschuss-
verletzung m. Verletzung grosser
Bauchgefässe                               879 I


        Leiter des Standesamtes

            gez. Juffa
```

INGE HÜTTNER-SPERLICH
»Am zweiten Tag nach seinem Tod kam ein Kraftfahrer von der Stasi in Gera und brachte mir die Uhr meines Sohnes, das Schlüsselbund und seine Lederjacke. Ich fasse in die Jacke rein und hab die Hand voll Blut. ›Na, sagen Sie mal, mein Sohn ist ja gar nicht auf Minen gelaufen. Sie haben ihn doch erschossen!‹ – ›Das kann ich Ihnen nicht sagen, ich bin nur der Kraftfahrer.‹ Kaputt war die Jacke nicht, er trug sie immer offen...«

Inge Hüttner-Sperlich, der Mutter, wird der wahre Tathergang verschwiegen.

»Mit den Angehörigen wird abgesprochen, daß eine Trauerfeier grundsätzlich nicht stattfindet. Es sollte den Angehörigen nahegelegt werden zuzustimmen, daß durch das MfS alle notwendigen Maßnahmen übernommen werden (Beschaffung eines Urnenplatzes, Einäscherung, Urnenbeschaffung, Erledigung der Formalitäten, Übernahme der Kosten). Unsererseits kann gestattet werden, daß bei der Urnenbeisetzung eine Trauerfeier im engsten Rahmen durchgeführt wird, zu der auch ein Prediger ausgesucht werden kann.
Das mit den Angehörigen zu führende Gespräch hat das Ziel zu erreichen, daß über das Vorkommnis nichts an die Öffentlichkeit dringt, wobei geeignete Momente aus den Ermittlungsergebnissen zur Erreichung dieses Zieles geschickt

ausgenutzt werden (moralisch verkommene Personen, kriminell Aufgefallene u. ä.). Dabei sollte durch die vorhandenen inoffiziellen Möglichkeiten geprüft werden, inwieweit seitens der Angehörigen geschwiegen wird. Forderungen, den Toten noch einmal zu sehen, soll nicht zugestimmt werden.«

MfS-Anweisung zur »Bearbeitung von verletzten und getöteten Grenzverletzern«, Mai 1970

INGE HÜTTNER-SPERLICH

»Nachdem sie Bernhard freigegeben und nach Jena überführt hatten – er lag lange dort oben –, hatte ich Gewißheit: Der alte Herr, der oben auf dem Friedhof die Toten gewaschen und gepflegt hat, kannte meinen Mann; er kam abends an und sagte: ›Frau Sperlich, es tut mir so weh um Ihren Sohn. Wollen Sie sich ihn nicht doch noch mal ansehen? Es darf aber keiner wissen!‹ Ich hab das auch niemandem gesagt, nur zu meinem Nachbarn, der war vertraut mit meinem Sohn. Er sagte: ›Mensch, Inge, komm, wir gehen. Trinkst du 'nen richtigen Kognak, daß es dir nicht schlecht wird oben.‹ Sonntagfrüh um acht, haben wir ausgemacht.
Bernhard hatte einen Schuß direkt unterm Herz. Da war dann ein Heftpflaster draufgeklebt. Aber er sah noch so schön aus!
Im Sarg lag noch seine Manchesterhose und die Turnhose, die er anhatte. Das hab ich mit nach Hause genommen und dann weggeschmissen, es war alles voll Blut. Ich durfte ihn nicht beerdigen lassen, ich mußte ihn verbrennen lassen. Mein Mann war ein halbes Jahr vorher beerdigt worden.
Die Nachricht von Bernhards Tod hat mich sehr getroffen, ein paar Tage war ich wie weg! Ich hatte drei Kinder, die haben sich nett verstanden. Bernhard war der Älteste. Sein Bruder Frank war zehn, der verstand das noch nicht, als ich ihm sagte, was passiert ist.
Ich wohnte damals mit meinen drei Kindern noch im Nordviertel, wir hatten dort ein kleines Häuschen in der Nähe des Friedhofs. Dort wußten alle, was passiert war, das sprach sich rum. Ich bin ein paar Tage nicht auf die Straße gegangen.
Mein Sohn war beliebt, wir waren keine schlechten Menschen. Die Leute haben das bedauert und sich aufgeregt.«

Zur Beisetzung der Urne mit der Asche von Bernhard Sperlich auf dem Jenaer Nordfriedhof kommen auch etliche seiner Schulkameraden. Am Grab steht seine Freundin Erika. Im letzten Brief hat sie geschrieben: »Ich geh ein Leben neben Dir.«

»Skrupellos« sei Bernhard Sperlich gewesen, schreibt Oberst Bergmann, Chef für »operative Fragen« im Grenzkommando Süd, in sein »Beispiel einer vorbildlichen Festnahme«. Und: »Der Grenzverletzer wurde unschädlich gemacht.«
Der stellvertretende Stabschef des 15. Grenzregiments, Harry Schütz, formuliert in seinem Abschlußbericht: »Die Anwendung der Schußwaffe war notwendig und entsprechend den Schußwaffengebrauchsbestimmungen der Dienstvorschrift 30/10 gerechtfertigt.« (In der Vorschrift heißt es, die Grenzposten hätten die Schußwaffe anzuwenden »zur vorläufigen Festnahme von Personen, die sich den Anordnungen der Grenzposten nicht fügen, indem sie auf den Anruf ›Halt – Grenzposten – Hände hoch!‹ oder nach Abgabe eines Warnschusses nicht stehenbleiben, sondern offensichtlich versuchen, die Staatsgrenze der Deutschen Demo-

kratischen Republik zu durchbrechen, und keine andere Möglichkeit zur vorläufigen Festnahme besteht«.)

Major Schütz, 41 Jahre: »In der politisch-ideologischen Arbeit ist das vorbildliche Verhalten des Suchpostens bei der Anwendung der Schußwaffe gegenüber Feinden unserer Deutschen Demokratischen Republik auszuwerten und zur Erziehung der Armeeangehörigen zu nutzen ... Die Übernahme der weiteren Bearbeitung des Vorkommnisses und der Grenzverletzer einschließlich des Getöteten erfolgte am 24.03.71 durch die Sonderkommission der Bezirksverwaltung MfS Gera.«

Wegen versuchten illegalen Grenzübertritts wird Hans-Joachim W. im August 1971 in Gera zu dreieinhalb Jahren Gefängnis verurteilt; Kurt Sch. erhält zweieinhalb Jahre Haft.

Eine Geldprämie erhält Arno Fiedler, der Inhaber der Kneipe von Schaderthal für seinen »Hinweis«. In den Gaststätten des Kreises Saalfeld werden 1971 »Grenztests« durchgeführt: Verdeckte Ermittler fragen die Wirte, in welcher Richtung sich die Grenze befindet. Wer Auskunft gibt, ohne danach die Polizei zu alarmieren, wird zur Verantwortung gezogen.

In einer West-Berliner Zeitung erscheint im Sommer 1971 eine kurze Notiz, der neunzehnjährige Bernhard Sperlich aus Jena sei bei einem Fluchtversuch an der Zonengrenze erschossen worden. Seine Mutter erhält die Meldung von ihr unbekannten Leuten aus Berlin. Eine Verwandte der Sperlichs aus dem Ruhrgebiet hat sich an den Bundesgrenzschutz in Coburg gewandt. Dort teilt man ihr im Juli 1971 Zeit und Ort der Tötung mit und daß Bernhard Sperlich kurz vor Erreichen der Zonengrenze von einem Grenzsoldaten erschossen worden sei. Man habe dies durch einen Bürger der DDR, eine »glaubwürdige Quelle«, in Erfahrung bringen können.

Im Oktober 1971 berichtet ein geflüchteter Grenzsoldat der Bayerischen Grenzpolizei von der Erschießung eines Zivilisten durch den Oberfeldwebel Hovaguimian. Der Beamte notiert die Beschreibung des Todesschützen: »etwa 30 Jahre alt, 180 cm groß, schlank, hellblondes gewelltes Haar, eckiges, kantiges, längliches Gesicht, verheiratet«. Dann geht der Vorgang zur »Zentralen Erfassungsstelle« nach Salzgitter.[6]

Walter Ulbricht tritt am 3. Mai 1971 als Erster Sekretär des ZK der SED zurück, um »diese Funktion in jüngere Hände zu geben«, wie er verkündet. Er wird noch zwei Jahre Vorsitzender des Staatsrates bleiben. Sein Nachfolger als Parteichef, Erich Honecker, bisher ZK-Sekretär für Sicherheit, wird auch Vorsitzender des Nationalen Verteidigungsrates, dessen Sekretär er bis dahin gewesen ist.

Der Oberfeldwebel Günter Hovaguimian (zweiter von links) erhält im Kommando der Grenztruppen in Pätz bei Berlin für sein »pflichtbewußtes Verhalten« und sein »entschlossenes Handeln« im Fall Sperlich die »Verdienstmedaille der DDR« und eine Prämie vom Grenztruppenchef, Generalleutnant Erich Peter (dritter von links).

Saalfeld Anfang der siebziger Jahre

Schon im Juli 1970 hat der Generalsekretär des ZK der KPdSU, Leonid Breschnew, dem künftigen SED-Chef Honecker eingeschärft: »Erich, ich sage dir ganz offen, vergiß das nie: die DDR kann ohne uns – ohne die SU, ihre Macht und Stärke – nicht existieren.« Die Sowjetunion werde einen Anschluß der DDR an Westdeutschland nicht zulassen: »Im Gegenteil – die Abgrenzung, der Graben zwischen DDR und BRD wird noch tiefer werden.«[7]

Herr K.

»Ich hatte nach der Schule eine Lehre als Fräser und Dreher angefangen bei ›Carl Zeiss Jena‹, Zweigbetrieb Saalfeld. Im April 1971 war ich bei einem Brigadeabend im Hotel ›Weltrich‹ in Saalfeld; bis dahin hatte ich noch keinen Alkohol getrunken. Die anderen Lehrlinge tranken Bier, da wollt ich mich nicht auslachen lassen und mich mit einer Brause hinsetzen. Ich trank also mit.

In der Runde saßen auch zwei junge Männer, die ich nicht kannte. Sie erzählten mir und einem Kollegen aus Kleinneundorf zu vorgerückter Stunde, daß sie die Absicht hätten, die Grenze zu überschreiten: ›Ihr beiden seid doch aus Probstzella. Da wär es doch für uns das günstigste, wenn wir da oben abhauen.‹ – ›Wie wollt ihr denn ins Sperrgebiet kommen?‹ Man bekam ja keine Fahrkarte dorthin, wenn man im Personalausweis nicht die Genehmigung hatte.

Wir sagten dann in unserer Dummheit: ›Es gibt eine Möglichkeit, die ist ganz einfach: Wir kommen am Sonnabend her und kaufen für euch die Fahrkarten.‹ Auf einem Stück Papier, halb so groß wie eine Postkarte, haben wir ihnen noch skizziert, wie sie vom Binnen-Bahnhof zur Grenze kommen, ohne durch den Ort zu laufen.

1971

Am anderen Tag sagte ich zu meinem Kumpel: ›Ich glaube, es ist besser, wenn wir das Ding mit den Fahrkarten nicht machen. Wenn die uns erwischen, sind wir weg vom Fenster.‹ Ich dachte, wenn sie nicht die Fahrkarten von uns bekommen, können sie nicht ins Sperrgebiet, und das Ding ist erledigt. Nun sind die aber per Anhalter gefahren ... und wurden erwischt.
An dem Wochenende war ich bei meiner Verwandtschaft in Lauscha. Als ich am Sonntagabend, dem 2. Mai 1971, nach Probstzella kam, stand vorm Haus im Dunkeln ein Auto. Ich wunderte mich, daß im Haus noch Licht brannte; meine Eltern waren sonst nicht so lange auf. Der Ortssheriff – der ABV – saß in der Stube und empfing mich mit den Worten: ›Sie müssen mit nach Saalfeld!‹ – ›Was liegt denn überhaupt vor?‹ – ›Zwecks Klärung eines Sachverhaltes ...‹ – ›Liegt ein Haftbefehl vor?‹ – ›Nein.‹ Zwei saßen dann noch im Auto. Im VP-Kreisamt in Saalfeld führten sie mich in einen kleinen Raum mit Gittern vor den Fenstern. Da saß ich erst mal und saß und saß und saß ... etwa zwei Stunden. Ich grübelte, warum: ›Kann das sein, daß die vielleicht doch allein ... Wenn die was erzählt haben!‹ Aber ich sagte mir auch: ›Du warst nicht dabei, was soll dir passieren.‹
Dann wollten sie mich zur Vernehmung führen, inzwischen war es früh halb zwei. ›Guckt mal auf die Uhr! Wie sieht's denn aus, bekomme ich hier mal was zu trinken oder zu essen?‹ Sie brachten mir Makkaroni und Gulasch und eine saure Gurke. Zu trinken bekam ich nichts: ›Wir haben keine Möglichkeit ..., vielleicht morgen früh.‹ Da wunderte ich mich: ›Morgen früh?‹ Sie brachten mich rauf zum Verhör, zu einem Kriminalkommissar. Es war ein ruhiger Typ, er sagte mir gleich, daß es um die Sache geht. Für mich war klar, daß es keinen Sinn hatte, mich rauszureden. Ich hab's so erzählt, wie's war.
Ich wurde nicht wieder zum Verhör geholt. Mir wurde gesagt, daß man die beiden geschnappt hatte und sie jetzt zwischen drei und fünf Jahre bekämen. Daß sie nach Berlin kämen, ins ›Lager X‹ ... Am anderen Morgen hab ich gefragt: ›Ist das jetzt erledigt?‹ Nein, ich müsse noch das Protokoll unterschreiben, das hab ich getan. Ich sagte noch: ›Ich bin mir keiner Schuld bewußt: Ich hab niemandem was gemaust, hab auch keinen niedergeschlagen ... Warum muß ich denn noch warten?‹ – ›Im Moment ist das noch nicht geklärt, das bearbeitet noch die Staatsanwaltschaft.‹ In dem Augenblick hat's bei mir geklickt: Wenn das der Staatsanwalt auf dem Tisch hat, zieht das noch was nach sich. Da kommst du heute hier nicht mehr fort.
Im Laufe des Vormittags bekamen die den Haftbefehl gegen mich. Ich fragte: ›Na, kann ich nicht noch mal heim, damit ich noch ein bißchen was klären kann?‹ Zu Hause wußte ja niemand, was los ist. Sie haben mich mit einem ›B 1000‹ nach Rudolstadt in die Untersuchungshaftanstalt gefahren, Thälmannstraße 51. In meiner Zelle war nur ein kleines Fenster, mit Glasbausteinen vermauert, man konnte nicht rausgucken. Die Tür hatte keine Klinke, die machten zu und fertig. Da kannst du nur warten. Mir wurde klar, daß ich nicht wieder rauskomme, ohne eine Strafe zu bekommen.
Für meine Eltern war es noch schlimmer, die wußten vier Wochen nicht, weshalb ich sitze. Bei uns in der Familie hatte über Generationen nie einer was mit der Polizei zu tun. Wir haben uns geschämt. Die Leute im Ort fragten dann bei meiner Mutter nach mir und guckten sie ein bißchen komisch an. Es waren Gerüchte im Umlauf: ›Der hat doch schon aus Lauenstein geschrieben.‹

1971

Eines Tages drückte mir ein Wärter einen Kamm und eine Schere in die Hand, ich solle den Neuen die Haare abschneiden. ›Aber ich bin doch kein Friseur ...‹ Er hat mich angeschrien: ›Wir sind ja auch kein Schönheitssalon!‹ Es war die Zeit, als lange Haare modern waren. Manch einer wollte mir eine Zigarettenschachtel zustecken, damit ich nicht so viel abschneide. Die langen Haare waren der ganze Stolz. ›Laß mal die Zigaretten, die brauchst du selber. Ich schneid nicht so kurz, er wird dann schon sagen, wenn es nicht genug ist ...‹ Er hat mich gefragt, wann ich anfangen würde; ich sag, ich bin fertig. ›Nee, die kommen runter bis hierher! Bis der hier rauskommt, sind die Haare wieder lang.‹ Du konntest rumlaufen wie ein Mond – das war denen wurscht. Ich war dann auch in der Küche (Zwiebeln schälen), in der Bücherei (rote Bücher ausleihen) oder im Hofkommando (Gitter streichen).

Ende Juli 1971 war die Verhandlung. Meine Eltern nahmen sich einen Anwalt, aber das Geld hätten sie sich sparen können. Wenn der mich wirklich vertreten hätte, hätten die ihn gleich mit eingesperrt. Mein Kollege aus Kleinneundorf und ich bekamen die Mindeststrafe: ein Jahr Freiheitsentzug.

Wir kamen ins Lager nach Bitterfeld, fünf Baracken. Der Vorteil dort war, daß man sich innerhalb des Lagers frei bewegen konnte, auch mal in eine andere Baracke gehen konnte. Ich hab dort in einer Ziegelei gearbeitet, dort sind die mit MPi und Hunden rumgelaufen. Für die Arbeit bekam ich im Monat vierzig Mark. Den Rest, wurde uns gesagt, hat man für die Unterbringung und die Verpflegung einbehalten. Bei meiner Entlassung bekam ich nochmal 72 Mark ausgezahlt. Dafür konnte ich mir eine Fahrkarte, ein Frühstück und ein Mittagessen kaufen.

Ich durfte nicht wieder nach Hause ins Sperrgebiet, hatte ›Kreisverbot‹ bekommen, für die Dauer von ein bis fünf Jahren. Ich sollte in ein möbliertes Zimmer nach Mecklenburg! Da haben meine Eltern eine ›Eingabe‹ gemacht, die sind bis nach Berlin zur Regierung gefahren. Ich bekam dann ein möbliertes Zimmer in Schala, Kreis Rudolstadt. Arbeit fand ich im ›Anker-Werk‹ Rudolstadt. Meine abgebrochene Lehre – mir hatten nur noch fünf Monate gefehlt – durfte ich aber nicht zu Ende machen. Die Jahre waren für die Katz. Einmal im Monat mußte ich mich bei meinem Betreuer beim Rat der Stadt, Abteilung Inneres, melden – ob ich Probleme hätte ...

Im Betrieb lernte ich meine spätere Frau kennen. Ich wollte dann zu ihr ziehen, mit zu ihren Eltern, die wohnten zwischen Schwarza und Saalfeld auf der Höhe. Das Haus stand genau auf der Kreisgrenze: die eine Hälfte gehörte zum Kreis Rudolstadt, die andere zum Kreis Saalfeld, wo ich ›Kreisverbot‹ hatte. Ich bin zu meinem Betreuer und fragte ihn, ob ich da wohnen darf oder nur in den Räumen, die zum Kreis Rudolstadt gehören ... Nicht, daß so ein verrückter Streifenpolizist kommt und mich kassiert. Die haben mir ein Schreiben verpaßt, daß ich berechtigt bin, dort zu wohnen.

Nach einem Jahr durfte ich wieder zurück in die Sperrzone. Zunächst sind wir ins Elternhaus gezogen. Als das erste Kind kam, haben wir eine Wohnung im Ort bekommen, als das zweite kam, beantragten wir eine größere Wohnung. Man sagte uns, wir bekämen die nächste Wohnung, die frei wird. Zu dieser Zeit zog mein Bruder aus dem Elternhaus aus, aber wir durften nicht einfach einziehen, sondern brauchten einen Wohnberechtigungsschein. Da zogen wir bei Nacht und Nebel in mein Elternhaus.

1971

Eines Tages spricht mich auf der Straße eine Frau vom Rat der Gemeinde an, sie war verantwortlich für Wohnraumlenkung: ›Warum hängen denn bei Ihnen schon so lange keine Gardinen mehr im Fenster? Ich mach mir Gedanken, wie lange Ihre Frau Gardinen wäscht. Sie wollen doch nicht etwa heimlich ins Elternhaus ziehen?‹ – ›Bin ich schon.‹ – ›Waaas? Das dürfen Sie nicht ohne Wohnraumzuweisung!‹ – ›Mich kriegen aus dem Elternhaus keine zehn Pferde mehr raus.‹
Kurz darauf stand ein Grenzoffizier vor meiner Wohnungstür. Er hatte einen Zollstock in der Hand und wollte die Zimmer ausmessen, damit er weiß, wie er später die Wände neu ziehen könne … Ich fragte ihn, wie er dazu komme. Er habe eine Zuweisung für das Haus. Ich setzte ihn an die frische Luft.«[8]

Der 23jährige Thomas B. aus Halle und die 18jährige Ilona H. aus Weißenfels werden am 13. Mai 1971, abends halb neun, an der Grenze südwestlich von Lichtentanne gestellt. Thomas B., gegen den ein Ermittlungsverfahren wegen Staatsverleumdung läuft, geht zunächst hinter einem Baum in Deckung. Erst als der Grenzposten Warnschüsse abgibt, kommt Thomas B. mit erhobenen Händen hervor. »Du bist wohl scharf auf eine Prämie?« fragt er den Postenführer. Dabei nimmt Thomas B. die Hände wieder herunter. Er geht auf den jungen Mann mit der Maschinenpistole zu, der ruft »Stehenbleiben!«. Als Thomas B. sich weiter nähert, zielt der Postenführer aus fünf Metern Entfernung vor dessen Füße und schießt mit Dauerfeuer. Thomas B. wirft sich hin.
»Ich melde: Festnahme von zwei Grenzverletzern DDR – West«, gibt der Postenführer über das »Grenzmeldenetz« bekannt. Gegen 21 Uhr trifft das Fahrzeug mit den Republikflüchtlingen in der Kaserne Probstzella ein. Am linken Knie von Thomas B. stellt der Feldscher eine Schußverletzung fest.
»Die Anwendung der Schußwaffe … war notwendig, da der Grenzverletzer … die Erfüllung der gegebenen Befehle zur Sicherung der Staatsgrenze in Frage stellte«, schreibt ein Oberstleutnant Müller in den Abschlußbericht. Er schlägt vor, den Grenzposten »für seine vorbildlichen Handlungen mit einer wertvollen Prämie auszuzeichnen«.[9]

Am 13. Juli 1971 flüchtet östlich von Ludwigsstadt der DDR-Grenzaufklärer Michael Sch., 20 Jahre alt, gemeinsam mit seinem Hund über die Grenze. In Ludwigsstadt sucht sich der Unterfeldwebel eine neue Bleibe und arbeitet wieder als Maurer.[10]

MARTIN WEBER, bayerischer Grenzpolizist
»Eine große Illustrierte wollte nachgestellte Aufnahmen von der Flucht haben. Wir sollten mit dem Grenzer an die Originalfluchtstelle gehen. ›Das ist doch Wahnsinn! Das machen wir nicht.‹ – ›Wissen Sie eine ähnlich gute Stelle? Vom Wald raus, über den Bach und so …‹
Wir sind zum Hundeabrichteplatz bei Ludwigsstadt, haben die Flucht fünf-, sechsmal nachgestellt. Dabei hatte der Aufklärer noch seine Uniform an. Der Zufall will es, daß mein Vorgesetzter auf Dienstfahrt war – er sieht den Grenzsoldaten aus dem Wald sausen … ›Was ist denn da los? Und Sie sind dabei, Herr Weber!‹ Zum Glück hatte er Humor.«

Sechzig Uniformierte laufen 1971 in den Westen über, fünf davon sind Angehörige des Grenzregiments Sonneberg. Michael F. und Dieter L. sind am 20. September nördlich von Kronach geflüchtet.

1971

Vertreter der UdSSR, der USA, Großbritanniens und Frankreichs unterzeichnen im September 1971 das Vier-Mächte-Abkommen über Berlin. In der Präambel heißt es, man wünsche zu »praktischen Verbesserungen der Lage« beizutragen.
Die sowjetische Seite kündigt an, sie werde den Transit-Verkehr von und nach West-Berlin erleichtern, »damit er in der einfachsten und schnellsten Weise vor sich geht«. Anfang 1971 hat man Autofahrer an den Kontrollpunkten zwischen West-Berlin und der Bundesrepublik bis zu achtzehn Stunden warten lassen.
Ebenfalls verbessert werden sollen die Kommunikationsmöglichkeiten zwischen der DDR und West-Berlin. Erst im Januar 1971 sind zehn Telefonleitungen zwischen den beiden Stadtteilen geschaltet worden – nach fast neunzig Jahren Unterbrechung.
Fortan dürfen auch West-Berliner aus »humanitären, familiären, religiösen, kulturellen oder kommerziellen Gründen oder als Touristen« dreißig Tage im Jahr in die DDR reisen. Seit dem Mauerbau sind Besuche von West-Berlinern in der DDR untersagt gewesen – abgesehen von den Sonderregelungen durch die Passierschein-Abkommen zwischen 1963 und 1966.
Das Vier-Mächte-Abkommen wird noch bis zum Jahresende ergänzt werden durch ein Transit-Abkommen zwischen der DDR und der Bundesrepublik sowie durch eine DDR-Vereinbarung mit dem Senat von West-Berlin zum Besucherverkehr.

Drei Tage lang suchen Ende September 1971 Polizisten und Grenzer im Raum Probstzella nach einem Flüchtenden. Dessen Kamerad ist schon bei Oberloquitz »durch Hinweis eines Bürgers« festgenommen worden. Nach einer halben Stunde Verhör hat der Jugendliche aus Mecklenburg zugegeben, nicht allein gewesen zu sein... Vom zweiten Flüchtling fehlt zunächst jede Spur. Statt dessen läuft ein jugendlicher Republikflüchtling aus Sachsen am Ortseingang Probstzellas Volkspolizisten in die Arme.
Der eigentlich Verfolgte versteckt sich zwei Tage im Wald bei Marktgölitz, sucht dann Schutz in einer Gartenhütte am Ortsrand von Probstzella. Dort greift ihn am Abend des dritten Tages ein Bürger auf und bringt ihn zum »Abschnittsbevollmächtigten«.
»Obwohl ständig durch die Genossen des Gruppenpostens Grenze im Grenzbereich Schlupfwinkelkontrollen durchgeführt wurden, zeigte sich, daß diese Kontrollen nicht intensiv genug vorgenommen wurden«, schreibt der Stabschef des VPKA Saalfeld in seine »Lageeinschätzung«. Schlupfwinkelkontrollen.[11]

Der Personenzug von Sonneberg nach Saalfeld fährt am Abend des 26. November 1971 langsam, sehr langsam über den Helm-Bach, da kann man tags die Grenzzäune und die Schilder sehen (»Schutzstreifen! Betreten und Befahren verboten!«) und drüben die »Thüringen-Warte«. Nun bellen die Wachhunde am Laufseil wild den Zug an, ein Mann springt ab, eine steile Böschung hinunter, das kann der Posten nicht sehen, der steht über dreihundert Meter entfernt, und die Grenzaufklärer sind heute nicht so wachsam.
Über ein Schneefeld hastet der Mann den Berghang hinauf, umgeht die Laufseilanlage, kriecht unter den doppelten Stacheldrahtzaun – dazwischen liegen Minen –, rennt weiter, biegt nach rechts ab, durchkriecht erneut das Minenfeld, diesmal in

1971

Richtung DDR – dort, wo es acht Jahre zuvor, im November 1963, Dieter Fürneisen aus Jena zerrissen hatte. Da wieder ein Schutzstreifen-Schild, das kann nicht der Westen sein, zurück! »ACHTUNG MINEN! Gesperrt! Lebensgefahr!« Der Mann sieht das Schild, kriecht abermals durch die Sperre. Weiter den Berghang hinauf, links weg von den Zäunen, rein in den Wald.

Im November entdecken Grenzsoldaten an der Grenzsäule 2468 Spuren eines »Grenzverletzers«, die von Ost nach West, dann wieder nach Ost und schließlich nach West führen. Trotz dieses Irrweges gelangt der Flüchtling nach Bayern.

Fünfzig Meter neben der Grenzsäule Nummer 2468 betritt der Mann fränkischen Boden, läuft durch den düsteren Wald, ein paar hundert Meter, dann ist er wieder in der DDR. Ein viertes Mal durchs Minenfeld, beinahe dort, wo er hergekommen ist. Siebzig Meter weiter sind die Grenzaufklärer, der Mann wirft sich in den Schnee. Zurück, nach rechts, nach links, nach rechts. Dann ist er im Westen. Bayerischen Grenzpolizisten soll der Flüchtling die Übertrittsstelle zeigen, die findet er nicht.[12]

»Ein großer Teil der Jugend ist bestrebt, sich sinnvoll zu betätigen und gemeinsam mit den örtlichen Staatsorganen Wege zu suchen, um alle einzubeziehen. Demgegenüber gibt es eine kleine Gruppe von Jugendlichen, die sich abseits stellen und durch Kleidung, Haarschnitt und Auftreten auffallen wollen. Dies sind zwar Einzelerscheinungen, zwingen aber zu ständiger Wachsamkeit, da die ideologische Beeinflussung durch den Klassengegner nicht unbeachtet gelassen werden darf…
Der in Probstzella wirkende Pfarrer der Evangelischen Kirche Hassenstein ist ein sehr junger Mensch … Er entwickelt große Aktivitäten, um einen Teil der Jugend im Sinne der Kirche zu beeinflussen und sie unserem Einfluß zu entziehen. Er veranstaltet Busfahrten und andere Veranstaltungen, die den Interessen eines Teiles der Jugend zusagen. Obwohl durch die bewußten Kräfte des Ortes alles unternommen wird, diese Entwicklung zu stoppen, müssen wir einschätzen, daß sich in den letzten Jahren die Positionen der Kirche entscheidend verstärkt haben.
Aus einer Einschätzung der Parteileitung der Oberschule Probstzella geht hervor,

1971

daß in den einzelnen Klassen im Durchschnitt zwischen 15 und 52 Prozent der Schüler an kirchlichen Veranstaltungen wie Christenlehre und Konfirmandenunterricht teilnehmen. Diese Entwicklung gibt zu ernsthaften Bedenken Anlaß, da hier offensichtlich durch unwissenschaftliche Beeinflussung die Bemühungen, die Schüler zu bewußten sozialistischen Staatsbürgern zu erziehen, durchkreuzt werden und die Schüler in bezug auf die Wahrheitsfindung in Zwiespalt sind.«[13]

Bericht des Sekretärs der SED-Ortsleitung Probstzella, Helmut Gerber, an die Kreisparteileitung »über Ordnung und Sicherheit im Grenzgebiet«, 16. September 1971

»Pfarrer Hassenstein, Probstzella. Im Gespräch am 30. September 1971 sagte er: In der letzten Zeit wird die Arbeit dahingehend erschwert, daß die Genossen-Eltern ihre Kinder nicht mehr zur Christenlehre gehen lassen. Er stellte die Frage, ob es das Ziel der SED und die Forderung an die Eltern sei. Unter Gleichberechtigung verstehe er, daß auch der Wille des Elternteils, das nicht Mitglied der Partei ist, Beachtung finden müßte.

Pfarrer Hassenstein beauftragte 8 Schüler der 8. Klasse der POS Probstzella, Äußerungen des Lehrers, die sich auf Fragen der Weltanschauung beziehen, schriftlich festzuhalten und diese zur Christenlehre mitzubringen, damit sie darüber diskutieren können.

Weiterhin beschuldigte er den Lehrer Gen. W., in einer Literatur-Unterrichtsstunde der 8. Klasse im Zusammenhang mit der Behandlung des Faust-Problems folgende Äußerung getan zu haben: Die Kirche hat schon im Mittelalter versagt, und das ist auch heute noch so. Sie hemmt u. a. die freie Entwicklung der Wissenschaften. Die Kirche ist ein Restgebäude, es bleibt bald nichts mehr von ihr übrig.

Pfarrer Hassenstein stellte im Gespräch am 11.11.71 noch solche Fragen: Warum werden die Genossen-Eltern 1 Stunde vor Beginn der Elternversammlungen zusammengenommen? Diese Maßnahme ruft bei den anderen Eltern Unruhe hervor. Ist es richtig, wenn durch Lehrer gefragt wird: Wer geht in die Christenlehre, welche Eltern sind Parteigenossen? Im vergangenen Jahr wurden 2 Eltern wegen ihres Glaubens aus dem Elternaktiv ausgeschlossen, und jetzt sind die wieder drin.

Pf. Hassenstein betonte, daß er keine Namen nennen möchte, da unter den Eltern große Angst herrsche, daß Nachteile für sie bzw. ihre Kinder entstehen könnten. Alle aufgeworfenen Fragen betrachtet Hassenstein als Reibungspunkte, die im Sperrgebiet nicht gut seien.

Am 11.10.1971 wurde in der Kirche in Probstzella durch den Superintendenten Große und den Pfarrer Hassenstein die Versammlung der Ortsparteiorganisation Probstzella mit einer großen Zahl von Kirchenanhängern ausgewertet. Es ging in der Hauptsache um den Ausspruch des Parteisekretärs der POS, Gen. Friese, daß die Kinder von Genossen durch die Kirche in Widerspruch zur Erziehung in der Schule gebracht werden.

Bei der Wahl des Elternaktivs in der POS Probstzella ergab sich, daß besonders die 9. Klasse eine Schwerpunktklasse hinsichtlich des Einflusses der Kirche ist. Es wurde in der Elternversammlung die Diskussion laut, daß Kinder gesagt haben:

»Wenn ich nicht müßte, ginge ich in keine Schule, in der der Marxismus gelehrt wird!‹ Das gewählte Klassenelternaktiv der 9. Klasse besteht aus einem Genossen und 6 aktiven Kirchgängern.
Diese aufgeworfenen Fragen bzw. Vorwürfe der Kirchenamtsträger wurden im einzelnen gründlich geprüft (Aussprache mit Lehrer W., Direktor der POS Probstzella, der SED Saalfeld u. a.). In den Stellungnahmen der Lehrer und Direktoren kommt zum Ausdruck, daß die Vorwürfe der Kirchenamtsträger nicht den Tatsachen entsprechen. Es konnte festgestellt werden, daß die Genossen parteilich und klassenverbunden auftreten.
Durch den Superintendenten Große wird das Gebot ›Du sollst nicht töten‹ falsch interpretiert. Durch seinen Einfluß und den Einfluß des Pfarrers Schilling aus Braunsdorf lehnten im vergangenen Jahr mehrere Jugendliche den Dienst mit der Waffe bei der NVA ab bzw. zogen die Verpflichtungen als Soldat auf Zeit zurück. In den schriftlichen Erklärungen der Jugendlichen T. und R. kommt deutlich zum Ausdruck, daß Pfarrer Schilling ihnen bei der Formulierung ihres Rücktritts von der Verpflichtung als Soldat auf Zeit behilflich war...
Jugendarbeit: ... Der Inhalt der Veranstaltungen erfüllte nicht den eigentlichen Sinn der seelsorgerischen Betreuung junger Christen. Die Veranstaltungen wurden das Sammelbecken labiler und negativ eingestellter Jugendlicher. Es wurden oftmals gesetzliche Bestimmungen, insbesondere die Verordnung zum Schutze der Kinder und Jugendlichen sowie die Veranstaltungsverordnung, verletzt.«[14]

Bericht des Genossen Schnappauf, Leiter der Abteilung Inneres beim Rat des Kreises Saalfeld

KARL-HELMUT HASSENSTEIN

»Es gab eine Zeit, da mußten wir jede Veranstaltung an den Rat des Kreises melden. Was für einen Abend mit welchem Thema wir durchführen. Und wehe, wenn wir's nicht gemacht haben – dann konnte eine Veranstaltung gestrichen werden! Ich hab immer so für vierzehn Tage, drei Wochen das Programm angemeldet.
Uns wurde gesagt: ›Ihr habt euch um die Bibel zu kümmern, alles andere ist Kokolores.‹ Das ging soweit, daß uns verboten werden sollte, irgendwelche lustigen Freizeiten durchzuführen. Man wollte uns einengen, um unsere Arbeit kaputtzumachen. Aber das haben sie nicht geschafft.«

»Von seiten der staatlichen Organe wurde Superintendent Große wiederholt aufgefordert zu gewährleisten, daß in seinem Verantwortungsbereich die Arbeit nur in dem verfassungsmäßig garantierten Rahmen zu erfolgen hat. Sup. Große war zunächst nicht bereit, dieser Forderung nachzukommen. Erst durch die energische Forderung des Staatsapparates und das Eingreifen des Landesbischofs konnte erreicht werden, daß sich zur Zeit die Veranstaltungen der Jungen Gemeinde im gesetzlichen Rahmen bewegen...
In den Einzel- und Gruppengesprächen mit den Kirchenamtsträgern hat eine systematische und zielstrebige polit.-ideologische Erziehungsarbeit zu erfolgen. Dabei kommt es besonders darauf an, folgende Probleme mit den KA zu klären: Die historische Mission der Arbeiterklasse und ihrer marxistisch-leninistischen Partei als Hegemon in der sozialistischen Gesellschaft. Die DDR – das sozialistische Vaterland der Werktätigen.

Den Erscheinungen des Sozialdemokratismus ist in den Gesprächen entschieden entgegenzutreten.«[15]
Bericht des Genossen Schnappauf, Leiter der Abteilung Inneres beim Rat des Kreises Saalfeld

Klara Gerold, die seit Ende der zwanziger Jahre in Probstzella als Gemeindehelferin und Katechetin gewirkt hat, siedelt 1972 als Rentnerin zu ihrer Verwandtschaft nach West-Deutschland über.
Pfarrer Karl-Helmut Hassenstein und seine Frau bleiben über zehn Jahre in Probstzella. Dann gehen sie, der ewigen Querelen in der Sperrzone müde ...

1972

»Nach fünftägigem Aufenthalt in Augsburg über Ludwigstadt in die DDR zurück. Zunächst Kontrolle durch 2 BGP-Angehörige. Danach betrat Zivilperson das Abteil, forderte beide DDR-Bürger auf, den Zug zu verlassen. Zur BGP-Dienststelle in Ludwigsstadt gebracht. Dort wurde ihnen von einer Zivilperson bekanntgegeben, daß sie vorläufig festgenommen sind, weil der begründete Verdacht der Informationsspionage vorliegt. Vernehmung getrennt, ca. 3 Stunden. Körperdurchsuchung, Gepäckkontrolle. Zivilperson interessierte sich für die Kontakte und Aufenthalt in der BRD. Wollte wissen, wer die Genannten nach der BRD geschickt hat. Drohte mit Inhaftierung.«[1]
MfS-Bericht zur Dienstreise zweier DDR-Bürger

Karl Zenkel

»Anfang der siebziger Jahre sind die ersten Überlegungen angestellt worden: Was können wir tun, um in der Bahn Agenten aus der DDR erkennen zu können? Es hat eine große Besprechung gegeben beim Landeskriminalamt in München. Uns kam die Idee, die Ausweise genauer zu überprüfen.
Die Fälschungsmerkmale bei Agentenausweisen waren gleich Null, das MfS stellte die falschen Pässe auf fotografischem Wege her. Vorlage war jeweils ein echter Ausweis – die hatten ein riesiges Archiv an fotokopierten Ausweisen von Transitreisenden. Der Agent bekam den ›Zwillings‹-Ausweis eines West-Deutschen. Wenn wir bei der ausstellenden Behörde überprüften, ob für den Herrn Soundso mit der Ausweisnummer soundso, am Soundsovielten ein Ausweis ausgestellt worden ist, kam prompt die Antwort: Ja. Wir mußten weiter fragen: Wie schaut das Lichtbild aus? Hat er eine Strickweste an oder eine Jacke oder einen Pullover? Ist das Hemd offen? – So konnten wir manchmal bei der Ausreise doch zugreifen.
Das ging eine Zeitlang, dann haben die Agenten bei der Ausreise einen anderen Weg genommen, zum Beispiel über Niedersachsen, wo man mit zwei Mann die Züge kontrollierte. Oder die Agenten hatten bei der Ausreise einen anderen falschen Paß. Wir mußten also ein System entwickeln, wo die Überprüfung blitzschnell ging, so daß wir noch im Zug aktiv werden konnten, also über Funk. Das

1972

Handikap war, daß man uns dabei von drüben abhören konnte – die machten sofort alle Löcher zu.
Nach unseren Erfolgen 1972 – innerhalb von vier Wochen hatten wir sechs oder sieben Agenten festgenommen – hat das MfS unseren Übergang zehn Jahre lang für seine Agenten gesperrt.«

MARTIN WEBER, bayerischer Grenzpolizist
»Die Agenten in der Bahn waren uns auf der Rückreise aufgefallen, weil sie in ihrem Gepäck Sachen hatten, die ein West-Berliner eigentlich nicht nach Berlin mitführt: neu gekaufte billige Strümpfe und Uhren. Da dachten die einfach nicht westlich.
Sie ließen sich dann auch stundenlang ohne Protest festhalten (›Mein Anwalt! Das Grundgesetz!‹), waren also nicht von hier.«

KARL ZENKEL
»Ein Mann sitzt am Geiersnest bei Lauenstein mit einer Aktentasche – sechs, sieben Meter von der Grenze entfernt – und schaut sehnsüchtig in Richtung DDR. Es kommt eine Zoll-Streife dazu und kontrolliert ihn. Er hat einen Personalausweis aus Stuttgart auf den Namen Meier, sagen wir mal. Die haben den Ausweis angeschaut, die Tasche angeschaut. ›Was machen Sie hier?‹ – ›Na, ich bin in Chemnitz geboren, bin vor zehn Jahren geflüchtet … Und jetzt bin ich grad zufällig hier in Lauenstein und halt mal hier rauf, die Grenze anschauen.‹ – ›Warum sind Sie denn grad in Lauenstein?‹ – ›Ich hab in Nürnberg auf dem Bahnhof eine junge Frau kennengelernt. Wir wollten uns heut um vierzehn Uhr auf der Burg Lauenstein treffen.‹ – ›Wie heißt denn die junge Frau?‹ – ›Gerda.‹ – ›Wie schaut sie aus?‹ – ›Rotblondes Haar, kräftige Figur, etwas kleiner wie ich.‹ – Na ja, wird schon stimmen, haben die sich gesagt, haben den Ausweis zurückgegeben und sind weitergelaufen.

Karl Zenkel (zweiter von links) mit Mitarbeitern des Kriminaldienstes der Grenzpolizei-Inspektion Ludwigsstadt am Falkenstein.

Sie liefen fünfhundert Meter, und es kam zufällig eine Streife der Bayerischen Grenzpolizei. Die Zöllner erzählten meinen Kollegen, was sie eben gehört haben. Kurzentschlossen nahmen die Polizisten den Mann zur Dienststelle mit und durchsuchten ihn dort gründlich. Er hat noch mal das gleiche erzählt: Gerda vom Hauptbahnhof Nürnberg … Auch sie ließen ihn laufen. Der eine Kollege war mißtrauisch und hat abends halb sieben bei mir angerufen: ›Du, Mensch, ich glaub, wir haben einen Agenten gehabt, aber wir konnten ihm nichts nachweisen.‹ – ›Warum hast du nicht eher angerufen …‹
Nun ist es so: Wenn ein Treff oder eine Rückschleusung schiefgelaufen ist, wird in 24 Stunden zur gleichen Zeit noch mal ein Versuch unternommen. Wir hatten also noch etwa zwanzig Stunden Zeit, ihn zu finden. Wir schickten drei Wagen los,

1972

und innerhalb einer halben Stunde war er wieder auf der Dienststelle. Er war auf der Straße gelaufen, Richtung Steinbach am Wald. Dann befragte ich ihn: Woher, wohin? – Das gleiche Theater. Körperkontrolle. Danach kam die Tasche dran, schweres Rindsleder. Ich fand nichts Verdächtiges und stellte sie wieder weg. Anfrage in Stuttgart bei der Paßbehörde: ›Ist für Herrn Meier, geboren am …, wohnhaft in Stuttgart, Friedrichstraße 21, Ausweisnummer soundso, ein Paß ausgestellt?‹ – ›Ja.‹ Fernschreiben an die Kollegen in Stuttgart: ›Geht mal zu dem Meier in die Wohnung und schaut, ob der zu Hause ist.‹ Antwort der Kollegen: ›Dafür haben wir keine Zeit.‹ Nach langem Hin und Her sind sie doch gefahren. Es folgt ein Anruf: ›Da scheint was nicht zu stimmen: Unser Meier ist ein Straßenbahnschaffner und fährt zur Zeit die Linie …‹

Herr Meier hat einen Schweißausbruch bekommen und gab zu, ein Mitarbeiter des MfS zu sein. Sein richtiger Name laute soundso – keine weiteren Angaben. Während der ganzen Zeit hab ich immer mal wieder die Tasche in die Hand genommen und weggestellt. Herr Meier ist jedes Mal unruhig geworden. Schließlich fand ich ein kleines Loch in der Tasche, stach mit einer Nadel rein, und plötzlich geht die Tasche auseinander! Alles war da: sein richtiger Ausweis, ein zweiter falscher Ausweis, Ost-Geld, West-Geld … alles, was man braucht.

Ein anderer Fall: Herr X aus Ludwigstadt ist mit Frau und Kind immer wieder zur Grenze gelaufen, an die gleiche Stelle: bei Ottendorf an der Straße nach Lehesten. Wir vermuteten dort eine Kontaktstelle oder sogar eine Schleusungsstelle. Also haben wir dort Tag und Nacht observiert, zum Glück war es Sommer. Es ging nach Plan: Etwa acht bis zehn Kollegen waren beteiligt und ich natürlich auch. Zwei Kollegen lagen immer vier, fünf Stunden draußen, mit wechselnden Ablösezeiten.

Wir mußten jeweils unerkannt an die Beobachtungsstelle kommen, mehrmals täglich: Bis ungefähr einen Kilometer vor dem Ziel sind wir, auf ständig wechselnden Routen, mit einem VW-Bus der Polizei gefahren. Das Auto war ›leer‹ – wir lagen zugedeckt drin. Die Schiebetür war die ganze Zeit auf, so daß es beim Verlassen des VW-Busses kein Geräusch gab. Die letzten tausend Meter zu Fuß. Manche Kollegen meinten: ›Der Zenkel spinnt.‹

Nach drei Wochen kam wieder Familie X, mittags halb eins. Da lag ich mit einem jüngeren Kollegen schon mindestens vier, fünf Stunden im Unterholz, zwanzig Meter von der Treffstelle. Etwa dreihundert Meter vor der Grenze ist die Frau mit dem Kind stehengeblieben, und er ist weitergelaufen. In dem Moment kommen drüben drei Offiziere aus der Deckung raus und grüßen ihn mit Handschlag. Der junge Kollege, der bei mir war, hat plötzlich durchgedreht – er rennt aus der Deckung raus und schreit: ›Hände hoch! Halt! Polizei!‹ Alles vorbei. – ›Ich kann doch den Herren guten Tag sagen …‹, meinte Herr X zu uns. Wir mußten ihn laufenlassen. Die drei Offiziere waren sofort verschwunden.«

Mehr als tausendzweihundert Menschen gelingt 1972 unter Gefahr für Gesundheit und Leben die Flucht aus der DDR.[2] Über zweitausendzweihundert werden festgenommen beim Versuch, über die Sperranlagen der DDR nach West-Deutschland und West-Berlin zu flüchten.[3] An der Grenze im Kreis Saalfeld glücken nicht mehr als vier Fluchten; zweiundfünfzig Flüchtende scheitern dort, darunter ein Mann, der sich in einem Güterzug versteckt hat.[4]

Allein im Dienstbereich der Saalfelder »Trapo« sind 1972 rund achtzig »fortschrittliche Eisenbahner« als Freiwillige Helfer der Transportpolizei tätig: Zwei Helfer bei der Fahrkartenausgabe, neun bei der Aufsicht, sieben bei den Zugbegleitern, neun beim Lokpersonal, zwanzig auf den Stellwerken ... Sie alle sind eingesetzt »zur Aufdeckung und Verhinderung von Straftaten nach § 213 StGB« (»Ungesetzlicher Grenzübertritt«).
Von den Flüchtlingen, die sich in den siebziger Jahren mit der Bahn dem Grenzgebiet bei Probstzella nähern, werden etwa zwei Drittel von der Transportpolizei festgenommen. Kaum ein Jahr vergeht, in dem hier nicht mindestens ein Flüchtender »auf Hinweis gestellt« wird.[5]

Nachdem in der Nacht zum 31. Mai 1972 drei Republikflüchtlinge im Falkensteiner Grund entkommen sind – im »Raum der Hauptanstrengung« –, stellt die Untersuchungskommission des Grenzkommandos Süd »begünstigende Umstände« fest: Zwei Signalgeräte seien nicht einsatzbereit gewesen, man habe die Leuchtspurmunition nicht nachgeladen. Die Signalgeräte an der Straße Großgeschwenda–Lichtentanne seien nicht, wie vorgeschrieben, jeweils am Tage abgebaut worden, so daß sie »für jedermann sichtbar« gewesen seien. »Durch Vernachlässigung in der Wartung« sei der Grenzsignalzaun im Durchbruchsabschnitt nicht einsatzbereit gewesen. Überdies sei die Wachsamkeit der Grenzposten im Monat Mai mangelhaft gewesen. Jeweils eine Stunde früher als befohlen hätten die Soldaten samt Zugführer ihren Dienst beendet.[6]

Anfang der siebziger Jahre befinden sich rund fünfhundert Ortschaften und über dreihundert Ortsteile in der Sperrzone entlang der DDR-Grenze. Annähernd dreihundertsiebzigtausend Menschen leben dort. Dazu gehören auch mehr als dreißigtausend, die in den über hundert Ortschaften des Schutzstreifens unmittelbar an den Sperranlagen wohnen. Ihre fortwährende gesonderte Registrierung, Kontrolle und Überwachung erfolgt mit hohem Aufwand.
Im Sommer 1972 wird das Grenzgebiet (einem Beschluß des SED-Politbüros vom 6. Juli 1971 folgend) neu bestimmt: Fortan ist die Tiefe der Sperrzone variabler (meist zwischen drei und fünf Kilometern), ebenso die des Schutzstreifens (überwiegend zwei- bis fünfhundert Meter). In 180 Ortschaften und 139 Ortsteilen unterliegen hundertsechzigtausend Bewohner nicht mehr den Bestimmungen der Sperrzonenverordnung.
Durch diese Maßnahmen sollen die Produktionsbedingungen der (rund 250) Betriebe in der Sperrzone verbessert und eine effektivere Überwachung des Grenzgebietes erreicht werden. Die thüringische Kreisstadt Sonneberg sowie Marktgölitz, der Nachbarort Probstzellas, liegen von nun an nicht mehr im Sperrgebiet.[7]
Am 15. Juni wird eine modifizierte Grenzordnung erlassen. Einige Tage später treffen sich im Kulturhaus Lobenstein SED-Genossen aus den Grenzkreisen des Bezirkes Gera (Saalfeld, Lobenstein, Schleiz) zu einer Parteiaktivtagung. Im Präsidium sitzen auch die Leiter der Geraer Bezirksverwaltungen von MfS und Volkspolizei, Dieter Lehmann und Heinz Schiffel, sowie der Bezirksstaatsanwalt und der Direktor des Bezirksgerichts.[8]
Das einführende Referat hält der Erste Sekretär der SED-Bezirksleitung, Herbert Ziegenhahn; der gelernte Maurer, geboren 1921, bekleidet diesen Posten seit 1963:

1972

»Liebe Genossinnen und Genossen! ... Eine Regierung Brandt/Scheel ist und bleibt die Regierung eines uns feindlich gesinnten Staates. Diese Regierung verfolgt die Klassenziele des Imperialismus, konterrevolutionäre Ziele, die letztlich darauf hinauslaufen, ... auf lange Frist die ›Öffnung‹ der osteuropäischen Staaten ... zu erreichen ...

Wenn im Zusammenhang mit den Verträgen und Abkommen der jüngsten Zeit die Frage gestellt wird, ob es angesichts der Tendenzen zur Entspannung in Europa noch notwendig sei, den militärischen Schutz der DDR so stark und energisch zu betreiben, so antworten wir darauf: der militärische Schutz des Sozialismus ist heute notwendiger denn je ... Immer dann, wenn sich neue Möglichkeiten und Anzeichen für Schritte der Entspannung ergeben, wird in der BRD die psychologische Kriegsführung zugespitzt und an der Grenze gefährlich provoziert. In dieser wütenden Attacke gegen die Deutsche Demokratische Republik wird mit dem ›Argument‹ eines sogenannten Schießbefehls gegen die feste Ordnung an unserer Staatsgrenze zur BRD zu Felde gezogen. Auf diese Weise will man dem souveränen sozialistischen Staat streitig machen, was internationales Recht ist und was für andere Staaten normale Praxis ist. Das Grenzregime läßt sich die Deutsche Demokratische Republik nicht vom Klassenfeind vorschreiben.

Bei uns existiert kein sogenannter Schießbefehl, sondern eine Grenzordnung, die alles Notwendige für die Sicherung unserer Staatsgrenze und die erforderlichen Regelungen für das Grenzgebiet enthält. Die Position unseres Arbeiter-und-Bauern-Staates ist eindeutig: An der Grenze zum Imperialismus bauen wir nichts ab, sondern erhöhen Wachsamkeit und Sicherheit ... «⁹

Kontrolle der »Wohnrechtsstempel« und »Passierscheine« an der Zufahrt zur »Sperrzone«

SED-Funktionäre erläutern auf Einwohnerversammlungen im Sperrgebiet die »weiteren Maßnahmen«, welche von der Partei- und Staatsführung der DDR aus »Sorge um die Ruhe und Sicherheit der Bürger« getroffen worden sind. Doch für die Bewohner der Sperrzone verringern sich die »Einschränkungen und Beschwernisse, die sie angesichts der Härte der Klassenauseinandersetzung mit dem Imperialismus im Interesse der Sicherung des Friedens bisher auf sich genommen haben«, nicht: Aufenthalt und »Wohnrecht« im Sperrgebiet sind weiterhin genehmigungspflichtig. Das gleiche gilt unverändert für Besuche von nahen Familienangehörigen.¹⁰

Bestehenbleibt auch die Möglichkeit, gegen »politisch labile und asoziale Elemente« Aufenthaltsbeschränkungen für ein »Gebiet mit erhöhtem Sicherheitsbedürfnis« zu verhängen – also Menschen aus dem Sperrgebiet auszusiedeln. Vorschläge dazu können, laut gemeinsamer Anweisung von Innenminister und Generalstaatsanwalt, auch von »Bürgern unterbreitet werden«. Der Leiter der Abteilung Inneres beim Rat des Kreises ist jeweils für die erste Bearbeitung und das Weiterleiten derartiger Vorschläge an die Staatsanwaltschaft zuständig.

1972

Über diese Möglichkeit hinaus, Menschen per Gerichtsbeschluß aus der Sperrzone auszusiedeln, kann die Aufenthaltsgenehmigung auch durch die Kreiseinsatzleitung entzogen werden. Zustimmen müssen jeweils der Vorsitzende des »Rates des Kreises«, die Leiter der Kreisdienststellen von MfS und Volkspolizei sowie der Kommandeur des Grenzregiments. Der Vorsitzende des »Rates des Bezirkes« muß die Entscheidung bestätigen. Die frei gewordenen Wohnungen sollen »nur politisch zuverlässigen Bürgern zugewiesen« werden ...
Bis zum Ende der DDR werden an ihrer Westgrenze Dutzende Menschen als »Unsicherheitsfaktoren« samt ihren Familienangehörigen »gemäß § 16 der Anordnung vom 15. Juni 1972« ausgesiedelt.[11]

Der Beobachtungsturm an der Bahnlinie Probstzella–Ludwigsstadt ist am Vormittag des 7. November 1972 besetzt mit einem Gefreiten und einem Soldaten. Von der runden Stahlbetonkanzel aus haben die beiden, zehn Meter über dem Erdboden, einen Panoramablick: im Nordwesten der Ortsausgang Probstzellas, im Süden der Steilhang des Falkensteins, im Osten der Hopfs-Berg. Dort entdecken sie kurz vor zwölf einen Mann am Grenzzaun. Die Grenzer beschießen den Flüchtenden nicht, einige Sekunden später ist er aus ihrem Blickfeld verschwunden. Sie lösen Grenzalarm aus, der Abschnitt Hopfs-Berg wird abgeriegelt, ein Fährtenhund eingesetzt, der Kontrollstreifen überprüft – zu spät: auf dem benachbarten Pöhlberg findet man nur noch einen Plastikbeutel des »Grenzverletzers«, darin ein Schulzeugnis und das Facharbeiterzeugnis des Betriebsschlossers G. aus Erfurt. »Trotz Vorhandensein von Diensthunden am Laufseil« ist der Durchbruch gelungen, stellt der Stabschef des 15. Grenzregiments, Oberstleutnant Gereit, im Abschlußbericht fest. Auch Signalgeräte und Minen haben den zwanzigjährigen G. nicht aufgehalten.
Als »Maßnahme« beschließt man die vorrangige Fertigstellung eines neuen Grenzsignalzauns im Falkensteiner Tal. Des weiteren habe der Chef der 12. Grenzkompanie neue Postenführer zu befähigen, bei der Feststellung von Grenzverletzern »aktive Handlungen« durchzuführen, was bedeutet: zu schießen.[12]

In der darauffolgenden Woche reißen am Falkenstein zehn Bauarbeiter, bewacht von sechzehn Grenzern, das ehemalige Wohnhaus des Bahnwärters ab sowie die Haltestelle und das Turbinenhaus. Man hat die Häuser, die sich bis zuletzt in einem »befriedigenden Zustand« befinden, selbst nach dem Mauerbau bewußt stehenlassen, um die »Einsehbarkeit durch den Gegner« auf das DDR-Grenzgebiet nicht zu erhöhen.
Vor den Abrißarbeiten am Falkenstein haben Grenzsoldaten dort, unmittelbar an der Demarkationslinie, einen drei Meter hohen Metallgitterzaun aufgebaut, der nur durch die Gleise der Bahnlinie unterbrochen ist. Entlang der Straße nach Ludwigsstadt hat man Stacheldrahtrollen ausgelegt. Dazu kommen Eisenbahnschienen als Fahrzeugsperren.
Ein junger Mann im Arbeitsanzug läuft am Nachmittag des 13. November, aus Probstzella kommend, entlang der Bahnlinie in Richtung Ludwigsstadt. Er ist noch etwa zweihundert Meter von der Baustelle am Falkenstein entfernt, als vom Beobachtungsturm aus zweimal geschossen wird. Der Mann rennt los, vier weitere Schüsse fallen. Mehrere Grenzer verfolgen den Flüchtling und stellen ihn

1972

schließlich. Bayerische Zöllner beobachten den Vorgang, sehen noch, wie der Mann in Richtung Probstzella abgeführt wird. Für diesen Montagnachmittag stellt man die Arbeiten am Falkenstein ein. Fünf Wochen später sind die drei Gebäude abgerissen; man ebnet das Gelände ein.[13]

Von 1972 an wird der Ausbau der DDR-Grenze mit dem ein- oder doppelreihigen Metallgitterzaun auch im Bereich der Grenzpolizei-Inspektion (GPI) Ludwigsstadt vorangetrieben. Zwischen dem neuen »Doppelreiher« liegen Plastikminen vom Typ PMP 71, entwickelt und hergestellt in der DDR (VEB Sprengstoffwerke Schönebeck). Die »Maßnahmen zur Erhöhung der Sicherheit und Ordnung an der Staatsgrenze zur BRD« sind im Juli 1971 im SED-Politbüro beschlossen worden, einschließlich der Forderung, »die Sperranlagen entsprechend den Erfordernissen durch Schützenminen zu verstärken«.

Ebenfalls 1972 beginnen NVA-Pioniereinheiten, an der DDR-Grenze über weite Strecken Selbstschußanlagen zu installieren (im Bereich der GPI Ludwigsstadt erst Ende der siebziger Jahre). Am letzten Grenzzaun vor dem Bundesgebiet sind die Splitterminen (SM-70) in drei verschiedenen Höhen angebracht; sie werden mittels Spanndrähten ausgelöst. Ein Flüchtender, der einen der drei dicht am Zaun gespannten Drähte bewegt oder durchtrennt, gerät in einen Hagel scharfer Metallsplitter. Gleichzeitig signalisiert ein Lämpchen in der nächsten Führungsstelle (ein zur Befehlsstelle ausgebauter Beobachtungsturm) den Ort der Auslösung.

Zaunbau und Abriß des Bahngebäudes am Falkenstein durch DDR-Grenzsoldaten

1972

Nachdem der neuartige »Minenkörper« in Kooperation mit einem Prager Forschungsinstitut konstruiert und in der DDR weiterentwickelt worden ist, wird er im VEB Sprengstoffwerke Schönebeck in Serie produziert. Seit Oktober 1970 ist in einem fünfzehn Kilometer langen Abschnitt des Grenzregiments 24 (Salzwedel) die Splittermine SM-70 »erprobt« worden, seit dem 2. März 1971 ist dort die erste Selbstschußanlage in Betrieb.

In einem Bericht (vom August 1971) aus dem Kommando der Grenztruppen über die »Erprobung« heißt es, die Minensperre SM-70 habe sich als »wirksame Grenzsicherungsanlage erwiesen«. Wild, das die Sperre ausgelöst habe, sei »in der Regel auf der Strecke« geblieben. »Die Splitterwirkung an den beschossenen Wildarten: Reh-, Schwarz- und Federwild läßt den sicheren Schluß zu, daß durch SM-70 geschädigte Grenzverletzer tödliche bzw. so schwere Verletzungen aufweisen, daß sie nicht mehr in der Lage sind, den Sperrenzaun zu überwinden.«

Der drei Meter hohe Metallgitterzaun (GZ-I) sei im Vergleich zum zwei Meter hohen Grenzzaun II als »Minenträger« besonders geeignet: »Erfahrungen mit der 23-m-[Erd-]Minensperre besagen, daß geschädigte Grenzverletzer noch in der Lage sind, einen 2-m-Zaun zu überwinden und westdeutsches [sic!] Gebiet zu erreichen. Beim GZ-I ist letzteres mit guter Wahrscheinlichkeit nicht mehr zu erwarten. Außerdem gewährleisten die 3 Minenreihen des GZ-I gegenüber den 2 Minenreihen des GZ-II eine höhere Wirksamkeit.«

Oberst Gerhard Worbs, der neue Chef der Abteilung Pionierwesen im Kommando der Grenztruppen, hat in seinen Abschlußbericht zur »Erprobung« geschrieben, die Minensperre SM-70 sei geeignet, »die Grenzverletzerbewegung im gesperrten Abschnitt zu unterbinden bzw. herauszudrängen«. Kurz darauf stimmt Oberst Worbs einer Vorlage des Grenztruppenchefs Peter zu, die die Grundlage für die Entscheidung über den Ausbau der DDR-Grenze mit Selbstschußanlagen ist. Am 4. Dezember 1971 hat das MfNV-Kollegium, die Führungsgruppe des Verteidigungsministeriums, über die Vorlage beraten. In ihr heißt es:

»Die SM-70 ist eine Mine mit richtungsgebundener Wirkung unter Teilausnutzung des kumulativen Effektes … Nach erfolgter Detonation breitet sich eine kegelförmige Splittersäule aus, deren Mittelachse richtungsgleich zu der vor der Detonation bestehenden Körperachse der Mine verläuft. Die kinetische Energie der Splitter reicht aus, um mit Sicherheit Personen unschädlich zu machen, die versuchen, den Sperrbereich der SM-70 zu durchbrechen … «

Im Protokoll dieser Kollegiumssitzung ist festgeschrieben worden: Generalleutnant Peter habe erklärt, daß der Einsatz der Splittermine SM-70 billiger sei als die bisher angewandten Minentypen. Der Minister für Nationale Verteidigung habe erklärt, nach den bisherigen Erfahrungen verursache die Mine in fast allen Fällen tödliche Verletzungen. Generalleutnant Fleißner habe erklärt, daß er von dem neuen Minentyp eine höhere Effektivität der Grenzsicherung erwarte. Generalleutnant Poppe habe sich für die Einführung der Mine SM-70 ausgesprochen. Generalmajor Kleinjung habe sich gleichfalls mit dem Einsatz des neuen Minentyps einverstanden erklärt, jedoch zu bedenken gegeben, daß der Einsatz eine politisch ungünstige Reaktion des Westens hervorrufen könnte. Generaloberst Keßler habe dargelegt, daß Mine nicht schlechthin gleich Mine sei. Er habe die Frage der Effektivität in den Vordergrund gestellt.

1973

Nachdem einige Sitzungsteilnehmer Bedenken gegen die Einführung der SM-70 geäußert haben – auch Alternativen zu den Metallsplittern sind genannt worden: Hartgummi, »Reizladungen« –, schlägt Minister Hoffmann vor, die Entscheidung auszusetzen, bis er den Ersten Sekretär des ZK der SED konsultiert habe. In der darauffolgenden Kollegiumssitzung, am 10. Januar 1972, verkündet Heinz Hoffmann: Die SM-70 wird eingeführt.

Bis Ende 1972 sind 35 Kilometer DDR-Grenze mit Selbstschußanlagen »pioniertechnisch ausgebaut«; annähernd vierhundert Kilometer werden es bis Ende der siebziger Jahre sein (Kosten: über achtzig Millionen Mark). Bis dahin sind auch rund drei Viertel der Staatsgrenze West mit Grenzsignalzaun (GSZ) und Metallgitterzaun (MGZ) abgeriegelt.

Mindestens achtzehn Menschen gelingt es, die Selbstschußanlagen in den ersten beiden Jahren nach ihrer Einführung zu überwinden. Nicht weniger als zwei DDR-Flüchtlinge sterben in dieser Zeit infolge der Splitterverletzungen durch SM-70; bis zum Ende der DDR werden es mindestens neun sein. Durch Selbstschußapparate schwer verletzt werden nicht weniger als sechsundfünfzig Flüchtlinge.

Tausende von wildlebenden Tieren verenden jährlich nach Verletzungen in den Erdminensperren und Selbstschußanlagen qualvoll an der DDR-Grenze.[14]

1973

Im ZK-Gebäude am Werderschen Markt in Berlin beschließen die Mitglieder des SED-Politbüros am 23. Januar 1973: »Der pioniertechnische Ausbau der Staatsgrenze der DDR zur BRD ist planmäßig fortzuführen. Zur Sicherung der Schwerpunktrichtungen sind auch künftig Sperren mit richtungsgebundenen Splitterminen zu errichten.«

Die berüchtigten »Todesautomaten« an der DDR-Grenze zur Bundesrepublik (an der Grenze zu West-Berlin gibt es keine SM-70) schrecken nur einen Teil der fluchtwilligen Bürger ab: Von 1973 bis zum Ende der siebziger Jahre werden mehr als siebentausend Menschen bei dem Versuch gestellt, die DDR über die Sperranlagen nach Bayern, Hessen, Niedersachsen oder Schleswig-Holstein zu verlassen.[1]

Im Bereich des Grenzregiments 15 (Sonneberg) wird man im selben Zeitraum annähernd sechshundert Flüchtlinge festnehmen. Davon wird nur jeder fünfte auf dem Weg zur Grenze so weit vordringen, daß er von Grenztruppen-Angehörigen festgenommen wird. Nur 23 gelungene Fluchten werden festgestellt (»Wirksamkeit 96,5 % = 2. Platz an der Staatsgrenze West«). Ein Drittel der Flüchtenden in diesem Bereich wird im Abschnitt der Kompanie Probstzella versuchen, über die Grenze zu kommen; nur zehn werden es schaffen.

1973 glücken allein zwei Fluchten an der Grenze im Kreis Saalfeld; einunddreißig DDR-Bürger werden hier beim Fluchtversuch gestellt, darunter ein Mann im D-Zug 403 Leipzig–Nürnberg.[2]

Am Südosthang des Hopfs-Berges stellen DDR-Grenzer am Abend des 13. Februar 1973 eine Fußspur (Größe 43) am Grenzzaun fest. Die eingeleiteten Untersuchungen ergeben, daß am selben Tag, zwischen zwölf und vierzehn Uhr, ein Mann oder eine Frau von Probstzella aus unbemerkt in die Bundesrepublik gelangt ist. Der nächste Grenzposten hat sich in dreihundert Metern Abstand befunden; ein Signalgerät ist umgangen worden.³

Minenlegen bei Spechtsbrunn im Frühjahr 1973. Von rechts nach links sind zu erkennen: Anschlußstellen für das Grenzmeldenetz, Kolonnenweg, Spurenstreifen, Kfz-Sperrgraben, erster Metallgitterzaun, Minenfeld, letzter Zaun.

Wenige Meter westlich der Straße, auf der man einst von Spechtsbrunn nach Tettau gelangte, sind Soldaten der Pionierkompanie des Sonneberger Regiments am 21. Mai 1973 damit beschäftigt, Plastikminen zwischen den doppelten Metallgitterzaun zu verlegen. Um acht beginnt die Arbeit, gegen 17 Uhr ist Feierabend. Mittags gibt's Kübelessen aus der Feldküche.
Sie spannen Schnüre, auf denen der Abstand von Mine zu Mine rot markiert ist: In drei Reihen hintereinander sollen die PMP-71 liegen, dicht unter dem Erdboden, im Abstand von jeweils knapp einem Meter. Sie graben kleine Löcher in den Boden; der nächste Trupp legt die Minen hinein und baut die Zünder ein. Da kann wenig passieren, hat man ihnen gesagt. Die jungen Männer arbeiten »in Stellung«, sie liegen auf den Bäuchen. Stahlhelme tragen sie und Schutzkleidung aus Gummi. Die Minen sind mit Splinten »gesichert«. Zwei Meter geht der Trupp zurück – die Splinte werden rausgezogen. »Nachttöpfe« nennen die Soldaten die Plastikminen.
Vier Bundesgrenzschützer und zwei Zöllner beobachten die Verlege-

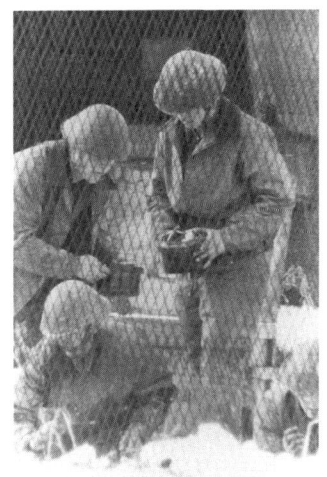

1973

arbeiten. Auch der bayerische Grenzpolizist Karl Zenkel, zivil gekleidet, schaut zu. Gegen vier Uhr nachmittags detoniert mit kurzem, dumpfen Ton eine Mine. Mit blutüberströmtem Gesicht liegt der zwanzigjährige Gefreite Hans-Joachim N. im Sand. Seine recht Hand ist zerstört. Es dauert nur ein paar Minuten, bis er ins Krankenhaus Gräfenthal abtransportiert wird, leblos.

Zehn Tage darauf stellen Ludwigsstädter Zöllner gegenüber der Explosionsstelle, vier Meter von der Grenzlinie entfernt, ein Holzkreuz für »Harry« auf, von dem sie annehmen, daß er tödlich verletzt worden ist. Der Stabschef des Grenzkommandos Süd, Helmuth Beuthe, meldet die »provokatorische Handlung des Gegners«

Abtransport des Soldaten Hans-Joachim N., der am 21. Mai beim Minenlegen in der Nähe von Spechtsbrunn schwer verletzt wird.

dem Chef der Grenztruppen. Oberst Beuthe schlägt vor, von der Bundesregierung die Beseitigung des Kreuzes zu fordern. Gleichzeitig bittet er um die Genehmigung, einen Offizier beauftragen zu dürfen, direkt an der Grenze bei der Bayerischen Grenzpolizei zu protestieren und die Beseitigung des Kreuzes zu fordern. (Das Holzkreuz an der Straße Spechtsbrunn – Tettau wird stehenbleiben, solange dort ein Zaun die Durchfahrt blockiert.)

Hans-Joachim N. überlebt, ist jedoch von da an Invalidenrentner. Insgesamt werden mehr als hundert DDR-Grenzer durch Minen verletzt, davon mindestens fünfundvierzig schwer. Sie erleiden Verbrennungen, verlieren Finger, Hände, Arme, Füße, Beine. Sie verlieren das Sehvermögen, das Gehör. Ein Soldat wird durch Splitter einer Selbstschußanlage getötet.[4]

Während man bei Spechtsbrunn nach dem Unfall weitere Minen verlegt, ist der sowjetische Parteichef Breschnew zu Gast in Bonn, wo er verschiedene Abkommen unterzeichnet; einen Monat darauf wird er das gleiche in den USA tun.

Ebenfalls im Mai 1973 billigen der Deutsche Bundestag (gegen die CDU/CSU-Opposition) und die Mitglieder des Bundesrates mit Ausnahme von Bayern den »Vertrag über die Grundlagen der Beziehungen zwischen der Bundesrepublik Deutschland und der Deutschen Demokratischen Republik«. Der sogenannte Grundlagenvertrag ist am 21. Dezember 1972 in Ost-Berlin unterzeichnet worden. In dem Dokument heißt es, die vertragschließenden Seiten seien übereingekommen, »normale gutnachbarliche Beziehungen« zu entwickeln. Man werde sich von den Prinzipien der UN-Charta leiten lassen, insbesondere in der Frage der Menschenrechte. Streitfragen werde man ausschließlich mit friedlichen Mitteln lösen. Man erklärt sich bereit, die Beziehungen zu normalisieren und praktische und humanitäre Fragen zu regeln. Abkommen sollen geschlossen werden auf annähernd allen Gebieten des öffentlichen Lebens: Wirtschaft, Wissenschaft und Technik, Verkehr, Rechtsverkehr, Post- und Fernmeldewesen, Gesundheitswesen,

Kultur, Sport, Umweltschutz. In Bonn und Ost-Berlin sollen Ständige Vertretungen beider Regierungen eingerichtet werden. Zudem kündigt die DDR-Regierung an, man wolle in erweitertem Rahmen getrennte Familien zusammenführen und Besuche von DDR-Bürgern in der Bundesrepublik in dringenden Familienangelegenheiten genehmigen. (Mehr als tausend Kinder ehemaliger DDR-Bürger, die schon vor dem Mauerbau in den Westen geflüchtet waren, warten Ende 1972 auf die Ausreise zu ihren Eltern.⁵)
In einem an die DDR-Regierung gerichteten »Brief zur deutschen Einheit« hat die Bundesregierung festgestellt, daß der Grundlagenvertrag nicht im Widerspruch

Holzkreuz für »Harry«, das die Ludwigsstädter Zöllner für den DDR-Soldaten aufstellen.

zu dem Ziel stehe, daß das deutsche Volk in freier Selbstbestimmung seine Einheit wiedererlangt.
Auf eine Klage der Bayerischen Staatsregierung hin erklärt das Bundesverfassungsgericht den Vertrag für vereinbar mit dem Grundgesetz. Die Richter weisen darauf hin, daß aus dem Wiedervereinigungsgebot, wie es in der Präambel des Grundgesetzes formuliert ist, folge, daß kein Verfassungsorgan die Wiederherstellung der Einheit Deutschlands als Ziel aufgeben dürfe. Alle Verfassungsorgane seien verpflichtet, in ihrer Politik auf die Erreichung dieses Ziels hinzuwirken.

Entsprechend einem Zusatzprotokoll zum Grundlagenvertrag beginnt 1973 eine deutsch-deutsche Grenzkommission, die Markierung der Grenze zu überprüfen, zu ergänzen oder zu erneuern. Soweit die Grenze aufgrund alliierter Vereinbarungen vom vormaligen Verlauf abweicht, soll die Grenzkommission an Ort und Stelle den neuen Verlauf verbindlich festlegen und markieren.
Nur langsam kommen die Vermesser von hüben und drüben voran. Beobachtet von »Sicherheitskräften« aus Ost und West, ringt man um Übereinkünfte, wobei die Meinungen darüber, was juristisch richtig und in der Praxis vernünftig ist, oft verschieden sind. Um manchen neu zu setzenden Grenzstein wird wochenlang verhandelt. Der Coburger BGS-Offizier Reinhard A. Kilian: »Zu wissen, daß man mit denen reden kann, ganz genau zu wissen, daß man die Wahrheit nicht sagen kann, und dann durch die Blume zu verstehen geben, was man eigentlich meint – diese Spielerei hat mich am Ende angekotzt.«⁶
In mehrjähriger Tätigkeit wird schließlich eine Dokumentation zum Grenzverlauf erarbeitet. Mitte der siebziger Jahre wird auch die umstrittene »Bierdeckelgrenze« am Falkenstein bei Probstzella von den DDR-Vertretern anerkannt und in die Karten eingetragen. Zudem wird das Grundstück des (bundesdeutschen) Ehepaars Wiegand am Ortsrand von Kleintettau (Franken) per Grenzkorrektur an Bayern abgetreten.

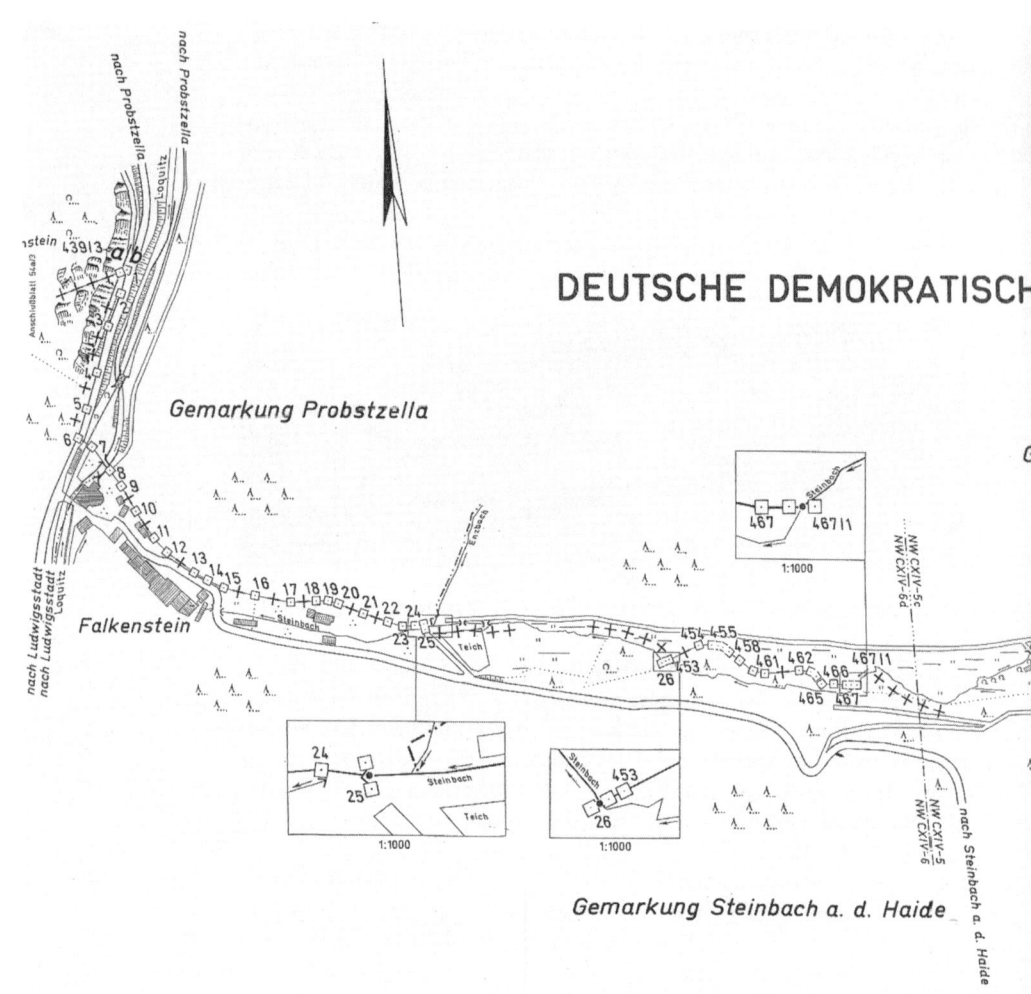

Grenzkarte 74, in die auch der von der DDR schließlich anerkannte Grenzverlauf nach dem »Bierdeckelabkommen« eingetragen ist.

Als »Maßnahme zur weiteren Verbesserung des grenzüberschreitenden Reise- und Besucherverkehrs« gestattet die DDR-Regierung mit dem Inkrafttreten des Grundlagenvertrages »Tagesaufenthalte im grenznahen Bereich der DDR für Einwohner des grenznahen Bereichs der BRD«. Nach Ausstellung eines »Berechtigungsscheines« durch das zuständige VP-Kreisamt können Bundesbürger aus 56 grenznahen Kreisen fortan spontan zu Reisen in 54 grenznahe Kreise der DDR aufbrechen. An den Übergängen bekommen sie mit dem »Berechtigungsschein« Visa für bis zu neun Tagesaufenthalte. Zu den grenznahen Kreisen zählen auch Saalfeld, Rudolstadt, Neuhaus, Sonneberg sowie Kronach, Coburg, Lichtenfels, Bamberg und Bayreuth.

Außerhalb der Sperrgebiete können sich die Besucher im »Kleinen Grenzverkehr«

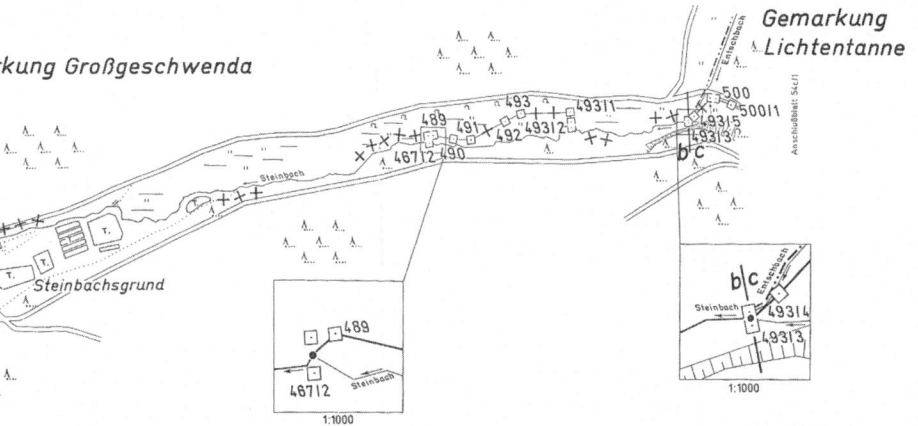

relativ ungehindert bewegen; auch die Anmeldepflicht bei der Volkspolizei entfällt. Fast zweihunderttausend Reisende im grenznahen Verkehr werden bis zum Jahresende 1973 gezählt. Vier neue Grenzübergangsstellen öffnet man, darunter einen Straßenübergang zwischen Eisfeld und Rottenbach bei Coburg.
Der erste Zug der Deutschen Bundesbahn von Lichtenfels nach Saalfeld wird zwei Wochen nach Inkrafttreten des Grundlagenvertrages an einem heiteren Donnerstagmorgen den Bahnhof Ludwigsstadt passieren. Mit Birkengrün ist die Lokomotive geschmückt. Abends halb neun fährt der Zug von Saalfeld zurück nach Lichtenfels. Annähernd zweitausend Reisende fahren jährlich im »Kleinen Grenzverkehr« über Ludwigsstadt.[7]

1973

SIEGLINDE BUNDE

»Ich bin schon in der Schule immer angeeckt, war dort schon ein schwarzes Schaf. Das fing in der ersten Klasse an: Ich hatte Fotos von meiner Tante aus Duisburg bekommen, da konnte man sehen, wie schön es bei denen zu Hause war. Die hatten fast jedes zweite Jahr ein neues Auto. Ich zeigte in der Schule allen die Fotos, da kam meine Lehrerin und sagte: ›Das ist alles Schmu! Die gehn ins Kaufhaus und setzen sich dort in ein schönes Wohnzimmer oder stellen sich vor ein neues Auto und lassen sich fotografieren.‹ Das hat mich beleidigt, da war ich schon aggressiv.
Wir hörten zu Haus heimlich RIAS und guckten Westfernsehen. Eines Tages stiegen sie uns mit der Feuerwehrleiter aufs Dach und montierten die Westantenne ab. Mein Vater baute sie wieder an. Er sagte oft: ›Oder soll ich mir den Schnitzler ansehen? Diesen Hetzer, diesen Heuchler!‹
Dann erlernte ich einen Beruf ... Eines Tages kam zum 1. Mai der Walter Ulbricht in den Betrieb: Alle hatten FDJ-Hemden an, nur ich hatte einen roten Pullover an – ich war ja nie in der FDJ. Man stellte mich nach hinten, obwohl ich eine der Kleinsten war. Als der Walter Ulbricht reinkam, bin ich nach vorn geflitzt, mit meinem knallroten Pullover. Ich war schon immer impulsiv. Danach mußte ich zu den Chefs.«

An einem Frühjahrsabend 1973 schmiedet Sieglinde Bunde, Montiererin im VEB Elektroschaltgeräte Grimma, 21 Jahre jung, Zukunftspläne mit ihrem Liebsten László Balogh. In Kürze muß der achtzehnjährige Gastarbeiter aus Ungarn die DDR verlassen, zurück in seine Heimat. Sie würde gern mit ihm gehen, aber die Eltern sind dagegen. Da sagt sie zu ihm: »Ich hab schon lange die Schnauze voll, laß uns abhauen.« Er ist einverstanden. Ihren dreijährigen Sohn Mike läßt Sieglinde Bunde bei ihren Eltern. Sie will ihn später im Rahmen einer »Familienzusammenführung« nachholen.

SIEGLINDE BUNDE

»Kurz vor Nordhausen haben sie uns aus dem Zug rausgeholt. Zuerst durchsuchten sie László, mich sperrten sie in einen Umkleideraum. Dort hab ich unsere Landkarten und das Fahrtenmesser hinter die Spinde geschmissen. Sie ließen uns wieder laufen.
Zwei Wochen später, am 19. Juni 1973, sind wir wieder los, zweiter Versuch. Bis zum 20. Juni mußte László die DDR verlassen haben. An dem Tag hat meine Mutter Geburtstag. Ich hatte ihr immer, schon als Kind, Rosen geschenkt, und wenn es nur eine war. Zu dieser Zeit blühten immer die ersten Rosen, in dem Jahr waren sie aber erfroren.«

Diesmal kommen sie bis Saalfeld. Per Anhalter wollen sie weiter in Richtung Probstzella. Viel Wald soll es da geben, der soll sie schützen. Ein Lieferwagen hält, fährt nach Neuhaus, also Neuhaus. Dort bleiben Sieglinde Bunde und László Balogh in einer Gaststätte, bis der Wirt Feierabend macht. Die erste Nacht schlafen sie im Wald.
Weiter über bewaldete Berghänge. Sie verlaufen sich, verbringen noch eine Nacht im Wald. Am nächsten Tag, gegen Mittag, die ersten Schilder: »Grenzgebiet«. Sie laufen langsam. Nicht auffallen! Spechtsbrunn umgehen sie, vor Hasenthal bie-

gen sie ab. In Leipzig haben ihnen Freunde gesagt: »Bei Spechtsbrunn werden die Minen gesprengt!« Die DDR wolle doch in die UNO aufgenommen werden ...
Am Abend des 21. Juni erreichen sie den Schutzstreifen. Sie beschließen, am nächsten Morgen die Sperren zu überwinden. Stundenlang hocken Sieglinde Bunde und László Balogh frierend in einem Gebüsch, ihre Kleidung ist klamm. Sie können nicht schlafen, reden leise. Zwei Grenzer gehen vorbei, so nah, daß die beiden im Gebüsch deren Worte verstehen. Es ist noch dunkel, als sie ihr Versteck verlassen.

1973

Sieglinde Bunde ist mit einem Ungarn befreundet. Als dessen Aufenthaltserlaubnis in der DDR abläuft, beschließen die beiden, in den Westen zu fliehen.

SIEGLINDE BUNDE

»Stacheldraht und kläffende Hunde an einer Leine. Wir sind über den ersten Zaun geklettert. Im Morgengrauen kamen wir an die Grenze. Es war neblig, kalt. Als wir aus dem Wald rausgekommen sind, sehen wir eine richtige Straße entlang der Grenze. Da wunderte ich mich noch: Mein Gott, dafür geben sie Geld aus, alles richtig betoniert.
Als wir die Schilder ›Vorsicht, Minen!‹ sahen, hab ich gesagt: ›László, entweder wir schaffen's, oder wir sterben. Laß es uns versuchen.‹ Ich glaubte eher, daß wir umkommen. Wir hatten eine ganz winzige Hoffnung, wir dachten: Vielleicht steht das nur so da, und in Wirklichkeit liegen keine Minen dort. Am ersten Zaun hab ich gedacht – weil ich so klein bin –, ich kann den vielleicht unten hochziehen und durchkrabbeln. Aber der Zaun war einbetoniert.«

Sie steigen über den Streckmetallzaun, laufen über den Minenstreifen – ungefähr 1200 Meter südwestlich der Straße Spechtsbrunn–Tettau, einen Kilometer von der Stelle entfernt, wo einen Monat zuvor ein Grenzer beim Minenlegen verletzt worden ist. Über zwei Minenreihen kommen sie – eine Mine der dritten Reihe,

Fluchtstelle bei Spechtsbrunn:
1 Überstiegsstelle am vorderen Zaun
3 Kfz-Sperrgraben

1973

unmittelbar am letzten Zaun verbuddelt, zerreißt gegen 3.20 Uhr Sieglinde Bunde den rechten Unterschenkel. Der Mann an ihrer Seite steht wie erstarrt.

Rund dreihundert Meter weiter nördlich hören die Grenzposten Volker Engelbrecht und Gerd F. die Explosion. Eine Stunde vorher sind sie bei Dienstbeginn von Unteroffizier Langer (19 Jahre) vergattert worden, Grenzverletzer festzunehmen oder zu vernichten. Gerd F. (19) verständigt übers Grenzmeldenetz den diensthabenden Offizier im Führungspunkt, Unteroffizier Hess (20). Dieser bestätigt den »Entschluß zur sofortigen Handlung«, genau wie der Kompaniechef, Hauptmann Baumann (32). Heinz Hess befiehlt, »einen Durchbruch in Richtung BRD nicht zuzulassen«.

»László, mein Bein ist weg! Laß uns weitergehen, sonst sterbe ich hier.« László Balogh hebt sie an den zweiten Zaun, sie zieht sich hoch und läßt sich auf die andere Seite fallen. Er nimmt Anlauf und springt an den Zaun. Keine fünf Minuten sind seit der Detonation vergangen. In diesem Moment trifft Postenführer Engelbrecht, der sofort über den Kolonnenweg losgerannt ist, ein. Aus hundert Metern Entfernung sieht er auf dem »feindwärtigen Streckmetallzaun« einen Mann, dessen »Beine bereits in die feindwärtige Richtung« zeigen. Volker Engelbrecht, gerade zwanzig Jahre alt geworden, schießt mit seinem leichten Maschinengewehr aus dem Stand auf den Flüchtenden. Die Kugel durchschlägt Lunge und Herz und bleibt im Brustbein stecken.

Sieglinde Bunde

»Ich hörte einen Schuß. László schrie noch: ›Siggi! Siggi... mein Arm...‹ Dann fiel er auf mich rauf. Er lag mit seinem Rücken auf meiner Brust und hat mich angestarrt. Ich hab geschrien. Ich versuchte, ihm die Augen zuzumachen, aber das ging nicht. Ich legte ihm mein Tuch übers Gesicht. Plötzlich war mir so, als habe sich das Tuch bewegt, als ob er atmete. Da hab ich das Tuch wieder zur Seite gezogen; für Momente hab ich gedacht: Vielleicht lebt er doch noch ... Ich wollte nicht wahrhaben, daß er tot ist. Ich hab ihn abgetastet, aber keinen Einschuß gefunden. Nach einer Viertelstunde etwa fing das Bein an zu schmerzen. Ich sah, wie das Blut aus dem Bein pulsierte. ›Muß ich jetzt verbluten?‹ dachte ich. Der Grenzer, der László erschossen hat, stand mit noch einem die ganze Zeit vor dem ersten Zaun. Sie zielten beide mit ihren Maschinenpistolen auf mich. Auf der anderen Seite, im Westen, vielleicht vierzig Schritte entfernt, kamen zwei Uniformierte und wollten wissen, wie wir heißen, von wo wir gekommen sind und was passiert ist. ›Ich glaub, die haben meinen Verlobten erschossen ...!‹ Einer der DDR-Grenzer schrie dazwischen: ›Halt die Schnauze! Halt's Maul!‹«

László Balogh wird bei dem Fluchtversuch erschossen, seine Freundin durch eine Mine schwer verletzt.

Zwanzig Minuten dauert es, bis ein »Minenbergetrupp« (sechs Mann) aus der Kompanie Spechtsbrunn eintrifft. Auch Kompaniechef Klaus Baumann ist zur Stelle. Er brüllt den Gefreiten Engelbrecht an, warum er nicht eher geschossen habe. Dann befiehlt er ihn vom Platz. (Volker Engelbrecht erfährt wenig später, daß er einen Menschen erschossen hat.)

Man schneidet Öffnungen in die beiden Zäune, schiebt eine »Bergebrücke« über das Minenfeld. Bevor die Grenzer über den Steg gehen und die Verletzten (»feindwärts« des Zaunes) bergen dürfen, müssen sie auf Anweisung des Kompaniechefs

1973

NATIONALE VOLKSARMEE Geheime Verschlußsache!
Kommando der Grenztruppen   255
Operativer Diensthabender   ___ Ausfertigungen
GVS-Tgb.-Nr. G /282509   1. Ausfertigung = 2 Blatt

Tagesmeldung Nr. 174 / 73

für die Zeit vom __21.06.1973,__ 18.00 Uhr bis __22.06.1973,__ 18.00 Uhr

und Sofortmeldungen bis __23.06.1973,__ 04.00 Uhr

I. Lage an der Staatsgrenze der DDR zur BRD und zu Westberlin

(1) Handlungen des Gegners im eigenen Grenzgebiet

a) Festnahmen   von DDR   nach DDR
   7./GR-15 Sonneberg   -   1/1
   1o./GR-15 Sonneberg   1/2   -

   Insgesamt: 1/2   1/1
   ===

   GR-15 Sonneberg   1o. GK Spechtsbrunn

   Am 22.06.1973, gegen 03.2o Uhr, Festnahme wegen versuchtem
   Grenzdurchbruch DDR - BRD der Grenzverletzer
            B▬▬▬▬▬▬▬ (Ungarischer Staatsbürger) und
            B▬▬▬▬▬▬▬ (DDR-Bürgerin).

   Beim Überwinden der PTA wurde durch die Bunde, S. eine Mine
   ausgelöst, bei deren Detonation sie sich schwere Verletzungen
   zuzog. Der B▬▬▬ versuchte in Richtung BRD zu flüchten
   und wurde durch die Anwendung der Schußwaffe tödlich verletzt.
   Die Bergung der Grenzverletzer wurde 04.00 Uhr abgeschlossen.
   Die Handlungen zur Bergung wurden vermutlich von 03.45 Uhr bis
   04.00 Uhr durch 2 Angehörige des ZGD beobachtet.
   Untersuchung: Stellv. d. Stabschefs f. op. Fragen des GKdos. SÜD
                 und K-GR-15.

b) Grenzdurchbrüche wurden in der Berichtszeit keine gemeldet.

ihre Waffen ablegen; selbst der Truppführer, ein Oberleutnant, wird entwaffnet. Hauptmann Baumann bleibt vor der Zaunöffnung stehen und hält seine »Kalaschnikow« demonstrativ schußbereit im Anschlag.

SIEGLINDE BUNDE

»Sie brachten mich zu einem Lastwagen und legten mich daneben. Ich hatte am ganzen Körper Verbrennungen, auch im Gesicht. Ein kleiner Rotschopf, der auf mich aufpassen mußte, hat mir die Haare zur Seite gestrichen und immer wieder leise gesagt: ›Du dummes Mädchen, ... wie konntest du so was machen?‹ Und hat geweint. Der war so was von verzweifelt. ›Ich würd dir ja so gern helfen ...‹ Er war auch erst neunzehn Jahre, hatte lauter Sommersprossen im Gesicht.

1973

Dann kam ich in den Wagen, neben László. Ich hatte nicht gemerkt, daß das Bein unten ganz weg war; ich hatte nur das Gefühl, daß das angerissen ist. Ich fragte den Armeearzt, ob er mir das Bein bitte mal anwinkeln kann, da schlug er mich auf den Rücken: ›Halt die Schnauze! Schwein!‹«

Gegen 4.10 Uhr fährt der Krankenwagen mit Sieglinde Bunde und László Balogh zum Krankenhaus Gräfenthal. Die beiden bundesdeutschen Zöllner haben von einem Baum aus auch den Abtransport beobachten können.
Im Krankenhaus bemerkt die Schwerverletzte noch, wie man ihr die Sachen vom Leib schneidet und sie in einen Beutel wirft. Unendlich lang kommt ihr diese Prozedur vor. Schließlich wird ihr der halbe Unterschenkel amputiert. Nach der Operation liegt sie anderthalb Tage im Koma.

Generalleutnant Erich Peter, der Grenztruppenchef, schreibt am Todestag von László Balogh an SED-Chef Honecker: »Die eingesetzten Kräfte werden nach Abschluß der Untersuchung für vorbildliches und entschlossenes Handeln belobigt.« Postenführer Volker Engelbrecht und sein Posten Gerd F. werden kurz nach dem »Grenzzwischenfall« bei einem Appell von Kompaniechef Baumann als »bestes Postenpaar des Monats« ausgezeichnet. Wenig später erhalten sie bei einem Empfang im Kommando der Grenztruppen in Pätz bei Berlin 300 Mark Prämie sowie die »Verdienstmedaille der NVA« in Bronze – »für das entschlossene Handeln bei der Vernichtung und Festnahme von Grenzverletzern«. Die gleiche Medaille erhalten »in Würdigung ihrer vorbildlichen Leistungen« der Vergatterer Karl Langer und der diensthabende Offizier im Führungspunkt Heinz Hess.
Am Vormittag des 22. Juni spricht ein bundesdeutscher Zöllner bei Lichtenhain, zwischen Spechtsbrunn und Probstzella, eine Gruppe von DDR-Grenzern an: »Wißt ihr, daß heute früh zwei von euch draufgegangen sind, um 3.30 Uhr? Eine durch eine Mine, der andere wurde erschossen. Soll das die Antwort auf den ›Kleinen Grenzverkehr‹ sein?« Keine Reaktion. »Wenn ihr das nicht glaubt, müßt ihr heute abend Westfernsehen sehen, das lügt nicht!« Tags zuvor ist der Grundlagenvertrag in Kraft getreten.

Horst K., Unterfeldwebel
»Der Grundlagenvertrag wurde in der Politschulung eingehend behandelt, aber ich schätze, nur dreißig Prozent haben ihn verstanden bzw. könnten sagen, was er verändert.
Auf das militärische Leben und die Erfordernisse der Wachsamkeit hat er keinen Einfluß, obwohl es – zumindest von einzelnen Soldaten – erwartet wurde. So fragte z. B. ein Soldat, ob es jetzt erlaubt wäre, grüßende Uniformierte, die sich im westlichen Vorfeld bewegen, ebenfalls zu grüßen. Der Politoffizier entgegnete, ein solcher Gruß müsse als ›versuchte Kontaktaufnahme‹ betrachtet werden, und dies lasse die Dienstvorschrift nicht zu.«

Sieglinde Bunde
»Als ich aufwachte, hab ich erst mal verdrängt, was passiert war; dann fragte ich den Arzt, was mit László ist. ›Ich darf's Ihnen nicht sagen, aber er ist tot. Ein Schuß in die Seite …‹

Die ersten drei Tage saß jemand im weißen Kittel im Zimmer und bewachte mich. Als ich aufgewacht bin, hab ich zu ihm gesagt: ›Sie sind doch gar kein Arzt ... wer sind Sie denn?‹ – ›Ich bin ein Pfleger, ich paß auf Sie auf.‹ – ›Sie können mir viel erzählen ...‹ Der Arzt sagte zu dem: ›Wie soll die Frau denn weglaufen, mit dem kaputten Bein?‹ Am dritten Tag kam einer von der Staatssicherheit und hat alles aufgenommen.«

1973

Am 11. Juli 1973 flüchtet der 22jährige Unterfeldwebel Horst K. aus der Kompanie Spechtsbrunn nach Bayern. Gegenüber dem Soldaten an seiner Seite behauptet er, zwei verdächtige Personen gesehen zu haben, und befiehlt ihn außer Sichtweite. Dort solle er einen Feuerstoß abgeben, damit die zwei Personen »niedergehalten werden«. Als Horst K. die Schüsse hört, rennt er los. Er ist einer von achtundzwanzig Uniformierten, die 1973 in den Westen flüchten.
In der Bundesrepublik berichtet der Grenzer, daß kürzlich in seinem Abschnitt ein Soldat beim Minenlegen schwer verletzt worden sei. Sein Gesicht sei für immer zerstört, er sei total erblindet. Als Anlaß für seine Flucht nennt Horst K. den »Grenzzwischenfall« vom 22. Juni, bei dem ein Ungar erschossen worden und seine Braut durch eine Mine schwer verletzt worden sei. Man habe ihr das rechte Bein bis zum Knie amputieren müssen. Er habe die »Sicherung in dem Abschnitt« mit übernehmen müssen und könne nicht vergessen, wie das Mädchen verzweifelt schreiend bei ihrem Freund gelegen habe.
Der Schütze habe eine der höchsten Auszeichnungen der NVA und eine Geldprämie bekommen. Der sei aber damit nicht glücklich und habe wohl noch lange mit seinem Gewissen zu kämpfen; ein zweites Mal würde er nicht so handeln.
Drei Wochen darauf erzählt ein Mann aus Lichtenhain, der Verwandte in der Bundesrepublik besuchen darf, zwei BGS-Offizieren während einer Begegnung bei Ludwigstadt ebenfalls vom verletzten Minenleger. Auch sei in Lichtenhain bekanntgeworden, daß Ende Juni bei Spechtsbrunn ein Gastarbeiter auf der Flucht erschossen worden sei. Die Bevölkerung wolle die neuen Sperranlagen, Zäune und Minen, nicht, aber die SED-Führung und die Funktionäre hätten Angst vor der BRD. Eine Annäherung zwischen hüben und drüben und menschliche Erleichterungen werde es nach seiner Überzeugung für längere Zeit nicht geben. Noch 1973 leitet man bei der Zentralen Erfassungsstelle Salzgitter ein Verfahren gegen den Gefreiten Engelbrecht wegen der Erschießung von László Balogh ein.

Sieglinde Bunde

»Die Schwestern und Ärzte im Krankenhaus Gräfenthal – ich hatte nicht das Gefühl, daß die anders dachten als ich. Ein Arzt war so lieb zu mir: Bevor er in den Urlaub ging, fragte er mich, was ich gerne haben möchte. ›Ich möcht so gern rauchen!‹ Er kaufte mir Zigaretten, sagte, wenn er weg ist, gibt mir die Oberschwester welche. Nach meiner Entlassung bekam ich noch ein paarmal Post vom Gräfenthaler Chirurgen, alle Schwestern hatten unterschrieben.
Ich war dreieinhalb Wochen in Gräfenthal. Dann bin ich für drei Wochen nach Leipzig ins Haftkrankenhaus gekommen. Danach war ich in Leipzig bald vier Wochen bei der Staatssicherheit in Haft, in der Beethovenstraße. Der mich dort vernommen hat, fragte: ›Was wollten Sie denn im Westen? Bananen essen?‹ – ›Wegen 'ner Banane riskier ich doch nicht mein Leben.‹ So blöde sind die mir gekommen.

1973

Ich war auch im Kreuzverhör. Da kam so'n ganz dicker Mann rein, der hat mich geschlagen, er schmiß mich vom Hocker – ich hatte damals noch keine Prothese. Ich muß dazu sagen, ich war dort wieder aggressiv: Der Dicke kam immer so nah an mich ran. ›Würden Sie mir einen Gefallen tun?‹ hab ich gesagt. – ›Jaaah?‹ – ›Hauchen Sie mir doch nicht immer so ins Gesicht, Sie stinken aus dem Hals.‹ Da hat er mich geschlagen. Erst als ich in meiner Zelle war, hab ich geweint, wegen der Demütigung. Das waren gemeine Schweine.
Die fragten immerzu das gleiche, ich war schon ganz blöde im Kopf – immerzu das gleiche: ›Warum ... weshalb ... haben Ihre Eltern das gewußt ...?‹
Der Prozeß war dann Anfang September in Grimma. Das war an einem Tag erledigt, ich bin gleich verurteilt worden. Ohne Wenn und Aber, so, wie es der Staatsanwalt beantragt hatte. Einen Verteidiger hatte ich nicht; einen Pflichtverteidiger hätt ich haben können, den wollt ich nicht.
Der Richter sagte: ›Im Namen des Volkes!‹ Ich guckte mich um und sagte: ›Ha! Ha! Ha!‹ Es war ja keiner weiter da. Nicht mal mein Vater durfte dabei sein. Mich hätt das Volk nicht verurteilt.«

»Angriffe gegen die Staatsgrenze sind schwerwiegende Verstöße gegen die staatliche Ordnung. Durch sie wird eine unmittelbare und konkrete Gefahr für die Sicherheit der Grenze, für den Schutz unseres Staates hervorgerufen.
Die Angeklagte ist nicht vorbestraft, hat jedoch in einem solch massiven Umfange die genannten Gesetzesverletzungen begangen, daß es im Interesse des Schutzes der staatlichen Ordnung unserer Staatsgrenze und auch unserer Bürger vor auf solche Weise provozierten Grenzkonflikten erforderlich ist, mittels des staatlichen Zwanges auf dieses Tun zu reagieren.
Infolge der objektiven Tatschwere, die beträchtlich ist, als auch der Grad der Schuld, der infolge des bedenkenlosen, planmäßigen und rücksichtslosen Vorgehens ebenfalls sehr hoch ist, war die Freiheitsstrafe von 25 Monaten auszusprechen.«
Richter Machinia in seiner Urteilsbegründung

Eine Woche nach der Verurteilung von Sieglinde Bunde wird die Deutsche Demokratische Republik als 133. Staat in die Vereinten Nationen aufgenommen.

Sieglinde Bunde

»Während meiner Haftzeit kümmerten sich meine Eltern um meinen Sohn Mike. Ich kam erst in so einen ›Zwischenknast‹ in Leipzig, wo sie aussortiert haben, wer wohin kommt. Dort hatte ich mich mal am Abend durchs Fenster mit Männern unterhalten, die gegenüber eingesperrt waren. Da holte mich ein Wärter raus – ich hatte nur so ein kleines Nachthemdchen an – und schleifte mich durch den ganzen Gang. Er brachte mich in den Waschraum und kettete mich oben an. Ich konnte nur mit dem einen Bein auf den Zehenspitzen stehen. So hab ich Stunden gehangen. Ich schrie wie wild, weil ich nicht mehr konnte: Hängenlassen konnt ich mich nicht, weil die Kette in die Arme schnitt – ich blutete –, ich konnt aber auch nicht mehr stehen auf dem einen Bein. Wenn du jetzt könntest, würdest du dich umbringen, dachte ich. Dreckschweine, die verfluchten! Die hatten doch vorm Menschen überhaupt keine Achtung.

Dann kam ich nach Hoheneck bei Stollberg. Dort mußte ich halbtags arbeiten, wir haben aus alten Uniformen Haftbekleidung hergestellt. In Hoheneck war das Wasser immer kalt, auch im Winter. Man stand morgens vor dem eisigen Wasserstrahl und wußte nicht, wo man sich zuerst mit dem kalten Wasser waschen sollte, oben oder unten ... Dort gingen meine Nieren kaputt.

1973

Etliche Male war ich im Arrest, einmal sogar im verschärften. Drei Wochen, dann zwei Tage raus, ›zum Erholen‹ oder so, dann wieder drei Wochen rein. Da bekommst du zwei Tage trocknes Brot, am dritten Tag gab's warmes Essen. Ich war halb verhungert, ich konnte das muffige Brot nicht essen. Nachts träumte ich von Vögeln, die rumfliegen. In der Arrestzelle war als Bett ein Holzbrett mit einer Decke, auch im Winter. Da hast du überlegt: Was machst du jetzt, deckst du dich zu oder legst du dich drauf?

Warum ich in den Arrest kam? Mal hab ich die Arbeit verweigert, ein anderes mal ›Ihr Stasi-Schweine!‹ gerufen. Wenn du ganz schlimme Schmerzen hast, wo du denkst, es reißt dir irgendwas kaputt ... und dann in dieser Situation ..., dann passiert so was.

Einmal, es war ein ziemlich strenger Winter, der Gefängnishof war zugefroren, stellte ich mich beim Rundgang zur Seite. Plötzlich schreit eine Wärterin: ›Bunde! Herkommen!‹ Ich wollte aber nicht mit meiner Prothese über den glatten Hof. ›Ich hab doch keine Schneeketten unter den Schuhen.‹ Sie steckten mich gleich in den Arrest. Das war kurz vor Weihnachten. Ein Tag vor Heiligabend kommt der Gefängnisdirektor und fragt mich: ›Warum sind Sie hier?‹ – ›Ich hab die Anordnung nicht befolgt ...‹ – ›Na, dann haben Sie ja Zeit zum Nachdenken.‹ Ratsch, ratsch war die Tür wieder zu.

Aus meinen Monatsbinden hab ich mir dann zu Weihnachten Sternchen gebastelt und sie mir in die Zelle gehängt. Als eine Wärterin die Sterne hängen sah, holte sie noch eine andere dazu, und sie verprügelten mich. Sie schubsten mich auf den Boden und traten mich mit Füßen.

Ich habe noch während meiner Haftzeit einen Ausreiseantrag gestellt.

Nach der Haft sollte ich ganztags Kartoffeln schälen, und das in einer Fabrik, wo alles gefliest ist und der Boden ständig naß ist. Dort konnte man nur mit Gummistiefeln arbeiten. Mein Hausarzt besorgte mir dann eine andere Stelle, aber dort war ich nur kurz. Ich war anderthalb Jahre krank, am Bein hatte sich eine Geschwulst gebildet. Danach hab ich noch anderthalb Jahre in Heimarbeit Brieftaschen hergestellt.

Drei Jahre nach meiner Entlassung aus dem Gefängnis bin ich rübergekommen. Für die Ausreise hatte ich 48 Stunden Zeit. In dieser Zeit mußte ich zu Mikes Vater nach Mecklenburg fahren und mir die Unterschrift holen, daß er Mike gehen läßt. Zurück in Grimma, mußte ich Mike aus der Schule holen und mit ihm zum Rat des Kreises, dort fragten sie ihn: ›Mike, wenn deine Mutti mal ganz weit wegzieht – willst du dann bei deiner Mutti bleiben oder bei deiner Oma?‹ Er war damals acht Jahre alt. ›Ich bleib bei meiner Mutti.‹ Ich hatte nicht gedacht, daß er das sagt. Er war doch die ganze Zeit, als ich in Haft war, bei meinen Eltern, ohne mich einmal zu sehen; er hing doch an seinen Großeltern. Als die ihn das gefragt haben, dacht ich, ich krieg ihn nicht ... Der Typ hat noch gesagt: ›Na, das überleg dir aber noch mal. Ich frag dich dann noch mal.‹

Ich mußte also in den 48 Stunden noch zu allen möglichen Banken und den Nach-

1973

weis holen, daß ich keine Schulden hab. Und dann hieß es: ›Bis morgen abend müssen Sie über die Grenze sein.‹
Mit einem Kind und einer Reisetasche bin ich rübergekommen, sonst hatte ich nichts. Ich bekam Hilfe von der ›Gesellschaft für Menschenrechte‹ in Frankfurt (Main). Ein älterer Herr kümmerte sich um mich, ein feiner Mensch. Auch ›Hilferufe von drüben‹ haben mir geholfen.
Am Anfang durfte ich noch zu Besuch in die DDR, zu meinen Eltern. Aber nur unter der Bedingung, daß ich im Westen nichts publik mache. Als ich dann in der ›Bildpost‹ meinen ganzen Scheiß veröffentlicht habe, durfte ich nicht mehr rüber.«[8]

Dieter Sch., 27 Jahre alt, ledig, Sparkassenleiter in Unterwellenborn bei Saalfeld, führt ein unauffälliges Leben. Er ist Mitglied in der SED, dazu in der Gesellschaft für Deutsch-Sowjetische Freundschaft, im FDGB sowieso und in der FDJ – jedoch ohne weitergehendes Engagement. Nach Feierabend fährt er in seine Wohnung nach Probstzella.
In der Nacht vom 24. zum 25. September 1973 verläßt er gemeinsam mit einem anderthalb Jahre jüngeren Begleiter aus Stendal seinen Wohnort in südwestlicher Richtung. Sie durchschneiden den unteren Draht des neuen Grenzsignalzauns, der an dieser Stelle noch nicht angeschlossen ist, durchlaufen die alte Minensperre, die an dieser Stelle wirkungslos ist, und sind auf fränkischem Boden. Am Morgen entdeckt eine Kontrollstreife ihre Fußspuren, drei Tage später hat man die Namen.[9]
Bei der Bayerischen Grenzpolizei in Ludwigsstadt berichtet Dieter Sch. detailliert von drei Fluchtversuchen im Raum Probstzella zwischen 1970 und 1971. Zudem habe seine Mutter erst vor zwei Wochen selber gesehen, wie ein Jugendlicher am Bocks-Berg bei Probstzella von zwei Grenzern in Richtung Kaserne abgeführt worden sei. Der Jackenärmel des Festgenommenen sei aufgerissen gewesen. Und drei Tage vor seiner Flucht habe ein ihm bekannter Volkspolizist aus Probstzella gesagt, man habe in der Nacht wieder zwei Festnahmen gehabt; er sei fast die ganze Woche nicht zum Schlafen gekommen und habe die Schnauze voll.
Mehr als tausendachthundert DDR-Bürger flüchten 1973 unter Gefahr für Gesundheit und Leben in die Bundesrepublik Deutschland einschließlich West-Berlin. Davon werden etwa die Hälfte versteckt in Fahrzeugen ausgeschleust – 237 Ausschleusungsversuche scheitern. Rund zweitausendsiebenhundert Flüchtende werden in diesem Jahr an der DDR-Grenze festgenommen.[10]

Erst Anfang der siebziger Jahre beginnt man in der DDR, alte Wohnhäuser systematisch instand zu setzen und zu modernisieren. Zu dieser Zeit leben die Menschen in vier von fünf DDR-Wohnungen mit Schäden an der Bausubstanz. Von zehn Wohnungen haben nur vier eine Innentoilette sowie Bad oder Dusche. Nur in einer von zehn Wohnungen befindet sich eine Zentralheizung.
Auf der 10. Tagung des ZK der SED beschließen die Genossen im Herbst 1973 ein »Wohnungsbauprogramm«: Von 1976 an sollen rund drei Millionen Wohnungen neu errichtet oder saniert werden. Bis 1990 soll die »Wohnungsfrage« als soziales Problem gelöst sein.[11]

1974

»Es wurde immer Erleichterung an der Zonengrenze gepredigt, aber bei uns hier merkte man davon nichts, denn 1973/74 wurde mit großem Aufwand ein drei Meter hoher Metallgitterzaun errichtet. Für uns ein Vorteil: die Wildschweine kamen nicht mehr durch.«
Eintrag der Bäuerin H. aus Lauenstein (Franken) in die Familienchronik

»Besonders vielfältige und wirksame Formen der Zusammenarbeit werden von den Offizieren und Wachtmeistern des Gruppenpostens Probstzella praktiziert. So gibt es z. B. eine vorbildliche Zusammenarbeit des ABV, Gen. Leutnant S., mit dem Bürgermeister der Stadt Probstzella. Ordnung und Sicherheit und Grenzsicherheit bilden eine Einheit. Die abgestimmte operative Arbeit des Bürgermeisters und des ABV mit den Organen des Handelns hat dazu geführt, daß seit zwei Jahren keine Verfehlungen mehr aufgetreten sind.
Im Ergebnis der Arbeit mit spezifischen Berufsgruppen (besonders Feldbau- und Forstwirtschaftsbrigaden), Parteiveteranenaktivs der Stadt Probstzella, Arbeit mit den Schülern der 6. bis 10. Klassen u. a. wurde erreicht, daß die Mehrzahl der Täter nach § 213 durch Hinweise der Bevölkerung festgenommen wird (über 50 Prozent).«[1]
Bericht der »Zentralen Kontrollgruppe« der BDVP Gera, 1974

Fast tausend DDR-Bürgern – davon zweiundzwanzig Uniformierten – gelingt 1974 unter Gefahr für Gesundheit und Leben die Flucht in die Bundesrepublik einschließlich West-Berlin.
Verhindert werden etwa 3500 Fluchtvorhaben, davon rund 1200 an der Grenze zu West-Deutschland.
Dreißig Menschen versuchen in diesem Jahr im Kreis Saalfeld, nach Bayern zu flüchten, nur einem glückt dies – am 8. Januar 1974.[2]

Der Gefreite M. ist an diesem Januarabend Postenführer. Gemeinsam mit seinem Posten stapft er gegen acht Uhr abends durch den Schnee, auf dem Weg zu seinem Postenbereich unweit der 11. Kompanie Lichtenhain. Bis zum Grenzabschnitt bei den Wetzsteinbrüchen brauchen sie fast eine halbe Stunde. Am Heuweg lösen sie ein müdes Postenpaar ab, über eine Stunde stiefeln sie weiter in Richtung Zoptener Steilhang. Dabei behalten sie »die möglichen Anmarschwege« der »Grenzverletzer« im Auge und kontrollieren das Winterspurensystem. Die Schneedecke ist unberührt, nur ein paar Wildspuren hier und dort.
An der »Sprechstelle Steilhang« melden sich die beiden übers »Grenzmeldenetz« bei der Führungsstelle. Eine Stunde lang gehen sie am Steilhang im Schneetreiben auf und ab. Aus Zoptener Häusern leuchtet es warm herüber. Als sie sich um halb elf erneut bei der Führungsstelle melden, erhalten sie den Befehl, sämtliche Signalgeräte im Abschnitt von Schnee zu befreien. Postenführer M. beginnt sogleich, das Signalgerät am Steilhang zu säubern – plötzlich löst es aus: erschrocken stehen sie im Schein der Leuchtspurmunition. Der Gefreite M. erstattet Meldung, dann brechen sie zum nächsten Signalgerät auf. Kurz vor Mitternacht melden sie vom Beobachtungsturm an den Wetzsteinbrüchen aus Vollzug: alle Signalgeräte

1974

schneefrei. Wieder zurück zum Steilhang, Winterspurensystem und »Anmarschwege«. Gegen 1.40 Uhr Meldung an der Sprechstelle Steilhang, zurück zum Beobachtungsturm ...
Morgens halb fünf übergeben sie am Heuweg ihren Postenbereich. Sechs Stunden später entdeckt eine Kontrollstreife auf dem Kontrollstreifen die Spuren eines Mannes. Er ist von Gräfenthal gekommen, hat die »Wachhunde am Laufseil« und ein paar Signalgeräte umgangen. Nur gegen einen »Stolperdraht« ist der Flüchtende gelaufen – doch das Signalgerät ist schon kurz zuvor vom Gefreiten M. ausgelöst worden. Zwischen zwei und drei Uhr nachts hat der DDR-Bürger seinem Staat den Rücken gekehrt.[3]

Am Fuße des Falkensteins sind im Januar 1974 Arbeiter der Bundespost und DDR-Postmitarbeiter damit beschäftigt, eine Standleitung zu verlegen, einen »heißen Draht« zwischen der Grenzpolizei-Inspektion Ludwigstadt und der Grenzübergangsstelle Probstzella. Die Fernsprechleitung ist eine von insgesamt vierzehn derartigen Verbindungen an den innerdeutschen Grenzübergängen. Offiziell werden die sogenannten Grenzinformationspunkte (GIP) zur Schadensbekämpfung an der Grenze eingerichtet; sie sollen der Verständigung bei grenzüberschreitenden Katastrophen wie Bränden und Überschwemmungen dienen.
Die Arbeiter der DDR-Post werden von zwei Grenzern bewacht und lassen sich von ihren bayerischen Kollegen in kein Gespräch verwickeln. Auch die Frage nach der Kennzeichnung des DDR-Kabels bleibt zunächst unbeantwortet. Schließlich reicht man die Antwort per Zettel hinüber.[4]

Der MfS-Spion Günter Guillaume wird am 24. April 1974 in seiner Wohnung in Bonn-Bad Godesberg gemeinsam mit seiner Frau Christel festgenommen. Günter Guillaume hat Vertrauliches aus der SPD-Führung nach Ost-Berlin verraten, auch Informationen zur NATO-Politik und zur Person des Bundeskanzlers. Zwölf Tage nach der Verhaftung des Agentenehepaars Guillaume teilt Willy Brandt dem Bundespräsidenten mit: »Ich übernehme die politische Verantwortung für Fahrlässigkeiten im Zusammenhang mit der Agentenaffäre Guillaume und erkläre meinen Rücktritt vom Amt des Bundeskanzlers.«
Zu dreizehn Jahren Freiheitsentzug wird Günter Guillaume verurteilt, seine Frau (wegen Beihilfe) zu acht Jahren; nach rund siebeneinhalb Jahren Gefängnis begnadigt man den Spion und entläßt ihn innerhalb eines deutsch-deutschen Häftlingsaustausches in die DDR.[5]

Im Verteidigungsministerium in Strausberg bei Berlin tagt am 3. Mai 1974 von zehn Uhr an der Nationale Veteidigungsrat, das höchste militärische Führungsgremium der DDR. Teilnehmer der 45. NVR-Sitzung sind: Erich Honecker, Willi Stoph, Horst Sindermann, Erich Mielke sowie der Chef des NVA-Hauptstabes, Heinz Keßler, der SED-Bezirkschef von Suhl, Hans Albrecht, NVR-Sekretär Fritz Streletz und der Chef der Politischen Verwaltung der NVA, Waldemar Verner. Sechs NVR-Mitglieder fehlen entschuldigt, darunter Verteidigungsminister Hoffmann und Innenminister Dickel. Eine Viertelstunde lang referiert Generaloberst Keßler unter Tagesordnungspunkt 4 den »Bericht über die Lage an der Staatsgrenze der DDR zur BRD, zu West-Berlin und zur Seegrenze«.

1974

Im Anschluß daran führt Erich Honecker unter anderem aus: »Die Grenzsicherungsanlagen müssen so angelegt werden, daß sie dem Ansehen der DDR nicht schaden; das trifft insbesondere für einige Abschnitte der Mauer in Berlin zu. Der pioniermäßige Ausbau der Staatsgrenze muß weiter fortgesetzt werden … Überall muß ein einwandfreies Schußfeld gewährleistet werden … Man muß alle Mittel und Methoden nutzen, um keinen Grenzdurchbruch zuzulassen … Nach wie vor muß bei Grenzdurchbruchsversuchen von der Schußwaffe rücksichtslos Gebrauch gemacht werden, und es sind die Genossen, die die Schußwaffe erfolgreich angewandt haben, zu belobigen. An den jetzigen Bestimmungen wird sich diesbezüglich weder heute noch in Zukunft etwas ändern.«

»Die volle Zustimmung« geben die Sitzungsteilnehmer den Ausführungen Erich Honeckers. Zur Mittagszeit beendet man die Sitzung.[6]

»Genosse Oberst! Genossen Offiziere! Werte Gäste! … Das 1. Ausbildungshalbjahr 1973/74 schließen wir erfolgreich ab … Die Aufgaben zur Sicherung der Staatsgrenze haben 11 Grenzkompanien vorbildlich erfüllt. Im pionier- und nachrichtentechnischen Ausbau des Grenzabschnittes liegen unsere Pionier- und Nachrichtenkräfte im Plan. Sie vollbrachten zum wiederholten Male hervorragende Leistungen … Die Zusammenarbeit mit der Grenzbevölkerung wurde weiter gefestigt …

Oberstleutnant Wolfgang Hallier, Kommandeur des Grenzregiments Sonneberg, bleut seinen Soldaten ein, daß sie alles daransetzen müssen, »Grenzverletzer festzunehmen oder zu vernichten«.

Der militärpolitische Kurs der SPD/FDP-Regierung ist gerichtet gegen Entspannung und gegen die Durchsetzung der friedlichen Koexistenz … Völlig im Widerspruch zu den verschiedenen völkerrechtlich verbindlichen Verträgen, im Gegensatz zu der für immer und vollständig vollzogenen Abgrenzung unserer DDR zur BRD wird auf der Position von ›besonderen Beziehungen‹ zwischen der DDR und der BRD verharrt, wird von ›innerdeutsch‹ und ›gesamtdeutsch‹ sowie von ›der Einheit der Nation‹ gefaselt …

Solange der Imperialismus existiert, haben wir es mit einem gefährlichen, raffinierten, verhetzten und heimtückischen Feind zu tun, den aus dem Visier zu lassen das Leben kostet. Es bleibt höchste Wachsamkeit geboten, jede Gefühlsduselei wird teuer bezahlt … Deshalb unterstreiche ich noch einmal mit Nachdruck: Die zuverlässige und stabile Sicherung der Staatsgrenze … ist und bleibt unser Klassenauftrag …

Wenn die Entwicklung des 1. Ausbildungshalbjahres 1973/74 eine rückläufige Tendenz der Angriffe auf die Staatsgrenze aufweist, muß jedoch beurteilt werden, daß die Formen und Methoden der Grenzverletzer raffinierter und brutaler geworden sind und Angriffe auf die Staatsgrenze langfristig vorbereitet werden … Taktische Handlungen sind erst dann zu beenden, wenn der Grenzverletzer festgenommen oder vernichtet wurde … Die Schußwaffe ist nicht das einzige Mittel, um den Angriff auf die Staatsgrenze zu verhindern, aber sie ist das letzte Mittel. Und dann darf es kein Zögern, keine Unentschlossenheit geben.«[7]

Referat des Sonneberger Regimentskommandeurs, Wolfgang Hallier, zur Auswertung des 1. Ausbildungshalbjahres 1973/74

»Mein Vater steht an unserer Grenze und hält Wache. Tag und Nacht schützen seine Genossen und er unsere Heimat vor Feinden.«[8]

»Unsere Fibel«, Verlag Volk und Wissen, 1974

1974

Am 8. Juni nehmen Transportpolizisten auf dem Bahnhof Saalfeld einen fünfzehnjährigen Schüler aus dem Landkreis Gera fest, der einen »Durchbruch im Raum Sonneberg geplant« hat. Ein 25jähriger Leipziger wird am Nachmittag des 18. Juni bei Hockeroda festgenommen – den Weg vom Bahnhof Saalfeld bis zur Grenze bei Probstzella hat er »durch gründliches Studium von Kartenmaterial« verinnerlicht. Einen weiteren Flüchtling nimmt man am 27. Juni im D-Zug 403 Leipzig – Nürnberg fest.[9]

»Genosse Minister! Ich kann Ihnen heute berichten, daß wir ... zur Gewährleistung der Unverletzlichkeit der Staatsgrenze sowie zur Verhinderung des ungesetzlichen Verlassens ... sichtbare Erfolge erreicht haben.
Gelang es 1973 noch 31,0 Prozent der Täter, bis in die Sperrzone vorzudringen, so konnten 1974, bei gestiegener Anzahl der Angriffe, im engen Zusammenwirken mit dem Transportpolizei-Amt Gera, Sitz Saalfeld, in unserem Grenzkreis 95,5 Prozent aller Täter vor Erreichen der Sperrzone festgenommen werden ...
50 Prozent aller vom Volkspolizei-Kreisamt erfolgten Festnahmen in diesem Jahr konnten auf Grund von Hinweisen aus der Bevölkerung erfolgen. Weiterhin konnten wir die Aufdeckung von Vorbereitungshandlungen ... steigern und dadurch die Angriffe von Tätern aus unserem Kreis auf die Staatsgrenze unserer Republik um 125,0 Prozent senken ... So konnten auf der Grundlage von Ausgangsinformationen 32 gezielte Kontaktaufnahmen und 18 Verlöbnisse mit Bürgern aus dem kapitalistischen Ausland, vornehmlich der BRD, aufgedeckt und rechtzeitig differenzierte Maßnahmen zur Verhinderung des ungesetzlichen Verlassens der DDR eingeleitet werden ...
Genosse Minister! Ich kann Ihnen im Auftrage der Offiziere und Wachtmeister, der Kommunisten des Volkspolizei-Kreisamtes Saalfeld versichern, daß wir im Jahre 1975 alle Anstrengungen unternehmen werden, um alle Aufgaben, insbesondere die Verhinderung des ungesetzlichen Verlassens der Republik, in Ehren zu erfüllen.«[10]

Referat des Saalfelder VPKA-Leiters, ausgearbeitet für die Arbeitstagung beim Innenminister am 11. November 1974

Noch bis zum 12. August 1961 gelangte ein Großteil der DDR-Flüchtlinge über den Ost-Berliner Bahnhof Friedrichstraße in den Westteil der Stadt. Nur stichprobenweise konnten die Westzüge kontrolliert werden: Der Bahnhof ist Haltepunkt mehrerer S- und U-Bahnlinien, die zwischen verschiedenen West-Berliner Stationen durch den Ostteil führen. Gleichzeitig benutzen täglich Tausende den Bahnhof im Stadtverkehr innerhalb Ost-Berlins. Alle paar Minuten fährt von hier aus eine Bahn nach drüben.
Im Januar und Februar 1964 klettern insgesamt siebzehn Flüchtlinge auf eine

Mit dem Mauerbau hat man die Zugänge zu den West-Bahnsteigen versperrt. 1962 ist eigens ein Kontrollgebäude vor dem Bahnhof Friedrichstraße errichtet worden. »Ausreisepavillon« nennen die Grenzer den Ort, wo ein Papier über Gehendürfen oder Bleibenmüssen entscheidet. »Tränenpalast« sagen jene, die dort ihren West-Besuch verabschieden.

Flucht mit dem Nachtzug (Zeichnung von Günther Radtke)

Brücke gleich hinter dem Bahnhof und springen auf Nachtzüge, die mit etwa 25 Kilometer pro Stunde nach West-Berlin ausfahren. Es sind größtenteils Schüler der Ost-Berliner Max-Planck-Oberschule; einige hat man aus politischen Gründen bereits von der Schule ausgeschlossen.
1965 gelingt zuerst einer Frau, dann einem Mann das Übersteigen der Trennwand zwischen Ost- und Westbahnsteig. Im selben Jahr werden auf dem Bahnhof Friedrichstraße fünfundvierzig Flüchtlinge festgenommen. Drei Erwachsene und zwei Kinder kommen 1969 in den Westteil des Bahnhofs, nachdem sie zwei Türen eines unbenutzten Zugangs aufgebrochen haben.

Vom Bahnhof Friedrichstraße aus verkehren regelmäßig mehr als zwanzig Züge im Transitverkehr zwischen Berlin und West-Deutschland. Die Waggons werden auf dem Ost-Berliner Bahnhof Rummelsburg bereitgestellt, von Transportpolizisten nach Flüchtlingen durchsucht und mit voller Beleuchtung quer durch die Innenstadt zur Friedrichstraße gebracht, was immer wieder die Phantasie fluchtwilliger DDR-Bürger anstachelt: Mal versteckt sich einer schon in Rummelsburg unter einer Sitzbank, auf der Toilette, im Waggondach oder im Wasserbehälter, mal versucht man auf »Langsamfahrstrecken« in den verschlossenen Zug zu kommen.
Auf dem rund anderthalb Kilometer langen Grenzstreckenabschnitt zwischen Bahnhof Friedrichstraße und dem Lehrter Stadtbahnhof in West-Berlin sind die Gleise nach der Flucht der Oberschüler eingezäunt worden. Später werden sie noch durch Sichtblenden abgeschirmt.[11]

Der Bahnhof Probstzella bietet von Jahr zu Jahr einen trostloseren Anblick: links die Trennwand, die 1966 zur Erhöhung der Sicherheit errichtet wurde.

Der D-Zug 301 Berlin–München hält auf den West-Berliner Bahnhöfen Zoologischer Garten und Wannsee, bevor er durch die DDR bis zum Grenzübergang Probstzella fährt. Auf dem abgesperrten früheren S-Bahnhof Potsdam-Griebnitzsee steigen Transportpolizisten zu und später die Zöllner sowie drei Männer der Paßkontrolleinheit.

Die »Trapos«, nicht weniger als vier Polizisten, sollen verhindern, daß jemand den Zug verläßt oder gar einsteigt. Jede Woche kommt es mindestens einmal zum »außerplanmäßigen Halt« eines Transitzuges: Mal kreuzen sich Züge, dann wieder ist ein Signal gestört, oder ein Lokführer ist zu schnell gefahren. Jedesmal müssen sich die Reichsbahner verantworten und Protokolle schreiben. »Zitteraal« sagen die Leute von der Bahn zum Transitzug. Zur »Absicherung der außerplanmäßigen Halte« ist ein System entwickelt worden, bei dem außer der »Trapo« noch Schutzpolizisten, Abschnittsbevollmächtigte und Freiwillige Helfer zur Außensicherung der Transitzüge eingesetzt werden.

Beim kurzen (planmäßigen) »Betriebshalt« auf dem Saalfelder Bahnhof unterbinden Transportpolizisten »Kontaktaufnahmen in Form von Gesprächen und in der weiteren Folge das Herausreichen von Gegenständen ... Genußmittel u. ä.«. Manchmal verabreden sich DDR-Bürger hier auch mit Verwandten zum kurzen Wiedersehen am Zug. Die Leitung des »Trapo«-Amtes Gera ist 1972 zu der Erkenntnis gekommen, »daß jeder außerplanmäßige Halt eine Gefährdung der Sicherheit unseres Staates bedeutet«.

Zu den »Kontaktversuchen, die provokatorischen Charakter tragen«, gehört das Ansprechen von Transportpolizisten durch Transitreisende. Auf einer Offiziersversammlung im »Trapo«-Amt wird im Dezember 1974 eine Reihe solcher Vorfälle beklagt:

»Am 26.10.74 versuchte im D 301 ein jüngerer Transitreisender die Genossen von ihren Pflichten ... abzuhalten, indem er sie in eine Diskussion über die DDR verwickeln wollte. Er brachte zum Ausdruck, daß er selbst Kommunist wäre, aber die Gesellschaftsordnung des Sozialismus/Kommunismus, wie ihn die DDR praktiziere, ablehne ...

Bereits 1970 hat der Kommandeur der 13. Grenzbrigade, Karl Leonhardt, gefordert, anstelle der Kontrollbaracke auf dem Bahnhof Probstzella einen »dreigeschossigen unterkellerten Neubau zu errichten«, da die Baracke »nicht den Forderungen der Geheimhaltung und Sicherheit« entspreche. Und: »Das äußere Bild der Grenzübergangsstelle trägt nicht dazu bei, das Ansehen der DDR zu steigern.« Fast zehn Jahre wird es dauern, bis der Neubau steht.

Am 7.10.74 versuchte im D 344 ein Reisender ... Kontakt zu unseren Genossen aufzunehmen. Auf die Transparente zum 25. Jahrestag der DDR hinweisend, gab er zu verstehen, daß dieser Tag nur für die ›Bonzen‹ gewesen wäre. Weiterhin äußerte er, daß es mit der Meinungsfreiheit in der DDR nicht weit her wäre. In keinem anderen Staat gäbe es das, daß Hunde zur Kontrolle unter den Zügen laufen ...
In keinem dieser Fälle ließen sich unsere Genossen provozieren und handelten klassenmäßig im Zusammenwirken mit der PKE.«[12]

»Schutzweiche« mit Prellbock im Grenzbahnhof Probstzella

Der Bahnhof Probstzella wird in der Regel von fünf bis zehn Angehörigen des Sicherungszuges bewacht. Seit Anfang der siebziger Jahre ist die Grenzübergangsstelle und der Grenzstreckenabschnitt (bis zum Signalzaun am Ortsausgang) mit einem Streckmetallzaun abgesperrt, auf dessen Krone Alarmdrähte montiert sind.

Wie überall an der DDR-Grenze wurde das Gleis in den Westen nach dem Mauerbau mit einer Schutzweiche (1150 Meter vor der Grenze) gesichert – gegen »unberechtigtes Durchfahren oder Nachfahren«. Durch die Paßkontrolleinheit erfolgt jeweils die »Freimeldung der Züge« an den Offizier vom Dienst auf dem Kommandantenturm. Dieser erteilt dem Sicherungsposten auf dem Stellwerk der Reichsbahn den Befehl zum Öffnen der Schutzweiche. Erst dann gibt der Posten dem Fahrdienstleiter den Schlüssel für das Weichenschloß.
Eine Überprüfungskommission von Grenztruppen und MfS hatte 1966 festgestellt: »Die in Normalstellung abweisend vom Gleis stehende Schutzweiche bringt jedes Schienenfahrzeug, welches ohne Mitwirkung des Stellwerkpersonals die Staatsgrenze durchbrechen will, zur Entgleisung.«[13]

Helsinki, 1. August 1975

Helmut Schmidt spricht am 30. Juli auf der Konferenz für Sicherheit und Zusammenarbeit in Europa, ganz rechts in der ersten Reihe der Vertreter des anderen Deutschland: Erich Honecker.

Mit der Unterzeichnung einer Schlußakte endet am 1. August 1975 nach zweijährigen Verhandlungen die erste Runde der »Konferenz für Sicherheit und Zusammenarbeit in Europa«. SED-Chef Honecker, der während der dreitägigen Abschlußberatungen in Helsinki auch zweimal mit Bundeskanzler Schmidt zusammengetroffen ist, unterschreibt das Schlußdokument für die DDR am Spätnachmittag dieses ersten Augusttages.

1975

»Weiterhin wurde bekannt, daß in der Gaststätte des Kulturhauses Probstzella, Kreis Saalfeld, öffentlich Sendungen von Rundfunkstationen der BRD gehört werden.«[1]
»Aufklärungssammelbericht über die Handlungen des Gegners«, verfaßt vom Chef Grenzaufklärung beim Kommando der Grenztruppen im März 1975

Noch über sechshundertsiebzig Menschen flüchten 1975 unter Gefahr für Gesundheit und Leben aus der DDR nach West-Deutschland und West-Berlin. Mehr als 2500 Fluchtvorhaben werden verhindert, davon fast 1800 an den Grenzen der »Bruderstaaten«.
Nur zwei DDR-Bürgern glückt an der Grenze im Kreis Saalfeld am 12. Juli, gegen 23.15 Uhr, im Falkensteiner Grund die Flucht. Ein Mann aus dem Bezirk Rostock, der einen Monat später im gleichen Abschnitt abhauen will, scheitert: Neun Tage lang hat er sich von Saalfeld kommend bis zum Signalzaun bei Großgeschwenda vorgearbeitet, hat Grenzstreifen beobachtet, ihre Ablösezeiten studiert. Nachts hat er im Wald gelegen oder in einem Weizenfeld. Beim ersten Versuch, den Signalzaun zu überwinden, löst er aus, läuft zurück, versteckt sich. Die Hunde eines Schäfers stöbern ihn auf, der Schäfer denunziert ihn, der Flüchtling wird festgenommen – so wie vierundzwanzig weitere im Kreis Saalfeld 1975, überwiegend Schüler und Lehrlinge.
Bis zum Ende der siebziger Jahre gelingen hier nur noch drei Fluchten. 95 Prozent der Flüchtenden werden schon vor Erreichen des Schutzstreifens durch Angehörige der Schutzpolizei und der »Trapo« festgenommen. Dennoch wird man den Grenzern im Sicherungsabschnitt Probstzella vorwerfen, ihr Bereich sei einer der 23 mit den häufigsten Grenzdurchbrüchen.[2]

In der Präambel der Schlußakte der KSZE erklären die »Hohen Vertreter« der Teilnehmerstaaten, sie seien von dem Willen getragen, im Interesse der Völker ihre Beziehungen zu verbessern, in Europa zum Frieden, zur Sicherheit, zur Gerechtigkeit und zur Zusammenarbeit beizutragen sowie zur Annäherung zwischen ihnen und den anderen Staaten der Welt. Sie seien demzufolge entschlossen, den Ergebnissen der Konferenz volle Wirksamkeit zu verleihen.
Am 2. August können DDR-Bürger in der Wochenendausgabe des »Neuen Deutschland« sowie in der »Berliner Zeitung« den vollen Wortlaut der »Schlußakte von Helsinki« nachlesen. Dort ist im Abschnitt »Zusammenarbeit in humanitären und anderen Bereichen« (der sogenannte Korb 3 der Schlußakte) auch die Verpflichtung der Teilnehmerstaaten abgedruckt, Gesuche auf Reisen wohlwollend zu prüfen, das heißt, die Erlaubnis zur Einreise in ihr Territorium für zeitweilige und, wenn gewünscht, regelmäßige Aufenthalte zu gewähren oder den eigenen Bürgern die Ausreise zu gestatten, die außerhalb des Territoriums lebende Familienangehörige besuchen wollen. Innerhalb vernünftiger Fristen werde die Ausgabe der notwendigen Reisedokumente und Visa erfolgen. Zudem beabsichtigten die Teilnehmerstaaten, Möglichkeiten zu entwickeln für ein umfassenderes Ein- und Ausreisen ihrer Bürger aus persönlichen oder beruflichen Gründen.

1975

Gesuche von Personen, die mit Familienangehörigen zusammengeführt werden möchten (»Familienzusammenführung«), würden die Teilnehmerstaaten in positivem und humanitärem Geist und so zügig wie möglich behandeln. Die Einreichung derartiger Gesuche würde zu keiner Veränderung der Rechte und Pflichten des Antragstellers oder seiner Familienangehörigen führen. Wohlwollend prüfen wolle man auch Aus- und Einreiseanträge von Menschen, die einen Partner aus einem anderen Teilnehmerstaat heiraten wollen.

Von 1962 an sind jährlich im Schnitt rund vierzehntausend DDR-Bürger (überwiegend Rentner) mit Genehmigung der Behörden in den Westen übergesiedelt; zuletzt sind es nur noch halb soviel gewesen.
1975 erhalten wieder etwa zehntausend Menschen die Übersiedlungsgenehmigung, davon mehr als die Hälfte im Rahmen der Familienzusammenführung. Rund vierzigtausend DDR-Bürger fahren in diesem Jahr »in dringenden Familienangelegenheiten« besuchsweise in den Westen: anläßlich von Eheschließungen, lebensgefährlichen Erkrankungen, Sterbefällen, Geburten ... [3]

Nach der Helsinki-Konferenz registriert das VP-Kreisamt Saalfeld verstärkt Gerüchte und Meinungen wie: »Wegfall der Sperrzone ... Das Reisealter für Reisen in die BRD wird für Männer auf 55 Jahre und für Frauen auf 50 Jahre herabgesetzt. Wenn es im Reiseverkehr zwischen der DDR und der BRD keine Erweiterungen gibt, dann muß Genosse Honecker in Helsinki nicht die Wahrheit gesagt haben.«
Sechsundzwanzig Menschen erhalten 1975 im Kreis Saalfeld die Übersiedlungsgenehmigung, einundsechzig stellen in diesem Jahr einen Antrag, davon knapp die Hälfte aus politischen Motiven, wie »westliche Orientierung« und »negative Einstellung zur DDR«. Weitere Motive sind vor allem Familienzusammenführungen, »Wohnungsprobleme«, abgelehnte Besuchsanträge sowie vermehrt Eheschließungen.
Der stellvertretende Stasi-Minister Bruno Beater weist kein halbes Jahr nach der Unterzeichnung der KSZE-Schlußakte an: »Verstärkte Fahndung im Postverkehr von und nach der BRD und Westberlin, insbesondere zur Feststellung von Sendungen, ... die ein enges Liebesverhältnis vermuten lassen.« Und weiter, im Fall von »Hinweisen auf geplantes ungesetzliches Verlassen« der DDR: »Die Trennung von Liebesverhältnissen und anderen Kontakten in nichtsozialistische Staaten und Westberlin durch den Einsatz von IM oder durch andere geeignete operative Maßnahmen.«
Der Antragsflut begegnet man, indem – gemäß einer Grundsatzentscheidung des SED-Politbüros – jahrelang und in vielen Fällen erfolgreich versucht wird, die Ausreisewilligen zur Rücknahme des Antrages zu bewegen. Nur diejenigen, die »hartnäckig auf ihrem Antrag bestehen«, gelangen zum Ziel. Wer seinem Antrag Nachdruck verleiht, indem er nicht mehr arbeiten geht, dem droht eine Verurteilung wegen »asozialen Verhaltens«. Wer öffentlich demonstriert oder sich an »feindliche Organisationen« im Westen wendet, wird in der Regel mit Gefängnis bestraft. Nur ein einziger Übersiedlungsantrag aus Probstzella wird zwischen Mitte der siebziger Jahre und dem Ende des DDR-Grenzregimes genehmigt.[4]

Im Hamburger Nachrichtenmagazin »Der Spiegel« erscheint am Montag, dem **1975**
15. Dezember 1975, ein Bericht über Zwangsadoptionen in der DDR. Zwei derartige »Straf-Adoptionen« von Kindern gestellter Republikflüchtlinge werden detailliert geschildert. Am folgenden Tag wird der Ost-Berliner Korrespondent des Magazins, Jörg R. Mettke, aus der DDR ausgewiesen, wegen Verstoßes gegen die Korrespondenten-Verordnung sowie »grober Verleumdung« der DDR. Im Rahmen des Grundlagenvertrages hatten vierzehn westdeutsche Redaktionen Korrespondenten-Büros in Ost-Berlin eröffnet. Die DDR gewähre bundesdeutschen Journalisten das Recht der freien Information und Berichterstattung, hieß es damals.[5]

Der 26jährige NVA-Soldat Werner Weinhold soll in den frühen Morgenstunden des 15. Dezember 1975 in einem Spremberger Regiment, südlich von Cottbus, Panzer bewachen. Er trägt eine Waffe, die gibt ihm Macht; der Staatsmacht will er trotzen, er will rüber. Bei einem Besuch zu Hause in Dresden Tage zuvor hat ihm seine Frau ihren Neuen vorgestellt; rüber will er schon lange, 1968 hatte er es versucht, war gefaßt worden. Im Bautzener Zuchthaus war Werner Weinhold eingesperrt, dort hörte er von Mißhandlungen Gefangener, da habe er sich gesagt: »Raus hier, nur raus aus diesem Staat!«
300 Schuß Ersatzmunition besorgt sich der junge Mann noch und klettert gegen fünf Uhr über den Bretterzaun der Kaserne. Er nimmt sich einen »Trabant«, denn noch sind es mehr als zweihundert Kilometer bis zur »Staatsgrenze West« der DDR. Zwei Drittel des Weges sind geschafft, da stoppen ihn bei Karl-Marx-Stadt zwei Volkspolizisten. Montag, 15. Dezember, neun Uhr morgens. Werner Weinhold droht mit der »Kalaschnikow«, die Polizisten weichen zurück, er kann in die nahe gelegene Großstadt entkommen. Dort gelingt es ihm, das Fluchtauto zu wechseln. In Gera läßt der Flüchtende auch diesen »Trabi« stehen, fährt mit einem »Wartburg« auf Nebenstraßen bis nach Saalfeld und weiter Richtung Süden.
Am Abend, kurz vor sechs, erreicht Werner Weinhold bei Schackendorf, sieben Kilometer nordwestlich des Straßenüberganges Eisfeld-Coburg, die Sperrzone. Auf einer Baustelle stellt er das Auto ab und irrt stundenlang durch das bewaldete Gelände. Währenddessen ist den Soldaten des Sonneberger und des Plauener Regiments schon »verstärkte Grenzsicherung« befohlen, also verstärkte Postendichte. Auch in der Grenzübergangsstelle Probstzella bereitet man sich auf einen »bewaffneten Überfall« vor. Gegen zwei Uhr morgens steht Werner Weinhold vor dem Signalzaun – er kann nicht mehr, versteckt sich auf einem nahe gelegenen Stallboden. Drei Tage und Nächte bleibt er dort, gepeinigt von Hunger, Durst und Kälte (unter 16 Grad minus). Er bekommt Fieber.
Nachdem am 16. Dezember um die Mittagszeit der »Wartburg« auf der Baustelle bei Schackendorf gefunden worden ist, durchsuchen Hunderte von Polizisten und Grenzern die Umgebung. Den Soldaten – viele von ihnen sind erst sechs Wochen zuvor »eingezogen« worden – sagt man, gesucht werde ein Fahnenflüchtiger, ein bewaffneter Schwerverbrecher. Man sucht ihn mit Hunden, auch mit Hilfe eines Hubschraubers, Bürger melden »verdächtige Personen« – sie finden ihn nicht. In der Nähe des Signalzauns bei Schackendorf schießt ein Soldat am Abend des 17. Dezember in Richtung eines Schattens, man entdeckt eine Fußspur des Gesuchten. Am nächsten Tag wird die Verfolgung fortgesetzt; gegen 23.15 Uhr

1975

feuert ein Volkspolizist an einem Bahndamm, aus hundert Meter Entfernung, auf ein kriechendes Etwas...

Freitag, der 19. Dezember 1975, nachts halb drei, zwei Kilometer südostwärts von Harras: Bei klarem Himmel und Vollmond verläßt Werner Weinhold das Waldmassiv Staudig und stößt fünfzig Meter vor dem letzten Grenzzaun auf zwei Soldaten. Er weiß, daß auf Fahnenflüchtige an der Grenze ohne Anruf und Warnschuß geschossen werden soll. Auch dieses Paar ist angewiesen worden, bei Auftauchen der gesuchten Person »sofort ohne Anruf von der Schußwaffe Gebrauch zu machen«. Der Gefreite Seidel richtet seine »Kalaschnikow« auf die Gestalt zehn Meter vor ihm und ruft: »Parole!« – »Mach keinen Quatsch!, bittet Werner Weinhold, entsichert seine Maschinenpistole und schießt das Magazin leer, dreißig Schuß ... Klaus-Peter Seidel, 21 Jahre, und der Soldat Jürgen Lange, 20 Jahre, werden von mehreren Kugeln getroffen. Als wenige Minuten später ein Leutnant am Tatort eintrifft, ist Werner Weinhold schon in der Bundesrepublik.

Tatort bei Harras: Am 19. Dezember 1975 geht hier der NVA-Soldat Werner Weinhold über die innerdeutsche Grenze und erschießt dabei zwei Grenzsoldaten, die ihn kurz vor dem letzten Zaun stellen.

Auf dem hartgefrorenen Boden findet man keine Spur. Klaus-Dieter Baumgarten, der Kommandeur des Grenzkommandos Süd, läßt die Abriegelung der Grenze verstärken. Mehr als dreihundert Grenzer durchkämmen am Morgen des 19. Dezember den Schutzstreifen. »Wenn er kommt – nicht anrufen, draufhalten!« hat man ihnen befohlen. Am nächsten Nachmittag wird die Suche abgebrochen: Der Fahnenflüchtige habe zwei Grenzsoldaten erschossen und sei übern Zaun ...

Werner Weinhold fährt nach Westfalen zu seinem Patenonkel, wo man ihn drei Tage nach seiner Flucht festnimmt. Die DDR-Nachrichtenagentur ADN verbrei-

tet am selben Tag: »Sittlichkeitsverbrecher ermordet zwei Grenzsoldaten.« Als Werner Weinhold ein halbes Jahr später kurzzeitig aus der Untersuchungshaft entlassen wird, erscheint im SED-Zentralorgan »Neues Deutschland« ein Steckbrief gegen den »Doppelmörder Weinhold«, der mit dem Satz endet: »Für zweckdienliche Hinweise, die zur Ergreifung des Täters führen, ist eine Belohnung von 100 000,- Mark ausgesetzt.« Bürger aus beiden Teilen Deutschlands bieten ihre Hilfe an »zur Ergreifung des Täters«.

1975

Ein Auslieferungsantrag des DDR-Generalstaatsanwalts wird abgelehnt: in der Bundesrepublik sei Weinhold kein Ausländer; auch eine »Zulieferung« komme nicht in Betracht, da ihm in der DDR die (in der Bundesrepublik abgeschaffte) Todesstrafe drohe.

Beim Prozeß vor dem Essener Landgericht sagt Werner Weinhold knapp ein Jahr nach seiner Flucht aus, er sei in jener Nacht zunächst von einem Grenzer angerufen und dann von einem zweiten beschossen worden. Daraufhin habe er in Notwehr zurückgeschossen. Die Beweislage ist dürftig: Aus der DDR dürfen weder Zeugen noch Sachverständige kommen, nur die zwei Sterbeurkunden und die Sektionsprotokolle sowie Untersuchungsberichte von Tatort und Waffen schickt man in unbeglaubigter Kopie.

Der Staatsanwalt beantragt nach zwei Verhandlungstagen ein halbes Jahr Gefängnis wegen des Diebstahls dreier Autos sowie zehn Jahre Haft wegen Totschlags in zwei Fällen. Es handle sich um einen »Akt gemeiner Kriminalität«. Seit dem Mauerbau ist im Westen schon einmal ein Angeklagter wegen der Erschießung eines DDR-Grenzers verurteilt worden, zu einer neunjährigen Haftstrafe. In sieben anderen Fällen hat man den Tätern Notwehr oder Nothilfe zugestanden oder sie aufgrund mangelhafter Beweise ziehen lassen. Auch Werner Weinhold wird zunächst freigesprochen: Man habe nicht beweisen können, daß er die Grenzer getötet habe, ohne daß diese vorher auf ihn geschossen hätten (Notwehr). Und beim Entwenden der Kraftfahrzeuge habe der Angeklagte im Notstand gehandelt, um »sein Grundrecht auf Freizügigkeit durchzusetzen«.

Ein Dreivierteljahr später hebt der Bundesgerichtshof den Freispruch auf: Das Essener Schwurgericht habe nicht alle Mittel zur Aufklärung der Tat erschöpft, insbesondere nicht selber versucht, die fehlenden Beweismittel aus der DDR zu bekommen, nachdem ein entsprechendes Ersuchen der Essener Staatsanwaltschaft seitens der DDR abgewiesen worden ist.

Die Auslieferung Werner Weinholds an die DDR wird erneut abgelehnt. (Die BRD gewähre »einem des Mordes überführten Terroristen weiterhin Asyl«, steht im »Neuen Deutschland«.) Zwei Jahre nach dem Freispruch verhandelt man den »Fall Weinhold« vor dem Landgericht Hagen neu. Dabei werden auch Dokumente eines sogenannten Be-

Als Werner Weinhold aus der Untersuchungshaft entlassen wird, veröffentlicht der Generalstaatsanwalt der DDR einen Steckbrief.

1975

In erster Instanz wird der ehemalige NVA-Soldat freigesprochen, in zweiter wegen Totschlags und Fahrzeugdiebstahls zu fünfeinhalb Jahren Haft verurteilt.

weissicherungsverfahrens des Dresdner Bezirksgerichts verlesen, bei dem unter anderem drei Grenzer, ein Arzt und ein Gerichtsmediziner gehört worden sind. Bundesdeutsche Gutachter haben die Glaubwürdigkeit dieser Aussagen weitgehend bestätigt. Wegen Totschlags zweier Menschen und Fahrzeugdiebstahls mit Waffen in drei Fällen wird Werner Weinhold zu fünf Jahren und sechs Monaten Haft verurteilt; die Staatsanwaltschaft hat siebeneinhalb Jahre beantragt.

Die Richter sind zu der Überzeugung gekommen, daß die Grenzer Lange und Seidel nicht geschossen hätten. Sie verneinen ein Notwehrrecht des Angeklagten: »Es fehlt an einem rechtswidrigen Angriff des Postenpaares gegen den Angeklagten.« Es sei nur mit einem »rechtmäßigen, der Situation verhältnismäßigen Vorgehen zu rechnen« gewesen. Als Soldat sei Weinholds Recht auf Freizügigkeit beschränkt gewesen, was legitim sei. Da er – auch nach dem Recht der Bundesrepublik – Straftaten begangen habe, seien die Grenzsoldaten berechtigt gewesen, ihn festzunehmen oder den Gebrauch der Schußwaffe anzudrohen. Und im übrigen: »Sie waren in einer vergleichbaren Situation wie der Angeklagte bis zur Flucht, Soldaten wie er, solidarische Gefühle hätten ihn mit den Grenzsoldaten verbinden können...«

Strafmildernd haben die Richter angenommen, daß Werner Weinhold den Entschluß zum Schießen »in einer unvorhergesehenen, so auch schwer vorhersehbaren Situation in Sekundenschnelle unter dem Druck des Schreckens und der Angst« gefaßt habe. »Nach dem Fluchtverlauf und dem Tathergang an der Grenze ist ... eher wahrscheinlich, daß das Bewußtsein des Angeklagten im Augenblick der ... Tat ... in einem Maße eingeengt war, welches als tiefgreifende Bewußtseinsstörung anzusprechen ist...«

Das Urteil wird vom BGH bestätigt. Insgesamt rund vier Jahre ist Werner Weinhold wegen der Tötung der Grenzsoldaten im Gefängnis. Nach seiner Entlassung lebt er unter einem Pseudonym in Nordrhein-Westfalen. Im Ost-Berliner Ministerium für Staatssicherheit plant man seine Ermordung oder Entführung in mehreren Varianten, darunter die, ihn mit einem Starkstromkabel umzubringen – getarnt als Unfall.

Bis zum Tod von Klaus-Peter Seidel und Jürgen Lange im Dezember 1975 sind mindestens neunzehn SBZ/DDR-Grenzer im Dienst getötet worden. Davon vierzehn von flüchtenden Kameraden, zivilen Flüchtlingen oder Fluchthelfern, fünf weitere bei Auseinandersetzungen mit Angehörigen des Bundesgrenzschutzes, der West-Berliner Polizei oder der US-Armee.

Nach 1975 werden bis zum Ende der DDR nicht weniger als vier Grenzsoldaten von Fahnenflüchtigen erschossen, davon einer durch einen flüchtenden sowjetischen Soldaten, der ebenfalls erschossen wird. Die anderen drei »fahnenflüchtigen Todesschützen« werden im Westen zu Freiheitsstrafen von einem Jahr, vier Jahren und neun Monaten sowie fünf Jahren verurteilt.

In der SED-Propaganda werden die getöteten DDR-Grenzer als »Opfer bewaffneter Anschläge des Imperialismus« bezeichnet und als Helden geehrt, die feige ermordet worden seien oder, wie es immer wieder heißt: hinterrücks, hinterhältig, heimtückisch, meuchlings, kaltblütig, bestialisch...[6]

1976

Hauptmann Lietz, Mitarbeiter in der Abteilung VI der Geraer MfS-Bezirksverwaltung, eröffnet im Januar 1976 einen »Operativen Vorgang« namens »Frankenwald«. Bereits im September 1974 hat er eine »Operativ-Vorlaufakte« mit dem Decknamen »Grenzland« angelegt: Die Ermittlungen gelten zunächst dem Ludwigstädter Grenzpolizisten Karl Zenkel. Er ist beim MfS seit Anfang der siebziger Jahre als angeblicher Mitarbeiter eines westlichen Geheimdienstes bekannt, der Vernehmungen von Bahnreisenden durchführt, die im Verdacht stehen, für die Stasi zu arbeiten.

Die inoffizielle MfS-Mitarbeiterin Elfriede Flechtner (IMV »Edith Ratke«) hat im Frühjahr 1974 nach einem Besuch in Ludwigstadt berichtet, ein Bekannter dort habe erzählt, der Zenkel sei ein Gegner der DDR; er sei für die Absicherung des Ludwigstädter Raums vor DDR-Spitzeln verantwortlich. Als Invalidenrentnerin darf die 43jährige Elfriede Flechtner regelmäßig in die Bundesrepublik reisen. Sie beobachtet Karl Zenkel vor seinem Haus beim Autoputzen und belauert das Haus der Familie mehrmals.

ELFRIEDE FLECHTNER

»… In der Zeit von 15.00 bis 17.00 Uhr konnte ich zu verschiedenen Zeiten das Wohnhaus des Z. beobachten … Bis 17.00 Uhr hatte ich keine Person am Haus gesehen und auch nicht den Z. … Da sich bis 17.00 Uhr niemand einfand und auch der Pkw bis dahin außer Haus war, fuhr ich per Anhalter wieder nach Ludwigstadt zurück. Eine längere Beobachtung oder ein längerer Aufenthalt in Steinbach am Wald war auf Grund der Einhaltung der Sicherheit unratsam … Eine Fahrt zu einem späteren Zeitpunkt nach Steinbach am Wald war auf Grund der Witterungsverhältnisse und persönlichen Unbehagens nicht möglich.«

Außer von »Edith Ratke« wird Karl Zenkel auch von IMV »Hans Kröger« bespitzelt, dem Ludwigstädter Rentner Ludwig Scheidig. Er wurde schon 1965 »auf der Basis der politischen Überzeugung« geworben als Agent der MfS-Hauptabteilung I (Abteilung Aufklärung, Grenzbrigade Zschachenmühle). Seine Aufgaben: Aufklärung von Grenzpolizei und Zoll in Ludwigstadt, auch die Wohnorte, Charaktere und familiären Zusammenhänge der Mitarbeiter, Fahrzeugkennzeichen. Meldung von »Grenzdurchbrüchen« und militärischen Bewegungen im Grenzgebiet. Meldung baulicher Maßnahmen an der Bundesstraße 85, des Anlegens von Sprengschächten und ähnliches.

»Hans Kröger«, ausgestattet mit »Geheimschreibmittel«, übergibt seine zahlreichen Berichte regelmäßig bei Besuchen in der DDR in einer »konspirativen Wohnung«, wobei er »Geld sehr gerne annimmt«, ein paar hundert Westmark pro Jahr. Im Fall seiner drohenden Verhaftung hat Ludwig Scheidig die Anweisung, auf ein telegrafiertes Warnsignal hin »unverzüglich in die DDR zu kommen«, entweder mit der Bahn oder über die »Schleusungsstelle« Ottendorf bei Ludwigstadt. Anfang der siebziger Jahre ist »Hans Kröger« von der Abteilung VI der MfS-Bezirksverwaltung Gera übernommen worden. Er quittiert hundert D-Mark »für Informationen über Bürger von Ludwigstadt«, einen Tag später weitere hundert

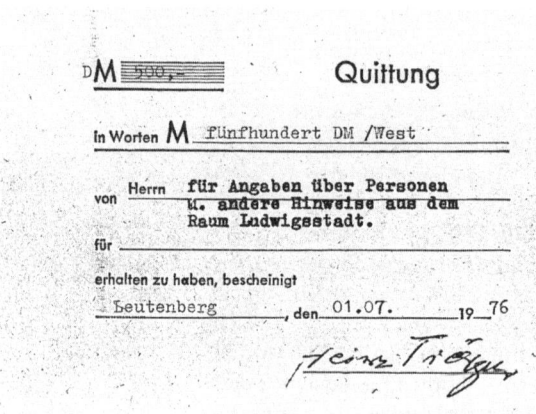

Quittung des Ministeriums für Staatssicherheit – umfunktioniert auf D-Mark

Mark »für Informationen über Angehörige der BGP«. Siebzig Mark gibt es »für Hinweise über Bahnhof Ludwigstadt«. Vom »vermutlichen Angehörigen eines Geheimdienstes der BRD«, Karl Zenkel, hat »Hans Kröger« im Mai 1975 Oberleutnant Lietz bei einem Treffen in Probstzella eine Personenbeschreibung geliefert sowie Informationen zu dessen Tätigkeit und Familie. Weitere Berichte folgen. Ludwig Scheidig ist einer von mehr als zwanzigtausend Bürgern der Bundesrepublik, die im Laufe der Jahre als Inoffizielle Mitarbeiter den Staatssicherheitsdienst der DDR unterstützen.

Bespitzelt wird Karl Zenkel von IMS »Oberländer«, dem Ehepaar Erna und Fritz Ungelenk aus der DDR. Sie besuchen als Rentner Ludwigstadt, wobei sie von Oberleutnant Lietz »Aufgaben zum Zweck der Abschöpfung« ihrer Verwandten und Bekannten erhalten. Ferner haben sie den Auftrag, auf dem Bahnhof Ludwigstadt Beobachtungen durchzuführen, »um die Wirksamkeit von Zivilkräften festzustellen, wobei Personenbeschreibungen von denselben von Bedeutung sind«.

Erna Ungelenk

»Als ich mich in Ludwigstadt bei meinem Schwager aufhielt, konnte ich diesen unter dem gleichen Vorwand, wie es abgesprochen war, über den Zenkel befragen ... Daraufhin erzählte mir der Schwager, daß der Zenkel, Karl, nach wie vor bei der Grenzpolizei in Ludwigstadt angestellt ist. Er verrichtet verschiedene Aufgaben, wobei er auch oft in Zivil Dienst versieht ... Früher, als er noch kein eigenes Haus hatte, wohnte er einige Zeit bei meinem Schwager zur Untermiete. Jetzt hat er sich in Steinbach am Wald ein Einfamilienhaus gebaut.«

Ende 1975 hat man beim MfS in Gera beschlossen, die »Bearbeitung der Feindtätigkeit gegen die DDR« in einem »Gesamtkomplex« zu bearbeiten, das heißt »Grenzland« mit »Einzelgänger« und »Max« zusammenzufassen. »Einzelgänger« ist ein Ludwigstädter Bundesbahner, der sich regelmäßig mit DDR-Bürgern in Saalfeld trifft, unter anderem mit »Max«, einem Reichsbahner aus Probstzella, der zweimal jährlich mit seinem Meister Wartungsarbeiten am Falkenstein durchführt.

Martin Weber

»Die Reichsbahn war am Falkenstein noch für ein Stück Gleis auf fränkischem Gebiet zuständig; das Stück war für die DDR-Grenztruppe nicht mehr einsehbar. Wenn dort Ausbesserungsarbeiten waren, haben unsere Eisenbahner die Kollegen von drüben immer mal nach Ludwigstadt zum Essen eingeladen, haben sie mitgenommen und selber die Reparaturen gemacht.

Dort unten wurde, wenn die Reichsbahner kamen, immer so was wie ein kleines Fest hochgezogen, mit Bratwürsten und Bier. Auch die Grenzaufklärer haben bei diesen Gelegenheiten manchmal von den Eisenbahnern Bratwürste weggesteckt.«

1976

Innerhalb des neuen »Operativ-Vorganges« mit dem Decknamen »Frankenwald« erfolgt auch die »Überprüfung« von Martin Weber, der als Mitarbeiter der Bayerischen Grenzpolizei Ludwigsstadt »bei Erstbefragungen von DDR-Personen« in Erscheinung getreten sei. Er ist ebenfalls schon 1974 Ziel einer »operativen Personenkontrolle« mit dem Decknamen »Martin« gewesen. Im Mai 1973 hat »Hans Kröger« über ihn und seine Familie berichtet. Durch Martin Webers »guten Kontakt zu IMV ›E. Ratke‹« erhofft sich Oberleutnant Lietz die »Schaffung einer Abschöpfungsquelle im Feindobjekt«. Dabei sollen auch die Ehefrau Martin Webers sowie Verwandte »auf Eignung« als Inoffizielle Mitarbeiter überprüft werden.

ELFRIEDE FLECHTNER
»Auftragsgemäß versuchte ich auch mit der Fam. Weber Kontakt zu kriegen. Der 1. Kontakt war während der Hochzeitsfeier. Es ergab sich, daß ich am 2. Tag der Hochzeit – während des Essens – neben dem Weber, Martin, saß. Bei allgemeinen Gesprächen konnte ich feststellen, daß er viele Dinge sehr real sieht, wie z. B., daß es in nächster Zeit kein einheitliches Deutschland wird u. ähnliches … Zum gleichen Zeitpunkt sagte auch die Ehefrau, W., Karin, zu mir, ich sollte sie doch einmal in ihrem neuen Haus besuchen, solange ich mich noch in L. aufhalte.«

Auf Martin Weber von der Bayerischen Grenzpolizei ist die Rentnerin Elfriede Flechtner als Spionin angesetzt. Sie übergibt auch ein Foto von Martin Weber (rechts), auf dem er allerdings nicht besser zu erkennen ist als auf den Aufnahmen der Grenzaufklärer (links).

Elfriede Flechtner besucht die Familie Weber in Ludwigsstadt und übergibt dem Stasi-Mann Lietz sogar ein Foto der Webers.

ELFRIEDE FLECHTNER
»Es war abends, und der W., Martin, war selbst zu Hause … Ich wurde wieder gut empfangen und konnte mich auch mit ihm unterhalten. Er sprach davon, daß er jetzt zum Offizier befördert ist. Nach dem Dienstgrad konnte ich nicht fragen, das wäre zu auffällig gewesen … Als ich ihn fragte: ›Du machst wohl jetzt den stellvertretenden Chef bei euch?‹, da antwortete er mir: ›Ja, so ungefähr.‹«

Der IMV »Paul Schneider«, ein Reichsbahner, der vom Bahnhof Probstzella aus täglich mit dem Ludwigsstädter Fahrdienstleiter telefoniert, hat den Auftrag, »Anknüpfungspunkte« zu sammeln »für ein fruchtbringendes Abschöpfungsgespräch über geheimdienstliche Tätigkeit« von bayerischen Grenzpolizisten. Darüber hinaus ist »Paul Schneider« auf seinen Reichsbahnkollegen »Max« angesetzt. Er berichtet unter anderem, daß »Max« und sein Kollege nach den »Wartungsarbeiten im westlichen Vorfeld« meistens angetrunken zurückkämen … »Einzelgänger«, der Ludwigsstädter Bundesbahner, wird bei seinen Einreisen in die DDR observiert. Man erwägt, ihn fürs MfS zu werben. Als er bei einem Besuch in Saalfeld von einem Stasi-Mitarbeiter angesprochen wird, reist er jedoch nicht mehr ein, und der Vorgang »Frankenwald« wird nach fast zweijähriger »Bearbeitungszeit« eingestellt. Die »Feindtätigkeit« der »im Verdacht stehenden Personen« habe nicht bewiesen werden können, heißt es in der Begründung. Karl Zenkel, Martin Weber und der Bundesbahner »Einzelgänger« bleiben jedoch unter der »operativen Kontrolle« durch das MfS. Auf »Einzelgänger« wird Wolfgang Lietz das Rentnerehepaar »Veteran« ansetzen – Edwin und Helene Freund aus Probstzella.

1976 EDWIN FREUND

»Bei unserem Aufenthalt in Ludwigsstadt bei den Verwandten gab es diesmal nur einen kurzen Kontakt in der Bahnhofsgaststätte in Ludwigsstadt... Er [Einzelgänger] stellte sich kurz neben uns an den Tisch, begrüßte uns auch, aber ziemlich wortkarg und faselte nur davon, daß er wenig Zeit habe... Er sagte beim Abschied, er käme noch einmal wieder, aber wir haben ihn die ganzen Tage bis zu unserer Abreise nicht wieder getroffen... Bei der Begegnung kam es mir bald so vor, als wenn er sich von uns etwas zurückziehen wolle. Das letzte Mal, als wir drüben weilten, hatte ich nämlich auch mit ihm vereinbart, daß er mir ein paar so schöne Oberhemden, wie er besitzt, besorgen sollte. Damals versprach er das, doch dieses Mal kam ich gar nicht dazu, danach nochmals zu fragen.«[1]

Bericht in der »Deutschen Lehrerzeitung« vom 19. September 1961 über den zu lebenslanger Zuchthaushaft verurteilten Lehrling Michael Gartenschläger (zweiter von rechts), der nach dem Mauerbau »Macht das Tor auf!« auf Strausberger Hauswände gepinselt hatte.

In der Woche nach dem Mauerbau hatte der siebzehnjährige Lehrling Michael Gartenschläger protestiert: Gemeinsam mit vier Freunden pinselte er an Hauswände in Strausberg bei Berlin »Macht das Tor auf!«. Die Losungen der SED-Propaganda überschütteten sie mit Farbe. Eine LPG-Scheune zündeten sie an, »um ein Fanal gegen die soeben errichtete Mauer zu schaffen«.

Mitte September 1961 wird Michael Gartenschläger zu lebenslang Zuchthaus verurteilt – wegen Diversion, staatsgefährdender Gewaltakte, Propaganda und Hetze. Bald zehn Jahre verbringt er im DDR-Strafvollzug, davon etliche Monate in Einzelhaft. Zwei Ausbruchsversuche scheitern. Dann wird er von der Bundesregierung freigekauft. Der junge Mann hat als Fluchthelfer bereits mehrere Menschen aus der DDR geholt, als er sich entschließt, die SED-Machthaber weltweit bloßzustellen: Am 31. März 1976 montiert Michael Gartenschläger an der Grenze bei Büchen in Schleswig-Holstein, am sogenannten Grenzknick an der Grenzsäule 231, eine Splittermine SM-70 der dort installierten Selbstschußanlage ab.

Im Hamburger Nachrichtenmagazin »Der Spiegel« veröffentlicht man umgehend detailliert die Funktionsweise der »Todesautomaten«, deren Existenz die DDR-Führung bis dahin bestritten hat. (Anfang 1976 sind über zweihundert Kilometer DDR-Grenze mit Selbstschußanlagen gesperrt.) Bei ihrer Erprobung hat es 1971 im Kommando der Grenztruppen geheißen: »Die SM-70-Sperre kann bei genauer Kenntnis der technischen Grundlagen des Aufbaus und der Wirkung der Mine SM-70 überwunden werden. Diese Grundlagen sind streng geheimzuhalten und nur einem begrenzten Personenkreis zugänglich zu machen.« Nun präsentiert der »Spiegel« einem Millionenpublikum in West und (über Umwege) Ost das Staatsgeheimnis.

Eine zweite Splittermine, von Michael Gartenschläger am 23. April an derselben Stelle abmontiert, soll der Leiter des »Mauermuseums« in der Berliner Friedrichstraße, Rainer Hildebrandt, erhalten. Gegen ihn und Gartenschläger wird in diesem Zusammenhang wegen Diebstahls und Verstoßes gegen das Waffengesetz ermittelt – in der Bundesrepublik.

Michael Gartenschläger an der innerdeutschen Grenze (links), dort, wo er kurz darauf erschossen wird.

Warnungen von Kriminalpolizisten, Bundesgrenzschützern, Journalisten und Freunden können Michael Gartenschläger nicht davon abhalten, sich am 30. April 1976, kurz vor Mitternacht, wieder am »Grenzknick« auf DDR-Gebiet zu begeben: Er will einen dritten Selbstschußapparat holen oder »wenigstens so ein Ding« zünden, um einen angeblich neuen Schutzmechanismus zu testen. Noch vor dem ersten Grenzzaun erwartet ihn ein Stasi-Kommando – ein Leutnant und drei Unteroffiziere – »zur Vermeidung weiterer Provokationen und zur Festnahme oder Liquidierung«...

Getroffen von neun Kugeln, stirbt Michael Gartenschläger im Alter von 32 Jahren. Drei Tage vor seinem Tod hat er notiert: »Es festigte sich in mir die Überzeugung, daß sinnvoller Widerstand gegen dieses Unrechtssystem nicht nur ein Recht, sondern eine Pflicht ist. Es gelang mir, umfangreiches Material über politisch Inhaftierte und ihre Peiniger zu sammeln und sicherzustellen, und ich wünsche mir, noch ein Buch über meine Erlebnisse schreiben zu können.«

Man verscharrt den »Provokateur« auf dem Schweriner Waldfriedhof. Die vier Teilnehmer des »Sondereinsatzes« erhalten für die »konsequente Erfüllung der Aufgabe« den MfS-Kampforden in Silber. Fünf Wochen vor der Erschießung Michael Gartenschlägers ist auch in der DDR der »Internationale Pakt über bürgerliche und politische Rechte« verbindliches Recht geworden. Artikel 6: »Niemand darf willkürlich seines Lebens beraubt werden.« Artikel 12: »Es steht jedem frei, jedes Land, auch sein eigenes, zu verlassen.«

Veröffentlichung im Magazin »Der Spiegel« Nr. 16 von 1976

»Der Gegner führt offensichtlich einen Generalangriff auf die minengesicherte Staatsgrenze«, stellt man im Kommando der Grenztruppen fest. Drei Tage nach den tödlichen Schüssen an der Grenzsäule 231 erläßt der Chef der Grenztruppen, Erich Peter, den Befehl 32/76, »um Voraussetzungen dafür zu schaffen, daß die Provokateure im Ergebnis ihrer weiteren Angriffe auf die Grenzsicherungsanlagen vernichtet werden«. Kurz darauf teilt der Stabschef der Grenztruppen, Generalmajor Rudi Schütz, den Kommandeuren der

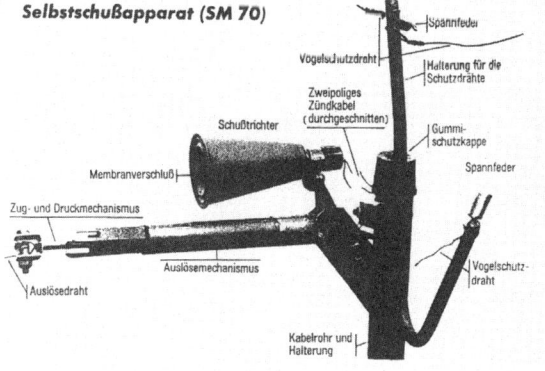

1976

Grenzregimenter mit: »Die unmittelbare brutale Gewaltanwendung seitens der Diversanten zur Verhinderung ihrer Festnahme muß vorausgesetzt werden. Aus diesem Grund ist die sofortige Feuereröffnung der feindwärts eingesetzten Kräfte, ohne Anruf, erforderlich.«

In der Sitzung des Deutschen Bundestages vom 5. Mai 1976 erklärt der Parlamentarische Staatssekretär im Innerdeutschen Ministerium, Karl Herold (SPD), Gartenschläger sei »ein unverantwortliches Risiko« eingegangen. Der Abgeordnete Becher (CDU/CSU) fragt daraufhin: »Könnte sich die Bundesregierung nicht dazu entschließen zuzugeben, daß Herr Gartenschläger und andere, die die Existenz der Mordwaffen gegenüber der Öffentlichkeit aufdecken wollen, zwar ein Risiko übernommen haben, aber keineswegs unverantwortlich, sondern im Dienste der Freiheit und unter Hinweis auf die Not in Deutschland sogar in höherem Sinne äußerst verantwortlich, und daß wir uns davor verneigen und das nicht noch kritisieren sollten?« Antwort des Staatssekretärs Herold: »Ich würde vor allen Dingen vor Ihren letzten Worten etwas warnen.«

Der Bau der Selbstschußanlagen an der DDR-Grenze wird fortgesetzt, gegen »unerlaubten Zugriff« ummantelt man die Splitterminen mit »Komplettierungsteilen« aus Plastik. Der neunzehnjährige DDR-Flüchtling Uwe Siemann stirbt ein Vierteljahr nach Michael Gartenschläger infolge von Splitterverletzungen durch SM-70 bei seinem Versuch, bei Weferlingen nach Niedersachsen zu gelangen.[2]

Er gehe zur Arbeit, sagt Achim R., 21 Jahre, seinen Eltern. Am Morgen des 26. Juli 1976 verläßt er gegen sechs Uhr sein Zuhause in Probstzella, Ortsteil Kleinneundorf. In den Wald geht er, nähert sich langsam der Grenze. Kurz nach acht steigt er in Höhe der Friedrichshoffnung durch den Signalzaun und »löst aus«.

Ein herbeigeeilter Unteroffizier stellt die Beschädigung des Zauns fest und meldet seinem Vorgesetzten, einem Oberleutnant, als Ursache der Auslösung Rehwild. Der Oberleutnant erstattet Meldung beim Bataillonskommandeur und bittet, »die Handlungen« abbrechen zu dürfen. Er darf. Gegen neun Uhr überschreitet Achim R. im »Raum der Hauptanstrengung«, rund fünfhundert Meter neben dem Falkenstein, die Grenze nach Bayern. Erst tags darauf erhält man im Grenzregiment Sonneberg die Information, daß »im BRD-Landkreis Kronach ein 21-jähriger Elektriker angekommen« sei, nach drei Tagen weiß man, daß Achim R. vermißt wird ... Nach einer Woche liegt der Untersuchungsbericht zu dem Fall vor: Man hat herausgefunden, daß Achim R. schon seit einem Jahr ein Verhältnis mit einer Frau aus der Bundesrepublik hat. Er lehne »die gesellschaftlichen Verhältnisse« in der DDR ab. Bereits Anfang Juli sei er, morgens um vier, hundert Meter vor dem Signalzaun am Ortsausgang von Großgeschwenda festgestellt worden. Da ein »Angriff auf die Staatsgrenze« jedoch nicht habe nachgewiesen werden können, habe man Achim R. wieder laufen lassen.

Achim R. ist der einzige Flüchtling, der 1976 an der Grenze im Kreis Saalfeld über die Sperranlagen entkommt; einundzwanzig Flüchtende scheitern dort, darunter ein Mann aus Probstzella. Auch die vier DDR-Bürger, die in einem Versteck des D-Zuges Leipzig–Nürnberg ihren Staat »ungesetzlich verlassen« wollen, entdeckt man. Zwei Thüringer werden am Vormittag des 28. Juli 1976 von Grenzern festgenommen, als sie sich nach einwöchigem Fußmarsch Richtung Grenze in Probstzella Lebensmittel kaufen wollen.

»Grenzverletzungen« 1976 ... durch eine Besuchergruppe am Ratzenberg bei Lauenstein und durch eine Schafherde im Falkensteiner Grund – dokumentiert und archiviert unter »Grenzprovokationen«.

Ministerium
für Nationale Verteidigung
Stellvertreter des Chefs des Hauptstabes
für operative Fragen

Betreff
Verletzung des Territoriums der DDR im Abschnitt des Grenzkommandos SÜD

Durch die in der Grenzsicherung eingesetzten Kräfte wurden folgende Verletzungen des Territoriums der DDR festgestellt:

1. Am 28.04.1976, in der Zeit von 14.05 Uhr bis 15.30 Uhr, wurde die Staatsgrenze im Abschnitt des Grenzregiments 15 (SONNEBERG), Vermessungsabschnitt 54, auf einer Länge von 550 m und einer Tiefe bis zu 70 m durch eine Schafherde verletzt.
Die Herde ist in einem Stall unmittelbar an der Staatsgrenze untergebracht und weidete ohne Aufsicht. Weidezäune oder andere Einrichtungen wurden nicht aufgebaut.

2. Am 02.05.1976, in der Zeit von 16.02 Uhr bis 16.07 Uhr, wurde die Staatsgrenze im Abschnitt des Grenzregiments 15 (SONNEBERG), Vermessungsabschnitt 54, durch 18 Personen der BRD bis zu einer Tiefe von 60 m verletzt.
Die Anfahrt von ca. 40 Personen erfolgte mit einem Bus, polizeiliches Kennzeichen BA-AV-762, aus Richtung EBERSDORF, Kreis KRONACH (BRD), zum RATZENBERG.

1976

Am Abend des 3. August warten drei Männer an den Bahnschienen in Probstzella auf eine Gelegenheit, auf einen Zug Richtung Ludwigsstadt aufzuspringen; einer von ihnen arbeitet als Rangierer auf dem Grenzbahnhof. Um 20.30 Uhr fährt ein Güterzug an ihnen vorbei, doch für ein Aufspringen zu schnell. Sie verstecken sich im Umkleideraum des Sportplatzes direkt neben den Gleisen, warten auf den nächsten Güterzug. Allein ein D-Zug braust in dieser Nacht noch nach Ludwigsstadt – sie wagen nicht aufzuspringen. In der Morgendämmerung brechen die drei ihr Vorhaben ab und begeben sich zum »Binnenbahnhof« Probstzella. Sie fahren bis nach Marktgölitz, dort nimmt man sie fest.

Insgesamt werden in diesem Jahr mehr als achthundert DDR-Bürger beim Fluchtversuch an der Grenze zu West-Deutschland festgenommen. Rund sechshundert Menschen gelingt die Flucht in die Bundesrepublik einschließlich West-Berlin unter Gefahr für Gesundheit und Leben.³

Am Autobahngrenzübergang Hirschberg – Rudolphstein stehen auf der mächtigen Brücke, die über das Saaletal führt, bis zu einem quer über die Fahrbahn gemalten Streifen sogenannte Peitschenmastlaternen. Ihre grellen Lichtkegel heben sich am 5. August 1976 morgens halb vier noch deutlich von der Umgebung ab. Als der italienische Lastwagenfahrer Benito Corghi, 38 Jahre alt, in der fränkischen Kontrollstelle Rudolphstein eintrifft, teilt ihm der Fahrer eines nachkommenden Lkw mit, er solle noch mal zurückkommen, er habe drüben Transportpapiere liegenlassen. Zu Fuß macht sich der Mann auf den Weg, es regnet etwas; in der einen Hand hält er eine Zigarette, mit der anderen trägt er seine Aktentasche. Da hat der diensthabende Offizier im Führungsturm der GÜST Hirschberg, ein Oberstleutnant, schon die Mitteilung bekommen, daß ein Lkw-Fahrer Papiere vergessen habe und zurückkommen solle. Es folgt die Meldung, daß eine unbekannte Person über die Brücke gelaufen komme … Der Oberstleutnant erteilt den Befehl, den »Grenzverletzer mit allen Mitteln festzunehmen«.

Hier, an der Zufahrt zum Grenzkontrollpunkt Hirschberg, wird am 5. August 1976 ein italienischer Lastwagenfahrer erschossen. »Der grenzüberschreitende Verkehr wurde für die Zeit von 03.45 Uhr bis 03.52 im Grenzstreckenabschnitt unterbrochen. Beeinträchtigungen traten nicht auf«, heißt es dazu im Untersuchungsbericht des Stabschefs im Grenzkommando Süd, Oberst Beuthe.

1976

Der Befehl erreicht auch den zwanzigjährigen Postenführer Uwe Schmiedel. Er läßt die »unbekannte Person« bis auf fünfzehn Meter an sich herankommen, dann springt er mit einem Maschinengewehr im Hüftanschlag überraschend aus einem Versteck hervor: »Halt, stehenbleiben, Grenzposten, Hände hoch!« Der Italiener wirft die Zigarette weg, redet hektisch auf den Soldaten ein. »Hände hoch!« ruft der erneut. Benito Corghi dreht sich um, läuft zunächst normalen Schrittes zurück in Richtung Rudolphstein.

»Stehenbleiben, Grenzposten, Hände hoch!« schallt die Stimme hinter ihm. Es folgt ein kurzer Feuerstoß, ein Warnschuß. Der Mann mit der Aktentasche läuft nun schneller. »Halt, stehenbleiben!« Die Waffe im Schulteranschlag, schießt der Gefreite Schmiedel auf die Fahrbahn. »Mensch, bleib doch stehn, halt an!« Benito Corghi rennt. Noch ein Schuß auf die Fahrbahn, ein letztes Anrufen. Der Mann rennt weiter. Aus achtzig Metern Entfernung zielt Uwe Schmiedel auf den Oberschenkel des Flüchtenden und schießt. Eine Kugel dringt in die rechte Schulter des Mannes ein, er reißt die Arme hoch, fällt.

Der Schütze rennt zu seinem Opfer, verbindet eine Platzwunde am Kopf. Als die Alarmgruppe hinzukommt, schreit Uwe Schmiedel den Gruppenführer an, er solle sich um den Verletzten kümmern. Man schleift den »Grenzverletzer« von der Fahrbahn, aus dem Blickfeld ... Benito Corghi stirbt innerhalb von Minuten. Eilig werden die Spuren seines Blutes auf dem Asphalt beseitigt.

In seinem Abschlußbericht schreibt der stellvertretende Stabschef der Grenztruppen, Karl Leonhardt: »Es ist zu erreichen, daß alle Mittel und Möglichkeiten zur Festnahme von Provokateuren bzw. Grenzverletzern genutzt werden und die Schußwaffe kompromißlos vor allem gegen solche Kräfte angewandt wird, die Widerstand leisten und durch ihr Verhalten und Handeln eindeutig als Feinde der Deutschen Demokratischen Republik erkennbar sind.« Scharf protestiert die Kommunistische Partei Italiens gegen die Tötung ihres Mitglieds Benito Corghi, auch die italienische Regierung erhebt Protest; der Fall wird in der internationalen Presse publiziert.

»Man verteidigt den Sozialismus nicht mit Morden«, sagt die Witwe Corghi dem kondolierenden DDR-Vertreter.⁴

Benito Corghi, Mitglied der Kommunistischen Partei Italiens, sei Opfer einer »tragischen Verkettung von Umständen« geworden, schreibt das »Neue Deutschland«. Gleichwohl erhält Todesschütze Uwe Schmiedel die »Medaille für vorbildlichen Grenzdienst« und 250 Mark Prämie.

47 Jahre alt ist der evangelische Pfarrer Oskar Brüsewitz, als er sich am Vormittag des 18. August 1976 vor der Michaeliskirche in Zeitz, fünfzehn Kilometer nördlich von Gera, mit Benzin überschüttet und anzündet, vor den Augen von etwa dreihundert Passanten. Vorher hat er ein Plakat aufgestellt, auf dem er »den Kommunismus« anklagt, »wegen Unterdrückung der Kirchen in Schulen«. Vier Tage später erliegt er seinen Verbrennungen.

In seiner Gemeinde in Rippicha hat Oskar Brüsewitz mit Erfolg kirchliche Jugendarbeit betrieben, hat sich sozial engagiert, hat mit symbolischen Protestaktionen die SED-Machthaber herausgefordert: Auf die Propaganda-Losung »Ohne Gott und Sonnenschein / bringen wir die Ernte ein!« hat Pfarrer Brüsewitz mit einem Transparent geantwortet, das er auf einem Pferdefuhrwerk durch die Zeitzer Innenstadt kutschiert hat: »Ohne Regen, ohne Gott / geht die ganze Welt bankrott.«

Sie haben auf seine Versetzung gedrängt, zuerst SED-Funktionäre, dann – kurz vor der Verzweiflungstat – die Magdeburger Kirchenleitung. In einem Abschieds-

1976

brief des Pfarrers ist die Rede vom »scheinbar tiefen Frieden …, der auch in die Christenheit eingedrungen ist«, obwohl »zwischen Licht und Finsternis ein mächtiger Krieg« tobe.⁵

»Er hinterließ eine Frau und drei Kinder. Und Menschen in Ost und West fragten sich, ob dieser arme Mann umnachtet oder erleuchtet gewesen sei. Das fragten sich die Herren der Kirchenleitungen, die tausend Schreiber seiner Nekrologe und die Bürger, die von jener Todesnachricht beim Chromputz ihrer Autos unterbrochen oder vor dem Einkauf von Feinfrostgemüse irritiert worden waren.

Daß Schreckliches geschehen war, empfanden wohl alle. Sogar die SED-Oberen erschraken an den Schreibtischen der Macht, die ja doch nur Gewalt ist, und fanden sich in ohnmächtiger Ratlosigkeit wieder. Ihr Notausgang war, den Toten für verrückt zu erklären und zu verhöhnen.«

Matthias Walden in der Tageszeitung »Die Welt«, Hamburg⁶

Oskar Brüsewitz in den siebziger Jahren im Pfarrgarten seiner Kirche in Rippicha

»Der Selbstmord eines ›Pfarrers‹, der nicht alle fünf Sinne beisammen hatte, durch Selbstverbrennung soll nicht nur dazu dienen, einen Märtyrer gegen den Kommunismus hochzustilisieren, sondern er wird auch zum Anlaß genommen, die gesellschaftliche Entwicklung in der Deutschen Demokratischen Republik wider besseres Wissen zu verleumden … Er soll ein Zeichen gesetzt haben. Religiöse Motive können es nicht gewesen sein. Denn das Recht auf freie Religionsausübung ist durch die Verfassung unserer Republik garantiert und wird tagtäglich praktiziert … Was Brüsewitz tat, war ein Zeichen der Abwendung von einer gesunden und sich gesund entwickelnden Gesellschaft, von den Menschen und ihren Meinungen, von der Menschlichkeit, von den Werten des Lebens. Darum auch ist seine ›Zeugenschaft‹, wie sie von den Massenmedien in der BRD jetzt zynisch hochgespielt wird, untauglich. In unserer Gesellschaft kann jeder nach seiner Fasson selig werden.«

Kommentar des SED-Zentralorgans »Neues Deutschland« vom 31. August 1976 unter der Überschrift »Du sollst nicht falsch Zeugnis reden«

»Am 5. Oktober 1976, 8.10 Uhr bis 8.15 Uhr, wurde durch den Grenzinformationspunkt 12 an die GÜST Probstzella folgende Information übermittelt:
›Seit gestern, dem 4. Oktober 1976 mittags, sind zwei Kinder aus der Gemeinde Stockheim vermißt. Es wird vermutet, daß sie ungewollt die Grenze zur DDR überschritten haben. Ich bitte um Nachricht, ob die Kinder durch Ihre Grenzorgane festgenommen wurden. Wenn ja, Bitte um Mitteilung, wann und wo die Kinder zurücküberstellt werden. Personalien der Kinder: …‹

Antwort des Diensthabenden GÜST Probstzella: ›Ihre Information entspricht nicht den Vereinbarungen zwischen der DDR und der BRD über Schadensbekämpfung. Wenden Sie sich bitte an Ihre dafür zuständigen Organe. Ende.‹
Im Abschnitt GR 15 gibt es keine Anzeichen eines Angriffs auf die Staatsgrenze. Maßnahmen: Nochmalige Kontrolle des Kontrollstreifens im Sicherungsabschnitt 6 bis 8 GR 15.«

»Am 1. November 1976, von 8.07 bis 8.14 Uhr, wurde durch die GÜST Probstzella an den GIP 12 die befohlene Information übermittelt:
›Ich habe Sie darüber zu informieren, daß vom 8. November 1976 bis zum 12. November 1976, täglich in der Zeit von 8.00 bis 12.00 Uhr und von 14.00 bis 16.00 Uhr, im Grenzabschnitt 54, Grenzzug E, Grenzstein 624 bis Grenzstein 641, Sprengarbeiten durchgeführt werden. Der Beginn der Sprengarbeiten wird durch ein langes Hornsignal und die Beendigung durch drei 3 kurze Hornsignale angekündigt. Ich bitte Sie, diese Information unverzüglich weiterzuleiten.‹
Antwort GIP 12: ... ›Danke, wird sofort erledigt.‹«[7]
Berichte des Sonneberger Regimentskommandeurs an das Kommando der Grenztruppen

Das Konzert des Ost-Berliner Liedermachers Wolf Biermann in Köln am Abend des 13. November 1976 erreicht nach einer Woche via »West-Fernsehen« auch die Menschen in der DDR. Dort hat der Dichter und Sänger schon seit elf Jahren Auftrittsverbot. In Köln singt er von den faulen Partei-Bonzen »mit Koch, Chauffeur und Haus« in Wandlitz, von der Stasi und ihren Spitzeln, vom Stacheldraht, der langsam in die Haut einwächst, und von der Flucht über die Mauer – und alle können's hören. Drei Tage nach dem Konzert erfährt Wolf Biermann aus dem Radio, daß man ihn nicht mehr in die DDR einreisen lassen wird. Ausgebürgert.

Siegfried Sauer

»Als sie den Biermann ausgewiesen haben, da stand in Saalfeld vor der WEMA, der Werkzeugmaschinenfabrik, mitten auf der Straße: ›Biermann sagt die Wahrheit.‹ Da war gleich die ganze Straße abgesperrt. Die wollten das mit allem Möglichen wegmachen, haben es aber nicht weggekriegt. Da haben die Kisten davorgestellt.
Drei, vier Tage waren vergangen, da war ich mit ein paar Kumpels dort. Wir standen auf der Straße und haben ein Bier getrunken. Ich sag: ›Hier stand: Biermann sagt die Wahrheit.‹ Im gleichen Moment hieß es: ›Ihren Ausweis bitte!‹ Da stand schon ein Polizist hinter uns. Sie haben uns abgefahren. Die anderen drei haben sie gleich wieder entlassen, mich haben sie den ganzen Tag festgehalten. Die wollten mich ins Kreuzverhör nehmen; der eine quatschte mich von hinten an, da hab ich gesagt: ›Paß mal auf, mein Freund, entweder von vorn oder gar nicht.‹ Da saß ich wieder in der Zelle. Ich mußte dann Strafe zahlen.«

In den folgenden Monaten siedeln bekannte Unterzeichner der »Biermann-Resolution«, in der sie gegen die Ausbürgerung des Liedermachers protestieren, in die Bundesrepublik und nach West-Berlin über: der Schauspieler Manfred Krug, die Schriftsteller Hans-Joachim Schädlich, Jurek Becker, Thomas Brasch, Sarah Kirsch

1977

und weitere. Den Autor Jürgen Fuchs verhaftet man und schiebt ihn Monate später in den Westen ab.

Der Regimekritiker Robert Havemann wird, nachdem er gegen die Ausbürgerung seines Freundes Biermann protestiert hat, an seinem Wohnort in Grünheide bei Berlin jahrelang von MfS und Volkspolizei isoliert, zeitweise steht er unter Hausarrest. Über die Westmedien wird er zu einer Symbolfigur des Widerstands gegen die SED-Diktatur. In einem Interview beklagt Robert Havemann die Karrieristen und Staatsfunktionäre in der DDR, »die sich Vorteile verschaffen können durch Verlogenheit und Arschkriecherei«.

Der Schriftsteller Reiner Kunze, der bereits am 3. November 1976 nach dem Erscheinen seines Prosabandes »Die wunderbaren Jahre« bei Fischer in Frankfurt (Main) aus dem DDR-Schriftstellerverband ausgeschlossen worden ist, zieht nach Bayern. »Schießbefehl« heißt ein authentischer Text aus den »Wunderbaren Jahren«: Es ist die Aussage einer Mutter, der man nach dem Fluchtversuch ihres Sohnes an der DDR-Grenze nur noch eine Urne aushändigt … Eine »ganz widerwärtige, üble Lüge«, eine »infame Urnen-Geschichte«, schimpft öffentlich Hermann Kant, Vizepräsident des Schriftstellerverbandes.[8]

Wegen »Diffamierung des Volkes und der Regierung« weist die SED-Führung am 22. Dezember 1976 den Ost-Berliner ARD-Korrespondenten Lothar Loewe aus der DDR aus. Er hat im (West-)Deutschen Fernsehen gesagt: »Hier in der DDR weiß jedes Kind, daß die Grenztruppen den strikten Befehl haben, auf Menschen wie auf Hasen zu schießen.«

1977

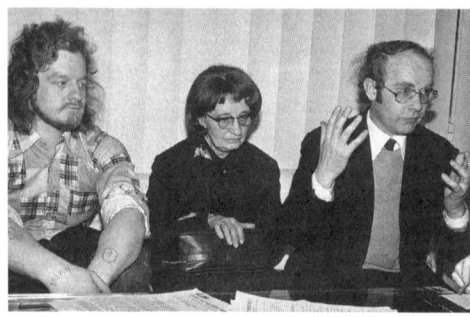

Heinz Engelhardt (links) und weitere Vertreter der »Gesellschaft für Menschenrechte« nach der Rückkehr aus Belgrad, wo sie sich vergeblich um die Freilassung des Schriftstellers Mihajlo Mihajlov bemüht haben.

Heinz Engelhardt, der 1966 als Sechzehnjähriger an der Grenze bei Probstzella auf eine Mine getreten war – man mußte an beiden Beinen einen Teil amputieren –, fährt im Februar 1977 mit der Bahn nach Belgrad, in die Hauptstadt der Sozialistischen Föderativen Republik Jugoslawien. Gemeinsam mit der siebzigjährigen Hamburgerin Rhea Schlickum und dem Lippstädter Geistlichen Winfried Pietrek bemüht sich Heinz Engelhardt tagelang um einen Termin im Belgrader Justizministerium: Sie wollen eine Liste mit Tausenden von Unterschriften übergeben und so um die Freilassung des regimekritischen Schriftstellers Mihajlo Mihajlov bitten, der schwerkrank ist und noch jahrelang inhaftiert bleiben soll. Zudem hofft die Delegation der »Gesellschaft für Menschenrechte« (Frankfurt am Main), den Schriftsteller sowie einen eingesperrten siebzigjährigen Geistlichen im Zuchthaus besuchen zu dürfen.

Die drei Deutschen, die ihren Forderungen mit einem Hungerstreik Nachdruck verleihen wollen, werden schließlich festgenommen und in ein Flugzeug nach

München gesetzt. Sieben Monate darauf treffen sich in Belgrad Vertreter der Teilnehmerstaaten der Konferenz über Sicherheit und Zusammenarbeit in Europa (KSZE). Sie bekräftigen zum Abschluß des Treffens die Entschlossenheit ihrer Regierungen, alle Bestimmungen der Schlußakte von Helsinki umfassend durchzuführen ...[1]

Nach einem Rockkonzert am Ost-Berliner Alexanderplatz mit mehr als tausend Besuchern anläßlich des »Republikgeburtstages« knüppeln Volkspolizisten am 7. Oktober 1977 auf Jugendliche ein, die in Sprechchören rufen: »Freiheit, Freiheit!«, »Biermann, Biermann!« und »Die Mauer muß weg!«.[2]

Im Oktober 1977 kommen die Eheleute Cornelia und Wolfram Hädicke, beide Mitte zwanzig, als Vikare nach Probstzella. Gemeinsam haben sie Theologie studiert, nach dem Weggang von Pfarrer Karl-Helmut Hassenstein sollen sie das evangelische Gemeindeleben neu beleben.

Wolfram Hädicke ist als Pfarrer für Probstzella zuständig, unterstützt von seiner Frau, die dazu die Gemeinden in Großgeschwenda und Schlaga betreut. Zum Gottesdienst in Probstzella kommen an einem gewöhnlichen Sonntag etwa dreißig Gläubige, meist ältere Menschen.
Fast elf Jahre arbeiten die Eheleute Hädicke in Probstzella. Die Predigten der beiden werden im Laufe der Zeit aufmüpfig.

Cornelia Hädicke
»Ob wir uns an die Sperrzone gewöhnten? Ich war erschrocken, wie schnell ich die Situation dort als gegeben hinnahm. Man lebte einfach so ... Es war plötzlich normal, auf die Polizei zu gehen und den Passierschein zu beantragen und nachzufragen, dabei war es absolut erniedrigend: ›Ist er denn nun da?‹ – ›Nein, es tut uns leid.‹ – ›Aber mein Besuch wollte doch übermorgen kommen ...‹ – ›Wir werden mal sehen ...‹«

Klaus Baumann, gelernter Fleischer, seit seinem achtzehnten Lebensjahr Grenzer, seit 1971 Kompaniechef in Spechtsbrunn, ist Anfang 1973 als Inoffizieller Mitarbeiter geworben worden für die MfS-Hauptabteilung I, Unterabteilung Abwehr Sonneberg. Er sei ein »der Partei- und Staatsführung treu ergebener Genosse«, der konsequent gegen Mängel und Mißstände auftrete, »wobei er sich schnell im Ton vergreift, vor allem bei dem Umgang mit seinen unterstellten Soldaten«, so der werbende Stasi-Unterleutnant Adler. Beim Aufsetzen der schriftlichen Verpflichtungserklärung habe Klaus Baumann, dessen selbstgewählter Deckname »Werner Albrecht« lautet, keinerlei Bedenken geäußert.
Mitte 1975 wird die inoffizielle Zusammenarbeit mit der Begründung eingestellt, der IM könne aufgrund seiner Dienststellung offiziell genutzt werden.
Nachdem Klaus Baumann Ende 1976 Stellvertretender Stabschef des III. Grenzbataillons (Probstzella) geworden ist, beschließt man Anfang 1977 in der Sonneberger Abwehrabteilung, den Spitzel wieder zu aktivieren – »für die operative Aufklärung und Bearbeitung von Offizieren« seiner neuen Dienststelle. Als »Losung/Erkennungszeichen« vereinbart der Führungsoffizier Rößler mit seinem IM die

1977

Frage: »Kennen Sie noch den ehemaligen Soldaten Werner Albrecht?« Antwort: »Das ist schon möglich, ich weiß aber nicht woher.«

Von Ende 1977 an erteilt Leutnant Rößler seine Aufträge an Klaus Baumann »schwerpunktmäßig zur Erarbeitung operativer Belastungen gegen Major Richter, Kommandeur III. Grenzbataillon«.

»Am 9.12. 77 gegen 9.00 Uhr hat Major Richter sein Dienstzimmer offengelassen. Seine VS-Tasche lag auf dem Tisch. In der Tasche war ein VS-Dokument (Befehl-44-Buch der 10. Grenzkompanie) …

Während einer Unterhaltung mit meinem Sohn wurde mir bekannt, daß der Sohn von Major Richter in der Schule erzählt, er habe aus dem Westen Kaugummi. Die Kaugummi und andere Sachen bekomme er von seiner Oma geschenkt. Werner Albrecht«

Einladungskarte für die Grenztruppenführung »zu einem geselligen Beisammensein« im Gästehaus Skaby bei Schweinelendchen und Fasan, Forelle und Krebs, Champignons und Spargel. Für die zwanzig Genossen und ihre Ehefrauen stehen bereit: 15 Flaschen Wodka, 20 Flaschen Weinbrand, 20 Flaschen Sekt, 30 Flaschen Wein und 80 Flaschen Bier.

Klaus Baumann liefert seinem Führungsoffizier in den folgenden Jahren Informationen über Unteroffiziere, die beim Übungsschießen »absichtlich vorbeigeschossen« hätten (woraufhin in mindestens einem Fall »Maßnahmen der weiteren operativen Bearbeitung« und die »Herausarbeitung evtl. operativer Belastungen« folgen), Informationen »zur Führungstätigkeit des Kompaniechefs« von Probstzella, dem er eine unzureichende politisch-ideologische Arbeit bescheinigt (»Freizeit und Angeln werden in den Vordergrund gerückt«), Informationen zur Dienstdurchführung eines Stabsfeldwebels sowie »Unterhaltungen«, »Meinungen«, »Stimmungen« aus dem Bataillonsstab. Auch »einen Sachverhalt«, den die Ehefrau Baumann – sie arbeitet in der Staatsbank auf dem Bahnhof Probstzella – »ihrem Mann berichtete«.

Dann wieder ist der »Arbeitsstil des Bataillonskommandeurs« Thema eines Spitzelberichts. Über die Kinder seines Vorgesetzten und Hausnachbarn schreibt Klaus Baumann, sie gingen »sauber gekleidet und haben sehr viele Spielsachen«, jedoch sie »grüßen die Erwachsenen nicht und machen in ihrem Schlafzimmer oft bis 21.00 Uhr Krach«. Der Sohn des Kommandeurs gebe seinen Lehrern freche Antworten – und so weiter.

Mehrmals noch schreibt »Werner Albrecht« Berichte zu »Verstößen gegen die VS-Ordnung« durch den Bataillonskommandeur. Schließlich wird er selber durch einen Kollegen denunziert: IMS »Mitic«, mit dem Klaus Baumann gemeinsam auf seinen Kommandeur angesetzt ist, meldet an die Sonneberger Abwehrabteilung: »Im Dienstzimmer des Major Baumann lagen alle VS-Dokumente offen herum, und das Fenster stand offen. Als ich Major Baumann daraufhin ansprach, sagte er zu mir: ›Sie wollen mich wohl austricksen?‹«[3]

»Bei der tatbestandsmäßigen Aufklärung der Täterpersönlichkeiten war festzustellen, daß im wesentlichen alle rechtswidrigen Antragsteller eine verfestigte feindlich-negative Einstellung zu den gesellschaftspolitischen Verhältnissen in

1977

der DDR zeigten ... Ihre Hauptargumente liegen in solchen Behauptungen und Aussagen, daß
- die DDR zwar der UNO beigetreten sei, internationale Deklarationen mit unterzeichnet habe sowie multi- und bilaterale Verträge abschließe, jedoch die sich daraus ergebenden Pflichten nicht einhalten würde, dies aber von allen anderen Staaten fordere;
- die DDR stets die Einhaltung der Normen des Völkerrechts und der eigenen Gesetze fordere, dies aber selbst mißachte, was u.a. in den
  - ›Menschenrechtsverletzungen‹ gegenüber der DDR-Bevölkerung
  - ›Einschränkung‹ der Reisefreiheit
  - ›Unterdrückung der freien Meinungsäußerung‹
  - ›Grenzsicherungsmaßnahmen‹ einschließlich des ›Schießbefehls‹ ...
sichtbar würde;
- die Partei- und Staatsführung einen politischen Zwang auf die Bevölkerung der DDR ausübe, indem all jenen Entwicklungsmöglichkeiten versagt blieben, die sich nicht am gesellschaftlichen Prozeß beteiligen;
- sich die Funktionäre des Partei- und Staatsapparates persönliche materielle Vorteile verschaffen, u. a. durch
  - Nutzung von Dienstfahrzeugen für private Zwecke
  - Nutzung dienstlicher Verbindungen zur Durchführung privater Geschäfte mit volkseigenen Erzeugnissen
  - Vergünstigungen beim Einkauf bestimmter Erzeugnisse, wie bevorzugter Erhalt von Kraftfahrzeugen usw.«[4]

»Einschätzung des Standes der Bearbeitung rechtswidriger Antragsteller«, erarbeitet in der Dresdner MfS-Bezirksverwaltung, Hauptabteilung IX, November 1977

Der 25jährige Kraftfahrer Albrecht P. aus Probstzella läuft drei Tage vor dem Weihnachtsfest 1977, abends halb zehn, nach einem Familienstreit von zu Hause weg in Richtung Grenze. Eine halbe Stunde später steigt er über den Stachel-

Die Kaserne in Probstzella (1) und die Wohnblocks der NVA in den Auwiesen (2 und 3) Ende der siebziger Jahre

drahtzaun und löst ein Signal aus. Der diensthabende Zugführer in der Führungsstelle Hopfsberg, Unterleutnant G., kennt sich mit dem neuen Anzeigegerät nicht so gut aus und schickt eine Streife zum benachbarten Signalzaunfeld.
Albrecht P. durchkriecht die »Lichttrasse« am Pöhlberg und die Spanndrähte der dort aufgestellten Signalraketen. Er klettert über den Grenzzaun am Westhang des Hopfsberges (unterhalb der Führungsstelle) und erreicht gegen 23 Uhr neben den Bahngleisen am Falkenstein fränkischen Boden. Der nächste Grenzposten befindet sich sechzig Meter weiter in einem Erdbunker.
Erst am nächsten Nachmittag entdeckt eine Kontrollstreife am Signalzaun »Anzeichen eines Angriffs gegen die Staatsgrenze.« Der Unteroffizier K., der am Vormittag den Spurenstreifen am Zaun nur »oberflächlich« kontrolliert hat, erhält auf Befehl des Regimentskommandeurs, Oberst Hallier, zehn Tage »Kasernenarrest«; die beiden Soldaten im Erdbunker werden wegen »ungenügender Initiative und Wachsamkeit« zu drei und fünf Tagen Arrest verurteilt. Mit einem strengen Verweis wird Bataillonskommandeur Richter bestraft, der »die eingetretene Lage nicht gründlich beurteilt« habe.
»In Auswertung des Grenzdurchbruchs« befiehlt Regimentskommandeur Wolfgang Hallier, die »Festigung des Klassenstandpunktes und Anerziehung einer hohen Klassenwachsamkeit« bei der politisch-ideologischen Arbeit mit den Grenztruppen-Angehörigen. Dabei soll auch ein »initiativreiches Handeln bei der Durchsetzung der Befehle zur Grenzsicherung« entwickelt werden. Letztlich ergeht der Befehl, »den Haß auf den Feind zu verstärken«.
Als Albrecht P. am Heiligen Abend 1977, morgens gegen drei Uhr, mit dem D-Zug 300 München–Berlin wieder nach Probstzella fährt, hofft er, zu seiner Familie zurückkehren zu dürfen. »Wir wünschen Ihnen eine gute Weiterreise!« hört Albrecht P. noch aus dem Bahnhofslautsprecher, bevor ihn Angehörige der Paßkontrolleinheit festnehmen und an Stasi-Männer aus Gera übergeben. Er wird verurteilt und eingesperrt. Bei seiner Entlassung hat Albrecht P. eingeschlagene Zähne. »Ich darf nichts erzählen.« Zurück in die Sperrzone darf er nicht.[5]

Außer Albrecht P. gelingt 1977 im Kreis Saalfeld keinem DDR-Bürger die Flucht über die Grenzsperren. Fünfunddreißig Flüchtende werden dort festgenommen, davon etwa ein Drittel »auf Hinweis der Bevölkerung«.
Insgesamt flüchten in diesem Jahr mehr als siebenhundert Menschen unter Gefahr für Gesundheit und Leben aus der DDR in den Westen, darunter acht Uniformierte. Annähernd tausend DDR-Bürger nimmt man bei ihrem Fluchtversuch an der Grenze zu West-Deutschland fest.[6]

1978

Als sich der D-Zug 403 Leipzig–Nürnberg am Vormittag des 29. Januar 1978 dem Bahnhof Probstzella nähert, hoffen zwei Männer aus Leipzig im Hohlraum über einer Abteildecke auf ihr Glück. Aus dem Lautsprecher gellt es: »Probstzella, hier Probstzella! Sehr verehrte Reisende! Wir begrüßen Sie auf dem letzten Bahnhof in

1978

Der D 403 Leipzig – Nürnberg kurz vor Probstzella: Am 29. Januar 1978 gelingt zwei Männern im Zug versteckt die Flucht in den Westen.

der Deutschen Demokratischen Republik. Halten Sie bitte Ihre Reisedokumente für die Paßkontrolle und Zollabfertigung bereit.«
Mit den Flüchtenden hoffen ihre Helfer, die die Deckenverkleidung hinter ihnen wieder verschraubt haben. Etwa ein Dutzend Zöllner und Paßkontrolleure durchsuchen die Wagen; mehr als dreißigtausend Reisende werden in diesem Monat kontrolliert. Die beiden Männer in der Decke entdeckt man nicht. Längst ist der Zug in der Bundesrepublik, als sie bei Stockheim die Verkleidung durchstoßen und sich bei bayerischen Grenzpolizisten melden ...

MARTIN WEBER
»Die Bayerische Grenzpolizei hat diese Flucht nicht öffentlich gemacht. In Bayern versuchten wir immer, das runterzuhalten, wir sagten nur: ›Flucht in Nordbayern.‹ Zum einen, damit wir der Staatssicherheit drüben keine Handhabe für Nachforschungen geben, und zum anderen, damit sie diesen Weg nicht dichtmachen. Auch wenn einer an der grünen Grenze rüber ist, nannten wir den Ort nicht präzise, um die Soldaten drüben, die ihn nicht festgenommen hatten, nicht in Schwierigkeiten zu bringen.«

Drei weitere DDR-Bürger werden 1978 bei dem Versuch scheitern, versteckt in einem Ausreisezug über Probstzella zu flüchten. Insgesamt nimmt man im Kreis Saalfeld dreizehn Flüchtlinge fest.
Zusammengenommen endet in diesem Jahr für mehr als siebenhundert Menschen der Versuch, über die DDR-Grenze nach West-Deutschland zu fliehen, mit einer Festnahme. Rund vierhundertsechzig DDR-Bürger entkommen ihrem Staat unter Gefahr für Gesundheit und Leben, darunter sieben Uniformierte.[1]

Fast vier Monate ist der 22jährige Ost-Berliner Niko Hübner in Stasi-Untersuchungshaft; dann wird er im Juli 1978, nach dreitägiger, nichtöffentlicher Verhandlung zu fünf Jahren Gefängnis verurteilt – wegen »Nachrichtensammlung«, »staatsfeindlicher Hetze« und »Wehrpflichtverletzung«.

1978

Vor seiner Verhaftung hat sich Niko Hübner vergebens bemüht, legal aus der DDR in den Westen übersiedeln zu dürfen. Den Wehrdienst in der NVA hat er verweigert mit Berufung auf den entmilitarisierten Status Berlins, wie er 1946 von den Alliierten vereinbart wurde. Bestraft wird Niko Hübner auch wegen seiner Kontakte zur »Gesellschaft für Menschenrechte« in Frankfurt (Main) – eine

Im Bahnhof Probstzella weichen 1978 die Kontrollbaracken einem neuen Kontrollgebäude.

»Feindzentrale«, die öffentlich Meldungen verbreite »über angebliche Verletzungen von Normen des Völkerrechts, Festlegungen der Schlußakte von Helsinki und angebliche Ungesetzlichkeiten in der Tätigkeit von staatlichen Organen der DDR«, wie es die Vorsitzende Richterin des Strafsenats 1a beim Stadtgericht Berlin, Gerda Klabuhn, im Urteil gegen Niko Hübner formuliert.

Zwei Wochen nach seiner Verhaftung im März 1978 ist in der »Welt« unter der Überschrift »Studie des Regimekritikers Nico Hübner« ein Text erschienen, der mit dem Satz endet: »Ich will mich nicht einem System beugen, das sich nur durch totalitäre Bewußtseinsmanipulation, durch Bespitzelung von (Anders-)Denkenden, durch Erpressung und Verleumdung an der Macht halten kann.«

Ende Juni 1978 ist der SED-Wirtschaftsfunktionär Rudolf Bahro wegen »Sammlung von Nachrichten« und »Geheimnisverrats« zu acht Jahren Haft verurteilt worden, nachdem sein Buch »Die Alternative – Kritik des real existierenden Sozialismus« 1977 in der Bundesrepublik erschienen ist. Das Hamburger Nachrichtenmagazin »Der Spiegel«, in dem Auszüge aus dem Buch veröffentlicht worden sind, hat Anfang 1978 sein Ost-Berliner Büro schließen müssen. Anlaß ist ein im »Spiegel« abgedrucktes Manifest einer Gruppe oppositioneller SED-Mitglieder.

Mit Beginn des neuen Schuljahres wird in der DDR am 1. September 1978 (»Weltfriedenstag«) der Wehrkunde-Unterricht eingeführt. Fortan unterrichtet man die Schüler der 9. und 10. Klassen vier Doppelstunden lang in »sozialistischer Landesverteidigung«. Am Ende der 9. Klasse müssen die Jungen an einem zweiwöchigen »Wehrlager« teilnehmen (Marschieren, »Sturmbahn«, Schießübungen, »Handgranatenzielwurf« und ähnliches). Die Mädchen absolvieren währenddessen einen Lehrgang in »Zivilverteidigung« (»Erste Hilfe im Atomkrieg« und so weiter).

Vergebens haben die Leitungen der evangelischen und katholischen Kirchen der DDR – nach Protesten vieler Mitglieder – die Einführung des Wehrkunde-Unterrichts kritisiert. Schüler, die ihm aus Glaubensgründen fernbleiben, werde man nicht benachteiligen, so die Antwort der DDR-Regierung auf den Einspruch.

1978

Schule oder Kaserne?
»Ausblick mit Fahnenstangen«, Aquatintablatt von Manfred Butzmann, 1976

Gleichwohl bekommt später keine Lehrstelle, wer sich nicht bei Abschluß eines Lehrvertrages zur Teilnahme an der »vormilitärischen Ausbildung« oder am Lehrgang »Zivilverteidigung« verpflichtet.[2]

»Im Monat November wurden in der ideologischen Diversion und im Reiseverkehr folgende Erscheinungen sichtbar: Zunahme der Gerüchteverbreitung und Verächtlichmachen der sozialistischen Entwicklung unseres Staates wie:
– Preise in der DDR steigen ständig, man spricht bei uns nicht von Preiserhöhung, sondern von Preisregulierungen, um die Wirklichkeit zu vertuschen.
– Die DDR zieht um, wann und wohin ist noch nicht geklärt, aber die Regale werden schon ausgeräumt. (Soll u. a. auch den Schülern der Oberschule III Saalfeld durch den Direktor der Schule erzählt worden sein.)
– Reisende der DDR in die BRD (Rentner) machen im Zug abfällige Bemerkungen über die Entwicklung der DDR.
Versteckte bis offene Feindtätigkeit wie z. B.: Schmiererei in Saalfeld, HO-Gaststätte ›Anker‹, Herrentoilette, Inhalt: ›An alle Deutschen, die noch Deutsche sind: Die DDR ist ein Bankrottstaat.‹ Die Schmiererei geht bis zur Aufforderung zum Sturz der Regierung.«[3]

»Lageeinschätzung« des Stabes im VP-Kreisamt Saalfeld vom November 1978

»Im Berichtsmonat standen im Mittelpunkt Diskussionen der Bevölkerung zu Fragen der Versorgung, insbesondere Weihnachtsversorgung, und Transportfragen des VEB Kraftverkehr Saalfeld in der Nahverbindungsstrecke Saalfeld–Stadtverkehr. Besonders intensiv und hartnäckig wurden darüber Diskussionen geführt, daß das Neubaugebiet ständig weiter erschlossen wird, aber die Transportfragen und Handelsfragen für die Bevölkerung nicht mitwachsen. Harte Worte, bis zur Beschimpfung des Staates, werden dabei laut. So z. B.:
– Genosse Ziegenhahn müßte einmal mit diesen Bussen mitfahren. Aber das passiert nicht, denn er hat ja einen Dienstwagen.

1979

– In den Bussen sind Menschen wie Tiere zusammengepreßt. Es kommt einem Viehtransport gleich.
– In den Morgenstunden kümmern sich alle darum, daß die Werktätigen zur Arbeit kommen. Wie sie aber am Abend mit dem Stadtverkehr nach Hause kommen, interessiert keinen.
– Für ca. 10000 Einwohner des Neubaugebietes, einschließlich Gorndorf, steht nur eine Kaufhalle zur Verfügung, was in keinem Fall den Bedürfnissen der Bevölkerung entspricht.
– Eine zweite Kaufhalle braucht nicht gebaut werden, denn der Handel hat nichts zu bieten. Der Staat sollte den Pferdekopf heraushängen, aber auch den haben sie nicht.
– Von allen Bürgern unseres Staates werden Höchstleistungen und Hochleistungsschichten verlangt, aber das erreichte Produkt in Form von Waren wird im Handel nicht sichtbar. (Oft in den Vordergrund gestellt: lückenhaftes oder zeitweilig kein Angebot von Herrensocken, Damenunterwäsche, Gummihosen für Säuglinge.)
Aus diesen Diskussionen, die genährt werden durch Gerüchte über Schwierigkeiten in der Volkswirtschaft der DDR mit Auswirkungen im Handel, werden solche Witze abgeleitet wie: ›Die DDR zieht um …‹ und ›Was wäre, wenn die DDR die Grenzen aufmacht …‹«[4]

Heiligabend 1978. Bevor der Morgen graut, bewegt sich südlich von Probstzella ein junger Mann über den Lauensteiner Berg zur Grenze. Zwei Jahre zuvor ist der Flüchtling Sch. in Probstzella Grenzer gewesen, er kennt sich aus. Zwischen den letzten beiden Zäunen läuft er ohne Hast, hier liegen keine Minen. Sch. ist der einzige, dem 1978 an der Grenze im Kreis Saalfeld die Flucht über die Sperranlagen glückt.[5]

1979

»Ausdruck der forcierten gegnerischen Tätigkeit auf dem Gebiet der ideologischen Diversion im Berichtszeitraum ist der zweifache Anfall einer staatsfeindlichen Hetze im Bereich des HO-Kreisbetriebes Saalfeld mittels Verschicken anonymer Briefe. Der Inhalt lautet: ›Was hat das SED-Schwein Honecker in Indien zu suchen? Arbeitet nicht für diese Schmarotzer und Parasiten! Arbeitet langsam!‹«[1]
»Lageeinschätzung« des Stabes im VP-Kreisamt Saalfeld vom Januar 1979

Tag für Tag und Jahr für Jahr erfolgt am »Grenzinformationspunkt 12« der Kontrollanruf zur Übergangsstelle Probstzella und zur Polizei-Inspektion Ludwigsstadt. Darüber hinaus ist »der heiße Draht« 1978 seitens der DDR überhaupt nicht und von der Bundesrepublik aus nur ein einziges Mal benutzt worden. 1979 gehen übers »rote Telefon« vier Informationen nach Bayern und zehn nach Thüringen.

MARTIN WEBER

»Ich machte in der Station Dienst, da kamen ein Jäger und ein Kollege, der auf die Jagd geht, aufgeregt zu mir rein. Ich hatte schon gedacht, sie hätten jemanden erschossen. Sie erzählten mir aber, daß sie ein Wildschwein angeschossen haben und das Schwein auf thüringisches Gebiet gewechselt war. ›Gut, wir haben das Telefon da, jetzt probieren wir das mal übers Telefon.‹ Wir erzählten denen drüben etwas von Tollwut und Schadensbegrenzung. Das nahmen die auch so hin: ›Ich habe Ihre Meldung verstanden. Ich werde Ihre Meldung weiterleiten.‹
Unser Jäger hat dann nachts in Ottendorf ein Bier getrunken, dort waren etliche aus der Ortschaft dabei, und so sind sie stark geworden: sind etwa dreißig Meter auf thüringisches Gebiet bis an den Zaun und haben das Schwein rübergezogen. Am nächsten Tag kam die Grenztruppe und wollte das Wildschwein bergen – sie konnten noch die Schleifspuren bis auf unser Gebiet verfolgen.
Die DDR hat Protest eingelegt, wir sagten, wir werden den Sachverhalt prüfen. Nach unserem Rechtsverständnis war es ja keine deutsche Auslandsgrenze, also auch keine Grenzverletzung. Aber der Jagdbereich war dort zu Ende, also war es ein Fall von Wilderei. Wir haben Anzeige erstattet, das Verfahren ist eingestellt worden – die Sau war schon verwertet.«

Bevor am 23. April 1979 die Sonne aufgeht, nähert sich, von Kleinneundorf kommend, der 25jährige DDR-Flüchtling I. dem Signalzaun bei Probstzella. Einen Koffer schleppt er mit sich, darin ist eine zerlegbare Stehleiter. Er stellt die Leiter vor das Hindernis, verankert sie mit zwei Seilen am Zaun, mit zwei weiteren im Boden. So kommt er unbemerkt hinüber. Dann läuft er nach rechts weg in den Wald, am Pöhlberg entlang, den Hopfsberg herunter. Kurz vor halb sechs kommt Herr I. aus dem Wald hervorgesprungen, etwa dreißig Meter vor der Öffnung im ersten Metallgitterzaun, dort, wo die Bahnschienen in den Westen führen. Vom Beobachtungsturm an den Gleisen aus entdeckt ihn der Soldat K.: Anruf, Warnschuß, gezieltes Feuer, neun Schuß. Nach rund einer halben Minute ist der Flüchtende aus dem Schußfeld.

23. April 1979: Spuren einer Flucht bei Kleinneundorf

Juli 1979: Erich Peter (Mitte), seit 1960 Grenztruppenchef, feiert seinen sechzigsten Geburtstag. Wenige Tage später verabschiedet man ihn in den Ruhestand. Nachfolger wird Generalmajor Klaus-Dieter Baumgarten (links).

Der Posten meldet: »Angriff auf Staatsgrenze durch Gasse Falkenstein – eine Person. Anwendung der Schußwaffe ohne Erfolg. Nehme Verfolgung auf.« Major Lange, der Probstzellaer Bataillonskommandeur, befiehlt einer Streife aus dem Abschnitt unmittelbar vor dem letzten Zaun die Verfolgung. Sie holen ihn nicht mehr ein. Dies wird die einzige Flucht bleiben, die 1979 im Kreis Saalfeld gelingt. Mängel in der Führungstätigkeit, Unordnung in seinem Stab und im Grenzabschnitt wirft Regimentskommandeur Halbich dem Bataillonskommandeur nach dem Grenzdurchbruch vor und bestraft ihn und den Stabschef Klaus Baumann mit einem Verweis. Ein Teil der Soldaten habe »die gewachsenen Anforderungen aus der Klassenkampfsituation nicht vollständig verstanden«, so Oberstleutnant Halbich. Gleichwohl: »Eine bewußte Pflichtverletzung des Grenzpostens konnte nicht nachgewiesen werden.« Soldat K. wird also nicht bestraft. Eine »Erweiterung des Sicht- und Schußfeldes« am Fuße des Falkensteins befiehlt der Regimentskommandeur.[2]

»Die Auswirkungen der zielgerichteten ideologischen Diversion spiegeln sich nicht nur in der Zunahme der Angriffe auf die Staatsgrenze wider, sondern wurden auch deutlich in Vorbereitung des Nationalen Jugendfestivals, so u. a. durch:
– Ablehnung von Mandaten
– Verbreitung von Gerüchten oder Meinungen, wie: Wenn der Staat nichts hat, soll er nicht solche Feste feiern. Alles wird nach Berlin geschleppt, und die Bevölkerung bekommt nichts.«[3]

»Lageeinschätzung« des Stabes im VP-Kreisamt Saalfeld vom Mai 1979

Ein knappes Dutzend fränkischer Schafe weidet in den frühen Morgenstunden des 18. Juli 1979 nahe der Steinbachsmühle. Über den verfallenen doppelten Stacheldrahtzaun und verrottete Holzkastenminen hinweg grasen sich die Tiere bis zu siebzig Meter weit auf DDR-Gebiet vor. Mehrfach schon ist der Halter von Ludwigstädter Grenzpolizisten ermahnt worden, auf seine Schäfchen zu achten. Bisher sind sie allerdings immer vollzählig und selbständig aus der DDR zurückgekommen, nur einmal, im April 1976, haben nach einer »Verletzung des Territoriums der DDR durch eine Schafherde der BRD« im Falkensteiner Grund Grenzer die Tiere zurücktreiben müssen »auf Befehl des Stellvertreters des Chefs der Grenztruppen und Chef des Stabes«.
An diesem Julimorgen verfängt sich kurz vor sechs ein Schaf im Stacheldraht und kann sich nicht mehr befreien. Es blökt vor Schmerz. Bundesdeutsche Zöllner, die den Vorgang beobachtet haben, rufen zwei in unmittelbarer Nähe postierten DDR-Grenzern zu, sie mögen dem Tier helfen. Keine Reaktion, man läßt das Schaf weiter schreien. Die Qualen des Tieres sehen Grenzsoldaten von einem Baumhochstand aus, zehn Meter entfernt, sowie aus einer fünf Meter entfernten, neu errichteten »Erdbeobachtungsstelle«.

1979

Nach zwei Tagen setzen bayerische Grenzpolizisten über Lautsprecher ein Ultimatum: »Wenn das Schaf nicht innerhalb von fünf Stunden weg ist, holen wir Presse und Fernsehen.« Am dritten Tag berichtet die Regionalpresse vom Schaf im Grenzzaun, am vierten das Bayerische Fernsehen. Am fünften geht eine dringende Bitte über den »Grenzinformationspunkt 12« nach Probstzella. Am Morgen des sechsten Tages befreien Grenztruppen-Offiziere das Tier und treiben es zurück über die Grenze.⁴

1979 werden im Kreis Saalfeld dreiunddreißig Flüchtlinge festgenommen, davon einer im Zug Richtung Ludwigsstadt. Insgesamt scheitern rund tausendzweihundert DDR-Bürger beim Fluchtversuch über die Grenzsperranlagen ihres Staates; annähernd ebenso viele nimmt man an den Grenzen der »Bruderstaaten« fest.

Fünf Tage ist ein Schaf im Stacheldraht gefangen. Erst als das westdeutsche Fernsehen darüber berichtet, befreien DDR-Grenzsoldaten das vor Schmerzen blökende Tier.

Fluchtstelle der Soldaten K. und Sch. vom Grenzregiment Sonneberg

Etwa vierhundertsechzig Menschen flüchten in diesem Jahr unter Gefahr für Gesundheit und Leben aus der DDR, darunter neun Uniformierte. Zwei von ihnen haben zum Grenzregiment Sonneberg gehört, sie sind an einem Sommernachmittag gemeinsam durch ein Loch unterm Grenzzaun gekrochen. Postenführer K. hat eine Oma in der Bundesrepublik, sein Posten Sch. ist in der SED gewesen.[5]

Zehn und dreizehn Jahre alt sind die beiden Jungs aus Dresden, ihre Mutter ist 38; der Vater 44 Jahre. Der Mann ist Flugzeugingenieur und besitzt einen Segelflugschein. Am Freitag, dem 24. August 1979, steigen die vier in ein einmotoriges Sportflugzeug, Marke »Wilga«. Sie haben es entwendet von einem Flugplatz der GST, der »Gesellschaft für Sport und Technik«, einer Organisation zur vormilitärischen Ausbildung der Jugendlichen.
Nach gut hundert Kilometern Flug verläßt die »Wilga« bei Hirschberg den Luftraum der DDR. Vater P. verliert nach dem Überfliegen der Grenze die Orientierung, dreht scharf nach Westen ab, um nicht in der Tschechoslowakei zu landen ... Gegen zwei Uhr nachmittags funkt der Pilot eines Hubschraubers der US-Armee, der sich gerade auf einem Überwachungsflug im Grenzgebiet befindet, zur Sportmaschine herüber: »Kreise so lange auf der Stelle, bis ich dir einen Landeplatz ausgeguckt habe!« Minuten später landet Familie P. auf einer Wiese sechs Kilometer südwestlich von Ludwigsstadt. »Ich habe noch nie ein Motorflugzeug geflogen!« sagt Herr P. nach der Landung. Das Flugzeug am Ortsrand von Kehlbach ist eine Woche lang Ziel vieler Menschen. Dann wird es von Monteuren zerlegt und auf zwei Lastwagen in die DDR zurückgebracht.[6]

Siebzehn Kilometer östlich von Saalfeld, in Pößneck, wohnen die Familien Strelzyk und Wetzel. Der 37jährige Peter Strelzyk und sein 24jähriger Freund Günter Wetzel sind seit längerer Zeit getrieben von einer Idee: Sie wollen in den Westen fliegen, mit einem Ballon!
Sie haben Fachliteratur gelesen zur Aerodynamik, zur Lehre von der Bewegung gasförmiger Stoffe. Herr Strelzyk, früher Luftfahrtmechaniker, jetzt selbständiger Elektromonteur, hat immer wieder an einem Brennersystem herumgetüftelt, das durch mehrere Propangasflaschen gespeist wird. Herr Wetzel, gelernter Maurer, zuletzt Fahrer beim VEB Kraftverkehr Saalfeld, hat in seinem Pößnecker Haus, Tuchmacherstraße 22, auf einer alten mechanischen Nähmaschine Hunderte Quadratmeter Stoffbahnen aneinandergenäht.
Bei einem Test im April 1978 erweist sich eine erste Ballonhülle als zu grobmaschig. Mit einem zweiten Ballon steigt in der Nacht zum 4. Juli 1979 mit Einverständnis der Eheleute Wetzel allein die Familie Strelzyk auf, gerät jedoch in einen Wolkennebel; die Ballonhülle saugt sich mit Wasser voll, das Gefährt verliert rasch an Höhe. Das Ehepaar Strelzyk landet mit seinen beiden Kindern sanft in einem Waldstück, ein paar hundert Meter vor den Grenzsperranlagen bei Schlegel. Sie

entkommen unbemerkt ins Hinterland. Den Ballon lassen sie zurück. Das Grenzgebiet wird durchkämmt bis nach Probstzella. Man verfolgt sie fieberhaft.
Gleichwohl geben die Familien nicht auf; sie fertigen einen neuen Ballon. Dafür müssen wieder Hunderte Quadratmeter Stoff besorgt werden ... Wer im Handel der DDR viel Stoff kauft, ist nun aber höchst verdächtig.
In der Geraer SED-Zeitung »Volkswacht« bittet die Volkspolizei am 14. August um Mithilfe: »Nach der Begehung einer schweren Straftat wurden vom Täter die nachfolgend abgebildeten Gegenstände am Tatort zurückgelassen.« Daneben ein Foto mit einem Barometer, einer Zange, einer Taschenuhr und einem Messer. »Wer kann Hinweise zu Personen geben, die diese Gegenstände in Besitz hatten?« Man habe die »Frage nach dem Täter falsch gestellt«, wird es später in einem Polizeibericht heißen, man sei irrtümlich davon ausgegangen, daß eine solche Ballonhülle »nur auf Industrienähmaschinen gefertigt« werden könne, nicht aber »auf normalen Haushaltsnähmaschinen«.

Am 17. September gelangen die Familien Strelzyk (Foto) und Wetzel gemeinsam mit einem selbstkonstruierten Heißluftballon in den Westen. Deutlich sind die unterschiedlichen Bahnen der Stoffe zu erkennen, die sie unter größten Vorsichtsmaßnahmen in allen Teilen der DDR zusammengekauft haben.

In der Nacht zum 16. September 1979 fahren die beiden Familien zu einer Waldwiese zwischen Oberlemnitz und Heinersdorf, wenige Meter oberhalb der Bahnlinie Saalfeld–Lobenstein, fünfzehn Kilometer südöstlich von Probstzella. Im Anhänger des »Wartburgs« von Peter Strelzyk befindet sich der dritte Ballon: 26 Meter lang ist die bunte Stoffhülle diesmal. Die Stoffbahnen kommen aus Saalfeld, Jena, Weimar, Gotha, Bernburg, Halle, Meißen ...
Gegen 1.30 Uhr beginnen sie, den Ballon aufzublasen. Keine Stunde später stellen sich die beiden Ehepaare mit den Kindern auf den dünnen Stahlblechboden der Gondel. Andreas und Frank Strelzyk sind elf und fünfzehn Jahre alt, Peter und Andreas Wetzel fünf und zwei. Die Angst vor einem Absturz hat den Eltern Albträume bereitet. Um 2.24 Uhr hebt der Ballon vom Boden der Deutschen Demokratischen Republik ab.
Der Wind weht günstig aus Nordwest. Sie erreichen etwa 2600 Meter Höhe. Das bedeutet in dieser Nacht: minus acht Grad Celsius. Der kleine Andreas Wetzel friert: »Mutti, Mutti!« Seine Mutter beginnt zu singen: »Kommt ein kleiner Teddybär aus dem Spielzeugland daher. Und sein Fell ist kuschelweich, alle Kinder rufen gleich ...«
Der Nachtwächter des Kreiskulturhauses in Lobenstein informiert die Volkspolizei wenige Minuten nach dem Start über einen »unbekannten Flugkörper, vermutlich Fallschirm, Richtung Staatsgrenze«. Ein Volkspolizist, eingesetzt am Kontrollpunkt an der Zufahrt zur Sperrzone bei Harra, strahlt den Ballon ungläubig mit einem Scheinwerfer an; er kann deutlich die Gondel erkennen. Um

1979

2.43 Uhr meldet ein Leutnant auf einem Grenzwachturm »ein unbekanntes Flugobjekt«. Eine Viertelstunde später rapportiert ein Grenzposten »den Ausflug eines Ballons in Richtung Lichtenberg«, BRD. Mehr als dreißig Grenzer und Polizisten haben den Ballon in dieser klaren Nacht beobachtet. Noch aus einer Entfernung von über zwanzig Kilometern haben sie den Feuerschweif des Brenners aufflammen sehen.

Nach einem Flug von etwa zwanzig Kilometern landet der Ballon am Rande des fränkischen Städtchens Naila, sieben Kilometer hinter der Grenze. Als sie auf zwei bayerische Grenzpolizisten treffen, rufen die Flüchtlinge: »Wir haben's geschafft!« Keine Woche vor der geglückten Ballonflucht sind fünf Angehörige einer Familie beim Fluchtversuch mit einem Faltboot in der Ostsee ertrunken, darunter ein zweijähriges Kind.

»Warum haben Sie die DDR verlassen, Herr Strelzyk?« fragt am Morgen nach der Flucht ein Polizeibeamter. »Weil ich endlich ein freier Mensch sein will und nicht länger das Eigentum eines totalitären Regimes, und weil mir die Zukunft meiner Kinder am Herzen liegt ...«

Die Ballonflucht ist weltweit Pressethema. In der Illustrierten »Stern« (Hamburg) wird eine mehrteilige Reportage dazu veröffentlicht; sie wird in über zwanzig Ländern nachgedruckt. »Stern«-Autor Jürgen Petschull schreibt ein Buch: »Mit dem Wind nach Westen«. In Hollywood wird die Walt-Disney-Produktion aus der Geschichte einen Film machen. Die Gondel des Ballons stellt man aus im Berliner Haus am Checkpoint Charlie; die Stadt Naila bekommt die Ballonhülle geschenkt: »Möge der Ballon von der Stadt Naila für alle Zeiten als Zeichen eines ungebrochenen Willens zur Erlangung der Freiheit erhalten werden.«

Wie überall in der DDR ist die geglückte Ballonflucht auch in Probstzella »Tagesgespräch«. Bald erzählt man sich diesen Witz: »Warum müssen Polizisten ab jetzt zu dritt auf Streife gehen? – Einer muß immer in den Himmel gucken.«[7]

Niko Hübner mit Frau und Kind in der Polizei-Inspektion Ludwigsstadt. Der Wehrdienstverweigerer, der zu den bekanntesten politischen Häftlingen der DDR zählt, darf am 17. Oktober über Probstzella in die Bundesrepublik ausreisen.

1979

Anläßlich des »30. Republikgeburtstages« beschließt der Staatsrat der DDR Ende September 1979 eine Amnestie: Fast zweiundzwanzigtausend Menschen werden nach offiziellen Angaben aus den Gefängnissen entlassen. Darunter befinden sich ein paar tausend politische Gefangene, auch der Ost-Berliner Wehrdienstverweigerer Niko Hübner und der Autor des regimekritischen Buches »Die Alternative«, Rudolf Bahro. Für beide Inhaftierte hat es internationale Solidaritätsaktionen gegeben; allein für die Freilassung Niko Hübners haben Mitglieder des Christlichen Gewerkschaftsbundes mehr als 270000 Unterschriften gesammelt.

Eine Woche nach ihrer Entlassung dürfen »die beiden bekanntesten Strafgefangenen der DDR« (»Süddeutsche Zeitung«) in die Bundesrepublik ausreisen. Niko Hübner setzt man mit Frau und Kind am 17. Oktober 1979, genau um 11.41 Uhr auf dem Bahnhof Probstzella in ein Erste-Klasse-Abteil des D-Zuges Berlin–München. »Ich begrüße Sie recht herzlich in der Bundesrepublik, Herr Hübner!« empfängt ihn Minuten später der Chef der Ludwigsstädter Grenzpolizei, Rudolf Sperl, und bittet ihn auf den Bahnsteig. Von Reportern nach seinen Wünschen gefragt, sagt Niko Hübner, er wolle sein Abitur nachmachen und Philosophie studieren. Und: »Ich möchte nach Israel reisen, das war immer mein Traumland...« Er wird nach Israel reisen und schließlich dort leben.[8]

»Besonders in den letzten Tagen vor dem 30. Jahrestag der DDR wurden im Kreis verstärkt Gerüchte verbreitet, die sich besonders gegen die gesellschaftliche und ökonomische Entwicklung unseres Staates richteten, so u. a.:
– Preissteigerungen sind in der DDR unumgänglich. Dazu werden im VEB Thälmann Saalfeld bereits die neuen Preisschilder für Bier, andere Genußmittel und Textilien gedruckt.
– Für jeden ehemaligen Bürger der DDR, der aus der Haft in die BRD übersiedelt, erhält die DDR 40 000 bis 80 000 Mark.
– Das neue Strafrechtsergänzungsgesetz gestattet den Sicherheitsorganen, jeden anders denkenden Bürger der DDR, der seine Meinung sagt, strafrechtlich zu verfolgen. Man kann nicht mehr seine Meinung sagen, ohne inhaftiert zu werden.
– Im Zusammenhang mit dem rechtswidrigen Verlassen mittels Ballon wird erklärt, daß in den letzten Wochen mehrere angesehene Persönlichkeiten der SU und der DDR den Weg in den Westen gesucht und gefunden haben. Das Verlassen mit Ballon wird als sportliche Höchstleistung angesehen.
Im Zusammenhang mit den Gerüchten wird informiert, daß im BRD-Fernsehen, unmittelbar vor dem 30. Jahrestag, verstärkt ehemalige Künstler der DDR wie Krug, Biermann, Cohrs u. a. auftraten und gegen die DDR und ihre Entwicklung Stellung genommen haben.«[9]

»Lageeinschätzung« des Stabes im VP-Kreisamt Saalfeld vom September 1979

1980

»Unter Beachtung der Verschärfung des Klassenkampfes spiegelt sich auch im Berichtsmonat die ideologische Diversion im Kreis deutlich wider. So wurden u. a. mehrfach Schmierereien von hakenkreuzähnlichen Gebilden in der Umgebung der Betriebsschutz-Wache Zeiss festgestellt (Täter ermittelt: Kind). In der Saalstraße – ehemaliger Bastlerladen – wurde auf einem Plakat der Vorsitzende des Ministerrates, Gen. Stoph, durch Schmierereien verunstaltet…
Unter der Bevölkerung nimmt die Verärgerung und Unzufriedenheit zu Versorgungsfragen zu. Dabei kommt es zu Äußerungen…: Der Staat ist nicht in der Lage und unfähig, eine zweckmäßige Versorgung zu sichern. Vom Staat wird alles verkauft, was sich verkaufen läßt, ohne Rücksicht auf die eigene Bevölkerung zu nehmen … Gerüchte nehmen zu, die besagen, daß die DDR alle Bettwäsche und Tischtücher an die UdSSR liefert, um die Olympischen Spiele abzusichern.«[1]
»Lageeinschätzung« des Stabschefs im VP-Kreisamt Saalfeld für den Monat März 1980

Seit einigen Jahren wohnt der Russe Nikolai N. mit Frau und Kind in Ludwigsstadt. Der Waldarbeiter ist 31 Jahre alt. An einem kalten Samstagnachmittag im April 1980 nimmt er nach einem Ehestreit seine vierjährige Tochter Marina an die Hand, steigt ins Auto und fährt über die Bundesstraße 85 in Richtung Norden. Am Falkenstein ist die Straße zu Ende. Der Mann am Steuer – er hat Alkohol getrunken – biegt nach rechts ein und fährt weiter: über die Schienen in die DDR. Sein Vater liege in Sibirien im Sterben, hat Nikolai N. aus einem Brief erfahren. Er will ihn noch einmal lebend sehen.
Die Grenzer auf dem Wachturm an der Bahnlinie schießen nicht auf den »Audi«. Vor dem Bahnhof kommt das Fahrzeug zum Stehen. Nikolai N. wird festgenom-

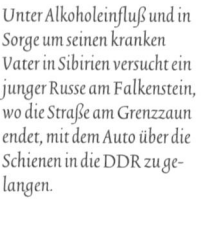

Unter Alkoholeinfluß und in Sorge um seinen kranken Vater in Sibirien versucht ein junger Russe am Falkenstein, wo die Straße am Grenzzaun endet, mit dem Auto über die Schienen in die DDR zu gelangen.

1980

men, über das Auto wirft man eilig eine Plane. Die Reichsbahner, die den Vorgang beobachtet haben, müssen unterschreiben, daß sie nichts gesehen haben. Doch die Leute im Ort erzählen einander vom Auto auf den Bahnschienen. Nur ein Gerücht, sagen die Grenzer. Auf die Schienen installiert man umgehend eine »Auto-Sperre«.
Ein Jahr lang wird Nikolai N. eingesperrt. Seine Tochter übergibt man nach vier Tagen am Autobahngrenzübergang Hirschberg – Rudolphstein der Mutter.²

»Eine Festnahme im Schutzstreifen in der Nähe der Ortslage Lichtentanne (Pfaffengrund) durch Grenztruppen. Der Täter bewegte sich zu Fuß ... In Lichtentanne erfolgte Befragung eines Bürgers zum Verlauf der Staatsgrenze und ... der direkte Angriff durch Überwinden des Signalzaunes ... Der Bürger aus Lichtentanne informierte VP über Grenztäter. Nach erfolgter Festnahme wurde Informationsperson durch Leiter VPKA ausgezeichnet.«³

»Lageeinschätzung« des Stabschefs im VP-Kreisamt Saalfeld für den Monat Juni 1980

Postenführer Uwe K. ist müde, als er am Abend des 27. Juni 1980 seinen Streifendienst am »Zoptener Steilhang« bei Probstzella antritt: In der Nacht zuvor hat er bis ein Uhr Dienst gehabt, danach hat er keine vier Stunden schlafen können, bevor er wieder zum Grenzdienst muß. Nun läuft er mit seinem Posten Steffen B. auf und ab; sie rauchen, reden, schweigen. In der Abenddämmerung erklärt Uwe K., daß zwischen den beiden Grenzzäunen vor ihnen ein altes Minenfeld sei – und hinter dem Wald die bayerische Ortschaft Lauenstein.
Gegen zwei Uhr nachts bemerkt Steffen B., wie seinem Postenführer immer wieder die Augen zufallen; dabei raucht der »eine nach der andern«. Es regnet. Kurz vor vier muß sich der Gefreite Uwe K. hinsetzen. Er müsse mal kurz Kacken gehen, sagt Steffen B., bittet um etwas Papier und verschwindet im Wald. Uwe K. schaut

Am Zoptener Steilhang bei Probstzella entkommt am 27. Juni 1980 der Soldat Steffen B. nach Lauenstein.

1980

ihm noch einen Moment hinterher, dann läßt er seinen müden Kopf in die Hände fallen.

Erfolglos versucht der zwanzigjährige Steffen B., über den ersten Grenzzaun am Steilhang zu klettern. Er läuft den Hang hinab, dort ist der Zaun nicht so hoch, hier kommt er rüber. Hier liegen auch keine Minen, der zweite Zaun ist rasch überwunden. Als er zum dritten Mal auf einen Zaun stößt, merkt er, daß er sich verlaufen hat. Also zurück, steil bergauf, weiter, weiter. Auf dem Bergrücken angekommen, sieht Steffen B. die Lichter von Lauenstein. Nach knapp zwanzig Minuten schreckt Postenführer Uwe K. aus dem Schlaf hoch ...

MARTIN WEBER

»Die Kollegen holen mich aus dem Bett: Gelungene Flucht am Ratzenberg bei Lauenstein! Wir fahren, wie jedesmal in so einem Fall, zur Übertrittsstelle. Ich bin in Zivil, wir gehen einen Steilhang hoch, da merk ich, daß ich die falschen Schuhe anhabe, ich bin ein paarmal abgerutscht. ›Was machen wir?‹ – ›Drehen wir besser um.‹ Auf einmal höre ich von drüben aus dem Unterholz (wenige Meter entfernt) einen Grenzer sagen: ›... und Kondition hat er och keene.‹ Sie hatten uns verdeckt beobachtet.«

Eine ungenügende »revolutionäre Wachsamkeit« sowie »Tendenzen der Vertrauensseligkeit« hätten das »Militärverbrechen« begünstigt, schreibt der Stabschef des Grenzkommandos Süd, Oberst Gereit, in seinen Abschlußbericht. Und weiter: In der Politschulung habe sich der Soldat B. »inaktiv« verhalten »und mußte zur Meinungsäußerung stets aufgefordert werden. Sein ruhiges und aufgeschlossenes Verhalten begünstigten, daß seine politische Grundhaltung und mögliche Auswirkungen der ideologischen Diversion nicht erkannt wurden ... Durch diszipliniertes Verhalten, scheinbares Interesse an der zuverlässigen Grenzsicherung und gute Leistungen in der militärischen Ausbildung konnte er seine Absicht tarnen.« Steffen B. verhalte sich in der Öffentlichkeit normgerecht, hat ein Vorgesetzter vor der »Fahnenflucht« in einer »Einschätzung« formuliert. Ausgeglichen sei der Soldat B., sachlich, höflich und hilfsbereit, ein offener und lustiger Kamerad. In der »Erstaussprache« ist einen Tag nach seiner Ankunft in der Grenzkompanie auch der Soldat B. gefragt worden, ob er bereit sei, die Schußwaffe gegen Grenzverletzer anzuwenden. »Gute Einstellung zur Anwendung der Waffe«, hat man notiert. Im nachhinein wird festgestellt: »Der Verräter besaß ... ein schwach ausgeprägtes Feindbild.«[4]

Die Flucht des Soldaten B. ist die einzige, die 1980 an der Grenze im Kreis Saalfeld gelingt; siebenundzwanzig Flüchtende scheitern hier. Etwa zwei Drittel der Fluchtwilligen, die sich der Grenze mit der Bahn nähern, werden von Transportpolizisten auf dem Saalfelder Bahnhof oder im Zug nach Probstzella festgenommen. Der Abschnittsbevollmächtigte Gräbner von der Volkspolizei führt im Sommer 1980 nicht weniger als drei Republikflüchtlinge der DDR-Justiz zu.

Einen »Einzelangriff« auf die Grenze beendet man am 5. August am Kontrollpunkt Marktgölitz: Der Flüchtling wird im Linienbus Richtung Probstzella festgenommen. Bis hierher kam er, obgleich schon beim Fahrscheinverkauf in Saalfeld und beim Besteigen des Busses kontrolliert wird, ob einer die »Sperrzonenberechtigung« hat. (Der Bus hält in Probstzella an der »Wendestelle Möbelwerk« wenige Meter vor dem Signalzaun, nur ein paar hundert Meter vor der Grenze.) Ende Juli haben Angehörige der Paßkontrolleinheit auf dem Bahnhof Probstzella einen Flüchtling im D-Zug Leipzig–Nürnberg gestellt; zwei weitere hat man schon im Februar aus dem Zug geholt, ein vierter wird im Herbst in einem Waggondach entdeckt.

Insgesamt werden 1980 mehr als tausenddreihundert DDR-Bürger bei dem Versuch festgenommen, über die Grenze nach West-Deutschland oder West-Berlin zu flüchten. Über vierhundert Menschen glückt die Flucht aus der DDR unter Gefahr für Gesundheit und Leben, darunter vierzehn Uniformierten. Zu ihnen gehört auch der 24jährige Hans-Joachim K.: Er hat bei seiner »Fahnenflucht« im April 1980 als Angehöriger der Grenzkompanie Brennersgrün (zehn Kilometer südöstlich von Probstzella) zwei DDR-Bürger über die Sperranlagen in den Westen geführt.[5]

»Die direkten Angriffe auf die Staatsgrenze der DDR durch Bürger des Bezirkes werden in der Mehrzahl durch Personen der Altersgruppe 14–25 Jahre begangen … Auslösende Faktoren zum Entschluß sind überwiegend gestörte Beziehungen und Konflikte im Erziehungs- und Arbeitsbereich sowie in familiärer und persönlicher Hinsicht…

Gefährlich vorgetragene Angriffe auf die Staatsgrenze werden vorwiegend von Tätern in den Altersgruppen über 25 Jahre begangen und sind vom Motiv ›Haß gegen die DDR‹ geprägt.«[6]

»Einschätzung der Grenzsicherheit im Bezirk Gera von 1974–1980«, verfaßt im Stab der Bezirksbehörde der Deutschen Volkspolizei

Im August 1980 weitet sich der Streik polnischer Werftarbeiter zu landesweiten Demonstrationen aus. Unter der Führung des Danziger Elektrikers Lech Walesa fordern die Arbeiter die Zulassung der unabhängigen Gewerkschaft »Solidarität« – Ende August gibt die kommunistische Regierung nach. 1970 hatte sie noch auf streikende Arbeiter schießen lassen.

Von Herbst an dürfen DDR-Bürger nur noch mit einer polizeilich beglaubigten Einladung privat nach Polen reisen.

Über Rotterdam in den Niederlanden verläßt die 24jährige Sabine L. aus Probstzella im Dezember 1980 die DDR – bis zu ihrer Flucht hat sie auf dem Handelsschiff »Crimmitschau« gearbeitet.[7]

1981

Achtmal schon sind der Gefreite P. und der Soldat M. aus der Kompanie Probstzella gemeinsam Streife gelaufen; freundschaftlich, so scheint's, ist das Verhältnis der beiden Berliner geworden. Am 19. Januar 1981 sind sie seit dreizehn Uhr östlich der Ortschaft Lichtenhain eingesetzt. Zwischen Beerhügel und Schildbach

1981

Angehörige der DDR-Grenztruppen prüfen die Sicherungsanlagen an der Stelle, wo der Postenführer Frank P. am 19. Januar die Grenze nach Bayern überwunden hat.

laufen sie auf und ab – 1600 Meter in Richtung Norden, 1600 Meter in Richtung Süden. Über der Uniform tragen sie zur Tarnung Schneehemden.
19.45 Uhr, noch gut eine Stunde bis zur Ablösung. Postenführer Frank P., vor zwei Tagen zwanzig Jahre alt geworden, hat daheim Streit mit seiner Freundin gehabt. Nun hält ihn nichts mehr, keine zweihundert Meter sind es bis nach Bayern. »Hände hoch! Nicht umdrehen! Wirf die Waffe weg!« herrscht er den vor ihm gehenden Posten an und lädt drohend die Maschinenpistole durch. Lautlos fast fällt die »Kalaschnikow« des Soldaten M. in den Schnee. »Tut mir leid..., wirklich..., und jetzt mach das Koppel ab!« Er solle sich hinlegen und nicht umdrehen, sagt Frank P. seinem Posten noch, dann türmt er.
Der Flüchtling hastet durch den Schnee, der hier einen halben Meter hoch ist; am doppelten Metallgitterzaun entlang – dazwischen liegen Minen –, bis ans Ende der Minensperre, wo nur noch ein Zaun zu überwinden ist. Unterwegs schmeißt er die Waffe des Soldaten M. weg, nachdem er geschwind das Schloß ausgebaut hat. Nun steckt Frank P. seine eigene MPi in den Schnee und wirft seine Wattejacke auf die Zaunkrone. Mit Hilfe dreier im Zaun eingehakter Mantelriemen überwindet er das drei Meter hohe Hindernis und verschwindet im Wald Richtung Ebersdorf. Den Hörer für das Grenzmeldenetz hat er mitgenommen. So muß der Soldat M. anderthalb Kilometer bis zur Führungsstelle bei den Wetzsteinbrüchen zu Fuß zurücklegen, bis er – beinahe eine Stunde danach – die »Fahnenflucht« seines Postenführers melden kann.
Als »vermutliche Motive« berichtet der Regimentskommandeur, Fritjof Banisch, am Morgen nach der Flucht ins Kommando der Grenztruppen: »P. verfügte über eine Vielzahl Verwandtschaft zweiten und dritten Grades in der BRD und in Westberlin, zu denen über das Elternhaus Kontakte gehalten wurden und werden. Im Elternhaus gab es ständig Feindsender zu hören und zu sehen.« Wegen seiner Westverwandtschaft habe er keinen Studienplatz bekommen, sagt Frank P. bei seiner Befragung in der Polizei-Inspektion Ludwigsstadt.[1]

FRIEDRICH REICHENBÄCHER   1981

»So 1981/82 könnt es gewesen sein: Ich mußte mit dem ersten Zug um 4.28 Uhr auf Arbeit fahren. Ich geh zum Hoftor raus, auf einmal macht es ›Brrrrrrr, brrrrr‹. Was ist denn jetzt los, denke ich. Es ist wohl wieder was, drüben an der Grenze. Es war da, wo sie meistens rüber sind, oberhalb vom Lauensteiner Berg.
Wie ich runterkam, zur Eisenbahnbrücke, da kommt ein Oberster auf mich zu: ›Gehen Sie mal hier rein!‹ Ich sollte in die Straße, die hinter der Brücke zum Boxbergweg hochgeht. ›Was soll ich denn da drin? Ich hab dort nichts verloren‹, sag ich. ›Wenn ich Ihnen das befehle, dann haben Sie Folge zu leisten.‹ – ›Sie haben mir gar nichts zu sagen. Mein Zug fährt in einer halben Minute, ich muß auf Montage nach Neustadt, auf mich wartet die ganze Brigade. Tut mir leid.‹ – ›Wenn ich Ihnen das befehle, gehen Sie hier rein!‹ Er hat mich ganz energisch angefaucht. Denk ich: Na, dann läufst du mal eben ein bißchen da rein.
Hinter mir kamen zwei Frauen, die auch zum Zug wollten, mit denen gab es das gleiche Theater. In der Zeit bin ich drüben übern Zaun wieder hoch. In dem Moment hab ich's gesehen, mit eignen Augen – ich war vielleicht so zehn Meter weg: Wie zwei Grenzer vom Lauensteiner Berg, oberhalb der Eisenbahnbrücke, gerammelt kommen, eine Zeltplane mitschleifen, wie sie absetzen, direkt unter der Straßenlaterne: Unten haben zwei hohe Männerschuhe rausgeguckt, und das Blut ist aus der Zeltplane rausgetropft. Mir standen die Haare zu Berge, ich hab an dem Tag nicht viel fertig gebracht. Ein Trabi-Jeep kam, ihn haben sie hinten reingeschmissen, fertig, weg war er. Das hab ich mit eignen Augen gesehen, durfte aber zu niemanden was sagen. Wie ich heim war, hab ich's erzählt.«

MARTIN WEBER

»Daß Flüchtlinge an der DDR-Grenze umkamen, haben wir kaum jemals direkt mitbekommen. Bei unseren Streifen schien es, als wäre dort ›nichts los‹. So wie es bei Remarque heißt: ›Im Westen nichts Neues‹, hieß es hier: ›Im Osten nichts Neues‹, an der innerdeutschen Grenze nichts Besonderes. Wir erfuhren meist erst im nachhinein, daß jemand erschossen worden sein soll.«

Ronald K. aus Schönebeck an der Elbe ist bereits zweimal wegen »versuchten illegalen Grenzübertritts« bestraft worden. Am Morgen des 21. April 1981 verläßt er seine Heimatstadt – die Selbstschußapparate für die DDR-Grenze werden hier im VEB Sprengstoffwerk produziert – und macht sich erneut auf den Weg in die Bundesrepublik. Per Anhalter fährt Ronald K. bis nach Saalfeld, dann bis Kaulsdorf, von dort geht er zu Fuß weiter. In Leutenberg erfragt er den Weg nach Probstzella. Trotz »Hinweis Bürger auf Täter und eingeleiteter Maßnahmen der verstärkten Sicherung der Staatsgrenze« kommt der Flüchtling in dieser Nacht bis zum Bocksberg oberhalb von Probstzella. Von hier aus beobachtet er am Morgen des 22. April anderthalb Stunden lang die gegenüberliegende Grenze. Dann nähert er sich, über die Wiesen und Äcker kriechend, dem Signalzaun.
Gegen Mittag steigt Ronald K. durch den Stacheldraht und löst dabei Alarm aus. Während der Flüchtende durch den Wald irrt, riegeln eilig herbeigeschaffte Alarmeinheiten die Grenze entlang des Kolonnenwegs ab. Dort läuft ihnen der Grenzverletzer schließlich am »Lauensteiner Weg« in die Arme, zweieinhalb Stunden nach Auslösen des Alarms.[2]

1981

Eintrag des Probstzellaer Pfarrers Hädicke in die Chronik: »An eine Lockerung des Sperrgebietes ist nicht zu denken, im Gegenteil: Der langjährige Arzt wurde im Oktober von den politischen Stellen unter fadenscheiniger Begründung versetzt, sprich ausgesiedelt. Er war den staatlichen Stellen ein Dorn im Auge, weil er öfter mit seiner Meinung nicht hinter dem Berg hielt. Die Art und Weise, wie man ihm mitgespielt hat, hat viele Menschen hier abgestoßen und alte Ängste neu geweckt.«

Nicht eine Flucht aus der DDR gelingt 1981 an der Grenze im Kreis Saalfeld. Achtundzwanzig Flüchtlinge scheitern hier, darunter der Saalfelder Gerd R., den Zöllner im April 1981 auf dem Bahnhof Probstzella festnehmen. Schon auf dem Bahnhof in Saalfeld stellt man im selben Monat einen Fluchtwilligen »auf Grund des Hinweises einer Fahrkartenverkäuferin nach abgelehntem Verkauf einer Fahrkarte nach Probstzella«. In einer Juninacht wird der zwanzigjährige Jörg G. aus Probstzella beim Fluchtversuch festgenommen. Er hat ein Jahr zuvor an der gleichen Stelle schon einmal versucht, über die Sperranlagen zu entkommen, sein Vorhaben jedoch abgebrochen.

Insgesamt nimmt man 1981 an der DDR-Grenze zu West-Deutschland und West-Berlin fast tausenddreihundert Flüchtlinge fest. Rund dreihundert DDR-Bürger fliehen unter Gefahr für Gesundheit und Leben in den Westen, davon etwa ein Drittel über die »Bruderländer« und ein Drittel per Kfz-Ausschleusungen. Annähernd fünfzig Menschen überwinden die Sperranlagen nach West-Deutschland und dreizehn Mauer und Stacheldraht um West-Berlin. Etwa zwanzig flüchten über die Ostsee.[3]

Helmut Schmidt, Kanzler der Bundesrepublik Deutschland, besucht im Dezember 1981 für drei Tage die Deutsche Demokratische Republik. Während des Besuches ist »an der DDR-Grenze Freundlichkeit angeordnet«, bemerkt der Coburger BGS-Offizier Reinhard A. Kilian: da erwidern Grenztruppen-Angehörige schon mal sein »Guten Morgen!«.

Man wolle weiterhin wirtschaftlich zusammenarbeiten, bekräftigen Schmidt und Honecker. Vor allem: Von deutschem Boden dürfe nie wieder Krieg ausgehen. – Am letzten Tag des »Arbeitsbesuchs«, am Sonntag, dem 13. Dezember 1981, verhängt die polnische Führung unter General Jaruzelski das »Kriegsrecht« über das Land; die SED-Führung »begrüßt« öffentlich die »Maßnahmen«.

1982

Fünfhundert Abgeordnete gehören zur Volkskammer der DDR, die laut Verfassung das oberste staatliche Machtorgan ist. Mehr als die Hälfte der Abgeordneten sind SED-Mitglieder. Der größere Teil von ihnen ist jedoch nicht in der SED-Fraktion, sondern »versteckt« in den Fraktionen der Massenorganisationen (FDGB, FDJ, Frauenbund und Kulturbund). So ist »die Partei« in der Mehrheit, obwohl die Fraktionen der Blockparteien (LDPD, NDPD, DBD und CDU) insgesamt mehr Sitze als die SED haben.

Am 25. März 1982 beschließen die Abgeordneten der Volkskammer – wie nahezu immer einstimmig – das »Gesetz über die Staatsgrenze der Deutschen Demokratischen Republik (Grenzgesetz)«.

Im vollen Wortlaut können die DDR-Bürger in den Tageszeitungen lesen, was die Volksvertreter – in Fortführung der bisherigen »Rechtslage« – zum Gesetz gemacht haben:

Das widerrechtliche Passieren der Staatsgrenze sei eine Grenzverletzung (§ 17 Grenzgesetz). Die Grenztruppen der DDR hätten die Unverletzlichkeit der Staatsgrenze zu gewährleisten (§ 18). Die Angehörigen der Grenztruppen dürften die Schußwaffe anwenden, um eine Straftat zu verhindern, »die sich den Umständen nach als ein Verbrechen darstellt«, wobei »das Leben von Personen nach Möglichkeit [sic!] zu schonen« sei (§ 27).

Vier Tage nach Verabschiedung des Gesetzes geben Grenzsoldaten neun gezielte Schüsse auf den DDR-Flüchtling Heinz-Josef Große ab. Die tödliche Kugel trifft den 34jährigen Thüringer von hinten, aus einer Entfernung von über fünfzig Metern. Westmedien berichten in Wort und Bild. »Für ihre vorbildliche Pflichterfüllung« werden die Schützen ausgezeichnet.[1]

»Jeder, der Anschläge auf unsere Staatsgrenze verübt, ganz gleich, aus welcher Richtung, ... gefährdet den Frieden und setzt das Leben von Millionen Menschen gewissenlos aufs Spiel ... Wer gegen die an Anschlägen auf die Staatsgrenze der DDR beteiligten antisozialistischen Elemente entschlossen vorgeht und sie nötigenfalls durch den Gebrauch der Schußwaffe an der Verwirklichung ihrer verbrecherischen Absichten hindert, der handelt in völliger Übereinstimmung mit ... den staatsrechtlichen Grundlagen ... des Grenzgesetzes ...

Der richtige und wirksame Einsatz der Schußwaffe im Grenzdienst ist nicht nur eine gesetzliche Pflicht, sondern das zutiefst moralische und humanistische Recht eines jeden Angehörigen der Grenztruppen ... Jedes Zögern und Zaudern beim richtigen und notwendigen Einsatz der Waffe im Grenzdienst dient dem Feind ...«[2]

»Hinweise zur Klärung politisch-ideologischer Probleme des Schußwaffengebrauchs«, herausgegeben von der Politischen Verwaltung der Grenztruppen 1982

»Grenzgesetz« der DDR, veröffentlicht am 26. März 1982 im »Neuen Deutschland«

§ 27
Anwendung von Schußwaffen

(1) Die Anwendung der Schußwaffe ist die äußerste Maßnahme der Gewaltanwendung gegenüber Personen. Die Schußwaffe darf nur in solchen Fällen angewendet werden, wenn die körperliche Einwirkung ohne oder mit Hilfsmitteln erfolglos bleibt oder offensichtlich keinen Erfolg verspricht. Die Anwendung von Schußwaffen gegen Personen ist erst dann zulässig, wenn die Waffenwirkung gegen Sachen oder Tiere den Zweck nicht erreicht wird.

(2) Die Anwendung der Schußwaffe ist gerechtfertigt, um die unmittelbar bevorstehende Ausführung oder die Fortsetzung einer Straftat zu verhindern, die sich den Umständen nach als ein Verbrechen darstellt. Sie ist auch gerechtfertigt zur Ergreifung von Personen, die eines Verbrechens dringend verdächtig sind.

(3) Die Anwendung der Schußwaffe ist grundsätzlich durch Zuruf oder Abgabe eines Warnschusses anzukündigen, sofern nicht eine unmittelbar bevorstehende Gefahr nur durch die gezielte Anwendung der Schußwaffe verhindert oder beseitigt werden kann.

(4) Die Schußwaffe ist nicht anzuwenden, wenn
a) das Leben oder die Gesundheit Unbeteiligter gefährdet werden können,
b) die Personen dem äußeren Eindruck nach im Kindesalter sind oder
c) das Hoheitsgebiet eines benachbarten Staates beschossen würde.

Gegen Jugendliche und weibliche Personen sind nach Möglichkeit Schußwaffen nicht anzuwenden.

(5) Bei der Anwendung der Schußwaffe ist das Leben von Personen nach Möglichkeit zu schonen. Verletzten ist unter Beachtung der notwendigen Sicherheitsmaßnahmen Erste Hilfe zu erweisen.

1982

Mehr als tausendzweihundert Menschen werden 1982 festgenommen beim Versuch, über die DDR-Grenze in die Bundesrepublik oder nach West-Berlin zu flüchten. Rund zweihundertachtzig DDR-Bürgern gelingt die Flucht in den Westen über Grenzsperranlagen.

Unter den sechzehn uniformierten Republikflüchtlingen ist auch der Soldat Michael D. aus dem Sonneberger Regiment; er desertiert im März 1982 südwestlich von Muppberg, nachdem er seinen Postenführer entwaffnet hat.

Im Kreis Saalfeld nimmt man in diesem Jahr etwa zwanzig Flüchtlinge fest, davon zwei auf dem Bahnhof Probstzella. Nur zwei Fluchten glücken an der Grenze im Kreis Saalfeld.[3]

Nach einem ersten vergeblichen Versuch, die Grenze zu überwinden, findet der Flüchtling in dieser Laube Unterschlupf. Am nächsten Tag versucht er es noch einmal – mit Erfolg.

Der Möbeltischler N. aus Leipzig, 37 Jahre alt, geschieden, versucht vergebens, am Abend des 4. März 1982 südöstlich von Probstzella über den Signalzaun zu kommen. Er weicht zurück und bricht in eine Gartenlaube zwischen Probstzella und Kleinneundorf ein. Hier findet Herr N. etwas zu essen, hier übernachtet er. Auch eine Stehleiter, zwei Meter lang, findet sich in der Laube; mit der macht sich der Flüchtling am nächsten Morgen erneut auf den Weg zur Grenze. Diesmal kommt er über den Signalzaun, sogar ohne Leiter, er läßt sie liegen. Den Metallgitterzaun im Falkensteiner Grund, wenige Meter vor der Grenzlinie, biegt Herr N. auf und zwängt sich gegen vierzehn Uhr zwischen zwei Zaunplatten hindurch.

Zwei Stunden später sieht an der Fluchtstelle ein Postenpaar, wie im Gelände gegenüber zwei bayerische Polizisten Fotos vom Grenzzaun anfertigen; ein Zivilist begleitet die Bayern. In der Ludwigsstädter Polizei-Inspektion zu den Gründen seiner Flucht befragt, nennt Herr N. »politische und wirtschaftliche Unzufriedenheit, vor allem aber die Einschränkung der persönlichen Freiheit in der DDR«.[4]

Pünktlich ist der junge Mann am frühen Morgen im Wehrkreiskommando Bitterfeld zur Musterung erschienen. Bald schon ist er fertig, jetzt will er fort, ganz fort, weg. Mit der Bahn fährt er über Leipzig nach Saalfeld, wo er am Abend eintrifft. Er läuft weiter Richtung Süden, einmal fährt er mit einem »Trabi« ein Stück mit, einmal mit einem »Barkas«. Unterwegs kauft er sich in einer Gaststätte ein paar Flaschen Limonade. Auf der Holzbank einer Bushaltestelle ruht sich der Flüchtling etwas aus. Unweit des Kontrollpunktes Gebersdorf (bei Gräfenthal) läßt er seinen »Campingbeutel« liegen, darin sind sein Wehrdienstausweis, Personalausweis, FDJ-Ausweis. Eine Bürgerin findet den kleinen Rucksack und gibt ihn um 5.40 Uhr am Kontrollpunkt ab. 1. April 1982.

Im Bataillonsstab Probstzella löst man Grenzalarm aus: Abriegelung des Kolonnenwegs, Abriegelung der Flanken, Einsatz von Suchposten mit Hunden, Einsatz eines Hubschraubers. Gegen halb elf vormittags beobachtet ein Sicherungsposten nördlich von Spechtsbrunn, wie ein junger Mann aus einem Waldstück heraustritt. Der Postenführer wartet, bis der Flüchtling weit genug vom Waldrand entfernt ist, dann ruft er ihn aus rund hundert Metern Abstand an. Der junge Mann rennt daraufhin in Richtung Spechtsbrunn; als er einen Warnschuß hört, wirft er sich hin, steht auf, läuft weiter. Nach einem zweiten Warnschuß läßt er sich erneut fallen und festnehmen.[5]

1982

»Die bisherige Konstruktion des Grenzsignalzaunes und der Sperranlage 501/701 wurde so gestaltet, daß für jeden sichtbar diese Anlagen ausschließlich gegen Bürger der Deutschen Demokratischen Republik gerichtet sind (freundseitige Abweisung beim Grenzsignalzaun und freundseitige Anbringung der Minen vom Typ SM-70 am Grenzzaun I).«[6]
Grenztruppenchef Baumgarten in einer Beratung, 1982

Der Leiter der Abteilung Waffen und Geräte im Militärtechnischen Institut der NVA, Oberstleutnant Schönefeld, empfiehlt seinen Vorgesetzten im Mai 1982 Maßnahmen »für die Erhöhung der Wirkungsparameter der Splittermine SM-70«: Für »die effektive Erhöhung der Vernichtungsparameter« soll eine »Steigerung der optimalen Splitterreichweite von 10 auf 23 Meter« erreicht werden. Was er unter »optimal« versteht, benennt Christian Schönefeld auf Seite 10 seiner Konzeption, wo die Rede ist von einer »wirksamen (tödlichen) Splitterreichweite«.[7]

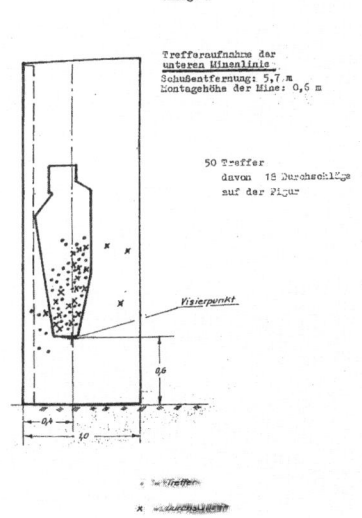

Skizze zu den Ausführungen des Oberstleutnant Schönefeld zur »effektiven Erhöhung der Vernichtungsparameter« der Splittermine SM-70

In Neuhaus-Schierschnitz, Kreis Sonneberg, werden am 10. September 1982 drei junge Männer festgenommen: Einer von ihnen, Andreas Wrabetz, ist anderthalb Jahre zuvor aus dem Ort in der Sperrzone nach Bayern geflüchtet, um sich der Einberufung zur NVA zu entziehen. Er hat Heimweh bekommen, ist heimlich zurück über die Sperranlagen und wenig später wieder in die Bundesrepublik... Zwei Tage vor seiner Festnahme ist Andreas Wrabetz an der Grenze bei Heubisch erneut ins Elternhaus zurückgekehrt. Auch seine beiden Freunde, geflüchtet im September 1981, nimmt man nach ihrer Heimkehr in der Wohnung der Eltern fest.
Auf Befehl des Kommandeurs des Grenzkommandos Süd, Walter Tanner, beantragt der Sonneberger Regimentskommandeur Banisch bei der Kreiseinsatzleitung »Wohnsitzverlegungen« von Familienangehörigen der »Grenzverletzer« - insgesamt dreizehn Einwohner aus Neuhaus-Schierschnitz... Horst und Beate Wrabetz, die bis zur Festnahme ihres Sohnes als Zivilangestellte bei den Grenztruppen arbeiten, werden mit ihrer Tochter nach Leipzig zwangsausgesiedelt. Andreas Wrabetz kommt für mehr als vier Jahre ins Zuchthaus Bautzen. »Warum können wir da nicht rüber?« fragte er als Kind seine Mutter, wenn er das Quietschen der Züge im nahen Stockheim hörte.[8]

Hans-Eckehard E., Lagerarbeiter in Leipzig, von 1973 bis 1975 schon einmal wegen »versuchter Republikflucht« inhaftiert, macht sich am 4. November 1982 erneut auf den Weg: mit der Bahn bis Saalfeld, mit dem Bus bis Leutenberg, von dort aus

Im Bereich der Führungsstelle Hopfsberg gelingt einem Leipziger am 4. November die Flucht, obwohl ihm seine mangelnde Ortskenntnis beinahe zum Verhängnis zu werden droht.

zu Fuß. In seinem Rucksack hat er warme Kleidung, Essen und ein paar Schnapsfläschchen, auch einen Schlafsack. Er überquert einen Bach, läuft bergauf und bergab, durchquert Wälder und Wiesen, versteckt sich vor einem Pilzsammler.
Wo die Grenze ist, glaubt der Flüchtling zu wissen. Er hat eine Karte dabei. Ein zerbrochenes Schutzstreifen-Schild, mehrere Grenzsoldaten, die in einem Geländefahrzeug unterwegs sind – jetzt kann es nicht mehr weit sein.
Bei Einbruch der Dunkelheit steht Herr E. vor dem Signalzaun, der entlang der Straße zwischen Großgeschwenda und Lichtentanne verläuft. Er betrachtet das Hindernis näher und beschließt, zurück zum Waldrand zu laufen: dort liegt eine Stange, die will er holen, mit der soll's gehen. Noch einmal muß er vor einer Grenzstreife in Deckung gehen, dann sucht der Mann eine geeignete Stelle am Zaun und findet sie unter einer defekten Straßenlaterne.
Als Hans-Eckehard E. über den Zaun klettert, saust direkt hinter ihm ein Auto vorbei; erschrocken blickt der Flüchtling hinterher. Die müssen mich gesehen haben, denkt Herr E. Doch das Fahrzeug fährt weiter. Er läuft über den Acker jenseits des Signalzauns und verschwindet in einem Wald. Unterhalb der Führungsstelle Hopfsberg angekommen, sieht Herr E. in etwa zweihundert Metern Entfernung mehrmals eine Taschenlampe aufleuchten. Er glaubt sich schon im Westen und gibt einen kräftigen Pfiff von sich. Kurz darauf hält dort, wo eben noch die Taschenlampe gestrahlt hat, ein kleiner Lastwagen. Zwei Soldaten steigen aus. Vom Turm aus streift jetzt das Licht eines Scheinwerfers durchs Gelände. Der Flüchtling erkennt, daß er noch in der DDR ist und verkriecht sich erneut im Unterholz. Heute komme ich nicht mehr rüber, denkt Herr E. und rollt sich in den Schlafsack ein. Nun regnet es auch noch.

1983

In der Morgendämmerung packt Hans-Eckehard E. seine Sachen zusammen und macht sich erneut auf die Suche nach der Grenze. Bald schon stößt er auf den mächtigen Metallgitterzaun. Einen Moment will er sich im Gebüsch noch ausruhen. Da hört er das Brummen von Motoren, sieht zwei Lastwagen voller Soldaten, dazu ein Geländefahrzeug, ein Motorrad. Die Soldaten sitzen ab und bilden eine Postenkette. Als der Flüchtling das Kommando »Los!« hört, weiß er, daß sie ihn suchen. Auf einen Baum, auf einen Baum!, denkt er und klettert verzweifelt auf die erstbeste Fichte. Wenige Minuten später sieht er unter sich Soldaten den Wald durchkämmen. Auch Hunde hört er bellen.

Gut zwei Stunden hält E. schon im Geäst aus, da nähert sich ein Hubschrauber und fliegt mehrmals dicht über die Baumkronen hinweg. Noch einmal zwei Stunden vergehen, bis die Soldaten gegen Mittag aufsitzen und abfahren. Steif vor Kälte klettert der Flüchtling langsam herab, verkriecht sich hinter Büschen in seinen Schlafsack, gut hundert Meter neben dem Grenzzaun.

Als es dunkel wird, springt Herr E. aus Leipzig an den Metallgitterzaun und zieht sich hinüber. Kurz darauf sieht er am Gasthaus Falkenstein ein Fahrzeug mit westdeutschem Kennzeichen und der Aufschrift »Zoll«. Die beiden Zöllner begrüßt er mit den Worten: »Guten Abend, ich komm von drüben!«[9]

Beim Unteroffizier Fred N., achtzehn Jahre alt, hat der Kompaniechef während einer »Tiefenkontrolle« – Sonntagmorgen halb acht – einen Kassettenrecorder und ein »Westernheft« gefunden. Der Kompaniechef droht mit Strafe, der Besitz westlicher Zeitschriften komme einem »Verrat an der sozialistischen Sache« gleich. Nun will Fred N. nur noch dorthin, wo sie ihn nicht mehr bestrafen können ... Schon auf der Unteroffiziersschule hat er mit dem Gedanken gespielt, denn wer im Politunterricht anderer Meinung war, erhielt einen Verweis oder mußte Strafarbeiten verrichten.

Drei Tage vor Heiligabend 1982 soll Fred N. mit dem Soldaten B. von dreizehn Uhr an sieben Stunden lang durch den Schnee stapfen und einen fünfhundert Meter langen Grenzabschnitt nördlich von Kleintettau bewachen. Gegen halb vier sitzen die beiden auf einer Bank und trinken Kaffee. Nach fünf Minuten steht der Unteroffizier N. auf und sagt seinem Soldaten, er müsse austreten gehen – sagt's und verschwindet im Wald namens »Himmelreich«. Beim Übersteigen des Grenzzauns vergißt Fred N. vor Aufregung, seine Waffe abzulegen. So steht er Minuten später mit Maschinenpistole an einem Straßenrand und winkt heftig einem »Westwagen« zu. In Ebersdorf übergibt er die »Kalaschnikow« Zollbeamten.[10]

1983

Hans-Joachim Schoeps

»Wir haben versucht, einmal im Jahr unsere Kirchgemeinden hier zu einem Nachbarschaftstreffen zusammenzuführen, auch über die Kreisgrenzen hinweg. Es hieß: ›Das kriegt ihr nie durch!‹ Wir haben in Saalfeld mit offenen Karten gespielt, haben es verlangt: ›Wir wollen, daß unsere Gemeinden zusammenkommen.‹ Da

1983

haben die gesagt: ›Nein!‹ Das haben wir zur Kenntnis genommen und es weiter versucht; wir haben gekämpft, bis es soweit war.

Ab 1980 etwa haben wir mit unseren Nachbarschaftstreffen angefangen. Die Feste fanden jedesmal in einem anderen Ort statt: das erste war in Großgeschwenda, dann in Lichtentanne, in Schmiedebach, in Probstzella, Lehesten, Gräfenthal, Schlaga ... Als das Fest zum Beispiel in Schmiedebach war, mußten wir sämtliche Leute von Probstzella, Großgeschwenda, Lichtentanne und so weiter mit allen Angaben zur Person auflisten. Das sind immer so zweihundert bis dreihundert Leute gewesen. Dann kam die Liste wieder, und es waren manchmal auch ein paar nicht genehmigt.

So ein Fest ging von mittags um eins bis abends um sechs. Das war ein Kirchentag en miniature: Zuerst einen Gottesdienst, dann hatten wir Gesprächsgruppen, auch für junge Leute und für Kinder. An und für sich durften hier keine zehn Leute zuammenstehen. Die Grenzer ringsum hatten wohl Alarmbereitschaft ...«

Von Beginn der achtziger Jahre an organisieren die Pfarrer der Evangelischen Kirche im Grenzgebiet Nachbarschaftstreffen, die genehmigt werden, obwohl Versammlungen dieser Größenordnung im Grenzgebiet äußerst ungern gesehen werden.

Nachdem 1978 der Kirchenbund der DDR vergebens die Einführung des Fachs Wehrerziehung an den Schulen kritisiert hat, ist die eigenständige kirchliche Friedensarbeit verstärkt worden.

Von 1979 an halten die Jungen Gemeinden der Evangelischen Kirche im Auftrag des DDR-Kirchenbundes jeweils im November sogenannte Friedensdekaden ab.

Für das Prophetenwort »Schwerter zu Pflugscharen« (Micha 4) steht das offizielle Symbol dieser Veranstaltungen, das sich an die Plastik eines sowjetischen Bildhauers vor dem New Yorker UNO-Gebäude anlehnt.

WOLFRAM HÄDICKE

»Als Anfang der achtziger Jahre auch in Probstzella Jugendliche dieses Symbol als Aufnäher trugen, wurde darauf ganz empfindlich reagiert: das ist ihnen zum Teil von der Bahnpolizei in den Zügen regelrecht von der Jacke abgerissen worden. Daraufhin hab ich dieses Zeichen noch mal ganz groß auf ein Plakat gemalt und mit einem Wort der Kirchenleitung zu dem Symbol in den Schaukasten auf dem Markt gehängt. Kurz darauf kam ich dazu, wie ein Stasi-Mann, der mal Grenzoffizier gewesen sein muß, vor dem Kasten stand und sich wutschnaubend erboste, was wir da reinhingen. ›Was haben Sie denn für ein Problem? Ich bin der Pfarrer, ich hab das hier reingehängt.‹ – ›Das ist ja eine Unverschämtheit! Ich hab mal in der Bibel nachgelesen, was da noch alles steht. Da steht sogar drinne, daß die Gottlosen in die Hölle kommen sollen. Das sind wohl wir?‹ Dann ist er weggestiefelt.«

Petra Schrepfer gehört zu den Jugendlichen, die in Probstzella den Aufnäher »Schwerter zu Pflugscharen« tragen. Aus ihrer Klasse besuchen noch zwei weitere Schüler die Christenlehre. Es gibt Lehrer, die lassen sie während des Unterrichts aufstehen mit dem Kommentar: »Die sind also in der Christenlehre.«

Hans-Joachim Schoeps 1983

»In Probstzella gab es zwei 8. Klassen mit Kindern, die zu mir in die Christenlehre kamen. Eine bestand nur aus Probstzellaern, die andere aus Kindern von den Dörfern ringsum und ein paar aus Probstzella. In der Probstzella-Klasse wurde gefragt: ›Wer hat sich entschlossen, zur Jugendweihe zu gehen?‹ Da standen von den fünfundzwanzig vielleicht zwanzig auf, und die fünf übrigen waren bedrückt, hatten Angst. In der Dorfkinder-Klasse war das Verhältnis genau umgekehrt. Die Probstzellaer Christenlehre-Kinder hatten es viel schwerer.«

Wolfram Hädicke

»Anfang der achtziger Jahre haben wir ein Plakat in den Kasten rausgehängt: ›Kaufst du Geschenke, denke dran: Abrüstung fängt beim Spielzeug an.‹ Daraufhin wurden wir, meine Frau und ich, zum Bürgermeister Götze zitiert. Er setzte uns eine Frist, bis wann das Plakat aus dem Schaukasten zu verschwinden habe.
Zu dieser Zeit nahmen wir schon kein Blatt mehr vor den Mund. In den ersten Jahren waren wir etwas zurückhaltender.«

Cornelia Hädicke

»Mein Sohn Georg mußte im Kindergarten – mit drei, vier Jahren! – einen Panzer nach dem anderen malen, besonders in der Adventszeit. Dort wurde ihm auch gesagt: ›Drüben hinterm Berg wohnen die ganz Bösen, und davor müssen wir uns alle schützen.‹«

Kindergartenzeichnung des vierjährigen Georg Hädicke. Immer wieder gefordert: Panzer.

Friedrich Reichenbächer

»Pfarrer Hädicke hat in Probstzella den schwersten Stand gehabt. Die Kirche hatte hier nur einen schmalen Steig, auf dem wir uns bewegen konnten. Wir hatten ständig den Schnappauf von der Abteilung Inneres Saalfeld im Rücken. Das war ein Übler, ein ganz Zynischer ...«

Hans-Joachim Schoeps

»Der Herr Schnappauf war an sich ein netter Mann. (Bevor er Anfang der sechziger Jahre Leiter der Abteilung Inneres wurde, war er Major der Grenztruppe gewesen.) Er hat die Leute verschieden angefaßt: Wir haben uns nie beschimpft, er war diplomatisch. Die Bauern hat er in der LPG-Sitzung von oben bis unten runtergemacht. Die von Inneres haben nicht viel Federlesens gemacht, wenn sie irgendwo geärgert worden sind.
Herr Schnappauf war dauernd in Lichtentanne gewesen, er war hier im Jagdkollektiv. Ich hatte ihn auch mindestens zweimal im Jahr im Haus: einmal zum Jahreswechsel und dann nochmal. Er kam und fragte: ›Wie geht's Ihrer Familie, wie geht's Ihren Kindern?‹ Und dann wollten sie sich immer dessen versichern, daß ihre Politik richtig ist.

1983

Zu mir hat er immer gesagt, ich hätte ja keine Ahnung, wie sehr die Leute in den volkseigenen Betrieben zum Staat stünden, ich würde praktisch ein Inseldasein fristen. Dann kam meine Frau dazu, die hat im VEB gearbeitet und hat ihm erzählt, wie's dort zugeht.«

FRIEDRICH REICHENBÄCHER
»Die haben uns schikaniert, wo sie konnten. Wenn der Posaunenchor der Kirche blasen wollte, mußte das genehmigt werden. Es war uns noch freigestellt, auf kircheneigenem Gelände zu blasen, auf dem Friedhof oder in den Häusern. Wir haben Pfingsten mal auf einem Berg geblasen und mußten abbrechen. Ich hab dann allein vom Berg runter Volkslieder geblasen oder mal einen Choral, zu Ostern oder so. Es war zwar nicht erlaubt, aber was wollten sie mir: ich war auf meinem Grundstück.«

Zu Beginn des Jahres 1982 hat der Pfarrer Rainer Eppelmann den »Berliner Appell: Frieden schaffen ohne Waffen« veröffentlicht, in dem der Abzug der Besatzungsmächte aus Deutschland und der Austritt beider deutscher Staaten aus den Militärbündnissen gefordert wird. »Frieden schaffen gegen Nato-Waffen«, heißt kurz darauf die offizielle FDJ-Losung gegenüber der alternativen Friedensbewegung in der DDR.
Im thüringischen Jena ist Anfang der achtziger Jahre eine »Friedensgemeinschaft« entstanden; etwa dreißig, meist junge Leute gehörten zum Kern zur Gruppe. Viele von ihnen waren Mitglied der Jungen Gemeinde Jena, haben sich jedoch abgewendet, weil ihnen die Kirchenleitung beschied: »Wir lassen uns nicht als Podium für politische Ziele benutzen.« Roland Jahn, ein Mitglied der Jenaer Friedensgemeinschaft, sagt später: »Wir fühlten uns nicht allein von Militarismus und Krieg bedroht, sondern auch von Gewalt- und Machtmißbrauch des Staates.«
Am Nachmittag des 14. November 1982 stehen rund siebzig Jugendliche schweigend auf dem »Platz der Kosmonauten«, dem zentralen Platz in Jena, und halten den Passanten Schilder mit der Aufschrift »Frieden« entgegen – eine Aufforderung zum Nachdenken, so die Idee. Der Versuch, die Aktion an Heiligabend 1982 zu wiederholen, wird von Polizisten und Stasi-Männern unterbunden: abriegeln, wegrempeln, festnehmen... Der nächste öffentliche Auftritt der Gruppe – bei Polizei und Stadtrat demonstrativ unter dem Namen »Jenaer Friedensgemeinschaft« angemeldet – ist die Teilnahme an einer offiziellen Gedenkveranstaltung zum 38. Jahrestag der Bombardierung Jenas am 18. März 1983.

Roland Jahn bei der offiziellen Gedenkveranstaltung zum 38. Jahrestag der Bombardierung Jenas am 18. März 1983 mit einem Bild des ausgereisten Künstlers Michael Blumhagen

ROLAND JAHN
»Auf dem Marktplatz hatten sich etwa zehntausend Menschen versammelt, darunter jede Menge bestellter Jubler aus Schulen und Betrieben. Um uns herum bildete sich ein Spalier von Ordnern, um unsere Gruppe von den andern abzutrennen...
Wir wurden gestoßen von Leuten, die Volkszorn spielten,

alles Angestellte der Stasi und anderer staatlicher Stellen, auch viele Lehrer waren dabei. Die Situation war deswegen besonders schlimm, weil wir mit Kindern da waren und nur wenige Leute uns halfen, indem sie versuchten, uns abzuschirmen. Mit brutaler Gewalt entriß man uns die Plakate und zertrümmerte sie.«

1983

»Verzichtet auf Gewalt!« steht auf einem Plakat. Abends berichtet die »Tagesschau« der ARD über die Vorfälle in Jena. Am nächsten Tag erscheint ein Dutzend Mitglieder der »Friedensgemeinschaft« auf dem Marktplatz, um einen Kranz mit dem Aufnäher »Schwerter zu Pflugscharen« niederzulegen. Stasi-Männer erwarten sie: »Euch Galgenvögel hau'n wir eins auf die Schnauze!«
Beim Pfingsttreffen der »Freien Deutschen Jugend« in Jena am 19. Mai 1983 schließt sich die »Friedensgemeinschaft« den Marschblöcken an – man läßt sie gewähren. Als sie auf dem »Platz der Kosmonauten« vor der Tribüne stehen, geschieht etwas Unerwartetes.

ROLAND JAHN
»Über Lautsprecher wurden wir begrüßt, und ein FDJ-Funktionär von der Universität begann, gegen unsere Plakate ›Schwerter zu Pflugscharen‹ zu agitieren. Er las einen vorbereiteten Text vom Blatt: Man hatte sich vorher auf uns eingestellt und wollte uns nun öffentlich bloßstellen.
›Wenn ihr diskutieren wollt‹, forderte der Redner uns großspurig auf, ›kommt her.‹ Das ließ ich mir nicht zweimal sagen. Man gab mir das Mikrophon in die Hand. Es war eine irrsinnige Situation: Du weißt, sie können es dir jeden Moment wegnehmen, du mußt jetzt ganz schnell etwas Plakatives, Einprägsames sagen. Und dann fiel mir diese Radiosendung ein von ›Radio Moskau‹, und ich schrie über den Platz: ›Schwerter zu Pflugscharen, das Gebot der Stunde für alle Völker, so hat Radio Moskau am 15. Mai 1982 um 21 Uhr gefordert.‹ Als ich den Leuten zurief: ›Wir lassen uns nicht verbieten, unsere eigenen Gedanken zum Frieden zu äußern‹, entriß man mir das Mikrophon.«

Der junge Mann bekommt einen Schlag ins Gesicht, als er von der Bühne heruntersteigt. Keine drei Wochen nach seinem Auftritt beim FDJ-Pfingsttreffen wird man ihn »abschieben«, über Probstzella. Er kennt den Ort seit seiner Kindheit.

Ein knappes Vierteljahr später erhält auch Roland Jahn seine Ausreisepapiere und verläßt die DDR – unfreiwillig.

ROLAND JAHN
»Meine Tante und mein Onkel hatten in Probstzella eine Arztpraxis, am Markt, neben dem Bäcker. Ich glaub, es war so 1965 (ich war in der sechsten Klasse), als ich in den Ferien bei ihnen war, mit Passierschein. Da konnt ich mir das dort schon alles genau angucken: Der Fluß, der aus dem Westen kam, die Loquitz. Das war irre: Das Wasser kommt aus dem Westen, einfach so. Die Thüringen-Warte in den Bergen: ›Dort oben schauen jetzt Westler auf uns runter. Die dürfen nicht her und ich nicht dorthin.‹
Die Grenzer in der Kaserne am Ortseingang oder auf dem

1983

Wachturm. Ich hab mir überlegt: Was sind das für Menschen, die dort stehen? Was würden die tun, wenn ich einfach rübergehen würde? Nicht, daß ich sofort abhauen wollte, aber mir war klar, daß das was Unnatürliches ist. Mich faszinierte, das Grenzgebiet zu sehen. Dort im Sperrgebiet spazierenzugehen, wo nicht jeder hindurfte.
Ich wußte, daß hier irgendwo Schluß war, aber Genaues wußt ich nicht. Das störte mich: Nicht zu wissen, was dahinter ist, nicht weiterzudürfen. Die Straße, die irgendwo zu Ende war – das paßte mir nicht. Meine Tante und mein Onkel hatten mich darauf hingewiesen, daß ich die Schilder an der Grenze beachten und über keine Zäune steigen soll.
Was ich auch verrückt fand, war dieser abgeholzte Grenzstreifen, den Steilhang runter und oberhalb des Bahnhofs. Daß man dafür Wald abholzt! Ich fand irre, daß nur bestimmte Leute Zugang zum Sportplatz direkt an der Grenze hatten, ich hätte dafür noch einen weiteren Passierschein gebraucht. Ein paar Jahre später durfte ich dann doch: 1973 hab ich auf dem Sportplatz gegen die Mannschaft aus Probstzella Fußball gespielt, mit ›Dynamo Rudolstadt‹ (ich war in Rudolstadt bei der Armee). Was mich da interessiert hat, auch schon vorher als Kind: ›Den Ball in den Westen schießen – ob man das schafft? Wie weit ist es wohl noch? 20, 30, 40 Meter?‹ Das war schon An-die-Grenze-Stoßen.«

Nach seinem »Ehrendienst« in Rudolstadt studiert Roland Jahn an der Universität Jena Wirtschaftswissenschaften. 1977 wird er von der Uni geworfen, weil er die Ausbürgerung Wolf Biermanns kritisiert hat. Roland Jahn verdient sich danach jahrelang sein Brot als Transportarbeiter. Nach Feierabend ist er in Jena mit Leuten zusammen, die wie er »nicht mehr mitspielen wollen«.
Am 1. Mai 1982, dem »Kampftag der Arbeiterklasse«, stellt Roland Jahn sich in Jena neben die Tribüne der SED-Funktionäre – auf der einen Seite trägt er Hitler-Tolle und Schnurrbart, auf der anderen Stalin-Frisur und Schnauzer.

ROLAND JAHN
»Ich hab vielleicht vieles mehr ausgereizt als andere. Das hat dann immer wieder Reaktionen des Staates provoziert, die mich weiter in diese Richtung gestoßen haben. Meine These war: Die Staatsfeinde werden produziert. Das Umfeld in Jena hat natürlich mit dazu beigetragen. Die Freunde, die Stadt, die Kontakte in den Westen... Natürlich auch der eigne Charakter.
Meine Eltern haben eher Zurückhaltung gefordert: ›Junge, laß die Hände von der Politik, da kannst du dir nur die Finger verbrennen‹, sagte meine Mutter. Mein Vater war durch Politik gezeichnet: Er hatte im Krieg ein Bein verloren. Meine Eltern hatten sich in der DDR eine berufliche Stellung erarbeitet, obwohl sie keine Funktionäre waren. Die wollten sie nicht wieder verlieren. Das alles bremste mich lange Zeit, politisch radikal zu werden. Ich wollte meinen Eltern nicht weh tun, sie nicht gefährden.
Meine Generation hatte in den sechziger Jahren eine Erziehung, die in die Richtung ging: humanistisches Erbe der deutschen Klassiker plus Sozialismus als System, das Gerechtigkeit will. Das waren Ideen, die man erst mal nachvollziehen konnte, an denen man sich orientiert hat. Wobei ich 1968 schon bewußt wahrgenommen habe, was in der ČSSR passierte: diese Ungerechtigkeit und die vielen an-

deren Ungerechtigkeiten. Das fing mit banalen Dingen an: daß sie uns die langen Haare verbieten wollten, Freunde sollten deswegen nicht zur Prüfung zugelassen werden. Da bin ich erst zum Direktor und dann zum Volksbildungsministerium nach Berlin, hab mich beschwert.
Auch den Schießbefehl habe ich schon als Kind als ungerecht empfunden. Ich hatte einen großen Drang zu reisen, ohne ganz abhauen zu wollen. Nach der 10. Klasse fing ich an loszutrampen: erst in der DDR rum, dann spontan nach Polen oder zu den Tschechen. Dort die ersten Westler kennengelernt. Wir hatten in der Familie keine West-Verwandtschaft.
Nach dem Abitur bin ich nach Bulgarien getrampt, an der rumänisch-jugoslawischen Grenze lang. Dort konnte ich nach Jugoslawien gucken, also ›in den Westen‹, denn von dort aus konnte man ohne Probleme in die Bundesrepublik. In Bulgarien sah ich die Grenze zu Griechenland. Ich lernte gleichaltrige Leute kennen, die von dort aus weiterfahren durften: nach Griechenland, in die Türkei, bis nach Afghanistan. Für mich war damals das freie Überschreiten aller Grenzen ein Traum.«

Matthias Domaschk, gestorben am 12. April 1981 nach einem Stasi-Verhör. »Die Hunde, die Mörder, die Spitzel der Krone haben ihn fertiggemacht und jetzt noch Blumen zum Friedhof gebracht«, schreibt der Maler und Bildhauer Frank Rub »zum gewaltsamen Tod des M.D.« Während der Trauerfeier auf dem Jenaer Nordfriedhof schleudert eine Frau den zahlreich erschienenen Stasi-Männern entgegen: »In unseren Tränen sollt ihr ersaufen!« Roland Jahn hat am ersten Todestag von Matthias Domaschk, der wie er in der Jungen Gemeinde Jena gewesen ist, in der Geraer SED-Bezirkszeitung »Volkswacht« eine Gedenkanzeige für den Freund aufgegeben, der »… aus dem Leben gerissen wurde«.

Als Roland Jahn am 1. September 1982 mit einem Fähnchen »Solidarität mit dem polnischen Volk« an seinem Fahrrad durch Jena fährt, wird er festgenommen und bis Februar 1983 wegen »Mißachtung staatlicher Symbole« in Gera eingesperrt. Gegenüber den Stasi-Offizieren verweigert er von Anfang an die Aussage – im Wissen, daß anderthalb Jahre zuvor in der Geraer MfS-Untersuchungshaftanstalt nach mehreren Verhören Matthias Domaschk umgekommen ist. Der wegen »staatsfeindlicher Kontakte« festgenommene 23jährige Mann, Vater einer Tochter, soll sich angeblich erhängt haben.

ROLAND JAHN
»Nach einem halben Jahr U-Haft mit vielen Schikanen und der Verurteilung in einem Schauprozeß hatten sie mich soweit: Ich formulierte ein Schriftstück, in dem ich um Entlassung aus der Staatsbürgerschaft der DDR und um Ausreise nach West-Berlin bat. Auch mein Rechtsanwalt, Wolfgang Schnur, hatte mir zu diesem Schritt geraten: ›Wenn du rauskommst, holt dich keiner mehr ab, dann sind deine Freunde schon alle drüben …‹ Nach der Entlassung aus dem Knast widerrief ich den Ausreiseantrag, weil er unter psychischem Druck zustande gekommen war. Aber die Behörden beriefen sich auf ihr Schriftstück und drängten mich immer wieder, in den Westen zu gehen.
In der Zeit von Ende Februar bis Anfang Juni 1983 bin ich in der DDR in einer Art und Weise rumgelaufen, wie ich es mir nicht hab träumen lassen. Ich hab immer mehr Risikobereitschaft entwickelt. Wir haben unsere Aktionen so organisiert, daß sie ständig in der ›Tagesschau‹ waren. Das alles war schon ein ›Höhenflug‹, wobei es im Grunde nur ganz normal war, sich politisch zu äußern, nicht auf demokratische Rechte zu warten, sondern sie wahrzunehmen.
Am 7. Juni 1983, am späten Nachmittag, war ich in Jena auf das Wohnungsamt be-

1983

stellt. Die gingen mit mir zur Abteilung Inneres. Bei ›Inneres‹ empfingen sie mich mit den Worten: ›Die Sachlage hat sich geändert, Sie reisen heute aus.‹ – ›Das fällt aus‹, erwiderte ich.
Daß sie mich mit Gewalt aus der DDR fortschaffen, konnte ich mir bis dahin nicht vorstellen. Nein, das trauen die sich nicht, dacht ich, ich bin ja kein Wolf Biermann. Jemanden von der Straße wegzufangen, schien mir unmöglich. Bis zu diesem Tag lebte ich in dem Gefühl: Du selbst kannst entscheiden, ob du gehst oder nicht. Ich war ungewollt privilegiert gegenüber denen, die jahrelang auf die Genehmigung ihres Ausreise-Antrages gewartet haben. Das hab ich auch ausgekostet – bis man zu mir sagte: ›Hier sind Ihre Reiseunterlagen.‹ – ›Das fällt aus.‹ – ›Geben Sie uns Ihren Personalausweis!‹ – ›Fällt aus.‹
In dem Raum waren fünf, sechs Leute. Sie packten mich und hatten ganz schnell den Ausweis. ›Unterschreiben Sie hier!‹ Ich hab nichts unterschrieben, kein Visum, keine Ausbürgerungsurkunde. ›Wir fahren jetzt zu Ihnen nach Hause, Sie können Reisegepäck aufnehmen.‹ – ›Nichts ist ...‹ Sie eskortierten mich raus, links und rechts Polizisten, vorne Stasi, hinten Stasi. Ich weigerte mich, meine Wohnungstür aufzumachen. Als wir wieder unten waren, konnte ich abhauen: Eine Sekunde hatte irgendeiner nicht aufgepaßt, und ich bin losgerannt, ein Dutzend Leute hinter mir her.
Ich kam bei dem Haus von Freunden an. Ich hoch, bis in den letzten Stock, und rein; die machten unten schon die Tür auf. Die wußten nicht, daß dort Freunde von mir wohnten, rannten hoch und sahen nur, daß das oberste Fenster des Treppenhauses offen stand. Einer von ihnen sagte: ›Ach, du Scheiße, das hat uns grad noch gefehlt!‹ Ich war also in der Wohnung und dachte: Was machst du jetzt? Stellst du dich auf die Balkonbrüstung und drohst mit Runterspringen? In dem Moment polterten die schon zur Tür rein. Sie haben mich in sogenannte Knebelketten gelegt und mich abgeführt. Unten war schon eine Ansammlung von Menschen. Ich rief: ›Nicht, daß ihr denkt, ich hab was verbrochen – ich will bloß nicht in den Westen.‹
Sie haben mich nochmal zur Abteilung Inneres gefahren. Dort wollte man mir nochmal diese Reiseunterlagen geben, ich nahm sie nicht. Sie brachten mich in Ketten durch den Hintereingang ins Auto – und los, raus aus Jena.
Wir sind durchs Saaletal gefahren. Die Landschaft war an diesem Tag besonders schön, so ein klarer Sommerabend. Ich saß in einem Polizeiwagen (›Lada‹), zwischen grünen Uniformen, eskortiert von zwei Stasi-Autos. Nun wußte ich, daß sie mich rausschmeißen wollen, aber nicht, wo. Ich ahnte schon, daß es entweder Hirschberg oder Probstzella sein müßte, einer der nächsten Grenzübergänge.
Nach gut einer Stunde Fahrzeit in Probstzella angekommen, sperrte man mich in einen Raum mit einem Guckloch in der Tür. Da saß ich dann mehrere Stunden, von Bahnpolizisten bewacht. Ich hab immer wieder gesagt: ›Ich will den Innenminister sprechen!‹ Und daß sie die ganze Sache nochmal überdenken sollten. Ob sie sich der Tragweite bewußt wären ..., das Aufsehen! Ich dachte, ich hätte noch 'ne Chance, aber die haben sich auf kein Gespräch eingelassen. Noch während ich in Probstzella saß, kam im ›RIAS‹, wie ich später erfahren habe, die Meldung von meiner Festnahme. Das war auch meine Hoffnung gewesen. Wir hatten in Jena ein ganz gut funktionierendes System aufgebaut, wie wir die Westmedien und somit den Osten informieren: über Agenturvertretungen und sonstwas.

Am nächsten Morgen, kurz vor drei Uhr, kamen plötzlich noch ein paar andere Uniformierte von der Trapo rein und brachten mich durch die Unterführung zum Bahnsteig. Links und rechts von mir führte mich jeweils ein Polizist an einer Knebelkette. Ich sag noch zu dem einen: ›Weißt du eigentlich, was ihr hier macht? Das ist ein Verbrechen! Ich will nicht weg!... Kannst du dir vorstellen – wenn man das mit deinem Sohn machen würde?! Was würdest du da sagen? Einfach wegschaffen! So reißt man Familien auseinander...‹ Er drückte die Knebelkette noch stärker zu, ich konnt vor Schmerz kaum laufen. Ich hab mich gegen die Treppe gestemmt: ›Ich will nicht weg!‹ Sie haben mich hochgeschleift.

1983

Bahnhof Probstzella – das Gleis nach drüben. In einer Nacht- und Nebelaktion wird Roland Jahn in Ketten zum Interzonenzug nach Probstzella gebracht und in ein Abteil gesperrt. Bis der Schlafwagenschaffner »den Schlüssel geholt hatte und öffnete, waren wir über die Grenze«.

Auf dem Bahnsteig stand schon der Interzonenzug, kurz vor der Abfahrt; kein Mensch weiter war zu sehn. Sie haben im letzten Wagen die Tür aufgemacht, der eine zerrte mich an der Kette rein, der andere stieß nach. Als ich drin war, löste der eine ruck, zuck die Kette, schubste mich – ich flog in die Ecke –, und er sprang raus. Sie knallten die Tür zu, schlossen ab – und der Zug fuhr los.
Ich hab sofort an allen Türen versucht rauszukommen, auch die Tür zum Gang war zu. Das Bild, das ich wahrscheinlich nie vergessen werde: Wie ich aus dem Bahnhof Probstzella rausfahre und durch die Verbindungstür auf die Gleise sehe, die schwindenden Gleise... Ich fühlte mich wie in der Schlußszene eines amerikanischen Films. Es schwanden dreißig Jahre Leben in der DDR, dreißig Jahre Freud und Leid, meine Heimat. Diese Heimat siehst du nie wieder, dachte ich. Was ich noch alles vorhatte..., jetzt plötzlich rausgerissen. Und: Wo kommst du jetzt hin? Ich klopfte und klopfte, bis der Schlafwagenschaffner kam und durch die Tür rief: ›Was machen Sie denn hier?‹ Bis er den Schlüssel geholt hatte und öffnete, waren wir über die Grenze... In Ludwigsstadt kamen die Bundesgrenzschützer. Als die hörten, ich käme aus Jena, ahnten die schon, was passiert war. Ich fuhr mit ihnen noch bis nach Bamberg, dann zurück zur Polizei nach Ludwigsstadt; dort konnte ich erst mal duschen. Anschließend wurde ich vernommen. Die Beamten waren freundlich, nur ihre Sprache war etwas ungewohnt für mich. Zwischendurch hab ich Freunde in West-Berlin angerufen; die haben das Gespräch gleich auf Band

1983

aufgenommen und einen Telefonbericht für die ›taz‹ gemacht. Ich wollte Öffentlichkeit – die bekam ich schnell: ständig klingelte das Telefon, Interviews, Interviews, und die Grenzpolizisten waren etwas irritiert. Das war auch für die ein ganz schöner Rummel.«

Von den zwölf Mitgliedern der Jenaer Friedensbewegung, die innerhalb von zwei Wochen über Probstzella abgeschoben werden, ist Roland Jahn der einzige, bei dem dies gewaltsam geschieht.

ROLAND JAHN
»Es kamen die Journalisten von der Lokalpresse und haben diese furchtbar gestellten Fotos gemacht, vor dem Gebäude der Polizei. Dazu kam: Man hatte mir so ein gestreiftes T-Shirt gekauft, weil mein Hemd zerrissen war. Ich wußt in dem Moment noch gar nicht richtig, was mit mir geschieht. Mit einem Lokaljournalisten bin ich in Ludwigstadt essen gegangen. Danach kam ein ARD-Reporter und machte mit mir ein Interview. Er nahm mich dann mit seinem ›BMW‹ mit nach Nürnberg ins dortige ARD-Studio. Ich fuhr zum ersten Mal in so einem großen, tollen Schlitten. Dort ging der Rummel weiter: Ich ins Hörfunkstudio, danach Interview mit Agenturjournalisten ... bis in den frühen Abend.
Ein Journalist fuhr mich zum Flughafen Nürnberg, und ich bin mit dem letzten Flieger nach West-Berlin, abends gegen neun. Als wir über Thüringen flogen ... ich dachte: Jetzt 'ne Bruchlandung, und du bist wieder da. In Berlin hat mich die Jenaer ›Exilgemeinde‹ vom Flughafen abgeholt. Ich hab noch am selben Abend in den ›Tagesthemen‹ den Bericht über meine Ausbürgerung gesehen. Irre. Noch am Vortag schlenderst du in Jena durch die Straßen, und am nächsten Tag bist du in den ›Tagesthemen‹. Und schaust dir das in West-Berlin an ... Dabei war's 'ne Weltreise gewesen! West-Berlin war ja ganz weit weg ...
Noch mindestens zwei Jahre lang war Jena mein ›Zuhause‹. Ich hatte noch was vor im Osten, wollte dort was verändern, fortsetzen, was ich angefangen habe. Diese politischen Auseinandersetzungen in der DDR waren zum Lebensinhalt geworden. Und ich hatte noch viele Freunde dort.«[1]

Franz Josef Strauß, der bayerische Ministerpräsident, trifft sich Ende Juli 1983 am Werbellinsee mit Erich Honecker zu einem »Meinungsaustausch«. Der SED-Chef hat ihm wenige Wochen zuvor durch einen Abgesandten, streng vertraulich, ein Geschäft angeboten: Wenn er, Strauß, ihm helfen würde, in der Bundesrepublik einen Kredit zur Entlastung der Zahlungsbilanz der DDR zu bekommen, würden als Gegenleistung die Selbstschußanlagen an der DDR-Grenze beseitigt, Familienzusammenführungen wesentlich erleichtert und die Reisemöglichkeiten verbessert. Zudem würden sich »Art und Ton der Grenzabfertigungen« ändern.
Vierzehn Tage später wird dem Ministerpräsidenten von der Bayerischen Grenzpolizei gemeldet, »daß in der Behandlung von Reisenden eine Veränderung zu konstatieren« sei. Gegenüber der Bundesregierung befürwortet Franz Josef Strauß noch vor seinem Treffen mit Erich Honecker den Kredit und vermittelt die Bereitstellung des Geldes, eine Milliarde D-Mark, durch ein Bankenkonsortium unter Führung der Bayerischen Landesbank.[2]

»Wenn die Schußwaffe angewendet wird, darf es dem Grenzverletzer nicht gelingen, den Grenzdurchbruch zu vollenden.«³

1983

Weisung des Verteidigungsministers Hoffmann an den Grenztruppenchef 1983

Etwa tausendvierhundert Menschen werden 1983 bei dem Versuch festgenommen, über die DDR-Grenze in die Bundesrepublik und nach West-Berlin zu flüchten. Annähernd zweihundertdreißig DDR-Bürgern glückt die Flucht in den Westen unter Gefahr für Gesundheit und Leben, darunter vierzehn Uniformierten (auch einem Angehörigen des Sonneberger Regiments). An der Grenze im Kreis Saalfeld gelingt in diesem Jahr keine Flucht; rund dreißig Flüchtende scheitern hier. Einer von ihnen ist Anfang März 1983, morgens halb vier, im Falkensteiner Grund »nach Anwendung körperlicher Gewalt« gestellt worden. (»Durch den Täter wurde auf Feuerstöße der Grenzposten nicht reagiert.«) Einen anderen Flüchtling hat ein Grenzaufklärer am Morgen des 28. März in einer Zoptener Scheune aufgespürt. (»Nach Information durch Bürgerin aus Zopten wurden taktische Handlungen eingeleitet.«)

Fluchtversuch bei Lichtenhain am 29. März 1983:
20.04 Uhr: Ein Flüchtling übersteigt den Signalzaun südwestlich der Höhkuppe und löst dabei Alarm aus (Alarmgruppe, Suchposten, Abriegelung). Zuvor ist er, von der Straße Gräfenthal–Spechtsbrunn aus, »in den Handlungsraum der Grenztruppen eingedrungen«.
20.39 Uhr: Am Signalzaun wird die Spur des Flüchtlings aufgenommen; »Verfolgung des Grenzverletzers«.
20.50 Uhr: Major Klaus Baumann übernimmt die »Führung der taktischen Handlungen«. Etwa zu diesem Zeitpunkt zwängt sich der Flüchtling im Waldabschnitt »Himmelreich« durch den Grenzzaun. Kurz darauf betritt er bayerisches Gebiet, verläuft sich jedoch in der Dunkelheit zurück in die DDR. Dort stößt er wieder auf den Grenzzaun.
21.13 Uhr: Im »vorgelagerten Hoheitsgebiet der DDR«, unmittelbar am Grenzzaun, nimmt der Aufklärer Hauptmann Terpe den Flüchtling fest – 150 Meter von der Demarkationslinie entfernt.
21.32 Uhr: Abtransport des Flüchtlings in die Kaserne Probstzella.⁴

Westlich von Tettau, unweit der Stelle, wo zehn Jahre zuvor ein Ungar bei einem Fluchtversuch erschossen wurde und und seine Verlobte auf eine Mine trat, kommt in den Morgenstunden des 2. August 1983 Helmuth T. aus Steinach (Kreis Sonneberg) unverletzt übers Minenfeld. Gegen 8.20 Uhr rufen zwei bundesdeutsche Zöllner den DDR-Grenzoffizieren an der Durchbruchsstelle zu: »Ihr braucht euch nicht zu beeilen, der ist bei uns angekommen. Den kriegt ihr nicht mehr, der kommt nicht wieder.«⁵

»Am 6.9.1983 wurde durch das wachsame und umsichtige Verhalten eines Angehörigen des VPKA Sonneberg sowie durch den sofortigen Einsatz von Kräften der Deutschen Volkspolizei und der Kreisdienststelle des MfS Sonneberg eine beabsichtigte schwere Grenzprovokation mittels Heißluftballon im Raum Sonneberg verhindert. Die drei Täter wurden am vorgesehenen Aufstiegsort in unmit-

1983

telbarer Nähe der Staatsgrenze zur BRD festgenommen sowie der Heißluftballon einschließlich Gondel, Brenner und gefüllter Propangasflaschen am Festnahmeort sichergestellt.

Die Täter hatten sich aus illusionären Vorstellungen über die gesellschaftlichen Verhältnisse in der BRD und negativen Einstellungen zu den gesellschaftlichen Verhältnissen in der DDR bereits Ende 1982 zum gemeinsamen ungesetzlichen Grenzübertritt in die BRD mittels Ballon entschlossen. Nach der Beschaffung und dem Studium entsprechender Literatur aus öffentlichen Bibliotheken fertigten sie einen Versuchsballon von ca. 3 m Durchmesser sowie mehrere Brenner und eine Gondel aus Stahlrohr an. Mit dem Versuchsballon wurden Tests im grenznahen Raum vorgenommen.

Für die Herstellung des Heißluftballons hatten die Täter seit dem Frühjahr 1983 in verschiedenen Bezirksstädten der DDR große Mengen von Dederonstoff für Windblusen im Gesamtwert von 19 500 Mark gekauft. Die Ballonhülle wurde aus 12 ellipsenförmigen Stoffsegmenten von je 22 m Länge zusammengenäht. Zur Erhöhung der Stabilität und Tragfähigkeit des Ballons wurden Stahlseile in Teppichband eingenäht und damit die Stoffsegmente zusammengesetzt.

Die Brenner und die Gondel wurden in einer im Wohnhaus eines der Täter befindlichen Werkstatt hergestellt. Die Ballonhülle wurde in der Wohnung eines weiteren Täters angefertigt. Insgesamt wurden für die Herstellung des Ballons ca. 25 000 bis 30 000 Mark ausgegeben, wofür einer der Täter seine gesamte Wohnungseinrichtung verkaufte.

Nach Aufklärung mehrerer möglicher Startplätze im Sommer 1983 hatten sich die Täter unmittelbar nach der Fertigstellung des Ballons, der Gondel sowie der Brenner unter Beachtung der Wetter- und Windrichtungsvorhersagen entschlossen, den ungesetzlichen Grenzübertritt am 6.9.1983 wegen an diesem Tag gemeldeter Westwinde bei Sonneberg durchzuführen. Wenige Tage vorher waren durch einen der Täter aus einer Gasfüllstation 5 gefüllte Propangasflaschen gestohlen worden.

Aus der verhinderten spektakulären Grenzprovokation ergeben sich, besonders unter Berücksichtigung der gegenwärtigen zugespitzten internationalen Klassenkampfsituation, folgende Schlußfolgerungen für alle operativen Diensteinheiten: ...

– Die Personen- und Kfz-Bewegungen an möglichen Startplätzen für Ballons und andere Flugkörper sowie in deren Annäherungsrichtungen sind in Abhängigkeit von den meteorologischen Bedingungen (Windrichtung, Windstärke, Wetterlage) im abgestimmten Zusammenwirken mit der Deutschen Volkspolizei sowie gesellschaftlichen Kräften verstärkt schwerpunktmäßig zu kontrollieren.

– Die sich aus der langfristigen Vorbereitung der Täter und den damit verbundenen objektiven Handlungen (Kauf größerer Stoffmengen, Herstellung von Gondel und Brennern, Beschaffung von Material, Ausgabe erheblicher Geldsummen, Nutzung von Werkstätten einschließlich der eigenen Wohnung) ergebenden operativen Möglichkeiten sind noch bewußter bei der Auftragserteilung und Instruierung der IM und GMS zu berücksichtigen. Sie sind darüber hinaus in differenzierter Weise zur noch breiteren Einbeziehung und Mobilisierung gesellschaftlicher Kräfte zu nutzen.«[6]

Information des Stellvertretenden Ministers für Staatssicherheit, Rudi Mittig, an die Leiter der MfS-Diensteinheiten

Der geglückten Ballonflucht aus der DDR vom September 1979 folgen mehr als hundert Fluchtversuche mittels Ballon, Gleiter, selbstgebauter Motorflugzeuge oder »hubschrauberähnlicher Geräte«. Man bastelt sich Flugkörper zusammen aus Metallrohren, Holzleisten und Sperrholz, aus Stahldrähten und Winkeleisen, aus Auto- und Kradteilen, Stoffen und Folien, Plastik ... Was im Handel nicht erhältlich ist, besorgt man sich auf Müllkippen, Schrottplätzen oder im Betrieb.

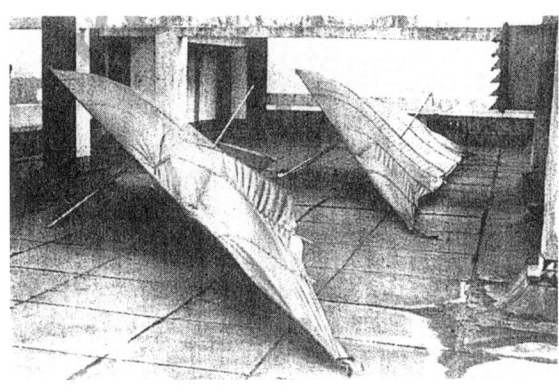

Meist scheitert der Flug in den Westen schon während der Vorbereitung: Wer nicht beizeiten von selber die Bastelei aufgibt, wird in der Regel festgenommen – »im Ergebnis zielstrebiger Verfolgung« (durch MfS und Polizei), infolge von »Hinweisen aus der Bevölkerung« oder von inoffiziellen Stasi-Mitarbeitern. Wer mit seinem selber gefertigten Flugkörper bis zum Startplatz kommt, bleibt vielfach wegen grundlegender technischer Mängel am Boden. Zum Teil enden solche Fluchtversuche allein infolge ungünstigen Wetters.

Nach der geglückten Ballonflucht der Familien Strelzyk und Wetzel nehmen die Fluchtversuche mit Flugkörpern zu.
Die beiden Gleiter sollten die Flucht vom Dach eines Hochhauses ermöglichen.

Schon für »Berechnungen, Beschaffungen von Unterlagen, Startplatzerkundungen« werden derart gescheiterte DDR-Flüchtlinge mit mehreren Jahren Haft bestraft.[7]

Am 29. September 1983 beginnen Pioniere der DDR-Grenztruppen bei Mödlareuth (nördlich von Hof) mit dem Abbau der Selbstschußanlagen. Das durch eine Mauer geteilte Dorf ist seit vielen Jahren ein »Besucherschwerpunkt« an der bayerischen Grenze zu Thüringen; erst im Februar 1983 hat hier der Vizepräsident der USA, George Bush, die Sperranlagen besichtigt.

Im Juli 1983 hat der Nationale Verteidigungsrat der DDR beschlossen, beschleunigt »moderne Grenzsicherungsanlagen mit physikalischen Wirkungsprinzipien ohne Minen« zu errichten. Besonderes Augenmerk solle auf den Einsatz neuer »Grenzsignalzaunelektronik« gerichtet werden.

Die Menschen in beiden Teilen Deutschlands hören Erich Honecker am 5. Oktober 1983 im Fernsehen gegenüber österreichischen Journalisten von »harmlosen Selbstschußanlagen an unserer Grenze, die ja jetzt abgebaut werden«, reden. Der Abbau der Splitterminen beginnt zwei Monate bevor in der DDR eine UNO-Konvention in Kraft tritt, die den Einsatz von Minen als Repressalie gegen Zivilpersonen verbietet.

Zwei Männer und zwei Frauen versuchen am 1. November 1983 bei Lichtentanne über die Sperranlagen in den Westen zu gelangen. Nachdem sie morgens halb sechs beim Überwinden des Signalzauns Alarm ausgelöst haben, werden sie gezielt verfolgt.

Ab neun Uhr beginnt die Truppensuche, an der sich mehrere Grenzkompanien beteiligen. Der Raum Lichtentanne–Großgeschwenda wird unter Einsatz von Hundemeuten durchkämmt. Nach zehnstündiger Verfolgung nehmen zwei

1984

Grenzer der Kompanie Probstzella die Flüchtlinge am Schieferberg fest. »Haß und Feindschaft gegen die DDR« stellt der Kommandeur des Sonneberger Regiments, Werner Pinkes, bei den Gefangenen fest.[8]

»Unsere eigenen Erfahrungen zeigen: Bei den an der Vorbereitung und Durchführung von Anschlägen gegen die Staatsgrenze der DDR Beteiligten handelt es sich um:
– offene Feinde der DDR, Agenten, Diversanten und Spione, die im Solde des Imperialismus stehen
– politisch und moralisch haltlose Menschen, die den Einflüsterungen und Verlockungen der ideologischen Krieger des Imperialismus erlegen sind und Verrat an der Sache der Arbeiterklasse begehen
– kriminelle Elemente, die sich der Verantwortung für ihre in der DDR begangenen Straftaten entziehen wollen.«[9]
Anleitung für die politische Schulung der Soldaten 1982/83, herausgegeben von der Politischen Verwaltung der Grenztruppen

1984

Dokumentation des MfS zur Flucht dreier Männer am 3. März 1984:
1 »leiterartiges Gerüst«
2 »Lagerplatz der Grenzverletzer«

In einem Waldstück am Sattelpaß, nördlich von Neuenbau, fällen drei Männer am Nachmittag des 3. März 1984 ein paar junge Fichten. Mit Hanfseilen binden sie die schmalen Stämme zu einem zwei Meter hohen Gestell zusammen. Das schleppen sie in der Abenddämmerung fünfzig Meter weiter und stellen es an den Signalzaun; so überwinden sie ihn ohne Auslösung. Übers Minenfeld geht's im Laufschritt – die »Minensperre 66« ist mitsamt der begrenzenden Zäune einen Meter hoch eingeschneit. Unversehrt erreichen die zwei Brüder aus Steinach, beide Kraftfahrer, und ihr Freund, ein Glasarbeiter aus Lauscha, fränkischen Boden. Erst in den Mittagsstunden des nächsten Tages entdecken Grenzer das »leiterartige Gerüst« am Zaun sowie Skier, Rucksäcke, Beil und Säge ...
Einer der Brüder kehrt im Juni 1984 in die DDR zurück, wo er anderthalb Jahre inhaftiert wird.[1]

Nach der Unterzeichnung der KSZE-Schlußakte in Helsinki sind von 1976 bis 1983 jährlich im Schnitt neuntausend DDR-Bürger mit Genehmigung der Behörden in den Westen übergesiedelt. Gleichwohl warten Ende 1983 noch mehr als dreißigtausend »Antragsteller« auf die Ausreisepapiere.

1984

Um einen »Überdruck von Antragstellern durch aufgestaute Entscheidungen« zu vermeiden, genehmigen die DDR-Behörden in den ersten vier Monaten des Jahres 1984 etwa fünfundzwanzigtausend Menschen die Übersiedlung – überwiegend solchen, die schon vor vier, fünf oder mehr Jahren ihren Antrag gestellt haben und beharrlich ihr Ziel verfolgen. In Jena haben sich auf dem »Platz der Kosmonauten« von Juni 1983 an wochenlang jeden Samstag weißgekleidete »Antragsteller« im Kreis aufgestellt und schweigend für ihre Ausreise demonstriert. Obwohl 1984 rund fünfunddreißigtausend Menschen aus der DDR in den Westen übersiedeln dürfen, gibt es am Jahresende wieder mehr als fünfzigtausend »Antragsteller« – ermutigt durch die »Ausreisewelle« stellen in diesem Jahr etwa viermal so viele Bürger wie 1983 einen Ausreiseantrag.[2]

HEIKO FRANKE

»Ich bin mit neunzehn Jahren zur Grenze gekommen, ich hatte keine Ahnung, was da los ist. Beim Wehrkreiskommando hieß es: ›Einberufungsort Sonneberg, es könnten die Grenztruppen sein.‹ Dieses Wehrkreiskommando war ein übermächtiger Apparat; wenn man reinwollte, mußte man klingeln, überall hingen Kontrollspiegel... Da war man schon mal abgeschreckt.

Als es soweit war, bin ich mit dem Zug nach Sonneberg, noch in fast normaler Stimmung. In Sonneberg Sachen abgeben, Einkleiden, auf den Lkw nach Hildburghausen. Acht Wochen Grundausbildung, speziell für einen Einsatz im Stab eines Grenzbataillons, also: entweder als Schlosser (so wie ich) oder als Schreiber, beim Grenzsignalzauntrupp, beim Nachrichtentrupp oder in der Hundestaffel.

In der Grundausbildung haben sie einen behandelt wie den letzten Dreck. Als ich den ersten Morgen nach der Einberufung aufgewacht bin, dachte ich: Das darf nicht wahr sein! Hier kommst du nie wieder raus. Das Gefühl kann man nicht beschreiben. Das war das, womit die uns gefangen haben: die Zeit! Diese 542 Tage! Es war *ein* Warten. Wenn sich von den Vorgesetzten jemand Respekt verschaffen wollte, drohte er mit ›Schwedt‹ und damit, daß die Zeit dort nachgedient werden muß. Bei dieser Gelegenheit hat man uns auch mal kurz den Tagesablauf in Schwedt geschildert: Daß dort ›hart gearbeitet wird‹, zehn bis zwölf Stunden. Plus militärische Übungen. Und wenig Schlaf.

Anfang Juli 1984: Versetzung nach Probstzella. Dort hab ich Autos repariert. Die meisten Stabssoldaten waren wie ich aus der näheren Umgebung, die Soldaten in der Kompanie waren grundsätzlich aus dem Berliner Raum oder von noch weiter weg. Wir Stabsangehörigen kamen in der Regel nicht so nah an die Grenze. Der Westen, das war bis dahin die wohlriechende Cousine meines Vaters, die einmal im Jahr mit ihrer ›Lux‹-Seife rüberkam und erzählt hat. Da fragte man sich: ›Was soll das hier eigentlich?‹ Natürlich hab ich zu Hause Westfernsehen geschaut, so wie jeder. An der Grenze sah der Westen dann anders aus als im Fernseher: Wenn du da am Zaun standest, war drüben nur Wald. Von Lichtentanne aus konnte man in der Ferne Steinbach an der Haide sehen. Wenn dir der Unteroffizier das Fernglas gab, hast du drüben blütenweiße Häuser gesehen – und wußtest doch nichts...

Man hat sich für jedes Detail drüben interessiert. Wir waren geradezu wild auf alles, was wir vom Westen sehen konnten. Wenn wir mal ein Auto vom Bundes-

1984

grenzschutz sahen, war das ein Ereignis. Einmal, an einem Sonntagnachmittag, war ich mit einem Kollegen zu Ausbesserungsarbeiten am Zaun in der Nähe der Großgeschwendaer Schlucht, oberhalb des Geflügelhofes. Auf einmal kommt drüben ein Motorrad vorbei!
Am Falkenstein war ich nie, bis dorthin durften nur die Grenzaufklärer. Das Hotel ›Falkenstein‹ kannte ich nur vom Erzählen: Während meiner Zeit in Probstzella saß ich abends ab und an bei einem alten Einwohner des Ortes. Er erzählte mir, wie er als Kind oft am Falkenstein war. Es war nicht zu fassen ... Ein Gefreiter hatte mir gleich in den ersten Wochen erzählt, daß die eigentliche Grenze durch das Hotel ›Falkenstein‹ geht.«

Nicht eine Flucht gelingt 1984 an der Grenze im Kreis Saalfeld; zweiundzwanzig Flüchtlinge scheitern hier.
Insgesamt werden in diesem Jahr mehr als tausendeinhundert Menschen bei dem Versuch festgenommen, über die DDR-Sperranlagen nach West-Deutschland oder West-Berlin zu kommen. Rund zweihundert DDR-Bürgern glückt unter Gefahr für Gesundheit und Leben die Flucht in den Westen, darunter elf Uniformierten. Zwei Soldaten des Sonneberger Regiments werden Anfang August beim gemeinsamen Streifendienst nach Bayern »fahnenflüchtig«.[3]

Heiko Franke

»Nach zwölf Wochen durfte ich das erste Mal heim auf Urlaub, ich bekam gleich eine ganze Woche. Ich hab meine zivilen Sachen angezogen und mich gefragt: Bin ich denn überhaupt bei der Armee? Danach brauchte ich vierzehn Tage, um wieder ›reinzukommen‹.
Normalerweise war in Probstzella um sechs Uhr Wecken, Frühsport und Waschen ... Oberleutnant Hillig hatte um sechs Uhr Dienstbeginn, aber manchmal kam er mit seinem Fahrrad schon um halb sechs aus Gräfenthal rangefahren, nur um noch mal einen kleinen Gefechtsalarm durchzudrücken: die ›Alarmtute‹ ging an, Rausspringen und Felddienstuniform anziehen, volle Ausrüstung. Waffe empfangen, draußen antreten, ein paar Munitionskisten rumschleppen ... Er wollte eben gern, daß seine Kompanie in fünf Minuten draußen steht. Wir waren benommen, sind auf dem Flur rumgetaumelt.
Um sieben Uhr gab's Frühstück, von halb acht bis acht Uhr ›apl‹, ›aktuell-politische Information‹. Da hat uns der Major Fischer auseinandergesetzt, daß die Westdeutschen nun endlich ihren Willen kriegen: ›Sie erzählen immer, die Abweiser oben auf dem Zaun wären nach unserer Seite gerichtet, um die eignen Leute von der Grenze abzuhalten. Jetzt tun wir dem Westen den Gefallen und bauen noch einen Abweiser in Richtung BRD.‹ Von da an war der Signalzaun für DDR-Bürger doppelt schwer zu überwinden.
Um acht Uhr Ausrücken zur Arbeit, zwölf Uhr Mittag. Danach haben wir uns schlafen gelegt. Um dreizehn Uhr kam der Spieß und hat rumgeschrien, wenn noch irgend jemand im Bett lag. Man ist wieder schnell rausgetaumelt, nur um aus der Linie vom Spieß zu sein. Am Nachmittag Dienst, siebzehn Uhr Abendbrot, achtzehn Uhr Appell und Reviereinigen. Jeder mußte im Stabsgebäude ein Zimmer saubermachen, ich das Zimmer vom Major Kölzsch. Da hast du die blöde Bohnerkeule aus Eisen über den Hof geschleppt ...

1984

Nach der Putzstunde war ›Freizeit‹. Im ›Kulturraum‹, im obersten Stock des Stabsgebäudes, wo auch die morgendlichen Politschulungen waren, stand ein Fernseher. Da mußten wir zunächst mal die ›Aktuelle Kamera‹ anschauen. Im ersten Diensthalbjahr kam mir einmal der Spieß, Stabsfähnrich Trippe, mit Blick auf die Uhr entgegen: ›Gehen Sie hoch zur Aktuellen Kamera!‹ Mein Fehlen dort werde Konsequenzen haben (beim Ausgang, Urlaub …). Wir standen auf der Treppe, er schrie den ganzen Flur zusammen.

Um 22.00 Uhr war offiziell Nachtruhe. Wir saßen dann noch bis Mitternacht bei Kaffee, Cola oder auch mal Schnaps zusammen und haben über das Ende der Armeezeit phantasiert. Die Unteroffiziere hingen abends genauso auf ihrer Bude rum, sie waren von zu Hause relativ weit weg. Die meisten von denen waren kaputte Typen, viele Alkoholiker. Unteroffiziere hatten keinerlei Ansehen, gerade mal noch in der Ausbildung. Den Gefreiten hatten sie nichts mehr zu sagen. Wenn sie was gesagt haben, hieß es nur: ›Du alter Tagessack, was willst du überhaupt von mir? Du bist noch ein Jahr hier, da bin ich schon lange zu Hause.‹

Das Essen in Probstzella – der letzte Dreck! Besonders das Abendbrot, da gab's immer ›Platten‹. Zuerst kamen die Gefreiten und haben das Entscheidende runtergegessen. Wenn man mal spät aus der Werkstatt kam und hat in der Küche das Licht angemacht: überall Kakerlaken, auch auf der Wurst … Die Wurst! Wir haben immer ›Mehrkeimwurst‹ gesagt. Wenn wir riefen: ›Macht doch mal was Frisches auf die Platte!‹ meinte der blöde Unteroffizier: ›Eßt erst mal die auf.‹

Zu jedem Mittagessen gab's die Soße ›Unilux 2000‹. Die schmeckte nach nichts – also gab's die zu allem. Gekocht haben Frauen aus Probstzella, zum Beispiel die Leni, die hat dann, Gott sei Dank, aufgehört. Im Laden der ›Militärhandelsorganisation‹ haben wir uns vor allem Schokolade, Kekse oder Cola gekauft – wenn sie nicht gerade ausverkauft war, was im Sommer oft der Fall war.

Der Speiseraum: Die Soldaten saßen auf Hockern, die Unteroffiziere auf Klappbänken, die Fähnriche auf Stühlen, und die Offiziere (ab Leutnant aufwärts) saßen

Heiko Franke wird mit neunzehn Jahren zum Grenzregiment Sonneberg eingezogen. Damit beginnt eine trostlose Zeit.

Nach zwölf Wochen wird ihm der erste Urlaubsschein ausgestellt.

in zwei extra Räumen mit weißen Tischdecken und holzgetäfelten Wänden. Die Offiziere wurden bedient. Da hatten immer zwei Soldaten ›Tischdienst‹, wie im Kindergarten. Die mußten sich einen weißen Kittel anziehen, jeder war mal dran. Der Major Kölzsch sagte beim Abendbrot immer zu mir: ›Haben Sie nicht mal ein bissl was Frisches?‹ Der bekam dann eine Salzgurke. Oder etwas Petersilie, was gerade da war, je nach Jahreszeit. Die Offiziere waren alle ein bißchen kaputt, schon allein von dem Essen. Berufsoffizier, das hieß: lebenslänglich, unheilbar.«

RALF MOLTER

»Ich bin aus finanziellen Gründen zur Armee gegangen. Ich habe gedacht, nach drei Jahren Ausbildung bei der Armee hätte ich eine Arbeit wie jeder andere auch: Raketentechnik, Elektronik oder sowas – damit hätte ich gern zu tun gehabt.
Zwei Jahre Offiziersschule – das war sehr lehrreich: welchen Unsinn Menschen verzapfen können, Politunterricht zum Beispiel. Ich hab zum Ausgleich viel Sport getrieben, so gesund hatte ich noch nie gelebt.
Das erste Jahr auf der Offiziersschule war noch ganz gut, so eine Art Indianerspiel, etwas Neues. Der Grenzdienst (ab August 1984) war dann gar nichts mehr: Ich sitze und warte, starre ins Revier, ob jemand kommt – wie ein Förster auf dem Hochstand. Wir haben auch oft gepennt, auf dem Turm oder unten im ›Revier‹.
Die Postendichte in Probstzella war gering. Teilweise kamen, aufgrund des Personalmangels, auf zehn Kilometer Grenze nur vier Soldaten. Die Bahnstrecke Saalfeld–Sonneberg war eine ›Gefahr‹ für die Grenzsicherung. Der Turm an der Bahnlinie war am Tage ständig mit zwei Mann besetzt, nachts saßen die Grenzer vor dem Turm. Die Hunde dort waren nicht so gefährlich.«

HEIKO FRANKE

»Die meisten Hunde konnte man streicheln. Ein paar hatten aber auch die ›Grenzmacke‹, die lagen ja ständig draußen. Wenn ein Hund zu weit weg war, hat er – im Sommer, wenn es heiß war und der Soldat keine Lust zum Hinlatschen hatte – auch mal einen Tag nichts zu Fressen gekriegt.
Ein paar Hunde wurden ›republikflüchtig‹. Es hieß, Hauptmann Terpe, der Chef der Grenzaufklärer, hat sie dann in Nacht- und Nebelaktionen vom Bundesgrenzschutz wiederbekommen, direkt an der Grenze. Er soll dabei allein gewesen sein, mit seiner Pistole am Gürtel ... Es hieß: Der darf das, der darf soweit vor.
Ich hab immer gesagt: ›Wer bei Probstzella die Grenze überwinden will und sich in der Gegend nicht auskennt, der ist wahnsinnig, der weiß nicht, worauf er sich einläßt.‹ Man wußte ja im Landesinneren nicht mal, was ein Grenzsignalzaun ist: ›Sind da 5000 Volt drauf oder fünf?‹«

RALF MOLTER

»Mir unterstanden als Zugführer in Probstzella sechzehn Soldaten, in der Regel Wehrpflichtige, und ein Unteroffizier. Die hatte ich anzuleiten und zu kontrollieren. Ich hätte über sie auch Berichte schreiben müssen: über ihre Befehlstreue, die Mitarbeit im Politunterricht, politische Äußerungen, Äußerungen über Vorgesetzte und den Dienst ... Am Ende jedes Monats war eine Gesamteinschätzung über jedes Zugmitglied anzufertigen. Dieser Unsinn, das waren Hausaufgaben für die Funktionäre. Ich hab die Abgabe so lange hinausgezögert, bis ich geflüchtet bin. Ich hatte eine Woche auf den günstigen Augenblick gewartet: Am 5. Oktober 1984 hatte ich Spätschicht, also ab 21 Uhr Dienst. Mir unterstanden an diesem Abend zehn Leute, einschließlich Alarmgruppe. Ich rief nochmal an, ob die Kontrolle vom Bataillonsstab inzwischen beim nächsten Punkt ist. Die kamen immer mal und stellten Fragen wie: ›Was machen Sie, wenn jemand durchbricht?‹ – ›Posten zusammenziehen und Blablabla …‹

1984

Ich war zusammen mit einem Unteroffizier auf der Führungsstelle der Kompanie Spechtsbrunn. Für ihn hatte ich mir eine Schnur zum Fesseln eingesteckt. Wenn man mich erwischt hätte, hätte ich gesagt, die sei zum Strümpfe trocknen. Er saß im richtigen Augenblick vor mir, seine Waffe stand hinter ihm. Ich lud meine Waffe durch und sagte: ›Dreh dich um!‹ Dann hab ich ihn an die Leiter gebunden. ›Mach keinen Scheiß …‹, meinte der zu mir. ›Das ist kein Scheiß‹, sagte ich. Mit Pflaster hab ich ihm den Mund zugeklebt.

Gegen halb vier Uhr morgens stieg ich über den Zaun unterhalb des Turmes und lief rüber nach Tettau. Von einer Telefonzelle hab ich per Notruf die Polizei angerufen: ›Ich bin grad von drüben gekommen. Können Sie nicht mal einen Wagen vorbeischicken?‹«

HEIKO FRANKE

»An diesem Morgen, so gegen halb fünf, bin ich eine sogenannte Kontrolle gefahren, mit dem Feldwebel, der für die Verkehrstechnik zuständig war. Plötzlich kommt uns ein ›Trabi‹ entgegen: Lichthupe, Major Fischer. Ich hatte sein privates Auto seit dem Wochenende noch in der Werkstatt stehen. ›Fahren Sie sofort wieder zurück! Machen Sie die Räder an mein Auto ran, es gibt 'ne Fahnenflucht, wir kriegen viel Besuch.‹ Ich zur Kaserne, das Auto startklar gemacht, da sind schon die ersten zivilen Autos auf den Hof gerollt: Stasi.«

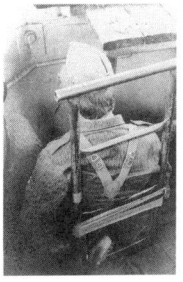

»Ein Leutnant der DDR-Grenztruppe ist in den frühen Morgenstunden nach Bayern geflüchtet. Nach offiziellen Angaben in München konnte er an einer unverminten Stelle die Sperranlagen unbehelligt überwinden. Der Offizier trug Uniform und hatte seine Waffe bei sich.«

Meldung in den Acht-Uhr-Nachrichten des Deutschlandfunks Köln

Gefesselter Unteroffizier auf dem Beobachtungsturm: Rekonstruktion der Fahnenflucht von Ralf Molter durch das MfS.

HELMUT HEIN

»Ich war bei seiner Vernehmung dabei. Mein Eindruck war, daß er davor Angst hatte, wie es nun hier weitergeht. Er hatte wohl gedacht, nachdem die Befragung vorbei war, jetzt wird er in eine Zelle eingeschlossen. Das Gegenteil war der Fall: Er hat Handgeld bekommen und ist in einer Wirtschaft einquartiert worden. ›Den Abend haben Sie zur freien Verfügung, und morgen sehen wir, wie es weitergeht.‹ Das konnt er gar nicht begreifen.«

HEIKO FRANKE

»Es hieß, er hätte auf dem B-Turm einen Unteroffizier an die Leiter gefesselt und wäre dann rüber. Es war zwar passiert, aber es war für uns nicht greifbar. Das waren zwei Welten: Der Molter war plötzlich weg, so wie bei ›Ein Mann geht durch die Wand‹.

Von da an ging es vier Wochen nur noch um diese Fahnenflucht: Die Stasi aus Ber-

1984

lin und sonstwo war da, an manchen Tagen um die zwanzig Zivilisten. Die haben geprüft: Wer könnte etwas über die Flucht wissen? Sie stellten die gesamte Grenzsicherung um. In dieser Zeit ging's uns noch schlechter – die Bonzen haben alles weggefressen.«

RALF MOLTER

»Um Fahnenfluchten vorzubeugen gibt es in jedem Regimentsstab eine Abteilung des Ministeriums für Staatssicherheit, genannt ›Abteilung 2000‹, die über jeweils einen Verbindungsoffizier im Bataillonsstab verfügt. Dem Verbindungsoffizier unterstehen in jeder Kompanie circa zehn inoffizielle Mitarbeiter, sowohl unter den Offizieren als auch unter den Soldaten.«[4]

HEIKO FRANKE

»Die von der ›Abteilung 2000‹ hatten uneingeschränkte Vollmachten. Die beiden Mitarbeiter, Scholz und Lehmann, im Dienstgrad Oberleutnant, ließen unseren Stabschef, Oberstleutnant Klaus Baumann, wegtreten (er war drei Dienstgrade höher). Alle anderen, selbst wenn es Majore waren, zitterten vorm Herrn Baumann, wenn er ins Zimmer kam. Die beiden von der ›Abteilung 2000‹ sind ohne anzuklopfen bei ihm rein, Tür auf und fertig. Da ist der Genosse Baumann aufgestanden.

Herr Baumann saß direkt unter ihnen, Parterre, im rechten Teil der Kaserne, ganz hinten. Die von der ›Abteilung 2000‹ hatten drei Zimmer, Ausblick nach allen Seiten, konnten alles überblicken. Scholz und Lehmann waren zugänglicher als alle anderen Offiziere, ganz freundlich, zum Beispiel wenn man ihnen auf dem Hof begegnet ist. Ich hab deren Auto ein paar mal reparieren müssen, einen weißen ›Trabi‹. Die versprachen mir ein Paket Kaffee, da kam aber nie was.

Einmal, als wir vom UvD-Zimmer aus schwarz nach Hause telefoniert hatten, nahmen die sich etliche von uns vor. Auf dem Hof taten sie noch ganz freundlich – kaum war die Ledertür zu, haben sie gleich rumgeschrien. Es ging um die Telefonrechnung.«

Einen Monat lang wird Ralf Molter in München befragt, täglich fünf Stunden – »von den Amis, vom BND oder vom Verfassungsschutz«. Anschließend gibt er dem Kölner Journalisten Peter Joachim Lapp umfangreich Auskunft für die Überarbeitung seines Buches »Frontdienst im Frieden – Die Grenztruppen der DDR«. Der geflüchtete Leutnant ist in der Lage, detailliert »die Umstellung des Grenzsperr- und -sicherungssystems« darzustellen:

Bis Ende 1984 führt man unter dem Namen »Struktur 80« an der Grenze zur Bundesrepublik eine »tiefgestaffelte Grenzsicherung« ein, das bedeutet, der »Handlungsraum der Grenztruppen« verläuft fortan nicht mehr linear entlang des Kolonnenweges, sondern ins Hinterland hinein. Zudem geht man von der »Bataillonssicherung« zur »Kompaniesicherung« über, um durch mehr Eigenverantwortlichkeit die »Effektivität der Grenzsicherung« zu erhöhen. Durch die Schaffung eines Reservebataillons des Regimentskommandeurs kann dessen »Alarmeinheit« schnell zur Festnahme von Flüchtlingen herangezogen werden und somit die »sichernden Kompanien« entlasten.

Mit Hilfe der neuen »Hinterlandsicherung« sollen mehr »Grenzverletzer« im

1984

Vorfeld festgenommen werden – außer Sichtweite des »Gegners«. Da mit dem Abbau der Selbstschußanlagen an der DDR-Grenze, der im Dezember 1984 abgeschlossen ist, »die Wirksamkeit des vorderen Sperrelements«, des letzten Grenzzauns, nachgelassen hat, perfektioniert man letztlich – als Ergänzung zur verstärkten »Hinterlandssicherung« – den Grenzsignalzaun (GSZ) am Rande des Schutzstreifens »zu einem wirksamen und zuverlässigen Grenzsignal- und Sperrzaun unter Verwendung neuer Grenzsignalzaunelektronik«. Der »GSSZ« ist gekrönt von einem »Übersteigschutz« in Y-Form, einem doppelten »Abweiser«.

MARTIN WEBER

»So um 1984 hatte ich eines Nachts einen Traum: Ich war neugierig geworden und wollte rüber. Ich bin hinten über Ottendorf raufgegangen und zwischen Lehesten und Schmiedebach rausgekommen. Ich hab dann Leute getroffen, war mit ihnen auf einem Feld, die haben gesagt: ›Na, Sie sind doch von drüben, Sie können doch nicht einfach rüber, da kriegen Sie Probleme ...‹ Sie haben mich aber nicht verraten, ich hab mit denen geplaudert. Mir war's, als wäre die Grenze weg. Ich hab aber auch Angst gehabt, daß ich gefangen werde. Aber heim wollte ich auch nicht, bin weiter rumgestiefelt.
Es war schon Nacht geworden, als ein Trupp Uniformierter auf mich zukam, mich sah und verfolgte. Ich bin gelaufen, gelaufen ... den Hang runter nach Ottendorf. Hab geschwitzt und Haken geschlagen. Ich kannte mich besser aus als die Soldaten und konnte sie abhängen. Dann bin ich aufgewacht.«

Im »Ludwigsstädter Zipfel« restauriert man im Herbst 1984 entlang der bayerisch-thüringischen Grenze sechzig alte Grenzsteine; zum Teil stammen sie aus dem 16. Jahrhundert. Neben den üblichen Inschriften und Jahreszahlen befinden sich auf einigen Steinen kunstvoll gefertigte Wappen der ehemaligen Landesherren.

Restaurierung eines Wappensteins aus dem Jahre 1725 bei Tettau

1984 Das Wiederherstellen der Grenzsteine erfolgt auf Initiative der Geologisch-heimatkundlichen Arbeitsgemeinschaft Ludwigstadt unter Leitung des Grenzpolizisten Martin Weber. Auch der 1983 pensionierte Polizist Karl Zenkel hat das Vorhaben gefördert.

Da die Steine noch immer gültige Grenzmarkierungen sind und somit bei ihrer Ausbesserung auch DDR-Gebiet betreten werden muß, hat man die Arbeiten bei der deutsch-deutschen Grenzkommission genehmigen lassen: Fünf Arbeitskräfte dürfen bis zu zwei Meter weit auf das DDR-Territorium.

Ein Steinrestaurator reinigt (teilweise nur mit Wasser und Bürste) die Wappensteine zwischen Lauenhain und Reichenbach und schließt deren Risse. Von fünf besonders wertvollen Steinen nimmt er Gipsabdrücke, so am Schönwappenweg vom »Dreiherrenstein« (1717) und von einem 1513 gesetzten »Kurfürstenstein«, einem der ältesten deutschen Grenzsteine. Ein Bildhauer erneuert bei Schauberg gemeinsam mit einem Kirchenmaler die farbliche Gestaltung des prächtigen »Dreiwappensteins« (1821). Bei einem »Abschlußbegang« lobt ein Vertreter der DDR »die gelungene Restaurierung«.[5]

HELENE FREUND

»Quelle: GMS ›Veteran‹ ... Bei meiner Ankunft in Ludwigstadt wurde ich am 15.9.84 von meiner Schwester vom Bahnhof abgeholt. Im Anschluß gingen wir dann vom Bahnhof nach Hause zu meiner Schwester. Dabei mußten wir auch am Haus des E. vorbei. Sein Vater, Max, stand am Hoftor und grüßte uns schon von weitem sehr höflich, und es begann ein allgemeines Gespräch. Nach kurzer Zeit kam auch sein Sohn Heinz hinzu. Er beteiligte sich nur kurz an diesem Gespräch. Anschließend ging er in die Garage, holte seinen Pkw und fuhr dann fort...
Ich konnte in Erfahrung bringen, daß eine gewisse Sch. bei der Bayerischen Grenzpolizei als Reinemachefrau tätig sein soll. Die Sch. wohnt in Ludwigstadt gleich neben dem Kaufhaus ... Das Besuchergeld beträgt in Ludwigstadt nach wie vor 50 DM. Um das Geld in Empfang zu nehmen, begab ich mich mit meiner Schwester in das Rathaus, wo im 1. Stock die Empfangsbescheinigung für dieses Geld ausgeschrieben wird ... Ich muß einschätzen, daß sich beim Empfang des Besuchergeldes in Ludwigstadt nichts verändert hat. Was ich jedoch festgestellt habe ist, daß der Rat der Stadt Ludwigstadt ständig junge Leute ausbildet...
Bei meinen Reisen in die BRD stelle ich immer wieder fest, daß die Preise ständig in die Höhe steigen. So stiegen z. B. die Preise seit April 1984 (meine vorletzte Reise) bei Strumpfhosen von 1,75 DM auf 3,95 DM; ein Pfund Kaffee stieg in dieser Zeit von 10,50 DM auf 12,99 DM. Die Preise bei den Veranstaltungen der sogenannten Kirchweih (Kirmes) waren auch sehr gepfeffert. So kostet z. B. ein halber Liter Bier 5,- DM ...
Bei meiner Rückreise am 26.9.84 wurde ich von meiner Schwester zum Bahnhof begleitet. Am Eingang zum Bahnhof standen keine Beamten. Da wir schon etwas früher auf dem Bahnhof waren, hatte gerade der D 302 (München–Berlin) Einfahrt. Ich entschloß mich, mit diesem Zug nach Probstzella zurückzureisen. Auf dem Bahnsteig standen zwei Beamte der Bayerischen Grenzpolizei. Wir gingen auf die Beamten zu, und ich stellte die Frage, ob ich diesen Zug nach Probstzella benutzen dürfe. Dabei erhielt ich die Auskunft, ich könnte mitfahren und müßte lediglich meinen Reisepaß zeigen ...«

Das Rentnerehepaar Freund liefert der MfS-Bezirksverwaltung Gera, Abteilung VI/4, seit 1976 Berichte unter dem Decknamen »Veteran«. 1980 stirbt Edwin Freund. Kurz darauf erhält die Witwe eine Auszeichnung in Höhe von dreihundert Mark »für die gute Beobachtungs- und Ermittlungstätigkeit im Operationsgebiet« sowie für die »pünktliche Einhaltung der Zusammenkünfte mit dem zuständigen Mitarbeiter des MfS«. Die 65jährige Helene Freund fährt weiterhin wenigstens zweimal im Jahr zu ihrer Schwester nach Ludwigstadt und »ermittelt« im Auftrag der Stasi. Ende 1985 beendet Hauptmann Gunkel die Zusammenarbeit mit der Begründung: »In den letzten beiden Jahren hat sich der Gesundheitszustand des GMS stark verschlechtert, so daß keine ordnungsgemäße Aufgabenerfüllung im Operationsgebiet mehr gewährleistet werden konnte.«[6]

1985

1985

»Am 31.1.85 in der Zeit von 10.59 bis 11.09 Uhr wurde durch Angehörige der Bayerischen Grenzpolizei ein entlaufener Diensthund (aus der Zwingeranlage der 8. Grenzkompanie) im Abschnitt Falkenstein an den Offizier Grenzaufklärung Hauptmann Terpe übergeben. Die Übergabe erfolgte durch den Leiter der GPI Coburg, Polizeihauptkommissar Wannersdörfer, und den Leiter des Sachgebietes II der GPI Coburg.«[1]

»Aufklärungssammelbericht«, Grenzregiment 15

Ende 1984 ist auch im Sonneberger Grenzregiment 15 die Struktur geändert worden: Die Einheit Probstzella ist fortan die 8. Kompanie (bis dahin 12.); das Bataillon Probstzella trägt nun die Ordnungszahl II (bisher III). Kommandeur des neu gegliederten Bataillons ist Oberstleutnant Klaus Baumann, 44 Jahre alt, der zuvor Chef des Bataillonsstabs gewesen ist.

Klaus Baumann 1984

Nachdem Klaus Baumann ein halbes Jahr lang das II. Bataillon kommandiert hat, verleiht Grenztruppenchef Baumgarten dessen Einheit den »Bestentitel im Sozialistischen Wettbewerb« (»Soldatentat XI. Parteitag – jederzeit gefechtsbereit! Für Frieden und Sozialismus!«). Im Park am »Kulturzentrum« in Probstzella (dem ehe-

Bericht der »Volkswacht« zur Verleihung des Titels »Beste Einheit« an das II. Bataillon unter Oberstleutnant Klaus Baumann in Probstzella

1985

Probstzella in den achtziger Jahren: ein eingeschränktes Leben an der Grenze

maligen »Haus des Volkes«) sind Anfang Mai 1985 zum »militärischen Zeremoniell« Grenzsoldaten aufmarschiert. Schulklassen und »Betriebskollektive« hat man herbeizitiert, der Chef des Grenzkommandos Süd, Generalmajor Janshen, hält eine Rede: Zuverlässig habe die »Beste Einheit« den Klassenauftrag erfüllt. Hundertdrei Soldaten hätten im zurückliegenden Ausbildungshalbjahr die »Schützenschnur« erhalten …
SED-Ortsparteisekretär Heinz Friese verkündet: »In gewohnter enger Zusammenarbeit und auf der Grundlage erfüllter und überbotener Pläne tun die Bürger der Grenzgemeinden an der Seite der Grenzsoldaten alles für die Sicherung des Friedens und die Stärkung des Sozialismus.« In der SED-Bezirkszeitung »Volkswacht« steht am nächsten Tag: »So gestaltete sich der feierliche Appell in Anwesenheit von Einwohnern und Gästen – bei dem außerdem aktive freiwillige Helfer der Grenztruppen ausgezeichnet worden sind – zu einem eindrucksvollen Bekenntnis für die erfolgreiche Politik unserer Partei zum Wohle des Volkes und für den Frieden.«

HEIKO FRANKE

»Klaus Baumann – wenn ich an die arrogante Fratze denke! Sein Fahrer äffte ihn immer nach: Hände schön an der Hosennaht, leicht geballt, wie es in der Vorschrift stand. Wenn er uns belehrt hat, ist die eine Hand unten geblieben, die andere Hand hat er vorgehalten und mit den Fingern mitgezählt: ›Erstens ..., zweitens ..., drittens ...‹ Ganz steif und akkurat.

Der Baumann war ganz heiß, Leute zu fangen: Der ließ sich in der Nacht holen, wenn an der Grenze was war, obwohl das auch der OvD, der Offizier vom Dienst, hätte erledigen können. Er ist dann immer über den Hof gekommen, grad aus dem Bett gefallen.

Am liebsten wär's ihm gewesen, wenn alle anderen hätten auf Knien an ihm vorbeirobben müssen. Dem hätte man nur noch eine Krone aufsetzen müssen. Und zwei Stelzen hätte er noch gebraucht, damit er über allen ist ... Einmal kam er zu mir:

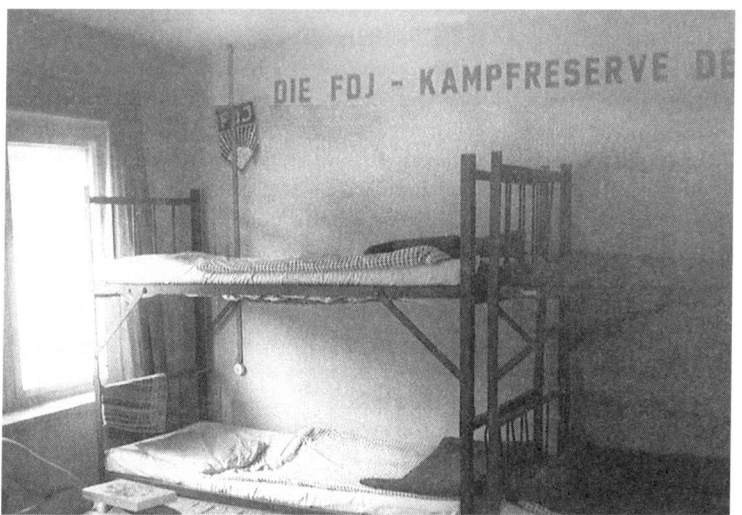

Für die Soldaten an der Grenze gibt es kaum Abwechslung. Die Bevölkerung hält sich von ihnen fern, ein Unterhaltungsangebot ist so gut wie gar nicht vorhanden. Heiko Franke verbringt deshalb viel Zeit in seiner kargen Unterkunft, wo er Briefe voller Verdruß und Heimweh verfaßt.

›So, Genosse Franke, heute machen wir mal eine ordentliche Wartung.‹ Der meinte, ich solle ihm mal seinen neuen ›Skoda‹ durchsehen. Er wußte nicht, daß ich von diesem Autotyp gar keine Ahnung habe. Ich machte die Motorhaube auf und tat so, als ob ich etwas einstelle. Ich hab ihm ein bißchen was kaputtgemacht ...«

Sommer 1985. Seit über einem Jahr »dient« Heiko Franke in Probstzella, wenige Kilometer entfernt von seiner Familie. Die Zeit will nicht vergehen. Am Abend sieht er Offiziere nach Hause gehen; einige von ihnen wohnen gleich gegenüber der Kaserne im NVA-Wohnblock oder, wie der Stabsfeldwebel Kathke, in einem Mehrfamilienhaus.

Sommer 1985. Heiko Franke sieht Offiziere unterhalb der Führungsstelle Hopfsberg im Feuerlöschteich angeln. Wann hat er das letzte Mal geangelt? Er sieht die Soldaten des Sicherungszuges gemächlich mit dem Fahrrad von der Kaserne zum Bahnhof fahren, sechs Mann und ein Unteroffizier, mit der MPi auf dem Rücken. Wann ist er zuletzt geradelt? Jeden Tag schneidet Heiko Franke, wie unzählige andere Soldaten auch, einen Zentimeter von einem Bandmaß ab.

1985

HEIKO FRANKE

»Mit der Zeit bekam man die ›Grenzmacke‹, das war ein geflügeltes Wort. Aus Langeweile hat man nur noch Blödsinn gemacht: einen Stuhl die Treppe runtergeschmissen oder ein Ei an die Wand geklatscht. Samstag war ›Warte-Tag‹, Sonntag war noch schlimmer, Langeweile wie verrückt. Was machen die anderen jetzt daheim? Ich schickte jeden Tag einen Brief nach Hause. Manchmal spielten wir Fußball, ab und zu ging's mit dem Lkw nach Gräfenthal ins Freibad. Im Winter war's am schlimmsten: kalt, sinnlos, heimatlos. Dazu der Drill.

Das letzte halbe Jahr haben wir fast nur noch auf dem Zimmer Abendbrot gemacht, obwohl das nicht gern gesehen wurde. ›Salami‹ war das Zauberwort, Semmeln mit Salami. Oder mit Fisch. Abendbrot auf dem Zimmer, das war was: Man brauchte nicht mit in den Schweinestall zum Essen. Zum Schluß sahen wir heimlich auch Westfernsehen: Einer hatte ständig den Finger am Schalter, ein zweiter saß an der Tür und paßte auf.

Ausgang in Probstzella? Ja, da gab's die Bahnhofskneipe und das ›Kulturzentrum‹ – vollaufen lassen oder nicht. Ich war zweimal dort. Ich hatte, außer zu dem einen alten Einwohner, keinen Kontakt zu Einheimischen. Ich dachte, das seien alles Grenzhelfer.

Im ›Kulturzentrum‹ konnte man entweder weißen oder braunen Schnaps trinken. Ab und zu fanden auch ›Kulturveranstaltungen‹ statt, Bonzenveranstaltungen. Einmal war eine ›Großveranstaltung‹: Sie hatten alle Bürgermeister aus der Umgebung eingeladen, auch die aus dem Vor-Grenzgebiet, alle die ›aktiv bei der Grenzsicherung mitgewirkt haben‹. Ein ›großer Dankeschönball‹. Danach, so gegen ein Uhr nachts, mußten wir die Gäste nach Hause fahren. Ich sollte den Bürgermeister von Großneundorf heimbringen, aber als es soweit war, sagte er zu mir: ›Ach, ich fahre gleich mit dem B 1000 hier mit.‹ Nun hatte ich aber schon den Passierschein für den Kontrollpunkt bei Gräfenthal. Ich schrieb mit dem Füller dazu: ›… und Kontrollpunkt Marktgölitz‹. Ich bin in der Nacht nach Hause losgedüst, hab einen Stein ans Fenster geworfen und war eine gute Stunde daheim.

Man hat alles versucht, um mal rauszukommen. Man durfte sich ja beim Ausgang in Probstzella nicht mit der Verwandtschaft oder Freunden von außerhalb der Sperrzone treffen. Manchmal bekam ich erweiterten Ausgang bis nach Marktgölitz, dort traf ich mich dann mit meiner Frau.

Einmal saß ich mit ihr auf einer Wiese bei Marktgölitz, sie hatte zu essen mitgebracht, Broiler. Wir essen, da kommt ein Streifenpolizist und sagt zu mir, er wolle meine Ausgangskarte sehen. Ich geb sie ihm, er meint: ›Da steht kein Datum drauf. Haben Sie heute überhaupt Ausgang?‹ – ›Na klar, die Ausgangskarte erhalte ich ja nur, wenn ich Ausgang hab.‹ – ›Kommen Sie mal mit!‹ – ›Wieso denn?‹ – ›Kommen Sie mit!‹ Wir sind zum Kontrollpunkt gelaufen, er rief in der Kaserne beim UvD an, und ich konnte wieder gehen. Eine Stunde von meinen drei Stunden Ausgang war weg.«

Der Spanier Manuel Crispo R. steigt am Samstag, dem 5. Oktober 1985, von Ludwigsstadt kommend, anderthalb Kilometer südwestlich von Probstzella über den Grenzzaun. Ohne Auslösung überwindet er den Signalzaun. Dort erfolgt am Nachmittag, kurz nach drei, durch eine Kontrollstreife am Kontrollstreifen »die Feststellung einer Spur BRD/DDR (drei Fußabdrücke)«.[2]

HEIKO FRANKE

»Wir saßen im Fernsehraum, da kam plötzlich der UvD und rief: ›Hundestaffel raus!‹ Danach wurde der Fahrer des Kommandeurs geholt. Und auf einmal: ›Grenzalarm!‹ Ich dachte, was ist denn das wieder für ein Quatsch. Es kam selten vor, daß wir vom Stab bei Grenzalarm mitmußten.
Ich hab die normale Felddienstuniform angezogen. Waffen in Empfang nehmen, Lkw bereitstellen, aufsitzen, losfahren. In Marktgölitz wurde vorn an der Straße der erste Posten abgeladen, dann alle zweihundert Meter ein Doppelposten. Ich stand in Marktgölitz auf dem Dorfplatz unter der Linde, mit durchgeladener MPi. Nach zwölf Uhr haben wir uns auch schlafen gelegt, in einem alten Schafstall. Was man da riskiert hat! Man hatte überhaupt keinen Bezug mehr zur Realität, war vollkommen aus der Bahn geworfen.
Wir lagen ganz eng beieinander, weil wir gefroren haben. Gegen vier Uhr wurde ich von der Kälte wach. Mein erster Gedanke: Wollten die uns vielleicht schon einsammeln und haben uns nicht gefunden? Wir raus und ein Stück gelaufen – die anderen standen noch da ... Morgens um acht holten sie uns ab. Gerüchteweise hieß es, ein Spanier sei aus Versehen von drüben rübergekommen, und man habe ihn in Gräfenthal in der Kneipe verhaftet.
Kurz vor der Entlassung – es war Wahnsinn! Wir haben nur noch versucht zu schlafen, zu vergessen. Ich bin früh aufgestanden – Frühsport machte man nicht mehr mit – und hab mich dann um acht Uhr gleich wieder hingelegt (draußen auf den Lkw oder so) und hab wieder geschlafen. Das ging auch, man war immer müde.«

Mehr als neunhundert Menschen werden 1985 bei dem Versuch festgenommen, über die DDR-Grenze nach West-Deutschland oder West-Berlin zu flüchten. Hundertsechzig DDR-Bürgern glückt unter Gefahr für Gesundheit und Leben die Flucht in den Westen.

Minenräumkommando bei Kleintettau: Bis November 1985 werden die Tretminen an der Grenze zur Bundesrepublik beseitigt.

1986   Zu den neun Uniformierten, die in diesem Jahr in den Westen abhauen, gehört ein Grenzsoldat, der im Januar bei Lehesten »fahnenflüchtig« geworden ist. An der Grenze im Kreis Saalfeld gelingt nicht eine Flucht; über zwanzig Flüchtlinge scheitern hier.³

1986

»Die Beschuldigte Liane B. (aus Burg) kam am 10.1.1986 mit dem E 801 von Gera nach Saalfeld und benutzte den gleichen Zug, der ab Saalfeld als P 5015 im grenzüberschreitenden Verkehr nach Probstzella/Nürnberg weiterfährt, bis Probstzella … Ihre ursprüngliche Absicht war es, ein Versteck in der Toilette eines Reisezugwagens zum ungesetzlichen Grenzübertritt über die GÜST Probstzella zu benutzen. Sie hatte dann aber Angst bekommen und sich auf dem Grenzbahnhof Probstzella nach Verlassen des Zuges bei einem Angehörigen der PKE nach einem Zug in Richtung Leipzig erkundigt, was zur Überprüfung und Festnahme führte.«¹

»Lageeinschätzung« der Volkspolizei

»Probstzella, hier Probstzella! Sehr verehrte Reisende! Wir begrüßen Sie in der Deutschen Demokratischen Republik. Halten Sie bitte Ihre Dokumente zu einer einmaligen Kontrolle während der Fahrt bereit. Dieser Zug fährt ohne Halt durch das Gebiet der DDR. Wir bitten Sie, die Anmeldung genehmigungspflichtiger Gegenstände wie Waffen, Munition und Funksendeanlagen im Reisezug vorzunehmen. Wir wünschen Ihnen eine gute Weiterreise!«

Pünktlich um 2.47 Uhr verläßt der Transitzug München–Berlin am 12. Januar 1986 den Bahnhof Probstzella. Die zwölf Waggons sind in dieser Nacht nur zu einem Viertel besetzt; rasch haben die »PKEler« die Pässe kontrolliert und die »Transitvisa« ausgestellt. Fünf Transportpolizisten fahren im Zug mit. Über Funk sind sie verbunden mit der »motorisierten Streife der Außensicherung«. Bei einem regulären oder außerplanmäßigen Halt schauen die Genossen L. und P. im vorderen Teil des Zugs auf beiden Seiten aus dem Fenster und die Genossen Sch. und G. im hinteren.

Fast ohne Besonderheiten verlaufen die Kontrollgänge der »Trapos« durch die Waggons. Ordnungsgemäß ist die Tür am Zugende verschlossen, auch alle anderen Türen schließen richtig, die Deckenlukenverschlüsse sind ebenfalls in Ordnung. Auf den

Aus einer Stasi-Dokumentation zu »Versteckmöglichkeiten für Personen und Sachschleusungen« im Bundesbahnzug Leipzig–Probstzella–Nürnberg.

1986

Versteck im Zug, links: geöffnete Deckenluke in der Toilette.

Toiletten und in den Waschkabinen – »keine Feststellungen«. Um 3.15 Uhr, der D 300 ist bei Saalfeld, entdeckt Hauptwachtmeister G. in der Gepäckablage eines leeren Abteils ein »BRD-Druckerzeugnis«. Er übergibt die »Praline« seinem Streifenführer. Genosse L. findet im Gang des Liegewagens Westgeld – einen Pfennig. Auch der wird ordnungsgemäß beim Obermeister P. abgeliefert.
Planmäßig elf Minuten hält der Zug auf dem Bahnhof Camburg, neun Minuten in Dessau, sechs in Caputh – »ohne Vorkommnisse«. Niemand öffnet unberechtigt die Tür, keine Kontaktversuche. Um 7.13 Uhr steigen die Paßkontrolleinheit und das Zugbegleitkommando in Potsdam-Griebnitzsee aus. Frühstückspause. Obermeister P. fertigt einen »Übergabebeleg« für Pfennig und »Praline«. Mit dem nächsten Zug Berlin–München geht's zurück nach Probstzella.[2]

Ordnungsgemäße Übergabe von »Westerzeugnissen« durch die »Trapo«

Zollkommissariat Ludwigsstadt, Dienstsitz von Helmut Hein, der dem Amt seit 1986 vorsteht

HELMUT HEIN

»Der Gedanke, zum Zoll zu gehen, kam mir bei der Bundeswehr. Im Raum Ludwigsstadt war durch die Grenzsituation wenig Aussicht, in einem zivilen Beruf eine Leitungsposition zu bekommen. Von hier weg wollte ich nicht, ich bin sehr heimatverbunden. Auch bin ich das einzige Kind meiner Eltern, die damals bereits älter waren.

Ab 1982 war ich Zollinspektor in Ludwigsstadt; 1986 hab ich, mit 27 Jahren, meinen Vorgänger als Dienststellenleiter abgelöst – ich hatte eine gute Abschlußprüfung gehabt. Außerdem wollte hier nicht jeder her in diesen Zipfel. Für einen aus Braunschweig war das hier die totale Wildnis, der viele Schnee im Winter...

Der Tätigkeitsbereich des Zollkommissariates Ludwigsstadt verlief von Tettau-Sattelpaß bis Nordhalben, 52,6 Kilometer. Als Leiter hatte ich die Dienst- und Fachaufsicht über sechzig Mitarbeiter. Ich war zuständig für die Organisation der Streifen an der Grenze.

Mein Alltag? Zuerst hab ich mir immer anhand der Streifenmeldungen die Lage im Abschnitt angeschaut, die Streifentätigkeit der Grenztruppe. Dann hab ich die Grenzlage vom Vortag an die Zentrale in München gemeldet. Damit hatte ich morgens immer so zwei Stunden zu tun. Danach bin ich zu den Streifen rausgegangen.

Regelmäßig sind wir zum ›Probstzella-Blick‹ und haben nach Probstzella reingeschaut: Wie läuft die Abfertigung auf dem Bahnhof? Dafür hatten wir ein Spiegelteleskop, 30 × 60. Damit konnten sie sozusagen die Zeitungen auf dem Bahnhof Probstzella lesen. Einmal hab ich mir das Teleskop aufbauen lassen, nachdem ich von einem Überläufer erfahren hatte, hinter welchem Fenster der GÜST mein Pendant, der Zollhauptkommissar Dietzel, sitzt. Wir hatten von dem Mann kein Bild, ich wollte aber mal sehen, wie er aussieht. Den halben Vormittag habe ich mich dort oben rumgedrückt und ihn dann auch tatsächlich gesehen.«

»In der Begründung für Anträge treten humanitäre Probleme in den Hintergrund. Vordergründig werden unzureichende Versorgungs- und Dienstleistungsprobleme aufgeführt, vereinzelt Familienzusammenführung.
Verstärktes Vorsprechen (wiederholt) beim örtlichen Organ, ohne Voranmeldung, um sich nach dem Stand der Bearbeitung zu erkundigen.
Einzelne Antragsteller vertreten die Auffassung, daß derjenige, der sich an gesetzliche Bestimmungen der DDR hält, länger auf zustimmende Entscheidung warten muß, als jener, der straffällig wird.
Erstmals trat in Erscheinung, daß ein Antragsteller (Antrag am 13.2.86 gestellt) bereits 14 Tage später seine Haushaltsauflösung im Kreisteil der ›Volkswacht‹ inserierte...
Seit der im März 1985 im Kreis erfolgten Inhaftierung von Antragstellern traten durch solche Personen keine strafrechtlich relevanten Handlungen auf.«[3]

Schreiben des Leiters des VP-Kreisamtes Saalfeld, Siegfried Zappe, an den Chef der BDVP Gera

Ein Mann aus Erfurt fährt am 26. März 1986 mit dem Zug nach Saalfeld; von dort aus gelangt er zu Fuß entlang der Fernverkehrstraße 85 nach Probstzella, wobei er den Kontrollpunkt Marktgölitz umgeht. Es ist bereits dunkel, als der Mann geradewegs durch Probstzella läuft. Am Signalzaun am Ortsausgang angelangt, versucht er vergebens, unter einem Zauntor durchzukriechen. Auch der Versuch, an der Loquitz durch die Sperre zu kommen, mißlingt. Der Mann entschließt sich, über die Krananlage des Heizkraftwerks (früher Itting-Werke) zu klettern und so den Zaun des Grenzstreckenabschnitts zu überwinden. Das glückt ihm.
Er geht am Gleis Richtung Ludwigsstadt weiter bis zum »Loch im Zaun« am Fuße des Hopfsbergs. Dort nehmen ihn Grenzer fest.[4]

Noch steht der »schiefe Turm von Probstzella«, der »Beobachtungsturm Falkenstein«, unweit der Bahnlinie nach Ludwigsstadt. Der neue Wachturm, gleich daneben, ist nicht mehr rund, sondern eckig.
Am 30. Mai 1986 ist auf dem runden »BT-11« ab 17 Uhr der 23jährige Postenführer R. »zur Sicherung des Grenzstreckenabschnitts« eingesetzt. Sein Posten, Gunter W., Mitte Zwanzig, ein Maurer aus Saalfeld, hat bereits Anfang der achtziger Jahre im Grenzkommando Nord seinen Grundwehrdienst abgeleistet. Seit zwei Monaten ist er als Reservist in der Kompanie Probstzella.

Helmut Hein, der aus Heimatverbundenheit den Dienst beim Zoll antrat.

Den ganzen Tag hat es geregnet. Tags zuvor auch. Da ist Gunter W. noch bei seiner Freundin in Saalfeld gewesen. In zwei Wochen soll's dann ganz nach Hause gehn. Davon erzählt er jetzt seinem Postenführer. Bei Einbruch der Dunkelheit erhalten die beiden Grenzer den Befehl, den B-Turm zu verlassen, die Lichttrasse einzuschalten und in der zwanzig Meter entfernten Erdbeobachtungsstelle Posten zu beziehen. Sie lassen sich eine Viertelstunde Zeit mit dem Aufbruch.
Um 21.34 Uhr steigen sie die Stahlleiter hinab. Gunter W., der vor seinem Postenführer den Turm verläßt, schlägt die Tür zu und schließt sie mit einem Vorhängeschloß ab. Während Postenführer R. schreit: »Gefreiter W., öffnen Sie die Tür!« und verzweifelt gegen die Pforte tritt, rennt Gunter W. neben den Bahnschienen zur Grenze. Dreihundert Meter …
Postenführer R. steigt zurück auf die Kanzel – er sieht »den Verräter« nicht mehr. Dem »Kommandeur Grenzsicherung« auf der Führungsstelle Hopfsberg meldet er: »59, hier ist die 20, mein Posten ist abgehauen.« – »Sagen Sie das noch mal!« herrscht Fähnrich S. den Gleichaltrigen an. »Mein Posten ist abgehaun…« Der Kommandeur befiehlt die Alarmgruppe zur Abriegelung und dem Postenführer R.: »Weiter beobachten und sichern!«[5]

»Die Erzieherin … lenkt die Aufmerksamkeit der Kinder … auf Angehörige der Nationalen Volksarmee, der Grenztruppen, der Kampfgruppen … und stellt nach Möglichkeit persönliche Kontakte zu ihnen her …
Es ist die Aufgabe der Erzieherin, die Kinder zu befähigen, in ihren gegenständlichen Handlungen mit Puppen …, NVA-Fahrzeugen u.a. die damit verbundenen sozialen Bezüge zum Ausdruck zu bringen …
Sie (die Kinder) sollen erfahren, daß diese (die Angehörigen der bewaffneten Or-

Die Mauer in Berlin steht am 13. August 1986 ein Vierteljahrhundert. »Was hätten wir für Häuser bauen können mit diesem Beton«, sagt der Schriftsteller Stefan Heym. Die SED-Führung feiert diese »25 Jahre antifaschistischer Schutzwall« mit einem »Kampfappell« auf der Ost-Berliner Karl-Marx-Allee.

gane) das Leben der Menschen und die DDR schützen, weil es noch immer Feinde gibt, die alles zerstören wollen.«[6]

»Programm für die Bildungs- und Erziehungsarbeit im Kindergarten« mit der »Jüngsten Gruppe« (die Drei- bis Vierjährigen), Verlag Volk und Wissen, 1986

»Durch die Grenzsicherung sind ... gegnerische Kräfte festzunehmen oder, wenn alle Möglichkeiten zur Festnahme erschöpft sind, zu vernichten ...
Aufgaben der politischen Arbeit sind ... die Erziehung der Angehörigen der Grenzkompanie zum tiefen Klassenhaß gegen die Feinde des Sozialismus ..., die Ausprägung der Bereitschaft ... jeden Befehl widerspruchslos zu erfüllen.«[7]

Dienstvorschrift »Einsatz der Grenztruppen zum Schutz der Staatsgrenze« (seit 1985)

Drei Tage vor dem Jahrestag des Mauerbaus ist im Abendprogramm des Ersten Deutschen Fernsehens der Film »Entlang der Grenze« zu sehen. Geschichte und Aufbau der innerdeutschen Grenze werden detailliert geschildert. Ehemalige Künstler der DDR äußern sich zur Grenze: Sie sei »hart, unerbittlich und kalt«, meint der Schauspieler Hilmar Thate. Der Schriftsteller Jürgen Fuchs: Ein Staat, der solche Grenzziehungen mache, sei krank und mache krank. »Die Mauer, die schmuddelige Schande ...«, singt Wolf Biermann. Die Lyrikerin Sarah Kirsch: Die Hoffnung höre nicht auf, »daß man eines Tages doch darüber kann«.
Stefan Heym, der als Schriftsteller noch immer in der DDR lebt, beklagt die Verschwendung von Arbeitskraft der »Tausende von Menschen, die da Dienst tun«. Und: »Was hätten wir für Häuser bauen können mit diesem Beton.«
Den ehemaligen Angehörigen der Kompanie Probstzella Ralf Molter hört man in

der ARD-Reportage sagen, den Grenzsoldaten werde nach wie vor befohlen, Grenzverletzer seien »aufzuspüren, festzunehmen oder zu vernichten«. Als Verbrecher würden die Flüchtlinge dargestellt: »Ja, so werden die Leute eben heißgemacht.« Seit 1961 hätten bundesdeutsche Behörden »184 Menschen registriert, die ihr Leben auf der Flucht von Deutschland nach Deutschland verloren«, heißt es.
Schließlich erzählt Gunter W., wie er bei seiner Flucht im Mai 1986 »seinen Kameraden auf dem Kontrollturm überlistet« habe. Da sehen die Einwohner Probstzellas auf ihren Bildschirmen die Grenze am Falkenstein aus der anderen Richtung.

1987

»Als Offiziere einen glühenden Haß entfachen« - die Führung des Grenzbataillons Probstzella (v.l.n.r.): Oberstleutnant Baumann und die Majore Fischer, Gielsdorf und Kölzsch.

An der Grenze im Kreis Saalfeld ist 1986 allein dem Gefreiten W. die Flucht nach Bayern gelungen; über zwanzig Flüchtlinge scheitern hier.
Insgesamt werden in diesem Jahr mehr als eintausendeinhundert Menschen bei dem Versuch festgenommen, über die Grenzsperranlagen der DDR nach West-Deutschland oder West-Berlin zu flüchten. Rund zweihundert DDR-Bürgern glückt die Flucht in den Westen unter Gefahr für Gesundheit und Leben, darunter sechzehn Uniformierten.[8]

1987

In selbstgefertigten Schneehemden flüchten drei Männer Anfang Februar 1987 südöstlich von Neuenbau mit Skiern über die eingeschneiten Grenzzäune hinweg in den Westen. Sie haben Erfrierungen an Füßen und Händen. Bei ihrer »Erstbefragung« in Ludwigsstadt verweigern sie alle weiteren Angaben. Sie bestehen darauf, den Bundesnachrichtendienst anzurufen. Kurze Zeit nach dem Telefonat werden sie von »Herren in Zivil« abgeholt. »Das waren vermutlich Agenten aus

1987

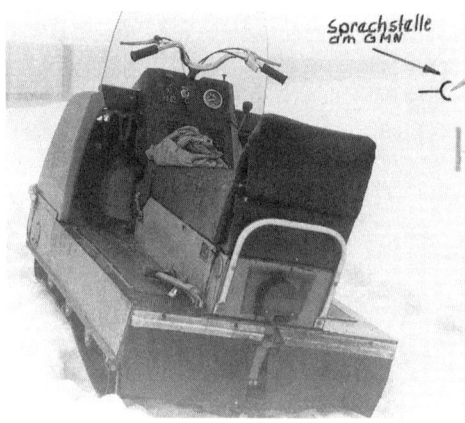

Am 25. März sollen zwei Grenzsoldaten ein defektes »Schneemobil« hinterm Signalzaun reparieren. Die beiden nutzen die Gelegenheit zur Flucht.

Rüstungskombinaten oder so, die sehr schnell fliehen mußten ...«, vermutet ein Ludwigsstädter Beamter.

Noch Ende März 1987 liegt der Schnee bei Neuenbau anderthalb Meter hoch. Am 25. des Monats sollen die Grenzsoldaten W. und Z. im Schutzstreifen im Ortsteil Sattelpaß einen »Buran« reparieren. Das »Schneemobil« befördert »bei maximaler Auslastung vier Grenzer samt Ausrüstung«. Gegen elf Uhr melden die zwei Gefreiten übers »Grenzmeldenetz« den Abschluß der Arbeiten und den »Entschluß, den Grenzsignalzaun wieder freundwärts zu passieren«. Die beiden Grenzer – sie sind befreundet – stapfen ein Stück »wie befohlen«, dann halten sie inne und laufen kurz darauf zum Grenzzaun I, zweihundert Meter weit, stellen ihre Maschinenpistolen an den Zaun, steigen rüber und verschwinden im Nebel.

Eine »feindliche Haltung zur DDR und zum Sozialismus« hätten die »Verräter« gehabt, stellt man im nachhinein fest. Sie hätten »negative Diskussionen über die Lebensweise in der DDR« geführt. Mit der Eisenbahn werden die »Fahnenflüchtigen« über Probstzella in die DDR zurückkehren; einer von ihnen hat dort Frau und Kinder.[1]

Insgesamt einundzwanzig Uniformierte befinden sich unter den fast dreihundert DDR-Bürgern, denen 1987 unter Gefahr für Gesundheit und Leben die Flucht in den Westen gelingt. Rund tausendsechshundert Menschen werden festgenommen beim Versuch, über die Sperranlagen der DDR nach West-Deutschland oder West-Berlin zu flüchten.

Zu den etwa zwanzig in diesem Jahr im Kreis Saalfeld gescheiterten Flüchtlingen gehört jener, den man in den frühen Morgenstunden des 23. April am Ratzenberg oberhalb von Zopten nach stundenlanger Verfolgung stellt. Drei Fluchten werden 1987 im Bereich der Kompanie Probstzella glücken.[2]

»Testfahrt am 7.4.1987 von 15.40 Uhr – 21.30 Uhr in den Grenzkreisen Saalfeld, Lobenstein und Schleiz.

Teilnehmer: Grenzoffizier Stab BDVP, Genosse Major Graumüller, Mitarbeiter für Grenzfragen, Rat des Bezirkes, Gen. Krebs, MfS- Unterabteilung Grenzsicherheit Gera, Gen. Major Hertel.

Kfz: Trabant, Leipziger Kennzeichen (Fahrer: Gen. Major Hertel).

Zielstellung: Das Ziel der Testfahrt bestand darin zu prüfen, wie sich ein Fremd-Kfz im Grenzgebiet bewegen kann, Reaktion aller Kräfte des Zusammenwirkens ... Die Reaktion der Grenzbevölkerung war trotz auffälligem Verhalten unsererseits und Erkennen als Fremd-Kfz nicht zu verzeichnen. Wir erweckten zwar allgemeines Interesse, aber ein grenzbezogenes Denken konnte nicht registriert werden. Besonders in Limbach, Kleinneundorf, Großgeschwenda, Lichtentanne, Lehesten ... konnte eine Gutgläubigkeit festgestellt werden.

Während der Weiterfahrt in das Grenzgebiet wurden auch keine Straßenkontrollen ... festgestellt ... Die Kontrollstelle Probstzella wurde ... drei Mal passiert. Sie war zwar besetzt, aber keine Kontrolle trotz Erkennen Fremd-Kfz... An der Tankstelle Probstzella stand ein Kübel-Kfz der Grenztruppen, besetzt mit 4 Genossen – keine Reaktion... Im Ort Probstzella war eine starke Lkw-, Pkw- und Personenbewegung durch die Grenztruppen festzustellen. Eine Kontrolle unseres Pkw wurde nicht einmal in Erwägung gezogen... Ebenfalls erfolgte keinerlei Reaktion bei unserem Aufenthalt direkt am Grenzsicherungszaun II neben der PKE-Unterkunft in Probstzella und an der alten Straße nach Ludwigsstadt...«[3]

1987

Achtzehn Jahre alt war Reinhard A. Kilian, als er 1956 den Offizierslehrgang beim Bundesgrenzschutz antrat. Seit 1970 arbeitet er in der Coburger »Hindenburg-Kaserne«, seit 1974 als »Sachbearbeiter Sicherheit«.

REINHARD A. KILIAN

»Zum einen war ich für die innere Sicherheit verantwortlich, zum anderen hab ich den Grenzdienst draußen geleitet. Alles, was mit Sicherheit zusammenhängt: Grenzaufklärung, Ermittlung, Fahndung, Flüchtlingsbehandlung. Die täglichen Grenzlagemeldungen nach München... Mein Pendant vom Regiment Sonneberg war der ›Oberoffizier Grenzaufklärung‹, Major Ulrich Schmidt. Das war der einzige von denen, mit dem man reden konnte. Gott sei Dank hatte er drüben was zu sagen... Ich kannte ihn seit dem ersten gemeinsamen Grenzbegang mit der deutsch-deutschen Grenzkommission 1974; danach sah ich ihn immer mal wieder im Gelände (›Na, wo ist er denn heute?‹). Ich hatte den Eindruck, der verstand, was man wollte. Irgendwie konnte ich ihm klarmachen: ›Mensch, schick doch mal deine Leute weg, ich will dir was sagen.‹ Er hat sie alle in die Gegend gescheucht (›Geht mal da rauf!‹). So haben wir uns immer mal wieder schnell ausgetauscht. Nein, über Politik sprachen wir nicht, das konnten wir nicht. Ich fragte ihn: ›Kann man nicht mal klären, ob es eigentlich wirklich ein verbotener ›Westkontakt‹ ist, wenn Ihre Jungs unseren Gruß erwidern?‹ – ›Herr Kilian, wenn ich das so einschätze, wie Sie das sagen, dann sehe ich das eigentlich nicht so.‹
Manchmal kam er mit einem besonderen Anliegen zu mir: Für ihn war klar, wenn wir einen Flüchtling hatten, hatten wir ihn. Aber er wollte wissen: ›Haben die Waffen mitgebracht? Wir suchen die Waffen von denen...‹ Oder wenn ein geflüchteter Grenzer einen Fotoapparat mitgenommen hatte. – ›Klar, können Sie haben, aber den Film behalte ich.‹ – ›Selbstverständlich.‹
Als sie Mitte der achtziger Jahre dabei waren, die Minen zu räumen, kam es schon mal vor, daß durch das Sprengen der Gummideckel einer Mine über die Grenze gefallen ist, einen halben Meter auf Bundesgebiet. Normalerweise hätten wir einschreiten müssen: Einspruch, Protest und diplomatische Verwicklungen. Wenn ich mit meiner Streife draußen war, hab ich das auf mich genommen. Ich warf das Zeug wieder rüber, und es war erledigt. Die drüben bedankten sich dann hochoffiziell, haben einem Streifenführer von uns ein Schreiben in die Hand gedrückt; das hat sich dieser Offizier, der Uli Schmidt, geleistet. Sie haben gemerkt, daß man den ganz schmalen Spielraum, den man dort hatte, genutzt hat. Und uns ging's doch darum, daß die weiter Minen sprengen.
Es kam vor, daß ich mit Uli Schmidt direkt an der Grenzlinie stand: Zwischen uns war nur ein Grenzstein, den konnten wir mit den Zehen berühren (so haben wir nichts verkehrt gemacht). Wir merkten beide, wie lächerlich das war. Diesen Spaß

1987

›gönnten‹ wir uns mal. Wir haben auch zwei-, dreimal privat geschwatzt, Mitte der achtziger Jahre. Mir fiel auf, daß er ein ganz braungebranntes Gesicht hatte: ›Herr Major, Sie sehen gut aus. Waren Sie im Urlaub?‹ (Wenn wir in Uniform waren, hab ich seinen Dienstgrad respektiert, der ja höher war als meiner.) Er erzählte von der Ostsee, ich von Tirol.«

»Der Grenzaufklärer muß unter allen Lagebedingungen bereit und fähig sein, den Klassenauftrag verantwortungsbewußt zu erfüllen. Er muß sich durch politische Reife, Treue zu den kommunistischen Idealen, feste Verbundenheit mit der Arbeiterklasse und bedingungslose Ergebenheit gegenüber ihrer marxistisch-leninistischen Partei sowie durch ein stabiles Berufsmotiv auszeichnen ... Der Grenzaufklärer ist im Grenzabschnitt einzusetzen:
– auf dem den Sperranlagen vorgelagerten Hoheitsgebiet der DDR,
– im Handlungsraum der Grenztruppen freundwärts des vorderen Sperrelements,
– außerhalb des Handlungsraumes in der Sperrzone.
Die Grenzaufklärung verwirklicht er nach den Methoden:
– Beobachtung,
– Horchdienst,
– Befragung der Bevölkerung im Grenzgebiet,
– Einholung von Informationen und fertigt Fotodokumentationen an.
Dem Grenzaufklärer sind Aufgaben im Interesse der Grenzaufklärung zu stellen. Dazu gehören hauptsächlich:
– Aufklärung und Dokumentation der Handlungen der Grenzüberwachungsorgane der BRD/Berlin (West) sowie der NATO-Streitkräfte ... und der Personen- und Kfz-Bewegung im gegenüberliegenden Grenzgebiet ...
– Kontrolle der Markierung ... der Staatsgrenze und der pioniertechnischen Anlagen
– Aufklärung im eigenen Grenzgebiet zur Feststellung von Vorbereitungshandlungen zum Grenzdurchbruch ...
– Aufklärung der Zugänge zum Schutzstreifen, der Annäherungs- und Aufklärungsmöglichkeiten sowie der Unterschlupfe der Grenzverletzer ...«[4]
»Ordnung Grenzaufklärer« des Grenztruppenchefs

Porträtfoto vom Major der Grenztruppen Ulrich Schmidt, aufgenommen vom BGS-Offizier Reinhard A. Kilian

»Im Stimmungs- und Meinungsbild der Grenzbevölkerung gab es folgende Probleme: Der Bau Grenzsignalzaun im Grenzabschnitt IV ist eine Schändung des Geländes ...
E. aus Neuhaus-Schierschnitz äußert sich im Kreise seiner Arbeitskollegen häufig negativ und beleidigend über Angehörige der bewaffneten Organe ... E. hat enge verwandtschaftliche Beziehungen in die BRD und wird materiell stark unterstützt. Mehrmals nahm er an Treffs der ›Jungen Gemeinde‹ bei E. teil ...
In der Ortschaft Hasenthal wurde in mehreren Fällen ... durch mehrere Jugendliche im Jugendzimmer der Ortschaft RIAS gehört (M., P., L., W., R., M.) ...
8. Grenzkompanie: Im Zusammenwirken wurde eine Gruppierung von Jugendlichen in Probstzella herausgearbeitet. Nennen sich ›Rucksack Probstzella‹. Verbindungen bestehen hauptsächlich im Freizeitbereich. Bisher bekannte Mitglieder: B., V., S., T., E., G. ...
Der Bürger Sch., Kurt, aus Triptis stellte Antrag auf Zuzug nach Zopten (Sperr-

zone). Dieser wurde abgelehnt. Sch. wurde 1974 nach Festnahme beim Versuch des Grenzdurchbruchs verurteilt und aus der Sperrzone ausgewiesen. Sch. erbte jetzt das Haus in Zopten und möchte seinen behinderten Vater versorgen. Die Versorgung kann jedoch auch durch seine Schwester gesichert werden ... Schmidt, Major«[5]

1987

»Aufklärungssammelberichte« des Oberoffiziers Grenzaufklärung

Der Oberoffizier Grenzaufklärung wertet die Meldungen der Aufklärer seines Regiments aus und leitet sie aufbereitet an die Unterabteilung Aufklärung des Grenzkommandos weiter. Diese ist der Hauptabteilung I des MfS beim Kommando der Grenztruppen unterstellt. Die HA I ist bis 1987 direkt dem Minister für Staatssicherheit unterstellt, fortan seinem Stellvertreter Gerhard Neiber.
Sechs DDR-Flüchtlinge werden im Sonneberger Grenzregiment zwischen Dezember 1986 und Oktober 1987 von Aufklärern festgenommen. Und auch für das nächste Ausbildungsjahr wird Major Schmidt seinen rund hundert Grenzaufklärern (neben der Aufklärung »gegnerischer Handlungen«) zur Aufgabe machen: »Die Grenzaufklärung ist ... mit dem Ziel zu führen ..., Versuche zu Grenzdurchbrüchen ... aufzudecken und zu verhindern.« Am Ende dieses Ausbildungsjahres erhält Ulrich Schmidt den »Kampforden für Verdienste um Volk und Vaterland«.[6]

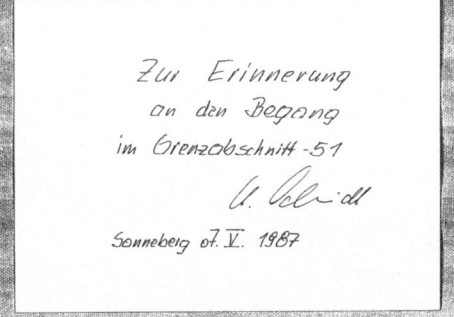

Reinhard A. Kilian (links) und sein Kommandeur auf einem Foto, das Major Schmidt mit Widmung überreichte.

REINHARD A. KILIAN
»Während eines Grenzbegangs steckte ich Uli Schmidt in einem Kuvert ein Porträtfoto zu, das wir von ihm gemacht hatten, mit einem Gruß hinten drauf. ›Herr Schmidt, ich hab was für Sie, das will ich Ihnen gern schenken. Gucken Sie mal schnell rein, ob Sie das nehmen dürfen.‹ Ich drehte mich um und deckte ihn mit meinem Rücken. Er meinte: ›Oh, toll, das nehm ich.‹ Steckte es in seine Kartentasche, und der Fall war erledigt.
Als wir uns dann wiedersahen, gab er mir ein Foto von mir und meinem Kommandeur. Das war für ihn mit Sicherheit höllengefährlich. Wir fühlten uns wie die Schulbuben.«

Im Laufe der Zeit hat der BGS Offizier Kilian auch Privates von seinem »Pendant« Ulrich Schmidt erfahren: Daß er Anfang der sechziger Jahre, noch keine zwanzig Jahre alt, seinen Dienst im Harz begonnen habe. Daß er verheiratet sei und zwei

1987

Kinder habe. »Reist gerne und oft, malt, fotografiert gerne, entwickelt Filme selbst, vor allem Dias«, notiert Reinhard A. Kilian.
»Mit BGS und Grenzpolizei gibt's keine Probleme«, sagt ihm Major Schmidt, »die machen ihren Dienst, wie's sich gehört.«

Fast fünf Jahre liegt die letzte gelungene Flucht eines Zivilisten an der Grenze im Kreis Saalfeld zurück, als am 16. Juni 1987 wieder ein DDR-Bürger versucht, dort über die Sperranlagen seinen Staat zu verlassen: Thomas K., Mechaniker im »VEB Karl-Marx-Werke Pößneck«, fährt zunächst mit seinem »Trabant« bis Leutenberg, dann läuft er weiter bis zum Signalzaun am Pfaffengrund bei Lichtentanne. Als er um 20.20 Uhr über den Zaun steigt, löst er in der Führungsstelle Hopfsberg Alarm aus.
Es gelingt dem Flüchtling auch, die Hundelaufanlage zu durchqueren, ohne gebissen zu werden. Durch die Signallinie kommt er, ohne ein Leuchtspurgeschoß auszulösen. Als er das Brummen von Fahrzeugen hört, verbirgt er sich, dann rennt er weiter und erreicht gegen 21 Uhr den letzten Zaun. Sie kriegen ihn nicht mehr, finden nur noch seine Lederhandschuhe auf dem Kontrollstreifen.
Nach drei Tagen kehrt Thomas K. zurück in die DDR zu seiner Frau und den beiden Kindern.[7]

Grenzverlauf am Pfaffengrund bei Lichtentanne, wo am 16. Juni 1987 noch einmal eine Flucht gelingt

Am 27. Juli 1987, morgens kurz vor drei, wird der Kommandeur Grenzsicherung, Fähnrich F., auf der Führungsstelle Hopfsberg durch das Auslösen des Signalzauns aufgeschreckt. Er befiehlt einen Alarmposten der Kompanie Probstzella

zum Zaunfeld Nummer 435. Eine halbe Stunde dauert es, bis der Posten meldet, bei Feld 435 sei nichts Auffälliges zu finden. – Ach ja, ein Versehen, das Feld 430 habe ja ausgelöst, bitte dort nachsehen ...
Wieder vergeht eine halbe Stunde, bis der Posten meldet, am Feld 430 hätten mehrere Personen den GSSZ-II überwunden. Grenzalarm für die Kompanie Probstzella. In 33 Minuten ist der Abschnitt abgeriegelt und ein Suchposten mit Fährtenhund auf die Spur am Signalzaun angesetzt. Da sind die beiden Flüchtlinge schon längst bei der Steinbachsmühle über den Bach gesprungen nach Bayern. Wie immer fertigt Major Ulrich Schmidt noch am selben Tag eine »Fotodokumentation zum Grenzdurchbruch« an.[8]

»Die Mauer muß weg!« rufen DDR-Bürger am 13. August 1987, dem 26. Jahrestag des Mauerbaus, in Ost-Berlin vorm Brandenburger Tor den Sicherheitskräften zu. Die Forderung ist schon zwei Monate zuvor an der gleichen Stelle laut und deutlich zu vernehmen gewesen, als sich dort Hunderte von Ost-Berlinern anläßlich eines Rockkonzertes auf dem gegenüberliegenden Reichstagsgelände versammelt hatten. Da sind sie mit Gewalt auseinandergetrieben worden.

»Am 16.8.87 wurden die Bürger S. und E. aus Probstzella auf dem Alex in Berlin durch Oberfähnrich K., Grenzaufklärer der 8. Kompanie, festgestellt. Beide waren stark angetrunken und trugen den Aufnäher »Rucksack Probstzella«. Es ist nicht ausgeschlossen, daß die beiden an den Handlungen in der Friedrichstraße und am Brandenburger Tor teilnahmen.«[9]
»Grenzaufklärungssammelbericht«

18. August 1987. Morgens um sechs startet Helmut L., 38 Jahre alt, in Rudolstadt mit einem Agrarflugzeug. Er soll einen »Sprüheinsatz« fliegen. Wenige Minuten später lander er jedoch westlich von Saalfeld und nimmt seine Ehefrau, seine fünfzehnjährige Tochter und seinen neunjährigen Sohn in die Maschine auf, dazu einen Koffer, eine Reisetasche und mehrere Kartons. Seit Monaten weiß Herr L., wohin die Reise gehen soll.
Der Pilot orientiert sich an der Bahnlinie Berlin–München. In hundert Metern Höhe nähert er sich Probstzella. Reichsbahner sehen, wie die Maschine »übern Bahnhof reingeflogen« kommt, und sagen: »Der geht ab, der geht ab!« Der alte Herr Sauer füttert gerade seine Hasen, als das Flugzeug über seinen Kopf hinwegbrummt und Richtung Falkenstein abdreht, beängstigend nah am Schornstein der ehemaligen Itting-Werke vorbei. Der Grenzposten auf dem Wachturm am Falkenstein meldet dem Bataillonskommandeur: »Da hat sich eben ein Flugzeug verflogen, feindwärts ...« – »Der hat sich nicht verflogen, der ist abgehauen!« faucht Klaus Baumann in den Hörer.
Minutenlang fliegt Helmut L. über Ludwigsstadt, bevor er um 6.18 Uhr »auf der Kuppe« landet, der einzigen großen ebenen Fläche in diesem Bereich. Eine halbe Stunde später kreist über Probstzella eine »Mi-24«, ein Kampfhubschrauber der NVA, ausgerüstet mit Maschinengewehren und Bordkanonen ... Am Sportplatz Probstzella mäht Herr Sauer um diese Zeit Hasenfutter, als ein Motorradfahrer angebraust kommt und fragt: »Haben Sie ein Flugzeug gesehen?« – »Das ist schon seit einer Stunde vorbei, der ist durch ...«

1987

Familie L. »auf der Kuppe« bei Ludwigsstadt, wo Helmut L. von Saalfeld kommend nach wenigen Flugminuten in den frühen Morgenstunden des 18. August mit der kleinen Agrarmaschine landet

MARTIN WEBER

»Die Familie L. ist von Ludwigsstädtern zum Kaffeetrinken eingeladen worden. Zwei Tage später kam von drüben eine Mannschaft, die das Flugzeug zerlegt und wieder zurückgeführt hat. Die wurden von Einwohnern genauso mit Kaffee und Brötchen bewirtet! Eine schizophrene deutsche Geschichte.
Man sah genau, wer von denen ein Mitarbeiter des MfS und wer ein wirklicher Mechaniker ist: Der eine nahm nichts an und hielt sich immer nur krampfhaft am Flügel fest, während die anderen schon in ihre Wurstbrötchen reinbissen. Die fragten dann auch: ›Wo können wir noch günstig einkaufen, bevor wir losfahren?‹«

Partei- und Staatschef Erich Honecker kommt im September 1987 zu einem fünftägigen Besuch in die Bundesrepublik Deutschland. In Bonn wird er feierlich empfangen von Bundeskanzler Kohl und Bundespräsident von Weizsäcker.

»Insbesondere wünschen wir uns, daß keiner mit Waffengewalt daran gehindert wird oder an seinem Leben Schaden erleidet, wenn er die Grenze überschreiten möchte.«

Bernhard Vogel in seiner Tischrede beim Mittagessen mit Erich Honecker in Trier am 10. September (»Neues Deutschland« vom 11. September 1987)

1987

»Aber ich glaube, wenn wir gemeinsam entsprechend dem Kommuniqué handeln, das wir in Bonn vereinbart haben, und in Verbindung damit eine friedliche Zusammenarbeit erreichen, dann wird auch der Tag kommen, an dem Grenzen uns nicht mehr trennen, sondern vereinen, so wie uns die Grenze zwischen der Deutschen Demokratischen Republik und der Volksrepublik Polen vereint.«

Erich Honecker nach dem Besuch in seinem saarländischen Heimatort Wiebelskirchen am 10. September (»Neues Deutschland« vom 11. September 1987)

»Sie, Herr Staatsratsvorsitzender und Generalsekretär, haben im Rahmen Ihrer Reise, die heute zu Ende geht, auch einen starken persönlichen Schwerpunkt gesetzt. Sie haben Ihren Geburtsort und die Stätten Ihrer Kindheit und Jugend aufgesucht, sind am Grab Ihrer Eltern gestanden und haben mit Ihrer Schwester gesprochen. Gerne würden wir dies als Zeichen Ihres Verständnisses dafür nehmen, wenn solche Wünsche von unseren Landsleuten diesseits und jenseits von Thüringer- und Frankenwald vorgebracht werden ... Die Mauer in Berlin, ein fast vollkommenes Netz von Sperrmaßnahmen, ein Rechtssystem, das den illegalen Grenzübertritt als Verbrechen einstuft – mit der juristischen Folge des Schießbefehls –, der Zwang behördlicher Genehmigung für den Besuch von Eltern, Geschwistern und Verwandten, all das paßt nicht mehr in die neue Phase der weltpolitischen Entwicklung, in die wir hoffentlich eingetreten sind.«

Franz Josef Strauß in seiner Tischrede beim Mittagessen mit Erich Honecker in München am 11. September (»Neues Deutschland« vom 12. September 1987)

»Genosse Oberst! Genossen Offiziere! Werte Gäste! ... Sozialismus und Kapitalismus lassen sich ebensowenig vereinen wie Feuer und Wasser [so hatte es Erich Honecker im »Neuen Deutschland« vom 6. Oktober 1984 verkündet]. Die sozialistische DDR und die imperialistische BRD gehören nie zusammen, es trennen sie Welten ... Der Sozialismus in der DDR ist unwiderruflich. Das imperialistische Deutschland hat keine Chance, als geeint wiederzuerstehen ... Taktisch kluges, politisch überlegtes, verantwortungsbewußtes Handeln bei voller Ausnutzung aller Möglichkeiten sind auch in der nächsten Zeit von uns gefordert. Was die Anwendung der Schußwaffe im Grenzdienst anbetrifft, so gelten für uns die Festlegungen des Grenzgesetzes und der Grenzdienstvorschriften. Darin ist die Anwendung der Schußwaffe als äußerste Maßnahme der Gewaltanwendung gegenüber Personen festgeschrieben ... Die Analyse des Stimmungs- und Meinungsbildes nach dem Besuch Erich Honeckers in der BRD macht auch deutlich, daß es bei einer Reihe von Grenzsoldaten Anzeichen von Sorglosigkeit und Unsicherheit in der Beurteilung des BRD-Imperialismus ... gibt ...«[10]

Werner Pinkes, Sonneberger Regimentskommandeur

Der Sonneberger Regimentskommandeur, Oberstleutnant Werner Pinkes (rechts), überbringt einer Streife Glückwünsche zum Jahreswechsel.

Wolfram Hädicke

»Ich hab in Probstzella bei verschiedenen Gelegenheiten, zum Beispiel der Friedensdekade, immer wieder darauf hingewiesen, daß diese Grenze vor unserer

1987

Nase nicht ewig stehen wird: ›So wie der Limes inzwischen ein Museumsstück ist, wird auch die Grenze, die uns jetzt das Leben schwermacht, einmal Museumsstück werden.‹

Als man im Oktober 1986 bei einer goldenen Hochzeit in Großgeschwenda den Bruder des ›goldenen Bräutigams‹ aus Steinbach (Haide) nicht einreisen ließ, hab ich mich dazu im Gottesdienst mit harten Worten deutlich geäußert: ›Es muß aber auch ausgesprochen werden, daß wir betrübt und enttäuscht sind, daß nicht alle Verwandten hier sein können – aus bekannten Gründen. Wir sollten uns erinnern, daß sie im Geiste bei uns sind, auch wenn Grenzen und menschenfeindliche Verordnungen uns trennen.‹

Im Herbst 1987 bekam ich eine Einladung nach Lauenstein, in die bayerische Nachbargemeinde, zur Kircheneinweihung. Ich mußte meinen Paß in Berlin abholen, bin in Probstzella in den Zug gestiegen, dann fünf Minuten Bahnfahrt – husch, war man drüben! Ich hab gestaunt, wie schnell das ging.«

Angehörige des MfS durchsuchen in der Nacht zum 25. November 1987 in Ost-Berlin Räume der evangelischen Zions-Kirchgemeinde. Sie nehmen sieben Mitarbeiter der im Keller des Gemeindehauses untergebrachten »Umweltbibliothek« fest. Sie beschlagnahmen Druckmaschinen sowie dort hergestellte Exemplare der »Umweltblätter«.

Zu einer Mahnwache vor der Kirche versammeln sich Freunde und Bekannte der Inhaftierten in der darauffolgenden Nacht. Auch sie werden festgenommen. Andere stehen alsbald an ihrer Stelle vor dem Portal. Als in Berliner und in weiteren Kirchengemeinden der DDR Solidaritätsveranstaltungen mit einigen tausend Teilnehmern stattfinden, läßt man die Festgenommenen frei.[11]

»Ein Zitat des Propheten Jesaja: ›Das Volk, das im Finstern wandelt, sieht ein großes Licht, und über denen, die da wohnen im finstern Lande, scheint es hell.‹ Ein uralter Adventstext. Ein Kollege von mir wollte diese Worte als Motto für die Adventszeit in seinem Kirchenblättchen drucken lassen. Dies wurde ihm nicht gestattet: ›Sie werden verstehen, Herr Pfarrer, das können wir doch nicht drucken, das ist doch nicht das Lebensgefühl unserer Menschen.‹

›Das Volk, das im Finstern wandelt, sieht ein großes Licht, und über denen, die da wohnen im finstern Lande, scheint es hell.‹ Die Mächtigen sind offenbar sehr empfindlich, wenn sie das Gefühl haben, von ihrer Gegenwart wird als finsterer Zeit geredet, und sie reagieren ängstlich, wenn neue Lichter ihre Herrschaft in Frage stellen. Kaiser Augustus und König Herodes hätten sicherlich den Satz des Jesaja auch nicht drucken lassen.

Woher kommt diese merkwürdige Angst der Mächtigen vor der Botschaft der Bibel, vor dem Kind in der Krippe? Vielleicht kann man es so sagen: Der Geist der Bibel, der Heilige Geist, stellt den Zeitgeist in Frage. Nicht alles, was wir als hell und licht empfinden, ist auch Licht. In jeder Zeit gibt es Irrlichter, die aufleuchten, die Menschen in ihren Bann ziehen und dann plötzlich verlöschen. Damals war der Gott-Kaiser Augustus solch ein Irrlicht, heute sind es vielleicht unser Fortschrittsglaube oder politische Ideologien.«

Pfarrer Hädicke, Heiligabend 1987 in der Kirche Probstzella

1988

»Ein Beweger von der Art Gorbatschows war erwartet worden wie der Messias, schon lange ... Alles stockte, stagnierte, wurde defizitär: das freie Wort, der aufrechte Gang, die ungegängelte Wahl von Arbeitsplatz und Aufenthaltsort, Material- und Ersatzteillieferungen für die Produktion, Waren für die Geschäfte, Saatgut und Dünger für die Landwirtschaft, Benzin für die Kraftfahrer, Milch für die Kinder, selbst Särge und Begräbnisplätze für die Toten ...
Ideologisch und militärisch zu Tode gerüstet, ihre widerspenstigen Geister ins innere Exil, in Irrenanstalten oder per Ausbürgerung ins Ausland verbannt, ihre jungen Soldaten in den mörderischen Afghanistan-Krieg gepreßt, ihre Bodenschätze gegen Dollar und Getreidelieferungen verschleudert, ihre gesellschaftlichen Verhältnisse versteinert, ihre Partei-Nomenklatur zu einer korrupten Clique herabgesunken – nichts war geblieben von den sozialistischen Verheißungen der frühen Jahre ...«[1]
Jörg R. Mettke, seit 1987 »Spiegel«-Korrespondent in Moskau, über »Gorbatschow und das Ende der Sowjetunion«

Nach dem Tod von Leonid Breschnew (1982) und dem Ableben seiner greisen Nachfolger (Jurij Andropow und Konstantin Tschernenko) in kurzen Abständen ist seit März 1985 Michail Gorbatschow Generalsekretär der Kommunistischen Partei der Sowjetunion. Mit Öffnungen und Offenheit (»Glasnost«) in Politik und Gesellschaft will der bei seinem Amtsantritt 54jährige die Sowjetunion umgestalten (»Perestroika«) und sie so vor dem weiteren Verfall bewahren. Der Staat soll demokratisiert und die Wirtschaft liberalisiert werden, dabei jedoch sozialistisch bleiben.
Mehrmals hat sich Generalsekretär Gorbatschow mit dem US-Präsidenten Ronald Reagan getroffen, um mit ihm ernsthaft über die Beendigung des Wettrüstens zwischen den Supermächten zu verhandeln – auch, um die sowjetische Wirtschaft von den gigantischen Militärausgaben zu entlasten.
Zum Bemühen Michail Gorbatschows um radikale Reformen gehört sein Vorschlag während einer Tagung des ZK der KPdSU Anfang 1987, das Wahlsystem zu ändern: Fortan sollen bei geheimen Wahlen mehrere Kandidaten zugelassen werden. Ein Jahr darauf kündigt der Parteichef den Abzug der sowjetischen Truppen aus Afghanistan an.
In der DDR laufen die Uhren indes anders. Die SED-Parole: »Von der Sowjetunion lernen heißt siegen lernen!« gilt seit Gorbatschows Reformprogramm nicht mehr. Gegenüber der Illustrierten »Stern« äußert das SED-Politbüromitglied Kurt Hager im April 1987: »Würden Sie, nebenbei gesagt, wenn Ihr Nachbar seine Wohnung neu tapeziert, sich verpflichtet fühlen, Ihre Wohnung ebenfalls neu zu tapezieren?«[2]

»Es ist Zeit, sich nicht mehr die Misere des Mißtrauns länger zu verzeihn. Es ist hohe Zeit, und ich begehre ein offenes, öffentliches Sein.« Dies singt der Ost-Berliner Liedermacher Stephan Krawczyk 1987 in seinem Programm »Wieder Stehen« in verschiedenen Kirchen der DDR. Er singt von der »nach drüben abgetriebenen

1988

Freundin« und von kleinen Kindern, »denen der Wohlstandssmog das Atmen fast unmöglich macht«, von den »Friedensbehütern vom Staatspersonal«, die zu Pfingsten 1987 vorm Brandenburger Tor aufmarschiert sind »mit Knüppeln aus Gummi und Stahl«.

Als Stephan Krawczyk am 17. Januar 1988 auf der Berliner »Kampfdemonstration zu Ehren von Karl Liebknecht und Rosa Luxemburg« ein Tuch entfalten will mit der Aufschrift »Gegen Berufsverbot in der DDR« (er hat seit 1985 Auftrittsverbot), wird er daran gehindert und inhaftiert. Eingesperrt werden über hundert weitere Oppositionelle, die am Rande der Veranstaltung für Frieden und Menschenrechte demonstrieren wollen. Ein paar Tage später wird auch die Frau von Stephan Krawczyk, die Autorin und Regisseurin Freya Klier (ebenfalls seit 1985 Berufsverbot) festgenommen. Im Gefängnis werden dem Ehepaar mehrjährige Haftstrafen angedroht, unter anderem wegen »landesverräterischer Beziehungen«. Am 2. Februar 1988 schiebt man die beiden in die Bundesrepublik ab.

Freya Klier und Stephan Krawczyk nach der Ausweisung aus der DDR bei einer Pressekonferenz im Westen

1988 werden an der DDR-Grenze zu West-Deutschland und West-Berlin mehr als zweitausendeinhundert Menschen beim Fluchtversuch festgenommen – »die höchste Anzahl von Versuchen des Grenzdurchbruchs seit dem Jahre 1974«, wie man im Strausberger Verteidigungsministerium feststellt. Dazu kommen fast tausendachthundert Festnahmen von fluchtwilligen DDR-Bürgern an den Grenzen der »Bruderstaaten«.

Rund sechshundert Menschen glückt die Flucht aus der DDR unter Gefahr für Gesundheit und Leben, darunter vierzehn Uniformierten. Etwa hundert Flüchtlinge entkommen über die Sperranlagen nach West-Deutschland und fünfzig nach West-Berlin. Ferner zählt man in diesem Jahr mehr als dreihundert Fluchten über das sozialistische Ausland und siebzig Kfz-Ausschleusungen. Über die Ostsee flüchten um die dreißig DDR-Bürger; fast zweihundert Fluchtwillige nimmt man dort fest.

Annähernd sechstausend Ostdeutsche unterhalb des Rentenalters kehren in diesem Jahr nach einer genehmigten Westreise nicht in ihren Staat zurück. Im Bereich der 8. Kompanie Probstzella nehmen die Grenzer nicht weniger als sechzehn Flüchtende fest; drei Fluchten gelingen dort.[3]

An den Kontrollpunkten Marienborn und Hirschberg sterben im Mai 1988 zwei Männer, nachdem sie beim Fluchtversuch mit Kraftfahrzeugen gegen Grenzsperren gefahren sind. An der Grenze im Kreis Saalfeld glückt im selben Monat einem 19jährigen Unteroffizier die Flucht nach Bayern, ebenso den Brüdern Schwabe aus Probstzella, 21 und 26 Jahre alt.[4]

»Die Sicherung unserer Staatsgrenze kam für unsere Gegner völlig überraschend … Trotzdem versuchten unsere Feinde auch nach dem 13. August 1961 immer wieder, die Grenze der DDR zu durchbrechen …«[5]

»Heimatkunde – Lehrbuch für die Klasse 4«, Verlag Volk und Wissen, 1988

Tino Schwabe 1988

»Politisch angeeckt bin ich nie, ich hab mich da nicht engagiert. Es hätt mich schon gereizt, an der Sache was zu ändern, aber ich hielt es für sinnlos, weil du überhaupt nicht mit diesen Leuten reden konntest.
Es gab mehrere kleine Anlässe, die einen bewogen haben abzuhauen. Waren es die kaputten Straßen, die dich bald vom Motorrad schmissen, oder waren es die Ersatzteile, die du nicht gekriegt hast? Das staute sich im Laufe der Zeit so auf.
Wenn ich von Großgeschwenda nach Steinbach an der Haide guckte, ist mir einfach nicht in den Kopf gegangen, daß das ein anderes Land sein soll. Daß du dort nie hinkommen sollst, obwohl du da hingucken kannst. Mit dem Fernglas konntest du die Leute drüben sehen.
Du hast dich in der DDR auch nicht selbst verwirklichen können, tun, was du vorhattest. Wir dachten, das ändern wir nie, das wird noch hundert Jahre so bleiben; jedes Jahr in der DDR ist ein verlorenes Jahr. Ich hatte schon öfter mal mit dem Gedanken ans Abhauen gespielt, aber allein hätte ich's wohl nicht gemacht.
Im Frühjahr 1988 hat sich mein Bruder scheiden lassen. Er hat die Schnauze voll gehabt und mich gefragt, ob wir nicht abhauen wollen. Da dachte ich das erste Mal richtig darüber nach, daß das ja klappen könnte. Ich fing dann mal an, bloß mal so, mir in einer Fichtenschonung ein Gestell zusammenzubauen, so einen vierbeinigen Bock: Ich suchte mir so ein bissl Holz zusammen, junge Bäume, so zwei Meter dreißig lang und zehn Zentimeter breit vielleicht, oben bohrte ich Löcher durch. Die Hölzer band ich mit Stahldraht zusammen und stellte sie so auseinander, daß es eben ein Bock war. Obendrauf kam eine selbstgebastelte Blechplatte, wo du dich raufstellen und dich abdrücken konntest. An mehreren Tagen hab ich das Ding gebaut, zwischendurch buddelte ich es in den Waldboden ein. Beim Basteln hatte ich schon manchmal ein mulmiges Gefühl.
Na ja, das Ding war fertig, und ich hab mit meinem Bruder gequatscht, wann wir's machen. Inzwischen war er gar nicht mehr so begeistert davon. Er wollte es hier noch mal versuchen, er wollte noch ein bissl warten ... Ich drängelte, munterte ihn auf.
Eigentlich war ich überzeugt davon, daß unsere Flucht gelingt, zu neunzig Prozent. Mit meinem Freund Jens Billig habe ich über unsere Fluchtabsicht gesprochen, der war nicht begeistert. Er meinte, es wäre besser, hierzubleiben, es gäbe genug zu tun. Zu meinem Bruder habe ich schließlich gesagt: ›Wenn du nicht mitgehst, mach ich es alleine.‹ Das wollt er aber auch nicht.
Wir haben an einem Donnerstag oder Freitag ausgemacht, am darauffolgenden Dienstag, dem 10. Mai 1988, abzuhauen. Eingepackt haben wir nur das Notigste, Papierkram und so; den Personalausweis, damit man sich ausweisen kann. Wir sind los in Jeanshose, Turnschuhen und Lederjacke. Zu Hause haben wir gesagt: ›Wir gehen ins Kino nach Saalfeld.‹ Waren wir ja auch erst.«

Matthias Schwabe

»Als wir am Montagabend von zu Hause weggegangen sind, dachten wir, wir kommen nie wieder rein ins Land. Wir sind den Weg hinterm Haus hoch, dann nach rechts, bis an den Waldrand, wo der Bock versteckt war. Im Dunkeln fanden wir ihn aber nicht mehr.
Wir sind noch mal nach Hause und holten Streichhölzer, aber auch mit den

1988

Streichhölzern fanden wir den Bock nicht. Wir legten uns in den Wald, warteten bis zum Morgengrauen. Es wird so kurz vor fünf gewesen sein, als es dämmerte. Schließlich fanden wir den Bock und stellten ihn an den Signalzaun. Bis dahin war ich immer noch unschlüssig, ob ich überhaupt mit nach drüben gehen sollte. Ich wollte Tino eigentlich nur bis zu dieser Stelle begleiten. Als es aber soweit war, wollt ich ihn auch nicht allein lassen.«

Überstiegsstelle am Signalzaun: Die Schwabe-Brüder überwinden die Grenze am 10. Mai 1988 mit Hilfe eines schon lange vorher zusammengezimmerten und dann versteckten Holzbocks.

TINO SCHWABE

»Es lief wie am Schnürchen, alles wie geplant. Als ich oben auf dem Bock war, zögerte ich erst – er war ziemlich wacklig. Es war ein blödes Gefühl, wenn du zum Sprung ansetzt über den Zaun, der eigentlich das Ende der Welt sein sollte ... Bist einfach rübergesprungen. Ich zuerst.

Wir schnappten unser Bündel und rannten los, ziemlich konfus, kreuz und quer. Hinter dem ersten Zaun kannten wir uns doch nicht mehr aus.«

MATTHIAS SCHWABE

»Man konnte so zehn, zwanzig Meter weit sehen. Wir schlichen immer am Waldrand lang, haben Wege gemieden. Als wir über die Obere Ausdauer gingen, hat der Schiefer unter unseren Sohlen geklappert. Weiter geradeaus, durch den Wald, über Äste, möglichst ohne dabei Geräusche zu verursachen. Dann sind wir etwa zweihundert Meter bergauf, ziemlich steil.

Wir kamen aus einer Böschung raus auf einen Weg. Da sah ich den Turm auf dem Hopfsberg und bin gleich wieder zurück. Am Boden entdeckten wir eine Öse mit so einer Patrone drin, das sah aus wie eine Halterung für Weidedraht. Wir haben geprüft, wo der Draht langgeht. Unmittelbar vor uns war so ein freigeholzter Streifen, der vom Turm aus überwacht wurde. Wenn wir schnell da rüberspringen, dachten wir, sehen sie uns vielleicht nicht. Vielleicht pennen die ja auch gerade. Ich bin zuerst über den Streifen, auf einmal knallte es doch; irgendwie war ich an den Draht rangekommen. Ich bin nur noch gelaufen, Tino ist gleich hinter mir hergerannt. Vielleicht pennen sie, es kann auch ein Reh gewesen sein ...«

TINO SCHWABE

»Todesangst? Den Gedanken daran, was du jetzt eigentlich machst, hast du verdrängt. Daß an der Grenze geschossen wurde, hab ich mir schon vorher überlegt und Matthias sicher auch. Aber du hast es nicht verinnerlicht. Wie die Blöden sind wir gerannt.«

MATTHIAS SCHWABE

»Wir sagten uns, jetzt hilft nur noch eins: So schnell wie möglich müssen wir zum letzten Zaun und dadrüber kommen ... Die müssen sich ja erst mal fertig machen; bis die das Auto anlassen und runterfahren ... Ein paar Minuten haben

wir vielleicht noch, schnell! Noch einmal den Berg hoch, dahinter muß der Zaun sein.
Wir sind an einer günstigen Stelle herausgekommen, wo der Zaun ein Stück runtergedrückt war. Trotzdem hab ich es erst fünf-, sechsmal versucht, bis ich rüberkam. Ich hätte gar nicht gedacht, daß ich es vielleicht nicht schaffen könnte. Mit dem Fuß bin ich in einer kleinen Öffnung des Zaunes steckengeblieben und erst nicht wieder rausgekommen. Panik! Tino ist gleich beim ersten Versuch rüber, er ist auch ein bissl länger als ich. Schließlich schaffte ich's auch, hab mich rübergezogen, fallen lassen und bin gleich runtergerutscht. Wir rannten den Abhang runter, und dann sahen wir auch schon die DDR-Grenzsäulen und die Grenzsteine. Wir sprangen über den Steinbach...«

Tino Schwabe
»Wir liefen weiter, bis zu einer Bank, wo wir uns erst mal hinsetzten. Ich sagte: ›Mensch, jetzt sind wir drüben. In Probstzella gehen jetzt die Leute zur Arbeit, zum Zug...‹«

Mathias Göpner
»Ein Kumpel von mir war auf der Führungsstelle, als sich der Postenführer gemeldet hat, der den Bock am Signalzaun entdeckt hat – er hat richtig gestottert: ›Äh, äh, was soll ich denn machen, da steht ein Bock am Zaun...‹ Er war total aufgelöst. Dann war die Hölle los: Alarmgruppe raus, die ganze Kompanie raus, am liebsten hätten sie noch den Koch mit rausgeschickt. Alle dreihundert Meter ein Posten. Gemeinsam mit meinem besten Freund mußte ich an der Stelle, wo die übern letzten Zaun gestiegen sind, die Fußspuren bewachen. Wir kannten uns näher durch mehrere Schichten, wir haben gefeixt: erstens darüber, daß die beiden durch sind, und zweitens über die Sinnlosigkeit, daß wir ihre Fußspuren bewachen, stundenlang. Wir haben gesagt: ›Bei uns ist Alarm, und die sitzen schon in Ludwigsstadt und trinken das erste Bier.‹«

Tino Schwabe
»In Steinbach (Haide) war noch keine Menschenseele auf der Straße. Bei manchen Häusern haben wir gesehen, wie die Gardinen zurückgingen. Im Dorfgarten von Steinbach stand einer: ›Wo kommt denn ihr her?‹ Wir sahen ziemlich dreckig aus. ›Wir sind gerade abgehauen, wir kommen von drüben.‹«

Matthias Schwabe
»Es war der Jäger des Ortes, er meinte: ›Wartet mal, gleich kommt ein Kollege von mir, der fährt nach Ludwigsstadt auf Arbeit, er nimmt euch mit und lädt euch bei der Polizei aus.‹ Die Polizisten waren sehr freundlich, die haben uns gleich mit Waschutensilien ausgestattet: Rasierzeug, Zahnbürste...«

Tino Schwabe
»Sie wollten wissen, welchen Weg wir gegangen sind, was uns bewogen hat abzuhauen und wie die Grenze gesichert ist. Ich mußte ganz detailliert wiedergeben, wie der erste Zaun aussieht und der zweite Zaun. ›Das deckt sich ungefähr mit unseren Erkenntnissen.‹«

1988

MATHIAS GÖPNER

»So gegen Mittag kamen zwei Fritzen und haben die Fluchtstelle am Zaun fotografiert und gefilmt, vermutlich ›Abteilung 2000‹. Es hieß, die sind so geheim, die kennen sich untereinander selbst nicht. Als die da waren, wurden wir sofort weggeschickt.
Die Kompanie wurde, wie immer nach solchen Sachen, zusammengetrommelt. Uns wurde gesagt, daß ein Geschwisterpaar aus Probstzella weg ist. Es wurde versucht, einen Schuldigen zu finden, aber in dem Fall haben die keinen finden können.
Das war in meiner Probstzellaer Zeit der einzige Grenzdurchbruch, der geglückt ist. Wir haben uns alle die Hände gerieben vor Schadenfreude: ›Jetzt kriegt Sokyte, die Tüte (der Kompaniechef), ein paar auf die Rübe!‹«

TINO SCHWABE

»Noch am Tag der Flucht rief ich meinen Vater aus Ludwigsstadt an, sagte ihm, was los ist. Ich wollte unbedingt der sein, der es ihm sagt. Richtige Schuldgefühle hatte ich meinen Leuten gegenüber. Mein Vater war fix und fertig: ›Wie könnt ihr das nur machen?‹
Meine Eltern meldeten sich bei der Polizei und sagten, daß wir die beiden sind, die sie suchen. Dann kam die Staatssicherheit zu meinen Eltern, Hausdurchsuchung, Verhöre... Mein Vater durfte nicht mehr zu seiner Arbeit.«

MATTHIAS SCHWABE

»In der ersten Nacht schliefen wir in der Bahnhofsmission von Ludwigsstadt. Am anderen Tag kamen wir nach Nürnberg; einer von den Alliierten aus Coburg fuhr uns hin, zum ›Befragungswesen‹, so nannte sich das. Die haben uns nochmal ausgefragt, dasselbe, was die schon in Ludwigsstadt wissen wollten. Sie gaben erst mal jedem von uns zwanzig Mark, damit wir Mittag machen konnten, und kauften uns dann die Fahrkarte für den Intercity nach Gießen.
Im Lager Gießen sagte man uns plötzlich, daß unsere Mutter auf Bundesgebiet wäre, sie sollte uns zurückholen. Mit unseren Verwandten aus Ludwigsstadt ist sie nach Gießen gefahren. Sie hat gesagt, mit welchem Auftrag sie gekommen ist – die Stasi hatte sie ausgequetscht. Uns ist Straffreiheit zugesichert worden, wir könnten auch wieder im alten Betrieb arbeiten... lauter so Sachen. Aber sie will uns nicht zumuten, wieder zurückzugehen, weil wir ja dann die schwarzen Schafe wären.«

TINO SCHWABE

»Meiner Mutter hat man, als sie bei uns in Gießen war, angesehen, was sie durchgemacht hatte. Sie sagte: ›Wenn ihr jetzt hier seid, bleibt ihr auch da.‹ Auch der Mann vom Verfassungsschutz in Gießen schärfte uns vorher ein: ›Sollte Ihnen Ihre Mutter Versprechungen ausrichten, daß Ihnen nichts geschieht, wenn Sie zurückgehen – glauben Sie's ja nicht, bleiben Sie bloß hier! Lassen Sie sich nicht erweichen, selbst wenn Ihre Mutter weint.‹ Ich glaubte sowieso nicht, was die von drüben uns versprechen. Meine Mutter sagte zur Stasi, daß es nicht geklappt hat; die erwarteten sie gleich am Bahnsteig.
Eine Woche später bekamen wir einen Anruf: ›Wißt ihr schon – euer Vater ist hier.‹

Der stand plötzlich in Ludwigsstadt vor der Tür und war käsebleich; er sollte es auch noch mal versuchen ... Ich dachte, der macht einen Aufzug, aber er hat gesagt: ›Es ist besser, ihr bleibt hier, wenn ihr einmal den Schritt gemacht habt ...‹«

1988

REINHARD A. KILIAN
»Zur BGS-Grenzschutzabteilung Süd 2 in Coburg gehörten vier Hundertschaften. In unserem Abschnitt lagen uns 21 DDR-Grenzkompanien gegenüber.
Das Wichtigste war, eine Unregelmäßigkeit im Streifenablauf reinzukriegen. Das haben wir erreicht, indem wir den Streifenführern in ihrem Abschnitt ›freie Hand‹ bei der Streifentätigkeit ließen. Wir haben versucht, in 24 Stunden jeden Punkt an der Grenze einmal zu erreichen. Zu jeder Streife gehörten vier Grenzschutzbeamte, die sich dann im Abschnitt noch mal in zwei Streifen mit je zwei Mann aufteilten. Ein Streifenabschnitt betrug fünf bis acht Kilometer zu Fuß oder circa fünfzehn Kilometer mit dem Auto.
Ein- bis zweimal pro Woche flogen wir mit dem Hubschrauber die Grenze ab, auch über Probstzella und Umgebung, genau wie die Amerikaner. Deren Aufgabe war die militärische Aufklärung; die orientiert sich an anderen Dingen als der polizeiliche Sicherheitsdienst. Die Amerikaner interessierten sich also eher für Fahrzeugkolonnen und Truppenbewegungen. Im Grenzabschnitt Ludwigsstadt–Probstzella waren ihre Streifen zuletzt in 24 Stunden ein- bis zweimal.
Unsere Streifenpläne glichen wir zum Teil ab mit den Kollegen von der Bayerischen Grenzpolizei und vom Zoll. Wir teilten uns auch die Führungen der Besuchergruppen an der Grenze. Ich allein hab etwa dreißigtausend Menschen an die

Nach der Flucht der Schwabe-Brüder will der Probstzellaer Freundeskreis beim traditionellen Frühjahrsausflug das Grußplakat auf dem TV-Mast bei Probstzella entfalten, wo die Brüder es vom Probstzella-Blick aus sehen können. Jens Billig (hinten rechts): »Das war uns aber nachher zu heiß, wir hatten Angst.«

1988

Grenze geführt, überwiegend Schulklassen. Die Zwölf- bis Fünfzehnjährigen waren meist tief beeindruckt, Abiturklassen enttäuschten mich oft sehr: Die haben das als lästige Pflichtübung empfunden und wollten überhaupt nichts wissen. Bei Volksschulklassen war es teilweise erstaunlich, was die schon über die Grenze wußten, bevor sie herkamen. Wenn wir mit Besuchergruppen kamen, kamen in der Regel DDR-Grenzaufklärer angestürmt wie die Blöden und haben uns geknipst wie die Affen im Zoo.«

ANDREAS GÖTZE
»Also der Westen war für mich kein Ziel. Das Ziel war, die DDR zu verlassen. Wohin, war zweitrangig.
Ich hatte mich im Laufe der Zeit dem unpolitischen Teil des Landes geöffnet und eine intensive Beziehung zu dieser Gegend entwickelt. Brandenburg ist ja auch schön. Da waren so Träume, im Oderbruch ein verlassenes Bauerngehöft zu kaufen und dort was Alternatives aufzumachen; aber es war klar, daß das unrealistisch ist.
Ich sah keine Perspektive in der DDR. Und ich hatte das Gefühl, daß ich irgendwann zu alt bin für einen neuen Anfang – sowohl im Westen als auch im Osten. Ich dachte, mit 25 Jahren etwa ist es soweit, deshalb wollte ich meinen 25. Geburtstag im Westen feiern. Ich war schon zu meinem 24. drüben...
Seit der 4. Klasse wollte ich Journalist werden. Meine Mutter hat auch immer gesagt: ›Du mußt Journalist werden, du mußt reisen!‹ Seit der 6. Klasse gingen Listen rum, wo man eintragen sollte, was man werden will. Das hab ich nie getan. Mein Klassenlehrer schrieb dann immer ›BOB‹ (Berufsoffiziersbewerber) rein.
In der 9. Klasse hatte ich ein Gespräch mit einem Redakteur von der ›Jungen Welt‹, er setzte sich über 'ne Dreiviertelstunde mit mir auseinander. Ich hatte den Eindruck, daß das Gespräch ziemlich offen war, zum Schluß sagte er: ›Aber, Herr Götze, eins muß natürlich klar sein: Ihre Meinung interessiert nicht.‹ Da hat mich dieser Beruf nicht mehr interessiert...
1984 hab ich Abitur gemacht, nach der Penne bin ich gleich zur Armee. Dort kam ich viel mit ›Bausoldaten‹ zusammen. Die Armeezeit hat mir die Augen geöffnet. Ich bin ja nicht in Verhältnissen aufgewachsen, wo man mir ständig sagte, daß das hier alles Scheiße ist. Aber den Umgang bei der Armee konnt ich nicht mehr tolerieren...
Bei der Armee kam der Gedanke: Eines Tages wird man wahrscheinlich gehen müssen – auch wenn man das nicht will –, um sich irgendwie selbst verwirklichen zu können, was machen zu können, wohinter man auch steht. Ich dachte zwar, daß es besser wäre, im Land zu bleiben und etwas gegen das System zu tun, aber mir fehlten, wie gesagt, die Perspektiven...
Als im Januar 1988 die Fürbittgottesdienste für die Freilassung von Freya Klier und Stephan Krawczyk waren, war ich in Berlin jeden Abend dabei. Ein tolles Gefühl, wenn der Pfarrer Eppelmann vorlas, wo sich die Leute noch getroffen hätten: in Dresden, in Leipzig, in Halle... Eines Abends schlug die Stimmung um: Es hieß, Krawczyk und Klier hätten ihrer Aussiedlung zugestimmt. Eppelmann war ziemlich niedergeschlagen. An diesem Abend hab ich gespürt: Es dauert noch lange, bis sich hier was ändert.«

»Ein Huhn, so dumm, wie ein Huhn so ist
sprach: Ich will raus hier aus dem Mist
Es muß doch mehr geben
als in diesem Käfig hier zu leben
Alles ist geplant von früh bis spät
wann man schläft und wann man geht
Man bekommt an den Fuß einen Ring
ein Huhn wird hier degradiert zum Ding
Für ein eigenes Leben ist kein Raum
die eigenen Ideale zählen kaum
Hier ist kein Platz, wo man sich ausbreitet
Ich habe Verlangen nach freier Tat!
Halt! sprach da der Vorsitzende, der alles leitet
du lebst hier nicht im Hühnerstaat
Du hast hier nicht zu denken, du bist ein einfaches Huhn
Wie wir dich lenken, so hast du zu tun
Und solltest du dich nicht anpassen
so wirst du in einen extra Käfig gewiesen
Und solltest du deine Gedanken nicht lassen
so wirst du unseres Hauses verwiesen«
(Andreas Götze: »Ein Huhn, das denkt«, Dezember 1985)

Andreas Götze Mitte der achtziger Jahre in Prag. Ein weiterer Aufenthalt in der Stadt an der Moldau 1988 bringt ihn zu dem Entschluß, die DDR zu verlassen.

»Im Mai 1988 bin ich nach Prag gefahren. Am Abend sprach mich ein Mädel an, wo denn ›Fleku‹ sei, diese riesige Bierhalle. Sie hatte fünfundzwanzig Leute hinter sich. ›Ich zeig's euch.‹
Es waren amerikanische Studenten, ich hatte einen tollen Abend mit denen. Und noch einen Abend. Dann sind sie weitergefahren nach Warschau. Da fragte ich mich: Wir sind gleich alt, sie fahren zum Studienabschluß durch Europa – was hab ich? Und was hab ich zu erwarten? …
Ich blieb noch ein paar Tage in Prag, dann bin ich nach Storkow zurückgefahren, das war das letzte Wochenende im Mai. Die Woche darauf war ich zu Hause; ich fühlte mich nicht in der Lage, zur Arbeit zu gehen. Ich fing an, auf Karten zu schauen …
Am 8. Juni 1988 bin ich früh aufgewacht und hab mich erst mal vergewissert, daß das Haus leer ist. Dann brachte ich die Sachen, die mir am wichtigsten waren, auf den Boden: meine Stereoanlage und ein paar wichtige Bücher. Man hatte ja gehört, daß das Eigentum von ›Republikflüchtlingen‹ eingezogen wird.
Ich bin noch mal durchs Haus gegangen, setzte mich in ein Zimmer meines Bruders, da spielte 'ne Katze. In dem Moment sind mir die Tränen gekommen. In diesen zehn Minuten hab ich einen Bruch vollzogen. Ich machte mich mit dem Gedanken vertraut, daß ich mindestens zehn Jahre nicht zurückkann. Einen Abschiedsbrief habe ich nicht geschrieben, weil ich ja wußte, daß ›Mitwisserschaft‹ strafbar ist. In einem Sportgeschäft in Storkow wollte ich mir einen Kompaß kaufen, für den Wald – es gab keinen. Zu Hause hatte ich eine riesengroße DDR-Karte an der Wand, die hatte ich mir aus Bezirkskarten zusammengeklebt. Das kleine Stück von Saalfeld bis zur Grenze riß ich mir raus. Eine Reisetasche mit alten Sachen nahm ich mit, damit ich im Zug nicht auffalle, weil ich nichts dabeihabe.

1988

Ich kaufte mir eine Fahrkarte nach Stadtilm über Saalfeld, damit's nicht auffällt: Stadtilm war ja schon wieder weiter weg von der Grenze. Um 13.44 Uhr bin ich losgefahren und um acht in Saalfeld ausgestiegen, bin in die ›Mitropa‹, was essen. Um neun bin ich losmarschiert, und um elf war ich wieder in Saalfeld – ich war im Kreis gelaufen.

In dieser Nacht schaffte ich es nicht mehr bis zur Grenze, hab am Bahndamm unter einem Busch übernachtet. Das Wetter war wunderschön, trocken. Am nächsten Tag bin ich weiter über die Hügel an der Bahnlinie gelaufen, mal rechts, mal links von der Bahn.

Am 9. Juni 1988, gegen achtzehn Uhr, kam ich in Probstzella an. Eigentlich wollt ich auch diesen Ort umlaufen, aber er war so wahnsinnig langgestreckt. Da hatte ich einfach keine Lust mehr, bin in den Ort reinmarschiert, durchs Stadtzentrum gelaufen, auch an der Polizei vorbei. Ein, zwei Menschen bin ich begegnet. Mir war schon alles egal, ich war schon zu lange unterwegs. Bei der Kirche ging ich hoch, kam auf einen großen Acker; dort legte ich mich unter einen Strauch.

Nach Mitternacht wollt ich zurück zur Bahnstrecke. In aller Ruhe bin ich über den Zaun am Sportplatz, an einem Pfeiler. Als ich mich noch mal umdrehte, sah ich, daß zwei Grenzer kamen und an der Stelle, wo ich über den Zaun bin, stehenblieben. Mir war klar, daß ich Alarm ausgelöst hatte. Anschließend hab ich das gemacht, was ich bei der Armee gelernt hatte: robben, kriechen ... In einer Art seitlichen Krebsgang bin ich durchs dickste Gebüsch, vielleicht hundert Meter in der Stunde. Vom Hang aus sah ich die beleuchtete Bahnstrecke.

So gegen drei Uhr kam ich an den zweiten Zaun. Davor war ein breiter Streifen, von der Bahnstrecke her durch einen riesengroßen Scheinwerfer mit Flutlicht ausgeleuchtet. Ich saß im dunklen Wald, so etwa auf der Hälfte des Hanges, und dachte mir, ich müsse weiter auf den Berg rauf, um aus diesem Licht rauszukommen. Ich also rauf. Gegen vier Uhr saß ich ein paar Meter neben einer Postenübergabe. Ich hörte, wie der eine sagt: ›Vorn ist einer übern Zaun und in den Schutzstreifen rein. Wir haben mit dem Hund die Spur aufgenommen, aber er hat die Fährte verloren ...‹ Ich wieder ein Stück runter, sah unten den nächsten Posten.

Langsam wurde es hell. Die Frage war: Noch ein Tag im Gebüsch oder jetzt oder nie? Nach einigem Zögern bin ich aufgesprungen, drei Meter durch das Flutlicht, ran an den Zaun, mit einem Satz rüber. Vor meinem Sprung hatte man mich angerufen (›Halt! Stehenbleiben!‹), und ich bin weiter! Ich hörte einen Schuß, aber das war mir in dem Augenblick egal oder nicht so bewußt. Es ging sehr schnell.

Zweihundert Meter, schätze ich, bin ich erst mal gerannt – da war ein kleiner Weg. Ich hab beschlossen, wieder im Kriechgang weiterzumachen. Ich dachte ja, bis zur eigentlichen Grenze wäre es noch ein Stück, und es laufen dort noch Posten rum. Also runter, mit einmal merk ich, daß auf dem Weg vier Grenzer hinterhergerannt waren. Ich hab mich zusammengekrümmt und gehört, wie sie vorbeigerannt sind. Sie sind noch etwa fünfzig Meter weitergerannt, hielten an, schauten kurz und rannten zurück. Ich hörte, wie drei Stiefelpaare vorbeigerannt kamen – und dann die Stimme vom vierten: ›Da unten liegt doch was!‹ Das war ich.

Ich empfand es nach zwei Tagen auf der Flucht als Erleichterung, daß ein Endpunkt da war. Ich bin aufgestanden, es gab kein Drama, keine Gewalt. Wir sind runter zur Bahnlinie, um den Zaun rum, zum ersten Zaun, dort setzten sie mich in einen ›Trabi‹-Kübel. Das war die offizielle Festnahme, um 4.27 Uhr, wie auf

dem Haftbefehl stand. Da stand auch drauf, sie hätten mich dreihundert Meter vor der Staatsgrenze festgenommen. Ich dachte: Mensch, da bist du ja ganz schön weit gekommen. Wäre ich einfach weitergerannt, wäre ich wohl weg gewesen.
Auf dem Flur der Kaserne mußte ich mich etwa zehn Minuten mit den Händen an der Wand hinstellen, Beine breit. Ich fühlte mich wohl, weil endlich eine Entscheidung da war, so grundlegend wie selten zuvor. Ich mußte lächeln, da waren sie sauer, sind ein bißchen laut geworden. Ich dachte: Mensch, die Schweine sind doch ärmer dran als ich.«

HORST LINKE
»Die haben den jungen Mann reingebracht, er war total schmutzig und verschwitzt. Ich hab mich nicht weiter um den gekümmert, weil es nicht mein Verantwortungsbereich war. Ich hab mich nur mal dazugestellt und bin mal mit rein, was die mit dem anstellen in der Befragung. Sie haben gefragt, weswegen er die DDR verlassen wollte. Da sagt er: ›Man muß es doch einfach versuchen.‹ Das hat mir sehr zu denken gegeben. Ich bin in mein Dienstzimmer gegangen und hab mich erst mal hingesetzt. Das ging mir nicht in den Kopf ...«

ANDREAS GÖTZE
»Ich bin dann in die Polizeistation nach Probstzella gekommen. Langsam wurde mir klar, daß eine Tür geschlossen wurde und etwas ganz Neues anfängt: eine Zeit von Ehrlichkeit. Mit einem Mal war nach außen hin klar, was ich denke. Es war kein Spiel mehr, was man denkt und wie man sich benimmt. Plötzlich war Klarheit da, das war ein wunderschönes Gefühl. Das hielt an bis zum letzten Tag im Knast.
In der Untersuchungshaft in Frankfurt an der Oder hab ich sehr viel gelesen: Turgenjew, Thomas Mann, Tolstoi ... In der großen Zelle dort war es lustig, wir haben öfter Wasserschlachten gemacht. Auch die Gerichtsverhandlung war lustig. Das Gericht war gegenüber der Erweiterten Oberschule in Beeskow, in die ich gegangen war. Wenn ich stehen mußte, konnte ich sie sehen. Ich hab dann erst mal etwas über das DDR-Bildungssystem gesagt, ich brauchte nur aus dem Fenster zeigen: ›Penne – und was lernt man, und wie geht's weiter?‹
Der Staatsanwalt fragte mich, warum ich von Saalfeld aus nicht weiter in Richtung Grenze gefahren sei. ›Na, das ist doch bekannt: Die Züge Richtung Grenze werden doch alle kontrolliert. Das hab ich doch ein paarmal selber erlebt.‹ – ›So was ist mir noch nicht passiert‹, meinte der Staatsanwalt, worauf mein Anwalt entgegnete: ›Doch, ich kann das bestätigen, den Kindern von einer Bekannten ging das genauso.‹ Und der Staatsanwalt war ruhig. Nach der Verhandlung sagte mein Anwalt zu mir: ›Egal, was für ein Urteil kommt, wir gehen nicht in Berufung. Und nächstes Jahr sind Sie im Westen.‹
Ich kam ins ›Jugendhaus Halle‹, da war ich irritiert: Nehmen die mich nicht ernst? Ich kam aber nur dahin, weil die anderen Knäste mit Flüchtlingen voll waren. In Halle mußten wir Werkzeugkästen stanzen, die wurden im Westen für sechs Mark das Stück verkauft. Wir nahmen uns vor, eines Tages, an einem 13. August, in West-Berlin an die Mauer zu gehen und tausend Werkzeugkästen rüberzuwerfen.«

1988

Seit 1958 haben jährlich im Schnitt rund eine halbe Million Reisende den Bahnhof Probstzella passiert. 1988 werden mehr als sechshunderttausend Ein- und Ausreisen gezählt.[6]

Die Männer vom Zoll und von der Paßkontrolleinheit auf dem Bahnhof sind mit Signalpfeifen ausgerüstet, »zur Abwehr von Geiselnahmen sowie anderen Terrorakten und feindlich-negativen Handlungen«. Außer ihren Pistolen gehören Spraydosen mit Reizgas zur Ausstattung. Zwanzig Tränengashandgranaten und ein Scharfschützengewehr lagern in der GÜST.

Bei der PKE unter Major Fröbel trainiert monatlich eine »Spezialistengruppe Sicherheit/Terrorabwehr«, dreizehn Genossen. Zum »Training der Varianten« gehört ein »totaler Stromausfall im gesamten Kontrollgebäude«, eine mögliche »Bombendrohung«, die »Geiselnahme eines Zollkontrolleurs« im Zug oder auch »Geiselnahme eines PKE-Angehörigen auf dem Nachhauseweg in Probstzella«.

Vier Hinterhalte für »eine gedeckte Feuerführung« sind auf dem Bahnhof Probstzella vorbereitet: Einer auf dem Dach des Vorbaus am Kontrollgebäude, einer auf dem Bahnsteig 2 (Ausreise), ein weiterer am »Kommandantenturm« und einer am Prellbock der Schutzweiche (Ausfahrtsperre).[7]

Eginhard Velke

»Als Invalidenrentner durfte ich öfter in den Westen fahren. In Probstzella erlebte ich das Drama des Grenzübertritts: Sie sitzen im Zug und wissen nicht, ob Sie atmen sollen oder nicht – wenn Sie die Massen sehen, die plötzlich auf den Zug einstürmen ... Die kommen an, und dann heißt es: ›Koffer auf! Tasche auf! Brieftasche auf!‹ Ich dachte, jetzt geht's los. Die haben sich benommen wie die Vandalen. Erbärmlich habe ich mich gefühlt, erniedrigt, ganz klein.

Einmal haben sie einer alten Dame, die mit mir im Abteil saß, ihren Koffer auf die Sitzbank ausgeschüttet. Sie hat bitterlich geweint; ich mußte das Abteil verlassen und so lange draußen bleiben, wie die Dame von zwei Frauen gefilzt wurde. Auch ich wurde jedesmal kontrolliert. Da sind immer gleich ein paar Leute um einen herumgehüpft. Man war eingeschüchtert, traute sich nichts mehr zu sagen.

Die Grenzer sind gekommen, verzogen keine Miene, stur wie die Panzer. ›Ihren Paß! Wie lange bleiben Sie?‹ – ›Na, Sie sehen doch, was im Paß steht.‹ – ›Werden Sie nicht noch pampig!‹

Den Grenzzaun zu sehen, war dann noch mal bedrückend. Aber kaum war man drüben, fiel es von einem ab: Sofort begannen die Menschen im Abteil, sich zu unterhalten. Die westdeutschen Grenzer kamen und waren sehr freundlich, haben flüchtig in den Paß geschaut und einem eine gute Reise gewünscht. Dort lief alles ganz anders ab. Der Imbißwagen kam auch gleich und brachte einem zu essen und zu trinken. Da hat man sich vor lauter Erleichterung und Freude was gekauft, obwohl man kaum Westgeld hatte.«

Friedrich Reichenbächer

»Zu dem Zollchef Dietzel hatte ich an und für sich ein gutes Verhältnis. Den kannte ich von Eichicht, als wir dort auf der Kirmes geblasen haben. Als ich 1988 nach Ludwigsstadt rüber bin, hab ich gesagt: ›Horch her, Dietzel, wie sieht das aus: Was darf ich mitnehmen und was nicht?‹ – ›Na, was willst du denn mitnehmen?‹ – ›Für die Tante ein paar Hausschuhe.‹ Das war verboten. ›Na ja, nimmst se

mit. Geht klar.‹ – ›Na, und … ein Glas Honig?‹ – ›Na ja, ein Glas Honig kannste auch mitnehmen.‹
Bei der Kontrolle auf dem Bahnhof hieß es: Das ist verboten, das ist verboten … Ich sagte: ›Horch her, wir wollen uns gar nicht lange rumstreiten: Ich hab den Chef gefragt, der hat's genehmigt.‹ – ›Na wenn's der Chef genehmigt hat, ist es in Ordnung.‹
Bei der Rückfahrt hatte ich Kakao, Mandeln, Kaffee und so'n Zeug dabei, das war ja bei uns alles sehr teuer. Der Zöllner nahm das ganze Zeug und durchleuchtete es in einem Schrank. Er hat rumgewühlt und rumgewühlt. Schließlich hat er einen Stapel Zettel aus dem Schrank genommen: ›Hier haben Sie neue Zollerklärungen, wenn Sie wieder rüberwollen …‹ – ›Die können Sie sich an den Hut stecken, eh ich wieder rüberkomme, muß ich Rentner sein.‹«

Josef Wich

»Seit 1966 bin ich vom Bahnhof Pressig-Rothenkirchen aus als Zugführer ein- bis dreimal täglich nach Probstzella gefahren. Ich hab gesagt: ›Ich fahre nach drüben, in den Zirkus.‹ Und wenn ich dreimal am Tag nach Probstzella rein bin, dann wollte derselbe Beamte dreimal meinen Paß sehen. Die ganze Mannschaft – Zöllner, Grenzer, Bahner – eine Show!
Bei der Einreise ins gelobte Land wurden den Reisenden alle Westzeitungen abgenommen. Bei den Ausreisezügen mußten die dann die Sachen abgeben, die in der DDR Mangelware waren: Schuhe oder Textilien … Das durfte man an eine Adresse in der DDR mit der Post zurückschicken.
Jeden Wagen haben die kontrolliert, Hunde schnupperten darunter herum. Bei den Güterzügen haben die mit Eisenstangen im Zement herumgestochert, auch im Kohlewagen suchten sie nach Flüchtlingen. In einem Waggon mit Schnittholz war mal einer unter der Plane, den haben sie aber gefunden. Wenn ich so was daheim meiner Frau erzählte, hat sie gesagt: ›Ich kann deinen Schmarren nicht mehr hören!‹
Es wurde immer strenger: Früher durften wir noch unsere Wiener Würstchen im Wartesaal bei den Reisenden essen. Ab Anfang der achtziger Jahre mußten wir mit der Wurst in unseren Aufenthaltsraum traben. Bis wir dort waren, war sie kalt.
In der ›Hütte‹ saßen links die Bundesbahner und rechts die Ost-Berliner. Strenge Trennung. Es war wie im Gefängnis. Um vierzehn Uhr kam immer der Bahnhofschef und brachte uns das ›Neue Deutschland‹ mit den Worten: ›Hier, etwas Lektüre.‹ Wir haben nur den Sportteil gelesen, der Rest war ja alles ›positiv‹.
Auf dem Bahnhof durfte man niemanden ansprechen. Keiner redete mit einem, Kontaktverbot. Die meisten von denen hielten sich auch daran. Die mißtrauten sich auch untereinander. Manchmal haben wir uns kurz doch mit den Reichsbahnern unterhalten, über Sport, Fußball … Wir haben ihnen oft Apfelsinen, Bananen, Zigaretten und Schokolade zugesteckt.
Man mußte sich überlegen, was man sagt. Sonst hätten die sich beschwert, und man wäre vielleicht versetzt worden. Da hätte ich jeden Morgen zum Dienstbeginn erst nach Lichtenfels fahren müssen und dann nur noch Richtung Nürnberg fahren dürfen. Wäre ich ja schön blöd gewesen: Die vielen Stunden, die wir auf dem Bahnhof in Probstzella gewartet haben, wurden uns als Dienstzeit bezahlt.

1988

Wenn ich privat in der DDR war, mal zum Wandern im Thüringer Wald, fragten die mich dann bei der Ausreise: ›Na, wie hat es Ihnen denn gefallen?‹ – ›Schön!‹ hab ich gesagt.«

Johanna Köhler, Angestellte des »Mitropa«-Kiosk, arbeitet seit 1967 auch für das MfS. Zu den Aufgaben der IM »Helene Naumann« gehört die »Aufklärung von Kontaktaufnahmen jeglicher Art« und die »Aufklärung des Verhaltens der Zugpersonale der Bundesbahn im Kontrollgebäude« sowie die »Erarbeitung von Hinweisen über Reisende«.

1978 von Erich Mielke »für ehrliche, gewissenhafte und treue Pflichterfüllung« mit der »Medaille für treue Dienste« ausgezeichnet, ist Johanna Köhler noch Ende der achtziger Jahre »immer bemüht, alles, was interessant ist«, an die Stasi weiterzuleiten, bescheinigt ihr »Klaus Dieter, Offizier im besonderen Einsatz« – ein GÜST-Mitarbeiter, der für die MfS-Bezirksverwaltung Gera spitzelt und spitzeln läßt.[8]

»Nach Abfertigung eines D-Zuges ... nahm der Zollamtsleiter neben anderer Literatur auch einige Sex-Zeitschriften ... in sein Zimmer. Der Genosse G. legte es dann bewußt darauf an, den Zollamtsleiter zu überraschen, ob dieser die von ihm mitgenommenen Zeitungen auch entsprechend der Festlegung eingebeutelt hat und unter Verschluß hat. Aus diesem Grund betrat er unter einem Vorwand das Dienstzimmer des Zollamtsleiters, ohne vorher anzuklopfen. Dabei stellte er fest, wie dieser schnell mit hochrotem Kopf einige Zeitschriften in seinem Schreibtisch verschwinden ließ ...«[9]

Bericht des »O. i. b. E. Klaus Dieter« (1988)

Bei Tettau nehmen Grenzpolizisten Ende Juni 1988 einen Radfahrer fest: Sein Ausweis auf den Namen »Ingo Dittmer« ist gefälscht, in den Gepäcktaschen des Fahrrads finden sie geheime Dokumente: Untersuchungsberichte aus einer Münchner Firma über Eisenbahn- und Autobremsen. Man vermutet, daß der Mann die Unterlagen an einer Schleusungsstelle über die Grenze bringen wollte. Der Verdacht gegen den 38jährigen bestätigt sich – wegen geheimdienstlicher Agententätigkeit und Urkundenfälschung verurteilt ihn das Bayerische Oberste Landesgericht zu einer Freiheitsstrafe von einem Jahr und neun Monaten.[10]

Ertappt auf dem Weg zur Schleusungsstelle: der Agent »Ingo Dittmer«

Am 26. Juni 1988, einem Sonntag, wird acht Kilometer südostwärts von Probstzella beinahe noch einmal ein Flüchtling von Gewehrkugeln getroffen. Gegen 21.45 Uhr versucht der achtzehnjährige Heiko Z. aus Lehesten über die Grenze zu entkommen. In der Nähe der alten Schiefermühle durchbricht er mit einem Traktor den Signalzaun und, etwa zweihundert Meter weiter, den Metallgitterzaun; dabei wird er beschossen. Mit mehreren Einschüssen in der rechten Tür bleibt der Traktor in einem Graben stecken, fünfzehn Meter vor der Grenzlinie. Heiko Z. versucht vergebens, aus dem Traktor zu kommen – beide Türen sind blockiert. Ehe sich der Flüchtende durch ein Fenster zwängen kann, wird er festgenommen. Gegen 23.15 Uhr treffen, alarmiert von einem Jäger, bayerische Grenzpolizisten ein und suchen das bundesdeutsche Gebiet in der Umgebung des Traktors nach dem verletzten Flüchtling ab. Zwei Stunden später erscheint ein DDR-Grenzer am Traktor. Polizeihauptkommissar Martin Weber fragt ihn, ob die verletzte Person schon geborgen sei, und erhält keine Antwort. »Befindet sich die Person in Ihrer Obhut?« Keine Reaktion. Am Montagmorgen beginnt man mit der Reparatur der Zäune.[11]

Als Herr G. am 2. August 1988 in Berlin in den Zug steigt, trägt er in seinem Gepäck ein Fernglas, eine Autokarte, eine Wäscheleine, zwei längere Lederriemen, zwei lange Schrauben und einen Wurfanker, dazu einen selbstgebastelten Dreibock aus Holz, als Kinderbett in einem Paket getarnt.
Über Leipzig fährt er bis Saalfeld, von dort läuft er bis Leutenberg; in einem Wald unweit des Ortes übernachtet er. Bei Tagesanbruch schlüpft Herr G. in einen schwarzen Schlosseranzug und läuft weiter durch den Wald bis Schmiedebach. Noch eine Nacht schläft er im Freien, bevor er sich mit Hilfe eines Kompasses der Grenze bei Lehesten nähert. Dort springt Herr G. am 4. August 1988, drei Minuten vor Mitternacht, mit Hilfe des Dreibocks über den Signalzaun – und löst dabei Alarm aus. Abriegelung und Suche, vier Kompanien. Morgens, halb neun, finden sie ihn.[12]

Im Grenzausbildungsregiment wird Steffen F. von einem Stasi-Spitzel »eine positive Haltung zum Staat bescheinigt«. Am Tag seiner Versetzung nach Lichtenhain führt der Kompaniechef, Major Laumann, die übliche »Erstaussprache« mit ihm. Ergebnis: »Soldat F. zeigt eine sehr gute Einstellung zum Grundwehrdienst. Zum Dienst an der Staatsgrenze hat er vorläufig wenig Vorstellungen, äußert aber, daß er den Schutz der Staatsgrenze als Notwendigkeit anerkennt und keinerlei Angst vor dem Dienst hat. Soldat F. zeigt noch unklare Vorstellungen von Grenzverletzern (›... sind Personen, die unerkannt in die BRD wollen‹) und von den Grenzüberwachungsorganen der BRD ... In der Anwendung der Schußwaffe sieht er keine Probleme. Schlußfolgerungen: ... Stabilisierung des Feindbildes, Einsatz als Posten in der Grenzsicherung.«

Bei seiner ersten Streife an der Grenze fragt der Soldat Steffen F. seinen Postenführer, ob denn alle Beobachtungstürme besetzt seien. Und wie groß der Abstand zwischen dem letzten Grenzzaun und der eigentlichen Grenzlinie sei. Er bekommt die Auskünfte. Zu seiner zweiten Streife fährt Steffen F. gemeinsam mit seinem Postenführer mit dem Fahrrad. Stundenlang stehen sie am Grenzzaun an der Straße Spechtsbrunn–Tettau.
Es ist der 5. August 1988, ein sonniger Sommertag. Gegen dreizehn Uhr nähert sich auf der gegenüberliegenden Seite ein Kleinbus des Ludwigsstädter Zolls. Der Postenführer beobachtet den Bus durch sein Fernglas. Zwei Beamte kann er er-

kennen. Plötzlich huscht ein dunkler Schatten durchs Bild: Steffen F., der eben noch wenige Meter hinter seinem Postenführer gestanden hat, ist mit ein paar Sprüngen an dem zwei Meter hohen Grenzzaun und wirft seine MPi hinüber. Der Postenführer rennt hinterher, stürzt schmerzhaft am Kraftfahrzeug-Sperrgraben, rennt weiter und kann doch seinen Posten nur noch kurz am linken Hosenbein fassen, als der schon halb über den Zaun ist. Steffen F. aus Leipzig, 19 Jahre, springt in den Kleinbus und verschwindet in Richtung Ludwigsstadt.

»Sein Entschluß, die Schußwaffe wegen des auf westlicher Seite handelnden Gegners nicht anzuwenden, war politisch und taktisch richtig«, wird man dem Postenführer zugute halten.[13]

Horst Linke

»Ich war für die militärische Abwehr des gesamten Bataillons Probstzella verantwortlich, für fünfhundert Leute! Ich war Einzelkämpfer, hatte keine Mitarbeiter. Eine Fahnenflucht war so ziemlich das Schlimmste, was einem passieren konnte. Ich mußte alle konfliktbringenden Probleme ausräumen. Wenn zum Beispiel einer keinen Urlaub bekommen hat und frustriert war, oder die Freundin hat ein Kind gekriegt oder so was, wo sich persönliche Konflikte angestaut haben – das mußte ich mitkriegen und unterbinden. Oder wenn die Leute dienstlich überlastet waren.

Als der Steffen F. am hellichten Tage abgehauen war, war die erste Reaktion meiner Vorgesetzten ein Fernschreiben an alle Diensteinheiten im Süden: Da war mein Name genannt, und es stand drin, daß ich keinen Einfluß genommen hätte auf die Einstufung dieses Menschen, also wie nah der an die Grenze durfte. Ich hatte einmal kurz mit dem gesprochen! Dann tauchte von Berlin eine Untersuchungskommission auf – sonst kamen die aus Gera –, die haben die Panzerschränke durchsucht und jedes Papier angeguckt, ob ich fleißig bin. Das wurde daran gemessen, ob ich zu jedem Soldaten eine Information erarbeitet hatte, also fünfhundert ...«

Auf dem Bahnhof Probstzella entdecken am 10. September 1988 Paßkontrolleure im D-Zug 1403 Erfurt-Nürnberg hinter einer Dachluke versteckt den NVA-Unteroffizier S. aus Storkow ... Einen Monat darauf findet Genosse P. im gleichen Zug den zwanzigjährigen Sören T. aus Jena in seinem Dachversteck über einer Toilette. Sören T. ist zwei Tage zuvor im D 1403 schon einmal festgenommen worden, jedoch mit einer kleineren »Abstrafung« (zwanzig Mark) davongekommen: Sie haben ihm abgenommen, daß er das rechtzeitige Verlassen des Zuges in Saalfeld verschlafen hat.

Am 7. Oktober, dem »Tag der Republik«, werden im Personenzug Saalfeld-Sonneberg zwei Männer aus Cottbus von den Transportpolizisten R. und S. »kontrolliert und wegen widersprüchlicher Angaben zugeführt«. Man findet »Hilfsmittel zur Überwindung der Staatsgrenze«.[14]

Helmut Hein

»Im Herbst 1988 entdeckte ich an einem Vormittag an der Straßensperre Tettau-Spechtsbrunn, etwa sieben Meter auf Thüringer Gebiet, im hohen Gras ein Kalaschnikow-Bajonett. Es gehörte zur Ausrüstung der Grenzaufklärer, sie trugen es

stets am Koppel. Im niedergetretenen Gras sah ich noch die Fußspuren von wahrscheinlich zwei Aufklärern. Ich hab einen langen Hals gemacht, ob jemand in der Nähe ist – dann konnte ich mir nicht verkneifen, das Bajonett an mich zu nehmen.
Am Nachmittag war ich zufällig an derselben Stelle und sah, wie drüben eine Streife herangetrampelt kommt und das Bajonett sucht. Ich hab ihnen mit dem Bajonett lachend zugewunken. Der eine traute seinen Augen nicht und schaute mich mit dem Fernglas an. Cowboy und Indianer.«

MATHIAS GÖPNER

»Ich bin in Gößnitz aufgewachsen, einer Stadt mit sechstausend Einwohnern. Mein Vater hatte dort in den sechziger Jahren ein Grundstück mit einer Werkstatt gekauft, was aber eine unsichere Angelegenheit war, weil er nicht wußte, ob er am nächsten Morgen enteignet wird. Er war selbständiger Polsterermeister, aber reich geworden ist er nicht.
Ich habe in der Werkstatt immer kräftig mitgeholfen. Die Nachfrage war riesengroß, die Leute haben zum Teil vier, fünf Jahre warten müssen. Wir hätten in drei Schichten arbeiten können, aber es gab kein Personal. Zum Teil haben wir auch die Stoffe nicht geliefert bekommen.

Grenzaufklärer, kurz bevor die Grenze fällt

Mein Vater hatte 'nen Gesellen, und damit war er in diesem Staat abgestempelt: Klipp und klar hat mir mein Klassenlehrer gesagt, daß ich mit meinem Vater, der ja ein Ausbeuter ist, höchstwahrscheinlich nicht zum Abitur zugelassen werde. Mir schwebte der Gedanke vor, zur Handelsflotte zu gehen, um ein bißchen raus aus dem Land, in die Welt zu kommen. Ich bin abgelehnt worden.
Dann hatte ich Glück: Meines Vaters Geselle hat die Stelle gewechselt, und ich durfte, da mein Vater jetzt allein in der Werkstatt war, doch zur EOS, zur Erweiterten Oberschule. Okay, hab ich gesagt, ich mach Abitur, und dann probier ich's mal als Lehrer.
Meine Mutter war Bürosachbearbeiterin. Die drei Kinder hat sie die ersten Jahre immer zu Haus aufgezogen, bis sie in den Kindergarten kamen. Dadurch war sie viel zu Hause. Später hatte sie eine Meniskusoperation, bei der gepfuscht wurde, so daß sie Invalidenrentnerin wurde. Sie war damit die einzige in der Familie, die 'ne Großtante im Westen besuchen konnte.
Wenn meine Mutter aus Bad Pyrmont einen Katalog mitgebracht hat und wir darin geblättert haben …, daß es so was geben konnte: Alles im Überfluß! Auf

1988

einem Pullover, den meine Mutter mitgebracht hat, war ein Aufdruck von ›Pan-Am‹. Mit dem Ding bin ich in die Schule marschiert, da wurde ich zum Direktor zitiert: Daß ich mit diesem Pullover nicht mehr zu kommen hätte ... Eine Bekannte von uns ist in der 9. Klasse aus der FDJ ausgetreten, als sie Theologie studieren wollte. Sie ist in die Mangel genommen worden: Fast täglich haben wir die aus dem Zimmer des Schuldirektors kommen sehen, verweint. Wir haben gesehen, wie sie die zur Minna gemacht haben.

Auf der EOS hab ich mich öfter mal mit dem Staatsbürgerkunde-Lehrer in der Wolle gehabt. Einmal hab ich ihm die Frage gestellt, ob er als Staatsbürgerkunde-Lehrer Weihnachten feiern kann, obwohl das ein kirchlicher Feiertag ist. Da wollt er mit der Ausrede kommen, daß er Weihnachten nicht als kirchliches Fest feiert, sondern als Fest der Sonnenwende. Ich hab nur hinzugefügt, daß die Sonnenwende am 21. Dezember und nicht am 24. Dezember ist. – ›Ja, das muß ich mir mal aufschreiben...‹

Als wir uns am Ende der 11. Klasse für 'nen Studienplatz bewerben mußten, hat mir meine Klassenlehrerin die Bewerbungsunterlagen mit dem Spruch in die Hand gedrückt: ›Na ja, du weißt ja, mit deinem Vater hast du nicht allzuviel Chancen.‹

Ich wußte, ich kann eine Ausbildung bei meinem Vater machen, da kann mir keiner reinreden. So bin ich nach dem Abi 1985 in das Geschäft meines Vaters eingestiegen. Im Mai 1987 ist mein Vater gestorben. Im August bin ich mit der Ausbildung fertig geworden.

Bei der Musterung zum Wehrdienst hat man mich gefragt, ob ich bereit wäre, zu den Grenztruppen zu gehen. Ich hätte damit zu rechnen, als Kraftfahrer oder an der Grenze eingesetzt zu werden. Im Oktober 1987 bekam ich den Musterungsbefehl: eingezogen zum Grenzausbildungsregiment Plauen.

Als sie uns in Plauen den Aufbau der Grenze erläutert haben, war ich ziemlich schockiert. Das wollt ich nicht wahrhaben. Wie es wirklich ist, wußte ich nicht, aber so, wie es die erzählen – das kann doch nicht sein!

Als wir in Probstzella vom Lkw runter sind, gingen in der Kaserne überall die Fenster auf. Die keinen Dienst hatten, hingen am Fenster und haben sich amüsiert: Die neuen Dummen kommen, die neuen Putzer ... In der ersten Zeit hab ich auch für die EKs geputzt, für die ›Entlassungskader‹. Man wollte ja selbst später auch nicht mehr putzen. Irgendwie ist man den Kreislauf mitgelaufen.

Der Bataillonskommandeur Baumann hat mich gleich in der ersten Woche ›rund gemacht‹. Den Namen hab ich mir gemerkt. Morgens halb acht kam er aus seiner Wohnung gegenüber der Kompanie und wollte vom Wachhabenden am Tor 'ne Meldung. Kein Schwein hatte mir gesagt, daß ich den grüßen muß. Es war kalt, ich hatte die Pfoten in die Tasche gesteckt und nicht gleich rausgezogen. Wie ein Eisblock ging er durchs Tor. Dann hat er mich angeschnauzt: ›Was soll das? Hände in den Taschen? Eine ordentliche Meldung!‹ Ich hab den Typ gehaßt.

Ich war dann erst 'ne ganze Zeit am Signalzaun eingesetzt, Wache stehen. Nach vier Wochen bin ich mal mit so 'nem Gefreiten hinter den Signalzaun gekommen, am Schieferberg, hinter Lichtentanne. Da hab ich zum ersten Mal die Grenze gesehen, unten am Bach. Der Zaun ging durch den ganzen Wald, soweit wie du gucken konntest! Da ist mir der kalte Schauer übern Rücken gelaufen.

Ich hab rübergeschaut, nach Steinbach an der Haide: die Häuser, der Kirchturm ...

Mathias Göpner wird im Oktober 1987 zum Grenzausbildungsregiment Plauen eingezogen.

1988

Und da hab ich mich gefragt, was wäre eigentlich, wenn du jetzt da drüben stehen würdest.
Du warst draußen und hattest acht Stunden Zeit. Im Grunde genommen für nichts. Du hast im Regen gesessen, im Sonnenschein oder im Schneesturm und hattest nichts zu tun, außer mal durch die Gegend zu laufen. Mit dem Postenführer – jeden Tag ein anderer – hast du dich nicht groß unterhalten. Du solltest nur kleine Grenzdurchbrecher aufspüren. Du durftest draußen auch nichts lesen. Die Taschen wurden kontrolliert, was du mit rausnimmst, ob ein Radio dabei ist, was verboten war. Wir hörten trotzdem draußen Radio, ›RIAS 2‹ und ›Bayern 3‹.
Es war ein Kreislauf, ein Strom ohne Pause: Es gingen immer drei, vier Posten raus, lösten die alten ab, und die reingekommen waren, gingen in die Betten. Du bist wenig zur Besinnung gekommen. Wenn du vom Urlaub zurückgekommen bist, bist du spätestens nach zwei, drei Wochen abgestumpft. Du hast funktioniert wie eine Maschine.
Ich war dann Motorradstreife und wurde nach Dienstschluß noch als Suchposten ständig in Alarmbereitschaft gehalten. Oft hab ich auch den ›Kommandeur Grenzsicherung‹ mit dem Motorrad zur Führungsstelle gefahren, zum Turm oberhalb der Bahnlinie; die Offiziere waren ja zu faul, den Berg hochzulaufen. Dann mußte ich mit dem da oben die Schicht absitzen. Im Abstand von zwei Stunden meldeten sich die Posten, oder er hat sie mal per Funk gerufen. Die Führungsstellen haben sich alle paar Stunden untereinander abgesprochen, ob was Besonderes vorgekommen war. Ansonsten war da oben Langeweile angesagt. Mit einem Unterfeldwebel konntest du dich ohne Probleme unterhalten; wenn du mit dem Kompaniechef da hoch durftest, waren es acht Stunden Schweigevorstellung.

Aufenthaltsraum der Alarmgruppe in der Führungsstelle mit Ruhepritschen

Die Alarmgruppe in der Führungsstelle, das waren vier Leute. Im ersten Stock des Turmes hatten die ihren Raum mit zwei Doppelstockbetten (neben den Schießscharten). Der Deckel wurde oben zugemacht, so daß sie ihre Ruhe hatten. Die sollten zwischendurch schlafen, weil sie ja 24 Stunden da waren. Wenn sie munter waren, haben sie Karten gespielt. Wenn Alarm war, brauchten sie nur runter zum Fahrzeug und los.
Eine Schicht auf dem Schieferberg hab ich komplett geschlafen, von ein Uhr nachts bis neun Uhr morgens. Ich war so kaputt, ich konnt grad noch rausfahren. Es lag Schnee und war verdammt kalt. Man hatte diesen Regenumhang, den hat man sich übergeworfen, sich eine kleine Glocke gebaut. Und in die Mitte hat man Kerzen gestellt, damit es wenigstens unter dieser Glocke ein bißchen warm war. Ich hab meine Luftis aufgeblasen (so kleine Kopfkissen), mich an einen Baum gelehnt und geschlafen.
Wir hatten Glück, wenn wir im Monat einmal Ausgang bekommen haben. In Probstzella konntest du entweder in die Bahnhofskneipe oder in die Kneipe im Kulturhaus. Du hattest von 18 bis 24 Uhr Ausgang, also sechs Stunden Zeit, dir die Rübe vollzusaufen, was die meisten gemacht haben.

1988

Mit den Einheimischen waren wir auf Distanz. Wir hatten das Gefühl, daß du der Buhmann für die warst, weil du ja mitgemacht hast, die einzusperren. Wenn die gekommen sind, haben sie sich nicht zu dir gesetzt, man hat sich auch nicht zu denen gesetzt. Bevor wir in den Ausgang gegangen sind, wurden wir belehrt, daß wir mit denen nicht über die Grenze zu reden hätten, nichts auszuplaudern.

Wenn du da in der Bahnhofskneipe 'ne Flasche Bier gekauft hast, um die mitzunehmen, dann konntest du dir ziemlich sicher sein, daß dich der diensthabende Offizier gefilzt hat, wenn du rein bist: die Kellnerin hat angerufen.

Mit Olaf war ich öfter zusammen draußen. Wir kamen ins Erzählen und haben gemerkt, daß wir das Ganze nicht so genau nehmen. Erst waren es spaßige Anmerkungen, um zu gucken, wie wird reagiert ... Olaf wäre wahrscheinlich der einzige gewesen, mit dem ich mich hätte verabreden können, gemeinsam abzuhauen. Er hat durchblicken lassen, daß ihn nicht unbedingt alles hält dazubleiben. Aber er hing dann doch zu sehr an seiner Freundin, um alles abzubrechen. Er hat gemerkt, daß mir der ganze Scheiß gestunken hat, so ein Rädchen zu sein.

»Sechs Stunden Zeit, dir die Rübe vollzusaufen« – Grenzsoldaten im Wirtshaus Lichtentanne.

Dann ging das noch mit meiner Freundin in die Brüche. Auch mit dem Geschäft sah es nicht so rosig aus, weil mein Vater nicht mehr war; ich hätte alles allein hochziehen müssen. Da hab ich mir gesagt: Okay, es kann nur noch besser werden ... Am Samstag, dem 12. November 1988, war ich an der richtigen Stelle mit dem richtigen Mann zur richtigen Zeit. Mein Postenführer hatte null Kenntnis im Gelände, er war erst ein paar Tage in der Kompanie. Ungefähr neunzehn Uhr war Schichtbeginn. Wir sind mit dem Motorrad auf den Hügel oberhalb des Bahnhofs gefahren, Richtung Zopten. Ich hab dem erst mal gezeigt, wie man sich melden muß und wie das alles gedacht ist. Wir haben uns hingesetzt, ich hab ihm einen Kaffee spendiert, und wir haben 'ne ganze Weile erzählt.

Ich hab eingestreut, daß ich mal was an der Zündkerze nachschauen muß, Probleme mit der Zündung. Gegen halb neun hab ich dann an der Zündkerze rumgeputzt und zu ihm gesagt: ›Paß mal auf, ich fahr mal hier vor, bis zum Plattendreieck, und probiere mal aus, wie es mit der Zündung aussieht, und komm dann wieder zurück.‹ Ich bin etwa hundert Meter gefahren und zurückgekommen, damit er erst mal Vertrauen fassen kann. Ich sag: ›Na ja, ich weiß nicht, so richtig läuft die Geschichte nicht, sag mal, du hast doch auch ein bißchen Ahnung von so was – willst du nicht mal fahren?‹

Er ist sofort los, Richtung Bahnlinie. Der fuhr und fuhr und fuhr, der Lichtschein war nicht mehr zu sehen. Scheiße, dacht ich, du willst abhauen, und der macht das noch eher. Nach einer Weile kam er zurück und sagte: ›Du hast recht, ich hab auch das Gefühl, das Ding läuft noch nicht so richtig.‹ – ›Paß auf‹, hab ich gesagt, ›vielleicht muß der Motor erst wieder warm werden. Ich fahr mal hier den Berg hoch.‹

Ich bin die Kuppe hoch, links unterhalb der Thüringen-Warte, hab das Motorrad hingestellt und bin zum Spurenstreifen gegangen. Und da hab ich erst mal das

1988

große Kniezittern bekommen ... Was passiert mit deinen Leuten, mit Mutter, was passiert mit dir? Kommst du wieder auf die Füße? Ich wußte vom Erzählen einiges, aber wenn du ins kalte Wasser springst, weißt du nicht, wie's abläuft. Ich hab an meinen Bruder gedacht, Stephan, der hätte mir in dem Moment wahrscheinlich einen Tritt in den Hintern gegeben, daß ich einen Schritt vorwärts gefallen wär, dann hätt ich einen Schritt in die Rille des Spurenstreifens gemacht, und dann wär es eh zu spät gewesen ...

Ich bin ran an den ersten Zaun der ehemaligen Minensperre, der war dort nicht so hoch. Schnell bin ich über den Minenstreifen, hab versucht, nur ganz leicht aufzutreten. Mir war klar, daß man garantiert nicht alle Minen wiedergefunden und geräumt hat. Für den Grenzzaun hatte ich mir Steigbügel zurechtgemacht, aus zwei Lederriemen mit Karabinerhaken. Hinter dem letzten Zaun war Dickicht, stockduster.

Etwa hundert Meter bin ich den Berg raufgekrochen, die Taschenlampe im Mund. Ich hab nur noch daran gedacht, mir nichts zu brechen und liegenzubleiben. Auf einmal wurde es heller, der Wald war wie gekehrt, ich sah die weiß-blauen Grenzpfähle. Da wußte ich: Alles klar! Zwei Grenzpfähle standen ganz dicht, so wie das Tor zur Freiheit, bin ich halt durch. Mir haben die Knie so gezittert, ich hab nicht mal einen Schrei rausgekriegt ... Ich bin nach Lauenstein gelaufen, gleich in die erste Kneipe rein. Drei, vier Leute haben drin gesessen. Ich sagte: ›Guten Abend, ist hier ein Telefon? Ich muß mal die Polizei anrufen.‹

Die Leute in der Kneipe haben sich mehr gefreut als ich: ›Ha, jetzt hat es wieder einer geschafft! Hoi, wie hast du's denn angestellt?‹ Ich mußte ein Bier und ein Kännchen Kaffee trinken; ein Steak haben sie mir gemacht, und zuallerletzt gab's noch Pralinen ... Die haben gesagt: ›Jetzt

Mathias Göpner stellt am 12. November das Dienstmotorad vor dem Spurenstreifen ab, dann erfolgt die »Bewegung des Fahnenflüchtigen in Richtung Staatsgrenze«.

laß dir mal Zeit, jetzt feiern wir erstmal. Zeit, die Polizei anzurufen, haben wir immer noch.‹ Das hat bestimmt eine Stunde gedauert, dann haben wir angerufen. Es kamen zwei Ludwigstädter Polizisten, ziemlich nett. Sie haben mich abgetastet, ob ich noch eine Pistole habe. Wir sind zur Stelle meiner Flucht gefahren, da war noch tote Hose. Wie ich später erfahren habe, hat der Typ drüben erst das gesamte Gebiet abgesucht und sich um Mitternacht bei der Führungsstelle gemeldet: Mein ›Paula‹ ist weg, also, mein Posten ist weg. Der Typ ist wohl nach Sonneberg versetzt worden.

Bei der Polizei in Ludwigstadt hab ich dann im Aufenthaltsraum Fernsehen geguckt und noch ein bißchen was getrunken. Ich war so aufgeregt. Dann bin ich schlafen gegangen, ganz oben unterm Dach ... Am nächsten Morgen haben sie mir ›Klamotten‹ besorgt. Der eine Polizist sagte, um zwölf müssen wir zu einem Herrenausstatter fahren. Ich dachte, Sonntagmittag um zwölf, das wird wohl nichts werden. Wir standen vor dem Laden, klingelten, und es gingen für mich die Türen auf; sie hatten alles: Unterwäsche, Hemden, Hosen, Jacken. Dann noch ein Laden mit Schuhen. Das mußtest du erst mal verarbeiten ...

1988

Die ersten Eindrücke in Ludwigsstadt bei Tageslicht – der Unterschied war so kraß! Es war alles sauber, die Häuser gepflegter. Das hab ich als schön empfunden, mich erst mal satt gesehen.«

»14.11.88, 6.30 Uhr. Werter Genosse Honecker! ... Ich gestatte mir, Dir folgendes mitzuteilen: Am 13.11.1988, gegen 0.25 Uhr, wurde im Grenzabschnitt Probstzella, Kreis Saalfeld, Bezirk Gera, GR 15 Sonneberg, der Angehörige der GT der DDR Gefreiter Göpner, Mathias, ... aus dem Grenzdienst unter Zurücklassung seiner Waffe in die BRD fahnenflüchtig ... Der Fahnenflüchtige täuschte einen Motorschaden an seinem Krad vor ... Mit sozialistischem Gruß, H. Keßler, Armeegeneral«[15]

Horst Linke

»Den Göpner hatte ich als zuverlässig eingestuft. Ich wußte von seinen Problemen, aber der hatte ja seine Mutter hier. Nach der Flucht habe ich wieder ganz schön Schläge bekommen. Die Truppe hat gesagt: ›Das ist Sache des MfS, wenn einer abhaut.‹ Und das MfS hat gesagt: ›Na, da unten haben wir doch den Linke – warum läßt der das zu?‹«

Im Oktober 1988 kommt, als Nachfolger des Pfarrers Hädicke, der Vikar Johannes Weiss, geboren 1962, mit Frau und Kind nach Probstzella. Er ist aufgewachsen in einem Pfarrhaus bei Mühlhausen und hat in Leipzig an einer kirchlichen Hochschule Theologie studiert.

Johannes Weiss

»Als ich nach Probstzella kam, hatte ich den Eindruck, daß es den meisten nach dreißig Jahren Sperrzone nicht mehr wichtig war, Besuch von Freunden zu bekommen, die außerhalb der Sperrzone wohnten. Ich glaube, man litt nicht mehr deswegen. Da ist etwas schlichtweg abhanden gekommen. Wenn die Leute, abgesehen von ein paar Jugendlichen, von ihren dringlichsten Sorgen sprachen, war die Sperrzonenverordnung kein Thema mehr.
Probstzella war eine geschlossene Gesellschaft. Es war eine ziemlich bedrückende Atmosphäre. Der stärkste Eindruck war für mich – das hab ich wochenlang beobachtet –, daß Freitagnachmittag der Verkehr gänzlich erstarb. Am Sonnabend hätte man sich zum Picknick mitten auf die Straße setzen können. Wenn ich mal spazierenging, hab ich mich dabei nie so ganz wohl gefühlt, weil ich das Gefühl hatte, beobachtet zu werden. Ich glaube, das ging anderen genauso.
Als Pfarrer in der Sperrzone war man automatisch in Opposition zum Staat. Ich hab es aber nie als besonderen Mut empfunden, zu sagen, was man denkt. Einmal kam der Herr Stahl von der Abteilung Inneres beim Rat des Kreises Saalfeld (der Nachfolger des Herrn Schnappauf) zu meinem Geburtstag. Ich sagte ihm unten an der Tür, daß ich ihn nicht eingeladen hab und seinen Besuch nicht wünsche. Das Verhältnis war geklärt, er kam nicht wieder.
Mit der Flucht der Schwabe-Brüder fing in Probstzella etwas an, sich aufzulösen. Da wurde etwas vom Schrecken vor dem Regime genommen. Das wirkte dann nur noch affig.«

1988

»Genossen Offiziere! ... Die Schärfe der Klassenkampfsituation gebietet uns, die politischen und militärischen Aufgaben im kommenden Ausbildungsjahr von Anfang an in guter Qualität zu erfüllen. Dazu benötigen wir, und dazu darf ich Feliks Edmundowitsch Dzierszynski zitieren, ›einen kühlen Kopf, ein heißes Herz und saubere Hände‹. Ich wünsche Ihnen und Ihren Familienangehörigen für das kommende Ausbildungsjahr eine feste Gesundheit, politische Klugheit, militärische Meisterschaft und die notwendige Portion Grenzerglück.«[16]

Referat des Sonneberger Regimentskommandeurs Pinkes, 42 Jahre, vor Offizieren der Einheit am 10. November 1988

Mit Hilfe einer Strickleiter steigen der Fleischer Jens K. und der Klempner Ronald S. aus Saalfeld in der Nacht zum Nikolaustag 1988, um 1.24 Uhr, über den Signalzaun bei Lichtentanne. Außer Butterbroten und »Goldbrand«, Karte und Kompaß haben die beiden einen Wurfanker mitgenommen, dazu zwei zu Schneehemden umgearbeitete Bettbezüge und – in einem Kartoffelsack – ein Kaninchen: Sollte ein Grenzhund kommen, soll der dem Langohr nachlaufen.
Nachdem Jens K. und Ronald S. beim Übersteigen des Zaunes Grenzalarm ausgelöst haben, kehren sie um. In einer Gaststätte in Leutenberg nimmt sie ein Posten der Volkspolizei fest; sie gestehen »den versuchten Grenzdurchbruch«. Als Motiv der zwei Männer notiert man: »Ihnen würde es in der DDR nicht mehr gefallen.«[17]

Am vorletzten Tag des Jahres 1988 fahren Manfred und Beate W. aus Altengesees – gemeinsam mit ihren drei Kindern Mandy, zwölf Jahre, Anna, elf, und Tobias, drei Jahre alt – mit einem Lkw an den Signalzaun bei Großgeschwenda und überwinden ihn gegen 5.25 Uhr. Seit 1986 haben sie vergebens auf die Genehmigung ihres Ausreiseantrages gewartet. Frau W. ist Kindergärtnerin, arbeitslos.
Beim Sprung über den Zaun lösen sie Alarm aus. Sie laufen davon und lassen ihre Pudelmützen zurück, auch die Fotoalben, die Schallplatten, die goldene Uhr und das Neue Testament. Es ist sehr neblig, noch haben sie eine Chance.
Nach sieben Uhr finden die Verfolger zwei Fußspuren: ein Mann und eine Frau, nehmen sie an. Dann entdecken sie den Lkw mit den Alben und sehen die Kinderfotos ... Ein paar hundert Grenzsoldaten, Volkspolizisten und Freiwillige Helfer durchsuchen stundenlang das Gelände. Der Sonneberger »Oberoffizier Grenzaufklärung«, Ulrich Schmidt, »klärt eine weitere Spur auf« und meldet die »vermutliche Bewegungsrichtung der Grenzverletzer«.
Mehr als sechs Stunden irren die Flüchtenden durch den Wald. Dann werden sie im Pfaffengrund vom Soldaten Steffen B. und vom Gefreiten Olaf B. gestellt und abgeführt.
In Probstzella erzählt man sich von einer Familie, die bei Großgeschwenda versucht habe abzuhauen und sich dabei ungeschickt angestellt haben soll.[18]

Prag, 30. September 1989

DDR-Flüchtlinge im Innenhof der Botschaft der Bundesrepublik Deutschland in Prag

Den mehr als dreitausend auf dem Prager Botschaftsgelände ausharrenden DDR-Flüchtlingen verkündet Bundesaußenminister Genscher am Abend des 30. September 1989, »daß heute Ihre Ausreise ... (möglich geworden ist)« – die letzten Worte übertönt ein Freudengeschrei. In verriegelten Sonderzügen fahren die Menschen über das Territorium der DDR nach Bayern. Auch die annähernd achthundert Warschauer Botschaftsflüchtlinge kommen am 1. Oktober mit der Bahn in der Bundesrepublik an.

1989

Am Silvesterabend 1988 brechen der 25jährige Lokführer Uwe V. und die 20jährige Kellnerin Cornelia H. in Eisenberg bei Jena mit dem grünen »Trabant« des Vaters auf. Sie wollen die DDR verlassen. Über Saalfeld fahren sie bis kurz vor den Kontrollpunkt Marktgölitz und biegen rechts ab in Richtung Limbach. Von dort aus laufen sie. Mit einem Kompaß suchen sie den Weg durch den Wald über den Bocksberg. Die Häuser von Zopten, in denen die Leute den Jahreswechsel feiern, umgehen sie. Schließlich stehen sie am Ratzenberg vor dem Signalzaun. Den Abweiser schneiden sie am 1. Januar 1989, um 1.18 Uhr, durch. Nach einer Stunde erreichen sie den Grenzzaun und stoßen auf zwei »Posten der Abriegelung«. Obwohl der Gefreite Kai H. einen Warnschuß abgibt, versuchen sie, über den Zaun zu kommen. Es ist aussichtslos. Sie werden festgenommen.
Kurz nach vier hebt Major Terpe den Grenzalarm auf, Major Kölzsch organisiert den »Übergang zur normalen Grenzsicherung«; um 4.44 Uhr kann gemeldet werden: »Normale Lage hergestellt«.[1]

Erich Honecker verkündet am 19. Januar 1989: Die Mauer »wird in fünfzig und auch in hundert Jahren noch bestehenbleiben, wenn die dazu vorhandenen Gründe noch nicht beseitigt sind«.
Rund tausendachthundert Menschen werden 1989 festgenommen beim Versuch, über die Sperranlagen nach West-Deutschland oder West-Berlin zu flüchten. Mehr als hundertvierzig DDR-Bürgern gelingt dort die Flucht über den Stacheldraht. In Berlin wird noch einmal ein Flüchtling erschossen.[2]

Zwanzig Jahre alt ist der Ost-Berliner Kellner Chris Gueffroy, als er mit einem Freund am 5. Februar 1989, kurz vor Mitternacht, im Stadtbezirk Treptow über die »Hinterlandmauer« steigt. Sie wollen in West-Berlin ein eigenes Restaurant aufmachen, und sie träumen von einer Reise in die USA. Beim Überwinden des Signalzauns lösen die Flüchtenden Alarm aus und werden von mehreren Grenzsoldaten beschossen. Als Chris Gueffroy seinem Freund mit einer »Räuberleiter« über den Metallgitterzaun helfen will, schießt der Grenzsoldat Ingo Heinrich aus knapp vierzig Metern Entfernung gezielt auf den Oberkörper. Eine Kugel zerreißt Chris Gueffroy das Herz, er stirbt innerhalb weniger Minuten.
Den vier an der Erschießung beteiligten Soldaten versichert Kompaniechef Ronald Fabian noch in derselben Nacht: »Das war eine gute Leistung.« Später werden sie vom Chef des Grenzkommandos Mitte, Erich Wöllner, mit dem »Leistungsabzeichen der Grenztruppen« und je 150 Mark Geldprämie ausgezeichnet.
Zwei Stunden vor der gescheiterten Flucht in Berlin-Treptow sind drei Thüringer bei Neuhaus-Schierschnitz im starken Nebel unbemerkt über die Grenze in den Landkreis Kronach entkommen.[3]

Chris Gueffroy, der letzte erschossene Flüchtling an der Berliner Mauer

Chris Gueffroy hat vor seinem Fluchtversuch im Cafe »Rendezvous« in den Rathauspassagen gearbeitet, wenige Schritte entfernt vom Restaurant »Schwalbennest«, wo Andreas Götze als Koch arbeitete, bevor man ihn im Juni 1988 bei Probstzella festnahm. Zwei Tage vor dem Fluchtversuch Chris Gueffroys darf

1989   Andreas Götze – nach acht Monaten Gefängnis – per »Freikauf« in die Bundesrepublik ausreisen. Nach einer Woche steht er am Brandenburger Tor und schaut hinüber in die Deutsche Demokratische Republik ... In den folgenden Monaten arbeitet er und fliegt dann für vier Wochen in die USA.

»Es darf nicht auf fliehende Menschen geschossen werden ... Es muß durchgesetzt werden, daß nur dann geschossen wird, wenn Leib und Leben der Grenzsoldaten gefährdet werden ... Es gilt zu beachten: Lieber einen Menschen abhauen lassen, als in der jetzigen politischen Situation die Schußwaffe anzuwenden.«[4]
Niederschrift des Stabschef der Grenztruppen über ein Gespräch am 3. April 1989 mit dem Stellvertretenden Verteidigungsminister, Fritz Streletz, nach dessen »telefonischer Rücksprache« mit dem ZK-Sekretär für Sicherheit, Egon Krenz

»Seit dem 3.4.1989 wurden ... alle unterstellten Verbände ... mündlich angewiesen, die Schußwaffe im Grenzdienst Staatsgrenze zur BRD und zu Berlin (West) zur Verhinderung von Grenzdurchbrüchen nicht anzuwenden ... Diese Befehlsgebung ist am 4.4.1989 bis zum Grenzposten bekanntgemacht worden und wird praktiziert.«[5]
Niederschrift des Stellvertretenden Leiters der Hauptabteilung I beim Kommando der Grenztruppen

Der Rangiermeister D. aus Probstzella wird am 3. April 1989, kurz nach zehn Uhr abends, am Signalzaun unweit der Bahnlinie nach Ludwigsstadt gestellt und der Volkspolizei übergeben.
Am Abend des 8. April nimmt ein Freiwilliger Helfer der Grenztruppen bei Probstzella den fünfzehnjährigen Daniel M. fest, der, aus einem Dorf bei Hoyerswerda kommend, seinem älteren Bruder in die Bundesrepublik folgen wollte.
Nach Alarmierung durch den MfS-Grenzbeauftragten des Kreises Saalfeld beenden Paßkontrolleure am 24. April auf dem Bahnhof Probstzella den Fluchtversuch von Erhard P., 34 Jahre.[6]

»Durch eine umfassende Vermarktung in den Medien des Gegners ist der DDR erheblicher politischer Schaden entstanden und die offensive Politik unserer Partei gestört worden. Diese Hetzkampagne wurde im Februar/März dieses Jahres im Zusammenhang mit der völlig gerechtfertigten Anwendung der Schußwaffe durch Angehörige der Grenztruppen der DDR ... weiter eskaliert ...
Ich will euch überhaupt mal etwas sagen, Genossen: Wenn man schon schießt, dann muß man det so machen, daß nicht der Betreffende noch wegkommt, sondern dann muß er eben dableiben bei uns. Ja, so ist die Sache! Was ist denn das: siebzig Schuß loszuballern, und der rennt nach drüben, und die machen 'ne Riesenkampagne? Da haben se recht, Mensch, wenn er so mies schießt, sollen se 'ne Kampagne machen. Das ist alles ... wie hat der gesagt, Hans Albers? – Schieß, Scheiße ... der Film, entschuldigt, hä, hö ... kann man ruhig ein bißchen lustig machen. Ist doch klar, na hör mal zu Mensch ... ist doch wirklich ... manchmal ... Na ja gut, also ihr wißt jetzt Bescheid, nicht wahr.
Und dann ist natürlich klar, es hat ja keinen Zweck auf einen zu schießen, wenn er nach drüben kommt, nicht wahr. Kommt er rüber und ist sowieso ein Antragstel-

»Also Genossen ...«
Erich Mielke und seine Stasi-Generäle 1980, zweiter von rechts Karl Kleinjung, vierter von rechts Gerhard Neiber.

Der Komplex des Ministeriums für Staatssicherheit in Berlin-Lichtenberg

ler, na was hat das für einen Sinn? Was für'n Sinn, man muß doch fragen so. Wo noch etwas mehr revolutionäre Zeiten waren, da war es nicht so schlimm, aber jetzt, nachdem allet so neue Zeiten sind, muß man (lacht) den neuen Zeiten Richtung tragen...

Ordnung und Sicherheit an der Staatsgrenze, im Grenzgebiet und im grenznahen Raum sind noch straffer durchzusetzen... Und dazu, Genossen, kommt noch eins hinzu: Die Familien, die wohnen in Grenzkreise, müssen wir och ernsthaft prüfen, nicht wahr, daß man sie aussiedelt. Ich sage das mit vollem Ernst und voller Berechtigung. Müssen aussiedeln, müssen se weg. Kann man denn nicht belassen solche. Vorbeugend muß man schon sehen, schon rauswerfen, solche Leute, aus diesem 500-Meter-Streifen oder sogar aus der 5-Meter, 5-Kilometer-Zone, nicht wahr? Macht det entsprechend, und weist det entsprechend und überlegt det... Vor allem ist das eine Frage, nicht wahr, des richtigen Durchdenkens, des Einschätzens, Beurteilens... Da kann man det alles so machen, daß auch wirklich keine besondere... öh, ick möchte mal sagen, irgendwelche Reaktionen hervorruft, nicht wahr, weil jeder dazu sein Einverständnis geben wird...

Also Genossen, das war's, was ich euch mit auf den Weg geben wollte. Hat jemand 'ne Frage? Will jemand det Wort haben? Können ja och mal 'ne neue Demokratie einführen (kichert), aber 'ne gute! Jeder, der 'ne gute Idee hat, kann sofort offstehen, det wißta ja bei mir: Ich nehme alles Gute entgegen sofort. Vermarkte ich sofort sozialistisch als Mielke (keine Wortmeldung).

... Also, was nun, Genossen? Ludwig, kriegen se noch Abendbrot, nee? Ludwig, wo biste? Der is schon abgehauen, och?... Wie? Abendbrot ist vorgesehen. Na endlich, der Kaderchef, na seht ihr, da habt ihr einen guten Kaderchef, der sagt, Abendbrot is vorge... Also unten könnt ihr jetzt noch 'nen kleinen Imbiß nehmen, Abendbrot, nich wahr. Dann wünsch ich euch 'ne gute Heimreise und vor allen Dingen Erfolg bei der Durchführung dieser uns gestellten Aufgaben. Seid ihr einverstanden, wollen wir uns so verabschieden? Also gut, dann dank ich.«[7]

Referat des Ministers für Staatssicherheit, Erich Mielke, gehalten am 28. April 1989 in der Berliner Zentrale vor den Leitern der Hauptabteilungen und Bezirksverwaltungen des MfS

»Im Zusammenhang mit der Verschärfung der Klassenkampfsituation, besonders mit dem Fortschreiten der Faschisierung in der BRD, tritt die zielgerichtete Verstärkung der ideologischen Diversion im eigenen Kreis immer deutlicher zutage. Sie spiegelt sich wider u. a. in ... der Gerüchteverbreitung wie: Es gibt keine Ausreisen mehr in die VR Ungarn für DDR-Bürger, die Grenze zu Ungarn wird gesperrt, dafür öffnet die VR Ungarn die Grenze zu Österreich...«[8]

»Lageeinschätzung« des Stabes im VP-Kreisamt Saalfeld, Oktober 1977

1988 ist, unterstützt von Staatsminister Imre Pozsgay, die erste Oppositionspartei Ungarns gegründet worden. Bei seinen Besuchen in Deutschland hat der ungarische Außenminister Gyula Horn dem Staatssekretär im Auswärtigen Amt, Jürgen Sudhoff, das Programm für ein neues Ungarn so skizziert: eine pluralistische Gesellschaft, sozialdemokratische Politik, Nischen für private Unternehmer und Handel mit der Europäischen Gemeinschaft...

Am 2. Mai 1989, einem Dienstag, sehen Millionen Zuschauer im Westfernsehen,

1989

daß ungarische Grenzer den Stacheldrahtzaun an der Grenze zu Österreich zerschneiden. Man wolle weiterhin die Grenze kontrollieren, heißt es, aber es werde dort nicht mehr geschossen.

Eine Woche zuvor hat Erich Honecker in einem Schreiben an die Ersten Sekretäre der SED-Bezirksleitungen festgestellt hat, »daß die ungarische Parteiführung offensichtlich nicht über den Willen verfügt, die politische Macht zu verteidigen«. Die SED-Führung verfügt über diesen Willen.[9]

Bei der Kommunalwahl am 7. Mai 1989 kontrollieren Oppositionelle in Hunderten von Wahllokalen die Stimmenauszählung. Vielerorts stellen die Beobachter – soweit sie nicht abgedrängt werden – Verfälschungen des Wahlergebnisses fest (offiziell 98,85 Prozent Zustimmung). Ihre Beschwerden und Strafanzeigen gegen die Wahlfälscher bleiben unbeantwortet oder werden zurückgewiesen.

In Probstzella betritt Vikar Johannes Weiss das Wahllokal zehn Minuten vor Schließung. Er geht in die Kabine und streicht auf dem Wahlzettel die »Kandidaten der Nationalen Front« durch. Von achtzehn Uhr an beobachtet Johannes Weiss gemeinsam mit Jens Billig die Auszählung der Stimmen. An diesem Tag beginnt die Freundschaft der beiden.

 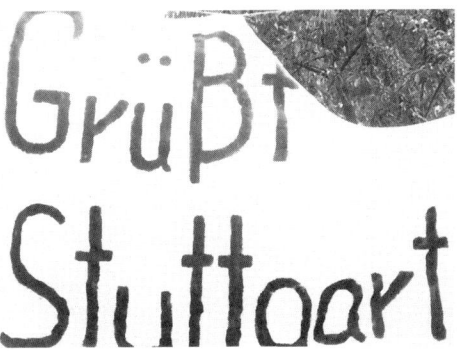

Nach der überraschend hohen »Genehmigungswelle« von Ausreisen 1984 – fast fünfunddreißigtausend Menschen siedeln damals in den Westen über – ist die Anzahl der Genehmigungen in den darauffolgenden Jahren nahezu halbiert worden. Gleichwohl haben seitdem jährlich im Schnitt vierzigtausend DDR-Bürger einen Ausreiseantrag gestellt.

1988 hat man wieder rund neunundzwanzigtausend »Antragstellern« die Übersiedlung erlaubt – »zum Abbau des Druckes und zur Beherrschung der Lage«. Mehr als hunderttausend warten auf die Genehmigung. Bis Ende Juli 1989 siedeln nochmals über sechsundvierzigtausend Menschen legal über.[10]

In den Sommerferien 1989 versuchen Tausende DDR-Bürger über die nun durchlässigere »grüne Grenze« Ungarns nach Österreich zu flüchten. Wer von den ungarischen Grenzern erwischt und zurückgewiesen wird, probiert es wenig später wieder.

Hunderte von DDR-Bürgern suchen in diesem Sommer Zuflucht in den diplomatischen Vertretungen der Bundesrepublik in Budapest, Prag, Ost-Berlin und War-

Heiko Franke: »Meine Cousine fuhr im Mai 1989 bei ihrer Ausreise mit dem Interzonenzug zwischen Saalfeld und Probstzella hinter unserem Haus vorbei – wir haben gewunken und Fotos gemacht. Ich hielt ein Bettlaken hoch mit der Aufschrift: ›Grüßt Stuttgart!‹ Um mich herum heulten alle. Ein Nachbar (SED-Kreisleitung) hat uns belabert, wir sollten das lassen. Kurz danach war die Kripo da, die haben uns aber nicht angetroffen. Es war so deprimierend: Jetzt fahren die auch noch weg und kommen nie wieder.«

1989

schau, um die Ausreise zu erzwingen. Schon Mitte der achtziger Jahre haben dies mehr als zweihundertfünfzig DDR-Bürger versucht, dann aber nach wochenlangen Verhandlungen die Vertretungen wieder verlassen, weil ihnen Straffreiheit und die wohlwollende Prüfung ihrer Anträge zugesichert wurde.

»Wegen Überfüllung« werden im August 1989 die bundesdeutschen Botschaften in Budapest, Prag und Ost-Berlin geschlossen. Am 23. August dürfen die rund zweihundert Budapester Botschaftsflüchtlinge mit Hilfe des Roten Kreuzes via Österreich in die Bundesrepublik ausreisen.

Vier- bis sechstausend DDR-Bürgern sei zwischen dem 1. Januar und dem 30. August 1989 »der ungesetzliche Grenzübertritt« von Ungarn nach Österreich gelungen, zählt man im Ministerium für Staatssicherheit.[11]

»Die Bevölkerung des Grenzgebietes verfolgt die Ereignisse der Botschaftsbesetzungen in der UVR, der ČSSR und teilweise VRP mit großer Aufmerksamkeit. Dabei wird sich fast ausschließlich an westlichen Medien orientiert und gleichzeitig das Verschweigen der Massenfluchten durch die DDR-Medien als beispiellose Ignoranz bezeichnet.

Ältere und bewußte Bürger erfüllt diese Tendenz, insbesondere die Gleichgültigkeit der ungarischen Organe, mit großer Besorgnis. Geschaffene sozialistische Verhältnisse werden leichtfertig aufs Spiel gesetzt und bieten dem Gegner beste Voraussetzungen zur Infiltration.

Die Jugendlichen des Grenzgebietes sind stark verunsichert. Es gibt kaum eine direkte Verurteilung der Handlung des ungesetzlichen Verlassens, zumal durch Rückverbindungen kaum Fälle bekannt werden, bei denen die Täter ihre Tat bereuen.

In allen Schichten der Bevölkerung wird zu den Ursachen der gegenwärtigen Lage diskutiert. Die Redewendung: ›Es muß sich in der DDR etwas ändern‹, ist häufig im Gespräch.«[12]

Zusammenfassung der IM-Berichte von »Heinz«, »Schiefer«, »Heinz Walter« und »Bergmann« an die MfS-Kreisdienststelle Saalfeld vom 23. August 1989

»Genosse Minister: Und wie ist es in den Betrieben, wie sieht es in den Betrieben aus, wie ist die Stimmung?
Generalmajor Hähnel: Das ist natürlich eine ganz komplizierte Frage, Genosse Minister, im Augenblick.
Genosse Minister: Das ist eine sehr einfache Frage. Das ist eine Frage der Macht, weiter nichts.
Generalmajor Hähnel: Hauptschwerpunkt der Stimmung in der Bevölkerung sind die Vorgänge mit dem ungesetzlichen Verlassen über die Volksrepublik Ungarn und die Besetzung der diplomatischen Vertretung durch Bürger unseres Landes...
Genosse Minister: Der Sozialismus ist so gut – da verlangen sie immer mehr und mehr. So ist die Sache. Ich denke immer daran, als wir erlebten, ich konnte auch keine Bananen essen und kaufen, nicht, weil es keine gab, sondern weil wir kein Geld hatten, sie zu kaufen... Und wie viele hauen von dir ab aus Erfurt?
Generalmajor Schwarz: Über die Ungarische Volksrepublik bis zum heutigen Tage 355, vorrangig Jugendliche. Natürlich möchte ich auch dazu sagen, Genosse

Minister, es sind eine Reihe von jungen Menschen weggegangen, um die es eigentlich nicht schade ist ...
Genosse Minister: Gut, danke. Genosse aus Gera – ist der Genosse Leiter da, Genosse Dangrieß? ... Wie schätzt ihr die Gesamtlage ein?
Oberst Dangrieß: Genosse Minister, ich würde sagen, natürlich ist die Gesamtlage stabil. Aber diese Tendenzen im gesamten Diskussionsgeschehen, die da betreffen die Ungarnprobleme, die hohe Anzahl der Verbleiber, das stimmt einerseits doch viele auch progressive Kräfte nachdenklich, vor allem auch im Hinblick auf die Konsequenzen.
Genosse Minister: Ist es so, daß morgen der 17. Juni ausbricht?
Oberst Dangrieß: Der ist morgen nicht, der wird nicht stattfinden, dafür sind wir ja auch da ...
Genosse Minister: Wir haben also nun die Einschätzung und auch die Schlußfolgerungen aus euren Ausführungen, daß einigermaßen – nach dem Überblick – die Sache im Griff ist. Nun ist richtig gesagt worden, man kann natürlich niemals ganz ruhig sein, man muß immer wieder sich darauf einstellen, daß plötzlich irgend etwas spontan entstehen kann ...
Wir haben schon darüber gesprochen, hab schon mit dem Stellvertreter gesprochen, der auch ein ganz kluger Mensch ist. Zum Beispiel sagte er mir – ich fragte –, die leben ja wunderbar in diesen Häusern, die Antragsteller. Warum wollen sie weg? Die haben alles, die wollen weg. Sie haben auch mehrere Pkw. Aber die wollen weg, sie wollen Reisefreiheit haben, sie wollen Reisen und Freiheit haben ...
Also ihr seht, wie das aussieht. Deshalb ist es wichtig, daß wir mehr das Ohr an der Masse haben. Die Ohren sind entweder taub geworden oder sind nicht lang genug ...
Ich meine, mancher von euch hat doch noch ein längeres Leben, dann muß er sich entscheiden, ob er sozialdemokratische Bedingungen haben will oder ob er unsere Bedingungen behalten will. Ich – den kurzen Weg, den ich noch habe – will noch recht lange sozialistische Bedingungen behalten.«[13]

Tonbandprotokoll der Dienstbesprechung beim Minister für Staatssicherheit, Erich Mielke, am 31. August 1989

Am 8. September 1989 verlassen die 139 DDR-Bürger, die sich in die Ständige Vertretung der Bundesrepublik Deutschland in Ost-Berlin geflüchtet haben, diese nach Zusicherung von Straffreiheit und Ausreise.
In Ungarn warten noch immer mehr als fünfzehntausend DDR-Bürger auf eine günstige Gelegenheit zur Flucht. Nach einem zähen diplomatischen Ringen zwischen Ost-Berlin, Budapest und Bonn entscheidet die ungarische Regierung unter Ministerpräsident Miklós Németh, am 11. September 1989 um Mitternacht die Grenzübergänge nach Österreich für alle DDR-Bürger zu öffnen.
Die sowjetische Führung läßt es geschehen – am 7. Juli 1989 hat Michail Gorbatschow bei einem Treffen der Parteiführer der »Warschauer-Pakt«-Staaten offiziell jene »Breschnew-Doktrin« fallengelassen, wonach diese Staaten nur beschränkt souverän seien.
Das SED-Politbüro beschließt am 12. September: »... gefährdeten Bürgern der DDR ist ... die Ausreise (nach Ungarn) nicht zu genehmigen«.

1989

Mehr als tausend DDR-Bürger werden im September 1989 an der »grünen Grenze« zur Tschechoslowakei und zu Polen festgenommen beim Versuch, auf diesem Weg in den Westen zu gelangen.[14]

Als der bayerische Grenzpolizist Martin Weber am Vormittag des 21. September 1989 nordöstlich von Lichtenhain mit einem Kollegen »auf Streife« ist, stehen ihnen unmittelbar an der Demarkationslinie vier DDR-Grenzer gegenüber. Ungewöhnlich ist, daß es sich dabei nicht, wie üblich, um Aufklärer handelt, nein, vier einfache Soldaten sind an diesem Tag ein paar Schritte vom Westen entfernt postiert.

Den Gruß der bayerischen Beamten erwidern die auffallend jungen Männer nicht; statt dessen beginnt einer, die Grenzpolizisten zu fotografieren. Die Aufforderung, das Fotografieren bitte zu unterlassen, kontert ein Soldat mit einer Geste, die klar als »Leck mich am Arsch!« zu verstehen ist. – »Hört's her, ihr Buben«, sagt der 49jährige Martin Weber, »der Krieg ist aus. Es war immer so, daß dann die Kinder und die Alten nach vorn geschickt wurden, weil die anderen nicht mehr wollten oder schon tot waren.«

Als bis zum 3. Oktober erneut mehr als achttausend DDR-Bürger über die Prager Botschaft flüchten wollen, gestattet man im SED-Politbüro noch einmal die Ausreise per Bahn via Dresden (wo Volkspolizisten am Hauptbahnhof auf Menschen einschlagen, die auf die Züge aufspringen wollen). Gleichzeitig sorgt das Politbüro dafür, daß Ausreisen in die Tschechoslowakei fortan nur noch mit einem Visum erfolgen dürfen. Damit ist den DDR-Bürgern die letzte Möglichkeit zur – fast – freien Ausreise genommen. Beim Versuch, über die gesperrte tschechische Grenze zu entkommen, werden in den folgenden vier Wochen rund tausenddreihundert DDR-Bürger festgenommen; an der polnischen Grenze sind es fast zweitausend.[15]

»Im Landkreis Kronach spricht man über eine Familie, der die Flucht in die Freiheit gelang ... Mit dem ›Trabi‹ fuhr das Ehepaar mit den Kindern in die Nähe des Grenzzaunes. Da der junge Mann früher in Lehesten gewohnt hat, war er mit den Örtlichkeiten bestens vertraut ... Nach einem halbstündigen Fußmarsch ... stand der Signalzaun vor ihnen ... Eine der Betonplatten, in denen der Zaun verankert ist, war gebrochen. Dieses Teil räumte er zur Seite und grub mit den Händen ein Loch, so daß alle ohne Schwierigkeiten den Zaun unterkriechen konnten. Auf diese Weise kamen sie auch durch den zweiten Zaun ...
Im Gespräch mit dem ›Fränkischen Tag‹ stellte der 29jährige Bahnbetriebselektriker fest, daß es ausschließlich politische Gründe gewesen seien, die den Entschluß reifen ließen, die DDR zu verlassen. Da er einen guten Job hatte und seine Frau Filialleiterin in einem Geschäft war, hatten sie keine Schwierigkeiten. Aber die Kinder, so versicherte er uns, sollten auf keinen Fall in der DDR aufwachsen ... Da werde der ›Triumph des Sozialismus‹ gefeiert, aber es gebe nichts zu feiern, denn die Gesprächsthemen bei der Bevölkerung seien die Flüchtlinge in der Prager Botschaft, in Polen und Ungarn und die Sorge derjenigen, die bleiben müssen. Viele bedauerten im Freundeskreis, ihren Urlaub zu früh genommen zu haben, und man wünscht sich nichts sehnlicher, als daß Honecker bald stirbt ...

1989

Es sei nicht nur die schlechte Versorgungslage und die Tatsache, daß in den Betrieben überhaupt nichts mehr läuft, es ist die Sehnsucht nach ein bißchen Erleichterung, nach ein bißchen Freiheit. Die Volksseele kocht, berichtet er dem FT und bedauerte all diejenigen Ausreisewilligen, die in diesem Staat bleiben müssen. Weder er noch seine 27jährige Frau machen sich Illusionen über den Westen. Daß es auch hier Schwierigkeiten gibt und ihnen keine ›gebratenen Tauben‹ in den Mund fliegen, ist bekannt. Aber sie wollen arbeiten, völlig neu beginnen und sich und ihren Kindern ein Zuhause bieten, wie es sich normale Menschen vorstellen … Vorbei sei nun endlich auch die Zeit der großen Parolen von der Planerfüllung, der Verdummungen durch die Politiker, der Sprüche über eine Wirtschaft, die längst todkrank am Boden liegt.«[16]

Bericht von Hans Welscher im »Fränkischen Tag« über die Flucht der Familie B. am 3. Oktober 1989

Rudi van de Sand verdient als Grenzbeauftragter des MfS im Kreis Saalfeld zwei- bis viermal soviel wie ein Facharbeiter – monatlich rund 2500 Mark. Dafür hat der 47jährige einiges zu tun. Seit April 1986 bekleidet er diese damals neugeschaffene Position. Genosse van de Sand ist »Vertreter des MfS in allen die Grenzsicherung betreffenden Fragen im Kreis«. Er nimmt regelmäßig an »Sicherheitsberatungen« teil, berät sich mit der SED-Kreisleitung, der »Arbeitsgruppe Grenzsicherung«, mit den »Grenzsicherheitsaktiven« und mit der Kreiseinsatzleitung. Er ist da, wenn die Freiwilligen Helfer der Grenztruppen und die der Volkspolizei geschult werden und trägt auch dort »zur Mobilisierung und Aktivierung der gesellschaftlichen Kräfte« bei. Die Unterstützung des Kompaniechefs von Probstzella durch den Grenzbeauftragten »brachte im Jahr 1988 eine höhere Festnahmequote von Tätern durch die Grenztruppen«. Der »disziplinierte und feinfühlige Genosse« spürt »Mängel, Schwächen und Unzulänglichkeiten im System der Grenzsicherung« auf und übersieht auch nicht die »umgestürzten und verrotteten Streckmetallfelder« zwischen Probstzella und Zopten.

Zum Abwehroffizier des Bataillons Probstzella, Horst Linke, hat Rudi van de Sand »ein sehr enges, kameradschaftliches und von Konstruktivität getragenes Verhältnis«. Mit ihm stimmt er »alle bedeutsamen inoffiziellen und offiziellen Ziele und Aufgaben ab«. Zur »Lösung der anstehenden Aufgaben« sammelt Major van de Sand mit Hilfe »seiner inoffiziellen Kräfte … Informationen zu Personen und konspirativen Sachverhalten«. Er sorgt auch dafür, daß Bürger des Sperrgebiets, deren Anträge auf Besuchsreisen in den Westen abgelehnt worden sind, dem Ortsparteisekretär beziehungsweise dem Bürgermeister gemeldet werden.

Genosse van de Sand sei »korrekt und höflich«, jedoch »leicht zu erregen, wenn persönliche Nachteile oder kollektivbelastende Probleme auftreten«, urteilt sein Vorgesetzter, Oberstleutnant Manfred Schafferhans, Leiter der »Unterabteilung Grenzsicherheit« in der MfS-Bezirksverwaltung Gera.

Am Vormittag des 4. Oktober 1989 trifft sich Rudi van de Sand im Saalfelder Volkspolizei-Kreisamt noch einmal zur »Beratung mit den Kräften des Zusammenwirkens im Grenzkreis«. Zunächst erfolgt die »Einschätzung der Lageentwicklung«: Man bilanziert zwanzig »Angriffe DDR-BRD im Grenzabschnitt Probstzella« mit achtundzwanzig Personen seit Jahresbeginn. Dabei sei jedoch kein »Grenzdurchbruch« gelungen. Anschließend informiert der Vertreter der Grenztruppen, Major Rüffer, über den Durchbruch der Familie B. bei Lehesten am Tag zuvor. Der Stabschef des VP-Kreisamtes, Major Schenk, »stimmt mit der getroffenen Lageeinschätzung generell überein« und informiert wie üblich »über die Entwicklung der Grenzverletzer-Bewegung im Kreis und die Entwicklung des Antragwesens«. Major Schart, Stabschef des Trapo-Amtes Saalfeld, stimmt ebenfalls mit der »Lageeinschätzung generell überein«, wie auch Major van de Sand. Dieser will noch »über die SED-Kreisleitung klären, daß der Mitarbeiter für Grenzfragen, Genosse Korn, Jürgen, die Arbeit der Grenzsicherheitsaktive aktiviert«. Abschließend trifft man »gemeinsame Festlegungen«: In Zukunft sei »stärker als bisher Einfluß auf das grenzbezogene Denken und Verhalten der Grenzbevölkerung zu nehmen«. Auch solle im Grenzgebiet die »Ordnung und Sicherheit, insbesondere die Verschlußsicherheit von Übersteighilfen« wirksamer kontrolliert werden. Im Januar 1990 will man eine »verbindliche Festlegung, welcher Betrieb wann und wo im Schutzstreifen arbeitet«. Vorher will man sich im Dezember in der Kompanie Probstzella treffen zur nächsten »Beratung des Zusammenwirkens«.[17]

Mehr als fünfhunderttausend Einwohner hat Leipzig. Fünftausendmal ist im Januar 1989 der Aufruf der »Initiative zur demokratischen Erneuerung unserer Gesellschaft« heimlich in Leipziger Hausbriefkästen geworfen worden. Aufgerufen wird zu einer Demonstration am 15. Januar auf dem Leipziger Marktplatz. Es gehe um das Recht auf freie Meinungsäußerung, um Versammlungs- und Vereinigungsfreiheit, um Pressefreiheit ... Etwa fünfhundert Leipziger kommen, dreiundfünfzig von ihnen werden von Volkspolizisten bei der Auflösung des Demonstrationszuges festgenommen.
Am Abend nach der Kommunalwahl vom 7. Mai sind wieder mehrere hundert Bürger Leipzigs, einem weiteren Aufruf der »Demokratischen Initiative« folgend, zur Demonstration auf den Marktplatz gegangen. Über hundert Festnahmen.
Nach einem Friedensgebet in der Leipziger Nikolaikirche, das seit 1982 jeden Montagabend stattfindet, schließen sich am 4. September, wie schon im Frühjahr, auf dem Platz vor der Kirche mehr als zweihundert »Antragsteller« zu einem Demonstrationszug zusammen und fordern lauthals: »Wir wollen raus!« Andere rufen am Rande dieser Demonstration: »Wir bleiben hier!« Dabei halten sie Transparente hoch: »Reisefreiheit statt Massenflucht« und »Für ein offenes Land mit freien Menschen«. Sie werden ihnen von Stasi-Mitarbeitern entrissen, die sich ansonsten wegen der zahlreichen West-Besucher der Leipziger Herbstmesse an diesem Tag zurückhalten.
Eine Woche darauf, am 11. September, werden von den mehr als tausend Teilnehmern des Friedensgebetes auf dem Nikolaiplatz rund hundert festgenommen. Zuführungen auch am 18. September. Am Montag, dem 25. September, sehen sich Volkspolizei und Staatssicherheit vor der Nikolaikirche über fünftausend Demonstranten gegenüber, die Reformen in der DDR fordern.
Bei der Montagsdemonstration am 2. Oktober versuchen Volkspolizisten, sich den fast zwanzigtausend Demonstranten in den Weg zu stellen. Die Polizeikette wird durchbrochen. Zuletzt gehen Polizisten – bewehrt mit Helm, Schild und Hunden und unterstützt von Kampfgruppen – noch gegen eine Gruppe von rund zweitausend friedlichen Demonstranten vor.[18]

Im Gartenhäuschen des 1982 verstorbenen Regimekritikers Robert Havemann in Grünheide bei Berlin haben Anfang September dreißig Oppositionelle um die Malerin Bärbel Bohley eine Vereinigung mit dem Namen »Neues Forum« gegründet. Das Mitwirken vieler Menschen am »gesellschaftlichen Reformprozeß« sei nötig, heißt es im Gründungsaufruf des »Neuen Forum«, das eine »politische Plattform« sein will und vom Innenministerium zur »staatsfeindlichen Plattform« erklärt worden ist.

Den Aufruf »Aufbruch 1989« - unzählige Male vervielfältigt, weitergereicht, in Kirchen ausgelegt - unterschreiben in den kommenden Wochen mehr als zweihunderttausend DDR-Bürger. »Wir wollen den Dialog zwischen den Bürgern auf allen gesellschaftlichen Ebenen eröffnen«, sagt Bärbel Bohley.[19]

1989

Am 7. Oktober 1989 ist »Republikgeburtstag«, die Deutsche Demokratische Republik wird vierzig Jahre alt. Während die SED-Führung im Ost-Berliner »Palast der Republik« feiert, wird die »Jubiläumsstimmung« in der Hauptstadt wie auch in etlichen weiteren Orten gestört: Tausende Bürger demonstrieren »für eine andere DDR« oder für deren Ende. Sie rufen, viele mit einer Kerze in der Hand, »Demokratie - jetzt oder nie!«, »Freiheit, Gleichheit, Brüderlichkeit« und »Keine Gewalt!«. Gewaltsam aufgelöst werden die Demonstrationen in Dresden, Leipzig, Karl-Marx-Stadt, Plauen, Suhl, Ilmenau, Jena, Erfurt, Arnstadt, Halle, Magdeburg, Potsdam und anderswo. Im Ost-Berliner Stadtteil Prenzlauer Berg prügeln an diesem wie auch am folgenden Abend Polizisten, NVA-Soldaten, Mitglieder der FDJ-Ordnungsgruppen und Stasi-Männer (darunter Angehörige des MfS-Wachregiments »Feliks Dzierzynski«) auf die Demonstranten ein. Lastwagen mit »Räumungsgittern« vor der Stoßstange schieben sich in die Menschenmenge. Mehr als tausend Männer, Frauen und Kinder werden auf bereitstehende Lkw gehetzt. In den »Zuführungspunkten« müssen die Festgenommenen stundenlang mit dem Gesicht zur Wand stehen. Wer nicht schnell genug pariert oder gar offen die Rechtmäßigkeit der Aktion anzweifelt, bekommt Schläge mit dem Gummiknüppel, mit der Faust oder Stiefeltritte. »Das müßte man jeden Tag mit denen machen«, hören sie Polizisten sagen. Und: »Man müßte die alle aufhängen! ... Hier ist Endstation! ... Das war erst der Anfang ...«[20]

»In mehreren Städten der DDR war es zu Störungen der öffentlichen Ordnung und Sicherheit gekommen. Zur Auflösung ungesetzlicher Zusammenrottungen hatte die Volkspolizei wiederholt aufgerufen. Erst als alle Ermahnungen zur Gewaltlosigkeit und zur Zurückhaltung nicht fruchteten, war der Einsatz von Ordnungskräften zur Wiederherstellung von Ruhe und Ordnung unumgänglich. Wahr ist, daß Randalierer, aufgeputschte Störer und kriminelle Elemente staatsfeindliche Parolen riefen und die im Ordnungseinsatz befindlichen Volkspolizisten tätlich angriffen.«[21]
Geraer SED-Bezirkszeitung »Volkswacht«

In Probstzella nimmt Horst Linke, der Abwehroffizier des Grenzbataillons, am Abend des 7. Oktober die Entwicklung ringsum als ein »Bröckeln« wahr. Er verspürt Beklemmungen. Sein Kollege Rudi sagt: »Horst, wir müssen das Pulver trocken halten ...«

Aufmarsch anläßlich des vierzigsten Jahrestages der Gründung der DDR in Ost-Berlin

Dabei tippt er an seine Pistolentasche. Neunzigtausend Volkspolizisten, mehr als neunzigtausend hauptamtliche Stasi-Mitarbeiter, rund zweihundertzehntausend NVA-Soldaten und zweihunderttausend Angehörige der Betriebskampfgruppen – sie alle sollen im Herbst 1989 die »Errungenschaften des Sozialismus« verteidigen.[22]

Für DDR-Bürger, »die eine verfestigte feindlich-negative Einstellung zu den gesellschaftlichen Verhältnissen« haben, sind seit 1967 »zeitweilige Isolierungsstützpunkte« vorbereitet worden, in jedem Kreis einer. Dorthin sollen im Fall »sich verschärfender innerer Lagebedingungen« fast elftausend Menschen »schlagartig« gebracht werden – »oppositionelle Kräfte«, »Antragsteller«, »kirchlich gebundene Kräfte«, »ständige Nichtwähler« und andere. Nach einigen Tagen will man sie in »zentrale Isolierungsobjekte« überführen, wo »ihre Liquidierung/Ausschaltung auf besonderen Befehl erfolgen kann, wenn es die Lage erfordert«.

Die beiden »zentralen Isolierungsobjekte« im Bezirk Gera sind einsatzbereit unter dem Decknamen »Schloß« (Hohenleuben) und »Burg« (Hundhaupten, Kreis Gera). Der »zeitweilige Isolierungsstützpunkt« der Saalfelder Stasi-Kreisdienststelle befindet sich in der Gaststätte »Sportlerheim« am Ortsrand. Eine »Hausordnung« für das Lager an den Saalewiesen haben der Kreisdienststellenleiter, Lothar Geithner, und sein Stabschef, Major Ziermann, im Juli 1989 erstellt. Sie enthält auch die Bestimmungen zur »rationierten Versorgung«, zum »Zählappell« und zur »Sicherheitszone« sowie »Schußwaffengebrauchsbestimmungen«.

Oberstleutnant Geithner und seine Mitarbeiter haben insgesamt neunundfünfzig Bewohner des Grenzkreises unter der »Kennziffer 4.1.3.« für eine mögliche »Isolierung« vorgesehen, darunter acht Frauen. Weitere zweiundvierzig »Feinde« sind unter »4.1.1. Festnahme« erfaßt und sollen im Fall einer »Spannungsperiode« direkt in die MfS-Haftanstalt Gera gebracht werden. In der gesamten DDR sind rund dreitausend »Festnahmen« gemäß »4.1.1.« geplant.[23]

Montagsdemonstration am 9. Oktober in Leipzig

In der »Leipziger Volkszeitung«, dem Organ der SED-Bezirksleitung, ist am 6. Oktober 1989 ein Leserbrief des Kampfgruppen-Kommandeurs Günter Lutz abgedruckt worden, der angekündigt hat, wie seine Hundertschaft »die öffentliche Ordnung ... gewährleisten« wolle: »Wir sind bereit und willens, das von uns mit unserer Hände Arbeit Geschaffene wirksam zu schützen, um diese konterrevolutionären Aktionen endgültig und wirksam zu unterbinden. Wenn es sein muß, mit der Waffe in der Hand.«

Montag, der 9. Oktober 1989. Mehr als achttausend Angehörige von Volkspolizei und Volksarmee, von Kampfgruppen und Staatssicherheit stehen mit Gummiknüppeln, Wasserwerfern, Pistolen und Gewehren in Leipzig bereit, die »Montagsdemonstration friedlich zu Ende zu bringen«, wie der amtierende SED-Bezirkschef Helmut Hackenberg später formulieren wird. Dem 63jährigen Gesellschaftswissenschaftler unterstehen an diesem Tag alle in Leipzig stationierten Einheiten.
Als rund siebzigtausend Menschen auf dem Innenstadtring demonstrieren, »Wir sind das Volk!« und »Keine Gewalt!« rufen, da erhält Helmut Hackenberg in seiner Einsatzzentrale in der SED-Bezirksleitung einen Anruf des Leipziger Polizei-Chefs: Die »vorbereiteten Maßnahmen« (zur Verhinderung beziehungsweise Auflösung der Demonstration) seien nicht durchführbar, nicht bei diesen Menschenmassen. Gegen 18.30 Uhr ziehen sich die Einsatzkräfte zurück.[24]

JOHANNES WEISS

»Ich war an dem Tag mit ein paar Kommilitonen nach Leipzig gefahren; in die Nikolaikirche sind wir nicht mehr reingekommen. Nach der Demonstration sind wir noch in eine Hinterhof-Wohnung im Leipziger Osten gefahren, wo wir Aufrufe vom ›Neuen Forum‹ vervielfältigt haben. Das Lustige war, daß auf dem Weg dorthin überall so auffallend unauffällige Leute rumstanden, einen begafften, aber nichts mehr machten. Wir sagten freundlich ›Guten Abend‹, aber die antworteten nicht.

1989

In Probstzella hat mich Anfang Oktober Bürgermeister Winker eingeladen, wir haben unter vier Augen ›die Lage besprochen‹. Er wollte wissen, wie ich ›zu den jetzt beginnenden Veränderungen‹ stehe. Ich sagte, es sei Zeit, daß er und seine Kollegen sich zur Wahl stellen. ›Meinen Sie wirklich?‹ fragte er.«

»Den gegenwärtigen Schwerpunkt des Diskussionsgeschehens der Grenzbevölkerung bildet das ungesetzliche Verlassen der DDR über die UVR, ČSSR und VR Polen ab August 1989. Es gibt kaum ein Zusammentreffen von Personen, bei dem die Problematik nicht angesprochen wird ... Es ist dem Gegner gelungen, den sogenannten ›Wiedervereinigungsgedanken‹ wieder ins Spiel zu bringen ...
Wie in den Vorjahren hat auch gegenwärtig die Versorgungslage weiterhin Einfluß auf das Stimmungsbild. Es gibt weiterhin erhebliche Mängel in der Versorgung mit Obst und Gemüse, Edelfleischwaren, Getränken, Kfz und Ersatzteilen, Baustoffen sowie Maschinen und Anlagen für die Betriebe. Inoffiziell wird eingeschätzt, daß das Versorgungsniveau weiter zurückgegangen ist.«[25]

»Einschätzung der politisch-operativen Lage« des Leiters der MfS-Bezirksverwaltung Gera, Dieter Dangrieß, vom 10. Oktober 1989

Der Bauer A., bis dahin beschäftigt in einer LPG »Neues Leben« im Bezirk Karl-Marx-Stadt, wird am 17. Oktober 1989, um 2.42 Uhr an der DDR-Grenze im Falkensteiner Grund bei Probstzella, am letzten Zaun, durch einen Posten der Alarmgruppe festgenommen, nachdem ein Freiwilliger Helfer der Grenztruppen jene Leiter gemeldet hat, über die der »Republikflüchtling« zuvor den Signalzaun überwunden hat, ohne Alarm auszulösen.[26]

»Je mehr Zeit verstreicht, desto geringer werden die Möglichkeiten der SED, sich im allgemeinen Aufbruch ein großes Stück der alten Macht zu sichern.«

»Der Spiegel« (Hamburg) vom 9. Oktober 1989

Mehr als hunderttausend Menschen demonstrieren am Montag, dem 16. Oktober, in Leipzig, skandieren »Neu-es Fo-rum, Neu-es Fo-rum!« und »Die Mauer muß weg!«. Tags darauf beschließt das SED-Politbüro einstimmig, den 77 Jahre alten Erich Honecker als Generalsekretär abzulösen. Sein Nachfolger wird Egon Krenz. Vor der Abstimmung im Politbüro gibt Erich Honecker zu bedenken: Das »Auswechseln von Personen« zeige, »daß wir erpreßbar sind«. Der Gegner werde das ausnutzen. Am 18. Oktober 1989 bittet er das SED-Zentralkomitee offiziell, aus gesundheitlichen Gründen von seinen Ämtern entbunden zu werden. Man verabschiedet ihn mit Applaus.
Über zweihunderttausend Menschen gehen am Montag, dem 23. Oktober, in Leipzig für Reformen auf die Straße. Am Montag darauf sind es mehr als zweihundertfünfzigtausend.[27]

»Am 31.10.89, 20.10 Uhr, wurde durch die K., Sabine, ... in Saalfeld, Bahnhofstraße, ein Plakat mit dem Text ›DDR – Mein Staat‹ entfernt und auf die Fahrbahn gelegt. Motiv: identifiziert sich nicht mit dem Text ... Eingeleitete Maßnahmen: ... Ordnungsstrafverfahren, Höhe 300 Mark.«[28]

Meldung der Volkspolizei an die MfS-Bezirksverwaltung

1989

1. November: Auf »Empfehlung« des SED-Politbüros hebt der DDR-Ministerrat die Visumpflicht bei Reisen in die Tschechoslowakei wieder auf.
3. November: Bald fünftausend neue Flüchtlinge auf dem Gelände der Prager Botschaft. Die SED-Führung gestattet den DDR-Bürgern, direkt über tschechische Grenzübergänge in die Bundesrepublik auszureisen. Rund fünfzehntausend Menschen verlassen innerhalb von zwei Tagen auf diesem Weg die DDR, Tausende folgen ihnen. In der Berliner »Tageszeitung« kommentiert man das Geschehen unter der Überschrift »Der Fall der Mauer«.
4. November: Auf einer Demonstration in Ost-Berlin mit mehreren hunderttausend Teilnehmern werden der Rücktritt der Regierung und freie Wahlen gefordert sowie »Visafrei bis Hawaii!«[29]
6. November: In der DDR-Presse wird der Entwurf eines bereits am 24. Oktober angekündigten neuen »Reisegesetzes« vorgestellt. Darin ist das Recht geregelt auf Reisen »ohne Vorliegen verwandtschaftlicher Verhältnisse und bisher geforderter Reisegründe nach allen Staaten« – beschränkt auf dreißig Reisetage pro Jahr, mit Reisepaß und Ausreise-Visum.

Auch dieser Gesetzentwurf enthält wieder eine Reihe von »Versagungsgründen« und ruft in der Bevölkerung Proteste hervor. Noch immer darf die Mehrheit der DDR-Bürger nicht ungehindert zu Besuch in den Westen reisen, auch wenn die Zahl der Genehmigungen in den vergangenen Jahren gestiegen ist: Durften Anfang der achtziger Jahre – neben Rentnern und privilegierten Dienstreisenden – jährlich rund hunderttausend Menschen »in dringenden Familienangelegenheiten« nach West-Deutschland und West-Berlin reisen, so sind es – nach einem entsprechenden ZK-Beschluß vom März 1985 – im Jahr 1986 schon 573 000 und im Jahr darauf über eine Million.

Mit der »Verordnung über Reisen« vom November 1988 wird zwar der Kreis der ausreisebegünstigten DDR-Bürger mit Westverwandtschaft erweitert, und auch

Der »Ausreisepavillon« am Berliner Bahnhof Friedrichstraße Ende der achtziger Jahre

1989

neue »dringende Familienangelegenheiten« kommen dazu, doch die Genehmigung zur Westreise bleibt eine »Kann-Bestimmung« für eine Minderheit.[30]
Am Abend des 6. November versammeln sich annähernd vierhunderttausend Demonstranten bei strömendem Regen in Leipzig.

7. November: Die Regierung unter Ministerpräsident Willi Stoph tritt zurück.
8. November: Das SED-Politbüro tritt zurück.
9. November, kurz vor sechzehn Uhr: Egon Krenz erklärt dem versammelten SED-Zentralkomitee, er müsse von der Tagesordnung abweichen. »Euch ist ja bekannt, daß es ein Problem gibt, das uns alle belastet: die Frage der Ausreisen. Die tschechoslowakischen Genossen empfinden das allmählich für sich als eine Belastung, wie ja früher auch die ungarischen. Und: Was wir auch machen in dieser Situation, wir machen einen falschen Schritt.« Dann verliest Egon Krenz »die einzige Lösung, die uns die Probleme erspart, alles über Drittstaaten zu machen, was dem internationalen Ansehen der DDR nicht förderlich« sei:
»Ab sofort treten folgende zeitweilige Übergangsregelungen für Reisen und ständige Ausreisen aus der DDR in das Ausland in Kraft:
a) Privatreisen nach dem Ausland können ohne Vorliegen von Voraussetzungen (Reiseanlässe und Verwandtschaftsverhältnisse) beantragt werden. Die Genehmigungen werden kurzfristig erteilt. Versagungsgründe werden nur in besonderen Ausnahmefällen angewandt.
b) Die zuständigen Abteilungen Paß- und Meldewesen der Volkspolizeikreisämter in der DDR sind angewiesen, Visa zur ständigen Ausreise unverzüglich zu erteilen, ohne daß dafür noch geltende Voraussetzungen für eine ständige Ausreise vorliegen müssen.«[31]
18.53 Uhr: Am Ende einer Pressekonferenz in der Ost-Berliner Mohrenstraße, die live im DDR-Fernsehen und im Radio übertragen wird, fragt der italienische Journalist Riccardo Ehrman den ZK-Sekretär Günter Schabowski: »Glauben Sie nicht, daß es war ein großer Fehler, diese Reisegesetz-Entwurf, das Sie haben vorgestellt vor wenigen Tagen?« Nein, sagt der Genosse auf dem Podium und spricht zunächst über »dieses Bedürfnis der Bevölkerung, zu reisen oder die DDR zu verlassen« und über die »Bedürfnisse, jetzt wieder zurückzukommen ..., weil die BRD große Schwierigkeiten hat, diese Flüchtlinge unterzubringen«. Dann schiebt Günter Schabowski nach, heute sei, »soviel ich weiß, eine Entscheidung getroffen« worden, es sei »eine Empfehlung des Politbüros aufgegriffen« worden: »Weil wir es, äh, für einen unmöglichen Zustand halten, daß sich diese Bewegung vollzieht, äh, über einen befreundeten Staat, äh, was ja auch für diesen Staat nicht ganz einfach ist. Und deshalb, äh, haben wir uns dazu entschlossen, heute, äh, eine Regelung zu treffen, die es jedem Bürger der DDR möglich macht, äh, über Grenzübergangspunkte der DDR, äh, auszureisen ...«
Günter Schabowski verliest, wie zuvor Egon Krenz auf der ZK-Tagung, die neuen Regeln: Privatreisen beantragen, Genehmigungen werden erteilt, ständige Ausreisen unverzüglich ... Auf die Frage eines Journalisten: »Wann tritt das in Kraft?« sagt Günter Schabowski: »Das tritt nach meiner Kenntnis ... ist das sofort, unverzüglich ...«[32]

JOHANNES WEISS

1989

»Ich saß mit meiner Tochter Rahel vor dem Fernseher, als der Schabowski diesen Satz gesagt hat – eigentlich sollte das ›Sandmännchen‹ kommen. In dem Moment, als der Schabowski das gesagt hat, war mir klar, daß jetzt gleich alle losrennen. Ich dachte: Jetzt, jetzt ist es passiert! Die DDR hat ausgehaucht!«

Um 19.30 Uhr gibt in der »Aktuellen Kamera« des DDR-Fernsehens Sprecherin Angelika Unterlauf die neue Reiseregelung wieder.
In der »Tagesschau« des Ersten Deutschen Fernsehens um 20.00 Uhr tut dies Sprecher Joachim Brauner – der 1959 aus seiner Heimatstadt Saalfeld in den Westen flüchtete – mit der Einleitung: »Ausreisewillige DDR-Bürger müssen nach den Worten von SED-Politbüromitglied Schabowski nicht mehr den Umweg über die Tschechoslowakei nehmen.«

»Mit Bekanntgabe der Ausreisemöglichkeiten für DDR-Bürger auf der durch Genossen Schabowski gegebenen Pressekonferenz und nachfolgenden Verlautbarungen der Medien setzte gegen 20.00 Uhr des 9.11.1989 an den Grenzübergangsstellen der Hauptstadt zu Westberlin nach zögerlichem Beginn ein rasch ansteigender Zulauf von DDR-Bürgern ein, die unter Berufung auf die o.g. Verlautbarungen ihre Ausreise nach West-Berlin verlangten. Sie kündigten an, so lange vor den Grenzübergangsstellen auszuharren, bis ihnen die Ausreise entsprechend den Verfahrensweisen, die bei Ausreisen vom Territorium der ČSSR in die BRD praktiziert wurden, gestattet werde...«[33]
MfS-Information »über die Entwicklung der Lage an den Grenzübergangsstellen«

»Durch die Bezirkseinsatzleitung sind die erforderlichen Maßnahmen vorzusehen, damit Demonstranten nicht in das Grenzgebiet eindringen. Im Falle eines solchen Eindringens sind die Demonstranten durch Anwendung körperlicher Ge-

10. November 1989 am Brandenburger Tor in Berlin

walt daran zu hindern, daß es in der Hauptstadt der DDR, Berlin, zu Grenzdurchbrüchen nach Berlin (West) kommt. In besonders gefährdeten Abschnitten sind zusätzlich zu den eingesetzten Grenzposten Diensthundeführer einzusetzen.«[34]
Befehl 10/89 des NVR-Vorsitzenden Krenz vom 1. November 1989

22.28 Uhr: Sprecher Wolfgang Meyer in der »Aktuellen Kamera« des DDR-Fernsehens: »Die Reisen müssen beantragt werden!«
22.42 Uhr: Moderator Hanns Joachim Friedrichs in den »Tagesthemen« der ARD: »Die DDR hat mitgeteilt, daß ihre Grenzen ab sofort für jedermann geöffnet sind. Die Tore in der Mauer stehen weit offen!«[35]

»Grenzübergang Bornholmer Straße: ... Gegen 23.00 Uhr war ein enormer Personen- und Kfz-Zulauf zu verzeichnen, in dessen Folge etwa 30 Minuten später mehrere tausend Fußgänger auf die Grenzübergangsstelle drängten ...
Als aufgrund der unüberschaubaren Menschenmengen vor einigen Grenzübergangsstellen und nach dem Eindringen zahlreicher Personen in die Grenzübergangsstelle Bornholmer Straße abzusehen war, daß die Situation nicht länger zu beherrschen sein werde, wurde etwa gegen 23.30 Uhr ... mit der Abfertigung der Personen zur Grenzpassage nach Westberlin begonnen ... Trotz der entstandenen komplizierten Lage kam es nicht zu Zwischenfällen oder Provokationen, vereinzelt sogar zu Sympathiebezeugungen gegenüber uniformierten Kräften ...
Grenzübergangsstelle Bornholmer Straße, Stand: 10.11.1989, 4.00 Uhr: Ausreise: ca. 20000 DDR-Bürger, ca. 1050 Kfz; Wiedereinreise: ca. 20000 DDR-Bürger, ca. 600 Kfz ... Aufgrund des enormen Andranges konnten die Personalausweise nicht gestempelt werden. DDR-Bürger äußerten sich gegenüber den Kontrollkräften, daß sie nun an das glauben, was zu den Reisemöglichkeiten verkündet wurde.«
MfS-Information »über die Entwicklung der Lage an den Grenzübergangsstellen«

Gegen 22.55 Uhr werden am 9. November 1989 noch ein Mann und eine Frau aus Erfurt an der Grenze im Kreis Mühlhausen festgenommen. Zur gleichen Zeit zieht Herr S. aus Ost-Berlin in der S-Bahn zwischen Pankow und Schönhauser Allee die Notbremse und wird beim Versuch, die Sperranlagen zu überwinden, von Grenzern gestellt – eine halbe Stunde bevor ein paar hundert Meter weiter Tausende von Menschen am Kontrollpunkt Bornholmer Straße über die Bahnbrücke hinweg nach West-Berlin laufen.[36]

HORST LINKE

»Ich war in dieser Nacht ›Offizier vom Dienst‹ im Regiment Plauen gewesen, da haben sie am späten Abend im Radio gemeldet, daß die Grenzen offen sind.
Am nächsten Morgen bin ich zurück nach Probstzella gefahren, immer am Schutzstreifen entlang, weil ich gedacht habe, daß da die Straßen noch nicht so verstopft sind; bin da langgefahren und hab glückliche Gesichter gesehen. Die Leute waren alle begeistert. Ein bissl was Befreiendes war es schon. Ich hab mich auch gefreut.
Als ich im Stau stand, bin ich ausgestiegen und hab mit den Leuten gesprochen. Ich hatte Uniform an, aber die waren freundlich. Mich hat keiner beschimpft oder was. Wir waren ja alle irgendwie froh, ich weiß auch nicht ...«

1989

Während in Ost-Berlin am Freitagmorgen, dem 10. November 1989, noch immer Tausende unkontrolliert die Übergänge in den Westteil der Stadt passieren, bilden sich in fast allen anderen Städten und Ortschaften der DDR vor den »Paß- und Meldestellen« lange Menschenschlangen. Auch in Probstzella stehen etliche Einwohner nach einem Visum an. Viele von ihnen brechen noch am selben Tag auf, um an einem der nahe gelegenen Straßen-Grenzübergänge »das erste Mal rüberzufahren«. Am Bahnübergang Probstzella zählt man am Tag nach dem Mauerfall nur knapp hundert ausreisende DDR-Bürger, davon sind siebzig »Übersiedler«. Insgesamt werden es 1989 mehr als dreihundertvierzigtausend DDR-Bürger sein, die in die Bundesrepublik einschließlich West-Berlin übersiedeln.[37]

»Am 10.11.89, 18.43 Uhr, ... durch vermutlich 2 Personen vom Gebiet Berlin (West) aus, Verwaltungsbezirk Spandau ..., wurde die Verrohrung der Grenzmauer heruntergestoßen ...

19.01 Uhr: Beschädigung der Grenzmauer ... durch 50 Personen im Abschnitt ca. 1500 m nordwestlich Staaken ...

19.50 Uhr bis 20.07 Uhr: Beschädigung der Grenzmauer 75 durch 5 Jugendliche vom Gebiet Berlin (West) aus, Verwaltungsbezirk Kreuzberg. Mittels Preßlufthammer wurde ein ca. 30 cm großes Loch in die Grenzmauer im Abschnitt Heinrich-Heine-Platz geschlagen ...

22.48 Uhr: ... Mittels Hammer und Meißel wurden 2 Platten der Grenzmauer im Abschnitt ... Groß-Glienicke herausgebrochen. Dokumentation und Instandsetzung wurden veranlaßt ...

Seit 23.34 Uhr: Aufenthalt von ca. 1000 Personen im Abschnitt Potsdamer Platz. Mit Spitzhacke, Hämmern und Preßlufthämmern wurde an mehreren Stellen die Grenzmauer 75 beschädigt.«[38]

Tagesmeldung der Grenztruppen vom 10. November 1989

»Am 11.11.89 trafen in Ludwigsstadt, Lkr. Kronach, zwei Sonderzüge der Deutschen Reichsbahn aus Saalfeld (DDR) ein. Um 3.42 Uhr der D 12301 mit ca. 54 Personen aus der DDR. Um 11.07 Uhr der E 2003 mit ca. 800 Personen aus der DDR. Alter: überwiegend junge Menschen, zum Teil mit Kindern. Ausreise aus der DDR mit Personalausweis und Ausreise-Sichtvermerk.«[39]

Lagebericht des Zollkommissariats Ludwigstadt

Ludwigsstadt, 11. November, Ankunft des Sonderzuges E 2003 Saalfeld – Nürnberg

»Es sind nur zum Teil Übersiedler, vor allem Touristen. Die Stimmung ist unbeschreiblich, ausgelassen. Die Menschen liegen sich in den Armen, weinen, lachen. Sie ziehen zum Marktplatz der Stadt Ludwigsstadt, werden dort bewirtet. Eine Kapelle spielt das ›Deutschlandlied‹ – ich bekomme Gänsehaut«, aus dem Tagebuch des Zöllners Helmut Hein zur Atmosphäre in Ludwigsstadt am 11. November.

Der Falkenstein wird aufgemacht.

»Staatsgrenze zur BRD – Straßen-GÜST: starker Reiseverkehr in Richtung BRD, ca. 300 000 bis 500 000 Personen; Rückstau von Kfz. teilweise bis zu 60 km ... Eisenbahn-GÜST: sehr starker Reiseverkehr, zahlenmäßig nicht erfaßbar ...
Staatsgrenze zu Berlin (West): starker Reiseverkehr in Richtung Berlin (West), ca. 500 000 bis 600 000 Personen.«[40]
Tagesmeldung der Grenztruppen vom 11. November 1989

JENS BILLIG

»Am Sonntag, dem 12. November, bin ich erst gegen Mittag aufgestanden. Ich bin in die ›Mitropa‹ runter, eine Tasse Kaffee trinken. Da haben sie gesagt, sie suchen ein paar Leute, die helfen, die Grenze aufzumachen. Ich hab mich umgezogen, die Axt genommen und bin runter in Richtung Falkenstein gelaufen. Wir haben erst mal die Straße begehbar gemacht, zusammen mit denen von der Armee. Das Verhältnis war eigentlich ganz locker.«

HERMANN HENNIGER

»Ich war beim Melken, als ein Bekannter kam und sagt: ›Der Falkenstein wird aufgemacht!‹ – ›Verarschen kann ich mich selber.‹ Ich hab die Milch weggefahren und bin dann doch runter zum Falkenstein. Dort waren schon so siebzig, achtzig Leute. ›Was ist denn – tut sich was?‹ Niemand wußte was Genaues. Einige sind wieder fort, wir sind stehengeblieben.
Nach einer Viertelstunde hörten wir aus Richtung Probstzella Maschinen laufen. Auf einmal kommt ein Major vor an den Zaun. Auf unserer Seite standen alle wie die Ölgötzen. Da bin ich über die Schienen hinter den Zaun gegangen und hab denen drüben die Hand gegeben: ›Grüß Gott!‹ Die waren geschockt! Da kamen auch andere Leute von uns rüber und haben denen die Hand gegeben.
Ich fragte: ›Was ist denn nun? Wird heut aufgemacht oder nicht?‹ – ›Nein, wir haben nicht die Technik, damit wir die Straße von den Bäumen frei machen können ...‹ – ›Das ist kein Problem: Wir holen von daheim jeder eine Motorsäge und sägen das bißchen Zeug weg.‹ – ›Nee, nee ... wir haben es wachsen lassen, wir machen es auch selber weg.‹ – ›Na, wird das denn heute noch was?‹ – ›Wahrscheinlich nicht ... das ist noch nicht entschieden.‹ Ich bin heimgefahren ...
Ich war grad wieder daheim, da kommt mein Schwager und sagt: ›Es wird doch heute aufgemacht!‹ Da ist zum erstenmal in meiner Ehe, nach 25 Jahren, das Mittagessen ausgefallen ... Unten standen die Autos bis nach Lauenstein. Es war ein Gefühl, als wenn man schon mal tot gewesen ist und wieder auferstanden.«

MARTIN WEBER 1989

»Von der DDR-Grenztruppe war die Situation nicht mehr in den Griff zu kriegen – sie verselbständigte sich: ›Ich weiß nicht, was ich machen soll …‹, meinte Frau Ludwig, die Saalfelder Kreisratsvorsitzende. Ich sagte zu ihr: ›Frau Ludwig, packen Sie die Chance beim Schopfe … Sie machen Geschichte!‹ Sie hielt eine Rede und rief dann plötzlich in die Menge: ›Die Grenze ist geöffnet!‹ Der Jubel bei den Leuten war groß. Major Eberhardt, der Chef der Pioniertruppe, sagte händeringend: ›Um Gottes willen, das kann doch nicht sein! Ich hab noch keine Order zum Freigeben … Wir können noch niemand rüberlassen, die Straße ist noch nicht sicher.‹ Ich zu ihm: ›Bei der Menge Leute … Ich sprech mit den Leuten auf unserer Seite, ich kenn die gut, sie werden auf mich hören. Aber ganz abweisen können wir sie nicht, das läßt sich nicht mehr halten … Stimmen Sie zu, daß wir mit ein paar Leuten mal eine Runde drehen? Fünfzig, sechzig Meter rüber, bis kurz vor dem Turm und dann wieder zurück? Damit sie mal nach Probstzella reinschauen können.‹ Das ging dann ohne Probleme.«

»Die Grenze ist geöffnet!« Sie sei »überglücklich über diese Enscheidung«, ruft Edith Ludwig (SED), die Vorsitzende des Rates des Kreises Saalfeld, den »Frankenwäldlern« zu.

»Mit dem Ziel der Minderung von Gefahrensituationen aufgrund des starken Menschenandranges aus beiden Richtungen (teilweise 8000 bis 10000 Menschen) kam es zeitweilig durch den Major Eberhardt zu Kontakten mit führenden Persönlichkeiten der Regierung und der Grenzüberwachungsorgane der BRD.«[41]
Tagesmeldung der Grenztruppen vom 12. November 1989

»… das läßt sich nicht mehr halten«, sagt Martin Weber.

1989

Falkenstein, 14. November 1989

MARTIN WEBER
»Am nächsten Morgen hatten wir am Falkenstein ein Band über die Straße gespannt, standen dort und warteten, daß es sechs Uhr wird und der Grenzübergang offiziell eröffnet wird. Auf der anderen Seite stand auch der Major Eberhardt. Plötzlich höre ich, wie ein Herr hinter ihm sagt: ›Überschreiten Sie nicht vorzeitig die Grenze, Major Eberhardt. Treten Sie zurück!‹ Ich denke, was ist jetzt los? Wir sollten keine Minute eher rüber, nicht wie am Vortag ... Kurz darauf ist Major Eberhardt aufgrund der vorzeitigen Grenzöffnung vom Sonntag verhaftet worden. Er hätte den Befehl ›eigenmächtig‹ gegeben. Auch hätte er nicht mit uns sprechen dürfen, und wir hätten nicht auf DDR-Gebiet sein dürfen. Den ganzen Tag wurde er vernommen, und selbst seine Familie wußte nicht, wo er ist.«

HEIKO FRANKE
»Am Sonntag, dem 12. November 1989, war ich mit meiner Familie im ›Trabi‹ losgefahren in Richtung Ludwigstadt – wir kamen bis Marktgölitz, dort blieben wir im Stau stecken. Es war nichts zu machen, wir drehten wieder um.
Am Dienstag darauf bin ich allein rüber – ich konnte auf meine Frau (sie mußte arbeiten) nicht warten ... Ich fuhr am Vormittag über den Falkenstein rein, dort haben alle gejubelt. Ich sollte anhalten, was trinken, bin aber einfach durchgefahren. Rechts hoch nach Lauenstein, die Wege waren noch gefroren, bin gerutscht. Auf einmal stand ich oberhalb der Stelle, wo bei Zopten der Grenzzaun hochgeht, genau dort, wo ich 1984 als Grenzer auf der anderen Seite gestanden habe. Es war belastend, ich war total aufgeregt.«

»Mit sofortiger Wirkung wird die Sperrzone im Grenzgebiet an der Staatsgrenze der DDR zur BRD aufgehoben«, ist am 14. November 1989 in der DDR-Presse zu lesen. Den »Vorschlag zur Veränderung des Grenzregimes« hat zwei Tage zuvor Verteidigungsminister Keßler dem SED-Generalsekretär unterbreitet – »in Durchsetzung des Aktionsprogramms der Sozialistischen Einheitspartei Deutschlands«. Egon Krenz hat noch am selben Tag »bestätigt«.[42]

1989

»... oberhalb der Stelle, wo bei Zopten der Grenzzaun hochgeht«, überfällt Heiko Franke Beklemmung: Hier hatte er 1984 auf der anderen Seite gestanden.

»Die Situation im Grenzgebiet an der Staatsgrenze zur BRD hat sich weiter zugespitzt und ist außerordentlich ernst. In vielen Ortschaften werden durch Demonstrationen und Androhung von Gewalt die Eröffnung zusätzlicher Grenzübergangsstellen gefordert.
Ausgehend von dieser entstandenen Lage gestatte ich mir, Dir vorzuschlagen, zu den bereits gegenwärtig 33 Grenzübergangsstellen weitere 18 Grenzübergangsstellen ... zu eröffnen.«[43]
Verteidigungsminister Keßler an Egon Krenz am 16. November 1989

REINHARD A. KILIAN
»Der Übergang Neustadt-Sonneberg war am 12. November aufgemacht worden. Bei den ersten Begegnungen mit den DDR-Grenzern wußten wir überhaupt nicht, was wir uns sagen sollten. Da standen wir da, mit einem Kloß im Hals, und das war alles. Wir waren überwältigt.
Am 14. November stand ich mit meinem ›Sonneberger Pendant‹, Major Ulrich Schmidt, am Übergang. Da durften die Grenztruppen-Angehörigen noch nicht raus, aber die ersten MfSler marschierten schon rüber! Die kannte der Uli und zeigte sie mir auch. Ich hab dann den Uli Schmidt festgenagelt: ›Herr Major, Sie sind der erste, der zu mir kommt. Ich lad Sie ein – das nächste Wochenende sind Sie bei mir, mit Gattin. Das wollen wir doch so halten, ne?‹ – ›Nehm ich an.‹ – ›Ich werd Sie mit dem Auto abholen; wir werden uns bei mir zu Hause gemütlich hinsetzen, schön essen und ganz einfach die Tatsache erleben, daß das jetzt geht. Haus angucken, Gegend angucken, bißchen spazierengehen.‹
Dabei waren meine Frau und ich schon verunsichert: Wir wußten gar nicht, was wir mit denen machen sollten. Ich dachte mir: Wenn es zum Gespräch kommt, gut, wenn nicht, dann nicht. Meine Frau meinte schließlich: ›Da machen wir überhaupt nichts. Du wirst staunen, was wir Weiber zu quatschen haben, wenn's um Handarbeiten geht.‹ Und genau so war es dann auch. Es war ein sehr harmonischer Abend.
Es folgte eine Gegeneinladung, wir sind rübergefahren. Dann kamen nächtelange

Ulrich Schmidt (links) und Reinhard A. Kilian am 14. November 1989 am Übergang Neustadt–Sonneberg. Eine Woche später sitzen sie mit ihren Frauen im Kilianschen Wohnzimmer beim Kaffee.

Diskussionen, bis uns die Augen zugefallen sind. Ich bin schon der Meinung, daß wir beide uns die Vorhaltungen nicht erspart haben, versucht haben, uns das Ganze gegenseitig zu erklären ...«

HELMUT HEIN

»Am Vormittag des 17. November 1989 habe ich, gemeinsam mit den Kollegen von der Grenzpolizei, an der Straßensperre Tettau–Spechtsbrunn die Vorbereitungen zum Abbau der Sperranlagen beobachtet. Eine Streife von DDR-Grenzaufklärern versuchte, mit uns Kontakt aufzunehmen; ein Leutnant sagte, er habe Weisung, über das Gedenkkreuz an der Straße zu verhandeln. Das Kreuz müsse entfernt werden, sagte der Leutnant, sonst könne die Grenze nicht geöffnet werden, da den DDR-Bürgern an provokanten Stellen der Grenzübertritt nicht gestattet werden könne ...

Ich hab mich auf keine Diskussion eingelassen. Nachdem ich wieder eingerückt war, hab ich meinem Vorgesetzten – dem Grenzreferenten bei der Oberfinanzdirektion in Nürnberg – in einem Telefongespräch den Fall geschildert. Aber das war wohl eine Angelegenheit von untergeordneter Bedeutung. Er sagte zu mir: ›Na, dann nehmen Sie halt das Kreuz weg, wenn die Gegenseite das will.‹

Mit einem Kollegen hab ich das Kreuz ausgegraben und es in die Dienststelle gebracht. Im Rahmen der Vernichtung von überschüssigen Materialien sollte später auch das Kreuz in den Container geworfen werden. Dabei war mir aber unwohl, ich hab es in den Heizungskeller getan.«

»Starker Einreiseverkehr am Falkenstein – die Trabi stinken fürchterlich ... Drüben besitzt man keine klare Linie, der Apparat ist starr und unflexibel! Die Offiziere der Grenztruppe vermögen nicht, eigenständig und schnell zu entscheiden. Stets fragen sie, auch bei völlig belanglosen Dingen, bei ihren Vorgesetzten zurück. Eine Weisung jagt drüben die andere – die haben ein noch viel größeres Chaos als wir ...

Besorgnis schwingt in den Reden der Offiziere und Unteroffiziere der DDR-Grenztruppen über ihre berufliche Zukunft mit. Vor drei Wochen noch standen sie uns als gutfunktionierende Apparatschiks mit Elitebewußtsein und Sprechverbot gegenüber – heute offerieren sie Zigaretten und bieten ›gute gemeinsame Zusammenarbeit‹.«

Tagebucheintrag von Helmut Hein am 20./22. November 1989

MARTIN WEBER

»Ein Bekannter aus Münster hatte mir nach der Grenzöffnung spontan hundert Mark geschickt: ›Herr Weber, bitte verteilen Sie das.‹ Ich teilte den Betrag in Zehn-Mark-Scheine auf und verschenkte sie unten am Falkenstein wahllos. Teilweise heulten die Leute. Das Anstellen zum Abholen des Begrüßungsgeldes fanden viele Leute deprimierend, gleichzeitig wollte keiner darauf verzichten.

Meine Frau arbeitet in einem kleinen Lebensmittelgeschäft – nach der Grenzöffnung haben sie es fast leer gekauft; man konnte den Laden nur schubweise auf-

1989

schließen. Wir sind, weil der Großhändler keine Linsen mehr hatte, nach Schweinfurt gefahren und packten das Auto voll Linsen – das war das erste, was die Leute von drüben kauften. Viele kamen in den Laden rein, fingen an zu weinen und sind gleich wieder raus, die konnten gar nicht einkaufen. Das meistgesprochene Wort in dem kleinen Laden war: ›Wie haben die uns belogen und betrogen!‹

Kurz nach der Grenzöffnung kamen Thüringer sehr aufgeregt in die Polizei-Inspektion: ›In der Schlange beim Begrüßungsgeld-Abholen steht der Baumann, den müßt ihr verhaften, den könnt ihr doch nicht wieder laufen lassen!‹ – ›Wir können ihn nicht einfach verhaften. Ich kann nicht beurteilen, ob er sich strafbar gemacht hat ...‹ – ›Der kann doch hier nicht einfach Geld holen! Dieses Schwein! Den nehmen wir uns vor!‹ Ich sagte: ›Das kommt nicht in Frage!‹«

Ein erstes öffentliches Aufbegehren in Probstzella im Herbst 1989 hat es am 30. Oktober gegeben: Nach einem Friedensgebet mit Vikar Weiss stellen an diesem Abend fünfundzwanzig Einwohner des Ortes Kerzen vor die Dienststelle der Volkspolizei am Marktplatz. Dann fordert die Gruppe ein Gespräch mit dem Bürgermeister. Der ist dazu bereit, doch das Treffen führt zu nichts: Der Bürgermeister von Probstzella ist im Oktober 1989 einer von mehr als hundertsiebzigtausend »Inoffiziellen Mitarbeitern« des MfS.

Noch zu Anfang dieses Monats hat Jörg Winker seinem Führungsoffizier in der Stasi-Kreisdienststelle mitgeteilt, daß der LDPD-Ortsvorsitzende Probstzella, Robert Meyer, »mit seinem Kreisvorstand konform, anstehende Reformen in der DDR begrüße«. Und: »Ich schließe ihn als Exponent konterrevolutionärer Aktivitäten nicht aus.« Die »Exponenten der inneren Opposition« seien »unverzüglich

Aus dem Grenzlagebericht des Ludwigsstädter Zolls: »Am 24.11. um 6.00 Uhr morgens: Eröffnung des Grenzübergangs Tettau–Spechtsbrunn. Zur Eröffnungsfeier um 15.00 Uhr (offizielle Freigabe für den Kfz-Verkehr) wurden ca. 3000 Personen festgestellt.«

1989

zu erfassen« und in den aktuellen »Planbestand der Kennziffern 4.1.1. und 4.1.3.« (Festnahme und Isolierung) aufzunehmen, ordnet der Geraer MfS-Chef Dangrieß am 10. Oktober an, eine Woche nach der Information des IM »Heinz« über Robert Meyer.

Am Tag der offiziellen Eröffnung des Straßenübergangs Falkenstein hat Bürgermeister Winker den Ludwigsstädter Bürgermeister Gert Bayerlein bei einem ersten Treffen in Probstzella mit Blumen empfangen. Natürlich müsse die staatliche Souveränität und die Eigenständigkeit gegenseitig respektiert werden, so Jörg Winker im anschließenden Gespräch. Eine Woche darauf trägt sich auch Jörg Winker im Ludwigsstädter Rathaus in das »Goldene Buch« der Stadt ein, was ein paar Tage zuvor auch Edith Ludwig, die »Saalfelder Kreisrätin«, getan hat.[44]

Annähernd hundertfünfzigtausend Menschen haben am 13. November in Leipzig demonstriert; eine Woche danach sind es mehr als zweihunderttausend. »Wir sind ein Volk!« und »Deutschland einig Vaterland!« rufen sie. Am 27. November demonstrieren wieder über zweihunderttausend in Leipzig.
Am 1. Dezember 1989 beschließt die Volkskammer, den Führungsanspruch der SED aus der DDR-Verfassung (Artikel 1) zu streichen.
Das Zentralkomitee der SED schließt am 3. Dezember 1989 Erich Honecker aus der Partei aus. Ausgeschlossen werden auch Erich Mielke und Willi Stoph. Die »gewendete« SED trennt sich auch von Herbert Ziegenhahn, dem Parteichef im Bezirk Gera. Schließlich tritt an diesem Tag Egon Krenz als Generalsekretär des ZK der SED zurück, bevor das Zentralkomitee zurücktritt.

»Wir, die Parteibasis, reihen uns vorbehaltlos in den Prozeß der radikalen gesellschaftlichen Erneuerung in der DDR ein.
Wir verurteilen aufs schärfste und distanzieren uns von allen Formen des Macht- und Amtsmißbrauchs, der Korruption und persönlichen Bereicherung. Wir fordern umfassende Aufklärung derartiger Erscheinungen und die strengste Bestrafung der dafür Verantwortlichen.
Wir bekennen, daß wir jahrelang einer falschen Sicherheitspolitik der ehemaligen Partei- und Staatsführung gedient haben. Wir als Basis handelten stets in dem Glauben und der Überzeugung, unserem Volk und einer gerechten Sache zu dienen. Um so tiefer ist die Bitternis und Enttäuschung bei jedem ehrlichen Angehörigen unseres Amtes.«
»Erklärung der Parteibasis des Bezirksamtes für Nationale Sicherheit Gera« (umbenannte MfS-Bezirksverwaltung) in der »Volkswacht« vom 6. Dezember 1989

»Volkswacht« erscheint ab heute als ›Ostthüringische sozialistische Tageszeitung‹ ... Wir wollen eine Zeitung sein für all die ehrlichen Genossen, die in ihren Grundorganisationen um die Erneuerung der Partei von unten kämpfen. Mit ihnen fühlen auch wir Journalisten der ›Volkswacht‹ und die Mitarbeiter des Verlages uns durch die verbrecherischen Machenschaften der alten Parteiführung um unsere Ideale betrogen und in unserer Würde verletzt.«

»Volkswacht« vom 6. Dezember 1989

»Am 6.12.1989, um 0.30 Uhr, erfolgte die Festnahme von zwei männlichen Personen durch Grenzposten nach Auslösung eines Grenzsignalzaun-Feldes und eingeleiteter grenztaktischer Handlungen im Abschnitt 750 Meter südwestlich Probstzella ... wegen Versuch des illegalen Grenzübertritts in Richtung BRD ... Maßnahmen: Zuführung der Festgenommenen ..., Übergabe an Deutsche Volkspolizei.«[45]
Meldung an das Kommando der Grenztruppen

Bis Ende November werden rund fünftausendachthundert wegen »ungesetzlichen Grenzübertritts« inhaftierte DDR-Bürger aus den Gefängnissen entlassen. Der Staatsrat hat am 27. Oktober 1989 ihre Amnestierung beschlossen, im Auftrag des Politbüros.[46]

Egon Krenz gibt am 6. Dezember auch seinen Vorsitz im Nationalen Verteidigungsrat und im Staatsrat auf.
Am 7. Dezember 1989 treffen sich in Berlin dreißig Vertreter der SED, der Blockparteien, der Kirchen und der Opposition zu einem ersten Gespräch am »Runden Tisch«. Man berät über eine Verfassungsreform und einigt sich auf freie Wahlen am 6. Mai 1990.
Erich Mielke wird am 7. Dezember festgenommen und kommt in Untersuchungshaft; der Vorwurf lautet Korruption und Amtsmißbrauch. Seit dem 3. Dezember ist Günter Mittag inhaftiert, der von 1962 an ZK-Sekretär für Wirtschaft gewesen ist. Am selben Tag hat man auch Harry Tisch festgenommen, seit 1975 Chef des Freien Deutschen Gewerkschaftsbundes. Willi Stoph kommt am 8. Dezember ins Gefängnis.
Auf einem Sonderparteitag der SED, der am 8. Dezember 1989 beginnt, benennen die delegierten Genossen ihre Partei in »SED-PDS« um – »Partei des demokratischen Sozialismus«. Vorsitzender wird der 41jährige Gregor Gysi, seit 1967 in der SED, seit 1971 Rechtsanwalt. Laut einem MfS-Bericht wurde er 1975 »inoffiziell zur Zusammenarbeit gewonnen ... Die ihm gestellten Aufgaben hat er umsichtig und parteilich gelöst.«[47]
Noch am 4. November hat Gregor Gysi sich bei der von Ost-Berliner »Kulturschaffenden« beantragten Demonstration auf dem Alexanderplatz aufs Podium geschwungen und um Vertrauen für Egon Krenz geworben. Bei dieser Gelegenheit beanspruchte er auch erneut »die führende Rolle« der SED.
Die auf dem Sonderparteitag von verschiedenen Basisgruppen geforderte Selbstauflösung der SED lehnt Gregor Gysi mit Verweis auf die »rechtlichen Folgen« vehement ab: Das Vermögen der Partei (mehrere Milliarden Mark) würde verloren gehen.

Zur ersten Demonstration in Probstzella am Montag, dem 11. Dezember 1989, achtzehn Uhr, erwarten Johannes Weiss und sein Freund Jens Billig so viele Teilnehmer, daß sie davon die Polizei in Saalfeld und Ludwigstadt telegrafisch informieren. Unterzeichnet sind die Telegramme mit »Initiativgruppe Grenzgebiet«.

Siegfried Sauer

»Wir haben uns wirklich bemüht, was auf die Beine zu bringen, damit die Leute mal ein bißchen munter werden. Wir haben überall Zettel ausgehangen: DEMO! Bei der ersten Demonstration waren so dreißig, vierzig Mann da. Später waren dann im Höchstfall hundertzwanzig Menschen dabei. Das waren die, von denen man schon früher wußte, daß die mal die Gusche aufmachen. Die anderen haben immer hinter den Gardinen geschaut, wenn wir gelaufen sind. Wir haben dann ein Plakat geschrieben: ›Wegen Desinteresse der Probstzellaer Bürger …‹«

Am 18. Dezember 1989 treffen sich im Gemeindeamt Probstzella zwölf Bürger zu einem ersten Gespräch am »Runden Tisch«: Bürgermeister Winker, (IM »Heinz«), Gemeindesekretär Hedermann (GMS »Fred Franke«) und eine weitere Genossin vertreten die SED, Jens Billig und zwei Mitstreiter die »Initiativgruppe Grenzgebiet«. Vikar Weiss und ein anderer Pfarrer sprechen für die Kirche. Drei Vertreter der »Blockpartei« NDPD sind dabei und der Ortsvorsitzende der LDPD, Robert Meyer.

Man diskutiert über den Plan der Grenztruppen, am Straßenübergang ein Kontrollgebäude zu bauen, und zwar nicht direkt am Falkenstein, sondern so weit nach Probstzella zurückversetzt, daß es von drüben nicht zu sehen ist … Man überlegt, ob nicht »aus ökonomischen Gründen« ein gemeinsamer Übergang möglich sei.

Den Zustand der Straßen im Ort kritisiert man, fordert neue Bürgersteige und stellt sich auf den »Besuch von zahlreichen BRD-Bürgern« ein. Robert Meyer, der seit den siebziger Jahren bei den »Freiwilligen Grenzhelfern« ist und es dort zum Führer der Probstzellaer »Helfergruppe« (fünfzehn Mann) gebracht hat, Zugführer Meyer fordert nun, daß die »Grenzhelfer« in Sonderschichten den Signalzaun abreißen sollen.[48]

Grenzübergang Falkenstein, Dezember 1989: Martin Weber im Gespräch mit Klaus Baumann (zweiter von rechts). Der ehemalige Kommandeur des Bataillons Probstzella ist seit Ende Oktober Kommandant der Grenzübergangsstelle (Bahn). Rechts neben Baumann der Zollchef von Probstzella, Günter Dietzel, links von ihm Major Ronneberger von der Paßkontrolleinheit.

Am 22. Dezember 1989 wird das Brandenburger Tor als Grenzübergang für Fußgänger geöffnet. Von diesem Tag an können Bundesbürger, West-Berliner eingeschlossen, ohne Visum und Zwangsumtausch in die DDR einreisen.

Zum Weihnachtsfest 1989 fahren auch die Brüder Schwabe erstmals wieder nach Probstzella, von wo sie im Mai 1988 nach Ludwigstadt geflüchtet sind.

Tino Schwabe

»Wir haben bis zum 23. Dezember gewartet, und selbst da hatten wir noch ein blödes Gefühl, als wir über den Falkenstein mit dem Auto reingefahren sind: Das System war ja noch intakt, die Stasi …

In Probstzella sprachen uns Leute an: ›Ihr habt das richtig gemacht. Wir haben euch die Daumen gedrückt.‹«

1990

»Der ›totale Überwachungsstaat‹, das ›allgegenwärtige Spitzelsystem‹ existieren nur in der Phantasie westlicher Medien.
Das Ministerium für Staatssicherheit überwacht nicht das Volk, es arbeitet mit den Bürgern zusammen ...«
Generaloberst Mittig am 6. November 1989 im »Neuen Deutschland«
(Rudi Mittig ist als stellvertretender Stasi-Minister verantwortlich gewesen für die Hauptabteilung XX: Bekämpfung »politisch-ideologischer Diversion« und »politischer Untergrundtätigkeit«.)

»Was das Vernichten anbetrifft, Genossen, besonders in den Kreisdienststellen: Macht das wirklich sehr klug und unauffällig ...
Es hat keinen Zweck, einen Haufen Papier mitzuschleppen, der uns in der gegenwärtigen und zukünftigen Zeit nichts nützt. Das würde uns nur Schaden bringen ...«[1]
Der Leiter des »Amtes für Nationale Sicherheit« (AfNS), Generalleutnant Schwanitz, am 21. November 1989 in der Ost-Berliner Stasi-Zentrale anläßlich seiner Amtseinführung durch Ministerpräsident Hans Modrow
(Wolfgang Schwanitz ist von 1974 bis 1986 Leiter der MfS-Bezirksverwaltung Berlin gewesen und danach ein Stellvertreter von Erich Mielke.)

»Stasi raus!« haben am 26. Oktober 1989 Tausende Demonstranten auf dem Erfurter Domplatz gerufen.
Am Morgen des 4. Dezember haben sich etwa dreihundert Erfurter Bürger – zusammengerufen von der Bürgerinitiative »Frauen für Veränderung« in Kaufhallen, Omnibussen, Betrieben – Einlaß in die dortige Stasi-Bezirksverwaltung erzwungen.
»Aus der Andreasstraße werden Container abgefahren, und der Schornstein raucht schwarz – die bringen Akten auf die Seite!« Diese Nachricht hatte die Erfurter alarmiert.
Ein »Bürgerkomitee zur Auflösung der Staatssicherheit« hat eine ständige »Bürgerwache« organisiert, die seitdem in der Erfurter Zentrale die Vernichtung von Akten verhindern und die Entwaffnung der Mitarbeiter überprüfen soll. Auch die anderen Stasi-Bezirksverwaltungen und etliche Kreisdienststellen werden vom 4. Dezember an von Bürgern friedlich besetzt.[2]

»Bei uns wurden in den vergangenen Tagen tonnenweise Akten vernichtet, mit dem Reißwolf und auch verbrannt ... Zum Beispiel Blattsammlungen über Andersdenkende. Dazu muß man aber ergänzend sagen, daß diese Blattsammlungen ... in keinem Fall zu restriktiven Maßnahmen gegen diese Menschen geführt haben. Dafür verbürge ich mich. Es waren Informationssammlungen, um sich ein Bild über diese Bürger machen zu können ...
Ehrlich gesagt, ich bin sehr froh darüber, daß die alte Doktrin gefallen ist, häufiger Befehlsnotstand nicht mehr besteht, wir keine solchen Blattsammlungen

mehr anlegen müssen. Nun ist aber die neue Regierung gefordert, gesetzliche Regelungen zu treffen, damit unser Amt ... dem Volke besser dienen kann.«
Aussage des stellvertretenden Geraer Stasichefs, Oberst Seidel, in der »Volkswacht« vom 6. Dezember 1989
(Horst-Jürgen Seidel ist zuletzt die Geraer MfS-Abteilung XX unterstellt gewesen – Bekämpfung »politischer Untergrundtätigkeit«. Unter anderem hat er 1981 als damaliger Leiter der Untersuchungsabteilung Matthias Domaschk »zuführen« lassen, der in der Stasi-Haft umgekommen ist.)[3]

Einen Sprechchor »Stasi in die Produktion!« bei einer Demonstration in Gera haben MfS-Mitarbeiter am Abend des 9. November 1989 notiert (rund fünfundzwanzigtausend Teilnehmer). Zu dieser Zeit sind die Stasi-Genossen sehr beschäftigt gewesen: mit dem »Wegschmeißen von Papier« im »Zusammenhang mit der Trennung von allem, was früher war« (Generalmajor Dangrieß). So hat man in Gera den Auftrag zu erfüllen gehabt, den Schriftverkehr zwischen MfS und SED-Bezirksleitung zu vernichten. Genosse Gysi hat Anfang Dezember (wenige Tage vor seiner Wahl zum Vorsitzenden der SED-PDS) die »rauchenden Schornsteine und fahrenden Lkw« in der SED-Presse als »zum normalen Leben zugehörig« erklärt.
Am Morgen des 5. Januar 1990 erstreitet sich eine Gruppe von Bürgern – unter ihnen der 1983 aus Jena ausgebürgerte Roland Jahn – Zutritt zur Stasi-Zentrale in Gera. Deren Leiter, Dieter Dangrieß, ist Anfang Dezember zurückgetreten; sein Nachfolger ist Michael Trostorff, bis dahin Leiter der Spionageabwehr. Ein Bürgerkomitee übernimmt auch hier die Kontrolle über Akten und Waffen.[4]

Am 12. Januar 1990, um vierzehn Uhr, sind beim Kommandanten der Grenzübergangsstelle (Bahn) Probstzella, Oberstleutnant Baumann, Vertreter des örtlichen »Runden Tisches« angemeldet. Sie wollen »Einsicht in die ausgeübten Tätigkeiten im Güst-Gebäude (Staatssicherheit, Telefonüberwachung u. a.)«. Bei der »Begehung der Güst« mit dabei ist auch Siegfried Sauer von der »Bürgerinitiative Grenzgebiet«.

SIEGFRIED SAUER
»Es hat lange gedauert, bis sie uns da reingelassen haben, der Antrag ist ein paarmal gestellt worden; man brauchte einen Staatsanwalt dazu.
Ich hatte einen Tip gekriegt, daß sie die ganze Telefonzentrale vom Bahnhof, auch das bahneigene Telefonnetz, abhören. Gewußt hat das jeder von uns, nur beweisen konnte es keiner. Wir haben dann in der GÜST Bandgeräte entdeckt, da hab ich dem Baumann das mit der Abhörzentrale an den Kopf geschmissen. Er hat das abgestritten, sie würden nur den Telefonverkehr nach drüben kontrollieren. Wir haben das ausprobiert, das stimmte nicht: das Bandgerät für drüben war im Stellwerk. Der Staatsanwalt sollte uns die Bänder in der GÜST versiegeln, das durfte er angeblich nicht.
Dann haben sie gesagt, sie haben keinen Reißwolf – in einer Kammer lagen lauter Papierschnipsel! Da hat Baumann gesagt: ›Wir haben nur ein ganz kleines Reißwölfchen.‹«

1990

Während eines »Bürgergesprächs« Ende Januar 1990 im Saal des »Kulturzentrums« Probstzella (ehemals »Haus des Volkes«) befragt man die Vorsitzende des Rates des Kreises Saalfeld, Edith Ludwig, zu den »geplanten Internierungslagern«. Frau Ludwig, bis vor einigen Wochen Mitglied der Saalfelder Kreiseinsatzleitung (KEL), ist an der Vorbereitung der »Maßnahmen« beteiligt gewesen. Gleichwohl gibt sie sich unwissend. Wer denn auf die Listen gekommen sei, wird gefragt. Keine Ahnung. Auch Klaus Baumann weiß es nicht. Plötzlich geht kurz das Licht aus, und Herr Baumann ist verschwunden.

»Alle ehemaligen Stasi-Mitarbeiter, die in den Grenztruppen am Grenzkontrollpunkt Probstzella gearbeitet haben, wurden per Weisung des Ministers für Verteidigung entlassen. Sie wurden aber alle geschlossen vom Zollamt Probstzella übernommen. Es wurden also nur die Uniformen gewechselt.
In der 3. Etage des Zollgebäudes in Probstzella am Bahnhof befinden sich nach wie vor versiegelte Räume, die als Objekt der Stasi enttarnt wurden ... Weiterhin wurde beobachtet, daß nach wie vor an einem bestimmten Tag ein ›Wolga‹ vorfährt und Metallkisten, unter zwei Mann Bewachung, abtransportiert werden.«
Information eines Bürgers an das Saalfelder »Komitee zur Auflösung des AfNS« vom 7. Februar 1990

Demonstration in Saalfeld, Januar 1990. In der Zeit vom Fall der Mauer bis Ende Februar 1990 sind etwa eine Viertelmillion DDR-Bürger in die Bundesrepublik übergesiedelt.

JOSEF WICH, Bundesbahner
»Anfang 1990 hab ich mir von einem ehemaligen Grenzer seine Uniform mit dem Trabi bringen lassen. War ganz schön teuer. Aber ich bin dann damit zum Karneval in Pressig gegangen. Die Leute haben lauthals gelacht.«

»Probstzella ...: Am 26.2.90, 8.30 Uhr, wurde bei der Kontrolle im Grenzabschnitt ... das Beschädigen der ehemaligen Führungsstelle ... festgestellt. Durch unbekannte Täter wurden sämtliche Scheiben (16 Stück) eingeworfen. Der entstandene Sachschaden beträgt ca. 1000,- Mark. Maßnahmen: ... Erstattung einer Anzeige gegen Unbekannt ...«

»Am 11.3.1990 wurde ... ein widerrechtliches Passieren der Staatsgrenze durch drei Personen, 3000 Meter ostwärtige Richtung Gräfenthal, festgestellt. Die drei Personen passierten gegen 15.45 Uhr eine offene Gasse im vorderen Sperrelement in Richtung BRD. Bei der Rückkehr um 16.15 Uhr wurden sie durch einen Grenzposten festgestellt, kontrolliert, belehrt und nach Hause geschickt ...«

»Am 12.3.1990, 10.00 Uhr, wurde ... festgestellt, daß die Grenzsäule Nr. 2459, 1000 Meter südöstlich der Ortschaft Lichtenhain ..., durch unbekannte Täter gestohlen wurde ... Maßnahmen: Schaffung einer Fotodokumentation ...«[5]
Meldungen ans Kommando der Grenztruppen

1990

Probstzella, Anfang 1990

1990

Massenflucht, Wirtschaftskrise, Streikdrohungen. Einem Volkskammerbeschluß folgend finden bereits am 18. März 1990 in der DDR Wahlen statt (Beteiligung: 93,4 Prozent). Neuer Ministerpräsident wird der Vorsitzende der »gewendeten« DDR-CDU, Lothar de Maizière (IM »Czerny«). Die neue Regierung (unter Beteiligung von SPD und »Liberalen«) legt sich im Koalitionsvertrag auf die Wiedervereinigung Deutschlands fest.

»Am 20.3.1990, um 13.30 Uhr, wurde ... festgestellt, daß 1800 Meter ostwärts Gräfenthal ... durch unbekannte Personen der widerrechtliche Abbau von 30 Streckmetallplatten am Grenzsignalzaun durchgeführt wurde. Maßnahmen: Überwachung des Abschnitts...«[6]
Meldungen ans Kommando der Grenztruppen

Martin Weber

»Als die drüben merkten, daß es für sie gelaufen war – so ab Januar 1990 –, entwickelte sich langsam ein Kontakt zur Grenztruppe, da suchten auch die das Gespräch mit uns. Wir haben uns ein paarmal zusammengesetzt, in Probstzella und bei uns in der Inspektion Ludwigstadt, und haben die Entwicklung an der Grenze abgesprochen. Ich wollte aber auch Hintergrundwissen, wie die drüben einzelne Zwischenfälle an der Grenze gesehen haben ...
›Kommt doch mal rüber auf einen Kaffee!‹
Die Stimmung war zunächst reserviert, frostig. Wir haben versucht, die Verkrampfung zu lösen; beim Bier ging es dann schon lustiger zu. Oberstleutnant Baumann war auch dabei. Ich fragte, was das mit ihrem ›Kontrollstreifen‹ sollte, den sie immer geeggt und mit Pestiziden kahlgespritzt haben: ›Auf dem steinigen Boden konntet ihr doch nie eine Fußspur feststellen. Dazu hättet ihr ja wie die Indianer auf dem Bauch rumkriechen müssen‹ – ›Ja, das war so vorgegeben.‹

Es stellte sich auch heraus, daß sie drüben nie hinter unser Kontrollsystem gekommen sind. Dabei war das gar nicht so perfektioniert: Wenn bei uns mal einer krank geworden ist, haben wir einfach nicht so vollendet die Diensteinteilung betreiben können. Wir stiegen mal in Lichtenfels, mal in Kronach in den Zug, mal schon in Bamberg ... Der Leiter der Paßkontrolle, Herr Peisker, sagte zu mir: ›Wir haben immer versucht herauszubekommen – über die ›Mitropa‹ zum Beispiel –, nach welcher Methode ihr in den Zügen kontrolliert. Das haben wir bis zum Schluß nicht gewußt.‹«

Wilfried Peisker

»Im März 1990 kamen unsere bayerischen Partner von der Polizei Ludwigstadt zu uns, und dann wurden wir eingeladen. Es war ein komisches Gefühl, nach Ludwigstadt zu fahren. Der Berg hatte ja immer den Sichtkontakt zu den bayerischen Kontrolleuren verdeckt.
Beim ersten Treffen war die Stimmung etwas reserviert. Beim zweiten Mal schon lockerer. Beim dritten Mal fanden wir dann: Das sind die gleichen Leute wie wir, mit den gleichen Problemen. Das waren doch ganz passable Kerle. Wir fragten uns, warum wir uns nicht schon früher getroffen haben.«

ZWEITER TEIL
Öffnungen
Reportagen und Interviews

»… nur die schon verblutet, können nicht verzeihn.
Könn' sich nicht besaufen an Vergeßlichkeit
weil sie sich verletzten vor der rechten Zeit…«

Stephan Krawczyk

»Hier kann man nur durchfahren.«
Ankommen in Probstzella

ÖFFNUNGEN

Samstag, 7. April 1990. Um sechs Uhr ab Nürnberg-Hauptbahnhof. Nach Probstzella will ich, eine Reportage schreiben über die geöffnete Sperrzone. Für ein Magazin vielleicht, zwei Seiten oder so, mit Fotos.
Erlangen, Bamberg, Lichtenfels. Die Landschaft an der Bahnlinie verschließt sich: Eben noch weite Felder, dann die ersten Hügel – nun schon rücken steile Berghänge, dicht bewaldet, immer näher.
Der Zug braust durch das enge Tal. Ich bin allein im Waggon. Aufgeregt bin ich. Schon einmal war ich in Probstzella. Durchgefahren mit der Bahn. Damals ab Saalfeld. Aussteigen durfte ich nicht.

Ich spüre Angst. Warum Angst? Die Mauer ist gefallen, die Grenze ist offen. Sind es noch immer diese Uniformträger? Die haben doch keine Macht mehr über mich, oder? Wie lange ist es her, seit ich gehen durfte? Ein Jahr, drei Monate.
Ankunft in Probstzella, 8.35 Uhr. Der dicke Mann in Uniform auf dem Bahnsteig hat ein Lächeln aufgesetzt. Stempelt meinen Paß im Vorbeigehen.

»Sind es noch immer diese Uniformträger?«

»Der junge Mann auch einen Strauß«, lächelnd stellt mir die Kellnerin in der Bahnhofsgaststätte den Osterschmuck hin. Die berüchtigte »Soljanka«, süß-saure Restesuppe, gibt's hier noch immer, für 1,05 Mark.
»Unser Bier oder das von drüben?« flötet die Frau mit dem Spitzenschürzchen. – »Unseres!« höre ich mich sagen. Sie meldet es an den Tresen und gießt weiter die Grünpflanzen. Am Stammtisch sitzen schon ein paar Männer, die sagen nicht viel, und wenn sie was sagen, klingt's wie: ›Was soll werden?‹
Unser Bier kommt. »Eine Frage, bitte: Was ist denn hier im Ort sehenswert?« – »Hach, bei uns? Nichts! Hier kann man nur durchfahren.« – »Und die Kirche?« – »Die ist zu.«

ÖFFNUNGEN

»Unsere Kirche ist offen!« steht am Gotteshaus.
Vikar Weiss nimmt sich Zeit für mich. Er erzählt von den hier verwurzelten Menschen, die sich an das Leben im Grenzgebiet gewöhnten, und vom Protest junger Leute, die nichts zu verlieren hatten. »Probstzella versteht ein Außenstehender schwer«, sagt Johannes Weiss schließlich. Und die Grenze? – »Wir sind Grenzern auf der Spur, die Leute haben verbluten lassen.« Näheres kann er noch nicht sagen.
Ich werde wiederkommen, bis ich weiß, was war und warum.

Mauerstückchen
Frühjahr 1990

»Am 8.4.90 ..., südöstlich Zopten ..., Festnahme wegen widerrechtlichen Passierens der Staatsgrenze ...
Die Personen sind am Vormittag über die GÜST Probstzella zum Ratzenberg (BRD) gewandert. Dort angekommen, merkten sie, daß sie ihre Kräfte überschätzt hatten, und kürzten deshalb ihren Rückweg ab ... wurde die Staatsgrenze überschritten und das Sperrelement überstiegen.
Um 16.55 Uhr wurden die drei Personen durch den eingesetzten Grenzabschnittsposten der Grenzwache Probstzella vorläufig festgenommen. Widerstand wurde nicht geleistet.
Maßnahmen: ... Übergabe an den Gruppenpostenleiter der DVP Probstzella um 18.10 Uhr, Herstellung der Sicherheit am vorderen Sperrelement um 19.00 Uhr.«[1]
Meldung ans Kommando der Grenztruppen

HERMANN HENNIGER, Lauenstein
»Einige Zeit nach der Grenzöffnung kam mein Sohn – damals zwanzig Jahre alt – mit einem Freund zu mir: ›Vater, brauchst du heute den Traktor?‹ – ›Nein. Was wollt ihr denn machen?‹ – ›Na, wir schmeißen den Turm ein.‹ – ›Laß den Quatsch.‹ Ich hab mir nichts weiter dabei gedacht.«

HENRIK HENNIGER
»Die Idee kam mir spontan: Ich saß im März 1990 mit einem Freund im ›Springelhof‹ und sagte zu ihm: ›Der Turm oben muß weg!‹ Die Allgemeinheit drumrum sagte: ›Den kann man nicht wegnehmen.‹ – ›Doch, wir schmeißen ihn um.‹
Wenn man den Turm zeitlebens sieht, jeden Tag, und man weiß, daß das eine Institution zur Grenzsicherung ist ... Als er dann keine Funktion mehr hatte, haben wir ein bißchen zum Abbau beigetragen. Es hat uns natürlich auch gereizt zu sehen, wie weit man gehen kann mit der Grenze ...
Eines Abends sagte ich zu meinem Kollegen: ›Jetzt fahren wir rauf und schmeißen den Turm um!‹ Wir haben das Seil an den offenen Fenstern festgemacht. Der Turm hat erst eine Weile gewankt. Es hat eine Riesenkraft erfordert, bis er umgefallen ist – mit einem gewaltigen Schlag und einer Wahnsinnsstaubwolke. Bestimmt zehn Minuten haben wir gebraucht, bis wir das Seil unter den Trümmern hervorbekamen. Auf einmal kommt ein grüner Jeep angefahren, ein Polizist aus

ÖFFNUNGEN

Der Turm fällt!

Ludwigsstadt, uns ist die Düse gegangen. – ›Soll ich das für gut heißen, was ihr da macht?‹ – ›Das ist ein Geheimauftrag vom KGB!‹ Er hat nichts mehr gesagt, ist eingestiegen und wieder fortgefahren.
Angst vor den DDR-Grenzern? Nein, wir waren ja mit den Grenzkompanien ringsum im Geschäft, haben Uniformen und Mützen gekauft und weiter verkauft oder auch untereinander getauscht; teilweise hab ich's auch behalten. Rangabzeichen, Fahnen und Schilder: ›Zum Ruhm des 25. Parteitages‹ und solche Sachen, als Andenken an diese Zeit ... Den Politoffizier von Lichtenhain haben wir ganz gut gekannt, von dem haben wir öfter mal Uniformen gekauft.
Ich hab mir auch einen großen Scheinwerfer gekauft, der oben auf einem Turm drauf war, für fünfzig Mark. Der war aber nicht geeignet für 220 Volt, den hat's vollkommen zerrissen, als ich ihn angeschlossen hab.«

ÖFFNUNGEN

HERR K., Probstzella

»Nach der Wende waren wir zum ersten Mal im Vorteil: Der Westen lag nahe, und wir konnten drüben gut einkaufen und auch arbeiten gehen. Im Frühjahr 1990 stand jeden Tag ein Vertreter vor der Tür; zwei Tage, nachdem mein Vater starb, stand ein türkischer Antiquitätenhändler auf der Matte: ›Ich habe gehört: alter Mann tot, Möbel da ...‹
Für über sechshundert Mark schwatzte man uns ein Foto von unserem Haus auf. Es ist eine Luftaufnahme, die sie aus dem Hubschrauber gemacht haben. Der Verkäufer sagte mir, das Foto verbleiche nie.«

MARTIN WEBER

»Als es zu Ende ging, im Juni 1990, sagte ich zum Herrn Terpe von der Grenztruppe: ›Mich würde mal der Schieferbruch oben auf der Ausdauer interessieren.‹ – ›Können wir mal miteinander machen.‹ Wir sind noch mit einem Fahrzeug der Grenztruppe rauf. Da war dann der ›Krieg‹ endgültig vorbei.«

»Mit Ablauf des 30.6. wurden die Grenzüberwachung und die Grenzkontrollen an der innerdeutschen Grenze eingestellt.«
Lagebericht der bayerischen Bundesgrenzschutzzentrale

REINHARD A. KILIAN

»Am 30. Juni 1990 traf ich mich mit Uli Schmidt in der GÜST Probstzella.
Nach dem Gespräch mußte er noch seine letzte Grenzstreife fahren. Er hat mir vorgeschlagen: ›Komm, das machen wir gemeinsam.‹
Ich sage: ›Nein, das geht nicht, ich bin mit dem Dienstauto hier.‹ – ›Doch, doch, komm rein in meinen Trabi-Kübel.‹
Wir sind auf dem Kolonnenweg die letzte Streife gefahren ...«

»Die Sache ist verjährt.«
Sommer 1990

Probstzella, Juli 1990

Im Sommer 1990 bin ich wieder in Probstzella. Der Ort hat seit den Kommunalwahlen vom 6. Mai einen neuen Bürgermeister: Zwei Drittel der Wahlberechtigten haben für Robert Meyer von den »Liberalen« gestimmt. Die Kandidaten der PDS haben zusammen nur noch sechzehn Prozent der Stimmen erhalten (drei Mandate für die Gemeindevertretung). Vikar Weiss vertritt im Gemeinderat fortan die »Bürgerinitiative Grenzgebiet« (acht Prozent der Wählerstimmen). Sein Freund Jens Billig ist für die Grünen in den Saalfelder Kreistag gewählt worden.
Mit Jens Billig fahre ich zum nahen »Kantorsbruch«, in den 1969 Grenzer 28 Fässer »Wildverwitterungsmittel« gekippt hatten. Ein Fünftel des

ÖFFNUNGEN

Der Kantorsbruch,
Sommer 1990, neben den
Resten eines Beobachtungsturmes, Stacheldraht und
anderem Müll liegen hier
auch Tierkadaver.

Zwischen Lichtenhain und Zopten

Trinkwassers in Probstzella kommt 1990 aus diesem Einzugsgebiet. Bereits am ersten »Runden Tisch« des Ortes hat Jens Billig gefragt, ob es nicht angebracht sei, die Einspeisung des Wassers zu unterbrechen. Bei einem Ortstermin im März hat der Militärstaatsanwalt jegliche Ansprüche an die NVA abgewehrt – die Sache sei verjährt.[2]

Nach drüben oder hierbleiben? Mehr als zehntausend DDR-Bürger übersiedeln im Juni 1990 in die Bundesrepublik. Tausende pendeln täglich über die offene Grenze zur Arbeit in den Westen. Die D-Mark lockt und kann daheim äußerst günstig in DDR-Geld umgetauscht werden, teilweise im Verhältnis 1 : 8.
Am 1. Juli 1990 tritt der Staatsvertrag zwischen der DDR und der Bundesrepublik »über die Schaffung einer Währungs-, Wirtschafts- und Sozialunion« in Kraft. Über Nacht wird die bundesdeutsche D-Mark das Zahlungsmittel der DDR. Bis zu den – nach Alter – gestaffelten Höchstbeträgen (maximal 6000 Mark) können die DDR-Bürger ihre Bankguthaben, Löhne und Renten zum Kurs von 1 : 1 tauschen, darüber hinaus gilt das Verhältnis 1 : 2.
Mit dem Westgeld kommen die Westprodukte in die Läden. Während bundesdeutsche Firmen gigantische Umsatzsteigerungen verzeichnen, gehen in der DDR massenhaft Betriebe bankrott. Die Bundesrepublik stellt einen »Fonds Deutsche Einheit« bereit, aus dem in den nächsten Jahren Zuwendungen in Höhe von mehr als hundert Milliarden D-Mark an die DDR fließen sollen.
Mitte Juli 1990 gibt der sowjetische Präsident Gorbatschow bei einem Treffen mit Bundeskanzler Kohl im Kaukasus sein Einverständnis für die Wiedervereinigung der beiden deutschen Staaten. Am 23. August beschließen fünf Sechstel der Volks-

kammer-Abgeordneten den Beitritt der DDR zur Bundesrepublik. Vier Wochen darauf stimmen die Parlamente in Ost-Berlin und in Bonn dem »Einigungsvertrag« zwischen der Deutschen Demokratischen Republik und der Bundesrepublik Deutschland zu. Am 3. Oktober 1990 ist Deutschland vereint.

»... die Koffer wären geflogen gekommen.«
Manfred Göhlich

November 1990.
Auf dem Stellwerk des Bahnhofs Probstzella spreche ich mit dem 53jährigen Reichsbahner Manfred Göhlich, der hier »etliche Jahre« als Fahrdienstleiter gearbeitet hat. Nein, von den Eisenbahnern sei »komischerweise« niemand über den Bahnhof nach drüben abgehauen. Aber an einen jungen Kerl könne er sich erinnern, der habe sich in den sechziger Jahren eine Bahneruniform und eine entsprechende Lampe beschafft ... »Damit sah er aus wie ein Streckenläufer und ist eines Nachts quietschvergnügt über das Gleis nach drüben gegangen.«
Wenn ein Eisenbahner im »Kontrollterritorium« (KoT) zu tun hatte, so Manfred Göhlich, mußte er immer erst den diensthabenden Offizier auf dem Kommandantenturm anrufen und um Erlaubnis fragen. Man sei dann stets von einem Posten mit Knarre begleitet worden. (»Das Betreten des KoT ist nur mit besonderer Genehmigung gestattet«, spotteten die Eisenbahner.)

Gartenzaun aus Streckmetall, Probstzella im Sommer 1990

Zwischen den Offizieren und den Reichsbahnern habe es meistens eine Distanz gegeben. Zum GÜST-Kommandanten Zappe jedoch habe man »eigentlich ein ganz gutes Verhältnis« gehabt: »Dem haben wir zu verdanken, daß bei der Eisenbahn vieles gemacht worden ist.«
Und was war angeordnet für den Fall, daß jemand auf den Zug nach drüben aufspringt? »Dann sollten wir den Fahrleitungsstrom abschalten. Da hätte eine Zwangsbremsung eingesetzt, und die Koffer wären geflogen gekommen. Das hätte keiner von uns gemacht - man darf doch nicht die Reisenden gefährden, das steht in der Fahrdienstvorschrift.«
Reichsbahner Göhlich zeigt mir die Hebel für die beiden »Schutzweichen«, die »gewaltsame Ein- und Ausfahrten verhindern« sollten: »Auf Befehl des diensthabenden Offiziers hätte der Fahrdienstleiter den Zug auf den Prellbock schicken sollen - mit etwa vierzig Kilometer pro Stunde! Die Lok und zwei, drei Wagen wären in die Böschung reingerutscht. Es hätte zumindest Verletzte gegeben.«
»Staatssicherheit geht vor Betriebssicherheit«, murrten die Eisenbahner.

Beobachtungsturm Falkenstein: Der Grenzzaun ist weitgehend unbeschädigt.

»Mein Gott, wie war das möglich?«
Helmut Kättner

Juli 1991.
Am Falkenstein bin ich zum Interview verabredet. 1987 wurden die Nebengebäude und Lagerstätten der ehemaligen Brauerei Falkenstein wegen Baufälligkeit abgerissen; das Gasthaus steht noch. Dort treffe ich Helmut Kättner, der Ende der vierziger Jahre in Probstzella Grenzpolizist war. 1950 flieht er nach Ludwigstadt. wo er wieder als Schriftsetzer arbeitet. 1954 tritt er in die SPD ein und wirkt einige Zeit im Ludwigstädter Stadtrat mit.

»Hier war Feierabend, das Ende der Welt«, beginnt Helmut Kättner das Gespräch im Garten des Gasthauses. Dann holt er einen Zettel aus seiner Brieftasche mit einem Zitat Herbert Wehners von 1964: »Das SED-Experiment wird fürchterlich enden, mit einem moralischen Katzenjammer und einer sittlichen Vernichtung derer, die einmal aus ehrlichen Absichten kommunistische oder sozialistische Vorstellungen solcher Art zu realisieren versucht haben.«

Helmut Kättner

Zwei Stunden lang sitzen wir bei Orangensaft und Mineralwasser in der Mittagssonne. Am Ende frage ich den 63jährigen, ob er sich in Ludwigstadt mit der Zeit an die Grenze gewöhnt habe.

Helmut Kättner: »Nein, überhaupt nicht, ich habe die Grenze immer als schmerzlich empfunden. Besonders, wenn ich hier mit meiner Frau gewandert bin und wir zu den Dörfern in Thüringen rübergeschaut haben, wo unsere Verwandten in der Sperrzone wohnten. Die nächste Generation wird mal fragen: ›Mein Gott, wie war das möglich?‹, wenn sie die Bilder sehen, wie das hier war an der Grenze…«

»Aber wir wachsen schon noch zusammen …«
Gert Bayerlein

Juli 1991.
Ich frage Gert Bayerlein (SPD), was er als Bürgermeister von Ludwigstadt für die Überwindung der Grenze getan habe.
Er habe immer wieder gesagt, man solle »die Möglichkeiten für die Ludwigsstädter, die hier bleiben, so günstig wie möglich« gestalten: »Wir haben drei Sporthallen gebaut, ein beheiztes Freibad, ein Hallenbad, Tennisplätze, Kegelbahnen … Wir haben auch ein ausgeprägtes Vereinsleben gefördert: Sportvereine, Gesangsvereine, die Eisenbahnfreunde, Gartenbauverein, Kaninchenzüchterverein …«
Und sonst? – »Ich hab immer wieder bei gewissen Anlässen – Kirchentagen, Jubiläen – gesagt: ›Wie schön wäre es doch, wenn man sich hier ohne Grenze zwischen Ost und West wieder treffen könnte, wenn die Thüringer Nachbarn rüberkommen könnten, auf ein bayerisches Bier, und wir zu ihnen.‹ Am 17. Juni eines jeden Jahres haben wir ein Mahnfeuer angezündet.«
Ludwigstadt sei beschaulich gewesen, ruhig, eine Sackgasse. Ein paar Urlauber fuhren zur Burg Lauenstein oder zur Thüringen-Warte, das war's. Nach der Grenzöffnung sei man »vom Verkehr überflutet« worden, Bürgermeister Bayerlein schätzt »jetzt das vierfache Verkehrsaufkommen«. Die offene Grenze habe für die Stadt jedoch mehr Positives gebracht: »In den nächsten Tagen wird das Richtfest gefeiert für eine Tennishalle. Zur gleichen Zeit beginnt daneben die Firma ›Aldi‹ einen Supermarkt zu bauen. Fachärzte lassen sich bei uns nieder …«
Die Euphorie der Leute nach der Grenzöffnung sei inzwischen vorbei: »Als die er-

Im Turm an der Bahnlinie riecht's muffig. Gleich nach mir klettert eine Familie die Leiter hoch. »Wenn man sich das mal so vorstellt, ne, daß die hier alle paar hundert Meter beobachtet wurden, die Leute, also das ist Wahnsinn!« sagt die Mutter.

sten Sonderzüge kamen, wurde hier alles mehr rosarot gesehen. Jetzt, da man als Westdeutscher gefordert ist, auch finanziell zu helfen, fehlt oft das Verständnis.

Wenn man auf den Straßen die vielen neuen Autos der neuen Bundesbürger sieht, heißt es: ›Wir konnten uns nach dem Krieg auch nicht gleich ein Auto kaufen, wir mußten auch sparen.‹ Nun bekommt man eben oft keinen Parkplatz mehr in Ludwigsstadt, weil dort ein Auto von drüben steht. Man muß manchmal in den Geschäften Schlange stehen, weil es mehr Leute sind. Auch beim Zahnarzt muß man jetzt länger warten, die Handwerker sind ausgebucht. Aber wir wachsen schon noch zusammen, auch nach vierzig Jahren. Von der Mentalität her sind wir auf einer Linie: Die Leute hier sind mehr thüringisch geprägt als fränkisch oder bayerisch. Auch die Sprache: Wir sprechen thüringisch, nicht bayerisch.«

Beim Schützenfest in Ludwigsstadt, im Sommer 1991, sitzen Gert Bayerlein und Bürgermeister Meyer aus Probstzella vereint an einem Tisch bei Thüringer Bratwurst und Ludwigsstädter Bier. »Geschmack, der uns verbindet«, wirbt die Firma »Jahns-Bräu«. Und Zugführer a. D. Meyer sagt: »Mensch, Gert, das hätten wir schon dreißig Jahre lang haben können.«

»Wir haben nie ein Feindbild aufgebaut ...«
Martin Weber

Juli 1991.

Bis 1990 haben bei der Grenzpolizei-Inspektion Ludwigsstadt (GPI) 130 Polizisten gearbeitet, im Sommer 1991 sind es noch fünfzig Mitarbeiter; eine normale Polizeidienststelle ist das nun. Hauptkommissar Martin Weber, seit 1965 bei der GPI Ludwigsstadt, ist seit ein paar Monaten stellvertretender Leiter der Inspektion.

Ob die DDR-Grenzer für ihn Feinde waren, frage ich Martin Weber.

Martin Weber

»Nein, wir haben nie ein Feindbild aufgebaut, obwohl wir dazu eher Grund gehabt hätten als die drüben ...«

Nach der Grenzöffnung habe ihn »einfach interessiert, was das für Leute sind«. Bei den ersten Treffen sei er überrascht gewesen, wie locker sich die DDR-Grenzer gegeben hätten. »Ihr tragt doch die Verantwortung«, habe er zu ihnen gesagt. Nein, so etwas wie Schuldbewußtsein habe er bei keinem von denen beobachten können.

Wenn Martin Weber heute ehemalige Angehörige der DDR-Grenztruppen trifft, versucht er, unbefangen zu sein. Ja, man grüße einander. »Ich habe doch vor der Wende auch gegrüßt, das gehört zum menschlichen Umgang.«

»**Ein ungutes Gefühl hatte ich bei der Sache immer.**«
Siegfried Ziermann

Oktober 1991.
Siegfried Ziermann, geboren 1955, ist in Lichtentanne aufgewachsen. Zwanzig Meter hinter seinem Elternhaus stand der Signalzaun, dort wohnt er noch immer, dort interviewe ich ihn.
»Sie haben an der innerdeutschen Grenze Minen verlegt – wie war das damals?«
»Wir waren nur Ausführende. Ich war nur zum Grundwehrdienst, mehr hätte ich nie gemacht. Im Frühjahr 1976 haben wir, kurz vor unserer Entlassung, drei Wochen lang Minen verlegt, zwischen Lichtenhain und Zopten.
Wenn ich mich recht erinnere, waren das beim Minenlegen sechs Mann, die haben gelegt. Zwei Mann haben die Kisten transportiert, dazu ein Unteroffizier und ein Sicherheitsoffizier. Dann waren noch mal Extraleute von den Grenzkompanien dabei, die uns bewacht haben, daß wir nicht abhauen. Das waren mal zwei, mal vier, mal sechs. Manchmal haben die sich bloß in die Ecke gesetzt und aufgepaßt, manche haben auch mal einen Handgriff gemacht.«
»Wie nah waren Sie beim Minenlegen der Grenze?«
»Das war sehr unterschiedlich. Mal waren es bloß zwei Meter bis zur Grenze, mal zwanzig, dreißig oder fünfzig Meter. Einmal haben wir einen Zaun gebaut, da konnten wir schon fast die bayerischen Grenzpfähle anfassen.«
»Da hätten Sie ja türmen können.«
»Freilich hätte ich das gekonnt, das hätt ich mehrfach gekonnt. Wir haben oft am offenen Zaun gearbeitet – das wären drei Schritte gewesen. Mit dem Gedanken, abzuhauen, hat man oft gespielt, das hat schon gereizt. Wir haben ja Fernsehen geguckt ... Aber die hätten dann doch meine ganze Familie aus dem Sperrgebiet rausgeschafft.«
»Wußten Sie, daß diese Minen Flüchtlinge töten können?«
»Das konnte man sich ja denken, das wußten wir schon. Aber man war eben gerade neunzehn, zwanzig Jahre. Da hat man sich nicht getraut, irgendwie zu widersprechen. Man wußte genau, was man macht, eigentlich. Man hat sich damit rausgeredet (jedenfalls ging es mir so): ›Die Minenfelder sind ja außen mit Schildern deutlich gekennzeichnet.‹ Das hat man sich eingeredet, um sich zu beruhigen. Ein ungutes Gefühl hatte ich bei der Sache immer, irgendwie ... so richtig wohl ...

Siegfried Ziermann

Wir haben's halt gemacht, weil wir's mußten, war ja Befehl. Es hieß: Einen Befehl muß man erst ausführen, hinterher darf man sich darüber beschweren. Daß das gegen die Menschlichkeit verstößt, war schon klar. Solche Befehle konntest du ja verweigern. Aber mit dem Militärstaatsanwalt wollte sich eben auch keiner anlegen.«
»Welche Vorstellung hatten Sie, was Ihnen passiert, wenn Sie das Minenlegen verweigern?«
»Wir waren vereidigt und standen unter Befehl. Man hat immer Angst vor Schwedt gehabt: Militärstrafvollzug.«

Verlegen von Minen bei Lichtenhain, Oktober 1975

»Was glaubten Sie, was in Schwedt los ist?«
»Was ganz Schlimmes, es gab da so Gerüchte. Wer von dort zurückgekommen ist, hat nichts mehr gesagt. Man hat sich das als Arbeitslager, als Straflager vorgestellt. Es hatten alle Angst vor Schwedt.«
»Haben Sie mal daran gedacht, den Dienst bei der NVA zu verweigern?«
»Das hatte ich eigentlich nie vor. Man wußte, daß es irgendwie eine Möglichkeit gibt, den Dienst mit der Waffe zu verweigern. Aber es ist auch immer gesagt worden, daß man dann mit Repressalien rechnen muß, im Beruf nicht mehr auf die Beine kommt. Dann hast du die und die Nachteile...«
»Haben Sie zu Hause vom Minenlegen erzählt?«
»Nee! Davon haben meine Eltern erst nach meiner Entlassung erfahren. Ich konnt doch meiner Mutter nicht sagen, daß ich Minen lege. Die hätt doch keine Nacht mehr geschlafen.«

Heinz Schaller vor seinem Dienst bei den Grenztruppen

»**Aus der Gesellschaft bin ich ausgeschlossen.**«
Heinz Schaller

Februar 1992.
Nicht weit von Siegfried Ziermann wohnt Heinz Schaller, der 1962 beim Verlegen von Minen an der DDR-Grenze im Harz schwer verletzt wurde.
»Ich bin auf beiden Augen blind. Beide Hände wurden mir abgerissen. Ich hatte mich für zwei Jahre zu den Pionieren der Nationalen Volksarmee gemeldet. Alle, die keine Westverwandtschaft hatten, kamen zur Grenze. Wir mußten ja zur Armee, weil man uns sonst Steine in den Weg gelegt hätte.

ÖFFNUNGEN

Minenwarnschild am Fuße des Hopfs-Berges, Herbst 1991

Ich hatte die Mine verlegt und die Sicherung, die Spezialtruppen erst später entfernen sollten, war zu schwach. Ich war etwa einen Meter von der Mine entfernt, als sie trichterförmig explodierte. Fünfzig Zentimeter mehr Abstand, und mir wäre nichts passiert. Ich weiß nicht, warum die Mine explodiert ist. Ich weiß nicht, wem ich die Schuld geben soll. Es ist keiner mehr da.
Mein Unfall wurde verschwiegen. Bei Nacht und Nebel wurde ich aus dem Krankenhaus ins Militärkrankenhaus überführt. Man sagte mir bei der Entlassung aus der Armee, daß ich mich an meinen Betrieb (›Zeiss‹) wenden solle, wenn ich Probleme habe. Eine Arbeit hab ich nie wieder bekommen. Man sagte mir, der Arbeitsschutz lasse das nicht zu. Seit dem Unfall bin ich zu Hause. Mein Betrieb zahlt mir eine Rente, außerdem bekam ich fünftausend Mark ›Entschädigung‹. Von der Rente kann ich mich über Wasser halten. Eine Arbeit für mich gibt es auch heute nicht. Was soll ich tun, blind und ohne Hände?
Ich bin jetzt fünfzig. Aus der Gesellschaft bin ich ausgeschlossen.«

Seitdem Heinz Schaller beim Minenlegen schwer verletzt wurde, kann er sich nur noch mit Hilfsmitteln bewegen.

»**Mit Verachtung strafen**«
Manfred Escherich

Februar 1992.
Manfred Escherich, 1933 geboren, ist in Probstzella aufgewachsen und wurde 1961 bei der Aktion »Festigung« nach Gera ausgesiedelt.
»1975 ist mein Vater in Probstzella gestorben. Noch am Vortag hatte ich in Saalfeld bei der Polizei angerufen: ›Darf ich ihn nicht noch mal besuchen?‹ – ›Na, kommen Sie mal vorbei, wir wollen unser Möglichstes tun.‹ Ich bin von Gera nach Saalfeld

ÖFFNUNGEN

gefahren und durfte ihn doch nicht besuchen. Am nächsten Tag bekam ich das Telegramm, daß er gestorben ist. Zur Beerdigung durfte ich rein ...
Dann durfte ich wieder zum achtzigsten Geburtstag meiner Mutter rein. Bei dieser Gelegenheit lernte ich meine jetzige Frau kennen; durch die Heirat bin ich nach Probstzella zurückgekommen. 1980 durfte ich wieder ganz ins Sperrgebiet, nachdem ich erst eineinhalb Jahre keinen Zuzug bekam. So lange bin ich immer am Wochenende mit Passierschein zu meiner Frau nach Probstzella gefahren.
Ich hatte überallhin geschrieben, auch an den Staatsrat. Die haben das an die Kreisbehörde weitergegeben, und die lehnten wieder ab.«
Ich frage Manfred Escherich, warum er wieder ins Grenzgebiet gewollt habe, wo doch die Situation dort so bedrückend gewesen sei.
»Wenn man dort aufgewachsen ist und hat seine Mutter da ... Man hängt schon an der Heimat. Ich hatte dann in Probstzella wieder mein Heim, meine Arbeit, mein Brot.«
»Wissen Sie inzwischen, warum Sie ausgesiedelt wurden?«

Manfred Escherich

»Meine damaligen Schwiegereltern hatten bei Probstzella ein Gasthaus. Schwiegervater trank gern mal einen, und dann hat er im besoffenen Zustand das Stalin-Bild runtergeholt und kaputt gemacht. Das haben sie ihm als ›Boykotthetze‹ angelastet und ihn eingesperrt. Nach der Entlassung sind die Schwiegereltern 1956 ab in den Westen. Wir hatten ständig Briefverkehr mit ihnen, und ich war im Staatsdienst beschäftigt, bei der Post. Das war der Grund.
Man hat Menschen, die vorher geachtet waren, in ihrer Ehre gekränkt. Das haben Leute nur um ihres Staates willen getan. Ich war nie in der Partei, hab meine Arbeit gemacht und mir nichts zuschulden kommen lassen.«
Manfred Escherich weint.
»Es gibt in jedem Ort welche«, sagt er, »die unterschrieben haben: ›Der muß fort und der ...‹ Die haben uns verraten! Die Schuldigen müssen ja noch in den Akten zu finden sein. Ich denke, ich weiß schon, wer hier aus dem Ort für meine Aussiedlung verantwortlich war. Das will ich bestätigt haben. Ich habe Einsicht in meine Stasi-Akte beantragt.«
Und wenn er die Schuldigen kennt?
»Ja, was will man machen? Mit Verachtung strafen.«
Wird er die Verantwortlichen zur Rede stellen?
»Ich weiß nicht, ob ich das nach so langer Zeit noch mache. Das sind inzwischen alte Leute. Der alte Bürgermeister, der damals das Protokoll mit unterschrieben hat, lebt auch noch in Probstzella.«
»Sind Sie noch wütend auf diese Leute?«
»Nee, das hat sich gelegt. Ich glaube nicht, daß ich noch irgendwie ausfällig werde.«

Ein Elternhaus
Erich Modes

Erich Modes aus Ludwigsstadt, ein ehemaliger Mitarbeiter der Firma Itting, an dem Ort, wo einst sein Elternhaus stand: oberhalb des thüringischen Buchbach, in der Nähe von Spechtsbrunn.

Februar 1992.
»Bis 1948 bin ich noch gelegentlich nach Hause zur Mutter rüber«, erzählt mir Erich Modes, »ich hab sogar meine Wäsche zum Waschen über die Grenze gebracht.« Zwischen 1948 und 1953 sah Erich Modes seine Mutter nicht. Von 1952 an lag das Elternhaus im Schutzstreifen.
Die Mutter mußte, damit der Sohn sie weiterhin besuchen durfte, unterschreiben, daß sie jeden Fremden melden wird, den sie im Schutzstreifen sieht. Dafür bekam sie sogar einen Telefonanschluß. Zwar sagte sie stets, wenn man sie nach Fremden fragte, sie habe niemanden gesehen, doch der Kontakt mit den Sicherheitsorganen regte sie so sehr auf, daß sie 1957 in den Westen floh.
Ihr Haus wurde zerstört. Nur ein paar Trümmer sind geblieben und die Linde, die einst vor dem Haus stand.

»Ich bin froh, wieder hier sein zu können.«
Klara Gerold

Klara Gerold wurde 1907 in Probstzella geboren. Sie arbeitete dort als evangelische Gemeindehelferin und Katechetin. 1972, mit 65 Jahren, ging sie in den Westen – »notgedrungen«. Damals habe sie sich als Rentnerin »nicht zur Ruhe setzen« wollen, habe sich zunächst gewünscht, in Probstzella »noch irgend etwas zu tun, Orgeldienst oder so«. Nach einer Auseinandersetzung mit Pfarrer Hassenstein habe sie sich jedoch aus dem Gemeindeleben zurückgezogen, »eine unmögliche Sache«, wie sie meint.

Im Sommer 1991 ist Klara Gerold beunruhigt über das Gejammer der Leute in Probstzella: »Ich kann's nicht mehr hören. Ich sag: ›Geht's euch denn schlechter? In den vergangenen Jahren war es keinem zuviel, eine Büchse Ananas für zwölf Mark zu kaufen.‹«

1990 ist Klara Gerold nach Probstzella zurückgekehrt. Das Foto zeigt sie gemeinsam mit dem ehemaligen Ortspfarrer Walter Köhler beim Wiedersehen in ihrer neuen Wohnung.

Im Februar 1992 sagt die inzwischen 84jährige: »In der Vergangenheit hat es hier zwar keine Freiheit, aber Sicherheit gegeben – mir ist meine Freiheit lieber.« Man komme, wenn man mit den Leuten rede, nicht über die kleinen Dinge, übers Materielle hinweg: »Ich bin erschüttert, wie ›ausgeblutet‹ Probstzella ist. Wir hatten mal ein blühendes Leben hier. Aber jetzt sind die Leute so bedrückt und einfach nicht zu bewegen. Manchmal wache ich morgens auf und frage mich: Was kann ich nur tun, damit es wieder so wird, wie es einmal war?«

Über ihr Leben in der DDR sagt Klara Gerold: »Ich war frech. Mein Grundsatz war: Nichts tun, was verboten ist, aber was erlaubt ist, richtig ausnutzen. Ich konnte nicht anders. Köhler hat mich mal einen Wahrheitsfanatiker genannt. Das Schlimmste, was ich als Kind meinem Vater antun konnte, war, die Unwahrheit sagen. Ich hab so manchmal gedacht: Wenn es nur einen Tag geben würde, wo die Menschen mal sagen, was sie denken! Die Menschen sind viel mit schuld, daß es hier so lange so lief, eben durch dieses So-Tun-als-ob. Dieses schizophrene Verhalten hat die Menschen krank gemacht, so lahm...

In der DDR hat man sich aus Opportunismus angepaßt. Ganz deutlich war es 1968, als in der Tschechei der Aufstand war; da haben auch die ›echten Kommunisten‹ aufgeatmet. Die waren alle erfreut, und nach dem Scheitern des Aufstandes waren alle wieder schön still.

Mir ist hier oft gesagt worden: ›Sie sind allein und haben keine Familie...‹ Aber es gab doch auch andere, die mit ihrer Familie ihren geraden Weg gegangen sind.«

Diese schreckliche Grenze, dieses Zerschnitten-Sein habe sie kaputtgemacht: »Die Grenze war von hier aus schlimm und von drüben aus genauso schlimm. Ich hab immer gedacht, das wird mal besser, wenn ich drüben bin. Aber das Gefühl ist geblieben. Jetzt ist diese Grenze in den Köpfen. Das ist kein geeintes Deutschland, das ist ein Jammer. Ich hab's mir anders gedacht. Ob das mal wieder besser wird?«

Manchmal fühle sie, daß sie das Normale nicht mehr erleben werde, und doch: »Ich bin froh, wieder hier sein zu können.«

Budebauen verboten! Der Zaun steht.
Jens Billig und Uwe Bär

ÖFFNUNGEN

Februar/März 1992.
Die beiden sind annähernd gleich alt. Der eine lebt seit seiner Geburt 1958 in Ludwigstadt, der andere ist in Probstzella aufgewachsen. Seit der Grenzöffnung sind sie befreundet.
»Worüber sprach man in der Ludwigstädter Schule, wenn man auf die DDR zu sprechen kam?« frage ich Uwe Bär.
»In Sozialkunde wurde ein wenig darüber geredet, wie's drüben ist. Die Lehrer, vor allem die älteren, haben immer versucht zu erklären, daß die Grenze, die wir da tagtäglich vor Augen sehen, ein normaler Wahnsinn ist. Aber wir haben uns nicht so sehr dafür interessiert, für uns war ja der Zaun ganz normal. Ich ging mit meinen Eltern schon als kleines Kind am Grenzzaun spazieren, bei Ebersdorf, Steinbach (Haide) oder am Falkenstein. Wir sahen die Grenzer, die haben keinen Mucks gemacht. Dann haben wir in der Schule schon gefragt, warum die nicht sprechen dürfen.«
»Versuchten die Lehrer, ›das Bewußtsein von der deutschen Einheit‹ wachzuhalten?«
»Ja, sie haben oft davon gesprochen, was für ein großes Land das vereinte Deutschland wäre. Auch, was die sportliche Seite betrifft, der Medaillenregen. Wir hier im Frankenwald haben uns sehr für Skisport interessiert, da wären zusammen mit der DDR noch mehr Medaillen dringewesen…«
»Ist euch Schülern das auch mal auf die Nerven gefallen, wenn eure Lehrer vom vereinten Deutschland sprachen?«
»Eigentlich schon. Wir haben gedacht: Laß den mal erzählen, die Grenze wird nicht wieder aufgemacht. Uns nützt das Gerede nichts, der Zaun steht. Zu den Häusern, die wir dort sehen, können wir nie hingehen…
Der Grenzzaun war schon beeindruckend. Als die am Falkenstein den hohen Zaun bauten, hab ich zugeguckt; wir sind immer mit den Fahrrädern da runtergefahren. Mit Schulkameraden war ich so drei-, viermal im Jahr an der Grenze. Sonst nur mit den Eltern beim Spaziergang oder wenn mal Besuch kam. Wenn die Urlauber kamen und sagten: ›Ach Gott, ach Gott, wie das aussieht…, die Grenze!‹, da hat man erst wieder gemerkt, daß das nicht normal ist – weil die das gesagt haben.«
»Hast du DDR-Fernsehen geschaut?«
»Nee, dafür brauchtest du eine spezielle Antenne; mein Bruder in Lauenhain hat sich so was extra gekauft.«
»Wurde bei euch in der Schulklasse über das Programm im DDR-Fernsehen gesprochen?«
»Ja, einige haben das ›Sandmännchen‹ gesehen. Aber es war eigentlich kein Thema. Wer keine Verwandtschaft in der DDR hatte, für den waren dort sowieso alle hirnrissig. Die hatten auch kein Interesse, mit den Leuten drüben in Kontakt zu kommen.«
Bei Uwe Bär war das anders: Seine Mutter kam 1956 aus Pößneck herüber; sein Vater, der aus Ludwigstadt stammte, hatte sie bei einem Besuch in Thüringen kennengelernt. Die ganze Verwandtschaft der Mutter lebte in der DDR, auch die Pa-

ten von Uwe Bär. Als Kind habe er sich bei seinen Besuchen in Pößneck über das viele Holzspielzeug gefreut, das es dort noch gab. Mehrmals sei er in den Sommerferien für drei Wochen in Pößneck gewesen. »Wir waren froh, daß wir überhaupt mal fort waren. Uns hat es drüben gefallen, wahrscheinlich besser als in Spanien: Meine Verwandten hatten einen Riesengarten, da konntest du einwandfrei spielen.«

»Hast du damals deine Altersgenossen in der DDR als anders empfunden?«

»Nein, über Politik hat man noch nicht gesprochen. Das kam erst später. ›Warum habt ihr so einen Quatsch wie die FDJ?‹ Das konnten wir uns gar nicht vorstellen, daß man da so rumläuft wie die Hitlerjugend. Dort drüben wollte ich nicht in die Schule gehen. Man hat schon gesehen, daß wir mehr Freiheit haben, daß wir nicht so eingesperrt sind.«

Als Kind habe er Angst gehabt, wenn er auf dem Bahnhof in Probstzella kontrolliert wurde: Die versteinerten Gesichter beim Durchsuchen des Gepäcks, die strengen Mienen, nicht ein Lächeln. »Später war ich dann nur noch tageweise drüben, es war alles so dreckig ...«

Uwe Bär

Nach der Schulzeit sei er öfter mal mit dem Moped an der Grenze gewesen, habe nach Lichtenhain hinübergeschaut, nach Probstzella, Lichtentanne und Lehesten. »Da hat man gesehen: Noch ein Kilometer, aber du kommst nicht hin. Wahnsinn.«

Am Falkenstein sei auch für ihn »die Welt zu Ende« gewesen. Als dort 1989 die Grenze fiel, sei er sofort hingefahren. »Da sind mir die Tränen gekommen. Ich konnt das nicht begreifen.« In den Tagen danach sei er nach Lichtenhain gefahren, »um mal von der anderen Seite rüber nach Ebersdorf zu schauen«.

Das Urteil im ersten Berliner »Mauerschützen-Prozeß« – dreieinhalb Jahre Haft für den Todesschützen Chris Gueffroys – findet Uwe Bär gerecht: »Der hat einen Menschen getötet, da kann er nicht ungestraft davonkommen. Er hätte den nicht töten müssen. Ich kann auch danebenschießen. Dann sag ich eben, ich war zu aufgeregt ... Ich kann doch nicht einen Menschen erschießen, von dem ich genau weiß, daß er nur in die Freiheit will. Die wußten doch genau, daß das keine Verbrecher sind. Sie wußten doch, was sie da tun. Es hätte mein Bruder sein können, den er erschossen hat.«

Von den Vorgesetzten der Grenzsoldaten ist bis zum Frühjahr 1992 noch niemand zur Verantwortung gezogen worden. Die Ermittlungen der Berliner Staatsanwaltschaft gegen Erich Honecker und weitere Mitglieder der SED-Führung wegen der Tötungen an der DDR-Grenze laufen noch.

»Diejenigen, die die meiste Schuld haben, kommen ungeschoren davon«, befürchtet Uwe Bär. Ein paar Kilometer von ihm entfernt leben die verantwortlichen Grenzoffiziere weiterhin unbehelligt. »Da packt mich die blanke Wut. Aber das Volk ist so phlegmatisch: Warum treiben sie die nicht aus den Häusern und sagen: ›Die waren es!‹ Warum nicht? Weil die Leute denken: ›Denen passiert sowieso nicht viel.‹ Viele waren ja auch irgendwie mit verstrickt. Das Volk vergißt auch zu schnell. Den Leuten geht es ja inzwischen wieder ganz gut; jetzt wollen sie sich mit der Vergangenheit nicht mehr rumplagen. Ginge es ihnen schlechter, wäre es vielleicht anders.«

ÖFFNUNGEN

Jens Billig wurde 1960 geboren. Der Vater arbeitete in den Schieferbrüchen bei Probstzella, war in der SED und bei den Kampfgruppen. Als er starb, war sein Sohn Jens drei Jahre alt.
»Meine Mutter hat sich arrangiert, wie Millionen andere. Auch sie war SED-Mitglied. Sie hat nach dem Krieg auf der sowjetischen Kommandantur saubergemacht, den Kiosk auf dem Grenzbahnhof gemacht und in der ›Mitropa‹ gekellnert. Sie mußte sich einfach arrangieren, um sieben Mäuler zu stopfen.«
»Budebauen war in der Sperrzone verboten, weil die eventuell als ›Unterschlupf für Grenzverletzer‹ hätte dienen können. Wir haben trotzdem welche gebaut, da gab es immer wieder Ärger: Wir mußten beim Schuldirektor antanzen, die Eltern wurden vorgeladen.
Ich bin viel in den Wald gegangen, oft auch allein. Oder wir sind mit dem Fahrrad zum Baden nach Marktgölitz oder zum Angeln in den Kiesgruben nach Saalfeld gefahren, später dann zum Zelten ins Landesinnere, auch mit dem Fahrrad, einmal sogar 120 Kilometer an einem Tag.«
Als Kind habe er das Gefühl gehabt, sich im Sperrgebiet nicht frei und unbeobachtet bewegen zu können: »Ich habe mit zunehmendem Alter gelernt, beim Umherstreifen vorsichtig zu sein, zu beobachten, um keine Repressalien zu erleiden, wenn mich zum Beispiel ein Grenzhelfer, ein Aufklärer oder der Jäger in der Nähe der Stollen sieht. Ich hab mich für die Höhlen, für die Halden hier in der Umgebung interessiert. Aber auch das war verboten.«

Jens Billig

In der Arbeitsgemeinschaft »Junge Soldaten und Offiziere« wird Jens in der vierten Klasse »das Militärische spielerisch beigebracht«, an jedem zweiten Mittwochnachmittag: Gemeinsam mit einem Dutzend anderer Jungen lernt er »Orientierung im Gelände«. Manchmal brutzelt der Hauptmann von der Grenztruppe etwas mit seinen »Jungen Soldaten« im Freien, mit einem Spirituskocher. »Jeder durfte auch mal Kommandeur sein …« Wenn Grenzalarm ist, sieht der kleine Jens die Armeefahrzeuge durch den Ort rasen. Da hat er Angst vor »Grenzverletzern«.
»In meinem jugendlichen Leichtsinn hab ich mal Pläne von Stollensystemen mit in die Schule genommen und sie einem Banknachbarn gezeigt. Dann hab ich sie unter der Bank liegenlassen. Ein Junge aus der Klasse, die nach uns in den Raum kam – der Vater war Grenzhelfer –, fand sie und hatte nichts Eiligeres zu tun, als zum Lehrer zu gehen … In der letzten Stunde kam der Staatsbürgerkundelehrer, Herr Friese, und hat mich aus dem Unterricht geholt, zum Direktor, Herrn Heimbürger. Der hat mich gefragt, ob ich was vermisse. Ich wußte nicht, was er meinte, und sagte nee. ›Na, dann setze dich mal hierher und überlege dir das nochmal.‹ Ich gucke mich so um, sehe die Matchbox-Autos, die sie den Schülern weggenommen haben – und dann das Fotoalbum, wo die Zeichnungen von den Höhlen drin waren. ›Das ist meins!‹ – ›Ja, dann muß ich jetzt die Polizei anrufen.‹ Sie haben mich etwa zweieinhalb Stunden verhört, was ich in den Stollen suche – ein Grenztruppen-Hauptmann, ein Polizist und der Heimbürger. Schließlich konnte ich gehen. Das Album hab ich nie wiederbekommen.«
Nach der achten Klasse verläßt Jens Billig die Schule; im Saalfelder »Tiefbaukombinat« lernt er Maurer, arbeitet dann auch in der »Maxhütte«. Er sieht, »wie die propagierte Ideologie in der Realität aussieht«. Sein Weltbild bröckelt.

ÖFFNUNGEN

Als ihn die »Provinzialität und Abgeschiedenheit der Sperrzone zu sehr belastet«, wechselt Jens Billig 1981 mit einem Freund zur »FDJ-Initiative Berlin«. Nach einem halben Jahr wird sein Freund gefeuert, weil er im Arbeiterwohnheim unter einen Aushang mit Propagandasprüchen geschrieben hat: »Schwerter zu Pflugscharen«. Jens geht mit ihm. »Ich war dann in Probstzella vier Wochen ohne Arbeit. Da fragte mich der ABV [Abschnittsbevollmächtigte] auf der Straße, wann ich wieder arbeiten wolle. Ich hab bei der Gebäudewirtschaft Probstzella angefangen. Übrigens mußten wir auch dort – wie in allen Probstzellaer Betrieben – alle Vierteljahre unterschreiben, daß wir ortsfremde Personen zu melden haben.«

Anfang der achtziger Jahre trampt Jens Billig zur Ostseeinsel Poel, wo er festgenommen und der Insel verwiesen wird: Auch dort ist Sperrgebiet, und er kann keine Unterkunft nachweisen ... Auf der Insel Rügen nimmt man ihn erneut fest und verhört ihn vier Stunden lang – Verdacht auf Republikflucht.

Im Sommer 1989 kündigt der Maurer Billig bei der »Gebäudewirtschaft« und trampt wieder durchs Land.

Ob er mal erwogen habe, in den Westen abzuhauen, frage ich.

»Nein, weil ich wußte, daß das hier nicht ewig so weitergehen kann.«

»Was hat dich gehalten?«

»Daß ich hier geboren bin, Heimatverbundenheit.«

Seit 1990 arbeitet Jens Billig mit im »Bund für Umwelt und Naturschutz Deutschland« (BUND). Die zwölf BUND-Mitglieder in Probstzella pflanzen 1992 auf dem ehemaligen Schutzstreifen 86 Bäume – Buchen und Ahorn ...

»Bäume sind schnell wieder angepflanzt. Wir können aber auch Blumen säen.« Antwort eines SED-Funktionärs 1952 auf die Frage eines Thüringer Schülers, was eigentlich einmal mit dem 10-Meter-Streifen geschehen werde, wenn die Einheit Deutschlands wiederhergestellt sei. (»Fränkischer Tag« vom 17. Juli 1952)

»Die Schüler wurden so ausgerichtet ...«
Heinz Friese

ÖFFNUNGEN

März 1992.
Heinz Friese werkelt in seinem Zoptener Haus. Ein wenig Zeit will er sich nehmen für meine Fragen, zwei Stunden werden es. Er redet sicher und kann einem dabei fest in die Augen schauen.
Seit 1962 war Herr Friese Lehrer für Deutsch und Geschichte in Probstzella. Dazu unterrichtete er von 1964 an das Fach Staatsbürgerkunde.
»Da wurde gesagt: ›Du hast doch Geschichte studiert, du bist doch in der Partei, also kannst du Staatsbürgerkunde unterrichten.‹«
Neben seiner Tätigkeit in der Schule wirkte Genosse Friese seit 1976 als Ortsparteisekretär der SED in Probstzella – »halb zog es ihn, halb sank er hin«. In dieser Funktion arbeitete er auch eng mit den Sicherheitsorganen zusammen, um die »Feindtätigkeit im Grenzgebiet« zu bekämpfen.
»Was haben Sie ihren Schülern über die Grenze beigebracht?«
»›Sichere Grenzen, sicherer Frieden.‹ An Beispielen der Vergangenheit wurde deutlich gemacht, daß unsichere Grenzen in der Regel den Stärkeren dazu verführt haben, den Nachbarn anzugreifen. Das Feindbild war eben der Imperialismus in der Bundesrepublik, der den sozialistischen Staat beseitigen will.«

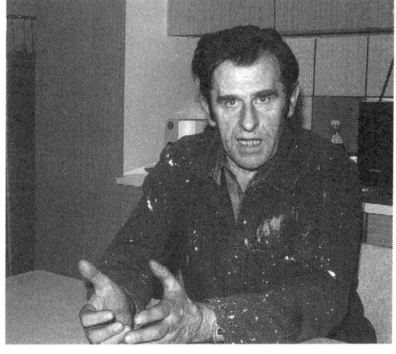

Heinz Friese

»Und welche praktischen Anleitungen gaben Sie den Schülern zum Umgang mit der Grenze?«
»Die Schüler wurden so ausgerichtet, daß der überwiegende Teil bereit war, von sich aus mitzuarbeiten: Durch Schüler wurde teilweise gesagt: ›Da ist ein Fremder.‹«
»Stellten die Schüler die Grenze in Frage?«
»Es gab natürlich Fragen: ›Herr Friese, wie ist das denn: Ich hab meine Verwandten drüben, sind das meine Feinde?‹ Ich meinte, ich habe auch einen Bruder in Westdeutschland, seit 1955. Ich hab gesagt, die Verwandten selbst sind keine Feinde, aber die leben eben in diesem System. Und wenn es zu einem Krieg käme, würden die genauso das Gewehr in die Hand nehmen müssen auf Befehl, wie ihr auch. Dann würde es eben dazu kommen, aufeinander zu schießen, auch wenn man seinem Bruder oder seinem Onkel gegenüberstünde. Und deshalb, war die Schlußfolgerung, haben wir die Grenze sicher zu machen. Dann passiert das nicht.
Das haben die Schüler und auch die Eltern zum großen Teil akzeptiert: Gut, wir leben hier und können nicht ausbrechen. Wir haben hier unsere Heimat, wir haben hier unsere Häuser, wir wollen hier bleiben. Viele haben ja die Aussiedlungen miterlebt ... Manchmal wurde auch deutlich ausgesprochen: ›Also, wenn du Nicht-Wähler bist, hast du im Grenzgebiet nichts zu suchen.‹«
»Wie bitte?«
»Seit Mitte der siebziger Jahre gab es in Probstzella keinen Nicht-Wähler mehr. Von seiten der SED-Kreisleitung hieß es: ›Nicht-Wähler haben im Grenzgebiet nichts zu suchen.‹ Jens Billig hat zweimal versucht, nicht zur Wahl zu gehen. Er ist

weggefahren an dem Tag. Aber das Informationsnetz funktionierte so, daß man bald wußte, wo er ist. Der Bürgermeister ist ihm dann hinterhergefahren und hat zu ihm gesagt: ›Komm, steig ein.‹«

»Gab es etwas, was Ihre Schüler nicht ›akzeptiert‹ haben?«

»Ja, es wurde die Frage gestellt: Warum können wir unsere Verwandten in Ludwigsstadt und so weiter nicht besuchen? Ich hab dann immer auch auf mein Problem verwiesen und ganz offen gesagt: Ich würde auch gern mal meinen Bruder hierher einladen. Mich stinkt das auch an.«

Er solle den Briefkontakt zu seinem Bruder einstellen, habe man ihm gesagt. Er habe unterschreiben müssen, daß er keinen Kontakt mehr habe. Sie hätten aber weiter einander geschrieben, ein- bis dreimal im Jahr. 1976 habe er seinen Bruder dann noch einmal gesehen, beim Tod der Mutter.

SED-Ortssekretär Friese (erste Reihe, Dritter von rechts) 1984 vor dem Grenzbahnhof

Jens Billig hat mir auf die Frage, was für ein Lehrer Herr Friese gewesen sei, geantwortet: »Er war einer der wenigen, mit denen man sich auseinandersetzen konnte. Er hat sich auch im Ort um das, was die Leute an ihn herangetragen haben, gekümmert.«

»Ich war mit Leib und Seele Lehrer«, sagt Heinz Friese, »ich hab immer gern diskutiert mit den Schülern, hab auch ihre Argumente angehört und akzeptiert. Die konnten im Prinzip relativ frei ihre Fragen stellen. Das ist aber verstärkt erst in den achtziger Jahren aufgetreten. Da haben sich auch in der Generation der Schüler Veränderungen vollzogen – ich nehme an, durch das verstärkte Westfernsehen.«

»Hatten Sie auch unterm Dach versteckt eine Westantenne?«

»Nein, ich konnte nicht zu meinen Schülern sagen, daß es gegen den Sozialismus ist, Westen zu schauen, und dabei selbst gucken. Aber ich hab natürlich ›RIAS‹ und ›Bayern‹ gehört und hab dann in der Schule gesagt: Ja, ich hab davon gehört. Ich mußte ja nicht sagen, wo…«

»An welche kritischen Fragen Ihrer Schüler können Sie sich noch erinnern?«

»Da ging es vor allem um technische Fragen, also zum Beispiel um das Problem Autos: Gegenüberstellung ›Trabi‹, ›Wartburg‹ und Westautos. Dann wurde sehr eingehend das Problem der Elektronik behandelt, warum wir da bei uns soweit hinterher waren.

Zum Teil wurde in Zweifel gezogen, was in den Staatsbürgerkundebüchern stand. Da hab ich mich dann hingestellt und gesagt: Darauf kann ich euch keine Antwort geben. Das haben die Schüler akzeptiert.«

»Gab es dann auch zur Grenze mehr Fragen?«

»Schon mehr, aber nicht so offen. Die haben doch bis 1988/89 das Problem der sicheren Grenze – zumindest nach außen hin – akzeptiert. Als Honecker in Bonn war, wurde gefragt: Na, muß die Grenze jetzt noch sein? Da wurden sie aggressiver, die Schüler. Aber es gab natürlich keine offenen Aufstände. Dazu war hier der ganze Bereich zu fest im Griff.«

»Wie erklärten Sie Ihren Schülern im Geschichtsunterricht die Grenzziehung, den Bau der Mauer 1961?«

»Das wurde so begründet, wie es die offizielle Version war: Daß die Gefahr des Krieges bestand, daß die DDR damals aufgerollt werden sollte.«
»Es war doch offensichtlich, daß der Grenzzaun nach innen gerichtet ist. Sie wußten doch besser als Ihre Schüler, daß es um die Flüchtenden aus der DDR ging.«
»Das wurde an und für sich sehr verdrängt. Man hat die Grenzziehung als Schutz gegen die Ausblutung der DDR akzeptiert, gegen das Abwandern der Facharbeiter und die damit verbundenen wirtschaftlichen Probleme.«
»War der Schießbefehl im Gespräch mit den Schülern tabu?«
»Den Schießbefehl haben wir nicht besprochen. Wir haben die Gegenargumente gebracht und gesagt: ›Rechnen wir mal gegen: Wie viele Grenzer sind von drüben aus erschossen worden, die auch nur ihre Pflicht getan haben?‹ Darüber waren unsere Schüler echt wütend, daß diese Grenzer erschossen wurden. Also von den Grenztruppen hier im Bereich wurde niemand erschossen. Da ist mir an und für sich nichts bekannt. Auf 'ne Mine ist mal jemand gelaufen, aber das muß gleich die ersten Jahre ...«
»Empfanden Sie den Schießbefehl als angemessenes Mittel, Flüchtlinge aufzuhalten?«
»Ja, das wurde an und für sich im Prinzip akzeptiert. Weil immer wieder gesagt wurde, die Grenzverletzer sind bewaffnet und versuchen, mit Gewalt durchzubrechen.«
»Woher sollte man in der DDR eine Waffe bekommen?«
»Man hat Fotografien von den Grenztruppen gezeigt, wie man Messer und Äxte mitgeschleppt hat. Und die Aussagen: Wir hätten uns damit notfalls den Weg freigemacht, auch einen Grenzer getötet.«
»Es war doch keine Notwehr von ängstlichen Grenzsoldaten, wenn ›Republikflüchtige‹ von Minen zerrissen wurden. Das haben Sie doch gesehen.«
»Das haben wir nicht gewußt.«
»Sie wußten nicht, daß da oben Minen liegen?«
»Das wurde erst später bekannt. Das wurde erst durch Westsender bekannt.«
«Löste das bei Ihnen irgendwelche Zweifel aus?«
»Da haben wir uns an und für sich keine Gedanken gemacht. Das war für uns ein Bestandteil dieser Grenzsicherung. Wir haben hier nicht die Erfahrung gemacht, daß viele gesagt haben: ›Das ist ein Verbrechen.‹ Wir waren aber auch alle erleichtert und froh, als die Minen wegkamen. Wir haben auch immer gesagt: Uns schmeckt das nicht, daß hier das Ende der Welt ist. Daß unsere Verwandten und unsere Bekannten nicht reinkönnen. Da gab es Eingaben noch und noch nach Berlin.«
»Aber Sie trugen das Ganze doch mit.«
»Auf der einen Seite, aus der Überzeugung, daß es notwendig ist, aber auf der anderen Seite hab ich's nicht akzeptiert, weil auch viele persönliche Nachteile dadurch entstanden sind.«
Parteisekretär sei er nur geworden, weil er gedacht habe, so könne er »manches in Bewegung setzen hier im Ort«. Und dann habe man ja auch »das Kulturzentrum wirk-

Heinz Friese mit Politchef Gielsdorf und Bürgermeister Götze Mitte der achtziger Jahre in Lichtentanne (v. l. n. r.).

lich groß renoviert, und das ist auch anerkannt worden«. Die Bäckerei habe man wieder aufgebaut und »eine ganze Reihe von Geschäften modernisieren können«. Und sonst?

Er habe »gekämpft« – mit der SED-Kreisleitung, mit den Sicherheitsorganen – dafür, daß mehr Züge in Zopten halten. Aber es habe geheißen, dann wäre die Sicherheit im Grenzgebiet nicht mehr gewährleistet.

»Was waren Ihre Aufgaben als Ortsparteisekretär?«

»Ich war für die politische Entwicklung hier in der Gemeinde verantwortlich. Ich hab sehr eng mit dem Bürgermeister Götze zusammengearbeitet. Dann hab ich auch die Betriebsparteisekretäre angeleitet, das Parteilehrjahr hab ich durchgeführt. Zusammenarbeit mit den Grenztruppen: Zum Bürgermeister kamen in der Regel einmal im Monat der Bataillonskommandeur und der Kompaniechef, und es hieß: ›Horch zu, so ist die Lage ...‹ Der Bürgermeister hat mich dann unterrichtet.«

»Sie waren fast bis zum Ende der SED-Herrschaft Ortsparteisekretär ...«

»Von 1986 bis 1988 hab ich um meine Ablösung gekämpft. Ich hatte keine Lust mehr, mich hat das nicht mehr befriedigt. Ich hab gesehen, es wurde immer schlechter, die Versorgung wurde immer schlechter. Da haben sie mal kein Brot geliefert, und die Massen haben gemeutert.«

»Wie groß war die Bereitschaft der Einwohner, den ›Schutz der Staatsgrenze‹ zu unterstützen?«

»In Probstzella war ein sehr großer Teil der Bevölkerung bereit, direkt oder indirekt an der Grenzsicherung mitzuwirken, sowohl verbal als auch aktiv, als Grenzhelfer zum Beispiel. Es wird jetzt oft vergessen, daß viele Leute das hier alles aus Überzeugung mitgemacht haben. In der DDR hat ja nur eine Handvoll Leute die Verhältnisse moniert.«

»Und wie viele wären Ihrer Meinung nach bereit gewesen, einen Fremden im Grenzgebiet zu melden?«

»Mindestens die Hälfte. Wir hatten in Probstzella an der Grenze Ruhe und Ordnung, weil die Masse erkannt hat: Das ist auch zu unserem Vorteil. Wir hatten knapp tausenddreihundert Erwachsene in der Gemeinde. Davon waren es auf dem Höhepunkt über achthundert, die offiziell oder inoffiziell in irgendwelchen Organisationen tätig waren und dort auch gesagt haben: Wir sind bereit, bei der Grenzsicherung mitzuwirken. Der Frauenbund war bereit, die Jäger, die Feuerwehr, die Mitglieder der SED in den Betrieben, ein beträchtlicher Teil der Angehörigen der Blockparteien.

Zu Beginn einer jeden Versammlung wurde darauf hingewiesen: Sicherheit – paßt mit auf! Wir bitten darum, wachsam zu sein. Da hieß es dann: Jawoll, einverstanden.«

»Welche Bilanz ziehen Sie heute aus Ihrem damaligen Tun?«

»Ich habe einen großen Teil meiner Kraft einer falschen Sache gewidmet. Als ich 1989 erfuhr, was los war in Wandlitz, war ich echt traurig, das hatte ich wirklich nicht gewußt. Das hat mich echt angekotzt. Ich hatte vorher nicht den Mut zu sagen: Jetzt ist Schluß! Wir sind als Untertanen erzogen worden: Hitlerjugend, FDJ, Armee, Studium – ständig Ideologie.

Was mir jetzt sauer aufstößt: Alles wird negativ gemacht. Dabei haben wir Lehrer keine Idioten erzogen! Wir haben ganz, ganz ordentlich gearbeitet. Ich habe in all den Jahren ungefähr tausendeinhundert Schüler aus Probstzella unterrichtet. Wir

Probstzella, d., 9.11.1976

Information!

Betr.: Verunstalten antifaschistischer Widerstandskämpfer im
Geschichtslehrbuch und Musikbuch durch die Schüler der
9. Klasse ▓▓▓ ▓▓▓ und ▓▓ P▓▓▓

Am 6.11. wurde vom Gen. A▓▓▓ bei dem Schüler ▓▓▓ M▓▓▓
im Unterricht ein Verunstalten und Verschmieren von antifaschistischen Widerstandskämpfern und Perönlichkeiten im Musik- und
Geschichtsbuch festgestellt. Eine sofort durchgeführte Kontrolle
zeigte, daß es in dieser Klasse nur bei diesem Schüler war.
Bei der weiteren Untersuchung fanden sich noch bei dem Schüler
▓▓▓ P▓▓▓ solche Verschmierungen im Lehrbuch(anmalen von Bär-
ten, Perücken u.a.).
Durchgeführte Maßnahmen:

1. An der gesamten Schule wurde eine Kontrolle auf Schund-
und Schmutzliteratur durchgeführt sowie die Lehrbücher
untersucht. Es wurden keine westlichen Erzeugnisse und
keine weiteren Verschmierungen festgestellt.
2. Es fand eine Aussprache mit den Eltern statt.
3. Es wurde eine sofortige Auswertung in den Klassen vorgenommen. Die Kollektive verurteilten spontan und zum Teil
sehr hart diese Schmierereien (gegen unseren Staat, Verleumdung der Antifaschisten).
4. Durch die Leitungen der Schule werden weitere Maßnahmen
zur Auseinandersetzung mit feindlichen Einflüssen festgelegt.

Wir werten diesen Vorfall als Einzelerscheinung und sind der Meinung, daß die von der Schule durchgeführten Maßnahmen der Lage
entsprechen.

Friese

»... der ganze Bereich zu fest im Griff« – Schreiben des Lehrers Friese an die SED-Kreisleitung

haben unseren Schülern viel beigebracht, sicherlich ideologiebezogen, entsprechend der damaligen Zeit. Da blieb ja nichts weiter übrig.
Es gibt sehr wenige Lehrer, die sich jetzt hinstellen können und sagen: Ich hab das
nicht gemacht.
Auch die Lehrer in der Bundesrepublik haben in Sozialkunde den Osten als unter-
entwickelt und im Prinzip als Feind dargestellt. Die haben letztlich auch Ideologie gelehrt. Sicherlich, aus der heutigen Sicht, eine Ideologie, die besser ist, die
freier ist, nicht so eingeengt.«
»Sie waren Staatsbürgerkundelehrer im Grenzgebiet der DDR.«
»Der Lehrer ist nun mal eine ganz exponierte Persönlichkeit in einem Staat. Wie
man hier in der ersten Zeit auf die Lehrer losgegangen ist, das hat uns echt angekotzt. Wie man gesagt hat: Ihr seid ja alle Stalinisten gewesen. Diese pauschale
Verurteilung, daß gesagt wurde: Du hast Geschichte und Staatsbürgerkunde unterrichtet, du darfst jetzt nicht mehr unterrichten. Das ist es, was weh tut.«

»Was man Ihnen unter anderem vorwirft ist, daß Sie Menschen durch Ihren Unterricht schießbereit gemacht haben.«
»Wenn wir danach gehen: An der Grenze der USA zu Mexiko – man müßte mal ausrechnen, wieviel Tote es dort gegeben hat. Meinen Sie nicht, daß Tausende junge Männer in der Bundesarmee auch militärisch überzeugt sind und sagen: Jawohl, wenn der Befehl kommt, schieße ich.«
»An der DDR-Grenze schoß man zu Friedenszeiten.«
»Ja, freilich ist das ein Unterschied, und das ist an und für sich das, was echt zu verurteilen ist: Hier wurde auch gegen internationale Normen verstoßen. Das ist eigentlich das, was wir nun wieder gar nicht erfahren haben.«
»Sie wußten nicht, daß es ein Unrecht ist, jemand zu erschießen, um ihn an der Flucht aus der DDR zu hindern?«
»Das wußten wir. Das wurde im Prinzip auch abgelehnt und wurde zutiefst bedauert, wenn so etwas passiert ist: Mensch, warum haben die das gemacht, die Blöden? Die wissen doch, daß die Grenze gesichert ist, daß an der Grenze geschossen wird. Aber ein Teil von denen, die versucht haben, die Grenze zu durchbrechen, waren auch ehemalige Straftäter. Da beißt die Maus keinen Faden ab. Die im Knast gesessen hatten, entlassen wurden und gesagt haben: Wir haben hier keine Perspektive mehr, wir gehen ab. Das wurde besonders in den Mittelpunkt gestellt: Die da kommen, das sind Verbrecher. Und wenn da geschossen wird, wenn die festgenommen werden, das ist doch was Gutes.«
»Sie wußten doch, was im Staat los war. Daß man unter Umständen für kritische politische Äußerungen ins Gefängnis kam.«
»Vom Hörensagen. Aber das ist hier im Prinzip nicht vorgekommen. In unserem Bereich ist keiner von der Staatssicherheit ins Gefängnis gesteckt worden.«
»Was haben Sie Ihren Schülern nach dem Ende der SED-Herrschaft erzählt?«
»Ich bin 1990 mit der Klasse zweimal im Geschichtsunterricht zur Kirche gegangen. Viele haben die zum ersten Mal von innen gesehen.«
»Sie gaben weiter politischen Unterricht?«
»Belastete Lehrer sollten nach der Wende gehen. Ich hab mich nicht als ein solcher gesehen. Man hat nach der Wende zu mir gesagt: Mach Sozialkunde, das kannst du doch. Ich hab's gemacht. Es wollte sonst niemand übernehmen. Im Oktober 1991 bin ich aus dem Schuldienst entfernt worden – meine Entlassung durch die Überprüfungskommission war absehbar.«

»Ich konnte nicht nein sagen.«
Robert Meyer

März 1992.
Robert Meyer wurde 1948 in Probstzella geboren und ist dort aufgewachsen. Seit 1972 hat er dort als Lehrer gearbeitet, seit 1990 ist er Bürgermeister. Als Jugendlicher war er in der Jungen Gemeinde außerordentlich engagiert, und noch während der Studienzeit zeigte er sich der Kirche verbunden. Deshalb sprach sich Schuldirektor Heimbürger beim Kreisschulrat gegen die Einstellung des Absolventen Meyer in Probstzella aus, weil durch dessen Einsatz als Lehrer für Biologie

und Chemie »im Grenzgebiet erhebliche ideologische und weltanschauliche Probleme entstehen werden«.
Robert Meyer wurde dennoch genommen. Man habe keinen anderen, lautete die Begründung der Abteilung Volksbildung beim Rat des Kreises.
Robert Meyer heiratete kirchlich und ließ seine Kinder in Großgeschwenda taufen. Zur Christenlehre schickte er sie dann aber nicht. »Bist du für die Kirche, oder bist du Lehrer?« habe man ihn in der Schule gefragt. Er sei als Lehrer »total ins Private abgetaucht«, heißt es im Ort.
»Ich habe meine Arbeit und mein Haus gehabt und bin abgestumpft«, sagt Robert Meyer. »Ansonsten war ich viel spazieren – wo ich hindurfte – und war mit meinen Schülern viel draußen.«
»Er war sicher mit dem System nicht konform, seine Schüler haben ihn geschätzt«, heißt es im Ort.
Wie wird so einer »Freiwilliger Helfer« der Grenztruppen, frage ich mich, frage ich ihn.
»Da wurden Sie beiseite genommen und gefragt: Sind Sie für den Frieden? Und damit war die Frage schon geklärt.«
»Für den Frieden waren ja alle, aber nicht alle waren Grenzhelfer«, wende ich ein (6670 waren es 1986³).
»Ich hatte keine Wahl«, entgegnet Robert Meyer, »ich konnte nicht nein sagen, dann wäre ich als Lehrer nicht mehr tragbar gewesen. Wir mußten ja hier leben. Ich bin ein naturbegeisterter Mensch – da hab ich das eben damit verbunden und bin draußen rumgelaufen.«

Bürgermeister Meyer

Von getöteten Flüchtlingen an der Grenze bei Probstzella will Herr Meyer nichts gewußt haben. Nur wenige hätten hier die Flucht versucht, »der Raum Probstzella war nicht so wesentlich«. Ja, bei Grenzalarm sei er auch manchmal geholt worden. Er sei auch mehrmals im Schutzstreifen gewesen, aber eigentlich nur zum Holzeinschlag.
Und was hatte er noch zu tun als Grenzhelfer, außer Bäume zu fällen?
»Kontrolle von Gartenhütten auf Sicherheit, auf Verschluß. Ich möchte sagen, ganz so schlecht war das nicht, um Einbruchdiebstählen vorzubeugen. Es ging dann auch um die Kontrolle von Personen im Schutzstreifen oder im Grenzgebiet. Als LDPD-Mitglied (seit 1986) habe ich mich gegen die übertriebenen Sicherheitsmaßnahmen an der Grenze gewehrt: Ich fragte an, ob es möglich sei, daß wir auch mal in die Nachbarkreise fahren können, zur Durchreise nach Lehesten und Sonneberg. Als LDPD waren wir die Opposition. Am 1. Mai haben wir die LDPD-Fahne rausgehängt – sie hatte Ähnlichkeit mit der bundesdeutschen Fahne. Dazu gehörte schon einiger Mut. Auch als Lehrer habe ich mich gegen Mißstände aufgelehnt, was den Stundenplan und den Schulablauf betrifft.«
Es werde einem schwergemacht als Bürgermeister. Die fehlenden Rechtsgrundlagen: 45 Häuser würden derzeit von der Gemeinde verwaltet – bei 30 lägen ungeklärte Ansprüche von vertriebenen Alteigentümern vor. Dabei wolle man doch die Gastronomie und die Verkaufseinrichtungen wiederbeleben und den Tourismus. Man habe doch die Burg Lauenstein als Attraktion in der Nähe und mehr. Man sei doch wieder Mittelpunkt in Deutschland.

Grenzhelfer Meyer (links) beim »Empfang für vorbildliche Grenzsoldaten« im Kulturhaus Probstzella 1986; Vierter von rechts: der 1. Sekretär der SED-Kreisleitung, Hermann Schulz

Das »Haus des Volkes« würde sich lohnen, aber auch da müsse erst die Frage der Rückgabe an die Ittings geklärt werden. Vom rein menschlichen Standpunkt gebe es keinen Grund, den Ittings das Haus nicht zurückzugeben. Der alte Itting habe ja wirklich viel geleistet, man sei der Familie etwas schuldig.

Leise, langsam, ja sanft spricht Robert Meyer. Hat er als Zugführer seine Grenzhelfer lauter herumkommandiert? Schwer vorstellbar. Seine Freude an Orchideen, Enzian und den wilden Herbstzeitlosen im Schutzstreifen überzeugt: »Jetzt ist es für mich das Schönste, dorthin zu wandern, wo ich früher nicht hindurfte – in die nähere Umgebung.«

»Ein Ausrutscher in der Jugend«
Herr K.

März 1992.

Im Juli 1971 wurde Herr K. aus Probstzella wegen »Beihilfe zum versuchten ungesetzlichen Grenzübertritt« zu einem Jahr Freiheitsentzug verurteilt, weil er zwei Zechgesellen Tips gegeben hatte, wie man über die Grenze kommen könne. Nach seiner Haftzeit und einem Jahr »Aufenthaltsbeschränkung« für den Kreis Saalfeld durfte Herr K. wieder in sein Elternhaus nach Probstzella zurückkehren.

»In der Sperrzone waren wir doppelt eingesperrt«, sagt Herr K., »einmal im Ganzen – wie alle in der DDR – und noch mal extra.«

Ich frage ihn, wie er inzwischen über seine »Straftat« denke.

»Für mich ist das eine Bagatelle gewesen, aber zu der damaligen Zeit war das ein Verbrechen gegen den Staat. Das war ein Ausrutscher in der Jugend, das hätte nicht sein müssen. Ich bin durch die Sauferei in den Schlamassel geraten; ich hab mitgesoffen, obwohl ich's nicht verkraftet habe.

Zum gewissen Teil hatte ich selber schuld: Es war bekannt, man wurde belehrt, wie man sich im Sperrgebiet zu verhalten hatte. Es war verboten, solche Hinweise zu geben ... Als ich rauskam, machte ich mir eins zum Grundsatz: Kein Tropfen Alkohol mehr! Bis heute hab ich mich daran gehalten: Ich trinke Kaffee.«

Ob er nicht zornig auf die Vertreter der Staatsmacht sei, die ihn eingesperrt haben?

»Durch diese Sache habe ich die andere Seite von Vater Staat schon in der Jugend kennengelernt, mit allen Schikanen. Das hat mein weiteres Leben geprägt. Ich bin bis heute in keine Partei eingetreten. Ich bin auch nicht in der Kirche.«

»**Heute können wir reisen, wohin wir wollen.**«
Wilfried Henschel

März 1992.
Wilfried Henschel lebt wieder und noch immer in Saalfeld. Im Juni 1963 versuchte er mit Hans-Ullrich Kilian im Falkensteiner Grund nach Bayern zu flüchten. Er kam für fast viereinhalb Jahre ins Zuchthaus, sein Freund wurde erschossen.
Wilfried Henschel wohnt in der Saalfelder Plattenbausiedlung Gorndorf. Viele ehemalige Zöllner, Paßkontrolleure und Grenzer, die in Probstzella ihren Dienst verrichteten, sind unter den Nachbarn. Auch der Bruder des getöteten Hans-Ullrich Kilian lebt ein paar Blöcke weiter. Aber man spricht nicht miteinander.

Ehepaar Henschel

Nach seiner Entlassung aus der Haft habe für ihn »eine andere Zeit« begonnen, sagt Herr Henschel: Heirat, Familie, Kinder und mittlerweile die Enkel, demnächst Silberhochzeit.
Ob er seinen Entschluß zur Flucht aus der DDR mal bereut habe, frage ich ihn.
»Wenn ich an Uli denke: Ja.«
War er mal am Grab seines Freundes?
»Nie.«
Daß Hans-Ullrich Kilian damals auf den Grenzer losgestürmt sei und der ihn in Notwehr erschossen habe, will Wilfried Henschel nicht recht glauben: »Ich halte ihn nicht für so blöd, daß er einen Menschen angreift, der eine Waffe in der Hand hält und schon geschossen hat.«
»Wer ist verantwortlich für den Tod Ihres Freundes?«
»Das System. Die Mauerbauer. Ein Volk von siebzehn Millionen einmauern ... Wir wurden doch nur von kranken, geistesgestörten Leuten regiert, die heute alle von

Saalfeld-Gorndorf

Wilfried Henschel: »Ich such schon immer die Stelle, wo wir abhauen wollten. Dieses Jahr muß ich die finden; ich will sie auch meiner Frau zeigen. Ein ehemaliger Offizier von dort hat mir gesagt, daß es in der Großgeschwendaer Schlucht war.«

nichts mehr wissen. Mein Staatsanwalt von damals weiß sicherlich gar nicht mehr, daß er als Staatsanwalt gearbeitet und Leute verdonnert hat.«
»Und die auf Hans-Ullrich Kilian geschossen haben? Manche sagen, die haben nur Befehle ausgeführt.«
»Das war auf freiwilliger Basis. Diese Leute hatten ein Karrierebedürfnis.«
Verbittert wirkt Wilfried Henschel nicht, eher dankbar und zufrieden: »Heute können wir reisen, wohin wir wollen. Und wenn man von der Haftentschädigung sagt, es ist nicht viel – hätte sich das System nicht geändert, hätte ich gar nichts bekommen. Die Jahre im Knast kann mir sowieso keiner mehr zurückgeben. Das waren meine Jugendjahre, von neunzehn bis dreiundzwanzig ... Es hat sich schon einiges festgefressen, so bestimmte Sätze, die nehm ich mal mit in mein Grab.«
Demnächst wird Wilfried Henschel mit seiner Familie nach Bayern umziehen.

»Ich staune, daß die Leute heute so ruhig sind.«
Eginhard Velke

März 1992.
Eginhard Velke wurde als Freund von Hans-Ullrich Kilian nach dessen Beerdigung wegen »staatsgefährdender Propaganda und Hetze« zu 34 Monaten Gefängnis verurteilt, gemeinsam mit drei anderen aus der »Scheunengruppe«. In der Haft erlitt er eine schwere Nierenerkrankung, die 1981 zu seiner Invalidität führte.
Die Verurteilung ist 1991 vom Bezirksgericht Gera aufgehoben worden; im Rehabilitierungsbeschluß heißt es: »Der Antragsteller leistete mit seinen Äußerungen und Handlungen politischen Widerspruch und nahm damit sein verfassungs-

mäßiges politisches Grundrecht der freien Meinungsäußerung wahr. Die Tathandlungen waren ersichtlich gegen das frühere Unrechtsregime gerichtet.«
Was würde Eginhard Velke dem Mann sagen, der seinen Freund Uli erschossen hat? »Der würde mir bestimmt erst mal sagen: ›Ich mußte ja schießen.‹ Da würde ich ihm sagen: ›Nein, du mußtest nicht. Warum bist du zu dem Sauhaufen überhaupt hingegangen?‹ Der hat doch gewußt, daß er auch schießen muß, wenn er an die Grenze geht. Dann muß man eben damit rechnen, daß man eines Tages zur Verantwortung gezogen wird für das, was man dort verbrochen hat.
Es kann doch nicht sein, daß man dort als Neunzehnjähriger zur Grenze kommt, und dann kommen ein paar Gleichaltrige angelaufen, die die Schweinereien hier nicht mehr mitmachen und ein besseres Leben führen wollen, und ich knalle die über den Haufen. Er hätte auch daneben schießen können.
Nach der Hitler-Zeit haben alle gesagt: Wir mußten, wir mußten ... Da hatten alle eine Lehre fürs Leben weg. Und dann haben wieder fast alle mitgemacht. Und heute bekommen die Schützen Bewährungsstrafen. Das ist doch nicht im Namen des Volkes gesprochen.«
Im Februar 1992 sind im zweiten »Mauerschützen-Prozeß« zwei ehemalige Grenzsoldaten verurteilt worden, die 1984 auf den flüchtenden Ost-Berliner Michael Schmidt geschossen hatten: 21 und 18 Monate Freiheitsentzug wegen Totschlags – ausgesetzt zur Bewährung. Am Anfang der mündlichen Urteilsbegründung hat die Vorsitzende Richterin gesagt: »Einige Menschen in der ehemaligen DDR erwarten Sühne. Diejenigen, die sich mit der DDR arrangiert haben, erwarten Verständnis.« Strafmildernd ist den Verurteilten unter anderem ihre Erziehung im Sozialismus angerechnet worden. Man habe berücksichtigt, daß sie die Mauer für einen Friedenswall gehalten hätten ...
Als Michael Schmidt bei seiner Musterung zum Wehrdienst gefragt worden war, ob er bereit sei, zu den Grenztruppen zu gehen, hatte er geantwortet, er denke nicht daran, unbewaffneten Leuten in den Rücken zu schießen.
Eginhard Velke erzählt, wie er bei seinen Westreisen als Invalidenrentner in

Die ehemalige Scheune in der Saalfelder Klostergasse, vom Freundeskreis Eginhard Velkes (rechts) zum Haus ausgebaut. Gerd Fuchs (»Bongo«) lebt noch immer hier.

Dienstzimmer des Kompaniechefs von Probstzella

Probstzella kontrolliert wurde. »Ich kann nicht begreifen, daß es Menschen gegeben hat, die sich für solche Schweinereien hergaben. In Probstzella waren das ja teilweise Leute, die man aus Saalfeld kannte. So, wie die mit der Bevölkerung umgegangen sind, müßten die heute eigentlich Angst vor Schlägen haben. Ich staune, daß die Leute heute so ruhig sind. Die wohnen ja alle noch hier, und Saalfeld hat nur 36 000 Einwohner. Erst am Montag habe ich einen getroffen, der war Hauptmann an der Grenze.«

»Woran haben Sie noch Freude?«
»Ich fahre sehr gern mit meinem Auto durch die Gegend. Ich bin auch gern mit mir allein. Wenn es warm ist, nehme ich meinen Liegestuhl, stelle ihn vors Haus und lasse mich von der Sonne bescheinen. Den ganzen Winter über sind meine Nierenwerte sehr schlecht, dann warte ich ganz sehnsüchtig auf die Sonne.«
Vier Jahre später ist Eginhard Velke tot. Er stirbt an den Folgen einer mißglückten Nierentransplantation.

»Damals schien uns diese Grenze so endgültig.«
Heiko Franke

März 1992.
In einem Dorf bei Saalfeld besuche ich den ehemaligen Grenzsoldaten Heiko Franke. Wir sind fast gleichaltrig, beide haben wir unsere Sozialisation in der DDR erfahren: Kindergarten, Polytechnische Oberschule, »Junge Pioniere« und FDJ. Während Heiko zwischen Juli 1984 und Oktober 1985 seinen Grundwehrdienst im Bataillonsstab Probstzella »abgeleistet« hat, habe ich meinen Antrag auf Übersiedlung in die Bundesrepublik gestellt.
Ich frage ihn, ob er denn das Gerede vom »antifaschistischen Schutzwall« geglaubt habe.
»Daß der Zaun dort nicht zu Recht steht, war mir schon lange vor der Armeezeit klar, ich hatte ja Verwandtschaft drüben. Mir war vollkommen klar, daß das alles Mist ist, was sie da erzählen, ich glaubte nicht ein Wort davon. Aber daß ich gesagt hätte: Schluß jetzt! Ich mache überhaupt nichts mehr, ich fasse auch das Gewehr nicht mehr an – so weit war ich in dem Alter noch nicht.«

Heiko Franke

Heiko erzählt von seinem Alltag als Grenzsoldat, vom Drill, von Langeweile und schlechtem Essen. Daß er seine Offiziere habe bedienen müssen.
Hat er diesen »Tischdienst« als Erniedrigung empfunden?
»Auf jeden Fall. Einem Menschen, der mich eine halbe Stunde vorher angeschrien

hat, stelle ich noch das Essen hin. Heute würde ich es ihm auf den Kopf kippen ... Ich war 19, als ich dort war, die anderen waren entweder genauso alt oder um die 25. Im letzten Halbjahr bei der Armee war mir klar: Das passiert nicht noch mal. Mit 23 verweigerte ich den ›Reservistendienst‹. Bei der Einberufungsüberprüfung hab ich gesagt, daß ich nicht wieder gehe, weil ich das nicht mit meinem christlichen Glauben vereinbaren kann.«

Hat er als Grenzsoldat mal daran gedacht, in den Westen zu flüchten?

»Der Gedanke war da, aber in dem Alter hatte ich noch kein festes Motiv. Ich erinnere mich noch an eine Situation, wo ich mal kurz mit dem Gedanken gespielt hab: Mit einem Vorgesetzten war ich zur Kontrolle der Signalgeräte an der Bahnstrecke am Falkenstein. Ich dachte: Jetzt könntest du ihm eine mit der MPi geben. Bis der die Pistole raus hat, bist du weg ...

Nach meiner Verweigerung des ›Reservistendienstes‹ 1988 war für mich und meine Frau klar: Entweder es passiert was, oder wir müssen weg. Als im Mai 1989 meine Cousine ausgereist war, waren wir straff am Überlegen – und wenn es über den Knast gegangen wäre ...«

»Du hattest doch in der DDR deine Familie, dein Haus, deine Arbeit, dein Auskommen ...«

»Und das war's! Ich passe mich nicht gern an. Ich wollte nicht mehr den ›Kampf um den 1. Mai‹ miterleben müssen, diese Debatten, die Schleimer, das Theater bei der ›Wahl‹. Es war alles so begrenzt, beschränkt, perspektivlos, ausweglos. Und bei 900 Mark Verdienst war Schluß.«

Ob er in der DDR »wählen« war?

»Am Anfang ja, im Mai 1989 nicht mehr. Daraufhin kam ein Nachbar und wollte wissen, welche Motive ich denn hätte. So schlimm sei es doch nicht. Derselbe Mann stellte zu Weihnachten 1989 ein Schild an die Straße, auf dem er die Westbürger herzlich willkommen hieß. Jetzt ist er bei der ›Hamburg-Mannheimer‹, nur noch mit Schlips und Spange.«

Bei der Einberufungsüberprüfung sei er gefragt worden, ob er zur Grenze gehen

ÖFFNUNGEN

Begrenzt, beschränkt, perspektivlos: Antrag auf eine Badewanne ...

würde. Das habe er bejaht. »Zur Grenze zu kommen mußte ja nicht heißen, auf Menschen schießen zu müssen. Die Möglichkeit, daß man das tun muß, erschien einem so gering, daß man sie in Kauf genommen hat. Das war weit weg ...« Einmal habe er dann den Befehl bekommen, in Stellung zu gehen und zu warten ...
»Wenn jemand durchgelaufen wäre, hättest du geschossen?«
»Gute Frage. Keine Ahnung ... Das habe ich mich inzwischen oft gefragt. Wenn wir uns untereinander darüber unterhalten haben, das kam ab und zu vor, wenn man im Abschnitt draußen gewartet hat, hieß es meist: Ich würde bestimmt nur auf die Beine schießen.«
»Und dort treffen?«
»Wir haben in den drei halben Jahren auf dem Schießplatz dreimal fünfzehn Schuß geschossen. Die Scheiben waren etwa 150 Meter entfernt. Über die Ergebnisse hast du nichts erfahren ... Man hat das auf die leichte Schulter genommen, dachte auch da noch: Das ist nicht so nah, schießen zu müssen. Obwohl man die Waffe umhängen hatte, war es weit weg, ein Spiel erst mal.«
»Wie empfindest du das Urteil im ersten Berliner ›Mauerschützen-Prozeß‹«?
»Es ist schon richtig, daß die Schützen verurteilt werden. Sie hatten das Pech, daß es sie erwischt hat; es hätte mich genauso treffen können, gesetzt den Fall, ich hätte geschossen. Aber warum läuft Klaus Baumann noch frei rum?«
Ob er heute, zweieinhalb Jahre nach dem Mauerfall, noch an die Grenze denke.
»Die Grenze beschäftigt mich heute wie noch nie, mehr als 1989. Nach der Wende bin ich noch mal an der ehemaligen Grenze entlanggefahren, auch vor kurzem wieder, hab dort viel fotografiert. Ich empfinde es jedesmal als schlimmer, erschütternd ... Vor einem Monat war ich mit meiner Frau in Probstzella in der Kaserne. Jetzt steht da alles offen, selbst die Waffenkammer. Damals schien uns diese Grenze so endgültig, das Ende der Welt irgendwie. Heute soll das alles nicht so schlimm gewesen sein. Die haben Glück, daß die Menschen so schnell vergessen.«
Als ich Heiko Franke fotografiere, sagt er: »Das Gesicht eines Grenzers – allein schon abschreckend.«
Nein, ich bin beeindruckt von seiner Ehrlichkeit. Wir werden Freunde.

»Es war ein kollektiver Wahn.«
Ralf Molter

März 1992.
Ralf Molter, der 1984 als Leutnant der DDR-Grenztruppe bei Spechtsbrunn in den Westen flüchtete, arbeitet seit 1985 im Berliner »Mauermuseum«, dem »Haus am Checkpoint Charlie«. Dort hält er Vorträge, diskutiert mit Schulklassen, wird befragt – auch von mir – zu seiner Zeit bei der Armee, zur Flucht, zum Schießbefehl.
»Welche ›Schußwaffen-Gebrauchsbestimmungen‹ galten zu Ihrer Zeit bei der Grenztruppe?«
»Bei der Ausbildung hieß es: Was zählt, ist, daß man den Flüchtling aufhält. Wenn der Warnschuß später kommt als der Zielschuß, ist es auch egal. Hauptsache, die Flucht ist verhindert.«

Ralf Molter bei einem Vortrag über die Situation in der DDR im Haus am Checkpoint Charlie in Berlin

»Was wäre passiert, wenn man danebengeschossen hätte?«
»Das hätte keine Folgen gehabt. Man wäre vielleicht vom Stasi verhört worden, aber sonst wäre nichts weiter passiert. Man hätte vorher auch nur sagen brauchen, daß man nicht auf Menschen schießen kann, und man wäre sofort in die Küche oder sonstwohin gekommen, weg vom Grenzdienst.«*
»Hätten Sie auf einen flüchtenden Menschen geschossen?«
»Ich weiß es nicht.
Wenn die Leute bei Alarm zwanzig Stunden im Dreck liegen, ohne Schlaf, oft auch ohne Essen, dann wollen die bloß noch ihre Ruhe haben. Die wollen nur noch ins Bett, endlich erlöst sein. Die hätten auf alles geschossen, nur um ihre Ruhe zu haben. Die waren nicht mal wütend auf das System, sondern auf den, der da kommt. An dem konnte man dann seinen Frust ablassen.
Die Soldaten mußten so lange Schichtdienst machen, bis sie völlig durcheinander waren und nicht mehr klar denken konnten. Militär, Befehle, Gehorchen – so sind die erzogen worden.«
»Aber es war den Soldaten doch bewußt, daß diese Grenze und der Schießbefehl Unrecht sind.«
»Ich weiß nicht, ob die Soldaten in der Regel ein Unrechtsbewußtsein hatten – ich glaube schon. Trotzdem machten alle mit. Es war ein kollektiver Wahn.«

* Diese Aussage wird für die Dienstzeit Ralf Molters bestätigt unter anderem durch den Befehl 1/84 des Sonneberger Regimentskommandeurs: Bei »Ablehnung der Anwendung der Schußwaffe« sei die »Absetzung aus grenzsichernden Einheiten« notwendig.[4]

ÖFFNUNGEN

»Diese ständige Spaltung«
Michael Schwarz

März 1992.
Er wolle unbedingt anonym bleiben, fordert der Mann zunächst, sonst müsse er »im Block Spießrutenlaufen« – im »NVA-Neubau« von Probstzella, gleich am Ortseingang. Dort wohnt er. Überhaupt habe er sich zu diesem Gespräch nur entschlossen, um einige Dinge klarzustellen, die jetzt überall falsch dargestellt würden. Aufgeregt wirkt er, ich bin es auch.
Michael Schwarz, geboren im Jahr des Mauerbaus, ist aufgewachsen in Zeitz. Seit 1986 war er als Grenzaufklärer in Probstzella, zuletzt im Rang eines Hauptmanns.
»Herr Schwarz, warum waren Sie Grenzsoldat?«
»Es war meine ernsthafte Überzeugung, an dieser Grenze etwas für den Staat zu tun.«
»Ließ Sie das Wesen der Grenze am System zweifeln?«
»Kaum, das Wesen dieser Grenze war mir von vornherein bekannt.
Ich wurde von meinen Eltern im Sinne der kommunistischen Weltanschauung erzogen, Westmedien empfingen wir nicht, und Kontakte in die BRD bestanden nicht. Außerdem trugen die in Schule und den damaligen Massenorganisationen vermittelten ideologischen Inhalte mit dazu bei, daß ich den Staat und sein Grenzregime aus ideologischer Sicht im Prinzip bejahte – es gab für mich keine Alternativen.«
»Wie kamen Sie zu den Grenztruppen?«
»Etwa 1979 wurde ich gemustert, ich wollte von Anfang an unbedingt zur Grenze. Die Grenze hat mich interessiert, ich hoffte auch, dort viel in der Natur sein zu können. Ich dachte, das ist spannender und abwechslungsreicher als der Dienst bei der NVA.
Mein Weltbild ließ mich nur zwischen Kapitalismus und Sozialismus unterscheiden. Von den kapitalistischen Staaten, von der NATO kam Kriegsgefahr, also

SED-Bezirkschef Ziegenhahn mit Grenzposten bei Großgeschwenda (Mitte der achtziger Jahre)

mußte diese Grenze nach außen gesichert werden. Daß die Gefahr der bewaffneten Auseinandersetzung irgendwann bestand, ist eine historische Tatsache, nur: Diese Tatsache wurde in Zeiten der Entspannung mißbraucht als Argument für immer dichtere Grenzen.
Selbstverständlich sollte und mußte verhindert werden, daß aus der DDR viele Bürger in den Westen gingen – schon allein aus wirtschaftlichen Gründen.«
»Was wußten Sie über den Schießbefehl?«
»Mir war klar, daß an der Grenze geschossen wird. Aber aus meiner damaligen Sicht hatte der Staat das Recht, diese Grenze so zu sichern. Es war als Sperrgebiet ausgewiesen, und jeder Mensch wußte, was ihn unter Umständen erwartet, wenn er sich unberechtigt dort aufhielt.
Erst nachdem ich Jahre Offizier war, hörte ich zum ersten Mal Westsender. Ich kam erst im Laufe der Zeit in Konflikt mit dem Ganzen, da hab ich dann auch Probleme bekommen. Daß man unsere Schußwaffengebrauchsbestimmungen im Westen ›Schießbefehl‹ nannte, habe ich in der Ausbildung zum ersten Mal gehört.«
»Welche Erinnerungen haben Sie noch an die Ausbildungszeit?«
»Auf der Offiziershochschule Plauen ist mir die Ausbildung sehr schwergefallen; ich wollte zwei Jahre lang aufhören. Der ständige Druck dort, militärisch, politisch …, diese ständige Spaltung zwischen der Meinung, die man haben muß, und der, die man hatte.
Es gab dort sehr viel Politunterricht, auf der Grundlage des Marxismus/Leninismus; das war fast die Hälfte der theoretischen Ausbildung, ›dialektisch-historischer Materialismus‹ und dergleichen. Wir wurden auch in Psychologie geschult, Kollektivführung. Die andere Hälfte war militärische Ausbildung sowie etwas Naturwissenschaften, Russisch und – freiwillig – Englisch.«
»Gab es auch was Gutes während der Zeit auf der Offiziershochschule?«
»Ja, vielleicht die Kameradschaft untereinander.«
»Fühlten Sie sich damals als Privilegierter?«
»Einige Vorteile gab es: Der für DDR-Verhältnisse vergleichsweise hohe Verdienst, ein besseres Angebot an Waren in den Verkaufsstellen der Militärhandelsorganisation, die bevorzugte Vergabe von Wohnraum. Aber das dürfte auch schon fast alles an Privilegien für Angehörige der Grenztruppen auf meiner Dienstebene gewesen sein.
Natürlich hat man gewußt: Wenn ich hier fertig bin, bin ich Chef.«
»Gab es während der Ausbildung jemals kontroverse politische Diskussionen?«
»Ja, aber das war inszenierte Polemik von seiten der Ausbilder, da war der Rahmen ganz klar.
Ich hatte während des Studiums meinen Zugführer, er war der Seminarleiter, um eine persönliche Aussprache gebeten über die Behandlung der Leute, über die verlogene, unwirkliche Situation dort. Ich habe nur Phrasen zur Antwort bekommen. Danach wurde ich benachteiligt, zum Beispiel konnten andere mit den gleichen Leistungen ein Dreivierteljahr früher als ich das Studium beenden (an der Grenze mangelte es ja an Offizieren). Man sagte mir, daß ich psychisch noch nicht reif bin.
Ich kam mit der Situation an der Hochschule nicht klar, weil ich politisch so sehr von dem Staat überzeugt war. Aber da war ich ein Extremfall.«
»Warum sind Sie nicht ausgestiegen?«

»Das war praktisch nahezu unmöglich. In so einem Fall wurde man von allen Seiten enorm unter Druck gesetzt: Die Partei, die militärischen Vorgesetzten haben diese Leute so lange gedrückt, bis sie es sich anders überlegt hatten, und wenn nicht, wurden sie moralisch fertiggemacht. Dazu hatte ich keine Lust.
Ich sagte mir auch: Beiße dich durch, deine Eltern sind Funktionäre. Wenn du aussteigst, bekommen sie Ärger. Und ich hätte ja auch keinen anderen Studienplatz bekommen. So hab ich mich weiter durchgebissen.«
»Wie ging es nach der Ausbildung weiter?«
»Meine Aufgabe in Sonneberg ab 1982 war es, als Zugführer ein Kollektiv von etwa dreißig Mann zu leiten und dann zu einer bestimmten Zeit in einem bestimmten Abschnitt die Grenze zu sichern. Zum Grenzdienst war ich in der Führungsstelle eingesetzt, das heißt, daß ich von dort aus die Grenzer zu führen und zu kontrollieren hatte.
Ab 1987 war ich dann in Probstzella ›Offizier für Grenzaufklärung‹: Neben der Anleitung der Grenzaufklärer und der Auswertung der Grenzaufklärung mußte ich im Grenzgebiet Streife laufen oder fahren, bestimmte Punkte und Gebiete ablaufen – entlang des Loquitztales, an der Bahnlinie, an den Schieferhalden ... Ein bis drei Grenzaufklärer waren ständig im Einsatz, manchmal auch keiner. Wir mußten auch die Bewegungen auf der Westseite beobachten, am Falkenstein zum Beispiel. Da gab es Sachen, die sehr beunruhigend waren: randalierende Jugendliche mit Schreckschußpistolen und anderes.«
»Hatten Sie während Ihres Dienstes manchmal Angst?«
»Ja, zum Beispiel wenn es hieß, ein schwerbewaffneter Ausbrecher sei zu uns unterwegs.«
»Wie empfinden Sie die ›Mauerschützen-Prozesse‹?«
»Als ich nach der Wende aus Dokumentationen die Gesamtzahl der Toten aus vierzig Jahren Grenzsicherung erfuhr, war ich betroffen. Die an der Grenze getöteten Soldaten waren früher überall publiziert und mir bekannt – und auf der anderen Seite nur Einzelfälle.
Jetzt soll den Opfern und ihren Angehörigen Gerechtigkeit widerfahren.
Es tut mir leid für die Opfer, aber es tut mir auch leid für die ehemaligen Grenzsoldaten, die durch das gesamte ideologische System moralisch erst in die Lage versetzt wurden zu solchem Tun und die – bei all den Möglichkeiten, nicht zu schießen – letztlich doch unter Befehlsdruck standen.«
»War der Schießbefehl für Sie ein angemessenes Mittel, die Fluchtbewegung aus der DDR zu unterdrücken?«
«Damals ja. Denken Sie mal an den Fall Weinhold, der hat zwei Grenzer erschossen.«
»In der Regel haben schwerbewaffnete Grenzsoldaten auf wehrlose Menschen geschossen. Notwehr war die seltene Ausnahme.«
Schweigen, dann: »Ich hätte auch geschossen. Ich war der Meinung, niemand wurde gezwungen, in Minenfelder oder vor die Maschinenpistolen der Grenzer zu laufen. Die Schußwaffengebrauchsbestimmungen waren so ausgelegt, daß keiner zu Schaden kommen konnte, wenn man den Weisungen der Grenzer Folge leistete.
Es ist heute eine Heuchelei bei dieser Diskussion um die Grenzsoldaten: Es wurde mit jedem Grenzsoldaten eine Aussprache geführt, ob er bereit sei, die Schußwaffe

zu gebrauchen. Da haben die meisten ja gesagt. Wenn einer nein gesagt hat, kam er deswegen nicht ins Gefängnis. Das war auch allgemein bekannt. Schlimmstenfalls kam man zum Wacheschieben oder in die Küche.«
»Wen machen Sie für diese Grenze verantwortlich?«
»Nach all den Erkenntnissen, die ich erst in der Nachwendezeit sammeln konnte, ist Honecker für mich die Ausgeburt an Borniertheit und Gewissenlosigkeit. Aber er ist nur einer. Eine ganze Reihe prominenter Führer der kommunistischen Bewegung sowie die Führung der DDR haben enorme Schuld auf sich geladen. Was ich über das Politbüro erfahren habe, hat mich empört.
Nur, dieser Staat bestand nicht nur aus Honecker, dem Politbüro, Funktionären, Generälen ... Auf allen Ebenen des damaligen Staates hat es Menschen gegeben, die sich für den Staat, einschließlich seiner Grenze, engagiert haben, die mehr oder weniger Schuld auf sich geladen haben, auch im Glauben, etwas Gutes zu tun. Ich erinnere mich noch, wie stolz die Leute waren, die uns am ›Tag der Grenztruppen‹ Blumen überreicht haben. Das sollte man heute vielleicht nicht vergessen.«
»Und Ihre Verantwortung?«
»Es ist schwer zu formulieren, wo die eigene Verantwortung liegt. Selbstverständlich trage ich Verantwortung. Ich versuche, nicht daran zu denken, was wäre, wenn ich zur letzten Konsequenz gegriffen hätte.«
»Als was arbeiten Sie heute?«
»Ich habe zum Dachdecker umgeschult.«
Michael Schwarz hat mir schließlich doch gestattet, seinen Namen zu nennen. Er zieht wenig später aus Probstzella fort.

»Mauer-Mörder Manfred«
Manfred Schiffner

März 1992.
Ein erster Frühlingstag. Über die Hügel rund um Probstzella spazieren Pärchen. Keine Kälte treibt die Menschen mehr, die Luft ist mild. Die tiefstehende Sonne verbreitet ein schillerndes Licht. Frieden liegt über dem Ort. Die Familien nutzen den schönen Sonntag für einen Ausflug zur Waldgaststätte »Friedrichshoffnung«. Auch ich bin am späten Nachmittag dort, sitze mit Jens Billig im Freien bei Kaffee und Tee. Plötzlich sagt Jens: »Da kommt er.« – »Wer?« – »Der Schiffner.«
Manfred Schiffner, der als Volkspolizist 1966 am Kontrollpunkt Marktgölitz einen Flüchtling erschossen hat und dafür belobigt worden ist. Die Leute in Probstzella wußten bald davon, manche »schnitten ihn deswegen«, nannten ihn den »Totschießer«. Manche haben erst 1990 durch die »Bild am Sonntag« auf zwei ganzen Seiten vom »Mauer-Mörder Manfred« erfahren. Da ist zu lesen gewesen, der Boden um Probstzella herum sei »blutgetränkt«.
»Hier kann man doch leben«, soll Manfred Schiffner mit Blick auf seinen Garten gesagt haben. Das sehen die meisten hier so. »Mauerschütze Sch. ist beliebt«, steht Ende November 1991 im »Südthüringer Tageblatt«. Ein Nachbar der Familie Schiffner wird da zitiert: »Der Manfred ist ein guter Nachbar. Wir haben uns im-

mer gut verstanden. Ich wußte von den Mauerschüssen, habe mich mit ihm aber nie darüber unterhalten.«

Manfred Schiffner kommt an unseren Tisch. Ein paar Minuten unterhält er sich mit Jens. Alt sieht er aus, abgemagert, eingefallen. Die dünnen grauen Haare sind scharf gescheitelt. Graublau die Haut, scheint mir, grau die Bartstoppeln, selbst die dünnen Lippen, graublau die ausgewaschene Jeans. Kurz und freundlich verabschiedet sich Manfred Schiffner. Er müsse noch seine Rosensträucher beschneiden... So hab ich ihn mir nicht vorgestellt. Anders auch nicht.

Im Juli 1992 stehe ich vor der Haustür der Familie Schiffner und läute. Nichts. Ich warte, drehe mich um und sehe Manfred Schiffner auf seiner Gartenbank im Abendsonnenschein sitzen. Ruhig schaut er mich an. Er sagt nichts. Ich gehe auf ihn zu, vergewissere mich: »Herr Schiffner?« – »Ja«, kommt es laut und fest zurück. Ich stelle mich vor. Ob er bereit sei, mit mir über den Vorfall 1966 zu sprechen; ich hätte schon einmal über Jens Billig anfragen lassen...

»Ja, der Jens hat mir das gesagt, aber ich hab im Moment nicht die Absicht, mich zu äußern.«

Ich setze mich zu ihm. Einen Moment ist Stille zwischen uns. Dann trifft mich sein Blick. »Ich habe im Moment nicht die Absicht, mich zu äußern«, wiederholt er gedehnt.

»Ich möchte erfahren, wie es kam, daß Sie an der Grenze auf einen Menschen geschossen haben.«

»Ich war nicht an der Grenze. Ich war Polizist. An die Grenze haben die uns nicht gelassen.« Wieder Schweigen.

»Ich möchte verstehen, wie es dazu kam...«

»Das kann jedem Polizisten passieren, daß er im Dienst von der Waffe Gebrauch macht.«

Nein, heute wolle er nichts weiter sagen. Und in den nächsten Tagen kämen die Handwerker. Und nächste Woche? Ja, dann könne ich ihn mal anrufen...

Es gelingt mir nicht, Herrn Schiffner ans Telefon zu bekommen.

Im Oktober 1992 stehe ich wieder vor der Haustür von Manfred Schiffner und werde abgewiesen mit den Worten: »Ich habe Ihnen ja schon gesagt, ich habe kein Interesse.«

»Ja, aber ich... Vielleicht können wir uns in Ruhe verständigen?«

»Ich habe kein Interesse.«

»Kannten Sie den jungen Mann, den Sie erschossen haben?« Ein Achselzucken, dann Kopfschütteln. »Ich wüßte gern den Namen des Opfers.« Er grinst, nickt.

»Können wir darüber reden?«

»Heute nicht, ich komme eben erst von der Arbeit.«

»Vielleicht später?«

»Vielleicht in ein paar Jahren.«

»Sagen Sie bitte Jens Billig Bescheid, wenn Sie es sich anders überlegen.«

Manfred Schiffner hat es sich nicht anders überlegt.

»Denen geschah nichts.«
Ein NVA-Offizier

ÖFFNUNGEN

Juli 1992.
Zum Interview ist er bereit, möchte aber anonym bleiben. Seit Anfang der siebziger Jahre war er Offizier und als leitender Mitarbeiter eines Wehrkreiskommandos (WKK) im Bezirk Gera verantwortlich für die Einberufung von Soldaten.
»Kam es vor, daß sich junge Männer bei der Musterung von sich aus zum Grenzdienst meldeten?«
»Ja, aber in sehr geringem Maße.«
»Wen hatte so ein junger Mensch bei der Musterung vor sich sitzen?«
»Die Kommission bestand aus dem Leiter des WKK, dem Politstellvertreter und einem Mitarbeiter für Organisation. Dazu jemand vom Rat des Kreises, Abteilung Inneres, und ein Mitarbeiter des MfS, wenn der Gemusterte für sie interessant war.«
»Was sagten Sie denen, die Sie zum Grenzdienst überreden wollten?«
»Wir brauchen dich! Und: Du wirst sofort eingezogen. Und den ›Psalm‹ des Politoffiziers.«
»Waren Sie erfolgreich mit Ihren Überredungskünsten?«
»Meistens haben wir unser Plansoll zur Besetzung der Grenzerstellen erfüllt, auch wenn es oft schwer war. Jeder dritte, zeitweise nur jeder fünfte Gemusterte ließ sich von uns überreden.«
»Was sagten die anderen?«
»Ein häufiger Satz war: Ich möchte nicht auf Menschen schießen.«
»Wurde unter Umständen jemand gegen seinen Willen oder ungefragt zur Grenze geschickt?«
»Nein. Seit der Trennung von Armee und Grenztruppen, also seit Anfang der siebziger Jahre, fragten wir immer nach der Bereitschaft.
Wir hatten Anweisung, das Gespräch mit den jungen Leuten so zu beginnen: Herr

Vereidigung von neu einberufenen Grenzsoldaten in Sonneberg (1981)

ÖFFNUNGEN

X, Sie sind vorgesehen zur Einberufung zu den Grenztruppen der DDR. Wie stehen Sie dazu? Wir haben dies in der Regel zweimal gefragt: bei der Musterung und bei der Einberufungsüberprüfung, die ein Vierteljahr vor der Einberufung stattfand.
Wenn sich jemand dazu negativ äußerte, wurde vom Leiter des WKK oder vom Politoffizier mit ihm in einem separaten Zimmer eine Aussprache geführt. Der Leiter hatte dabei oft keine feine Art: ›Dann ziehen wir Sie eben erst mit 26 Jahren ein, wenn Sie eine Familie haben!‹«
»Sonst wurde man mit achtzehn an die Grenze gestellt?«
»Mit achtzehn Jahren durften laut Anweisung nur Abiturienten gezogen werden.«
»Die sich verpflichteten, um einen Studienplatz zu bekommen?«
»Wir halfen gegebenenfalls bei der Beschaffung.«
»Was taten Sie, wenn jemand ohne Begründung den Grenzdienst verweigerte?«
»Denen geschah nichts.«
»Und wenn man überhaupt nicht zur Volksarmee wollte?«
»Bei Totalverweigerung des Wehrdienstes gab es eine Aussprache mit dem Politoffizier und der Stasi. Nur religiöse Gründe wurden akzeptiert, wenn sie nachweisbar echt waren, was sich überprüfen ließ: Wir fragten genau nach den kirchlichen Gepflogenheiten und riefen auch bei den Pfarrern an.«
»Wie denken Sie inzwischen über Ihr damaliges Tun?«
»Ich hatte als Offizier einen Ehrenkodex: Ein Offizier verteidigt seine Anschauung. Meine Anschauung war, daß im Westen der Feind steht. Ich hatte keine Zweifel an der Richtigkeit der in der DDR geltenden Gesetze, auch nicht an der Notwendigkeit der Staatsgrenze West. Ich bin in der DDR aufgewachsen, habe dort studiert.«
»Sie haben halbe Kinder zum Dienst mit der Waffe an die Westgrenze geschickt.«
»Ich bin der Meinung, niemand brauchte über die Grenze zu gehen und sein Leben zu riskieren. Wer es trotzdem tat, war lebensmüde und selber schuld, wenn er erschossen wurde.
Die kleinen Soldaten, die nur den Befehl zu schießen ausgeführt haben, haben keine schuld.«
»Als was arbeiten Sie heute?«
»Nach der Wende bot man mir die Übernahme in die Bundeswehr an. Aber ich kann nicht über Nacht bei meinem ehemaligen Feind antreten. Ich verkaufe jetzt Versicherungen. Es geht mir materiell gut.«
Der Mann ist um die vierzig und verdient gut. Er mißtraut meinen Absichten: »Ich glaube nicht mehr, daß es gute Menschen gibt«, sagt er, als ich ihm das Interview zur Unterschrift vorlege. Er lehnt ab, befürchtet Ärger: »Mein Chef hat mir untersagt, mich politisch zu betätigen oder Interviews zu geben. Ich habe keine Zeit, mit irgendwelchen Trotteln rumzumachen wegen des Interviews, ich will Geld verdienen.« Auch seine Frau habe ihm abgeraten. »Ich unterschreibe überhaupt nichts mehr.« Von Geschäftsverträgen einmal abgesehen.

»Ein bißchen was Lebendiges«
Wilfried Peisker

ÖFFNUNGEN

Juli 1992.
»Sie hab ich ganz vergessen«, empfängt mich Herr Peisker an seiner Wohnungstür in Saalfeld-Gorndorf, als ich zum Interview erscheine. Wilfried Peisker, ein dicker Mann mit lauter Stimme, war von 1957 an in Probstzella Zöllner; seit 1964 gehörte er zur Paßkontrolleinheit (PKE), deren Vizechef er Ende der siebziger Jahre wurde.
»Das ist für mich alles Geschichte. Aus, Schluß, Feierabend. Wir vom PKE hatten nur den Bahnhof gesehen und links und rechts nichts. Was wollen Sie noch wissen? Nachts passierte ein Transit-Zugpaar den Bahnhof, am Tag zwei. Dazu kamen zwei Paare Nürnberg – Leipzig. Nach dem Grundlagenvertrag dann täglich noch ein Zug im Kleinen Grenzverkehr mit sehr wenigen Leuten, und die Güterzüge: Kohle, Holz, Benzin, Diesel ...«
»Herr Peisker, welche Aufgabe hatten Sie auf dem Bahnhof?«
»Das war ein ganz normaler Beruf. Ich hatte als stellvertretender PKE-Chef darauf zu achten, daß durch die Paßkontrollen keine Zugverspätungen auftraten. Ich mußte die Dienstpläne ausarbeiten – administrative Aufgaben.«
»An welche Fluchtversuche können Sie sich erinnern?«
»Eigentlich an gar keine. Manchmal schlossen sich junge Menschen in die Toilette ein. Die hatten Ärger zu Hause oder waren aus dem Jugendwerkhof ausgebrochen. Das waren höchstens zwei im Jahr.«
»Und wie sind Sie mit denen verfahren?«
»Wir sagten: ›Bitte, nehmen Sie Ihre Sachen, und kommen Sie bitte mit.‹ Dann haben wir die Personalien aufgenommen, nach dem Woher und dem Wohin gefragt. Gewaltanwendungen gab es keine. Wir übergaben die Flüchtlinge an die Volkspolizei. Die kamen mit dem Auto aus Saalfeld und brachten die Flüchtlinge in die U-Haft. Was aus ihnen wurde, erfuhren wir nicht, das interessierte uns auch nicht.«
»Sie haben selbst in den Dachnischen nach Flüchtlingen gesucht?«
»Nein, das machte der Zoll.«
»Was können Sie über den Einsatz von Schußwaffen gegen Flüchtlinge auf dem Bahnhof sagen?«
»Nein, das gab's während meiner Dienstzeit bei der PKE nicht. Der Schußwaffengebrauch auf dem Bahnhof war ja verboten. Wir hatten eine Pistole, die wir aber nur bei einem bewaffneten Überfall hätten benutzen dürfen.«
»Mindestens einmal wurde in den sechziger Jahren im Bahnhofsbereich auf einen Flüchtling geschossen.«
»Da muß ich im Urlaub gewesen sein.«
»Als Sie zurückkamen, hat Ihnen keiner davon erzählt?«
»Nein, was links und rechts unserer Kontrollhandlungen war, bekamen wir nicht mit. Bei uns kam mal ein Lichtbildaustausch vor oder daß mal eine Person nicht mit der im Paß identisch war.«
»Wie sind Sie mit den Westreisenden umgegangen?«
»Na, wie mit ganz normalen Menschen. Das waren ja für mich nicht die Feinde, von der Sache her, die da im Zug saßen. Wir hatten vierzig Minuten Kontrollzeit,

ÖFFNUNGEN

da blieb wenig Zeit für Plaudereien mit den Fahrgästen. Aber ich war immer locker und freundlich zu jedermann und habe meistens gelächelt.«
»Es gibt viele Menschen mit düsteren Erinnerungen an die Kontrollen.«
»Mit der PKE gab's nie Probleme. Die Bürger erinnern sich oft ungern an den Zoll, weil die in die Taschen schauen mußten, was oft nicht angenehm war. Aber wir vom PKE: ›Bitte, Ihren Paß – angenehme Weiterreise.‹ Vielleicht kam es mal bei einem Kollegen, der nach zwölf Stunden Dienstzeit übermüdet war, zu einer Entgleisung. Das wurde dann aber gleich mit ihm ausgewertet. Wir haben die Reisenden höflich und korrekt und freundlich behandelt, eben menschlich. Wenn ein Opa aber mal schwerhörig war und der Kontrolleur laut werden mußte – vielleicht hat er sich mal im Ton vergriffen.«

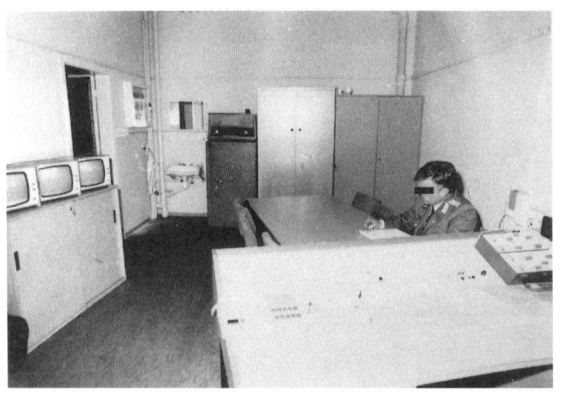

Offizier in der Grenzkontrollstelle Probstzella (achtziger Jahre)

»Hatten Sie je Zweifel bei dem, was Sie taten?«
»Ich hatte damals keine Zweifel an der Richtigkeit der Grenze.
Wir führten Gesetze, Befehle und Weisungen aus. Wir kontrollierten an der Grenze eines Staates Pässe. Das wird überall auf der Welt gemacht. Wenn ich fünf Kilometer weiter die gleiche Tätigkeit gemacht hätte, wäre ich heute Beamter mit Pensionsanspruch.
Aber das ist eben mein Schicksal.«
»Sie halfen mit, die Mehrheit der DDR-Bürger einzusperren, und das ohne zu zweifeln? Haben Sie heute Schuldgefühle?«
»Ich brauche noch Zeit, um darüber nachzudenken. Zwei Jahre sind zu wenig. Ich bin ja damals in das Ganze reingewachsen. Ich habe Maurer gelernt, hab mich dann für drei Jahre zur Kasernierten Volkspolizei gemeldet, ich suchte das Abenteuer. Gleich nach der Entlassung von der KVP fragte mich einer, ob ich nicht für zwei Jahre zum Zoll nach Probstzella möchte. Ich kam und blieb.«
»Was verdienten Sie zum Schluß?«
»1800 Mark brutto.«
»Sie wußten vom Schießbefehl an der Grenze und später von den Minenfeldern und Selbstschußanlagen?«
»Wir vom PKE waren nur für den Bahnhof verantwortlich. Links und rechts davon haben wir nichts mitbekommen.«
»... immer nur Bahnhof?«
»Als Anfang der achtziger Jahre die Minen weggesprengt wurden, das habe ich schon mitbekommen. Wir sahen ja den Grenzstreifen, der war vom Bahnhof links.«
»Sahen Sie mal im Westfernsehen die andere Sicht der Dinge?«
»Nein, nie. Wir vom MfS durften ja nicht.«
»Sie hätten sich ja mal im Kanal verirrt haben können.«
»Nein, die Kinder sollten in der Schule nicht in Konflikte kommen.«
»Was fühlten Sie beim Fall der Sperrvorrichtungen?«
»Es war schon bißchen komisch: Ich war jahrelang gewohnt zu kontrollieren: Paß,

Warteraum mit Fahrkarten- und Bankschalter, »Intershop« und »Mitropa«-Kiosk (Ende 1990)

Visum, Zählkarte, Stempel. Paß, Visum, Zählkarte, Stempel ... Dann ging es auf einmal auch ohne, und es passierte nichts ... Bei uns hat jeder, egal welcher Dienstrang, die Wiedervereinigung begrüßt. Das ist ja normal.«
»Bis dahin haben Sie und Ihre Kollegen die DDR abgeriegelt.«
»Die DDR war ja kein Staat im luftleeren Raum. Schließlich waren wir von über hundert Staaten anerkannt – mit unseren Gesetzen. Und ich habe diese ausgeführt, die Weisungen und Vorschriften ...«
»Zum Beispiel das ›Reisegesetz‹, mit dem den Menschen in der DDR größtenteils eine Reise nach Westdeutschland und in die meisten Länder der Erde verweigert wurde.«
»Die Züge in meinem Kontrollbereich waren voll.«
»Wann waren Sie nach der Grenzöffnung das erste Mal privat drüben?«
»Ende Dezember 1989. Ich fuhr mit dem Auto nach Ludwigstadt, bin dort ein bißchen rumgelaufen ..., ein erhebendes Gefühl.«
»Was hat sich seit 1989 für Sie verändert, wie leben Sie heute? Treffen Sie sich noch mit ehemaligen Kollegen?«
»Nein, wir hatten früher schon kaum das Bedürfnis, uns auch noch nach der Arbeit hier im Wohngebiet zu sehen. Jedenfalls sehen wir uns heute kaum noch, Kameradentreffen gibt es nicht.
Nach der Wende wurde ich erst vom MfS und dann, am 30. September 1990, von der Grenztruppe entlassen. Seitdem bin ich arbeitslos. Ich habe jetzt eine Umschulung als Werkschutzfachkraft angefangen. Für den öffentlichen Dienst

habe ich Berufsverbot. Ob ich in meinem Alter noch mal Arbeit finde, weiß ich nicht.
Jetzt wurde die Rente, die ich als ehemaliger Angehöriger des MfS mal bekommen soll, auf 800 D-Mark zusammengestrichen. Das ist der Hammer!
Durch die Unterstellung der PKE unter das MfS hatte ich keine Vorteile, nur die Nachteile habe ich heute. Ich wurde 1964 gefragt, ob ich als Zöllner weiter Personen oder aber Güter kontrollieren möchte. Das eine bedeutete MfS, das andere Zollverwaltung. Ich entschied mich für die Personenkontrolle – das war doch ein bißchen was Lebendiges. Jetzt wurde mir als ehemaligem MfS-Angehörigen auch noch der Jagdschein entzogen. Ich war ein leidenschaftlicher Jäger.«
»Bekommen Sie Ihren Jagdschein wieder?«
»Die Aussichten sind gut, es wird geprüft. Ich darf in Salzgitter keine negative Eintragung haben...«
Frau Peisker hat mich bisher nur mißtrauisch beäugt, jetzt platzt es aus ihr heraus: »Erzähl dem Herrn doch mal, wie du oft zu spät nach Hause kamst, weil du dich telefonisch noch um eine Einreiseerlaubnis bemüht hattest, für Leute mit unvollständigen Papieren. Das gehört nämlich auch dazu.« Schweigend blickt Herr Peisker zu Boden, gedenkt wahrscheinlich der unzähligen vertanen Stunden, die ihm diese »reisenden Bürger der BRD« eingebrockt haben.
Ich störe ihn noch einmal: »Übrigens, der Raum im Parterre der GÜST, gleich hinter der Wache – kamen da die Festgenommenen rein?«
»Ja, da waren wohl zwei Zimmer als Verwahrräume eingerichtet, mit einem kleinen Spion in der Tür. Aber die haben wir sehr selten gebraucht.«
»Da waren doch Sessel drin!« ruft Frau Peisker. Sie sei ja mal kurze Zeit beim Zoll gewesen, sagt sie süßlich lächelnd mit zugekniffenen Augen.
»Waren wirklich Sessel in den Zellen, Herr Peisker?«
»Ja, mehr oder weniger...«

»Ich hab sie mit eingesperrt...«
Horst Linke

Juli 1992.
Horst Linke war von 1973 an als Abwehroffizier des MfS bei den Grenztruppen in Rudolstadt und Plauen tätig, seit Sommer 1987 in derselben Funktion in Probstzella. Er wurde 1948 im Kreis Saalfeld geboren, absolvierte in der »Maxhütte« Unterwellenborn eine Lehre als Walzwerker und anschließend ein dreijähriges Ingenieurstudium. Während des dann folgenden Wehrdienstes an der Grenze entschloß sich Horst Linke, Berufssoldat zu werden (»weil ich keine Wohnung bekommen habe und weil ich als Ingenieur wenig verdient habe«). Als er gefragt wurde, ob er für das Ministerium für Staatssicherheit arbeiten würde, willigte er ein.
Inzwischen verkauft Herr Linke in Saalfeld Autokennzeichen und allerlei Verbotsschilder mit Aufschriften wie »Betreten des Rasens verboten«, »Anlehnen von Fahrrädern verboten«, »Betteln und Hausieren verboten«. Ich treffe mich mit ihm am Samstagmittag im Schilderladen.
Zunächst wehrt Horst Linke ein Gespräch ab, spricht von der Sensationslust der

Der ehemalige Stasi-Mann als Kleinunternehmer

»Bild«-Zeitung und der Jagd auf ehemalige MfS-Angehörige. Nachdem er meine Personalien notiert hat, darf ich fragen.
»Schien Ihnen, als Sie 1971 bereit waren, zur Grenze zu gehen, das Regime dort angemessen?«
»Sie dürfen eines nicht vergessen: Daß wir, die in diesem Staat aufgewachsen sind, nach außen hin abgeschirmt wurden. Wir hatten nicht so die Möglichkeiten, an Informationen ranzukommen, wie ein Gleichaltriger, der in der Bundesrepublik aufgewachsen ist. Jede Politik lügt ja, ob das da oder dort ist, aber bei uns war es ja total verlogen.
Es hat aber immer 'ne Hoffnung bestanden bei den Menschen, daß man 'ne Verbesserung erreicht im Lebensstandard und in Versorgungsfragen. Daß man diese Verbesserung nur erreicht, wenn man sich vom Westen nicht ausnehmen läßt.«
»Ist Ihnen entgangen, daß vor 1961 Menschen massenhaft in den Westen abgehauen sind?«
»Na, die meisten sind Wirtschaftsflüchtlinge gewesen, keine politischen. Ich achte jeden Menschen, der 'ne andere Auffassung vertritt, und habe das auch zu Zeiten der DDR getan. Aber es ist einfach nicht so, daß hier in der DDR siebzehn Millionen Widerstandskämpfer waren und 80 000 von der Staatssicherheit.
Es ist Retusche, wenn man sagt ›Wahlbetrug‹: Ob es nun 97 Prozent oder 94 waren – das ist alles dummer Quatsch. Vielleicht haben sie zwei Prozent manipuliert. Wenn Millionen nicht zur Wahl gegangen wären ...«
»Es gab Druckmittel, die kennen Sie am besten.«
»Das müssen Sie mir jetzt mal erklären.«
»Man ahnte, dank Stasi, Düsteres, wie es denen ergeht, die gegen den Staat sind. Bei Leuten, die nicht pünktlich zur Wahl erschienen, stellte man den Fuß zwischen die Tür ...«
»Und Sie glauben, so hat man Millionen zur Wahl geholt?«
»So wurden die geholt, die noch den Mut hatten, nicht freiwillig zu gehen. Viele andere sind gleich hingegangen, weil sie im Falle einer Verweigerung für sich und ihre Familie Nachteile erwartet haben.«

ÖFFNUNGEN

»Sicher hat es nicht wenige Menschen gegeben, die Nachteile erleiden mußten, sich aufgeopfert haben für ihre Ideale, gegen die DDR gekämpft haben und die dann irgendwo als Friedhofswächter gearbeitet haben. Solche Menschen gibt's in jeder Gesellschaft, auch heute.«
»Bloß geht man heute damit anders um.«
»Jede herrschende Klasse schützt sich vor Gegnern. Sicher, jetzt sind sie frei, früher waren sie eingesperrt. Sicher, ich hab dazu beigetragen, logisch, ich hab sie mit eingesperrt.«
Erst Ende der achtziger Jahre will Horst Linke die DDR-Westgrenze in Frage gestellt haben, »als der Druck auf die Grenze immer größer wurde«. Erst durch die Aussage des gescheiterten Flüchtlings Andreas Götze im Juni 1988 (»man muß es doch einfach versuchen«) will Hauptmann Linke gemerkt haben, »daß immer mehr Menschen einfach rauswollten«. Man habe den Grenzern »den schwarzen Peter zugeschoben«, diesem Druck entgegenzuwirken: »Die letzten da unten sollten die versaute Politik auf irgendeine Weise ins Lot bringen.«
Sechzehn Jahre seines Lebens widmete Horst Linke dem »Kampf zur vorbeugenden Verhinderung von Fahnenfluchten«.
Näheres über seine »guten Leute« (die IMs) will mir Herr

Andreas Götze, dreißig Jahre, im Juli 1995 zur mißglückten Flucht kurz vor dem Mauerfall: »Extremsituationen verhelfen dem Menschen in der Regel zu Selbsterkenntnis. Der Knast war für mich eine solche Extremsituation. Ich glaube, dadurch auch etwas gelassener geworden zu sein.«

Linke zunächst nicht sagen. Ich lasse nicht locker: »Pro Stube hat einer mit Ihnen zusammengearbeitet?«
»Nee, das ist übertrieben. Sicher, das war gern gesehen, wenn das mal geklappt hat, aber in der Regel gab es pro Zug einen. Also auf dreißig Mann einer, manchmal auch zwei. Die Soldaten haben dann schon immer geguckt, wer es ist.«[5]
»Haben die Spitzel Geld bekommen?«
»Ich habe immer erst Geld gegeben, wenn das Ergebnis auf dem Tisch gelegen hat. Wenn sie einen guten Bericht geliefert haben, habe ich gesagt: ›Das war eine gute Information – zwanzig Mark.‹ Das Maximum bei einem Wehrpflichtigen waren fünfzig Mark.«
Je länger wir miteinander sprechen, desto heftiger beklagt sich Horst Linke über seine Arbeitsbedingungen als Abwehroffizier: »Das war doch keine ruhige geheimdienstliche Arbeit ... Immer der Truppe hinterherlaufen, und die machten überall Fehler. Und dann wird das wieder ... ach! Du hast ständig Angst gehabt, daß dir wieder einer abhaut ... Aaah, das war 'ne ganz schreckliche Zeit. Ich hab jeden Tag zwischen zwölf und sechzehn Stunden gearbeitet, morgens um sieben begonnen, dann ging es bis 22 oder 23 Uhr.«
»Was haben Sie die ganze Zeit getan?«
»Na, Treffs gemacht und ausgewertet. Die haben alle gedacht, wir sitzen in der Bude und machen nichts – wir haben geschrieben wie die Weltmeister!«
»Was verdienten Sie dabei?«
»Ich glaube, 1800 Mark brutto. Auf alle Fälle haben wir mal ausgerechnet, daß einer, der acht Stunden im sozialistischen VEB arbeitete und sich dort die ganze Zeit ausruhte, um abends Schwarzarbeit zu machen – mehr Einkommen hatte als ich.«
»Wie sah Ihr Alltag aus?«

»Früh ist man zum Dienst gekommen und hat sich anhand der Unterlagen und Rapporte erst mal informiert, was die letzte Nacht so gelaufen war. Dann war die Lagebeurteilung im Bataillon, also im Führungspunkt oder in der Meldestelle. Dann hat man sich telefonisch mit seinem Vorgesetzten in Verbindung gesetzt und hat ihm mitgeteilt, was von den Ereignissen der letzten 24 Stunden für unser Organ bedeutsam erschien.
In der Regel konnte gemeldet werden: Keine Vorkommnisse.
Danach hat man sich den Plan hergenommen, was anliegt, und das der Reihe nach abgearbeitet. Dann ist man wieder in die Einheit rausgefahren und hat Treffs gemacht oder schriftliche Berichte ausgewertet. Oder man hat selbst Berichte verfaßt, Abschlüsse, Analysen, alles mögliche ...«
»Mittags haben Sie dann in der Einheit gegessen.«
»In der Regel. Das war ziemlich gutes Essen, ich hab tüchtig zugenommen damals.«
»Sie aßen im ›Berufssoldaten-Speiseraum‹, wo Wehrdienstleistende ›Tischdienst‹ machen mußten. Wie fanden Sie das?«
»Ich fand's ein bißchen entwürdigend. Häufig hab ich mich selber angestellt. Ich hab auch nicht so einen Wert wie die anderen darauf gelegt, gegrüßt zu werden. Nie hab ich zu einem Soldaten gesagt, wenn der mich nicht gegrüßt hatte: ›Gehen Sie noch einmal zurück und grüßen Sie!‹ Weil das mit mir angestellt wurde als Soldat, hab ich das mit anderen nicht gemacht.«
»Wußte jeder Soldat, was Sie getan haben? Haben Sie sich mal vorgestellt?«
»Ja, jeder wußte Bescheid. Ich hab auch Foren durchgeführt, wo man Fragen stellen konnte. Das hieß dann Öffentlichkeitsarbeit: ›Die politisch-ideologische Diversion des Gegners‹.«
»Stellten die Soldaten Fragen?«
»Teilweise. Häufig hatten sie Angst. Wenn sie gefragt haben: ›Ist bei uns auf jedem Zimmer ein Spitzel?‹ habe ich natürlich nicht geantwortet. Einer hat mal gefragt, ob jemand drin ist oder ob 'ne Abhöranlage drin ist.« Horst Linke lacht schallend: »Ich hab gesagt: ›Es gibt auch in Ihren Reihen Patrioten, die das Ministerium für Staatssicherheit informieren.‹«
»Wurde auf Ihren ›Foren‹ über den Schießbefehl gesprochen?«
»Einsatz der Schußwaffe? Nein. Da muß ich auch grundsätzlich dazu sagen, daß der Einsatz der Schußwaffe das letzte Mittel der Gewaltanwendung zur Verhinderung eines Grenzdurchbruches war. Und so wurde das auch gelehrt. Wissen Sie, es gab einen einfachen Weg, nicht zur Grenze zu müssen: Indem man gesagt hat, man schießt nicht auf Menschen. Schon im Grenzausbildungsregiment. Da wurde jeder von seinem Zugführer gefragt, und das wurde notiert. Wenn da drinstand, daß der nicht auf Menschen schießt, ist der nicht zur Grenze versetzt worden.«[6]
»War das bekannt bei den Soldaten?«
»Na sicher, da gab's doch jedes Jahr zehn Mann, die das nicht wollten und dann nicht mit zur Grenze kamen. Es wurden auch welche von draußen zurückversetzt, weil sie sagten: Ich verkrafte das nicht mehr.«
»Mit welchen Konsequenzen mußten diese Leute rechnen?«
»Mit keinen. Im Gegenteil: Die haben ›den Dicken gemacht‹, wie es hieß, die haben nur noch Wache geschoben. Da haben sich die anderen drüber aufgeregt: Die brauchen nicht rund um die Uhr zu dienen und sich fertigmachen!«

ÖFFNUNGEN

»Haben Sie sich damals Gedanken darüber gemacht, daß Sie zu denen gehörten, die das Land abriegelten, und daß jene, die das nicht anerkennen wollten, ins Gefängnis kamen, daß ihnen Lebenszeit gestohlen wurde?«
»Die Grenze ist ja nicht mein Einfall gewesen. Ich hab mich damit identifiziert, daß das richtig ist.«
»Warum sollte so etwas richtig sein?«
»Es ging eben um den Schutz der Staatsgrenze vor inneren und äußeren Feinden.«
»Wie Sie bei Ihrer Arbeit sehen konnten, ging es vor allem um die inneren. Fanden Sie das damals gerechtfertigt, daß man da nicht frei weitergehen durfte?«
»Ja, weil in unserer politischen Auffassung davon ausgegangen wurde, die Grenze wird vom Gegner benutzt, um uns aufzuweichen. Es ging ja so weit, daß man sagte: Wenn man die Leute festnimmt, hilft man ihnen, indem man sie davor bewahrt, in diesem System dort leben zu müssen.«
»Wie haben Sie sich den Westen vorgestellt?«
»Ich hatte gedacht, das sind alles arme Leute und ein paar reiche. Als ich das erste Mal drüben gewesen bin, war ich total fertig; um die Weihnachtszeit 1989 herum war das. Ich bin gar nicht weit rein, weil ich Angst hatte, daß mich von den Feinden... Polizei oder was... Ich bin nach Ludwigsstadt gefahren. Die Ordnung dort, der Lebensstandard... Die haben uns immer erzählt: Der Kapitalismus... faulend, sterbend, parasitär..., daß die Menschen ausgebeutet werden und ihr Dasein fristen. Ein Haufen Bettler auf der Straße und so.«
»Hatten Sie keine Möglichkeiten, vor 1989 ein anderes Bild zu bekommen?«
»Ich hab kaum Westfernsehen gesehn; vielleicht zweimal im Monat, nachts, heimlich. Öfter nicht, schon wegen der Kinder.«
»Und was sahen Sie da?
»Nachrichten zum Beispiel. Aber da hatte man gleich wieder sein Bild gehabt: Gucke an, jetzt schwindelt der wieder.«
»Hörten Sie in der DDR nie etwas vom schönen Westen?«
»Natürlich ist es mir nicht entgangen, was die da alles haben. Danach haben ja alle gegiert. Ich konnte mir nicht vorstellen, daß so viele Menschen daran teilhaben können.«
»Hat Sie nach dem Herbst 1989 mal jemand als Stasi-Mitarbeiter beschimpft?«
»Einer hat mich anonym angerufen, daß er mich umbringen will. Das hab ich angezeigt bei der Polizei, das hat sich verloren.«
»Distanzierten sich nach 1989 Leute aus Ihrem Bekanntenkreis von Ihnen?«
»Mein enger Freundeskreis ist geblieben. Aber in Probstzella, im Wohngebiet, gab es Leute, die sich in meiner Abwesenheit verleumderisch geäußert haben, erzählt haben, was nicht den Tatsachen entspricht, mich beschimpft haben. Ich wurde auch ausgeschlossen von der Jagd. Ich rechne damit, daß bei mir, unter fadenscheinigen Vorwänden, eine Haussuchung durchgeführt wird, damit man weiter in Verruf kommt. Ich trage mich schon mit dem Gedanken, hier wegzuziehen, ins Ausland vielleicht. Wirtschaftlich bin ich schon ziemlich stark. Dabei will ich mich ja hier mit einbringen, hab siebzehn Arbeitsplätze geschaffen bis jetzt.«
»Sie sind der Chef der Firma?«
»Na ja. Ich hab fünfzehn Zweigbüros aufgebaut. Im Februar 1990 wurde ich entlassen, im April hab ich hier angefangen.«

»Es gibt Leute, die Sie als ›Wendehals‹ bezeichnen, weil Sie den Anschluß materiell geschafft haben: Vom strammen Parteifunktionär zum Kapitalisten.«
»Das ist mir klar. Das ist auch richtig.«
»Wenn Sie an Ihr Tun in der DDR denken – fühlen Sie sich schuldig?«
»Ich fühle mich moralisch schuldig, daß ich dieses System bewußt getragen und gestützt habe. Aber ich habe mich ernsthaft und ehrlich dafür eingesetzt. Es war meine innere Überzeugung, daß das richtig ist, was ich tue, und habe dann 1989 gemerkt, daß meine ehrlichen Gefühle einfach mißbraucht wurden. Es gab doch wirklich Mitarbeiter der Staatssicherheit, die sind wertvolle Menschen gewesen, arbeitsame, ehrliche…
Ich werde nie, nie, nie wieder einen Kommunisten wählen oder sonstwas – für mich ist es geklärt. Bei mir wird's auch keine politische Arbeit wieder geben in irgendeiner Form. Weil das alles absolut Lug und Betrug am Volk ist, jede Partei. Weil sie immer wieder als einzelner von einzelnen vor einen Karren gespannt werden, den sie gar nicht lenken können. Andere lenken, und sie werden irgendwo hingeführt, zu irgendwas. Als Füllmasse mißbraucht, verheizt.«
»Sie konnten in der DDR sehen, daß das, was Sie und andere für ihre ›Ideale‹ bereit waren zu tun, für viele Menschen schmerzvoll war…«
»Sicherlich.«
»… die Trennung menschlicher Bindungen, die verweigerten Möglichkeiten, das eigene Leben zu gestalten, nicht nur der Schießbefehl und die Gefängnisse…«
»Sicherlich. Aber das ist uns gar nicht so bewußt geworden, das hat uns gar nicht so berührt.«
Er schweigt und sagt dann schließlich: »Das ist nicht immer gut gewesen, na klar. Das zu sehen… Sicher, man hat es auch irgendwo verdrängt.«
»Wenn jemand erschossen wurde, weil er nicht bereit war einzusehen, daß da Schluß sein soll – war Ihnen nicht klar, daß das kein angemessenes Mittel war?«
»Woher wollten Sie denn wissen, daß der nur zu seiner Mutter will? Daß der durch den Zwang in diesem System zu dieser Handlung getrieben worden ist? Es konnte genauso auch sein, daß das ein Mensch ist, der schon andere umgebracht hat.«
»Die Wahrscheinlichkeit, es mit einem Schwerverbrecher zu tun zu haben, war gering.«
»Das schon. Sicherlich brauchten sie nicht zu schießen. Wenn ich in die Situation gekommen wäre, hätte ich bestimmt auch geschossen.«
»Empfinden Sie die Verurteilungen im ersten ›Mauerschützen-Prozeß‹ als gerecht?«
»Normalerweise müßte man die bestrafen – und mich im gewissen Maße dann auch –, die die jungen Leute geschult, ausgebildet, beeinflußt haben, einen anderen Menschen umzubringen.
Ich hab doch mit Leuten gesprochen, ich hab doch gesagt, daß es richtig wäre, die Staatsgrenze zu sichern. Und wenn einer abgehauen ist, hab ich gesagt: ›Das ist ein Verbrecher, der hat uns verlassen.‹«
»Hatten Sie nach 1989 Kontakt zu bayerischen Beamten?«
»Ja, mit einem von der Grenzpolizei, durch die Jagd. Die Jagdgruppe Probstzella hat zu denen drüben Verbindung aufgenommen. Wir haben gemeinsam gefeiert, 1990. Mit denen konnte man reden, ganz normal. Die waren verwundert darüber,

daß wir keine Arbeit bekommen sollten und daß wir einfach so davongejagt wurden.
Ich hatte gedacht, daß die 'ne starke Ablehnung uns gegenüber haben. Ich war überrascht.
Ein Kumpel kannte den Herrn Weber gleich. Als wir das zweite Mal in Ludwigsstadt waren, sagte der, ich geh mal zum Weber rein. Ich sag, ich geh da nicht rein, und bin draußen im Auto geblieben. Da sagt der, komm doch mit rein, ist doch nichts dabei.«
»Bis zum Herbst 1989 hatten Sie Angst vor der Bundeswehr, dem BGS, der Grenzpolizei?«
»Nee, da fühlte ich mich viel zu sicher. Man hatte auch nicht damit gerechnet, daß da einer angreift. Ich weiß nicht, ob die Angst vor mir hatten.«
»Haben Sie noch Kontakte zu Kollegen von damals?«
»Nein.«
»Und bis Ende 1989?«
»Kaum. Das hing mit der Überwacherei zusammen. Man hatte nie so richtig Vertrauen zum anderen, weil du selber wußtest, wie gearbeitet wird. Ich hab meinen Umgangskreis außerhalb gesucht. In Probstzella hatte ich früher keine Kontakte und hab sie auch heut nicht: Guten Tag, schönen Weg. Ich schlafe nur dort. Ich hab mit mir genug zu tun, ich muß meine Leute anleiten, ich muß sehen, daß Gewinne kommen.«
»Wie kamen Sie ausgerechnet auf Autoschilder?«
»Das ist ein gutes Geschäft. Das ist auch mit die Initiative meines Geschäftspartners gewesen, ein Österreicher.«
»Sie haben Glück gehabt, daß Sie jetzt zu denen gehören, die Arbeit haben.«
»Was heißt Glück? Ich hab was dafür getan. Ich hätte schon längst im Konkurs sein können.«
»Nicht jeder hatte das Kapital zum Investieren ...«
»Ich hab ja mit meiner Stasi-Abfindung angefangen: siebeneinhalbtausend DDR-Mark, eine ›Riesenabfindung‹!«
»Sie beklagen, daß man Ihnen die Jagderlaubnis verweigert. Haben Sie Verständnis dafür, daß man nicht will, daß sich ehemalige MfS-Angehörige neu bewaffnen können? Daß sich Menschen davor fürchten?«
»Man müßte mal untersuchen, wo die Gefährdung der Menschen herkommt ..., der Rechtsradikalismus und so. Ob die ganzen Überfälle jetzt von ehemaligen MfS-Angehörigen ausgeführt werden, so daß die Frauen abends nicht mehr auf die Straße können. Mir käme es nie in den Sinn, irgend jemanden anzugreifen, zu verletzen.
Ich hab letztens mal eine Aufschrift gesehn, an 'ner Brücke: ›Warum denn erst CDU? Wählt doch gleich rechts.‹ Ich gebe dem Mann recht.«
»In der ehemaligen Berliner Stasi-Zentrale in der Normannenstraße steht auf einer Hauswand: ›Ihr habt Matthias Domaschk umgebracht.‹ Das ist ein junger Mann gewesen, der lebend bei der Stasi reingebracht und tot rausgetragen wurde.«
»Hör ich zum ersten Mal, den Namen. Da bin ich dafür, daß die Leute zur Verantwortung gezogen werden. Da will ich auch mal ein Gerichtsurteil sehen! Das halt ich für erforderlicher als das ›Mauerschützen-Urteil‹.«
Plötzlich ist er sehr erregt und wird laut: »Denken Sie, was Sie wollen, aber das

Thüringer Jagdgesetz widerspricht dem Grundgesetz. Weil mir einfach eine politische Unzuverlässigkeit angedichtet wird! Mit welchem Recht? Das hab ich doch in der DDR nie mit einem gemacht. Der mußte doch erst irgendwelche Handlungen begehen oder unterlassen, damit er als politisch unzuverlässig eingeschätzt wurde.«
»Sie gehörten zu einer Vereinigung, die schon beim Verdacht ›politischer Unzuverlässigkeit‹ Schrecken über die Menschen brachte.«
Horst Linke hat sich wieder beruhigt und anwortet leise: »Freilich gab's das auch.«
Ende 1994 lege ich ihm das Protokoll unseres fünfstündigen Gesprächs vor.
»Ich unterschreibe es«, sagt er, »aber nicht Ihnen zuliebe, sondern wegen Ihrer Mutter, weil sie so eine mutige Frau ist: alleine mit drei Kindern in den Westen ...«
Dann fährt er fort: »Es gibt ja hier welche, die wollen einen neuen Grenzzaun. Ich nicht. Das wäre auch nicht gut für mein Geschäft. Ich bin froh über die Einheit.« In seiner Firma stecke »nicht nur eine Million drin«. Die Verantwortung für die Firma setzt ihm zu: »Heute bin ich wieder nachts um zwei wach geworden ...«
Ob er nun Millionär sei, frage ich.
»Ja, dank der Bürgerrechtler ...« Doch er wolle »keine Millionen anhäufen, nur Sicherheit«.
Fünf Jahre später stirbt Horst Linke im Alter von 51 Jahren »durch einen tragischen Unglücksfall«. Es heißt, er sei beim Arbeiten in seinem Garten von einem Baum gefallen. Die Nachricht macht mich traurig.

ÖFFNUNGEN

»Ich kenne niemanden und weiß nichts.«
Klaus Baumann

Oktober 1992.
Klaus Baumann war Grenzsoldat, Zugführer, Kompaniechef, Stabschef und Bataillonskommandeur, schließlich GÜST-Kommandant in Probstzella. Er ist Träger des »Kampfordens für Verdienste um Volk und Vaterland« und ein ehemaliger Stasi-Spitzel.
»Der Baumann war ein Apparatschik, wie er im Buche steht. Der hat funktioniert und bis zum Schluß seine mächtige Arroganz behalten«, sagt Pfarrer Weiss. Zuletzt hat Herr Baumann einen Bautrupp bei der Demontage von Sperranlagen kommandiert, im Auftrag der Bundesregierung.
Ich stehe vor dem alten NVA-Block Auwiesen 10, gleich neben der Kaserne, und läute bei Baumann. Ein großer Mann in lässiger Freizeitkleidung öffnet die Haustür: graue Haare, Bürstenfrisur, fester Blick. Ich stelle mich und meine Arbeit vor, bitte um ein Gespräch.
»Ich habe kein Interesse!« schallt es durch den Hausflur. Er kenne niemanden und wisse nichts.
»Aber Sie waren doch in verantwortlicher Stellung hier.«
»Nein!«
»Kann ich Ihnen vielleicht in Ruhe mein Anliegen erklären?«
Wieder ein Nein.

Mathias Göpner

»Schreiben Sie Ihre Arbeit ohne mich!« befiehlt mir Klaus Baumann und schlägt die Tür zu.
Ein paar Wochen später zieht Herr Baumann nach Ludwigsstadt um, weg aus Probstzella, wo man mit dem Finger auf ihn zeigt.

»Schießen, egal wann ...«
Mathias Göpner

Oktober 1992.
Am Berliner »Checkpoint Charlie« bin ich mit dem ehemaligen Grenzsoldaten Mathias Göpner verabredet. Ein paar Überreste der Sperranlagen sind hier derzeit ausgestellt, bald werden sie der »Neuen Zeit« weichen müssen.
Mathias Göpner erzählt mir ausführlich von seiner Jugend in der DDR als Sohn eines selbständigen Polsterermeisters und von seiner »Fahnenflucht« im November 1988 bei Probstzella.
»Als du zu den Grenztruppen gingst, wußtest du, daß du unter Umständen auf Menschen schießen sollst?«
»Sicher, der Hintergedanke kam schon, daß das Ding dazu da ist, keinen durchzulassen, aber wie das jetzt genau gemacht wurde ..., wenn ich überhaupt ganz nach vorn komme ..., oder wo ich überhaupt hinkomme – das hat alles eine relativ untergeordnete Rolle gespielt, weil ich heilfroh war, daß ich überhaupt schon zu diesem Zeitpunkt gezogen wurde.«
»Schießbefehl, Tod an der Mauer – das kanntest du aus dem Westfernsehen.«
»Eigentlich stellte ich erst während der Ausbildung, als es dann wirklich um dieses Thema ging, die Frage: Würdest du ...? Als die Unterweisung kam, daß im Notfall zu schießen sei. Oder wenn der Kumpel abdüsen sollte, daß du dann rausschießen könntest aus dem Magazin, soviel du wolltest, Hauptsache, die ganze Sache wurde verhindert. So haben die das klipp und klar gesagt.
Ich wollte nicht gezielt schießen, ich war mir sicher, daß ich da niemandem das Leben aushauchen würde. Mit Olaf, meinem besten Freund damals, habe ich mich unterhalten: Was wäre wenn? Der hat auch gesagt: ›Alles, nur nicht treffen.‹«
»Wann fragte man dich zum ersten Mal, ob du im Fall eines Falles schießen würdest?«
»Das muß bei der Ausbildung in Plauen gewesen sein, als es um die Modalitäten des Schießbefehls ging: Da waren wir so hundert Mann im Raum, und es wurde pauschal gefragt, ob jemand sich das nicht vorstellen könnte zu schießen, der sollte sich gleich mal rausbegeben, der würde dann woanders hinkommen, versetzt. Zum Küchendienst, dachte ich mir damals.«
»Wurde im Ausbildungsregiment in Plauen über den Schießbefehl diskutiert?«
»Ganz kräftig. Über die sogenannten rechtlichen Grundlagen, das Grenzgesetz ... Der eine Ausbilder hat immer gesagt: ›Das ist nur der Notfall, wenn die Leute gar nicht zu erreichen sind mit Hinrennen oder Hinfahren.‹ Aber es gab auch andere,

die du als ›Jäger‹ bezeichnen kannst, die haben gesagt: ›Schießen, egal wann, Hauptsache, die kommen nicht durch. Ihr könnt dreißig Schuß rauslassen.‹ Für die gab's irgendwo im Kopf nur: Verhindern und draufhalten.«
»Totschießen oder auf die Beine?«
»Ich glaube, wenn die das so rübergebracht hätten, gleich am Anfang, so mit Totschießen, dann hätten wohl die meisten gestutzt. Es wurde immer hintenrum formuliert: ›Mit Waffengewalt den Grenzdurchbruch verhindern …‹, egal, was du dir dann drunter vorgestellt hast. Das ist ja das Verhängnisvolle …«
»Stellten die Soldaten in Plauen den Schießbefehl irgendwie in Frage?«
»Na klar gab's schon Nachfragen: die Einzelheiten zu den allgemeinen Formulierungen. Was heißt: ›Wenn die nicht mehr aufzuhalten sind‹? Hundert Meter, zweihundert Meter? Oder was, wenn Kleinkinder dabei sind? Wir hatten das da draußen ja alle noch nicht gesehen.«
»Wurde der Schießbefehl auch moralisch in Frage gestellt?«
»Nicht, daß ich mich erinnern könnte.«
»Habt ihr nach den Ausbildungsstunden darüber gesprochen?«
»Ich glaube, da hat sich jeder seinen Reim drauf gemacht, das hat jeder für sich verdaut.«
»Warum habt ihr nicht darüber geredet? War der Schießbefehl kein wichtiger Punkt für euch?«
»Die Armee war damals für alle so: Gut, das muß gemacht werden, wir müssen da durch. Es hatten ja alle ziemlich satt, waren alle froh, wenn sie mal wieder in Urlaub fahren konnten. Die meisten hatten, glaube ich, nicht den Sinn dafür, sich untereinander mit diesen Sachen auseinanderzusetzen.«
»Als die Schwabe-Brüder im Mai 1988 bei Probstzella geflüchtet sind, warst du dort Grenzsoldat. Hättest du sie im Ernstfall festgenommen?«
»Wenn Grenzalarm war, hab ich jedesmal gehofft: Ihr dürft überall durch, nur nicht bei mir. Ich hab versucht, mich so klein wie möglich zu machen.«
»Was dachtet ihr damals, was mit denen passiert, die nicht schießen, obwohl sie es hätten tun müssen und können?«
»Zumindest, daß sie von der Grenze wegkommen, ins Regiment rein, an die Tankstelle oder so. Es wurde auch mit dem Militärstaatsanwalt gedroht, mit dem ›Mann mit der Reiseschreibmaschine‹, wie er damals genannt wurde, der vorbeikommt und die Leute gleich nach Schwedt mitnimmt, ins Militärgefängnis. Aber so groß war die Angst davor nicht.«
»Machte man euch angst vor westlichen Todesschützen?«
»Einmal schon, da wollten sie uns eintrichtern, es wäre ein Angriff von westlicher Seite zu erwarten, da haben sie uns rausgeschickt zum Alarm. Wir lagen da draußen und haben uns wieder amüsiert, weil: Es wollte ja keiner rein, es wollten nur alle raus. Wir haben das alle nicht ernst genommen, weil wir wußten, da kommt nichts.«

Tino Schwabe ist Anfang der neunziger Jahre mit einem Wohnmobil durch Afrika gereist – und nach Jena heimgekehrt.

Matthias Schwabe im Januar 1991 auf den Spuren seiner Flucht von Probstzella nach Ludwigstadt:
»Damals habe ich mich fast totschießen lassen…«
Er wohnt wieder in seinem Elternhaus in Probstzella, wo im Sommer 1988 die Flucht nach Ludwigstadt begann.

ÖFFNUNGEN

»War der Feind nicht im Westen?«
»Nein, wir haben ja nur immer geguckt, was von DDR-Seite kam. Nur dazu sind wir rausgeschickt worden, um die eignen Leute abzuhalten. Warum hat denn der Signalzaun Richtung Osten gestanden?«
Mathias Göpner erzählt mir noch, daß er sich 1991 mit etwa einem Dutzend ehemaliger Probstzellaer Grenzsoldaten vor der Kaserne des Ortes getroffen habe, zum gemütlichen Miteinander. Zum Teil hätten die Männer ihre Frauen mitgebracht... Man habe sich viel zu erzählen gehabt, es sei ganz witzig gewesen. Auch seinen Freund Olaf habe er wiedergesehen.
Nach seiner Flucht hat Mathias Göpner in Karlsruhe Verfahrenstechnik studiert. Als ich ihm das Interviewprotokoll vorlege, empfängt er mich mit Frau und Kind. Nein, in seine Heimatstadt Gößnitz wolle er nicht mehr zurück. Die Mutter ist gestorben, die Werkstatt verkauft. Er wolle an die Weinstraße ziehen, dort gefalle es ihm super: die Burgen, die Winzer, das bessere Klima, die Nähe zum Süden...
Bei meinen Recherchen beim Bundesbeauftragten für die MfS-Unterlagen erfahre ich, daß Mathias Göpner Stasi-Spitzel gewesen ist, bevor er im November 1988 als Soldat bei Probstzella flüchtete. Genaueres sei nur schwer in Erfahrung zu bringen, der Ordner mit den Berichten des IM »Werner Böhm« sei leer. Nur der Umfang der Berichte sei durch einen Vermerk des Probstzellaer Abwehroffiziers Horst Linke im Aktendeckel noch festzustellen: 67 Seiten.
Etwas Aufschluß gibt ein Schreiben des Leiters der Sonneberger Abwehrabteilung, Oberstleutnant Spreer, vom Dezember 1988: Mathias Göpner habe als IMS »den Komplexauftrag Fahnenfluchten« erhalten, bevor er zum Plauener Ausbildungsregiment eingezogen wurde. »Der IMS nahm eine sehr gute Entwicklung und erarbeitete eine hohe Anzahl von Informationen zur Klärung der Frage ›Wer ist wer?‹, schrieb selbständig schriftliche Informationen und erreichte insgesamt eine gute Wirksamkeit. Am Tag seiner Zuversetzung zur 8. Grenzkompanie wurde durch den zuständigen Mitarbeiter Hauptmann Linke die Verbindung aufgenommen und die notwendige Instruierung und Beauftragung im Kampf zur Verhinderung von Fahnenfluchten vorgenommen.«[7]
Während des Interviews 1992 im Berliner »Mauermuseum« habe ich Mathias Göpner auch nach Horst Linke und der »Abteilung 2000« gefragt. Seine Antwort: An einen Herrn Linke könne er sich nicht mehr erinnern, »das ist zu lang her...«
Im Juli 1995 treffe ich mich mit Mathias Göpner im Park hinter der Uni-Mensa am Bahnhof Berlin-Zoo. Ich möchte Klarheit, weiß nicht, wie ich anfangen soll, und frage schließlich geradeheraus: »Mathias, erkläre mir doch bitte, warum du für das MfS gearbeitet hast.« Er überlegt kurz, dann sagt er ruhig und bestimmt: »Ich wollte dadurch etwas regeln. Ich habe niemanden in die Pfanne gehauen – im Gegenteil: Ich hab eher noch die roten Socken angeschwärzt...«
Bei der Musterung habe ihn ein MfS-Mitarbeiter gefragt, ob er bereit wäre, »an der Grenze mit zu gucken, daß von den Sodaten keiner abhaut«. Dann könnte er gleich zur Armee eingezogen werden und würde nicht eines Tages wieder aus dem Geschäft herausgerissen. Inzwischen bereue er seine Stasi-Mitarbeit, sagt Mathias Göpner: »Es war ein Doppelleben. Das war so ziemlich der größte Fehler, den ich bis jetzt in meinem Leben gemacht habe.«

434

»... ist ja alles nicht mehr da.«
Sieglinde R., ehemals Bunde

Februar 1993.
Sieglinde R. ist 41 Jahre alt und Rentnerin. Fast zwei Jahrzehnte ist es her, seit sie an der DDR-Grenze bei Spechtsbrunn auf eine Mine trat. Damals hieß sie noch Bunde, damals wollte sie mit einem Ungarn über die Grenze, den sie im Westen heiraten wollte.
Im Herbst 1991 ist Frau R. mit einer Reporterin der »Bild«-Zeitung ins thüringische Dorf Teichwitz gefahren, wo sie auf den Mann getroffen ist, der einst ihren Freund László Balogh erschoß: Volker Engelbrecht, zur Tatzeit zwanzig Jahre alt. Kurz ist die Begegnung zwischen dem ehemaligen Grenzer und der humpelnden Frau.
»Er sagte, daß es ihm leid tut. ›Davon wird er nicht wieder lebendig‹, hab ich gesagt. Er wollte sich entschuldigen – mit 'nem Handschlag! Ich konnte dem nicht die Hand geben, habe die Hände auf den Rücken gemacht. Ich will, daß er in Haft kommt. Ich kann nicht einen Menschen umbringen, der einfach in die Freiheit will. Ich habe gesessen und niemandem was getan.«
Wie häufig sie an ihre gescheiterte Flucht denke, frage ich Frau R.
»Ich denke viel daran, ich träume auch davon, wie es passiert ist. Im Traum rieche ich noch das verbrannte Fleisch.«
Ob sie und László Balogh, als sie über den Zaun stiegen, damit gerechnet hätten, daß man auf sie schießen würde?
»Nein, hätte man einen Warnschuß abgegeben oder gerufen – wir wären nicht weitergegangen.«
Sie weint, als sie sagt: »Heute würde ich anders handeln, der Preis war zu hoch: László tot, ich amputiert und im Gefängnis gewesen...«
Später zeigt sie mir ihre neue Prothese. Ja, das Bein schmerze immer wieder. »Heute kann man das alles nicht mehr nachvollziehen«, sagt sie, »ist ja alles nicht mehr da.

Sieglinde R., ehemals Bunde

Die Kommunisten sind auch alle nicht mehr da. Ich frag mich, wo die sind. Die ganzen Schweine, die das alles gemacht haben, wo sind denn die?«
Als Volker Engelbrecht am Todestag von László Balogh vom MfS-Leutnant Zöllner gefragt wird, warum er einen gezielten Schuß »auf diese Person« abgegeben habe, antwortet er: »Da diese Person gerade im Begriff war, sich auf das feindwärtige Gebiet zu begeben, blieb mir als Grenzposten keine andere Möglichkeit zur Verhinderung eines Grenzdurchbruchs, als die Schußwaffe anzuwenden. Andere Handlungen zur Festnahme konnte ich nicht mehr ausführen, da der Grenzverletzer die Minensperre bereits überwunden hatte. Als Postenführer oder Posten muß ich entsprechend der Vergatterung Grenzdurchbrüche verhindern, und diesen Befehl habe ich ausgeführt.«
Dieser Schluß sei nicht zwingend gewesen, sondern habe mit Engelbrechts Ein-

An der ehemaligen Grenze bei Spechtsbrunn (1993)

stellung zu tun gehabt, erklärte einer seiner Kameraden nach der Flucht in die Bundesrepublik.[8]

Im Dezember 1992 ist Volker Engelbrecht noch einmal mehrere Stunden vernommen worden von einem Mitarbeiter der Zentralen Ermittlungsstelle für Regierungs- und Vereinigungskriminalität (ZERV), und zwar als Beschuldigter – »wegen des Verdachts des Totschlags«.

Volker Engelbrecht hat ausgesagt: Mit drei Geschwistern sei er in einem Hundert-Seelen-Dorf bei Weida (Thüringen) aufgewachsen. Sein Vater sei Bauer gewesen. Niemals seien seine Eltern, seine Geschwister oder er selber in einer Partei gewesen. Auch bei den Jungen Pionieren und in der FDJ sei er nicht gewesen.

Maurer habe er gelernt und sei dann im Mai 1972 zu den Grenztruppen einberufen worden; er habe sich »bestimmt nicht freiwillig gemeldet«. Früh habe er das DDR-System angezweifelt, auch infolge des Hörens und Sehens von Westsendern. Aber man habe in der DDR keine Möglichkeit gehabt, etwas gegen den Staat zu tun. Er sei nie aus der Kirche ausgetreten und froh gewesen, als die DDR zu Ende war und man in den Westen reisen konnte.

Drei Tage nach dem Zwischenfall vom Juni 1973 sei er nach Effelder versetzt worden und habe dort bis zum Oktober 1973 gedient. Danach sei er wieder zu seinen Eltern gegangen, habe wieder als Maurer im Steinbruch gearbeitet. Seit 1993 arbeite er als Schäfer und verdiene acht Mark in der Stunde.

Noch heute habe er das Bild vor Augen: eine Person vor dem letzten Grenzzaun … Er habe die Person angerufen, einen Warnschuß abgegeben, dann einen Zielschuß. Als er näher gekommen sei, habe er hinter dem letzten Zaun eine Frau vor Schmerzen jammern hören. Er sei fix und fertig gewesen, habe unter Schock gestanden. Vom Kompaniechef Baumann seien die Soldaten immer besonders scharf ver-

gattert worden. Wenn Verteidigungsminister Keßler heute sage, es habe keinen Schießbefehl gegeben, dann sei das gelogen. Mit »Grenzverletzer sind zu vernichten« sei »Erschießen« gemeint gewesen. Grenzverletzer seien Staatsfeinde, die man notfalls erschießen müsse, habe es geheißen. Er habe damals auf Befehl gehandelt, wie man es von ihm erwartet habe. Sein Verstand sei ausgeschaltet gewesen, als er den Schuß abgegeben habe. Immer wieder habe er sich Vorwürfe gemacht, obwohl er damals ausgezeichnet worden sei. Seit der Wende habe er Angst davor gehabt, Rechenschaft ablegen zu müssen. Er habe angefangen zu trinken, habe Selbstmordgedanken gehabt. Er wolle sich aber dem Verfahren stellen.
Volker Engelbrecht stirbt zu Beginn des Sommers 1995 im Alter von 42 Jahren – einen Tag bevor sich zum 22. Mal die Erschießung des Ungarn bei Spechtsbrunn jährt ...
Volker Engelbrecht hinterläßt Frau und drei Kinder.
Ende 1995 fahre ich zu Sieglinde R., um das Interview autorisieren zu lassen. Als ich ihr sage, es sei ihren Peinigern nicht gelungen, sie zu zerbrechen, schluchzt sie: »Doch, die haben mich zerbrochen, nicht im Kopf, aber hier ...«, und sie zeigt auf die Stelle, wo das Herz schlägt.

»Die hat elend zu knabbern gehabt.«
Peter Kilian

März 1993.
Peter Kilian sagt, er habe nur gute Erinnerungen an seinen großen Bruder Hans-Ullrich, der 1963 bei Probstzella erschossen wurde. Ein normaler Mensch sei das gewesen, wie alle anderen auch: »Sportler, Leichtathletik ..., da war er gut.«
Ob er sich noch erinnern könne, wie er vom Tod seines Bruders erfahren habe?
»Ich bin aus der Schule gekommen, da war die ganze Wohnung auf den Kopf gestellt; die hatten eine Durchsuchung gemacht, alles umgekrempelt, die Fächer rausgezogen ... Auch in den Betten und unter den Matratzen haben sie gesucht, angeblich nach Waffen. Wir hatten bald zwei Tage zu tun, alles aufzuräumen. Das war so, wie sie uns immer gezeigt haben, daß es die Nazis bei den Kommunisten gemacht haben.
Man hat uns die Sachen, die mein Bruder bei seinem Fluchtversuch angehabt hatte, zugestellt, meine Oma hat die sogar noch gewaschen. Man hat die Einschüsse gesehen ...«
Seine Mitschüler hätten ihm gesagt, sein Bruder sei ein »Vaterlandsverräter«.
»Einmal hab ich einen deswegen verprügelt, da sind nachher die Eltern gekommen.«
Und die Lehrer?
»Mein Deutschlehrer, ein älterer Mann, hat nur mit dem Kopf geschüttelt, als ich sagte, weswegen ich zur Beerdigung meines Bruders muß.«
Mit neunzehn sei er wegen Staatsverleumdung für achtzehn Monate ins Gefängnis gekommen: »Ich hatte zur Volkspolizei gesagt: ›Ihr habt Methoden wie die Nazis!‹«
Wie hat seine Mutter den Tod des Sohnes verkraftet?

ÖFFNUNGEN

»Die hat elend zu knabbern gehabt. Sie ist mit 51 Jahren gestorben.«
Soll der Soldat, der seinen Bruder erschossen hat, zur Verantwortung gezogen werden?
»Na freilich. Mir kann doch keiner erzählen, daß der auf diese Entfernung nicht hätte die Beine treffen können.« Im Juni 1990 habe er bei der Kriminalpolizei in Saalfeld Anzeige gegen Unbekannt erstattet. Zum Strafprozeß wird es jedoch nicht kommen: Dieter L., der Mann, der am 20. Juni 1963 auf Hans-Ullrich Kilian schoß, ist wenige Jahre später gestorben.
Ich frage Peter Kilian, inzwischen 42 Jahre alt, ob er noch zum Grab seines Bruders gehe.
»Na selbstverständlich, ich mache doch die Grabpflege. Wenn ich Zeit hab, gehe ich jedes Wochenende hin. Im Frühjahr pflanze ich, was das ganze Jahr hält. Da braucht man am Wochenende nur das Unkraut zupfen.«

»... so manche Schlacht geschlagen, daß wir Bockwürste hatten.«
Engelhard Zappe

Engelhard Zappe 1984

März 1993.
Ein Interview? Herr Zappe willigt sofort ein: »Gut, ich habe nichts zu verbergen. Ich kann mich heute noch sehen lassen bei den Leuten in Probstzella.«
Von 1971 bis 1989 war Engelhard Zappe Kommandant der Grenzübergangsstelle. Zum verabredeten Termin begrüßt mich der Ex-Oberstleutnant mild lächelnd mit den Worten: »Ah, Sie sind militärisch pünktlich, das ist gut!«
Unter der Eingangstreppe seines Rudolstädter Hauses liegen Platten vom Metallgitterzaun. An der Haustür ein Schild: »Keine Vertreter!«
Schlosser habe er gelernt und in einem Stahlwerk gearbeitet, erzählt Engelhard Zappe. Dort sei er 1952 für die Grenzpolizei geworben worden: »Ich wollte den jungen Staat schützen, die Grenze sichern.« Es folgte die Offiziersschule Salzwedel. Er kam zunächst als Unterleutnant an die Grenze in Meiningen, dann als Oberleutnant in den Stab der Grenzbrigade Rudolstadt, schließlich wurde er GÜST-Kommandant.
»Wie sah Ihr Alltag als Kommandant aus, was hatten Sie zu tun?«
»Eigentlich sehr viel. Erst mal hab ich sehr viele Baumaßnahmen gehabt; als ich dort hinkam, waren ja nur Baracken. Ich war bestrebt, ein bißchen Attraktivität zu bieten, als Grenzübergang. Wenn man von einem Staat zum anderen fährt, guckt man zuerst, wie's aussieht. Und wenn ich dort alte, verfallene Baracken sehe ...
Dann hab ich mich viel für die Eisenbahner eingesetzt, die hatten katastrophale Lebensbedingungen – in den Stellwerken waren noch die Trockenklosetts. Ich

konnte ja als ›Landesverteidigungsobjekt‹ jedes Jahr planen. Da hab ich Toiletten bauen lassen, Heizungen bauen lassen, die Stellwerke neu decken lassen.
Ich habe mit dem ›Rat des Kreises‹ Saalfeld so manche Schlacht geschlagen, daß wir Bockwürste hatten auf dem Bahnhof. Das war ja Mangelware. Oder in den heißen Monaten gab's keine Selters. Na, was meinen Sie, was ich angestellt hab, damit zwei Kasten Selters rankamen?«
»Wann fingen Sie morgens an zu arbeiten?«
»Um dreiviertel acht war ich auf der Dienststelle: Rapport gemacht mit dem diensthabenden Offizier auf der Führungsstelle, was in der letzten Nacht los war. Dann hatte ich meinen Monatsarbeitsplan: Baubesprechung, Schulung oder Ausbildung, Gespräche mit den Soldaten. Beratung mit der Eisenbahn, Beratung mit den Kontrollorganen und mit dem Zoll. Dann haben wir auch mal Variantentraining gemacht: Wenn ein Anruf kommt mit Bombendrohung oder eine Havarie, Brände ...«
»Waren Sie auch auf einen Massendurchbruch eingestellt?«
»Das hatten wir an der Grenzübergangsstelle nicht, das Kontrollterritorium war abgesichert, da konnte das nicht vorkommen.«
An einzelne Fluchtversuche könne er sich nicht erinnern. Von verletzten oder getöteten Flüchtlingen im Raum Probstzella will Kommandant Zappe nichts gehört haben: »Sicher wurden solche Sachen auch geheimgehalten.«
»Hat Ihnen Ihre Arbeit Freude gemacht?«
»Ja, ich war gern in Probstzella. Das war ein kleines, überschaubares Gebiet.«
»Und die Schattenseiten Ihrer Arbeit?«
»Früh halb sieben bin ich weggefahren hier, und abends halb sechs kam ich wieder – bei normalem Dienst. Nachts mußte man auch mal eine Kontrolle machen, so zweimal im Monat. Feiertags bin ich rausgefahren, Pfingsten, Ostern. Weihnachten oder Silvester grundsätzlich.«
Zu seinen Mitarbeitern habe er ein gutes Verhältnis gehabt, er habe auch dort geholfen, wo er konnte. Wenn ein Offizier mal keinen Termin in der Kfz-Werkstatt bekommen habe, da habe eben der Zappe angerufen, dann klappte es besser. Man habe sich auch in der Freizeit getroffen: Mit den Offizieren und ihren Frauen habe man zum Beispiel eine Fahrt nach Berlin gemacht, den »Palast der Republik« besucht und »ordentlich gegessen ... Ich hatte sie auch mal hier in Rudolstadt eingeladen. Da waren wir im Theater und dann Essen im Ratskeller unten.«
»Konnten Sie von Ihrem Büro aus die Züge in den Westen fahren sehen?«
»Ich hatte mein Büro im ersten Stock, da konnte ich nur einen Teil des Bahnsteigs einsehen.«
«Hatten Sie mal Kontakt mit Reisenden?«
»Nein, ich bin auch nicht am Zug langgelaufen.«
»Ist es nicht seltsam: Man hatte dort jahrelang täglich Tausende Westdeutsche vor der Tür und nicht einmal mit ihnen gesprochen?«
»Na, sicherlich gab's mal eine Frage, 'ne Auskunft ... Zu Reiseangelegenheiten konnte ich sowieso nichts sagen.«
»Wollten Sie gern mal mitfahren in den Westen?«
»Nein, der Gedanke ist nicht gekommen. Muß ich Ihnen ehrlich sagen. Was sollte ich denn dort? Ich hatte ja hier meine Arbeit und alles.«
»Und einfach mal nach drüben fahren, sich umsehen? Diese Sehnsucht haben

Kommandant Zappe 1982
(links in der Mitte sitzend)

doch in der DDR Millionen gehabt. Und Sie, der Sie täglich die Züge haben fahren sehen, hatten diese Sehnsucht nicht?«
»Kann ich nicht sagen, daß ich diese Sehnsucht hatte.«
»Das Ihnen vollkommen unbekannte Land gleich hinterm Berg hat Sie nicht gereizt?«
»Ich hatte in Gesprächen mit Bundesbahnern oft gehört, daß sie gesagt haben, sie gehen in den ›Vorruhestand‹. Oder wenn die vor der ›Mitropa‹ gesagt haben: Mensch, guck mal an: Drüben kostet die Bockwurst zwei Mark fuffzig. Ich hab gesagt: Das kann doch nicht wahr sein!«
»Hatten Sie Angst vor dem Westen, vor dem Klassenfeind?«
»Nee. Das wurde die letzten Jahre schon korrigiert, da wurde in der Schulung nur noch so gesagt: Es sind nur noch die unsere Feinde, die auf uns schießen. Früher wurden ja BGS und Bundeswehr pauschal als Feind dargestellt.«
Am 27. Oktober 1989, kurz nach seinem sechzigsten Geburtstag, sei er in Probstzella feierlich verabschiedet worden, »von allen Organen, mit großem Essen und Trinken«. Auf der Heimfahrt nach Rudolstadt sei er mit dem Auto in Saalfeld schon gar nicht mehr durchgekommen. »Da war Demonstration, ich mußte Umwege fahren. Für mich kam die Wende eigentlich ein bißchen überraschend.«
»Haben Ihnen die Demonstrationen angst gemacht?«
»Nein, warum sollte ich Angst haben? Ich habe doch nichts verbrochen.«
Als er zum »Jahresvergnügen« des Zolls am 8. November 1989 in Probstzella eingeladen wurde, habe er bei der Polizei in Saalfeld um Erlaubnis für den Aufenthalt in der Sperrzone gebeten: »Nachdem ich dort bald zwanzig Jahre Kommandant war, kriegte ich keinen Passierschein.«
Am Tag des Mauerfalls sei er zu Hause gewesen. Seine Frau sei von der Arbeit gekommen und habe gesagt: »Die Grenze ist auf.« Damals habe er große Schwierigkeiten mit der Gesundheit gehabt: »Ich wurde plötzlich blind, grauer Star.«
Hinübergefahren sei er zum ersten Mal Ende November 1989, aber nicht über Probstzella: »Ich habe mir gesagt: Du kannst doch nicht als alter Kommandant über Probstzella fahren, was sollen denn deine Leute von dir denken? Ich bin dann über Nordhalben gefahren; dort stand ein Kraftfahrer von mir, der hat uns zwar nicht gesehen, aber was denken Sie, wie ich mich geschämt hab.
Wir sind dann ein Stückchen rüber, nach Kronach, haben uns dort ein bissl umgeguckt. Die Orte dort waren sauber und alles. Man war natürlich beeindruckt, wenn man die Geschäfte gesehen hat. Wenn man hier 'ne Büchse Champignons haben wollte, hat man im ›Delikat‹ sechs Mark bezahlt und dort 99 Pfennige! Ich dachte, das gibt's doch nicht!
Aber jetzt haben wir auch bei uns das Elend mit der Arbeitslosigkeit, mit den steigenden Preisen. Das haben wir ja früher schon in der Presse geschrieben, im ›Neuen Deutschland‹. Früher konnte ich das Haus auch nachts auflassen. Die Kri-

minalität, die ganzen Betrügereien, Diebstähle ... Das waren für uns ja alles fremde Begriffe.«

»Hätte es in der DDR bleiben sollen, wie es war?«

»Nein, das konnte nicht mehr lange gutgehen. Ich bin für die Einheit. Aber nicht für den abrupten Beitritt der DDR, wo alle sozialen Errungenschaften erschlagen wurden. Irgendwie geht das zu schnell, zu überlegt. Rundum wird jetzt ein Kindergarten nach dem anderen geschlossen; da ist jetzt eine Protestaktion, ich hab unterschrieben. Früher brauchte ich keinen Pfennig zu zahlen, wenn ich zum Zahnarzt gegangen bin, jetzt muß man bezahlen. Es war ja nicht alles schlecht, was in der DDR war. Sicherlich war vieles nicht in Ordnung. Das sieht man heute auch anders als damals.«

»Was fanden Sie in der DDR nicht in Ordnung?«

»Gucken Sie, wenn ich meine Baumaßnahmen geplant habe – vier Jahre im voraus mußte ich planen. Wurde dann das Geld bewilligt, kamen die Betriebe an: Wir haben kein Material. Ich habe eine Schlacht geschlagen, um den Bahnhof Probstzella mal neu zu malen. Da war keine Farbe da. Also die Planwirtschaft hatte viele Ecken und Kanten.«

»Und was stört Sie noch am vereinigten Deutschland?«

»Ich bin gern in den Urlaub gefahren, wir waren viel im Ausland. In der Sowjetunion mehrmals, Ungarn, Polen, Tschechei. Damals hatten wir das Geld, da konnten wir nicht überall hin – jetzt können wir überall hin und haben das Geld nicht.«

»Sie sagen, Sie seien für die Einheit. Seit wann denn?«

»Der Gedanke kam eigentlich schon, da war ich noch bei der Truppe draußen. Wo die Massenflucht nach Ungarn losging und die Züge unbedingt durch die DDR ausreisen mußten. Das war der erste große Fehler, den man machte. Warum hat man denn die Leute nicht direkt von Prag aus fahren lassen? Dann wurde in der Politschulung verboten, die Zeitschrift ›Sputnik‹ zu lesen, und

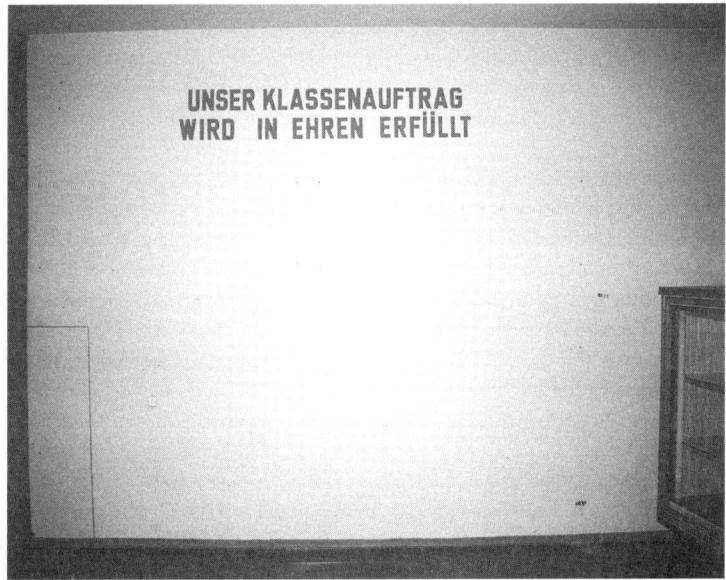

In der Grenzübergangsstelle, ein Jahr nach dem Mauerfall

den ›Eulenspiegel‹, wurde gleich dazu gesagt. Der Regimentskommandeur hat gesagt: ›Ich möchte nicht erleben, daß ein Offizier diese Zeitschriften liest!‹ Da dachte ich: Da kann doch was nicht stimmen.«
»Wie denken Sie heute über Ihre Arbeit an der DDR-Grenze?«
»Von der sicherungsmäßigen Seite war's umsonst. Aber ansonsten denke ich, daß ich doch was verändert habe, was Positives mit geschaffen habe, vor allem auf dem Bahnhof Probstzella. Die Sicherung war umsonst: Die DDR brach zusammen.«
»Warum haben Sie all die Jahre diese Arbeit gemacht?«
»Das ist die Frage. Wir waren der Meinung, wir machen das für die DDR. Alles war umsonst.«
»Sie waren ein entscheidender Teil des Apparates, der den Menschen in der DDR nicht nur ihre Reisefreiheit genommen hat. Haben Sie deswegen heute ein schlechtes Gewissen?«
»Nö, wem hab ich denn …? Es konnte doch jeder fahren, wenn er die Dokumente hatte – oder nicht? Wir hätten die Leute reisen lassen sollen. Die wären alle wiedergekommen. Das war ein Fehler unserer Partei- und Staatsführung. Sicher hing das mit den Devisen zusammen, anders kann ich mir das nicht erklären.«
»Sie wußten, daß Sie als Grenzer von vielen Menschen verflucht werden. Hat Sie das manchmal zweifeln lassen?«
»Diese Überlegung hat man nicht angestellt. Die kam erst Jahre später.«
»Ich staune, daß Sie damals keine Zweifel hatten. Sie wußten doch zum Beispiel, daß an der Grenze geschossen wird.«
»Daß geschossen wird, war klar. Ich selbst hatte aber meinen Truppen verboten, an der Grenzübergangsstelle zu schießen. Ich habe mehrmals vom vorgesetzten Stab gefordert, die Maschinenpistolen wegzutun und die Leute mit Pistolen auszurüsten, weil mir das so fatal war, wenn ich die Posten hab stehen sehn am Transitzug mit Maschinenpistolen. Die waren zwar getarnt, aber wie die jungen Burschen so sind, die wollen sich ja zeigen und sehen, ob aus dem Zug ein paar junge Mädchen rausgucken. Da standen die eben mit ihren Maschinenpistolen, und das tat mir innerlich weh. Ich hab nach Erfurt ans Grenzkommando geschrieben, mich mehrmals nach Sonneberg gewandt – aussichtslos. Da wurde mir gesagt, ich soll mich an den Stellenplan halten, und der sieht als Bewaffnung Maschinenpistolen vor.«
»Sie waren eine hervorragende Stütze des Systems.«
»War ich. Heute sind wir alle im Bundeswehrverband vereint. Dort sind wir voll anerkannte, gleichberechtigte Mitglieder. Und das freut mich ganz besonders. Da gibt's auch Informationsabende über Rentenrecht, soziale Probleme. ›Kameradschaft Heidecksburg‹ nennen wir uns in Rudolstadt. Über hundert Mitglieder, vor allem Ehemalige. Der Verband setzt sich für unsere Interessen ein.«
Herr Zappe will das Gespräch beenden: »So, jetzt haben wir die Zeit aber weit überschritten.«
»Noch eine Frage: Es gab diese Ausfahrtssperre in Richtung Westen, wofür war die?«
»Daß kein Zug, der noch nicht kontrolliert wurde, ausfährt.«
Und wenn jemand auf den Zug aufgesprungen wäre, frage ich nach, und man hätte versucht, ihn mit der Ausfahrtssperre zu stoppen, dann hätte es doch ein Unglück gegeben, oder?

Ein Stein, wo einst das Dorf Liebau an der DDR-Grenze war, das man in den siebziger Jahren zerstört hat.

»Die Sperre wäre nie für eine Person gestellt worden. Ich kann doch nicht wegen einer Person tausendzweihundert Menschen im Zug gefährden. Das wäre ja Wahnsinn gewesen. Dafür war die Sperre auch nicht. Die war nur dafür da, wenn jemand versuchte, durch das Kontrollterritorium durchzudonnern.«
Mit der schriftlichen Fassung des Interviews ist Herr Zappe bis auf eine Stelle einverstanden: »Es gab nur zeitweise keine Bockwurst auf dem Bahnhof. Meistens haben alle eine bekommen, auch die Bundesbahner. Für 85 Pfennige ...«

»Es bleibt die Frage, für wen ich die Uniform anziehe.«
Reinhard A. Kilian

November 1993.
Hauptkommissar Reinhard A. Kilian, seit 1970 beim Bundesgrenzschutz in Coburg, zeigt mir »seinen Abschnitt«. Nicht den ganzen, denn der war, »nebenbei gesagt, der größte, den je eine BGS-Abteilung hatte: 198 Grenzkilometer«. Von Coburg bis zum Falkenstein fahren wir.
Bis Ende 1993 sind die Grenzsperranlagen der DDR fast vollständig abgebaut. Zehn Platten des Metallgitterzauns hat Reinhard A. Kilian »von der Bundeswehr gratis bekommen«. Man habe damit in der BGS-Kaserne die Türen der Sportgeräteschränke ausgestattet, »zur besseren Durchlüftung«.

ÖFFNUNGEN

Vor der Grenzöffnung war Reinhard A. Kilian nicht in der DDR: Als »Geheimnisträger« war er sich nicht sicher, ob er dort ankommt, wo er hinwill. Inzwischen fährt er »öfter mal rüber«.
Er ist mit Uli Schmidt, dem ehemaligen »Oberoffizier Grenzaufklärung«, befreundet. »Wir feiern jedes Jahr am 14. November unseren persönlichen Wiedervereinigungstag.« Major Schmidt sei heute »in der Marktwirtschaft tätig«. Er habe »geackert wie ein Stier, um wieder eine Existenz zu kriegen«, und leite die Niederlassung einer Malerfirma. »Was mir den Mann heute sympathisch macht«, sagt Reinhard A. Kilian, »ist, daß er mir gegenüber niemals versuchte, das politische System der DDR zu rechtfertigen. Er hat durchaus mit dem Prozeß der Wende mitgekriegt, daß das alles Mist war, und eine Drehung um 180 Grad gemacht. Er hat aber auch versucht, mir etwas zu erklären: ›Wenn du als junger Mensch einen Job suchst, der gut bezahlt ist – was nimmst du dann? Und wenn es dir dann noch liegt und es dir nichts ausmacht, daß du eine Uniform anziehst ... Du hast doch auch eine Uniform angezogen ...‹
Ich kann dieses Gefühl nachvollziehen. Mir kam es auch darauf an, eine gesicherte Existenz zu haben, vernünftig bezahlt zu werden. Natürlich bleibt die Frage, für wen ich die Uniform anziehe. Aber hätte ich soweit gedacht, wenn ich auf der anderen Seite gewesen wäre?«
Bei den Treffen mit Uli Schmidt würden sie immer wieder über alte Zeiten reden: »Warum habt ihr das so gemacht? Kannst du dich noch an den erinnern?« Dann sei man bald bei einem »Flüchtlingsfall« ... Mit den politischen Diskussionen habe man inzwischen Schluß gemacht: »Es war einfach müßig, wir drehten uns im Kreis.«
»Sie sind mit jemandem befreundet, der das DDR-Grenzregime bis zum Schluß mitgetragen hat«, bemerke ich.
»Das bin ich. Und diese Freundschaft laß ich mir auch nicht nehmen, weil ich sie sehr wertvoll finde. Ich kann niemanden verurteilen, nur weil er diesem System angehörte. Es kommt darauf an, was er im einzelnen wirklich verbrochen hat. Das will ich dann schon genau wissen. Ich bin da vielleicht ein bißchen vorsichtig oder langsam. Wissen Sie, die Menschen entzweien, das geht schnell, aber sie zusammenzubringen ... Ich engagiere mich dort.«
Demnächst wird Reinhard A. Kilian aus gesundheitlichen Gründen in den Vorruhestand gehen.
»Wird ihm etwas fehlen als Pensionär?«
»Ja sicher, dieses Flair des BGS: Truppe, Kameradschaft, Zusammenhalt.«
»Wenn Sie auf Ihr berufliches Lebenswerk zurückblicken, welche Gedanken kommen Ihnen?«
»Ich bin froh, daß ich diesen Job gemacht habe, weil es eine sehr interessante Arbeit war. Ich bin mit Tausenden von Menschen in Berührung gekommen, das hat mir sehr viel Spaß gemacht.«

»Du wirst hier gebraucht.«
Hans-Joachim Schoeps

ÖFFNUNGEN

Juli 1994.
Seit bald vier Jahrzehnten lebt und wirkt Pfarrer Schoeps in Lichtentanne; auch in den Nachbargemeinden hat er als Seelsorger gearbeitet: »Daß ich so lange geblieben bin, hängt damit zusammen, daß ich jahrelang ganz allein war von Brennersgrün bis Zopten ...« In Probstzella führte Hans-Joachim Schoeps die Vikare Hassenstein, Hädicke und Weiss in die Pfarrstellen ein. »Ich hab mir schlicht und einfach gesagt: Du wirst hier gebraucht, du mußt hier deinen Dienst tun.« Gründe zum Weggehen habe es viele gegeben: Die Situation im Sperrgebiet habe sich von Jahr zu Jahr verschärft und erst zuletzt wieder etwas entkrampft: »In den achtziger Jahren mußte man sich nur noch alle halbe Jahre ›das Wohnrecht‹ in der Sperrzone bescheinigen lassen. Das waren unsere ›Erleichterungen‹ hier.«

Hans-Joachim Schoeps

Aus einem Bericht des »Rates des Kreises« Saalfeld an die SED-Kreisleitung: »Neben aktiver Jugendarbeit in Lichtentanne hat Schoeps auch einen starken aktiven Kirchenchor aufgebaut. Sein Einfluß ist so stark, daß bis Anfang 1972 der Parteiorganisations-Sekretär der SED von Lichtentanne (bis zu seiner Ablösung) die Kirchenglocken läutete, wenn er nach der Hausnummer an der Reihe war.«⁹

Hans-Joachim Schoeps: »Die Leute hier haben stets überlegt: ›Was schadet mir, was hilft mir?‹ Sie mußten ja hier leben, das war ihre Heimat, ihre Arbeitsstätte, also ihre Brotstätte. Manchmal haben sie vielleicht auch mal die Wahrheit gesagt, was sie gedacht haben. Aber im großen und ganzen haben sie geschwiegen ...

Die Wege und Wiesen neben dem Ort«, erinnert Pfarrer Schoeps, »waren zum Schluß alle gesperrt. So kam es, daß die Mütter ihre Kinderwagen immer die Ortsstraße rauf- und runterschoben. Die Kinder fanden auch kaum noch einen Ort zum Schlittenfahren: neben der Straße und am Ortsausgang war es schon wieder verboten.«

»Die hätten mich abgeholt ...«
Karl-Helmut Hassenstein

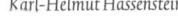

Karl-Helmut Hassenstein

Juli 1994.
Karl-Helmut Hassenstein, 1965 als Vikar nach Probstzella gekommen, bis 1976 dort Pfarrer, danach im thüringischen Allendorf. Stand er als Pfarrer in der DDR dem Staat kritisch gegenüber? »Sicher, man hat manches mit 'nem weinenden Auge gesehen. Es gab vielleicht da und dort mal eine kleine Möglichkeit, was zu bewirken oder mit zu verändern – aber ansonsten: Ich bin in diesem Staat aufgewachsen, hab in diesem Staat gelebt und hatte meine Arbeit zu tun. Was nützt es, wenn ich so was versuche wie beispielsweise Herr Brüse-

witz, der sich verbrannt hat? Oder was nützt es, wenn ich auf die Barrikaden gehe? Wenn ich Glück habe, weisen sie mich aus der Sperrzone aus.« Was es gebracht hätte, fragt mich Pfarrer Hassenstein, wenn er von der Kanzel herunter irgend etwas gegen Vater Staat gesagt hätte. »Die hätten mich abgeholt ... Wir hatten mit unserem Bischof Mitzenheim den ›Thüringer Weg‹. Das war ein anderer Weg als der von Dibelius in Berlin-Brandenburg. Mitzenheim hat schon sehr früh gesagt: ›Wir leben in diesem Staat, wir konnten uns diesen Staat nicht aussuchen. Aber wir haben es jetzt hier mit Menschen zu tun, ob die nun Uniform tragen, in der Partei oder in der Kirche sind. Hier gehören wir her, hier müssen wir versuchen, zusammenzuleben und Freiräume zu schaffen.‹ Und das ist erwiesen: Diese Zeit hat Freiräume geschaffen durch viele, viele Gespräche.«

»Die Leute wollten so was hören.«
Wolfram und Cornelia Hädicke

November 1994.
Wolfram und Cornelia Hädicke waren als Nachfolger des Pfarrers Hassenstein 1977 nach Probstzella gekommen und bis 1988 dort geblieben. Kürzlich hat Wolfram Hädicke in seiner Stasi-Akte einen Vermerk gefunden, wonach er und seine Frau in Probstzella im Lauf der Zeit eine »feindlich-negative« Richtung gegenüber dem Staat eingeschlagen hätten. Ihre staatskritische Haltung behielten die Hädickes auch später als Pfarrer in Ronneburg bei Gera, einem vom Uranbergbau vergifteten Städtchen.
Ihre Ansprache zur Orgelweihe in Großgeschwenda im Juli 1989 (»diese wunderbare Landschaft von Gräben und Zäunen zerschnitten«) kommentiert Cornelia Hädicke heute so: »Die Leute wollten so was hören. Sie waren zum Teil sprachlos geworden und wollten uns als Sprachrohr.«

Wolfram und Cornelia Hädicke

»Ich will nichts mehr von Menschen.«
Hedwig Dieder

November 1994.
Hedwig Dieder wurde 1961 von Probstzella nach Ranis zwangsausgesiedelt, wo sie noch heute wohnt. Die 74jährige lebt allein, geht regelmäßig zur Kegelgruppe, ins Theater, ins Konzert. Sie empfängt mich mit den Worten: »Warum interessieren Sie sich für das Schicksal der Ausgesiedelten? Haben Sie Angehörige, die davon betroffen sind?«
»Nein.«
»Es wird alles so leicht vergessen. Zu dieser Aussiedlung erscheinen jetzt ein paar Zeilen, damals ist von den Tragödien, die damit verbunden waren, nichts an die Öffentlichkeit gekommen. Dabei sind Menschen kaputtgegangen. Aber es ist ja zum Befragen derer, die es erlebten, noch nicht zu spät.«
»Frau Dieder, Sie stammen aus Probstzella?«
»Nein, aus Ostpreußen, Probstzella war unsere zweite Heimat – nach all dem Schlimmen, der Vertreibung 1944/45. Im Sommer 1945 kamen wir zuerst nach Zopten, auf das Gut, das Itting gehörte; damals war ich 25 Jahre. Ich arbeitete dann auch im ehemaligen Itting-Betrieb, dort fühlte ich mich mit den Menschen und mit meiner Arbeit sehr, sehr wohl.
Anfang der fünfziger Jahre sind wir nach Probstzella gezogen und haben in einer Werkswohnung gewohnt, auf der ›Friedrichshoffnung‹, landschaftlich wunderschön.«
»Was glaubten Sie damals, warum Sie ausgesiedelt wurden?«
»Ich wußte, daß ich politisch für viele Leute im Betrieb und in der Ortschaft nicht tragbar bin. Daß die in mir jemand sahen, der irgendwelche Strukturen hätte aufbrechen können, was ja lächerlich ist.«
»Haben Sie sich in der Öffentlichkeit politisch kritisch geäußert?«
»Nein, nicht im eigentlichen Sinne. Es gab nur so ein paar kleinere Episoden. Zum Beispiel hatten wir im Betrieb ziemlich oft Versammlungen. Einmal, nach Stalins Tod, da mußten wir aufstehen und fünf Minuten schweigen, darüber habe ich mich lustig gemacht. Ich ging ja auch zur Kirche, wie ein ganz großer Teil der Ausgesiedelten.«
»Kennen Sie inzwischen den konkreten Grund für Ihre Aussiedlung?«
»Nein. Ich fragte damals den Polizisten, einen Mann aus Ranis, der bei unserer Aussiedlung den Trupp geleitet hat, acht oder zehn Leute in Zivil: ›Warum?‹ Seine Antwort klingt mir noch heute gräßlich in den Ohren: ›Selbstverständlich werden Sie zu Ihrem eignen Schutz ausgesiedelt.‹«
»Wissen Sie, was aus den anderen Ausgesiedelten geworden ist?«
»Von den meisten weiß ich eigentlich nicht soviel. Man hat sich verloren, weil wir verstreut wurden ... Das hat man ganz geschickt gemacht damals: In Ranis waren meine Mutter und ich die einzigen aus Probstzella Ausgesiedelten. Die anderen waren nach Gera, Rudolstadt und sonstwohin gekommen. Mit einzelnen hatte man mal Kontakt, sich mal getroffen.«
»Gab es keine Solidarität der Ausgesiedelten untereinander?«
»Davon weiß ich nichts.«
»Durften Sie noch besuchsweise nach Probstzella?«

»Nein, diese Einschränkungen hörten nicht auf. Mein Schwager in Zopten ist in den sechziger Jahren gestorben. Da habe ich die Behörden gebeten, mir für den Tag der Beerdigung doch eine Einreise nach Probstzella und Zopten zu gewähren. Es wurde abgelehnt, ohne Begründung, das ist eben so und fertig. Als meine Nichte heiratete, bekam ich auch keine Einreise. Wir verlegten dann die Hochzeit nach Saalfeld.«

»Machten Sie in Ranis weiter Ihre politische Haltung deutlich?«

»Wir verweigerten uns die ersten Jahre bei den Wahlen; wir gaben dieser Wahlkommission bei der Stadtverwaltung schriftlich bekannt, daß wir nicht wählen werden. Da kamen schon um neun Uhr die ersten Leute, die uns überzeugen wollten: unsere ›Staatspflicht‹ und so weiter. Die ersten waren draußen, da kamen die nächsten; an einem Tag waren es fünf oder sechs Leute. Sie haben auch Bekannte von uns geschickt, von denen sie dachten, die könnten uns überzeugen. Sie holten noch den Direktor aus meinem Betrieb in Pößneck. Danach haben wir die Tür zugesperrt.

Hedwig Dieder

Ich war mir durchaus bewußt, daß es keinen praktischen Erfolg bringt, daß wir nicht wählen. Es waren sowieso ›99,97 Prozent Wahlerfolg‹. Aber es war unsere Haltung: Jetzt nicht! Nicht mit uns. Später gab ich's dann auf und sagte mir: Warum willst du dich selbst so zerreiben bei so einer nichtigen Sache? Ach, es hat gar keinen Zweck. Du bist nur ein Sandkorn, du kannst höchstens erreichen, daß dieses Sandkorn auch noch verschwindet.

Daß es keine Wahl war, daß es eine Farce war, das wußten wir alle. Aber jeder ist treu und brav hingegangen. Diese Zeit können viele Menschen nicht verstehen, sie fragen: Warum habt ihr euch nicht gewehrt? Man gewöhnte sich an alles, die Leute wurden müde und sagten: Warum soll ich mir das antun? Es sind ja viele, die am Anfang widerstanden haben, verschwunden auf Nimmerwiedersehen. So ließen wir uns alle einreihen. So war's.«

1952, bei der ersten Aussiedlungsaktion, hatte Hedwig Dieder gesehen, wie ihre Nachbarn in Zopten abgeholt wurden. Das seien »große Bauersleute« gewesen, deren Ahnen seit 150 Jahren auf dem Bauernhof gelebt hatten. Entsetzt sei sie damals gewesen, sprachlos: »Daß man das machen konnte, daß man das durfte! Daß man Menschen so vergewaltigt …«

Nein, sie wisse nicht, wer für ihre Aussiedlung verantwortlich sei, sagt Hedwig Dieder. Sie habe auch keine Anstrengungen unternommen, es zu erfahren. Nein, sie habe den verantwortlichen Polizisten, der sie in Probstzella aussiedelte, in Ranis nicht daraufhin angesprochen, niemals. Dabei hat sie ihn fast jede Woche einmal in der Stadt getroffen. Man habe einander gegrüßt.

»Dachten Sie mal daran, wegen Ihrer Aussiedlung eine Anzeige zu erstatten?«

»Nein, nein, das will ich nicht. Das ist Vergangenheit. Ich habe dieses Stück Leben – Gott sei Dank – bewältigt. Ich will nichts mehr von Menschen. Ich will auch nicht mehr nach Probstzella. Dort ist mir alles fremd geworden. Es sind auch nicht mehr viele dort von denen, die ich damals kannte.«

»Wann waren Sie zum ersten Mal wieder dort?«

»Im Frühjahr 1990, ich habe eine Freundin besucht. Inzwischen fahre ich so vier- bis sechsmal im Jahr nach Probstzella.«

»Als Sie das Haus wiedersahen, in dem Sie gewohnt hatten – wie war das?«
»Das hat mir schon ein paar Tränen in die Augen getrieben. Aber das ist für mich Vergangenheit. Genau wie Ostpreußen, meine Urheimat. Probstzella ist ein ganz schwieriges Kapitel meines Lebens, ein trauriges. Aber ich kann abschließen.«
»Wenn Sie heute in Probstzella sind – macht Sie das traurig?«
»Nein, nicht mehr. Ich bin auch öfter mal auf der ›Friedrichshoffnung‹. Dort ist jetzt so ein kleines, romantisches Café, da bin ich schon dreimal mit meinen Neffen und Nichten gewesen.«
»Wo ist heute Ihre Heimat?«
»Probstzella wäre meine wirkliche Heimat geworden – aber jetzt nicht mehr. Jetzt ist Ranis meine Heimat, wenn man das so sagen will. Ja, ja, ich glaube schon ...«

»Ein alter Fuchs«
Karl Zenkel

Herbst 1994.
Seit 1974 wurde der Ludwigsstädter Grenzpolizist Karl Zenkel durch die MfS-Bezirksverwaltung Gera gezielt bespitzelt. Man verdächtigte ihn, Mitarbeiter eines westlichen Geheimdienstes zu sein.
Im Oktober 1994 sieht Herr Zenkel beim Bundesbeauftragten für die MfS-Unterlagen in Berlin die Stasi-Akten »Grenzland« und »Frankenwald« ein.
Karl Zenkel ist inzwischen siebzig Jahre alt und seit elf Jahren pensioniert: »Nach dem, was da steht, war ich ein frommes Lamm. Ich hatte gedacht, ich stehe kurz vorm Todesurteil.«
Am Nachmittag dieses sonnigen Oktobertages fahre ich mit Karl Zenkel nach Berlin-Lichtenberg, zum ehemaligen Ministerium für Staatssicherheit. Wir gehen über das riesige Gelände, besuchen den Arbeitsbereich des Stasi-Ministers Erich Mielke. Wortlos besichtigt Karl Zenkel das Büro und die anschließenden Räume, sieht die Totenmaske Lenins auf Mielkes Schreibtisch, die Devotaliensammlung des Minister, den großen Konferenztisch. Er sieht auch die ausgestellten Minikameras, Wanzen und andere Geheimdienstutensilien.
An einem Novemberabend zeigt mir Karl Zenkel in seinem Steinbacher Haus Dias von der Grenze. Seit 1962 hält er dazu öffentliche Vorträge, inzwischen habe er es auf »weit über hundert« gebracht. Seine Kommentare zu den Bildern sind betont sachlich. »Ich sage nur Tatsachen, sonst bezeichnen die mich doch als kalten Krieger.«
Nach dem Vortrag bin ich sprachlos, erschüttert. Die Wirkung ist beabsichtigt.
Der Grenzpolizist Karl Zenkel hat bis zuletzt an der DDR-Grenze gelitten. »Karl hat's als persönlichen Kampf gesehen«, sagt sein Kollege Martin Weber: »Der Zenkel war ein alter Fuchs.«

Karl Zenkel

An der Bahnlinie zwischen Gräfenthal und Zopten, November 1993, dreißig Jahre nachdem Dieter Fürneisen hier im Minenfeld umkam.

»**Ein unheimliches Gerechtigkeitsgefühl**«
Herbert B.

November 1994.
Herbert B. war im Herbst 1963 gerade zu den Grenztruppen einberufen worden, als ihn die Nachricht vom Tod seines Freundes Dieter Fürneisen erreichte.
Herr B., mit dem ich in einer Jenaer Kneipe spreche, korrigiert sich: »Einberufen wurde ich zu den Mot.-Schützen, und nach der Grundausbildung kam ich an die thüringische Grenze bei Herleshausen. Im Ausbildungsregiment wurden wir, etwa dreißig Soldaten, von zwei Politoffizieren gefragt: ›Würden Sie auch auf Ihren Bruder schießen?‹ Drei sagten nein und kamen zur Polen-Grenze.
Ich kann mich an zwei Mann erinnern, die haben zwei Magazine leergeschossen – ohne den Flüchtling zu treffen. Die wurden zwar versetzt, kamen aber nicht ins Gefängnis.«
Seinen Freund Dieter charakterisiert Herbert B. so: »Er hatte ein unheimliches Gerechtigkeitsgefühl. Er wollte sich von nichts und niemanden bevormunden lassen. Er konnte sich schlecht unterordnen.«

»Sicher ist man immer mal traurig …«
Elke Forkert

ÖFFNUNGEN

März 1995.
Elke Forkert, die Schwester Dieter Fürneisens, empfängt mich in ihrer großen, lichten Wohnung in Weißenfels etwas quirlig, dabei gutgelaunt und freundlich: »Ich bin eigentlich schon längst hinweg über diese Sache, es ist ja jetzt schon über dreißig Jahre her.« Sie führt mich ins Wohnzimmer: »Ich zeig Ihnen erst mal das Opfer …«
Ein paar Fotos liegen bereit; lebhaft fängt sie an zu erzählen: »Den eigentlichen Hergang haben wir 1992 der ›Bild‹-Zeitung entnommen. Natürlich weinte man da. Wenn man sich überlegt, daß da so ein junger Mensch auf eine Mine tritt, und ein Bein wird erst mal weggeschleudert … Sicher ist man immer mal traurig, aber ich sage immer: Wer weiß, was aus ihm geworden wäre, wenn er drüben gelandet wäre? Diese Welt ist ja auch so verlockend …«

Elke Forkert

Mir fällt auf, wie leicht Elke Forkert über das Schicksal ihres Bruders sprechen kann. Mehrmals lacht sie plötzlich auf, glockenhell. Ja, ihre Mutter weine auch heute noch über den Tod ihres Sohnes. Wenn sie im Radio das Lied von den roten Lippen hört: »Guck mal, das Lied hat der Dieter immer so gern gesungen«, sage sie dann.
Als Elke Forkert die Beerdigung ihres Bruders schildert, beginnt sie auf einmal zu schluchzen.
»Kurz nach der Wende lagen auf Dieters Grab Blumen, und wir wußten nicht, von wem sie waren«, erzählt Frau Forkert noch. Sie vermutet, daß seine Tochter Silke da war. Oder war jener Freund zum Grab gekommen, der Dieter Fürneisen die Skizze zur Flucht geschickt hatte?

»Mein Bernd kommt nicht wieder.«
Inge Hüttner-Sperlich

März 1995.
Ein naßkalter Nachmittag. Inge Hüttner-Sperlich, siebzig Jahre alt, erwartet mich in ihrem kleinen Haus in Jena Ost mit Kuchen und Kaffee. Ich bin pünktlich, und doch habe ich das Gefühl, sie habe schon lange auf mich gewartet.
Frau Hüttner zeigt mir als erstes einen Brief, den sie über ihre westdeutsche Schwester vom Bundesgrenzschutz aus Coburg erhielt: die einzige Mitteilung zu den Todesumständen ihres Sohnes Bernhard an der Grenze bei Probstzella 1971. Achtzehn Zeilen. »Von den Behörden hier hab ich ja nichts …«
Sie erzählt von den Tagen, als ihr Sohn sie für immer verließ. Daß er lange schon

Inge Hüttner-Sperlich

weggewollt hatte, will sie nicht wahrhaben: »Er traf die zwei Kumpels, und die haben gesagt: ›Mensch, Bernhard, alles okay, komm, wir hauen ab!‹«
»Wissen Sie, wer Ihren Sohn erschossen hat?«
»Ich hab mal gehört, wer eventuell der Mörder wäre, der wäre von Eisenberg. Der soll dort in der Fleischfabrik gearbeitet haben. Ein Arbeitskollege von ihm hat mir mal erzählt, wie der als Soldat auf Urlaub kam: ›Na, sage mal, was machst du denn schon wieder hier?‹ – ›Och, ich hab Sonderurlaub.‹ – ›Was, Sonderurlaub? Du hast wohl jemand erschossen und Prämie gekriegt, gell?‹ Da sagt der: ›Ja! Woher weißt denn du das?‹ – ›Na, du wirst doch nicht meinen Freund erschossen haben, den Bernd Sperlich?‹ – ›Ich glaube, so hieß der ...‹«
»Kennen Sie den Namen des Schützen?«
»Das weiß ich auch nicht. Ich wollte immer mal den einen fragen, ich hatte es auf der Zunge, wenn wir uns in der Stadt getroffen haben. Aber ich hab's nicht fertiggebracht. Es ist ja auch schon über zwanzig Jahre her.
Ich wollte immer mal nach Eisenberg und dort mal suchen, weil er mir erklärt hatte, daß der da und da wohnt. Aber ich wußte nichts Genaues. Meine Kinder haben gesagt: ›Du regst dich bloß auf!‹ Da hab ich's gelassen.«
Ich zeige Frau Hüttner das Foto vom Todesschützen, Stabsfeldwebel Hovaguimian. Sie sagt, sie habe sich ihn jünger vorgestellt, etwas älter als ihren Sohn.
»Hoffen Sie noch auf eine Bestrafung des Mannes, der Ihren Sohn niederschoß?«
»Ja, schon, auch wenn ich nichts mehr davon habe, außer die Genugtuung. Mein Bernd kommt nicht wieder.«
»Haben Sie Anzeige erstattet?«
»Wo soll ich denn da anfangen, wo soll ich mich denn hinwenden? Es hat ja keinen Sinn, gell? 1992 waren mal zwei Polizisten in Zivil hier und haben mich befragt. Seitdem hab ich nichts mehr davon gehört.«

»Wenn Sie sich heute an Bernhard erinnern – sehen Sie ihn noch deutlich?«
»Ja! Ich heule auch noch. Wenn ich hier abends allein sitze, dann denke ich: Ach, es war doch eine schöne Zeit«, sie lacht kurz auf, »dann heule ich oft und denke: Du könntest noch leben, wenn du nicht ... Hätte er noch zwanzig Jahre gelebt, könnte er jetzt 'nüber, wo er hinwollte.
Warum hat er das nur getan? Warum hat er sich nicht mit festnehmen lassen? Dann wäre er in den Knast gegangen und wieder rausgekommen. Es ist ihm doch nicht schlechtgegangen. Er hat doch alles bekommen. Das war die Verführung durch die anderen. Er könnte heut noch leben. Dann hätte ich noch einen Sohn mehr, der sich um die Mutter kümmert. Ich will doch noch ein bißchen leben.«
Im Juli 1995 gehe ich mit Frau Hüttner zum Grab ihres Sohnes, vorbei am Haus in der Dornburger Straße, wo sie damals mit ihren Kindern gelebt hat. Es ist, als schritten wir sein Leben ab: In derselben Straße war Bernds Kindergarten, ein paar Schritte weiter seine Schule. Hinter der Nordschule ist der Friedhof.
Auf dem Heimweg erzählt mir Frau Hüttner, ihr Sohn Frank habe vor kurzem mal wieder die Jacke seines großen Bruders Bernd anprobiert. Jene Jacke, die er anhatte, als er erschossen wurde. Frank habe die Lederjacke nach dem Tod seines Bruders noch Jahre getragen. – »Sie paßt doch noch!« habe neulich Franks Tochter beim Anprobieren gerufen. Da habe ihr Sohn Frank gesagt: »Nein, ich ziehe sie jetzt nicht mehr an.« Er sei aus dem Zimmer gegangen, mit Tränen in den Augen.

Dritter Teil
Prozesse
Beobachtungen

»Es gibt, so scheint es, einen menschlichen Maßstab, den wir nicht verändern, sondern nur verlieren können.«

MAX FRISCH

Auf der Suche nach Opfern und Tätern
Erste Ermittlungen

PROZESSE

Eine Arbeitsgrundlage für die bundesdeutschen Ermittler bei der Strafverfolgung von SED-Unrecht sind zunächst die Akten der »Zentralen Erfassungsstelle« Salzgitter. Mehr als 40 000 Gewalttaten von Staatsorganen der DDR sind dort bis 1990 erfaßt worden.

Im Potsdamer Militärarchiv durchforschen Kriminalbeamte nach der Wiedervereinigung auf der Suche nach Opfern und Tätern sämtliche Tagesmeldungen der Grenztruppen, die vom Beginn der DDR an bis zu deren Ende verfaßt worden sind. Zeitweise lesen bis zu zwanzig Polizisten diese Meldungen – Tag für Tag, Seite für Seite.

Die Ermittlungsarbeit von Polizei und Staatsanwaltschaft dauert in der Regel Jahre. Mehr als 65 000 Ermittlungsverfahren zum SED-Unrecht werden bei den Schwerpunkt-Staatsanwaltschaften in Berlin und den neuen Bundesländern von 1990 an eingeleitet. Etwa zwei Drittel davon, rund 40 000 Verfahren, betreffen Fälle von Rechtsbeugung in der DDR. Über 3000 polizeiliche und staatsanwaltschaftliche Ermittlungsverfahren werden wegen Gewalttaten an der DDR-Grenze eingeleitet.

Der Flut von ungeklärten Fällen stehen Polizei und Staatsanwaltschaft mit unzureichenden Mitteln gegenüber: Es fehlt an Mitarbeitern, Büros, Computern, Telefonen. Manfred Kittlaus, der Leiter der Zentralen Ermittlungsstelle für Regierungs- und Vereinigungskriminalität (ZERV) in Berlin, spricht 1992 im Zusammenhang mit dem fehlenden Personal in seiner Dienststelle von einer »Amnestie auf kaltem Weg«. Durchschnittlich zwei bis drei Jahre Dienst bei der ZERV leisten die abgeordneten Kollegen aus den alten Bundesländern. Dort entbehrt man sie ungern.

Wenn Tatort und Zeitpunkt eines Gewaltakts an der Grenze feststehen, die Namen von Opfer und Täter bekannt sind, müssen die näheren Umstände ermittelt werden. Beteiligte und Zeugen müssen gefunden und vernommen werden. Es gibt Fälle, in denen nahezu alle ehemaligen Angehörigen einer Grenzkompanie – von der Ostseeküste bis ins Erzgebirge – befragt werden müssen, ehe die Polizeibeamten die Wahrheit erfahren.[1]

Militärarchiv Potsdam – fast 40 000 Akten von Grenzpolizei und Grenztruppen lagerten hier.

Handeln auf Befehl
Zwei Grundsatzentscheidungen des Bundesgerichtshofs

Die erste Entscheidung des Bundesgerichtshofs (BGH) zu einem Berliner Mauerschützen-Urteil ergeht im November 1992: Die Verurteilung der beiden Grenzer, die auf Michael Schmidt geschossen haben, wird bestätigt.

PROZESSE

Das Handeln der Schützen sei nicht durch das Grenzgesetz der DDR gerechtfertigt gewesen, auch nicht durch Bestimmungen oder Befehle. Das Grenzregime habe dem Verbot, die DDR ohne Genehmigung zu verlassen, Vorrang vor dem Lebensrecht der Flüchtenden gegeben. Damit sei in grober und unerträglicher Weise gegen die allgemein anerkannten und von jedem Staat zu beachtenden Menschenrechte verstoßen worden. Dies sei für die Grenzsoldaten erkennbar gewesen. Die Verurteilten hätten sich auch nach DDR-Recht, wenn es richtig verstanden und ausgelegt werde, schuldig gemacht. Es bleibt jedoch bei der Bewährungsstrafe.

Die Verurteilung von Ingo Heinrich, dem Todesschützen Chris Gueffroys, hebt der Bundesgerichtshof dagegen im März 1993 auf und verweist den Fall zur Neuverhandlung an eine andere Strafkammer des Berliner Landgerichts zurück. In der Begründung der BGH-Richter heißt es unter anderem, das Strafmaß (dreieinhalb Jahre Haft) sei zu hoch, denn der Angeklagte habe in der militärischen Hierarchie ganz unten gestanden und auf Befehl gehandelt.

Dabei war selbst im DDR-Strafgesetzbuch unter der Überschrift »Ausschluß des Befehlsnotstandes« ausdrücklich festgelegt: »Auf Gesetz, Befehl oder Anweisung kann sich nicht berufen, wer in Mißachtung der Grund- und Menschenrechte, der völkerrechtlichen Pflichten ... handelt; er ist strafrechtlich verantwortlich.«

Plakataktion des West-Berliner Senats an der Mauer, 1963

Im März 1994 wird Ingo Heinrich in letzter Instanz zu zwei Jahren Haft verurteilt; die Strafe setzen die Richter der 27. Strafkammer des Berliner Landgerichts entsprechend einer Empfehlung des Bundesgerichtshofs zur Bewährung aus. Generalpräventive Erwägungen – das heißt: ein Zeichen zur allgemeinen Vorbeugung zu setzen – halten sie für »bedeutungslos angesichts des Untergangs des Grenzregimes der DDR« ... In Fällen »gewöhnlicher Kriminalität«, bei denen ein Totschlag nicht politisch begründet wird, sprechen deutsche Gerichte ganz selten eine Bewährungsstrafe aus.[2]

»Gefangene der deutschen Nachkriegsgeschichte«
Der NVR-Prozeß

Am 12. November 1992 beginnt vor dem Berliner Landgericht der NVR-Prozeß, der Prozeß gegen Mitglieder des Nationalen Verteidigungsrates, des höchsten militärischen Führungsgremiums der DDR. Die Anklage lautet auf Totschlag und versuchten Totschlag von DDR-Flüchtlingen in 68 Fällen, darunter im Fall des durch Minen getöteten Dieter Fürneisen.

Der Angeklagte Honecker ist im Juli 1992 von Moskau an die Berliner Justiz ausge-

liefert worden. Wegen einer Krebserkrankung wird der Haftbefehl gegen ihn im Januar 1993 aufgehoben. Tags darauf fliegt Erich Honecker zu seiner Frau Margot nach Chile, wo er im Mai 1994 stirbt. Auf der Moabiter Anklagebank hat Erich Honecker erklärt: »Mit diesem Prozeß wird das getan, was man uns vorwirft: Man entledigt sich der politischen Gegner mit den Mitteln des Strafrechts...«
Als verhandlungsunfähig gilt auch der Angeklagte Willi Stoph. Der Angeklagte Erich Mielke scheidet kurz nach Beginn des NVR-Prozesses ebenfalls wegen Verhandlungsunfähigkeit aus. Ein paar Wochen zuvor hat er dem »Spiegel« noch ein mehrseitiges Interview gegeben – redegewandt, schlagfertig, ganz der Alte: »Hätte die Partei mir den Auftrag gegeben, dann gäbe es die DDR vielleicht noch heute. Darauf können Sie sich verlassen.« Auf die »Hunderttausende von Spitzeln« angesprochen, meint er: »Das Wichtigste war, Sicherheit, Ruhe und Ordnung zu garantieren, irgendwie.«[3]
Im Oktober 1993 wird Erich Mielke wegen der Ermordung von zwei Berliner Polizisten im Jahre 1931 zu sechs Jahren Gefängnis verurteilt.

Weiterverhandelt wird im NVR-Prozeß gegen Heinz Keßler, der 1985 als Nachfolger des verstorbenen Heinz Hoffmann Verteidigungsminister wurde, und gegen Hans Albrecht, seit 1968 SED-Bezirkschef von Suhl, sowie gegen Fritz Streletz, seit 1971 NVR-Sekretär und dazu seit 1979 Chef des NVA-Hauptstabes.

Propaganda der SED am Grenzzaun in Heinersdorf, 1977

Alle drei weisen den Schuldvorwurf der Anklage vehement von sich. Es sei das Recht eines jeden souveränen Staates, die Unverletzlichkeit seiner Grenzen durchzusetzen, sagt Heinz Keßler. Fritz Streletz meint, die Minen an der DDR-Grenze seien nur für jene Menschen eine Gefahr gewesen, »die sich dieser Gefahr wissentlich selbst ausgesetzt haben«. Und Hans Albrecht behauptet, er habe keine Einflußmöglichkeit auf die Grenzsicherung gehabt; jedoch habe er als SED-Bezirkssekretär stets alles zur Verbesserung der Lebensbedingungen im Sperrgebiet unternommen. (1972 forderte Genosse Albrecht in einem Schreiben an den Verteidigungsminister, im Bezirk Suhl den »pioniertechnischen Ausbau der Staatsgrenze beschleunigt fortzusetzen«.)

459

PROZESSE

```
Landgericht Berlin      1000 Berlin 21, den 19.Oktober 1992
Strafkammer 27          Turmstr.91
Geschäftsnummer:        Fernruf: 3979-2302
527-10/92
```

HAFTBEFEHL

Gegen

1. den Generalsekretär der SED, Vorsitzenden des Staatsrates und Vorsitzenden des Nationalen Verteidigungsrates der ehemaligen DDR
Erich H o n e c k e r ,
geboren am 25.August 1912 in Neunkirchen/Saar,
z.Zt. in dieser Sache in Untersuchungshaft in der Justizvollzugsanstalt Moabit - Haftkrankenhaus - zu Gef.B.Nr. 2955/92,

2. das Mitglied des Politbüros des Zentralkomitees der SED, Mitglied des Nationalen Verteidigungsrates und früheren Minister für Staatssicherheit der ehemaligen DDR
Erich M i e l k e ,
geboren am 28.Dezember 1907 in Berlin,
z.Zt. in anderer Sache in Untersuchungshaft in der Justizvollzugsanstalt Moabit zu Gef.B.Nr. 476/92-9,

3. das Mitglied des Politbüros des Zentralkomitees der SED, Mitglied des Nationalen Verteidigungsrates und früheren Vorsitzenden des Ministerrates und Stellvertreter des Vorsitzenden des Staatsrates der ehemaligen DDR
Willi S t o p h ,
geboren am 9.Juli 1914 in Berlin,
wohnhaft: Spandauer Str. 2/0513, O-1020 Berlin,

4. das Mitglied des Politbüros des Zentralkomitees der SED, Mitglied des Nationalen Verteidigungsrates und früheren Minister für Nationale Verteidigung der ehemaligen DDR
Heinz K e ß l e r ,
geboren am 26.Januar 1920 in Lauban/Schlesien,
z.Zt. in dieser Sache in Untersuchungshaft in der Justizvollzugsanstalt Moabit zu Gef.B.Nr. 2290/91,

5. den Stellvertreter des Ministers für Nationale Verteidigung, Chef des Hauptstabes und Sekretär des Nationalen Verteidigungsrates der ehemaligen DDR
Fritz S t r e l e t z ,
geboren am 28.September 1926 in Friedrichsgrätz/Kreis Oppeln,

Haftbefehl gegen Erich Honecker

Nach zehnmonatiger Verhandlungsdauer wird am 16. September 1993 das Urteil im Prozeß gegen die ehemaligen NVR-Mitglieder gesprochen. Die Anwälte haben Freisprüche beantragt, die Staatsanwaltschaft Haftstrafen zwischen acht und zwölf Jahren. Das Urteil: Siebeneinhalb Jahre Freiheitsentzug für Heinz Keßler, fünfeinhalb Jahre für Fritz Streletz, viereinhalb Jahre für Hans Albrecht.
Der Strafrahmen für *einen* Totschlag beträgt fünf bis fünfzehn Jahre Haft. Gleichwohl hat man die drei NVR-Mitglieder für sechs- bis siebenfachen Totschlag zu einer Haftstrafe aus dem unteren Bereich des Strafrahmens verurteilt. Zugunsten

der Angeklagten sei berücksichtigt worden, so der Vorsitzende Richter Hans Boß in der mündlichen Urteilsbegründung, daß sie »Gefangene der deutschen Nachkriegsgeschichte« seien »wie wir alle«. Des weiteren ist strafmildernd zuerkannt worden, daß sie selber Angestiftete gewesen seien. Sie hätten nicht aus eigennützigen Motiven, sondern im vermeintlichen Interesse des Staates gehandelt.

Die Verurteilung der NVR-Mitglieder wird im Sommer 1994 vom Bundesgerichtshof im Schuldspruch abgeändert: Sie seien nicht nur Anstifter und Helfer gewesen, sondern müßten, so die Richter des 5. Strafsenats, als »mittelbare Täter« verurteilt werden. Die Strafe für Hans Albrecht setzen sie auf fünf Jahre und einen Monat herauf. Bestätigt werden die Haftstrafen für Heinz Keßler und Fritz Streletz.
Trotz der milden Strafen legen die Verurteilten beim Bundesverfassungsgericht Beschwerde ein: Das BGH-Urteil verstoße gegen den Grundsatz, wonach nur jene Taten strafrechtlich verfolgt werden dürfen, die zum Zeitpunkt der Tat per Gesetz unter Strafe gestanden haben.[4]

Von Anfang an ist die Strafverfolgung von SED-Unrecht immer wieder in Frage gestellt, kritisiert und angefeindet worden. Ende 1994 ist die Amnestiedebatte auf ihrem Höhepunkt. Da sind in Berlin im Bereich Regierungs-, Funktionärs- und Vereinigungskriminalität gerade erst vierzig Gerichtsentscheidungen getroffen worden, etwa 15 000 Verfahren sind noch anhängig.[5]

Landgericht Gera, Großer Saal

»Ich wollte die Person nicht töten.«
Prozeß im Fall Grübner

Im November 1994 muß sich der ehemalige Grenzsoldat Ulrich Gau vor dem Landgericht Gera verantworten für die Erschießung des Flüchtlings Max Grübner 1955 in der Nähe der Steinbachsmühle bei Probstzella.
Fast leer ist der Große Saal des Landgerichts beim zweiten Geraer Grenzschützen-Prozeß: hier drei Frauen von der Regionalpresse, dort zwei ältere Herren, da drei

jüngere auf den Besucherplätzen. Beim ersten derartigen Prozeß ein halbes Jahr zuvor ist der Saal stets halbvoll gewesen; zur Urteilsverkündung ist sogar eine Schulklasse gekommen.

Ulrich Gau, Jahrgang 1932, Maschinenschlosser und Diplom-Finanzökonom, zur Zeit arbeitslos, zu Hause in einer thüringischen Kleinstadt, fünf erwachsene Kinder. Als der Vorsitzende Richter, Landgerichtsvizepräsident Reinhard Maul, Herrn Gau zum ersten Mal anspricht, springt dieser auf. »Sie können sitzen bleiben«, sagt der Richter peinlich berührt. Bis 1991 war Ulrich Gau bei der Volksarmee, oder, wie er sagt, »bei der Bundeswehr«.

Ulrich Gau, dem vorgeworfen wird, »einen Menschen getötet zu haben, ohne Mörder zu sein«, dem also Totschlag vorgeworfen wird, sitzt außerordentlich gerade auf seinem Stuhl. Er hat die Hände flach auf den Tisch gelegt und sieht den Richter Maul erwartungsvoll, sehr aufmerksam und fest an. Als Verteidiger hat sich der angeklagte Grenzschütze Rechtsanwalt Rebhan ausgesucht – Rolf Rebhan war in der DDR Militärstaatsanwalt im Bezirk Erfurt.

Verteidiger Rebhan gibt im Namen des Angeklagten eine Erklärung ab: In den Medien spreche man von einem gezielten Todesschuß – das sei makaber, denn die Grenzpolizei der Deutschen Demokratischen Republik sei eine zum Schußwaffengebrauch berechtigte Behörde gewesen. Herr Gau habe damals »mit der erforderlichen Sorgfalt« geschossen. Der Herr Grübner sei aufgrund der unterlassenen Hilfeleistung seitens der westdeutschen Beamten gestorben. Sein Mandant habe entsprechend den gesetzlichen Bestimmungen der DDR gehandelt. Es werde ein sogenannter Schießbefehl konstruiert, ohne daß ein solcher Befehl jemals als Beweis vorgelegt worden sei.

Das Verfahren der bundesrepublikanischen Justiz gegen Herrn Gau sei doch nachweislich 1986 von der Staatsanwaltschaft Coburg eingestellt worden. (»Was gilt das Wort eines bundesdeutschen Staatsanwaltes?«) Der Erfurter Staatsanwaltschaft, die nun für dieses Verfahren zuständig ist, wirft er »Ermittlungsmängel« vor.

»Wollen Sie zur Sache aussagen, Herr Gau?« beginnt Richter Maul die nächste Verhandlungsrunde.
Herr Gau sagt aus: »Ich weiß nicht, warum ich ihn in den Kopf traf. Ich mache mir seit vierzig Jahren Gedanken, warum ... Ist die Person gestolpert? Ich weiß es nicht. Wir durften ja gar nicht auf Westgebiet schießen, ich habe nach unten gehalten. Ende meiner Ausführungen.«
Richter Maul: »Hatten Sie zur Tatzeit eine Vorstellung, ob der Schußwaffengebrauch rechtens ist?« – »Damals war ich davon überzeugt, daß es auf der Grundlage der Bestimmungen rechtens ist ...« – »Werten Sie das heute anders?« – »Heute würde ich das auch noch so sehen. Jedes Land hat das Recht ... die Grenze zwischen den USA und Mexiko zum Beispiel, dort ist der Zaun noch höher ...« – »Der Unterschied ist, daß man dort reinwill und aus der DDR rauswollte ...« – »Grenze ist Grenze.«

Richter Maul fragt weiter: »Würden Sie sich als guten Schützen bezeichnen?« – »Nein, als schlechten Schützen, andere haben besser geschossen.« – »Haben Sie sich Gedanken gemacht, daß der Schuß in die Beine treffen könnte?« – »Ich verstehe

die Frage nicht.« – »War es Ihnen egal, ob Sie in die Beine treffen oder nicht?« – »Es war mir nicht egal. Ich wollte die Person nicht töten.« – »Ist damals gegen Sie ermittelt worden?« – »Nein.« – »Was hätten Sie zu erwarten gehabt, wenn Sie den Grenzdurchbruch zugelassen hätten?« – »Es hieß, bis zu fünf Jahre Strafe, eventuell ...« – »Wurde Ihnen gesagt, wofür Sie dann fünf Jahre Gefängnis bekommen hätten?« – »Na, als eine Art Fluchthelfer ...« – »Nach welchem Strafgesetz?« – »Ich weiß es nicht.«
Richter Maul hält dem Angeklagten einige Zitate aus einer Sendung des britischen Fernsehens vor. Ulrich Gau hat in dem Film »Tod im Niemandsland« auf die Frage, was die Formulierung »Grenzverletzer sind zu vernichten« bedeutet habe, geantwortet: »Erschießen.« – »Haben Sie das so gesagt?« – »Dazu kann ich heute nichts sagen.«
Im Juni 1991 hat das Erste Deutsche Fernsehen den Film »Finger am Abzug« von Heribert Schwan und Werner Filmer ausgestrahlt. Auf die Frage des Journalisten Schwan: »Sind Sie ein Mörder?« hat Herr Gau mit Ja geantwortet. Das habe er damals nicht so gemeint: »Ich bin nicht juristisch ausgebildet.«
Ob er sich auch heute noch schuldig fühle, so, wie er es im Interview mit Heribert Schwan geäußert habe. Ja, versichert der Angeklagte, und er habe zum Herrn Schwan gesagt: »Ich fühle mich jetzt wohler, daß ich das alles endlich mal sagen konnte.«
Ulrich Gau, 62 Jahre alt, ein Mann mit kantigem Gesicht und lauter Kommandostimme, weint, seine schmalen Lippen beben.
Nach der Sendung im Fernsehen habe der Vorgesetzte bei der Bundeswehr zu ihm gesagt: »Keine Interviews mehr!« Wenige Tage später, im Juli 1991, hat Ulrich Gau auf Anraten seines Vorgesetzten die Tätigkeit bei der Bundeswehr beendet.
Seine Frau habe erst damals von dem Vorfall aus dem Jahr 1955 erfahren. Sie habe ihm wortlos in die Augen geschaut und sei aus dem Zimmer gegangen. Er sei »in die Klubgaststätte« gegangen und habe ein Bier getrunken. »Ich glaube an gar nichts mehr«, sagt Herr Gau.

Der Zeuge Bruno J., der 1955 als 24jähriger westdeutscher Zöllner zornig über den Todesstreifen hinweg gefragt hatte, wer den Mann erschossen habe, ist inzwischen 63 Jahre alt. Verteidiger Rebhan fragt den Zeugen, in welchem Fall er denn damals hätte schießen dürfen. »Nur in einem schweren Fall, da hätte man schießen können. Aber wehe, man hätte einen erschossen.«
Der Zeuge Modes, 66 Jahre alt, war zur Tatzeit der Leiter des Grenzpolizei-Kommandos, der Vorgesetzte des Todesschützen. Er hatte Ulrich Gau befohlen, keine »Grenzverletzungen« zuzulassen und gegen »Grenzverletzer« gegebenenfalls die Schußwaffe zu gebrauchen. Bisher ist Herr Modes wegen der Erschießung des Max Grübner nicht angeklagt.
Ja, er kenne den Mann auf der Anklagebank, sagt Herr Modes: »Ich habe ihn nach vierzig Jahren wiedererkannt.« Was denn dem Herrn Gau passiert wäre, wenn er nicht geschossen hätte? »Es wäre eine Aussprache mit ihm geführt worden. Eventuell wäre er disziplinarisch belangt worden.« Was er sonst noch über seinen Untergebenen zu sagen weiß. »Er war ein zuverlässiger Soldat, ehrlich, man konnte sich voll auf ihn verlassen ... Nach der Sache war er sehr deprimiert, daß ihm das passiert ist ...«

PROZESSE

Ulrich Gau in einer Reportage des britischen Fernsehens

Gerhard Grübner, einer der beiden Söhne des Erschossenen, ist inzwischen 46 Jahre alt, Konstrukteur, wohnhaft im Westerwald. »Wir haben versucht, die Sache aufzuarbeiten, was ich nicht geschafft habe.«

In Begleitung des britischen Fernsehteams haben sich die beiden Grübner-Söhne mit dem Mann getroffen, der ihren Vater getötet hat, als sie noch Kinder waren. Schluchzend haben sich Gerhard Grübner und Ulrich Gau in den Armen gelegen. Sie finden zunächst keinen Anfang, reden über Belangloses, und als sie auf »die Sache« zu sprechen kommen, wissen sie schon bald nicht mehr weiter. »Ich bitte Sie um Verzeihung. Ich weiß, verzeihen kann man so was nicht, aber es beruhigt mich. Ich habe 35 Jahre die Sache mit mir rumgetragen ...«, sagt Ulrich Gau.

»Er hat draufgehalten, so werte ich das«, meint der Zeuge Grübner, aber er habe dem Angeklagten verziehen.

Sein Bruder, Reinhard Grübner, 47 Jahre alt, Sportlehrer an einer Schule für Körperbehinderte, blieb in der DDR. Er war es vor allem, der den Mörder des Vaters unbedingt finden wollte. Reinhard Grübner erinnert an das Schicksal seiner Mutter, die vier Wochen vor Prozeßbeginn gestorben ist: »Ihr Leben war mit dem Tod meines Vaters verpfuscht.«

Mit einer stabilen Seitenlage des verletzten Max Grübner wäre der Erstickungstod (durch das austretende Blut) zu verhindern gewesen, bestätigt der medizinische Gutachter, Oberarzt G. aus Jena.

Der zweite Verhandlungstag beginnt mit einer Frage des Vorsitzenden Richters: »Herr Gau, was wurde Ihnen gesagt, was Grenzverletzer für Menschen sind?« – »Das sind Personen, die unberechtigt ins 5-Kilometer-Gebiet eindringen.« – »Und warum sollten Sie diese Personen festnehmen?« – »Weil sie die DDR unberechtigt verlassen wollen ...« – »Warum wollten die das?« – »Dazu kann ich nichts weiter sagen.«

Ulrich Gau weiter: »Ich bin freiwillig Soldat geworden und habe mich hinter die Dienstanweisung gestellt.« »Herr Gau«, fragt der Richter, »welchen Stellenwert hatte für Sie ein Menschenleben?« – »Ich habe damals schon erkannt, daß Menschenleben einen hohen Stellenwert haben und daß ein Menschenleben zu schützen ist. Ich kann mir das nicht erklären ...«

Der ARD-Film wird gezeigt. »Haben Sie Angst vor einer Bestrafung?« fragt der Journalist Schwan. – »Nein.« – »Warum nicht?« – »Wenn dafür Strafen ausgesprochen werden, dann sehe ich das so, daß es sein muß. Nur, ich sehe nicht ein, daß man die Kleinen bestraft.« – »Wer müßte denn bestraft werden, wer ist schuldig?« – »Die damaligen Vorgesetzten. Die damaligen Verantwortlichen in der Regierung.« – »Wie haben Sie diesen Todesschuß verkraftet bis heute?« – »Ich habe immer daran denken müssen, deswegen weiß ich das auch noch so ganz genau. Ich könnte Ihnen auch die Stelle zeigen, wo das ungefähr gewesen ist. Weil mich das die ganzen Jahre beschäftigt hat ...« – »Wie wird man damit fertig?« – »Ich glaube, fertig werde ich nie damit.«

»Wie sicher kann man sein, aus sechzig Metern Entfernung den Oberschenkel zu treffen?« wird der waffentechnische Sachverständige Pinnow gefragt. – »Aus dieser Entfernung kann man als guter Schütze die Person treffen, aber ob man den Oberschenkel trifft, ist sehr unsicher.«

Im Falkensteiner Grund verblutete Max Grübner.

Am Nachmittag des zweiten Verhandlungstages werden die Plädoyers gehalten; zunächst plädiert die Staatsanwältin Corinna Kurz, sie spricht sehr leise.
Der Angeklagte habe bedingt vorsätzlich gehandelt und den Tod des Max Grübner billigend in Kauf genommen. Jeder, der mit einer Waffe auf die Beine eines Menschen ziele, müsse mit dem Tod des Getroffenen rechnen. Herr Gau habe gewußt, daß er bei der Deutschen Grenzpolizei unter Umständen einen fluchtwilligen Menschen zu töten habe, und sich dennoch freiwillig zum Grenzdienst gemeldet. Bei der Strafzumessung müsse auch berücksichtigt werden, welche Folgen die Tat für die Frau und die Kinder des Max Grübner gehabt habe. »Nicht der Angeklagte ist das Opfer, sondern der Getötete und seine Angehörigen.«
Die Staatsanwältin beantragt eine Freiheitsstrafe von achtzehn Monaten, ausgesetzt zur Bewährung.

Verteidiger Rolf Rebhan setzt an: »Es fällt mir nicht leicht, diesen Fall zu vertreten. Ich kann sehr gut mit den Hinterbliebenen mitfühlen, da ich in meiner beruflichen Tätigkeit mit solchen Fällen zu tun hatte.« Jedoch habe der Angeklagte die Dienstvorschrift eingehalten. Zur Staatsanwältin gewandt, fährt er schärfer und lauter fort: »Das können Sie im DDR-Strafgesetzbuch nachlesen, daß auch in der DDR Totschlag verfolgt wurde!«
Die junge Staatsanwältin, eine zierliche Frau westdeutscher Herkunft, hat sich aus der Blickrichtung des DDR-Militärstaatsanwaltes abgewendet. Sie hat den Kopf auf einen Handballen gestützt und preßt die Finger auf die Lippen, als könne sie nur so einen Schrei unterdrücken.
Rolf Rebhan, ein feister Mann, doziert unverdrossen mit erhobenem Zeigefinger in Richtung Staatsanwältin: »Selbst wenn ich großzügig sein sollte und sage: Na

gut, es hat dort einen Toten gegeben – woran ist er gestorben? Der Herr Grübner ist an Blut erstickt. Das konnte der Angeklagte nicht wissen, als er schoß ... Hatte der Herr Grübner das Recht, an dieser Stelle die Grenze zu überschreiten? Er wußte, daß er dafür Papiere braucht, nicht? ... Mein Mandant hat sich korrekt verhalten, wir erwarten einen Freispruch.«
Der Richter erteilt dem Angeklagten das letzte Wort. – »Nein, danke!«

Ein Jahr Freiheitsentzug lautet das Urteil, ausgesetzt zur Bewährung für zwei Jahre.
Zu Beginn der mündlichen Urteilsbegründung wendet sich der Vorsitzende Richter an den Verurteilten: »Herr Gau, ...« Der springt wieder auf. »... Sie sind für den Tod des Max Grübner verantwortlich. Nicht nur moralisch, sondern auch strafrechtlich. Als Sie aus sechzig Metern Entfernung schossen, haben Sie den Tod des Herrn Grübner mit bedingtem Vorsatz in Kauf genommen. Daß Sie in der DDR strafrechtlich nicht verfolgt wurden, entsprach dem Willen der Verantwortlichen in Partei und Staat. Von Strafverfolgung kann überhaupt keine Rede sein: Sie sind belobigt worden. Uns ist kein Fall bekannt, daß ein Grenzsoldat wegen der Erschießung eines Flüchtlings in der DDR verfolgt wurde ...
Herr Gau, Sie sind freiwillig in die Reihen der Deutschen Grenzpolizei eingetreten, was ich Ihnen nicht zum Vorwurf machen möchte – auch wenn der Herr Verteidiger dazu lächelt, was ich mir verbitte ...« (Rolf Rebhan grinst.)
»Daß Sie sich zu Ihrer Schuld bekannt haben, ehrt Sie ... Ihre Tat ist entsprechend dem Verjährungsgesetz nicht verjährt. Die Frage des Verteidigers, ob das Wort eines bundesdeutschen Staatsanwaltes nichts gelte, geht völlig an der Sache vorbei. Die Ausführungen des Verteidigers lassen darauf schließen, daß man sich mit der höchstrichterlichen Rechtsprechung überhaupt nicht auseinandersetzen wollte. Hier geht es nicht um ›Siegerjustiz‹, sondern um Menschenrechte. Es würde den totalen Wegfall der Moral bedeuten, wenn man so argumentieren würde, wie es Ihr Verteidiger hier getan hat.
Darf ein Staat alles erlauben? Er darf es nicht. Bei allen Kulturvölkern gibt es einen gewissen Kernbereich des Rechts ...
Es wäre fatal zu fragen: Durfte Max Grübner die Grenze überschreiten? Das hieße ja mit anderen Worten, der Tote selbst sei schuld, weil er da rüberwollte.
Herr Gau, hätten Sie erkennen können, daß die Bestimmungen offensichtlich nicht rechtmäßig waren? Sie sind ein durchaus nicht unintelligenter Mensch, Sie hätten bei einiger Überlegung erkennen können, daß ein Staat nicht das Recht auf Freizügigkeit verbieten darf, daß es niemals gerechtfertigt sein kann, die Freizügigkeit um den Preis eines Menschenlebens zu verhindern.
Für den Fall, daß Sie nicht geschossen hätten, haben Sie keine schwerwiegende Strafe erwarten müssen; Disziplinarmaßnahmen spielen in diesem Zusammenhang keine Rolle. Sie haben geschossen, weil Sie von den Bestimmungen überzeugt waren. Sie sind wegen Totschlags schuldig zu sprechen.«
Bei der Zumessung des Strafmaßes sei man von einem »klassischen minderschweren Fall« ausgegangen; die Überzeugung, rechtmäßig zu handeln, mindere die Schuld. Des weiteren habe der Verurteilte keinen direkten Tötungsvorsatz gehabt und sei nicht vorbestraft. Zu seinen Gunsten habe man zudem berücksichtigt, daß Ulrich Gau zu seiner Tat gestanden habe, sich der Verantwortung gestellt und

Gedenkstein für Max Grübner an der Berliner Mauer, 1994

sich mit den Söhnen des Verstorbenen ausgesöhnt habe. Und: »Sie waren das letzte Glied in einer Kette.« Die Strafe könne zur Bewährung ausgesetzt werden, da der Verurteilte eine günstige Strafprognose habe.
Zum Schluß tut Richter Maul etwas ganz und gar Ungewöhnliches: »Es ist nicht meine Art, den Angeklagten nachträglich zu fragen – ausnahmsweise: Herr Gau, wollen Sie einen Schlußstrich unter dieses Verfahren setzen?« Der Richter will also vom Verurteilten wissen, ob er das Urteil anzunehmen bereit ist. Der tuschelt kurz mit seinem Verteidiger. Rolf Rebhan: »Wir geben keine Erklärung ab.«

Am Ausgang des Großen Saales wartet Reinhard Grübner auf den Richter: »Ich danke Ihnen, daß das aufgearbeitet wurde.« Richter Maul nickt irritiert und sagt »Ja«. Dabei übersieht er die ausgestreckte Hand des dankbaren Mannes und geht durch die Tür.[6]

Kurz gehalten sind die Berichte der Thüringer Regionalpresse vom Prozeß. Über den getöteten Max Grübner ist nach dem ersten Verhandlungstag in der »Thüringer Landeszeitung« vom 16. November 1994 allein dieser Satz zu lesen: »Das Opfer war nach den Aussagen vor Gericht wegen Wirtschaftsdelikten vorbestraft.« Im selben Artikel wird unwidersprochen Verteidiger Rebhan mit seinem Satz vom »korrekten Verhalten« des Angeklagten zitiert.
Die Redakteurin der »Ostthüringer Zeitung« macht in ihrem Beitrag am 23. November aus dem Grenzschützen Ulrich Gau einen »Horst W.«, aus dessen Worten »Reue und Betroffenheit« gesprochen hätten. Dem Opfer, einem »Wirtschaftsverbrecher im Lodenmantel«, sei damals nicht geholfen worden, »weil Uneinigkeit herrschte, auf welcher Seite der Grenze sich der Verletzte befand« (OTZ vom 16. November

1994). Schon während des ersten Verhandlungstages hat eine Thüringer Journalistin gemeint: »Die Staatsanwältin kann sich doch nicht die Blöße geben und den Mann anklagen, nachdem das Verfahren drüben schon mal eingestellt wurde.«

In den thüringischen Redaktionszimmern sitzen überwiegend Mitarbeiter, die schon im SED-Staat als Parteijournalisten wirkten, unter ihnen etliche ehemalige Stasi-Spitzel.[7]

»Im Interesse der militärischen Disziplin«
Prozeß im Fall Corghi

Beim ersten Geraer Grenzschützen-Prozeß hat im Mai 1994 eine andere Strafkammer des Landgerichts unter Vorsitz des Richters Ulrich Klimmek über den Todesschützen Uwe Schmiedel geurteilt, der 1976 am Autobahngrenzübergang Hirschberg–Rudolphstein den italienischen Lastwagenfahrer Benito Corghi erschossen hatte. Anders als im Verfahren gegen Ulrich Gau hat hier die Einlassung des Angeklagten, er habe den Tod des Flüchtenden nicht gewollt (»nur auf die Oberschenkel gezielt«), zum Freispruch vom Vorwurf des Totschlags geführt. Das Verhalten des Angeklagten nach den Schüssen, so die Begründung der Richter, spreche dagegen, daß er Corghi habe töten wollen. Diesen Schluß haben die Richter mit fragwürdigen Argumenten begründet:

1. Obwohl es dem Postenführer Schmiedel nach der Befehlslage verboten gewesen sei, seinen Posten zu verlassen, sei er sofort nach den Schüssen zum gestürzten Corghi gelaufen, um diesem zu helfen.

Im Abschlußbericht des Stellvertretenden Stabschefs der Grenztruppen zum Fall Corghi dagegen hatte es geheißen: »Die Handlungen des Postenführers zur Ersten Hilfeleistung ... entsprachen im vollen Umfang den Forderungen der Dienstvorschrift ...« Auch wer mit bedingtem Tötungsvorsatz auf einen Menschen schießt, um ihn aufzuhalten, kann sich nach Erreichen dieses Ziels um Erste Hilfe bemühen.

2. Der Soldat Schmiedel sei nach der Tat aufgeregt gewesen und habe derart gezittert, daß er vom Sicherungsposten abgelöst werden mußte.

Ein Grenzer, der auf einen Flüchtenden geschossen hatte, wurde umgehend abgelöst, das war in der DDR die Regel.

Der Angeklagte
Uwe Schmiedel

Wer mit bedingtem Tötungsvorsatz auf einen Menschen schießt, kann durchaus, angesichts des verletzten Opfers, aufgeregt sein und zittern.

3. Als Uwe Schmiedel vom Tod Corghis erfahren habe, habe er sofort erklärt, nur auf die Beine gezielt zu haben. Das schließt einen bedingten Tötungsvorsatz keineswegs aus: Wer aus achtzig Metern Entfernung auf einen Menschen schießt, muß mit dessen Tod rechnen. Wenn es auch nicht das Ziel des Schützen war,

einen Menschen zu töten, so kann er dies (bedingt vorsätzlich) billigend in Kauf genommen haben.
4. Bis heute leide der Angeklagte unter der Tatsache, einen Menschen getötet zu haben. Er sei deshalb (?) zeitweise alkoholabhängig gewesen; seine Aussagen während der Hauptverhandlung habe man mehrfach unterbrechen müssen, weil er unter Tränen nicht weiterreden konnte.
Auch Reue über eine Tötung schließt den bedingten Vorsatz dazu nicht aus.

Uwe Schmiedel ist vom Geraer Landgericht auch nicht wegen Körperverletzung mit Todesfolge verurteilt worden: Er habe auf Befehl gehandelt, dessen (Menschen-)Rechtswidrigkeit für ihn nicht offensichtlich gewesen sei. Er habe dem Befehl also Folge leisten dürfen – »im Interesse der militärischen Disziplin« (!). Etwaige Zweifel an der Rechtmäßigkeit dieses Befehls hätte er nicht beheben können: Seinerzeit sei dem Angeklagten eingeredet worden, daß auch harmlos erscheinende »Grenzverletzer« aus der Westrichtung gefährliche bewaffnete Agenten, Saboteure oder Provokateure sein könnten. »Dies mußte sich dem Angeklagten um so mehr aufdrängen, als Corghi, allen Warnungen und Warnschüssen zum Trotz, immer schneller lief und somit versuchte, sich der Festnahme zu entziehen.«
Immer wieder sei dem Angeklagten erklärt worden, die Bundesrepublik Deutschland beabsichtige, die DDR zu überfallen: »Damit die Grenzsoldaten diese Behauptung nicht überprüfen konnten, wurden ausschließlich solche Wehrpflichtige zum Grenzdienst abkommandiert, die keine Verwandten in der Bundesrepublik hatten.«

Die als Nebenklägerin auftretende Witwe Corghis, Silvana Bertarelli, mit Sohn Alessandro

Die Staatsanwaltschaft hatte eine einjährige Haftstrafe, ausgesetzt zur Bewährung, gefordert und gegen den Freispruch Revision eingelegt, weil der Schußwaffengebrauch völlig unverhältnismäßig gewesen sei. Die offensichtliche Rechtswidrigkeit des ihm erteilten Befehls hätte der Angeklagte erkennen und andere Mittel zur Bewältigung der Situation in Erwägung ziehen müssen.
Der Bundesgerichtshof bestätigt den Freispruch: Der Soldat Schmiedel habe keinen Anlaß gehabt, abweichend von der ihm immer wieder mitgeteilten Befehlslage vorzugehen. »Der Einsatz der Schußwaffe gegen eine Person, die – wie in diesem Zusammenhang zu unterstellen ist – unerlaubt die Grenze überschritten hat und sich der Festnahme durch die Flucht zu entziehen sucht, ist nicht offensichtlich rechtsstaatswidrig.«

Der ehemalige Oberstleutnant, der dem Sicherungsposten Schmiedel den Befehl erteilt hatte, den »Grenzverletzer« mit allen Mitteln festzunehmen, war nicht angeklagt, obwohl dieser Befehl, wie auch die Geraer Richter festgestellt haben, selbst gegen die DDR-Vorschriften verstieß, denn der Oberstleutnant hatte gewußt, daß es sich bei dem Fußgänger auf der Brücke um einen italienischen Lastwagenfahrer handelte, der seine Papiere holen soll. Der ehemalige Oberstleutnant, der »eigentlich Schuldige«, so Richter Klimmek, ist im Prozeß als Zeuge aufgetreten, als Täter wird er sich nicht verantworten müssen.[8]

PROZESSE

»Der Staat hat mich zu dem Menschen gemacht, der ich bin.«
Prozeß im Fall Sperlich

Günter Hovaguimian, Offizier der DDR-Grenztruppe, Todesschütze, ist heute in einer Abrißfirma beschäftigt. Im Januar 1996 wird gegen ihn vor dem Geraer Landgericht verhandelt. Inge Hüttner, die Mutter des getöteten Bernhard Sperlich, ist gekommen und auch Bernhards Bruder Frank. Geladen hat sie niemand, sie haben durch mich vom Prozeß erfahren.
Er will die Wahrheit wissen, sagt Frank Sperlich kurz vor Beginn der Verhandlung.
Ja, er habe noch Erinnerungen an seinen großen Bruder, etwa wie der den Blitzableiter hochgeklettert sei, um die Westantenne anzubringen. Er selbst habe das Kabel gehalten. Sie hätten sich ein Zimmer geteilt. Er sehe ihn noch, wie er sich zum letzten Mal verabschiedet habe.

Günter Hovaguimian und Rechtsanwältin Wolf

Kurz und bestimmt antwortet Günter Hovaguimian auf die Fragen des Vorsitzenden Richters Maul. Er spricht von »der Sache«, von dem »Vorkommnis«, und berichtet, wie er im März 1971 mit seinem Hund »angefordert« worden sei. Er sollte drei Jugendliche aufspüren, habe sich aber in dem Gebiet nicht ausgekannt. »Ich habe als letztes die Schußwaffe angewandt, aber ich wollte ihn nicht töten.« Auf fünf Meter schätzt er die Entfernung bei Abgabe der Schüsse; einer traf in den Rücken des Flüchtenden. Später bezeichnet er sich als guten Schützen.

Seit 1964 war Günter Hovaguimian bei der Grenztruppe in Lichtenhain bei Probstzella. Wie er ausgebildet worden sei, fragt der Vorsitzende. »Disziplin, Ordnung, Einsatz mit der Waffe, physisch, psychisch ... Die Staatsgrenze mußte mit allen Mitteln zu sichern sein ... Wir haben gesagt, daß die Person nicht über die Grenze darf.« – »Um jeden Preis?« – »Doch, ja ...«
Welche Einstellung er zum Staat DDR gehabt habe? »Der Staat hat mich zu dem Menschen gemacht, der ich bin ... Das sollte mein Traumberuf sein, bis zu meinem Lebensende.«
Ob er das Grenzregime als staatliches Unrecht empfunden habe? »Ich bin dazu ausgebildet worden, daß jeder, der ins Sperrgebiet eindringt, was auf dem Kerbholz hat. Der muß dingfest gemacht werden. Das sind Menschen, die der DDR nicht gut gesinnt sind.«

Herr Hovaguimian, inzwischen 51 Jahre alt, schildert die Konfrontation am bewaldeten Berghang: »Die fingen sofort an, uns zu belegen ... Der dritte dachte, das ist Spaß, was wir hier machen ... Der ... na, wie nennt er sich?« –Verteidigerin: »Der Getötete« – »... der wollte fliehen. Dabei ist er in den Schuß reingelaufen.« Er habe ihm in die Füße schießen wollen.
In der Zeit danach habe er Gewissensbisse gehabt, seine Persönlichkeit habe sich verändert. Drei Jahre später sei er deswegen aus der Grenztruppe ausgeschieden, sei wieder in den Bergbau gegangen, bis 1992. »Ich wollte nicht nochmal in diese Situation kommen.«
Staatsanwalt Christian Dettmar: »Ich glaube Ihnen ja vieles, aber nicht mal ein

Scharfschütze kann sich sicher sein, aus der Hüfte genau zu treffen.« Schweigen, dann wieder der Staatsanwalt: »Was für ein Denkprozeß setzte bei Ihnen nach der Tat ein?« – »Den Gedanken, jemanden erschossen zu haben, kriegen Sie nie wieder los. Ich bin vor mir selbst weggelaufen. Alle haben's gewußt in Gräfenthal.«
Er habe damals alles, was ihm beigebracht worden sei, mechanisch ausgeführt. »Wenn die schneller gewesen wären, hätten die uns umgebracht.« – »Hatten Sie Angst?« – »Ja, ich hab die als Feind gesehen ... Wer dort hinwill, wird mein Klassenfeind ... Dieses System im Westen war für mich das Schlimmste, das es geben kann ... Der Staat DDR hat mich nicht in die Gosse geschickt. Mir ging's nicht schlecht: achte Klasse, Lehre, NVA ... Man wurde immer akzeptiert.«

Zeugen werden vernommen: der Militärarzt L., der die Erstversorgung des Verletzten durchgeführt hatte; der ehemalige Unterfeldwebel Sch., der mit am Tatort war und sagt, daß er alles verdrängt habe; der Polizeibeamte, der nach dem Ende der DDR im Fall Sperlich ermittelt hat.
Am zweiten Verhandlungstag vernimmt man den Zeugen Hans Kremmer, 64 Jahre alt. Als Kommandeur des Grenzbataillons Probstzella hat Oberstleutnant Kremmer die »Suche und Verfolgung der Grenzverletzer« geführt, »mit einem minimalen Aufwand, aber effektiven Einsatz der Kräfte«. Auch er war für die »vorbildlichen Leistungen« bei der Festnahme, genau wie der Todesschütze, vom Grenztruppenchef ausgezeichnet worden. Herr Kremmer meint, der »Schußwaffengebrauch« gegen den »Grenzverletzer« sei gerechtfertigt gewesen, »weil er der Dienstvorschrift 30/10 entsprach«.
Nur schwach erinnert sich der Zeuge Müller, der 1971 als Mitarbeiter der MfS-Untersuchungsabteilung das Geschehen dokumentierte. Dann wird der Sachverständige Pinnow zur Tatwaffe, Maschinenpistole AK-47, vernommen.

Frank Sperlich unweit des Tatortes

PROZESSE

In der Mittagspause fragt der ehemalige Oberstleutnant Kremmer auf dem Flur, wo es denn das Zeugengeld gebe.
Am Nachmittag sagt Frau W. aus, die Mutter von Hans-Joachim W., der gemeinsam mit Bernhard Sperlich gestellt wurde. 1972 sei ihr Sohn in den Westen abgeschoben worden. Er habe nicht mehr in die DDR einreisen dürfen, und sie habe ihn bis 1988 auch nicht besuchen dürfen. Bei ihrem Wiedersehen auf dem Berliner Grenzbahnhof Friedrichstraße habe er gesagt: »Ich kann keine Grenzer mehr sehen!« Über das Erlebnis von 1971 sei ihr Sohn nicht hinweggekommen, nachts habe er gebrüllt. Er habe ihr aber nie erzählt, wie es war, habe sich »ausgeschwiegen«.
Hans-Joachim W. sei Weihnachten 1989 nach Hause gekommen und während eines Spaziergangs mit seinem Vater durch Jena tot zusammengebrochen, erfahre ich von Frau Hürtner.

Die widersprüchlichen Aussagen des Zeugen Kurt Sch., des letzten Lebenden der drei Flüchtenden, am dritten Verhandlungstag tragen nicht weiter zur Urteilsfindung bei. Der Arzt, der den Leichnam Bernhard Sperlichs obduziert hat, erklärt, der Getötete hätte selbst bei sofortiger medizinischer Hilfe keine Überlebenschance gehabt.

In der »Neuen Saale-Zeitung« berichtet Torsten Piontkowski: »Eine zweijährige Freiheitsstrafe, ausgesetzt auf drei Jahre Bewährung, sowie eine Geldbuße in Höhe von 3000 Mark und die Übernahme der Verfahrenskosten, lautete die Forderung des staatsanwaltlichen Plädoyers. Der Ankläger räumte ein, H. habe eingebettet in einen bestimmten geschichtlichen Zusammenhang gehandelt. Die Verantwortung für sein Tun müsse getrennt werden von der Verantwortung der für die politischen Gegebenheiten Zuständigen, mahnte er an ...
Er plädierte für Totschlag im minderschweren Fall, da seit der Tat ein langer Zeitraum verstrichen, der Angeklagte ›sehr indoktriniert‹ gewesen sei und nur über einen ›bedingten Tötungsvorsatz‹ verfügte. Als strafmildernd wertete die Anklage die Geständigkeit H's. und den psychischen Druck, unter dem der Angeklagte jahrzehntelang gestanden habe.
Auf Freispruch plädierte die Verteidigung. In seinem ganzen Leben sei der damals 26jährige dazu erzogen worden, sich für den Schutz des Sozialismus einzusetzen. Den Vorwurf der Staatsanwaltschaft, H. sei besonders diensteifrig gewesen, parierte die Verteidigung mit dem Hinweis, daß es wohl in jedem Land der Welt erwünscht sei, daß Menschen, die eine Verantwortung übernehmen, diese auch ernst nehmen. Berücksichtigt werden müsse zudem, daß die Tatumstände nicht zweifelsfrei geklärt werden konnten und der Angeklagte seine Entscheidung damals in Sekundenbruchteilen fällen mußte. Die Rechtswidrigkeit des Grenzregimes generell habe H. damals nicht erkennen können.«[9]
Verteidigerin Birgit Wolf (in der DDR Staatsanwältin) sagt, ihr Mandant habe nicht annehmen müssen, daß der Flüchtende bei einem gezielten Schuß auf die Füße zu Tode kommt. Er habe exakt nach Dienstvorschrift gehandelt.
Günter Hovaguimian fordert in seinem Schlußwort: »Die Menschen sollen uns endlich verzeihen.«

Das Urteil lautet: Ein Jahr und sechs Monate Freiheitsentzug, ausgesetzt zur Bewährung.
In der schriftlichen Urteilsbegründung heißt es, man habe dem Angeklagten als ideologische Begründung des Schießbefehls vermittelt, bei den Grenzverletzern handle es sich um Verräter an der Sache des Sozialismus und damit um Kriminelle, die keine Schonung verdient hätten. Die Richter haben gefolgert, der Angeklagte habe solche Propaganda sehr ernst genommen, »da er sich persönlich gegenüber dem herrschenden System zur Dankbarkeit verpflichtet glaubte«. Gleichwohl heißt es an anderer Stelle des Urteils, die Allgemeinheit in der DDR habe die Erschießung Wehrloser an der Grenze abgelehnt. Für einen durchschnittlichen Soldaten sei die Rechtswidrigkeit des Schießbefehls offensichtlich gewesen. Der Angeklagte habe »die Einsicht in das Unrecht der Tötung unbewaffneter Grenzverletzer lediglich verdrängt«.
»Er reflektierte die Vorgaben seiner Dienstvorgesetzten zu keinem Zeitpunkt, sondern richtete vielmehr sein eigenes Weltbild und seine Wertanschauungen bedenkenlos an der damaligen Staatsdoktrin aus. Seiner Auffassung zum Tatzeitpunkt nach war der Schießbefehl rechtens.«
Die Tat des Angeklagten sei jedoch von den zugrunde liegenden Dienstvorschriften objektiv nicht gedeckt gewesen, da zum Tatzeitpunkt (mehr als 2000 Meter von der Grenze entfernt) der eigentliche Grenzdurchbruch noch nicht unmittelbar bevorgestanden habe. Allerdings sei der Oberfeldwebel Hovaguimian im Gebiet Probstzella nicht ortskundig gewesen, »da es nicht zu seinem Dienstbezirk gehörte und er die Autostrecke lediglich flüchtig von einzelnen Fahrten nach Saalfeld kannte«. Er wähnte sich, so die Richter, bereits zwei Kilometer weiter südlich, wenige Meter von den Grenzanlagen entfernt ...
»Diese Verwechslung ergab sich durch die ähnliche Beschaffenheit des dortigen Geländes wie auch insbesondere dadurch, daß ca. 300 Meter vor der damaligen Grenze ebenfalls eine Straße, ein Bach und eine Bahnlinie nebeneinander verliefen.«
Bereits mehr als sechs Jahre hatte Günter Hovaguimian im März 1971 in Lichtenhain Dienst getan, fünf Kilometer vom Tatort entfernt. Für seine Tätigkeit als Grenzaufklärer und Motorradfahrer war präzise Kenntnis der Umgebung eine vielfach geschulte Voraussetzung. Zudem ist die vom Gericht anerkannte »Verwechslung« bei näherer Betrachtung der Verfolgungsstrecke und des Straßenverlaufs nahezu ausgeschlossen.
Zugunsten des Angeklagten haben die Richter gewertet, »daß er den Entschluß, das Opfer niederzuschießen, spontan und innerhalb von Sekundenbruchteilen faßte ... Der Angeklagte war von der Verfolgungsjagd physisch und psychisch angegriffen und aufgrund des renitenten Verhaltens des Sperlich gereizt.« Als eine Art Reflexhandlung lasse sich das Verhalten des Angeklagten begreifen. »... aufgrund der vermeintlichen Nähe der Grenzanlagen war es ihm schon rein zeitlich gar nicht möglich, das Für und Wider eines Schusses noch einmal gegeneinander abzuwägen und hiernach zu entscheiden.«
Der Angeklagte sei stark indoktriniert worden, strafrechtlich nie aufgefallen und habe seine kritische Haltung zum Schießbefehl bereits mit der freiwilligen Aufgabe seines Traumberufes 1974 zum Ausdruck gebracht.
Gegen die Behauptung Günter Hovaguimians, Grenzer sei sein »Traumberuf« ge-

PROZESSE

wesen, den er bis zu seinem Lebensende ausüben wollte, spricht die Tatsache, daß er sich 1964 erst für drei, später jedoch für sechs, dann erst für zehn Jahre Dienst verpflichtet hatte. Gegen die Behauptung, sein Ausscheiden sei Folge des »Vorkommnisses« gewesen, spricht die Tatsache, daß er danach noch drei Jahre Grenzdienst verrichtete und dann nach annähernd zehn Jahren die NVA verlassen hat.

Unterster Befehlsempfänger sei der Angeklagte gewesen, den Erlaß des Schießbefehls habe er nicht zu verantworten. Des weiteren sei die lange Zeitdauer seit der Tat strafmildernd gewertet worden. Letztlich haben die Richter dem Angeklagten »Reue und Einsicht« während des Prozesses strafmildernd angerechnet.[10]

»Ich bin stolz darauf ...«
Der Prozeß gegen die Grenztruppenführung

Gegen Klaus-Dieter Baumgarten, den letzten Chef der Grenztruppen, wird seit Oktober 1995 in Berlin verhandelt wegen der Erteilung der Schießbefehle mit den Ordnungsnummern 80. Baumgartens Vorgänger als Grenztruppenchef, Erich Peter, ist 1987 gestorben. Mit angeklagt sind fünf Stellvertreter Baumgartens, die an dessen Befehlen mitgearbeitet hatten.

Auf elffachen Totschlag und zehnfachen versuchten Totschlag oder Beihilfe dazu lautet die Anklage. Dutzende weitere Totschlagsverfahren gegen die Militärs im Ruhestand hat die Staatsanwaltschaft mit Hinweis auf die »Prozeßökonomie« eingestellt, darunter auch die Fälle Sperlich und Balogh/Bunde.

Der Angeklagte Baumgarten wurde 1965 Stellvertreter des Grenztruppenchefs, von 1979 an war er dann selber Chef der Truppe: »Ich bin mit sauberen Händen durchs Leben gegangen und habe das Beste gegeben.«

Karl Leonhardt, von 1979 bis 1986 Stabschef der Grenztruppen, danach »Chef Ausbildung«: »Ich bin stolz darauf, daß ich in den bewaffneten Kräften der DDR gedient habe.«

Gerhard Lorenz, seit 1968 Polit-Chef der Grenztruppen: »Der Erhaltung des Friedens zu dienen war meine Lebensmaxime.«

Dieter Teichmann, seit 1982 Leiter der Abteilung Grenzüberwachung, seit 1986 Stabschef im Kommando der Grenztruppen: »Ich habe als ein deutscher Offizier im Rahmen mir vorgegebener Befehle meine Pflicht erfüllt.«

Heinz-Ottomar Thieme leitete von 1971 bis 1986 die Ausbildung der Grenzer: »Zu keiner Zeit hatte ich Zweifel an der Rechtmäßigkeit gegebener Befehle und Weisungen.«

Günter Gabriel war seit 1980 »Chef Grenzsicherungsanlagen« und damit auch für die Minen an der DDR-Grenze direkt verantwortlich. Er sagt, er habe alles getan, »um politischen und technischen Schaden sowie Körperverletzungen« abzuwenden.

»Es macht sich nicht nur der strafbar, der jemanden erschießt, sondern auch der, der einen erschießen läßt«, führt der Nebenklagevertreter Hanns-Ekkehard Plöger in seinem Plädoyer aus.

Nach nur vierzig Verhandlungstagen endet im September 1996 der Prozeß gegen die Grenztruppenführung mit einem Urteil wegen mehrfachen versuchten und vollendeten Totschlags oder Beihilfe dazu: Die Haftstrafen liegen zwischen drei Jahren und drei Monaten und sechseinhalb Jahren für Grenztruppenchef Baumgarten.
Der Vorsitzende Richter, Friedrich-Karl Föhrig, sagt in der mündlichen Urteilsbegründung zur Schuld der Angeklagten: »Wer in einem solchen Staat, wo auch immer, dem Unrecht dient, macht sich mitschuldig.«
Strafmildernd ist auch den ehemaligen Generälen vom Gericht ein sogenannter Verbotsirrtum eingeräumt worden. Man meinte also, nicht beweisen zu können, daß sich die Generäle des Unrechts ihres Tuns bewußt gewesen seien.
Wenige Tage nach seiner (erstinstanzlichen) Verurteilung tritt das frühere ZK-Mitglied Baumgarten als Delegierter des brandenburgischen PDS-Parteitages auf, wo ihm Parteichef Bisky Respekt und Solidarität ausspricht.[11]

»Schwerstes kriminelles Unrecht«
Die Grundsatzentscheidung des Bundesverfassungsgerichts

Der Zweite Senat des Bundesverfassungsgerichts lehnt mit einer im November 1996 veröffentlichten Entscheidung die Beschwerden der drei verurteilten NVR-Mitglieder sowie die eines ebenfalls wegen Totschlags verurteilten Grenzsoldaten ab.
Die angefochtenen Urteile verstießen nicht gegen den Verfassungsgrundsatz, wonach nur jene Taten strafrechtlich verfolgt werden dürfen, die zum Zeitpunkt der Tat per Gesetz unter Strafe standen, haben die Verfassungsrichter entschieden. Auf dieses sogenannte Rückwirkungsverbot könne sich berufen, wer darauf vertrauen kann, daß die für ihn geltenden Strafgesetze von einem an die Grundrechte gebundenen demokratischen Gesetzgeber erlassen wurden. Eine solche Vertrauensgrundlage fehle, wenn die Staatsmacht die Strafbarkeit »schwersten kriminellen Unrechts« ausschließe, indem sie zu solchem Unrecht auffordere und so die in der Völkerrechtsgemeinschaft allgemein anerkannten Menschenrechte in schwerwiegender Weise mißachte. Die Unterordnung des Lebensrechts von DDR-Flüchtlingen unter staatliche Interessen war nach Auffassung der Verfassungsrichter »schwerstes Unrecht«.

Der ehemalige DDR-Verteidigungsminister Keßler mit Gattin im Oktober 1999 in Leipzig während der Verhandlung des Bundesgerichtshofs im Politbüro-Prozeß (hinter ihm Staatsanwalt Juhntz)

Fünf Jahre später bestätigt der Europäische Gerichtshof für Menschenrechte die Verurteilungen von DDR-Grenzschützen und ihren Befehlsgebern: Auf das Rückwirkungsverbot komme es dabei gar nicht an, weil die Tötung von Flüchtlingen an der Grenze auch nach DDR-Recht verboten gewesen sei. Das Recht auf Leben sei schon zur Tatzeit das höchste Rechtsgut der international (auch von der DDR offiziell) anerkannten Menschenrechte gewesen.
Heinz Keßler, Fritz Streletz und Hans Albrecht müssen nach der Entscheidung des Bundesverfassungsgerichts ihre Haftstrafen antreten. Ins Gefängnis müssen

auch Grenztruppenchef Baumgarten und vier seiner verurteilten Stellvertreter, der fünfte, der ehemalige Generalmajor Gabriel, wird mit Verweis auf seinen Gesundheitszustand für haftunfähig erklärt.
Der BGH verwirft die Revisionsanträge der Grenztruppengeneräle als »offensichtlich unbegründet«.[12]

»Ich hätte niemals auf einen Menschen gezielt.«
Prozeß im Fall Krause

An drei Tagen im Januar 1997 wird vor dem Landgericht Gera gegen Rudolf Ronneberger verhandelt, der im Juni 1964 in Döhlen, zwischen Saalfeld und Probstzella, den Flüchtling Werner Krause erschoß.
Rudolf Ronneberger, geboren 1944 in Oberschlesien, ist zwei Wochen nach dem Mauerbau freiwillig in die Deutsche Grenzpolizei eingetreten. Von Oktober 1964 an, also ein gutes Vierteljahr nach dem »Ereignis«, wie er es nennt, ist er bis 1990 hauptamtlicher Stasi-Mitarbeiter bei der Paßkontrolleinheit Probstzella, zuletzt als Major. Von 1991 bis 1993 kommt er als Bereichsleiter bei einem »Wach- und Sicherheitsdienst« unter, dann als technischer Mitarbeiter bei der Firma »Creditreform« Coburg, danach ist er arbeitslos. Seit November 1996 ist er im Rahmen einer Arbeitsbeschaffungsmaßnahme als Anleiter im Landschaftspflegedienst beschäftigt. Rudolf Ronneberger, verheiratet seit 1965, ist Vater einer Tochter.
In der »Ostthüringer Zeitung« erscheinen am 11., 15., 16. und 23. Januar 1997 Berichte von Thomas Spanier zu dem Prozeß: »In Döhlen ist viele Jahre nicht über den Vorfall gesprochen worden. ›Es war furchtbar, als ich das Leichenauto sah‹, erinnert sich Albrecht Eschrich, dessen Haus etwa hundert Meter vom Tatort entfernt steht. ›Niemand durfte darüber reden, keiner wußte, wer der Erschossene war.‹ So wie ihm erging es auch anderen Döhlenern. Eine Nachbarin, die unmittelbar neben der Scheune wohnte, hörte nachts das Rattern der MPi, sah die Grenzer und zwei Jungen, die breitbeinig an der Wand standen.
Einer, der es genau weiß und auch als Zeuge im Prozeß auftreten wird, ist Heinz Bochynski. Ihm gehörten Haus und Scheune, in der damals das Schreckliche geschah...
›Ich hätte niemals auf einen Menschen gezielt, das bringe ich gar nicht fertig‹, sagt der damalige Unteroffizier, der in der 3. Grenzkompanie Probstzella mit dem Warten der Waffen befaßt war und später zur Paßkontrolle versetzt wurde. ›Ich konnte es bis heute nicht überwinden‹, liest Rudolf R. ab und schiebt seine Brille nach oben...
Er erzählt von Hinterlandsicherung, Schußverletzungen in Knöchelhöhe. Die Atmosphäre auf dem Oberboden der Scheune sei gespenstisch und düster gewesen, er habe sich angegriffen gefühlt, pure Angst gehabt...
Auf die Frage des Richters, ob er nach dem Vorfall jemals daran gedacht habe, die Uniform auszuziehen, sagt Rudolf R.: ›Ich habe an den Staat geglaubt.‹ ...
Den Weg zur Scheune habe ein Bürger aus dem Ort gezeigt, nicht er, so der Ex-ABV vor Gericht. Er sei als Polizist gemeinsam mit der Bevölkerung dafür dagewe-

sen, die Leute davon abzuhalten, ins Grenzgebiet zu kommen. ›Wir wußten doch, wie gefährlich es dort ist‹, gab der heutige Saalfelder zu Protokoll ... Während der 58jährige bei der Vernehmung vor drei Jahren noch angab, er habe nach einer Information aus Döhlen die Grenzer alarmiert, wußte er am Montag nicht mehr so genau, wer wen angerufen hat ...
Heinz Bochynski wies Vermutungen zurück, er selbst habe den ABV angerufen. ›Gott behüte‹, sagte der 76jährige, der zu dieser Zeit gar kein Telefon hatte. Wer ABV und Grenzer am 9. Juni 1964 alarmiert hat, blieb im Prozeß letztlich ungeklärt.«

Wegen Totschlags in einem »minderschweren Fall« wird Rudolf Ronneberger zu einer anderthalbjährigen Haftstrafe, ausgesetzt zur Bewährung, verurteilt. Verteidiger Volker Lautenschläger hat auf Freispruch plädiert mit der Begründung, der Angeklagte habe in Notwehr gehandelt.
Staatsanwalt Ralf Wildenauer hat »unter Ausübung größter Milde« eine Haftstrafe von einem Jahr und zehn Monaten beantragt, ausgesetzt zur Bewährung. Dazu, als Bewährungsauflage, die Ableistung von dreihundert Stunden gemeinnütziger Arbeit. Selbst diesen Antrag verwirft das Gericht. Die Schüsse seien nicht einmal mehr durch DDR-Gesetze gedeckt gewesen, so der Staatsanwalt. Danach durfte die Schußwaffe nur als letztes Mittel zur Verhinderung einer »Republikflucht« angewendet werden. Döhlen lag etwa zehn Kilometer von der Grenze entfernt, außerhalb des Sperrgebiets. Das habe er nicht gewußt, hat Rudolf Ronneberger im Prozeß erklärt ...

In der schriftlichen Urteilsbegründung heißt es: »Wer aus einer Entfernung von ca. 3 m mit einer Maschinenpistole auf die Bauchregion eines Opfers schießt, nimmt zumindest billigend die Möglichkeit des Eintritts des Todes in Kauf ... Der Angeklagte handelte nicht in Notwehr ..., aber in einem sogenannten Putativnotwehrexzeß. Es handelt sich hierbei um eine Überschreitung des Notwehrrechtes in einer nur subjektiv angenommenen Verteidigungssituation, also um eine auf Irrtum beruhende Rechtsverletzung ... Aber selbst wenn ihn der Geschädigte angegriffen hätte, hätte der Angeklagte die Möglichkeit gehabt, diesen Angriff mit milderen Mitteln abzuwehren ...
Dem Angeklagten ist zugute zu halten, daß er sich bei der Tat in einer Streßsituation befand ... Er war stark indoktriniert und mußte die jungen Männer als gefährliche Grenzdurchbrecher ansehen ... Außerdem hat die Kammer die lange Zeitdauer, welche seit der Tat verstrichen ist, ganz erheblich strafmildernd in Ansatz gebracht.«[13]

»Wir Döhlener hätten uns gewünscht«, sagt Waldi Müller aus Döhlen in einer Umfrage der »Ostthüringer Zeitung«, »daß in dem Prozeß auch Fragen geklärt werden wie: Wer hat den ABV und die Grenzer gerufen, wer hat die Scheune gezeigt...?«[14]

Da die Polizei von Anfang an detailliert über die Aussagen der drei Jugendlichen gegenüber den Bochynskis (Vater und Sohn) informiert war, ist anzunehmen, daß der Vater (oder der Sohn?) direkt (oder unbewußt?) über den Parteisekretär die Polizei verständigt hatte. Der Parteisekretär sei VP-Helfer gewesen und habe als einziger im Ort ein Telefon besessen, hat es während des Prozesses geheißen.

In einem Bericht an Erich Honecker »über einen verhinderten Grenzdurchbruch« am 10. Juni 1964 heißt es: »Da Bochynski aus dem Verhalten der Genannten einen beabsichtigten Grenzdurchbruch vermutete, gewährte er ihnen Unterkunft und verständigte den ABV.«[15]

»Ein ideologischer Schießbefehl«
Der Politbüro-Prozeß

Im November 1995 hat der Prozeß gegen sechs Mitglieder des letzten SED-Politbüros wegen der Gewaltakte an der DDR-Grenze begonnen. Die übrigen Politbüro-Mitglieder sind entweder bereits verstorben, verhandlungsunfähig oder gesondert angeklagt. Drei der Angeklagten werden im Laufe des Verfahrens wegen Verhandlungsunfähigkeit entlassen.

Über anderthalb Jahre schleppt sich der Prozeß gegen die drei verbliebenen Angeklagten hin; vergeblich mahnt Nebenklagevertreter Plöger, man solle beim Kern des Verfahrens bleiben. Immer neue Anträge stellen die Verteidiger. Es habe keinen Schießbefehl gegeben, behaupten sie immer wieder. Die DDR mußte erhalten bleiben, versucht Krenz-Verteidiger Robert Unger das Töten an der Grenze zu rechtfertigen. Sein Mandant, seit 1983 Politbüro-Mitglied und ZK-Sekretär für

Kriminalgericht Moabit, Saal 500. Hier wurde gegen Egon Krenz und andere verhandelt.

Sicherheitsfragen, hält bei jeder Gelegenheit ideologische Vorträge: Die BRD habe »ein Interesse an den Grenztoten« gehabt, sagt Egon Krenz, ja, sie habe »solche Fälle organisiert«.

Der Angeklagte Günther Kleiber behauptet, genau wie Egon Krenz, 1984 im Urlaub gewesen zu sein, als im Politbüro die detaillierte Meldung über die Verletzung eines Flüchtlings durch Splitterminen im Umlauf war.

Moralisch fühle er sich schuldig, erklärt der Angeklagte Günter Schabowski, einst SED-Bezirkschef von Berlin; er bitte die Angehörigen der Opfer um Verzeihung. Die Flüchtenden seien an der Mauer gestorben, weil sie nicht willens gewesen seien, die Zwangsbeglückung der Parteiführer anzunehmen. Strafrechtlich Verantwortung zu übernehmen, lehnt Günter Schabowski jedoch ab. Er sei als Politbüro-Mitglied nicht über Tötungen an der Grenze informiert worden. Er habe sich immer einreden können, daß der Grenzsoldat »vielleicht aus Notwehr gehandelt« habe oder daß die Tötung eines Flüchtlings »ein unglücklicher Zufall war«.

»In der Gesamtstrafe müssen die Opfer bzw. deren Angehörige das ihnen zugefügte Leid wiedererkennen – Menschlichkeit, Rücksicht, Verständnis für die Opfer. Mehr muß es nicht sein – Rache will niemand –, weniger darf es aber auch nicht sein«, sagt Staatsanwalt Bernhard Jahntz in seinem Plädoyer.

Am 25. August 1997 wird Egon Krenz wegen Totschlags an DDR-Flüchtlingen zu sechseinhalb Jahren Freiheitsentzug verurteilt, Günter Schabowski und Günther Kleiber zu jeweils drei Jahren.

Josef Hoch, der Vorsitzende Richter, sagt in der mündlichen Urteilsbegründung, das Politbüro sei faktisch die Organisationsspitze des Staates gewesen; sämtliche Staatsorgane hätten sich dem Willen der SED-Führung zu beugen gehabt. Der Klassenauftrag der Parteiführung an die Grenztruppen – die Unverletzlichkeit der DDR-Grenze zu gewährleisten – sei tatsächlich ein ideologischer Schießbefehl gewesen. Die Beschlüsse des Politbüros zur Grenzsicherung hätten sich in den für die Tötungen an der Grenze maßgeblichen Befehlen wiedergefunden.

Bei der Strafzumessung bleibt das Gericht weit unter den Anträgen der Staatsanwaltschaft, die Haftstrafen zwischen siebeneinhalb und elf Jahren gefordert hat. Die Richter haben den Angeklagten – wie schon zuvor der Grenztruppenführung – als Milderungsgrund einen Verbotsirrtum eingeräumt, sie haben ihnen also abgenommen, daß sie im Glauben, ihr Tun sei rechtmäßig, töten ließen.

Die Berliner Staatsanwaltschaft beantragt die Revision des Urteils. Auch die Verteidiger, die sämtlich Freispruch beantragt haben, sowie Nebenklagevertreter Plöger fechten das Urteil an. Der BGH bestätigt es zwei Jahre später.[16]

Egon Krenz und Klaus-Dieter Baumgarten in der Grenzkompanie Hirschberg, 1980. Die Ehrengalerie zeigt das SED-Politbüro.

Antrittsbesuch Günter Schabowskis im Grenzkommando Mitte anläßlich seiner Amtseinführung als Erster Sekretär der SED-Bezirksleitung, 1985. In der vorderen Reihe (v.l.n.r.): Günter Gabriel, Karl Leonhardt, Klaus-Dieter Baumgarten, Günter Schabowski, Erich Wöllner und Heinz-Ottomar Thieme. Rechts hinter Schabowski Politchef Lorenz, hinten links Günter Bazyli.

»... um einem Ansturm auf die Grenze vorzubeugen.«
Der Prozeß gegen die Führung des Grenzkommandos Mitte

Als bis dahin einziger oberster Befehlsgeber von DDR-Grenzschützen gesteht der Angeklagte Günter Bazyli im Prozeß gegen die Führung des Grenzkommandos Mitte moralische und juristische Schuld ein. Günter Bazyli war in den achtziger Jahren als Stabschef stellvertretender Kommandeur der Berliner Grenztruppen. Von Beginn des Prozesses an, im August 1997, erklärt er sich bereit, die juristischen Folgen seines Tuns zu akzeptieren. Vergeblich hofft er auf die Einsicht seiner vier Mitangeklagten, die »mit aller Entschiedenheit den Tötungsvorwurf der Anklageschrift zurückweisen«.

Zweimal hat Günter Bazyli als Zeuge im MfNV-Kollegiumsprozeß ausgesagt, dreimal im Politbüro-Prozeß. Durch seine Aussagen sind die Angeklagten belastet worden: Bei den Grenztruppen habe es, so der Zeuge Bazyli, mehrfach Reformvorschläge gegeben, wie man durch zusätzliches Personal den Einsatz der Schußwaffe an der Grenze verhindern könne. Die politische und militärische Führung habe derartige Veränderungen letztlich verhindert, um an der Macht zu bleiben. So sehr die Toten an der Grenze die DDR international auch belasteten, sagt Günter Bazyli, so sehr habe man sie doch gewollt zur Abschreckung, um einem Ansturm auf die Grenze vorzubeugen. Jeder habe wissen sollen, daß er dort sein Leben aufs Spiel setze.

Im Politbüro-Prozeß hat der Zeuge Bazyli dem angeklagten Egon Krenz widersprochen, der behauptet hatte, der Einsatz der Schußwaffe sei »von Moskau« be-

fohlen gewesen. Günter Bazyli: »Die sowjetische Führung wollte, daß es keinen unkontrollierten Grenzdurchbruch gibt. Wie, war doch unsre Sache.«
Zu einer zweijährigen Haftstrafe, ausgesetzt zur Bewährung, wird Günter Bazyli im März 1998 vom Berliner Landgericht verurteilt. Die anderen Angeklagten, darunter der Chef des Grenzkommandos Mitte, Erich Wöllner, erhalten Freiheitsstrafen zwischen drei und fünf Jahren. Der BGH bestätigt das Urteil.[17]

»Ich habe einen Eid abgelegt, Befehle zu befolgen.«
Prozeß im Fall Scharf

32 Jahre nach den tödlichen Schüssen, die Manfred Schiffner als Volkspolizist am Kontrollpunkt Marktgölitz auf einen flüchtenden Menschen abgab, findet im Juli 1998 vor dem Landgericht Gera der Prozeß gegen den Schützen statt. Schon 1966 wurde bei der Zentralen Erfassungsstelle Salzgitter ein Verfahren gegen ihn eingeleitet. Seit 1991 ermittelte die Berliner Staatsanwaltschaft.
Fast auf den Tag genau sechs Jahre vor Prozeßbeginn habe ich Manfred Schiffner im Sommer 1992 in Probstzella zum ersten Mal um ein Gespräch über den »Vorfall« gebeten. Er hat mich abgewiesen. Auf der Anklagebank sitzt er mit derselben Mischung aus Gleichgültigkeit, Hochmut und Trotz wie damals auf der Gartenbank vor seinem Haus ... Inzwischen ist er 53 Jahre alt. Aber er sieht genauso alt aus wie vor sechs Jahren – mir scheint, er ist vor längerer Zeit versteinert.

Zehn Schüler sind zum Grenzschützen-Prozeß in den Schwurgerichtssaal des Landgerichts Gera gekommen, auch ein Block von sieben alten DDR-Funktionären ist erschienen, ferner drei Journalisten. Ganz vorn sitzt die Tochter von Hans-Adolf Scharf, Viola G., die Nebenklägerin.
Wie schon 1994 der Angeklagte Ulrich Gau wird Manfred Schiffner vom ehemaligen DDR-Militärstaatsanwalt Rolf Rebhan verteidigt. Der stellt zunächst einen Antrag auf Einstellung des Verfahrens: Der Angeklagte habe »gemäß seiner Dienstpflicht gehandelt«. Dann fordert Verteidiger Rebhan noch ein völkerrechtliches Gutachten. Das macht er seit Jahren so – die Ablehnung dieser Anträge durch Staatsanwaltschaft und Gericht gehört zum Ritual.

Reinhard Maul, der Vorsitzende Richter, wendet sich an den Angeklagten: »Sie haben die Gelegenheit, sich zum Sachverhalt aus Ihrer Sicht zu äußern – oder soll ich fragen?« – »Stellen Sie bitte Ihre Fragen!« entgegnet Manfred Schiffner mit der Bestimmtheit des alten Volkspolizisten.
Na, wie sich das denn zugetragen habe damals, will der Richter wissen.
»Ich wollte die Person stellen. Ich habe sie aufgefordert, auf die Straße zu kommen. Die Person sollte mir ihren Personalausweis zeigen. Sie hat das Zuführen verweigert. Sie hat versucht, auf mich einzuschlagen beziehungsweise auf die Waffe. Dann ist sie in Richtung Oberloquitz gelaufen.«
Manfred Schiffner antwortet ohne Zögern und Stocken, führt jeden Satz akkurat zu Ende. Drei Warnschüsse habe er abgegeben, danach zweimal auf die Beine gezielt, aus etwa zwanzig bis dreißig Metern Entfernung.

Wie genau er geschossen habe, fragt Richter Maul nach. Aus der Hüfte, mit Einzelfeuer. »Was haben Sie mit diesen Schüssen bezweckt?« – »Ich wollte die Person festnehmen.« – »Wollten Sie die Person töten?« – »Nein, das lag mir vollkommen fern.« – »Waren Sie ein guter Schütze?« – »Ich denke doch.« Ob es nicht dennoch schwer möglich gewesen sei, aus der Hüfte auf die Beine des Flüchtenden zu schießen, ohne dessen Tod zu riskieren? Heute verneint Manfred Schiffner eine solche Überlegung; als er 1991 von der Kriminalpolizei vernommen worden ist, hat er eine gewisse Fahrlässigkeit in diesem Zusammenhang noch eingeräumt. In der DDR wurde gegen den Todesschützen nicht weiter ermittelt. »Mein Vorgesetzter hat mir zwei Tage später gesagt, daß die Sache, wie sie abgelaufen ist, rechtens war. Ich brauche mir keine weiteren Sorgen zu machen ...«

Manfred Schiffner

Der Vertreter der Staatsanwaltschaft, Ralf Wildenauer, ein 34jähriger Münchner, fragt den Angeklagten mit lauter, fester Stimme: »War Ihnen klar, daß der Flüchtende in Richtung Hinterland läuft?« – »Ja, aber das spielt von der Sache her keine Rolle.« Seine Aufgabe sei es gewesen, die Personalien der Person festzustellen. Die Person habe sich der Feststellung entzogen und sich damit verdächtig gemacht. »Wenn mir jemand eine Maschinenpistole vor den Bauch halten würde, würde ich stehenbleiben, wenn ich nichts auf dem Kerbholz habe.« Laut »Postenordnung« habe er das Recht und die Pflicht gehabt, die Schußwaffe gegen die flüchtende Person anzuwenden.

Richter Maul verliest die damals für die Volkspolizisten geltende »Schußwaffengebrauchsvorschrift«, findet aber keinen entsprechenden Passus.

Der Angeklagte bleibt dabei: »Ich mußte feststellen, warum der da rumgeistert.« Richter Maul: »Wer sich der Kontrolle entzieht, auf den durfte geschossen werden?« – »Jawoll!«

Staatsanwalt Wildenauer: »Sie hatten dreimal im Jahr Schießausbildung – haben Sie da auch Beinschüsse trainiert?« – »Beine hatten die Pappkameraden nicht.«

Richter Maul: »Haben Sie sich mal Gedanken darüber gemacht, ob diese Postenordnung gerecht war?« – »Ich habe einen Eid abgelegt, Befehle zu befolgen.« – »Können Sie sich einen Befehl vorstellen, der nicht mehr zu befolgen ist?« – »Ich hab mir darüber keine Gedanken gemacht.« – »Und heute?« – »Möglich.«

»Der kleine Schiffner hat am Bahndamm einen erschossen«, habe man damals im Gasthaus in Marktgölitz gesagt, erinnert sich der Zeuge Peter L., 61 Jahre. Der Herr Schiffner sei freundlicher gewesen als andere Grenzer dort; er sei noch sehr jung gewesen.

Der Arzt, der die Leiche obduziert hat, sagt aus. »Hätte der Angeklagte mit seinen Möglichkeiten dem Verletzten ein längeres Leben ermöglichen können?« fragt Richter Maul. Nein, da habe man nichts mehr machen können, auch ein Arzt nicht.

Die MPi 41 (»Kalaschnikow«), mit der Herr Scharf erschossen wurde, schieße »bemerkenswert rückstoßfrei« und sei auch in anderen Details »zuverlässig«, ja »ausgezeichnet«, referiert der Waffenexperte, bevor er klarstellt: »Es ist ganz schwer, aus der Hüfte zu schießen und zu treffen, wo man will. Da kann man nicht mehr von ›gezielt‹ sprechen.«

In der Mittagspause spreche ich mit Viola G. Ihr Vater sei so ein lebensfroher Mensch gewesen, hätten ihr die Leute aus dem Dorf erzählt. Jede freie Minute sei er mit seinem Töchterchen zusammengewesen, habe sich die Großmutter erinnert.
Aus der Zeitung habe sie vom Prozeß erfahren und sich dann bei der Staatsanwaltschaft gemeldet, sagt Viola G. Man habe ihr geraten, als Nebenklägerin am Prozeß teilzunehmen – wenn sie bloß als Zeugin komme, dürfe sie nur während der Zeugenaussage im Saal sein.
Ob sie es gerecht fände, wenn der Mörder ihres Vaters ins Gefängnis müßte? »Wenn ich an den Schmerz meiner Familie denke – ja.«

Staatsanwalt Wildenauer möchte die Nebenklägerin hören »zu den Auswirkungen des Schusses«. Viola G., 33 Jahre, gelernte Kinderkrankenschwester, erzählt: »Ich habe als Kind von meiner Mutter und meinen Großeltern erfahren, daß mein Vater an der Grenze erschossen worden ist.« Richter Maul: »Hatte der Tod Ihres Vaters Auswirkungen auf Ihre Familie?« – »Ich hatte eigentlich nie einen Vater gehabt ...« Nach etwa fünf Minuten gibt es keine Fragen mehr an die Tochter des Erschossenen.
Manfred Schiffner, der den Kopf zur Seite gedreht hat, während Viola G. berichtet, der ihren suchenden Blicken den ganzen Vormittag über ausgewichen ist, soll nun noch ein paar Angaben zur Person machen: Geboren wurde er 1944 im heutigen Tschechien, 1950 kam er als Umsiedlerkind nach Großgeschwenda. Er geht acht Jahre zur Schule, es folgt eine Lehre als Schmied und 1962 die Facharbeiterprüfung. Danach geht er als Freiwilliger zur Volkspolizei. 1988 endet seine zeitliche Verpflichtung bei der Polizei. Er wird Sicherheitsbeauftragter im Möbelwerk Probstzella, seit August 1992 Sicherungsposten bei der Eisenbahn.
Zwei Jahre vor den Schüssen auf Hans-Adolf Scharf hat Manfred Schiffner geheiratet. Er ist Vater von vier Kindern.

Viola G., die Tochter des Opfers

Am Nachmittag des zweiten Verhandlungstages wird das Urteil verkündet: zwei Jahre Freiheitsstrafe, ausgesetzt zur Bewährung, wegen Totschlags im »minder schweren Fall«, obgleich die Richter die Tat – unausgesprochen – den Umständen nach als Exzeß ansehen: Manfred Schiffner habe die Waffe selbst nach den in der DDR geltenden Bestimmungen nicht einsetzen dürfen; es habe andere Möglichkeiten zur Festnahme gegeben, so Richter Maul in seiner halbstündigen Urteilsbegründung.
Manfred Schiffner nimmt das Urteil gelassen auf, Viola G. kämpft mit den Tränen. Wie schon der Staatsanwalt kritisiert auch der Vorsitzende Richter, daß der Angeklagte bis zum Schluß mit keinem Wort die Nebenklägerin um Verzeihung gebeten habe. Die vom Staatsanwalt beantragte Bewährungsauflage, die Zahlung von fünftausend D-Mark an die Nebenklägerin, wird nicht verfügt, da man nichts vermischen wolle. Strafmildernd wertet das Gericht, daß seit der Tat eine lange Zeit verstrichen ist und der Angeklagte damals erst 21 Jahre alt war. Daß er in einem (vermeidbaren) Verbotsirrtum gehandelt habe ...

Da Manfred Schiffner das milde Urteil annimmt, wird es nach einer Woche rechtskräftig.

In der schriftlichen Urteilsbegründung steht, zugunsten des Angeklagten habe man berücksichtigt, daß dieser »mit der Handlung seine berufliche Pflicht« habe erfüllen wollen, »eigene persönliche Motive hatte er nicht«. Und weiter: »Er handelte gemäß dem ihm in Dienstvorschriften und politischen Schulungen wiederholt genannten Ziel, eine Flucht aus der DDR in jedem Fall zu verhindern.« – In der damals geltenden »Schußwaffengebrauchsvorschrift« der VP steht aber: »Als Grundsatz hat zu gelten, daß die Waffe nur dann angewendet werden darf, wenn andere Abwehr- bzw. polizeiliche Maßnahmen nicht ausreichen, um den polizeilichen Erfolg herbeizuführen.«

Hat es in der mündlichen Urteilsbegründung noch geheißen, der Angeklagte habe nach der »Schußwaffengebrauchsvorschrift« nicht schießen dürfen, bezieht sich das schriftliche Urteil auf die allein von Manfred Schiffner zitierte »Postenordnung«. Deren Existenz und Wortlaut ist aber im Verfahren weder durch die Verteidigung noch durch den Staatsanwalt und auch nicht durch Zeugen bestätigt oder nachgewiesen worden. Die Annahme, daß die »Postenordnung« am Kontrollpunkt Marktgölitz einen rücksichtsloseren Einsatz der Waffe erlaubte als die »Schußwaffengebrauchsbestimmungen« der Grenztruppen ist absurd.

Auch wenn Manfred Schiffner die »flüchtende Person« als einen »Verbrecher« angesehen haben sollte, so mußte ihm doch klar gewesen sein, daß an der Grenze des Sperrgebiets andere Mittel als der Schußwaffeneinsatz zur Verfügung standen, »um den polizeilichen Erfolg herbeizuführen« und eine Flucht aus der DDR zu verhindern. Das Argument, der Angeklagte selbst habe andere Möglichkeiten zur Festnahme gehabt, taucht in der schriftlichen Urteilsbegründung nicht mehr auf. Statt dessen wird strafmildernd ausgeführt, (Oberwachtmeister) Manfred Schiffner habe den Tatentschluß »spontan, ohne Überlegung« gefaßt.

Straferschwerend wird gewertet, »daß der Angeklagte in keiner Weise ein Bedauern über den Tod des Scharf zu erkennen gegeben hat«. Er habe dadurch seine Gleichgültigkeit zum Ausdruck gebracht.

Die Aussetzung der Strafe zur Bewährung begründen die Richter damit, daß die DDR nicht mehr existiert und somit die »Wiederholung einer gleichgelagerten Tat nicht denkbar ist«.[18]

»Die Frau, die damals mit dem Ungarn wegwollte ...«
Prozeß gegen die Führung des Grenzkommandos Süd

Mitte März 1999 beginnt vor dem Erfurter Landgericht der Prozeß gegen »Gereit u. a.«; verhandelt wird gegen fünf ehemalige Mitglieder der Führung des Grenzkommandos Süd (Erfurt). Angeklagt sind sie wegen versuchten Totschlags oder der Beihilfe dazu in elf Fällen zwischen 1964 und 1980. Drei der Angeklagten haben dem Befehl Nr. 40/72 des Kommandeurs des Grenzkommandos Süd zugestimmt (»Festnahme bzw. Vernichtung von Grenzverletzern«), in dessen Folge 1973 der Flüchtling László Balogh erschossen und seine Verlobte Sieglinde Bunde schwer verletzt wurde. Am 9. April 1999 ist Sieglinde R. (ehemals Bunde) als Zeu-

gin im Prozeß gegen »Gereit u. a.« geladen. »Ich hoffe, für mich persönlich ist das ein Abschluß«, sagt die seit ihrem 21. Lebensjahr gehbehinderte Frau vor Prozeßbeginn. »Auch wenn sie nicht ins Gefängnis müssen, aber sie müssen Rechenschaft ablegen.«

Verhandelt wird im Gebäude der Erfurter Staatsanwaltschaft. Schon eine Stunde vor Prozeßbeginn finden sich die ersten Angeklagten ein. Man spekuliert über die Höhe der zu erwartenden Strafen. Erst vorgestern seien in Berlin wieder vier Kameraden verurteilt worden, zu Bewährungsstrafen zwar, trotzdem: alles Unrecht! »Die machen Krieg in Jugoslawien, diese Bomber-Verbrecher, und uns ziehen die vorn Kadi!« – »Wer kommt denn heute?« fragt einer. »Die Frau, die damals mit dem Ungarn wegwollte ...«

Zum Prozeßauftakt drei Wochen zuvor haben die Angeklagten in einer »Gemeinsamen Erklärung« die Schuldvorwürfe der Anklage als unbegründet zurückgewiesen; Beihilfe zum Töten sei ein »ungeheuerlicher Tatvorwurf«. Auf der Grundlage der Gesetze hätten die DDR-Grenzer ihre Pflichten zur Sicherung der Staatsgrenze erfüllt. Ziel der Befehle sei »die Gewährleistung von Ruhe und Ordnung an der Staatsgrenze« gewesen. Mit dem Dienst bei den Grenztruppen habe man »einen persönlichen Beitrag zur Sicherung des Friedens« leisten wollen.
Das befohlene Vernichten von Grenzverletzern sei nicht mit deren Tötung gleichzusetzen, heißt es in der »Gemeinsamen Erklärung«. Sie hätten keine Zweifel an der Richtigkeit der erteilten Befehle gehabt, und es sei nicht ihre Pflicht gewesen, die Rechtmäßigkeit eines Befehls zu prüfen.
Eine solche Pflicht ergibt sich schon aus Paragraph 258 StGB/DDR, dem zufolge

Gut zwei Dutzend alte Kameraden besetzen nach und nach die Publikumsreihen, fast durchweg Männer im Rentenalter. Das Klima ist günstig für die Angeklagten. Auch für den Richter sind die Opfer »Grenzverletzer«. Als einer der Verteidiger den Staatsanwalt belehrt, »ein Grenzzwischenfall, in dessen Folge jemand ums Leben gekommen ist«, habe sich nicht an einem »Tatort«, sondern an einem »Ereignisort« zugetragen, erwidert der aus München stammende Staatsanwalt unbeirrt: »Ich bleibe bei Tatort und lasse mich gern dafür rügen.« Darauf ein anderer Verteidiger: »Ich schließe mich der Rüge an. Es geht um die Versachlichung des Verfahrens. Wir bemühen uns alle darum ...«

Befehlsgeber und Befehlsempfänger strafrechtlich verantwortlich sind für die Ausführung eines Befehls, wenn sie damit offensichtlich gegen die anerkannten Normen des Völkerrechts oder gegen Strafgesetze verstoßen.
Sie seien überzeugt gewesen, daß die Minen an der Grenze nicht gegen das Völkerrecht verstießen. Zudem seien die »in das militärische Sperrgebiet eingedrungenen Personen« durch Warnschilder und Sperren »hinreichend gewarnt« gewesen.
Man habe »die übergroße Mehrzahl der Grenzverletzer in der Tiefe des Grenzgebietes festgenommen« und damit verhindert, »daß es in erheblich größerem Maße zu solchen bedauerlichen Vorfällen, wie den hier angeklagten, kam«. Zutiefst bedaure man die Opfer der Situation an der Grenze. »Es gehört zur Tragik der militärischen Tätigkeit der Angeklagten, daß es ihnen trotz eindeutigen Bemühens nicht gelungen ist, solches Leid zu verhindern. Dafür entschuldigen wir uns bei den Betroffenen und ihren Angehörigen.«
Jedes Opfer sei zu bedauern. Dabei denke man »auch an die durch Fahnenflüchtige bzw. Grenzverletzer getöteten oder schwerverletzten Grenzsoldaten«. Die Angeklagten bekundeten »ihre Betroffenheit und ihr Mitgefühl mit jedem Verletzten und Toten an der Grenze«. Die »Achtung vor den Opfern auf beiden Seiten dieser Grenze und das Leid ihrer Angehörigen« verlangten »Objektivität, Sachlichkeit und Beachtung der Bedingungen, die dazu geführt haben«.
Am Schluß der »Gemeinsamen Erklärung« heißt es: »Wir können heute sicherlich nicht mehr viel bewegen, aber der Kampf für die Erhaltung unserer Ehre ist bitter nötig.«

Als Sieglinde R., auf Krücken gestützt, in den Verhandlungssaal kommt, blicken die Angeklagten kurz auf. Dann vertiefen sie sich wieder in ihre Unterlagen, lesen oder blättern. Der Vorsitzende Richter, Norbert Hükelheim (er ist von Mainz nach Erfurt gegangen), befragt die Zeugin R.: »Was war der Auslöser, daß Sie die DDR verlassen wollten?« – »Es hat ja schon gereicht, daß man eingesperrt war in der DDR.« – »Hätte der Herr Balogh über Ungarn leichter ausreisen können?« – »Das war doch dort nichts anderes.« – »Wußten Sie, daß die Grenze was Gefährliches ist?« – »Es hatte sich rumgesprochen, daß die Minen dort gesprengt worden waren.« – »Haben Sie mal in Erwägung gezogen, den Herrn Balogh zu heiraten und mit ihm über Ungarn in den Westen zu gehen?« ...
Sieglinde R. schildert ihren gescheiterten Fluchtversuch: »Ich hab gespürt, daß ich in die Luft gegangen bin ...«
Ob sie denn nicht die Schilder »Vorsicht, Minen!« gesehen hätten, will Rolf Rebhan wissen, Verteidiger des Angeklagten Wolfgang Kanold, der bis 1974 Politchef des Grenzkommandos Süd war. »Ja, die Schilder haben wir gesehn.« – »Nächste Frage: Wer hat Sie nach Ihrem ersten Fluchtversuch verhört, Volkspolizei oder Trapo, grüne oder blaue Polizisten?« Der DDR-Militärstaatsanwalt Rebhan ist wieder in den bekannten Verhörton verfallen.
»Warum sind Sie trotz der Warnschilder weitergegangen?« fragt Anwalt Kluge, der Verteidiger des Angeklagten Helmut Harnisch (sein Mandant ist herzkrank und nimmt nicht mehr am Prozeß teil). »Wir dachten, die Schilder seien nur noch zur Abschreckung da.« Wer ihr denn gesagt habe, daß dort keine Minen mehr seien, bohrt Oskar Helmerich, Verteidiger des Angeklagten Klaus Steller (von 1974 an

Politchef des Grenzkommandos Süd). Die Zeugin R. verweigert die Aussage. Das könne sie aber nicht, fährt Richter Hükelheim dazwischen. Sieglinde R. bleibt dabei. Oskar Helmerich, der einzige »Westanwalt« in diesem Prozeß: »Das spricht für sich, wenn sie hier wichtige Teile nicht sagt!« Dann will er wissen: »Wie waren Ihre schulischen Leistungen?« – »Was hat denn das mit meiner Flucht zu tun? Ich denke, diese Herren sind hier angeklagt!« Richter Hükelheim schaltet sich ein: »Mögliche Fluchtmotive haben schon mit dem Verfahren zu tun. Sie sollten nicht hinter jeder Frage was Böses wittern.« – »Wir wollten einfach diesem Staat den Rücken kehren! Warum hat man uns nicht gehen lassen?«

Der Zeuge Volker R. war von Mitte der siebziger Jahre bis Mitte der achtziger Offizier bei den Grenztruppen, zuletzt Hauptmann; danach war er bis zum Ende der DDR Militärstaatsanwalt. Die Frage nach der Bereitschaft zum Schußwaffeneinsatz gegen Grenzverletzer sei den Soldaten »mit Sicherheit« gestellt worden. »Wer konsequent sagte, er würde nicht schießen, für den gab es andere Verwendung in der NVA oder bei den Grenztruppen ...« Richter Hükelheim: »Es hieß, wer nicht schießt, kommt nach Schwedt.« – »An diesem Gerücht war nichts dran.« Ob von den Soldaten bei den Schießübungen Beinschüsse geübt worden seien. – »Nein.«

Ob die Soldaten geschult worden seien, was unter der Vergatterungsformel (»Grenzverletzer sind festzunehmen oder zu vernichten!«) zu verstehen sei, fragt Richter Hükelheim. »Nein, das ist nicht erfolgt.« Verteidiger Helmerich hakt nach: »Sind die Grenzsoldaten jemals angehalten worden, jemanden umzubringen?« Der Zeuge verneint und schiebt dann einen Satz nach, der ein bedingtes Ja bedeutet: »Über allem stand die Aufgabe, Grenzverletzungen zu verhindern.«

Der Zeuge Karl Langer, heute 45 Jahre, hatte im Juni 1973 als Unteroffizier den Soldaten Engelbrecht vergattert, keine Grenzdurchbrüche zuzulassen, und gehörte damals zum »Bergetrupp«; er trug Sieglinde Bunde: »Die junge Frau hat geweint und gejammert, ist doch klar.« Der Soldat Engelbrecht habe noch am Tatort »einen Anschiß bekommen, weil er nur einmal geschossen hatte«, sagt Langer. Von wem der »Anschiß« gekommen sei? »Wenn ich mich recht erinnere: Er konnte nur vom Kompaniechef Baumann gekommen sein.«

Verteidiger Helmerich: »Wurden Sie jemals angewiesen, Grenzverletzer mit einem gezielten Schuß zu töten?« – »Nein.« Der Staatsanwalt will wissen, was denn mit »Grenzverletzer sind zu vernichten« gemeint gewesen sei. – »Vernichten bedeutete töten.« Der Verteidiger des Angeklagten Otto Gereit (von 1978 an Stabschef des Grenzkommandos Süd), Anwalt Mario Zwinkau, fragt: »Was war unter ›Grenzverletzer‹ zu verstehen?« – »Das waren Personen, die abhauen wollten, oder welche, die in die DDR wollten, aber da gab's ja keinen.« – »War die Grenzsicherung nicht vor allem gegen militärische Verbände der BRD gerichtet?« – »Nö, die von drüben haben immer freundlich gegrüßt ...«

Nach insgesamt vierzehn Verhandlungstagen wird am 18. Juni 1999 das Urteil gegen die vier Angeklagten verkündet (Helmut Harnisch ist noch während des Prozesses gestorben): Wegen Beihilfe zum Totschlag und zur schweren Körperverletzung im Fall Bunde/Balogh sowie mehrerer Fälle von versuchtem Totschlag und schwerer Körperverletzung oder der Beihilfe dazu erhält Helmuth Beuthe (bis

1978 Stabschef des Grenzkommandos Süd) eine Haftstrafe von zwei Jahren. Der Angeklagte Wolfgang Kanold, der, so die Richter, »als höchster Vertreter der SED im Grenzkommando Süd ... eine maßgebliche Rolle für die Einflußnahme auf die Grenzsoldaten spielte«, erhält ein Jahr Freiheitsentzug. Die Strafen werden zur Bewährung ausgesetzt, wie auch die Strafen gegen die Angeklagten Gereit und Steller (22 und 15 Monate Haft). Geldbußen zwischen fünf- und achttausend Mark müssen die Verurteilten zahlen – an das »Museum für deutsch-deutsche Geschichte« (Herr Beuthe) und die Kosovo-Hilfe.

In der schriftlichen Begründung des Urteils gegen »Gereit u. a.« (135 Seiten) haben die Richter teilweise das Geschichtsbild der Angeklagten übernommen: Der Grenzausbau sei eine »Ausprägung des kalten Krieges«, Grund für die Errichtung der Grenzanlagen seien »militärische Sicherheitsinteressen der Sowjetunion« gewesen. Bei der Grenzsicherung hätten sich die Angeklagten um die »Vermeidung des tödlichen Schußwaffeneinsatzes« bemüht. Und: »Der Begriff ›zu vernichten‹ ... war nicht zwingend gleichzusetzen mit dem Toten der sogenannten Grenzverletzer.«

Es hätte, so die Richter, »einer erheblichen individuellen Stärke« der Angeklagten bedurft, sich gegen das Grenzregime aufzurichten, »zumal damit einschneidende Konsequenzen im privaten und beruflichen Bereich bis hin zu eigener Strafverfolgung verbunden gewesen wären.« Überdies sei den Angeklagten zugute gehalten worden, daß sie »die Grenzzwischenfälle aufrichtig bedauern und sich dafür auch bei den Opfern und ihren Angehörigen im Verfahren entschuldigt haben«.

Der Angeklagte Helmuth Beuthe. Er hatte im Fall Balogh/Bunde die Auszeichnung des Todesschützen vorgeschlagen. Als Leiter der Abteilung Inneres beim Rat der Stadt Erfurt war er von 1978 an für Ausreiseanträge zuständig.

Am Ende wird auf die »psychischen Narben« der schwerverletzt überlebenden Flüchtenden hingewiesen, die vor allem der Zeugin Sieglinde R. anzumerken gewesen seien, »die durch das Erlebte nachhaltig geprägt wurde und es bis heute nicht verdrängen konnte«. Gleichwohl kommen die Richter zu dem Schluß: »Angesichts des erheblichen Zeitablaufs seit Begehung der Straftaten ... und der nicht wiederkehrenden historischen, politischen und gesellschaftlichen Ausgangskonstellation konnte die Freiheitsstrafe auch mit Rücksicht auf den Respekt vor den Opfern und ihren Angehörigen, der eigentlich angesichts der schweren Tatfolgen die Vollziehung der Freiheitsstrafe geboten hätte, zur Bewährung ausgesetzt werden.«

Das milde Urteil ist nahezu identisch mit dem Strafantrag der Staatsanwaltschaft. Nur ein paar Monate zuvor hat Staatsanwalt Wildenauer für den ehemaligen General Janshen, Kommandeur des Grenzkommandos Süd mit etwa zwölftausend Mann, noch eine Haftstrafe gefordert – ohne Erfolg. Für den Stabschef und stellvertretenden Kommandeur des Grenzkommandos Süd Helmuth Beuthe hat er von vornherein nur eine zweijährige Bewährungsstrafe beantragt, obwohl sich dessen Verantwortung kaum von der seines Vorgesetzten unterschied.

Nach ihrer Vernehmung hatte Siegline R. gesagt: »Alles ist jetzt wieder ganz nahe geworden ... Schlimme Träume haben mich eingeholt.« Als ich ihr telefonisch vom Ausgang des Verfahrens berichte, ist sie enttäuscht: »So lange, wie ich gesessen hab, sollten sie auch sitzen. Das hab ich mir gewünscht.« Aber sie könne mit dem Urteil leben.

PROZESSE

Klaus Baumann (links) und Uwe Hiksch (rechts) mit Mitarbeitern der Arbeiterwohlfahrt in Ludwigsstadt, 1996

Im Untersuchungsbericht des Stabschefs Beuthe zur Festnahme von Sieglinde Bunde und László Balogh steht: »Die erfolgreichen Handlungen zur Verhinderung des Grenzdurchbruchs waren möglich:
- durch die zielstrebige Führung der Einheiten durch den Kommandeur des III. Grenzbataillons, Oberstleutnant Kremmer
- durch das Fassen eines zweckmäßigen Entschlusses des Kompaniechefs, Hauptmann Baumann, und entschlossene Führung der eingesetzten Kräfte
- durch die entschlossene, initiativreiche Handlung der z. Z. des Angriffs auf die Staatsgrenze eingesetzten Armeeangehörigen der 10. GK.«
Hans Kremmer, inzwischen 68 Jahre alt, der als Bataillonskommandeur die Befehle des Kompaniechefs Baumann zur Grenzsicherung bestätigt hatte, lebt 1999 als Rentner in Lehesten, ohne daß gegen ihn auch nur ermittelt worden ist. Der ehemalige Kompaniechef Klaus Baumann, 58, hat sich bis 1999 nicht vor Gericht verantworten müssen. Seit Anfang 1993 lebt er in Ludwigsstadt, 1996 wird er Geschäftsführer der Arbeiterwohlfahrt (AWO) des Landkreises Kronach.[19]
Wenige Tage nach der Verurteilung von »Gereit u. a.« erscheint im »Fränkischen Tag« (FT) ein Artikel über die Vergangenheit des Kronacher AWO-Geschäftsführers Klaus Baumann, in dem die ihn betreffenden Zeugenaussagen des Erfurter Prozesses wiedergegeben werden und aus seinen IM-Berichten zitiert wird. An mehreren darauffolgenden Tagen werden in der Zeitung Leserbriefe zu dem Artikel abgedruckt: Zwei stellvertretende Fraktionsvorsitzende der CSU-Kreistagsfraktion Kronach nennen Klaus Baumann in ihrer Zuschrift einen »strammen Vollstrecker des einstigen sozialistischen Unrechtsstaates«. Daß Klaus Baumann heute als Geschäftsführer bei der AWO sitze, sei »ein Skandal erster Ordnung«.
Uwe Hiksch, Bundestagsabgeordneter der SPD und verantwortlich für die Einstellung Baumanns bei der AWO, reagiert darauf am 28. Juni 1999 mit einer Presseerklärung: Im »beiderseitigen Einvernehmen« habe er Klaus Baumann »von seinem Dienstposten abberufen«. Tags darauf wird Uwe Hiksch im »Fränkischen Tag« mit den Worten zitiert, »ausschlaggebend für die Trennung« sei der FT-Artikel vom 23. Juni über die DDR-Vergangenheit des Herrn Baumann gewesen. Und weiter: »Ich will mir nicht anmaßen zu urteilen, ob der Bericht wahr ist.« Er habe

sich in einem Telefonat am Montagmorgen mit Klaus Baumann auf eine Trennung geeinigt, nachdem dieser erst in der Nacht zuvor aus einem längeren Auslandsurlaub zurückgekommen sei. Jedoch sei »der Rückzug des AWO-Geschäftsführers kein Schuldeingeständnis«. In einem Leserbrief vom 1. Juli verweist er dann auf die Verdienste der AWO im allgemeinen und seine eigenen im besonderen: »Alleine im Landkreis Kronach arbeiten in Einrichtungen der Arbeiterwohlfahrt zur Zeit über 60 Menschen. Deshalb verbitte ich mir jede Art von billiger Parteipolitik ... Alleine im letzten Jahr habe ich für die Arbeiterwohlfahrt aus meinen Diäten cirka 25 000 Mark gespendet ... Ich kann die Mandatsträger der CSU nur auffordern, sich ähnlich zu verhalten.«

Der stellvertretende Kronacher CSU-Kreisvorsitzende Joachim Doppel anwortet darauf in einem Leserbrief vom 3. Juli: »In den neuen Ländern sind die Apparatschiks von einst teilweise verjagt worden, soweit dies möglich war, und hier werden sie wieder von einem Bundestagsabgeordneten installiert. Verantwortungsvolle Aufgaben traut der SPD-Mann Menschen aus dem Landkreis Kronach anscheinend nicht zu.« Für Uwe Hiksch sei es »nun wirklich an der Zeit, den Hut zu nehmen«.

»Ich bin links und ich bleibe links.« Mit dieser Begründung wechselt der Bundestagsabgeordnete Uwe Hiksch Anfang Oktober 1999 von der SPD- zur PDS-Fraktion. Das stößt bei der AWO auf heftige Kritik. Im November 1999 tritt er von seinem Amt als AWO-Kreisvorsitzender zurück. Er hinterläßt einen Schuldenberg von über 300 000 D-Mark.[20]

Mit der Witwe am Tatort
Prozeß im Fall Zapf

Die beiden Grenzsoldaten waren 21 und 25 Jahre alt, als sie im Sommer 1964 zwischen Spechtsbrunn und Tettau auf den Flüchtling Fritz Zapf schossen; er starb, getroffen im Kopf und in der Lunge, im Alter von 37 Jahren. Als sich die zwei Schützen im Sommer 1999 vor dem Landgericht Meiningen verantworten müs-

Ortstermin der Prozeßbeteiligten am 18. August 1999, links vorne Richter Zint, rechts Staatsanwalt Glanz. Das Verfahren endet mit Bewährungsstrafen, genau wie wenige Wochen später der Prozeß im Fall Windzus vor dem Landgericht Gera.

sen, sind sie 56 und 60 Jahre alt. Mit angeklagt ist der 55jährige Wolfgang Witzenhausen aus Sonneberg, dem vorgeworfen wird, als Zugführer die Soldaten vergattert zu haben, Grenzverletzer festzunehmen oder unschädlich zu machen (Beihilfe zum Totschlag).

Als Zeugin im Meininger Prozeß erinnert die nunmehr 67jährige Witwe des erschossenen Fritz Zapf, sie sei damals von einem Kripobeamten bedrängt worden, ihren toten Mann nicht beerdigen, sondern verbrennen zu lassen, doch habe sie dem nicht zugestimmt. Der Leichenbestatter des Gräfenthaler Krankenhauses – ein Kriegskamerad ihres Mannes – habe ihr einen Blick in den Sarg erlaubt. Ein Loch in der linken Schläfe des Toten habe sie gesehen und eines hinter dem rechten Ohr. Als sie noch ein großes Loch in der Jacke ihres Mannes gesehen habe, sei sie in Ohnmacht gefallen ... Ihre beiden Töchter habe sie dann allein großziehen müssen und vom Staat keinen Pfennig Unterstützung bekommen. Nach der Wende habe sie beim Militärstaatsanwalt in Rudolstadt Anzeige erstattet wegen der Tötung ihres Mannes.

Die Schützen, Willi Kalbhenn und Manfred Pischtschan, werden zu jeweils elf Monaten Haft auf Bewährung wegen gemeinschaftlich begangenen Totschlags verurteilt sowie zur Zahlung von je 2000 D-Mark an die Witwe des Erschossenen. In der mündlichen Urteilsbegründung sagt der Vorsitzende Richter, Joachim Zint, die Angeklagten hätten, um wirklich sicher danebenzuschießen, mindestens dreißig Grad seitlich zielen müssen. Das hätten sie nicht getan.

Den »minder schweren Fall des Totschlags« begründet die Kammer damit, daß die Angeklagten seinerzeit in vermeintlicher Pflichterfüllung gehandelt hätten. Sie seien zudem »normale Bürger, welche vor und nach der Tat in geordneten sozialen Verhältnissen lebten ... Es ist ihnen zugute zu halten, daß ihnen aufgrund ihres Aufwachsens unter dem Einfluß ständiger einseitiger Propaganda bei der Begehung der Tat aufgrund eines (vermeidbaren) Irrtums die Einsicht fehlte, Unrecht zu tun.«

Den Stein läßt die Witwe kurz nach dem Prozeß am Tatort setzen.

Wolfgang Witzenhausen wird freigesprochen. Man habe nicht zweifelsfrei nachweisen können, daß er die Grenzer vergattert habe. Jedoch werde der Freigesprochene wissen, so Richter Zint, was an jenem Tag geschehen sei, und es mit seinem Gewissen ausmachen müssen.[21]

»Zurückhalten wesentlicher Beweismittel«
Ein zweiter Prozeß im Fall Bunde

»Ich war Offizier aus Überzeugung«, sagt der ehemalige Sonneberger Regimentskommandeur Wolfgang Hallier zu Beginn des gegen ihn geführten Prozesses im Januar 2000 vor dem Landgericht Meiningen. »Immer war ich davon überzeugt, daß Grenzverletzer, die die Staatsgrenze nicht an den ... Grenzübergangsstellen überschreiten wollten, geltende Gesetze mißachteten, vor den Gefahren, die eine solche Handlung mit sich brachte, ausreichend gewarnt waren und andere Möglichkeiten hatten, die DDR zu verlassen, ohne ihre Gesundheit oder gar das Leben zu riskieren. Ich habe es immer bedauert, daß die Betroffenen solche Wege suchten, um ihre persönlichen Ziele zu verwirklichen, und dabei zu Schaden kamen ... Hier und heute möchte ich erneut mein tiefes Bedauern über die Opfer, die es an dieser Grenze zwischen den beiden deutschen Staaten gegeben hat, zum Ausdruck bringen. Es gehört zur Tragik meiner militärischen Tätigkeit, daß ich trotz eindeutigen Bemühens solches Leid nicht verhindern konnte«, sagt der Mann, der die Festnahme oder Vernichtung von »Grenzverletzern« sowie das Anlegen von Minenfeldern befohlen hat, vor Gericht.

Wolfgang Hallier und sein Verteidiger Rebhan (links)

»Mich haben immer und vor allem die Opfer, die an dieser Grenze ... zu Schaden gekommen sind, und das Leid ihrer Angehörigen bewegt«, sagt der Mann, der kurz nach der Tötung László Baloghs seinen Unterstellten einhämmerte, den verhetzten und heimtückischen Feind aus dem Visier zu lassen, koste das Leben, und jede Gefühlsduselei werde teuer bezahlt. Beim Einsatz der Schußwaffe dürfe es kein Zögern geben ...

»Die Soldaten wurden dazu erzogen ..., mit großer Besonnenheit ..., entsprechend der Gesetze die Schußwaffe nur als letztes Mittel ... einzusetzen«, sagt der Angeklagte Hallier, der vor seinen Soldaten die »vorbildliche Handlungsweise« des Todesschützen László Baloghs lobte, obwohl der Gefreite Engelbrecht gegen die »Schußwaffengebrauchsbestimmungen« der Grenztruppen verstoßen hatte, da er keinen Warnschuß abgab.

Die Erfurter Staatsanwaltschaft führt die damaligen Äußerungen des Regimentskommandeurs Hallier nicht von sich aus in das Verfahren ein, und als die entsprechenden Dokumente samt präziser Quellenangabe den Prozeßbeteiligten zukommen, weigern sich die Vertreter der Staatsanwaltschaft, die belastenden Passagen auch nur zu verlesen. Als ein »Zurückhalten wesentlicher Beweismittel« bezeichnet ein Richter eines anderen Landgerichts dieses Vorgehen. Diese Aussagen seien »für die Strafzumessung wesentlich« und ließen eine dreijährige Haftstrafe angemessen erscheinen. Die Meininger Strafkammer unter Vorsitz von Richter Werner Kunisch verzichtet auf einen Vorhalt aus den Dokumenten, die noch während des Verfahrens in der Regionalpresse zitiert werden. Auch auf das Erscheinen der Zeugin Sieglinde R., ehemals Bunde, verzichtet das Gericht.

»Das Gericht hielt eine Freiheitsstrafe von einem Jahr für tat- und schuldangemessen, wobei es davon ausging, daß ein minder schwerer Fall des Totschlags im Sinne des § 213 StGB vorliegt.« Nur dieser Satz, kein Wort sonst steht in der zweiseitigen schriftlichen Urteilsbegründung zur milden Strafe: Ein Jahr Haft, ausgesetzt zur Bewährung, wegen Totschlags und schwerer Körperverletzung, dazu 4000 D-Mark Bußgeld, zu zahlen an die Staatskasse. Ex-Oberst Hallier, Berufssoldat seit seinem 22. Lebensjahr, bezieht monatlich 2800 D-Mark Rente.[22]

»Die Freunde schonen«
Prozeß im Fall Weigelt

PROZESSE

Fünf Verhandlungstage sind im März 2000 für den Prozeß gegen den ehemaligen MfS-Abwehroffizier Werner Stirzel vor dem Landgericht Meiningen geplant, nach zwei Tagen ist Schluß. Das Opfer, der bayerische Grenzpolizist Albin Weigelt, der im Juni 1960 bei Schauberg zweimal angeschossen wurde, als er einen »toten Briefkasten« überprüfen wollte, ist Anfang 1989 gestorben. Auch wichtige Zeugen leben mehr als zehn Jahre nach dem Mauerfall nicht mehr.

Der 65jährige Werner Stirzel, 1960 als »unbekannter Volkspolizist« wegen Mordversuchs angezeigt, im vereinten Deutschland wegen Körperverletzung angeklagt, bestreitet jede Schuld: Er habe damals nur einen Warnschuß in das Wasser der Tettau abgegeben. Unterstützt von seinem Verteidiger, dem ehemaligen Stasi-Juristen Frank Osterloh, behauptet der Angeklagte, der fragliche Schuß sei vermutlich von den »russischen Freunden« abgegeben worden, die ebenfalls an der Staatsgrenze gewesen seien. Auf den Vorhalt, daß er im Untersuchungsbericht des MfS ausdrücklich als zweiter Schütze genannt worden sei, antwortet Herr Stirzel: Er habe die Verantwortung übernommen, um »die Freunde zu schonen«. Bei der Staatssicherheit und bei der Grenzpolizei seien Pistolen mit dem Kaliber neun Millimeter damals nicht verwendet worden, also könne die entsprechende Kugel im Oberschenkel des Herr Weigelt nicht von ihm, Stirzel, stammen. An jenem Tag habe er eine Pistole Kaliber 7,62 getragen. Richtig ist, daß 1960 die Pistole »Makarow« in den Grenzkompanien eingesetzt wurde – Kaliber neun Millimeter.

Während ihrer Vernehmung als Zeugen im Ermittlungsverfahren haben Uwe Wienhold (links) und Walter Lieberamm (rechts) im Dezember 1990 dreist gelogen: Sie hätten Gartenschläger nicht in einem »Hinterhaltsposten« erwartet, sondern seien zufällig auf ihn gestoßen, während einer Patrouille.
1991 ist Walter Lieberamm im »Stern« mit den Worten zitiert worden: »Ich habe nur das gemacht, was andere an meiner Stelle auch gemacht hätten.« Schuldig fühle er sich nicht. »Ich habe nur nach Vorschrift gehandelt.«

Staatsanwältin Christine Neubig meint, die Ausführungen des Angeklagten nicht widerlegen zu können, und beantragt, ihn freizusprechen. Freispruch, verkündet Richter Kunisch, im Zweifel für den Angeklagten. Die schriftliche Begründung des Urteils umfaßt nicht einmal eine halbe Seite.[23]

»Es ist alles möglich ...«
Prozeß im Fall Gartenschläger

Am 9. November 1999, dem zehnten Jahrestag des Mauerfalls, hat im Landgericht Schwerin ein Prozeß gegen drei ehemalige Stasi-Mitarbeiter (bis 1990) begonnen, denen vorgeworfen wird, an der Tötung Michael Gartenschlägers beteiligt gewesen zu sein. Gartenschläger wurde 1976 an der DDR-Grenze erschossen, nachdem er dort zweimal Selbstschußapparate abmontiert hatte.

Der Tatvorwurf lautet auf versuchten Mord, und somit können selbst lebenslange Haftstrafen ausgesprochen werden. Dennoch sind vier Jahre vergangen zwischen Anklageerhebung und dem ersten Verhandlungstermin, was erfahrene Juristen als »in der Regel unmöglich« bezeichnen.

Einer der drei in Schwerin Angeklagten ist der frühere MfS-Leutnant Lieberamm,

In Strausberg, ehemals Sitz des DDR-Verteidigungsministeriums und Heimatstadt Michael Gartenschlägers, fand im September 1961 der Schauprozeß gegen die »Gruppe Gartenschläger« statt, die ein »Emblem, welches die Einheit zwischen Arbeiter, Soldat und Bevölkerung darstellt«, mit Farbe überschüttet hatte. Das Bild hat überdauert. Und während der Name Michael Gartenschlägers in Vergessenheit gerät, erinnert in Strausberg weiterhin eine Straße an einen Grenzsoldaten, der auf einen DDR-Flüchtling geschossen hat.

der das vierköpfige Stasi-Kommando führte. Walter Lieberamm soll auch dafür verantwortlich sein, daß auf den bereits von drei Kugeln getroffenen und wehrlos am Boden liegenden Michael Gartenschläger nochmals geschossen wurde. Gleichwohl ist er nur des versuchten Mordes angeklagt, da nach Ansicht der Staatsanwaltschaft nicht geklärt ist, ob einer der drei ersten Schüsse tödlich wirkte oder eine der darauffolgenden sechs, in Mordabsicht verschossenen Kugeln.

Die Angeklagten Walter Lieberamm, Versicherungsvertreter und inzwischen fünfzig Jahre alt, Uwe Wienhold (45), Peter Raupbach (44) und der Zeuge Herbert Linß behaupten, sie seien in jener Nacht – unmittelbar am Grenzzaun liegend – von Michael Gartenschläger überrascht worden. Gartenschläger habe mit einer Pistole zuerst geschossen. Man habe in Notwehr das Feuer erwidert und auf den am Boden Liegenden überhaupt nicht mehr geschossen. Das sei eine schlimme Unterstellung, sagt Herr Lieberamm. Nach einer kurzen Feuerpause habe er nur noch einmal in die Luft geschossen, um mögliche Helfer Gartenschlägers im Wald auf bundesdeutscher Seite zu verschrecken.

Hingegen versichert der Zeuge Lothar Lienicke (51), der seinen Freund Gartenschläger begleitet hatte, von der DDR-Seite sei ohne Vorwarnung oder Warnschuß geschossen worden; mit Sicherheit habe Michael Gartenschläger nicht als erster geschossen.

Der Zeuge Harald Hennig bekräftigt vor Gericht, er habe als Oberstleutnant der Staatssicherheit Ende 1989 beim Vernichten eines MfS-Berichtes zum Fall Gartenschläger gelesen, daß die Posten seinerzeit das Feuer eröffnet hätten. Zuvor hätten sie das Ladegeräusch einer Waffe gehört und befürchtet, »seiner nicht habhaft werden zu können«, hat der Zeuge Hennig im Ermittlungsverfahren den Bericht wiedergegeben.

»Das eigentliche Ziel war die Tötung«, man habe eine endgültige Lösung gewollt und keinen blamablen Prozeß in der DDR gegen Gartenschläger, sagt Staatsanwalt Hans-Christian Pick in seinem Plädoyer. Doch müsse zugunsten des Ange-

klagten berücksichtigt werden, daß auch ein Unrechtsstaat das Recht habe, sich zu wehren.
Haftstrafen zwischen drei und dreieinhalb Jahren wegen versuchten Mordes beantragt die Staatsanwaltschaft für die Angeklagten, die Verteidiger fordern Freispruch.
Freispruch, verkündet der Vorsitzende Richter der 3. Großen Strafkammer, Horst Heydorn. Für die erste Schußfolge sei den Angeklagten Notwehr zuzubilligen. Und bei den darauffolgenden Schüssen sei nicht beweisbar, daß sie auf Michael Gartenschläger gerichtet gewesen seien. »Es ist alles möglich, aber beweisbar ist es nicht«, so Richter Heydorn in der mündlichen Urteilsbegründung.

»Schon allein wegen der Bedeutung des Verfahrens für die Aufarbeitung von SED-Unrecht« werde er die Revision des Urteils beantragen, hat Staatsanwalt Pick unmittelbar nach dem Urteilsspruch verkündet. Drei Monate darauf zieht die Schweriner Staatsanwaltschaft ihren Revisionsantrag im Fall Gartenschläger – weniger medienwirksam – zurück. So muß die Schwester des Getöteten, Christa Köckeritz, das Urteil vor dem Bundesgerichtshof allein anfechten, was die Möglichkeiten einer erfolgreichen Revision verringert.
Der Anwalt der Nebenklägerin Köckeritz rügt in seiner Revisionsbegründung die fehlerhafte, widersprüchliche und unvollständige Sachverhaltsdarstellung durch das Gericht sowie unzulässige Mutmaßungen und falsche Schlußfolgerungen. So sei die Annäherung Michael Gartenschlägers, anders als im Urteil behauptet, von den vier Stasi-Männern nachweisbar frühzeitig bemerkt worden. Deren Behauptung, sie wären während des Einsatzes zeitweise eingeschlafen, sei absurd, handle es sich doch bei ihnen um speziell geschulte Einzelkämpfer des MfS, die »sich in höchst wachem, konzentrierten Zustand befanden und äußerst konzentriert die ihnen zugewiesenen Funktionen ausführten« – zumal ihnen ein bewaffneter Grenzverletzer angekündigt worden war …
Gegen die Annahme, Gartenschläger habe zuerst geschossen, spreche unter anderem, daß bei der Obduktion seiner Leiche keine Schmauchspuren an der rechten Hand festgestellt wurden. Michael Gartenschläger sei vorsätzlich und kaltblütig liquidiert worden, so der Anwalt Wolfgang Kausch.
Der Bundesgerichtshof bestätigt den Freispruch: »Offensichtlich unbegründet« sei der Revisionsantrag, da die Nachprüfung des Urteils »keinen Rechtsfehler ergeben« habe.

Seit Herbst 1997 sind in Berlin auch die Vorgesetzten der Todesschützen Michael Gartenschlägers angeklagt: Neben dem ehemaligen Leiter der Stasi-Hauptabteilung I (HA I), Karl Kleinjung, soll sich sein Kollege Helmut Heckel verantworten, Leiter der Abteilung Äußere Abwehr der HA I. Ein weiterer Angeklagter ist Wolfgang Singer, Kompaniechef der gegen Michael Gartenschläger eingesetzten »Kämpfer«, die »mit dem Ziel der Festnahme oder Vernichtung des zu erwartenden Täters« ausgerückt waren.
Im Frühjahr 2002 wird Karl Kleinjung, inzwischen neunzig Jahre alt, für verhandlungsunfähig erklärt.
Mit einem Freispruch aus Mangel an Beweisen endet im Frühjahr 2003 im Berliner Landgericht das Verfahren gegen Helmut Heckel. Bei Wolfgang Singer stellt

die Strafkammer eine »(erfolglose) Aufforderung zur Begehung eines Mordes« fest, doch sei das inzwischen verjährt – nachdem das Gericht die Anklage fünf Jahre lang hat liegen lassen.[24]

Politik vor Recht
Seltsame Gnade für Baumgarten, Schabowski und Kleiber

Der letzte DDR-Grenztruppenchef, Klaus Dieter-Baumgarten, ist im Dezember 1999 – wie von der PDS nachdrücklich gefordert – begnadigt worden. Nach Ablauf der Hälfte der Haftzeit wird er am 15. März 2000 aus dem Gefängnis entlassen. Berlins Justizsenator Ehrhart Körting (SPD) hat (kurz vor dem Ausscheiden aus dem Amt) dem Senat (kurz vor dessen Abtreten nach der Wahl) den Gnadenakt empfohlen – gegen diverse Widerstände: Dagegen ausgesprochen haben sich die Staatsanwaltschaft und der Gnadenausschuß des Berliner Abgeordnetenhauses. »Selbstverständlich« dagegen ist auch das Tatgericht unter Richter Föhrig. Die Auswahl des Begnadeten frappiere, so Föhrig im Mitteilungsblatt des Berliner Richterbundes: Baumgarten sei »in seiner Hartleibigkeit und Uneinsichtigkeit ... von keinem mir einschlägig bekannten Angeklagten ... auch nur annähernd erreicht«. Nach seiner Inhaftierung hat Genosse Baumgarten an verschiedene PDS-Blättchen »Briefe aus dem Kerker« geschickt, in denen beispielsweise zu lesen ist: »Das deutsche Volk wird sich nie dieser Armee [der NVA] schämen müssen ... Das erkennen jetzt schon immer mehr Menschen, und wir sollten alles tun, politische Zusammenhänge deutlich zu machen, um diesen Prozeß zu beschleunigen ... Unsere Partei kann dabei vieles positiv bewirken.« Gleichwohl hat die Leitung der Justizvollzugsanstalt Berlin-Düppel das Gnadengesuch für ihren prominenten Gefangenen unter anderem mit dem Argument befürwortet: »Politische Agitation ist ihm fremd.«
Noch Ende 1998 hat sich Klaus-Dieter Baumgarten als Zeuge in einem Prozeß vor dem Erfurter Landgericht gänzlich ungeläutert gezeigt: »Es gibt von mir nicht einen Befehl, keine Weisung, wofür ich mich heute vor mir oder der Geschichte schämen müßte.« Seine Inhaftierung hat er als Rechtsbeugung und Freiheitsberaubung bezeichnet. Dabei ist Klaus-Dieter Baumgarten als »Freigänger« nach Erfurt gekommen: Nach knapp einem Jahr im Haftkrankenhaus hat auch er in den Offenen Vollzug wechseln dürfen.
Bei der Mehrheit der Straftäter wird das letzte Drittel der Haftzeit zur Bewährung ausgesetzt, in der Regel auf justitiellem Weg. Auch schon nach Verbüßen der halben Haftstrafe kann die zuständige Vollstreckungskammer des Landgerichts auf Antrag einen Straferlaß auf Bewährung beschließen. Daß ein solcher Antrag im Fall Baumgarten nicht einmal gestellt wurde, ist außergewöhnlich. Gnade vor Recht bedeutet auch, daß zunächst einmal der übliche Rechtsweg beschritten wird. Dies ist hier bewußt unterblieben, meinen Juristen, wohl weil man befürchtete, das Gericht werde die vorzeitige Entlassung des Verurteilten Baumgarten ablehnen.
Ist es böswillig, die politische Entscheidung des damaligen Berliner Senats zugunsten Klaus-Dieter Baumgartens zu begreifen als eine »grobe, nahezu zynische

Mißachtung der dritten durch die zweite Gewalt«, wie Richter Föhrig schreibt? Von einer »Korrektur der Gerichtsentscheidung« durch den Senat spricht Christoph Schaefgen, der bis Oktober 1999 in Berlin die Strafverfolgung von SED-Unrecht geleitet hat.

Ein Indiz dafür, daß die Gnade für den »herzlosen Apparatschik« (»Die Welt«) den Verantwortlichen selber zweifelhaft und brisant erscheint, ist das beinahe konspirative Verhalten der Beteiligten: Bald ein Monat vergeht, bis die Nachricht an die Berliner Presse durchsickert.

Ein Zeichen zum zehnten Jahrestag der Wiedervereinigung wolle er setzen, erklärt der Regierende Bürgermeister von Berlin, Eberhard Diepgen, im Herbst 2000 seinen Gnadenakt für die verurteilten Politbüromitglieder Günter Schabowski und Günther Kleiber per 2. Oktober. Zu diesem Zeitpunkt haben sie jeweils rund neun Monate ihrer Haft im Offenen Vollzug »verbüßt« beziehungsweise »abgeschlafen« – ein Viertel der verhängten Haftstrafe.

Im Fall Schabowski hat Eberhard Diepgen (CDU) nahezu wortgleich just jene Begründung übernommen, mit der das Berliner Landgericht schon das milde Strafmaß zu rechtfertigen suchte: Günter Schabowski habe sich frühzeitig »aufrichtig und selbstkritisch mit seiner Vergangenheit und seiner Mitgestaltung einer Diktatur auseinandergesetzt« und Beiträge zur Aufarbeitung des DDR-Unrechts geleistet. Dabei war der Angeklagte Schabowski bis fast zum Ende des Prozesses nicht bereit, sich zur Wahrheitsfindung befragen zu lassen. In seinen abgelesenen »Erklärungen« leugnete er, in der DDR von den Erschießungen unbewaffneter Flüchtlinge gewußt zu haben, und behauptete gar, von den Minen an der Grenze erst nach deren Abbau aus Westmedien erfahren zu haben. Sein Mitwirken an tödlichen Beschlüssen zum Grenzregime hat er stets vehement bestritten.

Dennoch behauptet Eberhard Diepgen, die Begnadigten hätten sich »glaubhaft von ihren Taten abgewendet«, ja Günther Kleiber habe sich vor dem Berliner Landgericht »zu seiner Verantwortung bekannt«. Wahr ist, daß sich auch der Angeklagte Kleiber bis zuletzt für unschuldig erklärte und – genau wie Schabowski – die Aufhebung seiner milden Verurteilung durch den BGH beantragte. Die »Leiden und Qualen der Opfer«, so Diepgen, würden durch den Gnadenakt »nicht vergessen oder ausgelöscht«. Er erwarte von den Opfern Verständnis für den Akt.

Karin Gueffroy, die Mutter des letzten erschossenen Mauerflüchtlings, sagt, sie frage sich, ob die Berliner CDU mit dieser Begnadigung auf Wählerstimmen im Ostteil der Stadt spekuliere. Drei Jahre darauf kommt auch Egon Krenz frei, nachdem er fast zwei Drittel der Haftstrafe im Offenen Vollzug verbracht hat.[25]

»Mit dem Anschein der Legalität«
Ein zivilrechtliches Verfahren (Der Fall Itting)

1950, kurz vor der Flucht in den Westen, schrieb der enteignete Probstzellaer Industriepionier Franz Itting seiner Tochter Sonja: »… dann müssen wir eben warten, bis die Einheit Deutschlands kommt und Wahrheit, Gesetz und Gerechtigkeit wieder einzieht.« Franz Itting ist 1967 in Ludwigstadt gestorben. Im August

PROZESSE

1990 stellen seine Töchter Sonja und Irmgard gemeinsam mit weiteren Erben einen Antrag auf Rückgabe oder Entschädigung des enteigneten Vermögens. Sie wollen das ehemalige »Haus des Volkes« wieder seiner ursprünglichen Bestimmung zuführen und so das Lebenswerk ihres Vaters wenigstens zum Teil retten. Das dafür notwendige Geld wollen sie zum einen durch die nunmehr überfällige Entschädigung für das enteignete Elektrizitätswerk aufbringen, zum anderen durch Verkäufe ehemaliger Itting-Häuser.

Per Gerichtsbeschluß wird die Verurteilung der Ittings 1993 »für rechtsstaatswidrig erklärt und aufgehoben«. Somit sind die Verurteilten rehabilitiert. Die Einziehung ihres Vermögens »diente ersichtlich politischer Verfolgung«, heißt es im Rehabilitierungsbeschluß. »Auf diesem Wege konnten Verurteilte, die als Angehörige eines damals noch privatwirtschaftlich organisierten Wirtschaftsbereichs der Durchsetzung des angestrebten kommunistischen Wirtschaftssystems im Wege standen, als Staatsfeinde eliminiert und als Gegner der gewollten gesellschaftlichen Umgestaltung ausgeschaltet werden. Ihr Vermögen konnte überdies durch die gerichtliche Maßnahme mit dem Anschein der Legalität in sogenanntes Volkseigentum überführt werden. Die damit für die Betroffenen verbundene Zer-

Das »Haus des Volkes« 1992

störung ihrer sozialen Existenz und ihre Herabwürdigung als Objekt der rücksichtslosen Durchsetzung wirtschafts- und gesellschaftspolitischer Zielsetzungen der damaligen DDR-Machthaber verletzte ihre Menschenwürde...«[26]

Es dauert Jahre, bis vom Thüringer »Landesamt zur Regelung offener Vermögensfragen« (LAROV) ein Bescheid ergeht. Sonja Itting-Enke, die für die Mehrheit der Erbengemeinschaft das Verfahren voranbringen will, fühlt sich in dieser Zeit ohnmächtig der Willkür der Ämter ausgeliefert. Sie bittet Bundeskanzler Kohl um Hilfe, schreibt an Stiftungen – vergeblich. Erst Anfang 1999 erhält die Erbengemeinschaft Itting vom LAROV einige Grundstücke zurück, vorwiegend ziemlich wertlose Wiesen, Wälder und Äcker.

Das »Haus des Volkes« von der Gartenseite, um 1930. Gertrud Itting sen. (1900 bis 1993), die zweite Frau des ehemaligen Besitzers Franz Ittings sen., sagt im November 1990: »Im Juli hab ich mich verleiten lassen und bin mit meinen Töchtern noch mal nach Probstzella rüber, zum Hotel. Sie haben uns aber nicht reingelassen. Wir haben das Hotel von außen gesehen, da hab ich schon genug gesehen. Sie haben alles verbaut, was schön gewesen war. Ich bin nie wieder rüber.«

Nach zehnjähriger Bearbeitungszeit erhalten die Erben Franz Ittings im Sommer 2000 einen knappen Bescheid des LAROV: Die Enteignung des E-Werkes samt Werkswohnungen und Bezirksstellen sei »aufgrund des sowjetischen Besatzungsrechts« ergangen. »Eine Rückübertragung der enteigneten Vermögenswerte ist daher ausgeschlossen.« Das verfallene Hotel hingegen, so ein LAROV-Bescheid vom April 2002, sollen die Itting-Erben zurücknehmen. Es wird Jahre dauern, bis das Verwaltungsgericht Gera über den Widerspruch der Erben entscheidet.

Nach zehn Jahren »Nervenmühle« und Aufwendungen in Höhe von mehr als 150 000 D-Mark für ihre Anwälte hat Sonja Itting-Enke den Plan, das »Haus des Volkes« zu retten, aufgegeben. Sie hofft, am Ende nicht noch »die Beseitigung der

Trümmer« bezahlen zu müssen. Sie möchte wenigstens das verauslagte Geld zurückbekommen. Sie hofft, ihren Lebensabend in dem von ihr renovierten Elternhaus in Probstzella verbringen zu können, ohne es vorher kaufen zu müssen.
Bis 1993 hat dort Heinz Severin gewohnt, von 1961 bis 1971 SED-Bürgermeister in Probstzella.

»Symbolische Bestrafungen«
Ein Resümee

Von den über 65 000 staatsanwaltschaftlichen Ermittlungsverfahren im Bereich SED-Unrecht sind bis zum Sommer 1998 mehr als drei Viertel eingestellt worden, ebenso fast neunzig Prozent der Verfahren wegen Rechtsbeugung. Annähernd achthundert Anklagen wegen SED-Unrechtstaten haben die Schwerpunkt-Staatsanwaltschaften bis zum Sommer 1998 erhoben; nur gut ein Prozent der Ermittlungsverfahren hat also zu einer Anklage geführt. Im Bereich Rechtsbeugung sind es sogar nur halb so viele: rund 230 Verfahren.

Für etwa vierhundert Angeklagte im Bereich SED-Unrecht hat es Gerichtsentscheidungen gegeben. Annähernd zweihundert Täter haben eine Haftstrafe, ausgesetzt zur Bewährung, erhalten. Nur etwa fünf Prozent der Angeklagten sind zu einer Haftstrafe ohne Bewährung verurteilt worden, darunter fünf Juristen. Rund ein Drittel der Angeklagten wurde freigesprochen. Die unverhältnismäßig vielen

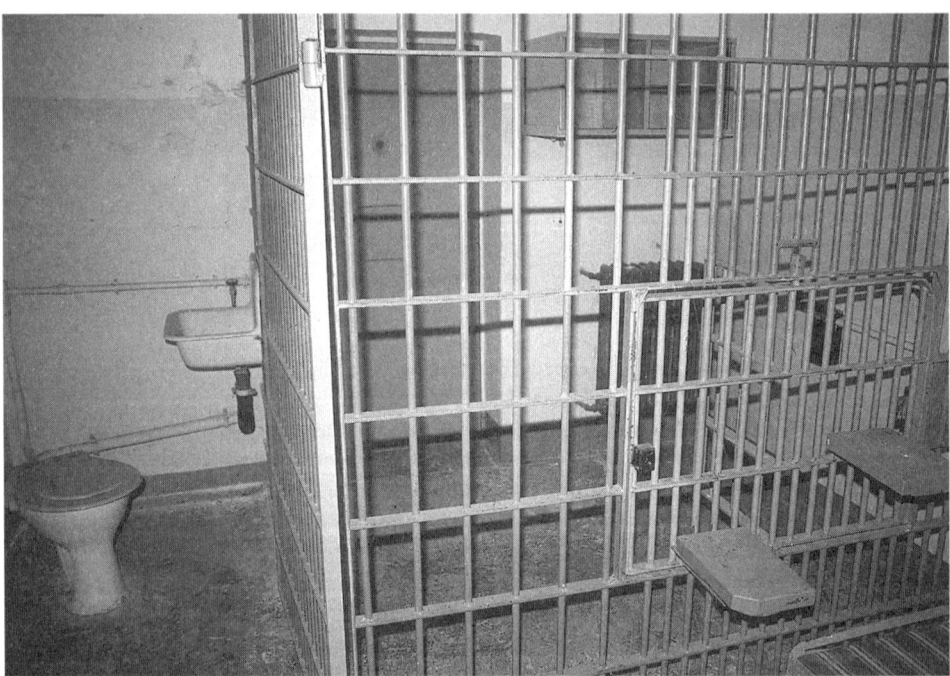

Arrestzelle (»Tigerkäfig«) in Berlin-Rummelsburg (1995). Ein paar tausend gescheiterte Republikflüchtlinge und Fluchthelfer waren hier inhaftiert. Die für solche Verurteilungen verantwortlichen Staatsanwälte und Richter sind in der Regel nicht bestraft worden, die meisten von ihnen dürfen im vereinten Deutschland als Juristen arbeiten, auch als Richter.

Bewährungsstrafen in Fällen von SED-Unrecht hat der Berliner Landrichter Hansgeorg Bräutigam mit den Worten kommentiert, die Gerichte würden dieses Unrecht nur noch beurkunden, statt es zu bestrafen.
Wegen Telefonüberwachung und Postbeschlagnahme ist niemand rechtskräftig verurteilt worden. Einige Verurteilungen ergehen wegen Auftragstötung, Wirtschaftskriminalität und Gefangenenmißhandlung. Selten und mild sind die Urteile bei Wahlfälschung, politischer Verdächtigung und Entführung.
Knapp dreitausend Ermittlungsverfahren wegen Spionage für die DDR hat es nach 1989 gegen Bundesbürger gegeben; nur rund zweihundertfünfzig haben mit einer Verurteilung geendet, davon drei Viertel mit einer Bewährungsstrafe. Dabei haben die Richter vielfach noch nicht einmal den Agentenlohn zu einem nennenswerten Prozentsatz eingezogen.[27]

Von den mehr als dreitausend Ermittlungsverfahren der Polizei und der Staatsanwaltschaft wegen Gewalttaten an der DDR-Grenze wurden rund neunzig Prozent eingestellt. Nach Unterlagen der Staatsanwaltschaft fanden an der Grenze zu West-Berlin nachweisbar mindestens hundertneun Menschen einen gewaltsamen Tod. An der SBZ/DDR-Grenze zu Westdeutschland wurden mindestens hundertachtundzwanzig Flüchtende erschossen, mindestens dreiunddreißig kamen dort in den Minenfeldern und Selbstschußanlagen um. Nach anderen Aufstellungen gab es an der innerdeutschen Grenze wesentlich mehr Todesopfer. Hunderte wurden verletzt. Laut Statistik der ZERV gab es einhundertzweiundfünfzig Berliner Grenztote sowie zweihundertsechsundfünfzig an der SBZ/DDR-Grenze zu West-Deutschland, insgesamt also rund vierhundert. Jedoch konnte in vielen Fällen ein Fremdverschulden nicht nachgewiesen werden, woraus sich die Differenz zu den Zahlen der Staatsanwaltschaft ergibt.
Die »Arbeitsgemeinschaft 13. August« hat zuletzt fast fünfhundert Todesopfer an der DDR-Grenze zu West-Berlin und zur Bundesrepublik aufgelistet. Dazu kämen rund hundertdreißig Menschen, die bei Fluchtversuchen über die Ostsee umgekommen seien. Indes sind in dieser »Bilanz der Todesopfer« etliche ungeklärte Fälle mitgerechnet worden. Andererseits fehlen, genau wie in den Statistiken von Staatsanwaltschaft und ZERV, zahlreiche Todesfälle, vor allem aus der Nachkriegszeit.
Gleichwohl haben die Staatsanwälte bis zum Sommer 1998 nur etwa 180 Anklagen wegen Tötungen oder Verletzungen an der Grenze erhoben. Bei über sechzig Berliner Mauerschützen-Prozessen und weiteren Grenzschützen-Prozessen in den neuen Bundesländern sind annähernd hundert Angeklagte zu Haftstrafen auf Bewährung verurteilt worden; das ist mehr als die Hälfte der Verurteilten. »Bewährungsstrafen kommen einer kollektiven Entlastung gleich«, hat Karin Gueffroy, die Mutter des letzten erschossenen Mauerflüchtlings, während des ersten Berliner Grenzschützen-Prozesses gesagt. Bewährungsstrafen sind die Regel seit dem zweiten Mauerschützen-Prozeß.
Nur zwanzig Befehlsgeber von Grenzschützen werden zu Freiheitsstrafen ohne Bewährung verurteilt, immer liegt das Strafmaß an der unteren Grenze des möglichen. Die ohnehin geringen Haftstrafen müssen die Verurteilten höchsten zu zwei Dritteln verbüßen, und das – abgesehen von der Zeit in Untersuchungshaft – stets im »Offenen Vollzug«.

»Möglicherweise besteht eine gewisse Scheu, politisch motivierten Straftätern angemessene Strafen entgegenzusetzen«, hat Bernhard Jahntz resümiert, der Ankläger im Politbüro-Prozeß. Er vermißt die Vermittlung des Gefühls an den rechtstreuen Bürger, daß Unrecht, insbesondere wenn es von Staats wegen gesetzt wird, angemessen bestraft werden muß.

Die Rechnung »Bewährungsstrafen für die Glieder am unteren Ende der Befehlskette, Haftstrafen für die oberen, angemessene Bestrafungen für die Glieder dazwischen« ist nicht aufgegangen. Der Vorsitzende Richter im Prozeß gegen Baumgarten und andere, Friedrich-Karl Föhrig, hat in der Urteilsbegründung im Prozeß gegen den Berliner Grenzregimentskommandeur Volker Pelz gesagt, das Gericht befinde sich in einem »Strafzumessungskorsett«, da gegen Verteidigungsminister Keßler eine zu milde Strafe verhängt worden sei. Die Richter sehen den NVR-Prozeß ganz offensichtlich als eine Art »Mutterverfahren« an und setzen die Strafen gegen Befehlsgeber, die dem NVR unterstellt waren, entsprechend geringer an.

Im schriftlichen Urteil gegen Regimentskommandeur Pelz hat die 36. Strafkammer eingestanden: »Sie war sich ... bewußt, daß diese Strafe im groben Mißverhältnis zum objektiven Tatunrecht steht, hat jedoch zugleich beachtet, daß dies nach ihrer Auffassung für alle bisher ergangenen einschlägigen Verurteilungen gilt, die als bloße symbolische Bestrafungen zu charakterisieren sich nur durch Überbetonung der subjektiven Entlastungserwägungen vermeiden läßt.«

Die schematische Abstufung der Strafen entsprechend der militärischen Hierarchie mag einleuchtend sein, juristisch zwingend ist sie nicht: Bei der Strafzumessung kommt es nicht auf »Rechtsgleichheit«, sondern auf »Rechtsrichtigkeit« an. Das heißt, es ist in jedem Einzelfall unter Abwägung aller Umstände die angemessene Strafe aus der Sache selbst zu finden, so der Bundesgerichtshof 1965. Einen Grundsatz, wonach Täter mit abgestufter Tatbeteiligung von verschiedenen Gerichten auch abgestuft zu bestrafen seien, hatte der BGH schon 1951 verworfen.

Etwa ein Drittel der angeklagten Grenzer ist freigesprochen worden. Freispruch für einen Grenzer, der sechzig Schuß auf einen flüchtenden Kameraden abgab. Kurz vor dem letzten Grenzzaun wurde der Deserteur von einer Kugel in den Kopf getroffen. Der Angeklagte habe nicht schuldhaft gehandelt, urteilt der BGH, da er das Unrecht seiner Handlung nicht habe erkennen können. Fahnenflucht sei in allen Armeen der Welt verboten. Mit der gleichen Begründung werden im vereinten Deutschland NVA-Deserteure regelmäßig nicht rehabilitiert und gelten weiterhin als vorbestraft.[28]

Günter Oppermann, der 1968 aus einem fränkischen Kinderheim weglief und über die Grenze wollte, erzählt mir 1999 am Telefon, man habe ihm mitgeteilt, daß das Verfahren gegen die beiden Grenztruppenoffiziere eingestellt worden ist, die ihn damals bei Sonneberg ins Minenfeld befohlen hatten: der eine sei verhandlungsunfähig, der andere verstorben.

Seit er vor fünf Jahren einen Herzinfarkt gehabt habe, so Herr Oppermann, lebe er bei seiner Mutter. 1500 D-Mark Rente bekomme er monatlich, er könne nicht mehr Treppen steigen und suche dringend eine bezahlbare Parterrewohnung.

47 Jahre alt ist Günter Oppermann inzwischen. »Die haben mir das Leben geklaut«, sagt er. »Ich will nicht wissen, wie mein Leben gelaufen wäre, wenn das nicht passiert wäre ...«

Roland Jahn, der 1982/83 in der Untersuchungshaft des MfS Gera »von Anfang an die Aussage zur Sache verweigerte«, wurde von seinem Vernehmer belehrt: »Es kommt nicht darauf an, wer recht hat, sondern wer die Macht hat.« Der einstige Direktor des Geraer Kreisgerichts, Gerd Thaut, hat Roland Jahn wegen Mißachtung staatlicher Symbole und öffentlicher Herabwürdigung im Januar 1983 zu 22 Monaten Gefängnis verurteilt. Vierzehn Jahre danach ist DDR-Richter Thaut in Gera wegen Rechtsbeugung zu einer Freiheitsstrafe von sechs Monaten verurteilt worden – ausgesetzt zur Bewährung. Der BGH spricht ihn frei. Im vereinten Deutschland ist er als Rechtsanwalt zugelassen. Roland Jahn, seit 1991 festangestellter Redakteur beim SFB-Fernsehmagazin »Kontraste«, wurde im Herbst 1998 mit dem »Bundesverdienstkreuz« ausgezeichnet.[29]

Als 1991 »die andere« Wochenzeitung mit dem Abdruck von Namenslisten hauptamtlicher Stasi-Mitarbeiter begann, meinte ein ostdeutscher Schriftsteller, dies führe zu Mord und Totschlag. Das geschah nicht. Selbst Erich Mielke ist eines natürlichen Todes gestorben, mit 92 Jahren, in einem Berliner Altersheim.
Der Leipziger MfS-Chef Manfred Hummitzsch hat eine »Gesellschaft zur rechtlichen und humanitären Unterstützung« seiner Genossen aufgebaut, die unermüdlich »gegen die politische Strafverfolgung von Bürgern der DDR« kämpft. Für die Interessen von Stasi-Männern und Schreibtischmördern streitet auch die »Gesellschaft zum Schutz von Bürgerrecht und Menschenwürde e. V.«.[30]

Etwa fünftausend DDR-Grenzer, Transportpolizisten, Volkspolizisten und Paßkontrolleure sind in den Bundesgrenzschutz übernommen worden, darunter etliche frühere Kompaniechefs. So hat man beispielsweise auch den für die Tötung eines DDR-Flüchtlings mitverantwortlichen ehemaligen Oberstleutnant Gerhard Winter neun Jahre lang in der BGS-Zentrale in Berlin weiterbeschäftigt, zuletzt als Oberkommissar. Die Volkspolizisten der DDR wurden in der Regel Polizeibeamte der Bundesländer, frühere Abschnittsbevollmächtigte »Kontaktbereichsbeamte«. Ohne spürbare Folgen – abgesehen von neun geringen Geldstrafen – blieben die Verfahren gegen Ost-Berliner Polizisten wegen der Gewalt gegen Demonstranten am letzten »Republikgeburtstag«. Die Vorgesetzten und die Stasi-Schläger kamen ungestraft davon.[31]

Nicht ein Verantwortlicher für die Zwangsaussiedlungen an der DDR-Grenze ist bestraft worden. 1997 hat die Erfurter Staatsanwaltschaft ein Ermittlungsverfahren gegen einige an den Aussiedlungen Beteiligte (darunter der frühere Saalfelder Landrat Studzinski und VP-Oberrat Bär) eingestellt. Zwar hätten sich damals die Verantwortlichen in der Staats- und Parteiführung strafbar gemacht, nicht aber die Beteiligten auf der Kreis- und Bezirksebene, so die Begründung an Alfons Otto, der im Juni 1952 mit seiner Familie aus Lichtenhain vertrieben wurde und vierzig Jahre später Anzeige erstattet hat.
1998 hat das Thüringer Oberlandesgericht den Antrag eines Mannes verworfen,

der als Betroffener eine Klage gegen SED-Funktionäre erzwingen wollte, die 1961 im Bezirk Gera für die Zwangsaussiedlungen verantwortlich waren. Freiheitsberaubung und Nötigung können die Richter des Oberlandesgerichts nicht erkennen: Zwar habe der Aussiedlungsbefehl des Innenministers »in offenem Widerspruch zu Menschen- und Völkerrecht« gestanden, doch sei seine Durchführung keine strafbare Handlung gewesen: Beurteilungsgrundlage für die Frage der Gesetzwidrigkeit der Zwangsmaßnahmen sei »die damalige Rechtsauffassung in der DDR«. So wurde es 1990 im Einigungsvertrag festgelegt. Es sei zu berücksichtigen, daß staatliche Funktionsträger der DDR den Wertvorstellungen des dortigen Systems »verhaftet« gewesen seien. An die Rechtmäßigkeit des Aussiedlungsbefehls hätten die Beschuldigten glauben dürfen. Die Zwangsaussiedlung habe nicht in einem »unerträglichen Widerspruch zu den ... elementaren Geboten der Gerechtigkeit und den völkerrechtlich geschützen Menschenrechten« gestanden. Denn die Folgen für den Antragsteller Manfred Wagner, der mit seinen Eltern aus Lehesten ausgesiedelt wurde, seien zwar »fraglos einschneidend, jedoch nicht existenzbedrohend oder gar existenzvernichtend« gewesen.[32]

Nur eine Minderheit derjenigen, die bei der Aussiedlung aus ihren Häusern vertrieben wurden, hat bis Mitte der neunziger Jahre ihr Eigentum zurückerhalten. Auch nach dem zweiten »SED-Unrechtsbereinigungsgesetz« von 1994 wird vielen Antragstellern die Rückgabe ihrer Immobilien mit der Begründung verweigert, diese seien nach der Aussiedlung von dritten »redlich erworben« worden. Die Entschädigungen in solchen Fällen sind in der Regel geringer als der tatsächliche Wert des enteigneten Besitzes.[33]

Die Alteigentümer der Grundstücke, die in der DDR »zum Schutz der Staatsgrenze benötigt« wurden, können nach dem »Mauergrundstücksgesetz« von 1996 ihren Besitz zum Preis von 25 Prozent des aktuellen Verkehrswertes von der Bundesrepublik zurückkaufen. Für Immobilien, die vom Bund bereits verkauft worden sind oder für öffentliche Zwecke verwendet werden sollen, werden die ehemaligen Eigentümer mit 75 Prozent des Verkehrswertes entschädigt. Eine zweite Enteignung nennen das viele Betroffene – und Hehlerei![34]

Mehr als hundert Unternehmen waren nach dem Zusammenbruch der SED-Diktatur mit Geldern der Staatspartei von ergebenen Genossen gegründet worden. Die Gelder flossen teils als zinsgünstige Kredite oder gleich als Geschenk. So übertrug man allein 66 Millionen DDR-Mark an eine Firmengruppe unter Führung von Stasi-Offizieren, die mehrere »Hotelbetriebe in bester Lage« (frühere SED-Häuser) übernommen hatte.

Erst im Juni 1990 beschloß die DDR-Volkskammer ein Verfügungsverbot für das Parteivermögen. Die Gelder sollen laut Einigungsvertrag für gemeinnützige Zwecke verwendet werden. Allein 107 Millionen Mark SED/PDS-Gelder wurden entgegen dem Volkskammerbeschluß nach Norwegen und in die Niederlande transferiert.[35]

Die Staatsanwälte und Richter in der DDR, die Stasi-Männer wie auch die Offiziere von Volkspolizei und Grenztruppe waren in der Regel Mitglieder der Sozialistischen Einheitspartei Deutschlands. Sie wurde in ihrem Statut bezeichnet als

»die führende Kraft ... der staatlichen und gesellschaftlichen Organisationen«. Danach war jedes SED-Mitglied »verpflichtet, seine Arbeit in den staatlichen und wirtschaftlichen Organen ... entsprechend den Beschlüssen der Partei ... zu leisten«. (Das gleiche galt nach einer Verordnung aus dem Jahr 1969 auch für Staatsfunktionäre, die nicht in der SED waren.)
Vor dem Bundesgerichtshof scheitert im Dezember 1998 ein Mann, der die PDS als Rechtsnachfolgerin der SED auf 10 000 D-Mark Schadensersatz verklagt: Der Kläger wurde 1986 in Ost-Berlin zu 27 Monaten Haft verurteilt, weil er eine Interessengemeinschaft Ausreisewilliger gegründet hatte. In der Begründung der BGH-Entscheidung heißt es, die SED habe zwar die Staatsorgane weitgehend beherrscht, sie sei aber nicht mit dem Staatsapparat gleichzusetzen. In zivilrechtlichem Sinn seien die DDR-Richter nicht als Mitarbeiter der SED tätig geworden. Das gelte auch für Mitarbeiter der Staatsanwaltschaft, der Volkspolizei oder der Staatssicherheit. Nach DDR-Recht komme lediglich eine Haftung der Staatsorgane in Betracht. Diese könnten jedoch nicht mehr in Anspruch genommen werden, da sie mit der DDR untergegangen seien und es keine Rechtsnachfolger gebe. Die Partei und der Staat haften nicht, und der ausführende Staatsfunktionär auch nicht: 1996 hat das Berliner Landgericht die Klage eines Mannes abgewiesen, der in der DDR fünf Jahre als politischer Häftling im Zuchthaus gesessen und nun den dafür mitverantwortlichen Minister für Staatssicherheit Mielke auf Schmerzensgeld und Schadensersatz verklagt hat (55 300 Mark). Aus der Urteilsbegründung der 22. Zivilkammer des Landgerichts: »Es darf nicht außer Betracht gelassen werden, daß in der ehemaligen DDR in vielen Bereichen systematisch und gezielt Unrecht praktiziert und formelles und materielles Recht verletzt worden sind. Persönliche Haftungen würden zu uferlosen Weitungen führen.« Uferlose Wei-

»Nichts ist ewig. Und irgendwann wird sie mal nicht mehr sein. Niemand auf dieser Welt kann sich jetzt vorstellen, wann das ist und unter welchen Umständen. Sie wird in ihrem Lauf noch jahrtausendelang eingegraben sein in die Landschaft...«
Der Schriftsteller Erich Loest 1986 im Ersten Deutschen Fernsehen über die Westgrenze der DDR.

tungen. Während die durch die SED-Diktatur Benachteiligten und Verfolgten im Alter oft nicht mal die Durchschnittsrente (1999: rund 1700 DM) erhalten, beziehen die privilegierten Partei- und Staatsfunktionäre der DDR im vereinten Deutschland Spitzenrenten in Höhe von durchschnittlich etwa 3000 DM.[36] Jahrelang hat eine »Überprüfungskommission Parteivermögen« versucht, das von der SED/PDS beiseite geschaffte Vermögen sicherzustellen. Die Verantwortlichen in der Führung der SED/PDS, deren »erklärtes Ziel das Verstecken von Parteigeldern« gewesen sei, hätten durch ihre »Verschleierungs- und Verweigerungshaltung« die Ermittlungen »ungewöhnlich schwierig und zeitraubend« gemacht, heißt es im Untersuchungsbericht der Kommission vom August 1998.

Noch im Jahr 2000 sind bundesdeutsche Ermittler weltweit dem verschobenen Milliardenvermögen von Parteien und Massenorganisationen der DDR auf der Spur.[37]

Seit den Wahlen von Ende 1990 sitzen Funktionäre der umbenannten SED, darunter Dutzende von Stasi-Spitzeln, als Volksvertreter in den Landtagen der fünf neuen Bundesländer, im Berliner Abgeordnetenhaus, im gesamtdeutschen Bundestag. In Berlin wird Gregor Gysi Anfang 2002 Wirtschaftssenator in einer SPD/PDS-Regierung.

Nur ein Jahr hat es nach dem 9. November 1989 gedauert, bis die Berliner Mauer nahezu vollständig weggerissen ist. Die Betonsegmente hat man großteils zermahlen und für den Straßenbau nutzbar gemacht. An keiner einzigen Stelle sind die Grenzsperren zwischen Ost-Berlin und dem Westteil der Stadt im Originalzustand erhalten geblieben.

Die »Gedenkstätte Berliner Mauer«, im Sommer 1998 an der Bernauer Straße eröffnet, besteht aus einem siebzig Meter langen Stück Hinterland- und Grenzmauer, das an den Enden von spiegelnden Wänden aus Metall überragt wird.

An der ehemaligen DDR-Grenze zur Bundesrepublik können einige nicht zerstörte Abschnitte der Sperranlagen besichtigt werden, so bei Hötensleben, Bad Sooden-Allendorf und Mödlareuth.

Den einstigen Todesstreifen zwischen Lübeck und Hof versuchen Naturschützer heute als »Lebensstreifen« zu erhalten: Die Landschaft entlang der DDR-Grenze ist ein Rückzugsgebiet vom Aussterben bedrohter Tiere, auch selten gewordene Pflanzenarten gibt es hier noch.

Anhang

Dank

Ich danke allen, die mir halfen, dieses Buch schreiben zu können. Für die finanzielle Unterstützung oder deren Befürwortung danke ich Harry Pross, Hannes Schwenger und Jürgen Fuchs sowie der Käthe-Dorsch-Stiftung, der Heinrich-Böll-Stiftung und der Studienstiftung der Süddeutschen Zeitung. Ich danke meinem Freund Rainer Bonar (1956 - 1996). Ich danke meiner Liebsten, Andrea.

Autor und Verlag danken für die Druckkostenzuschüsse der Stiftung zur Aufarbeitung der SED-Diktatur, der Thüringer Staatskanzlei und der Bayerischen Volksstiftung sowie der Bayerischen Landesstiftung für den Ankauf von Büchern.

Roman Grafe
Herbst 2002

Verzeichnis der Abkürzungen

ABV	Abschnittsbevollmächtigter (VP)	DSF	Gesellschaft für Deutsch-Sowjetische Freundschaft
ADN	Allgemeiner Deutscher Nachrichtendienst	DV	Dienstvorschrift
		DVP	Deutsche Volkspolizei
ARdK	Archivbestand Rat des Kreises	EB	Energiebezirk
		EKD	Evangelische Kirche in Deutschland
AWG	Arbeiterwohnungsbaugenossenschaft	EOS	Erweiterte Oberschule
AZKW	Amt für Zollkontrolle und Warenverkehr	EVG	Europäische Verteidigungsgemeinschaft
BA-MZAP	Bundesarchiv, Militärisches Zwischenarchiv Potsdam	FAZ	Frankfurter Allgemeine Zeitung
		FDGB	Freier Deutscher Gewerkschaftsbund
BAP	Bundesarchiv, Abteilung Potsdam	FDJ	Freie Deutsche Jugend
BDVP	Bezirksbehörde der Deutschen Volkspolizei	GB	Grenzbataillon
		GI	Geheimer Informator
BEL	Bezirkseinsatzleitung	GIP	Grenzinformationspunkt
BG	Bezirksgericht	GK	Grenzkompanie/Grenzkommando
BGH	Bundesgerichtshof		
BGL	Betriebsgewerkschaftsleitung	GM	Geheimer Mitarbeiter
		GMS	Gesellschaftlicher Mitarbeiter für Sicherheit
BGP	Bayerische Grenzpolizei		
BGS	Bundesgrenzschutz	GPI	Grenzpolizei-Inspektion
BHG	Bäuerliche Handelsgenossenschaft	GR	Grenzregiment
		GST	Gesellschaft für Sport und Technik
BMI	Bundesministerium des Innern		
		GSSZ	Grenzsignal- und Sperrzaun
BND	Bundesnachrichtendienst		
BPA	Bezirksparteiarchiv	GSZ	Grenzsignalzaun
BPO	Betriebsparteiorganisation	GT	Grenztruppen
BStU	Bundesbeauftragter für die Unterlagen des MfS	GÜST	Grenzübergangsstelle
		GZ	Grenzzaun
BT	Beobachtungsturm	HA	Hauptabteilung
BV	Bezirksverwaltung	HdDVP	Hauptverwaltung der Deutschen Volkspolizei
BVfS	Bezirksverwaltung für Staatssicherheit		
		HO	Handelsorganisation
BW	Bahnbetriebswerk	IM	Inoffizieller Mitarbeiter des MfS
DA	Deutschland-Archiv		
DB	Deutsche Bundesbahn	IMS	IM für Sicherung des Verantwortungsbereiches
DBD	Demokratische Bauernpartei Deutschlands		
		IMV	IM mit vertraulichen Beziehungen
DGP	Deutsche Grenzpolizei		

ABKÜRZUNGEN

KA	Kirchenamtsträger	BArch	teien und Massenorganisationen der DDR im Bundesarchiv
KD	Kreisdienststelle		
KEL	Kreiseinsatzleitung		
KGB	Sowjetischer Geheimdienst	SBZ	Sowjetische Besatzungszone
KgU	Kampfgruppe gegen Unmenschlichkeit	Sf.	Saalfeld
		SKK	Sowjetische Kontrollkommission
KSZE	Konferenz für Sicherheit und Zusammenarbeit in Europa	SM	Splittermine
		SMAD	Sowjetische Militäradministration in Deutschland
KVP	Kasernierte Volkspolizei		
LDP/LDPD	Liberal-Demokratische Partei Deutschlands	SS	Schutzstaffel
		StGB	Strafgesetzbuch
LG	Landgericht	SVK	Sozialversicherungskasse
Lkr.	Landkreis	SWF	Südwestfunk
LPG	Landwirtschaftliche Produktionsgenossenschaft	ThStA	Thüringisches Staatsarchiv
		ThHStAW	Thüringisches Hauptstaatsarchiv Weimar
LRA	Landratsamt		
MdI	Ministerium des Innern	TPA	Transportpolizeiamt
MfNV	Ministerium für Nationale Verteidigung	Trapo	Transportpolizei
		UFJ	Untersuchungsausschuß Freiheitlicher Juristen
MfS	Ministerium für Staatssicherheit		
		UvD	Unteroffizier vom Dienst
MGZ	Metallgitterzaun	UVR	Ungarische Volksrepublik
NAW	Nationales Aufbauwerk	VdgB	Vereinigung der gegenseitigen Bauernhilfe
ND	Neues Deutschland		
NDPD	National-Demokratische Partei Deutschlands	VEB	Volkseigener Betrieb
		Vopo	Volkspolizei/Volkspolizist
NKWD	Sowjetischer Geheimdienst	VP	Volkspolizei
NSW	Nichtsozialistisches Wirtschaftsgebiet	VPKA	Volkspolizei-Kreisamt
		VR	Volksrepublik
NVA	Nationale Volksarmee	VRP	Volksrepublik Polen
NVR	Nationaler Verteidigungsrat	VS	Verschlußsache
		WD	West-Deutschland
OG	Operationsgebiet	WEMA	Werkzeugmaschinenfabrik
OPK	Operative Personenkontrolle	WKK	Wehrkreiskommando
		ZAIG	Zentrale Auswertungs- und Informationsgruppe
OV	Operativer Vorgang		
OvD	Offizier vom Dienst	ZBK	Zugbegleitkommando
PHK	Polizeihauptkommissar	ZERV	Zentrale Ermittlungsstelle für Regierungs- und Vereinigungskriminalität
PKE	Paßkontrolleinheit		
POS	Polytechnische Oberschule		
PTA	Pioniertechnische Anlagen	ZGD	Zollgrenzdienst
RdH	Raum der Hauptanstrengung	ZK	Zentralkomitee
		ZPA	Zentrales Parteiarchiv der SED
RF	Republikflucht		
SAPMO-	Stiftung Archiv der Par-		

Anmerkungen

ERSTER TEIL

1945
1 Potsdamer Abkommen vom 2. August 1945.

1946
1 Walter Köhler: Die Bekenntnisgemeinde im »Häuschen« während der Hitlerzeit, Schreibmaschinenmanuskript 1983, evangelisches Pfarramt Probstzella.
2 Kirchenbuch Lichtentanne.
3 Bundesministerium für innerdeutsche Beziehungen (Hrsg.): Die innerdeutsche Grenze, Bonn 1989, S. 7.

1947
1 BA-MZAP, Pt. 7173.
2 Anweisung vom 20. August 1947, BA-MZAP, Pt. 3284.
3 BAP, 0-1 MdI 7/33; ThHStAW, MdI 1126.

1948
1 Milovan Djilas: Gespräche mit Stalin, Frankfurt am Main 1962, S. 195.
2 ThHStAW, MdI 5, 166.
3 BA-MZAP, Bibliothek, Diplomarbeit Jänsch.

1949
1 BA-MZAP, Bibliothek, Diplomarbeit Jänsch.
2 BA-MZAP, Pt. 7690.
3 Ralf Roman Rossberg: Grenze über deutschen Schienen, Freiburg i. Br. 1991, S. 214ff.; Kursbücher der Deutschen Reichsbahn.
4 ThHStAW, MdI 5, 167.

Exkurs Franz Itting

1 Ernst Quadt: Deutsche Industriepioniere. Der Anbruch des technischen Zeitalters, Berlin 1940, S. 219ff.
2 ThStA Rudolstadt, BPA Gera, IV/2/12/1140 u. 21 BDVP 022.
3 Petra Weber: Justiz und Diktatur. Justizverwaltung und politische Strafjustiz in Thüringen 1945-1961, München 2000, S. 125f.; Verteidigungsschreiben im Verfahren Franz Itting u. a. vom 17. März 1949, Archiv Sonja Itting-Enke.
4 Urteil des LG Rudolstadt in der Strafsache Itting vom 20. Juli 1949, ThHStAW, MdJ 592; Schreiben vom 2. Dezember 1949, Institut für Zeitgeschichte München, Nachlaß Karl Schultes 25.
5 3. Tagung des Ausschusses für Rechtsfragen beim Zentralsekretariat der SED, Januar 1948, SAPMO-BArch, DY 30, IV 2/101/70.
6 P. Weber: Justiz und Diktatur, S. 129.
7 Erschienen 1960.

1950
1 Josef Wille: Die Not im Frankenwald, Kronach 1950, S. 17.
2 Kirchenbuch Lichtentanne; BA-MZAP Pt 7695.
3 »SBZ-Archiv« Nr. 3/1961.

1952
1 BAP, 0-1 MdI 11/956.
2 Peter Joachim Lapp: Frontdienst im Frieden. Die Grenztruppen der DDR, Koblenz 1987, S. 13.
3 BAP, 0-1 MdI 8/304.
4 ThStA Rudolstadt, BPA Gera, IV/2/12/1148.
5 BAP, 0-1 MdI 8/304.

ANMERKUNGEN

6 SAPMO-BArch, ZPA, IV 2/13/10.
7 Zitiert nach dem Zaisser-Brief an die Innenminister der Länder vom 4. Juli 1952, BAP, 0-1 MdI 8/304.
8 Gesetzblatt der DDR Nr. 65/1952.
9 Entwurf vom 21. Mai 1952, BA-MZAP, Pt. 7034.
10 Bericht der HVDVP, HA K, vom 29. Mai 1952, BAP, 0-1 MdI 11/734.
11 »Neue Presse«, 30. Mai 1952.
12 Protokollbuch der Gemeinderatssitzungen Probstzella, LRA Sf., ARdK.
13 Schreiben vom Mai 1952, SAPMO-BArch, ZPA, IV 2/13/10, zitiert nach: Bennewitz, Inge/Potratz, Rainer: Zwangsaussiedlungen an der innerdeutschen Grenze, Berlin 1994, S. 28.
14 Befehl vom 26. Mai 1952, ThHStAW, 5-352 MdI.
15 BAP, 0-1 MdI 11/734.
16 ThStA Rudolstadt, BPA Gera, IV/4/10/310.
17 ThStA Rudolstadt, BPA Gera, IV/2/1148; BAP 0-1 MdI 8/305 u. 8/286.
18 Bericht vom 9. Juni 1952, ThHStAW, 5-352 MdI.
19 ThHStAW, 5-352 MdI.
20 ThStA Rudolstadt, BPA Gera, IV/2/12/1148.
21 ThHStAW, 5-33 MdI.
22 Bericht vom 9. Juni 1952, BStU, AS 300/57 Bd. 4.
23 BA-MZAP, Pt 7705.
24 Urteil des BG Meiningen vom 23. September 1952, Az. I 70/52.
25 Bundesministerium für innerdeutsche Beziehungen (Hrsg.): Die Sperrmaßnahmen der DDR vom Mai 1952, Bonn 1987, S. 14f.
26 Engel, Jürgen/Scholz, Dieter in: Deutschland einig Vaterland, Coburg 1991, S. 42f.
27 BStU, AS 300/57, Bd. 4.
28 Schreiben des Bürgermeisters von Probstzella, Robert Meyer, vom 29. April 1993 an den Autor.
29 Schreiben vom 10. Juni 1952, BAP, 0-1 MdI 8/304.
30 Schreiben vom 20. August 1952, BAP, 0-1 MdI 8/304.
31 Bundesministerium für innerdeutsche Beziehungen, Die Sperrmaßnahmen, S. 101.
32 Sitzung vom 15. Juli 1952, ThStA Rudolstadt, 21/209 BDVP.
33 BAP, 0-1 MdI 11/1170.
34 BAP, 0-1 MdI 11/956.
35 Nach Angaben des Bundesausgleichsamtes, zitiert nach Hartmut Zimmermann u. a.: DDR-Handbuch, Köln 1985, S. 419.
36 Aus: Dokumente zur Geschichte der SED 1945–1971, Berlin 1988, S. 168ff.
37 Schreiben vom 11. August 1952, BAP, 0-1 MdI 8/304.
38 ThStA Rudolstadt, 21 BDVP 209.
39 Bericht vom 23. August 1952, BAP, 0-1 MdI 11/956.
40 BAP, 0-1 MdI 8/304.
41 BAP, 0-1 MdI 8/305.
42 BAP, 0-1 MdI 8/304.
43 BA-MZAP, Pt. 7702 u. BAP, 0-1 MdI 11/1170.
44 Tagebucheintrag Klara Gerolds; ThStA Rudolstadt, BPA Gera, IV/4/10/240.

1953

1 »Neues Deutschland«, 28. Juni 1953.
2 ThStA Rudolstadt, 21 BDVP 008
3 Durchsage an die SED-Bezirksleitung Gera, ThStA Rudolstadt, BPA Gera, IV/2/4/622.
4 ThStA Rudolstadt, BPA Gera, IV/2/4/619.
5 Bericht vom 30. Juni 1953, ThStA Rudolstadt, BPA Gera, IV/2/4/619.
6 Bericht an die BdVP vom 24. Juni 1953, ThStA Rudolstadt, 21 BDVP 26.

ANMERKUNGEN

7 ThStA Rudolstadt, BPA Gera, IV/2/4/622.
8 Ebd.
9 »Der Spiegel« Nr. 26/2001 und Nr. 24/2003; ThStA Rudolstadt, BPA Gera, IV/2/4/619 u. IV/2/4/621.
10 ThStA Rudolstadt, BPA Gera, IV/2/4/621.
11 ThStA Rudolstadt, BPA Gera, IV/2/4/622.
12 Ebd.
13 ThStA Rudolstadt, BPA Gera, IV/2/4/621.
14 Zimmermann, DDR-Handbuch, S. 1568.
15 Bericht vom 30. Juni 1953, ThStA Rudolstadt, BPA Gera, IV/2/4/619.
16 ThStA Rudolstadt, BPA Gera, IV/2/4/622.
17 BAP, 0-1 MdI 11/939.
18 Schreiben vom 13. Juli 1953, BAP, 0-1 MdI 11/939.
19 BAP, 0-1 MdI 11/939.
20 »SBZ-Archiv« Nr. 3/1961, S. 42ff.
21 Lapp, Frontdienst im Frieden, S. 14.

1954
1 BA-MZAP, Pt. 7363.
2 »Der Tagesspiegel«, 12. Mai 1996.

1955
1 »Vorschriften über den Dienst der Grenzposten der DGP« vom 27. Januar 1954; Aussagen von Prozeßbeteiligten im Verfahren Gau vor dem LG Gera, November 1994; Urteil des LG Gera in der Strafsache Gau vom 15. Dezember 1994, Az. 580 Js 96284/94-1 Ks; BA-MZAP, Pt. 7726.
2 ThStA Rudolstadt, BPA Gera, IV/6/13/75.
3 Erfassung nach dem westdeutschen Aufnahmegesetz, veröffentlicht vom Statistischen Bundesamt Wiesbaden, sowie nach Angaben des MfS, ZAIG 247.
4 BA-MZAP, Pt. 7983.

5 ThStA Rudolstadt, BPA Gera, IV/6/13/75.

1956
1 »Taunus-Zeitung«, 5. April 1956.
2 ThStA Rudolstadt, BPA Gera, IV/4/10/240.

1957
1 ThStA Rudolstadt, BPA Gera, IV/4/10/240.
2 Ebd.
3 BAP, 0-1 MdI 11/967.

1958
1 ThStA Rudolstadt, BPA Gera, IV/6/13/76.
2 BA-MZAP, GT 14 u. 153; BAP, 0-1 MdI 11/404.
3 Bericht vom 17. September 1958, ThStA Rudolstadt, 21/064 BDVP.
4 BA-MZAP, Pt. 7758; Gespräch mit Hildegard Ebert am 15. Oktober 2001.
5 ThStA Rudolstadt, 21 BDVP 022.
6 ThStA Rudolstadt 21/212 BDVP.

1959
1 ThStA Rudolstadt, BPA Gera, IV/2/12/1140.

1960
1 Vernehmungsniederschrift Weigelt vom 11. Juni 1960; Chronik GPI; ADN, 8. Juni 1960.
2 ThStA Rudolstadt, BPA Gera, IV/2/2/140.
3 ThStA Rudolstadt, 21 BDVP 209.
4 »SBZ-Archiv« Nr. 3/1961.
5 BAP, 0-1 MdI 11/967.
6 Ebd.
7 »Berichte über die Republikfluchten«, erstellt in der Abteilung Inneres beim Rat des Kreises Saalfeld, LRA Sf., ARdK.

ANMERKUNGEN

1961
1 SAPMO-BArch, ZPA, J IV 2/2/781.
2 SAPMO-BArch, ZPA, J IV 2/2/783.
3 BStU, ZAIG 4900.
4 ThStA Rudolstadt, BPA Gera, IV/2/5/641.
5 ThStA Rudolstadt, BPA Gera, IV/4/10/265.
6 Falco Werkentin: *Politische Strafjustiz in der Ära Ulbricht*, Berlin 1997, S. 248.
7 BAP, 0-1 MdI 11/967.
8 Angaben des BMI.
9 BStU, ZAIG 696.
10 BStU, ZAIG 545.
11 SAPMO-BArch, ZPA, J IV 2/2/784.
12 BA-MZAP, VA-01/39464.
13 Bericht vom 30. September 1961, ThStA Rudolstadt, BPA Gera, IV/6/13/76.
14 Ebd.
15 Ebd.
16 Ebd.
17 Ebd.
18 SAPMO-BArch, ZPA, J IV 2/13/763.
19 ThStA Rudolstadt, 21.1. BDVP 188.
20 ThStA Rudolstadt, 21.1. BDVP 186.
21 BStU, ZAIG 4901.
22 ThStA Rudolstadt, 21.1. BDVP 186
23 Ebd.
24 Ebd.
25 ThStA Rudolstadt, BPA Gera, IV/2/12/1151.
26 Aus einem Fernschreiben der SED-Kreisleitung Saalfeld an die Bezirksleitung, 4. Oktober 1961, ThStA Rudolstadt, BPA Gera, IV/2/12/1151.
27 ThStA Rudolstadt, BPA Gera, IV/2/12/1151
28 ThStA Rudolstadt, BPA Gera, IV/2/12/1150.
29 ThStA Rudolstadt, BPA Gera, IV/2/12/1151.
30 ThStA Rudolstadt, BPA Gera, IV/6/13/76.
31 Schreiben der MfS-Kreisdienststelle Jena vom 25. September 1961, Tgb. Nr. 1803/61.
32 ThStA Rudolstadt, BPA Gera, IV/2/12/1172.
33 Abschlußbericht des MfS vom 2. November 1961, BStU, AS, 65/75.
34 Zahl für Probstzella ohne Ortsteile Zopten und Kleinneundorf, ThStA Rudolstadt, BPA Gera, IV/2/12/1150.
35 ThStA Rudolstadt, 21.1. BDVP 186 u. 188.
36 ThStA Rudolstadt, 21.1. BDVP 186.
37 ThStA Rudolstadt, 21.1. BDVP 021.
38 ThStA Rudolstadt, BPA Gera, IV/6/13/76.
39 ThStA Rudolstadt, 21.1. BDVP 191; Angaben des BMI.

1962
1 BA-MZAP, GT 653.
2 BA-MZAP, GT 1116.
3 BA-MZAP, Sbg. AZN 32613.
4 BA-MZAP, VA-01/39465 u. 39468 sowie BA-MZAP, GT 596.
5 Aus dem polizeilichen Vernehmungsprotokoll Helmut Kulbeiks.
6 Urteil des LG Berlin in der Strafsache Friedrich/Schreiber vom 5. März 1997, Az. (521) 27/2 Js 83/90 Kls (28/96); BStU, ZAIG 696; Filmer, Werner/Schwan, Heribert: *Opfer der Mauer*, München 1991, S. 104ff.
7 BAP, 0-1 MdI 2.3./4150.
8 BA-MZAP, GTÜ-AZN 6750; »Berliner Morgenpost«, 16. November 1992; Sauer, Heiner/Plumeyer, Hans-Otto: *Salzgitter-Report*, München 1991, S. 49ff.
9 ThStA Rudolstadt, 21.1. BDVP 191.
10 Angaben des BMI.

1963
1 Zu der vom BMI registrierten Zahl von 3692 Flüchtlingen muß noch die Zahl derer gerechnet werden, die nicht das Notaufnahmeverfahren durchliefen oder nach gelungener Flucht in die DDR zurückkehrten,

ANMERKUNGEN

ohne in West-Deutschland erfaßt worden zu sein.
2 BA-MZAP, GT 1685.
3 BA-MZAP, GT 8444.
4 BA-MZAP, GT 8783.
5 BA-MZAP, GT 8444.
6 BA-MZAP, GT 1685.
7 Bericht vom 14. Mai 1963, ThStA Rudolstadt, 21.1. BDVP 183.
8 BStU, ASt. Gera, AUV 2166/63.
9 Aus dem schriftlichen Bericht des Gefreiten L. vom 20. Juni 1963, BStU, ASt. Gera, AUV 2166/63.
10 BStU, ASt. Gera, AUV 2166/63.
11 Ebd.
12 Ebd.
13 Bericht vom 29. Juni 1963, ThStA Rudolstadt, 21.1. BDVP 191.
14 BA-MZAP, GT 8374.
15 Aus dem Verhör vom 24. Juni 1963, BStU, ASt. Gera, AUV 2166/63.
16 Aus dem Verhör vom 5. Juli 1963, BStU, ASt. Gera, AUV 2166/63.
17 Aus dem Verhör vom 16. Juli 1963, BStU, ASt. Gera, AUV 2166/63.
18 Schreiben vom 25. Juni 1963, BStU, ASt. Gera, AUV 2166/63.
19 Aus dem Verhör vom 27. Juni 1963, BStU, ASt. Gera, AUV 2166/63.
20 Aus dem Verhör vom 4. Juli 1963, BStU, ASt. Gera, AUV 2166/63.
21 Aus dem Verhör vom 24. Juli 1963, BStU, ASt. Gera, AUV 2166/63.
22 Aus dem Verhör vom 4. Juli 1963, BStU, ASt. Gera, AUV 2166/63.
23 Aus dem Verhör vom 24. Juli 1963, BStU, ASt. Gera, AUV 2166/63.
24 Beurteilung der o. g. Institutionen für das MfS, BStU, ASt. Gera, AUV 2166/63.
25 Niederschrift vom 30. August 1963, BStU, ASt. Gera, AUV 2166/63.
26 BStU, ASt. Gera, AUV 2166/63.
27 Ludwig A. Rehlinger: *Freikauf*, Berlin 1991, S. 247.
28 BStU, KD Saalfeld, OV »Ratten«, Reg.-Nr. X 785/63; BStU, BV Gera, X/609/63 und X/661/63.
29 BA-MZAP, VA-01 39473.
30 »Volksarmee«, 41/63.
31 Prozeß gegen Schabowski u. a. vor dem LG Berlin, Beweisstück S 6.
32 BA-MZAP, GT 1682.
33 BA-MZAP, GT 210.
34 Analyse vom 13. März 1964, BA-MZAP, GT 210.
35 BA-MZAP, VA-01 13802 und Analyse des Chefs Pionierwesen zu »Minenverletzungen an der Staatsgrenze« vom 27. August 1979, GVS-Nr. G/406070.
36 Angaben des BMI.
37 BAP, o-1 MdI 2.3./5580.

1964

1 Sauer/Plumeyer, *Salzgitter-Report*, S. 23ff.
2 Analyse von Joachim Nawrocki, in: »Die Zeit« Nr. 32/1994.
3 Chronik des Grenzregiments 11, BA-MZAP, GT 154.
4 H. Hoffmann auf der Grenztruppen-Kommandeurstagung vom 17. November 1964.
5 Fernschreiben der 13. Grenzbrigade an den Chef der Grenztruppen vom 10. Juni 1964, 6.00 Uhr, BA-MZAP, GT 1701.
6 Aussage Axel Buschner bei der polizeilichen Vernehmung im Ermittlungsverfahren wegen der Tötung des Werner Krause, zitiert nach: »Ostthüringer Zeitung«, 11. u. 16. Januar 1997.
7 Soweit nicht anders vermerkt, gründet die Schilderung dieses Fluchtversuchs auf dem Urteil des LG Gera in der Strafsache Ronneberger vom 23. Januar 1997, Az. 560 Js. 98321/94-2 Ks (52).
8 Bericht des bayerischen Grenzpolizisten R. an das Grenzpolizeikom-

missariat Coburg, GPI Ludwigsstadt, 411 A - 1896/64.
9 BA-MZAP, GT 154.
10 BA-MZAP, GT 1701.
11 BA-MZAP, GT 1701 sowie das Protokoll der Vernehmung des Gefreiten Herbert M. im Grenzpolizeikommissariat Hof vom 20. August 1964.
12 GPI Ludwigsstadt, 411 I spez - 2110/64; BAP, 0-1 MdI 2.3./5579.
13 BA-MZAP, GT 1701.
14 BStU, ZAIG, Z 836; BA-MZAP, GT 154 u. GT 1701.
15 BA-MZAP, GT 154.
16 BAP, 0-1 MdI 2.3./15998.
17 Zimmermann, DDR-Handbuch, S. 151f.; Bernd Eisenfeld: »Zur politischen Wirkung der Bausoldaten in der DDR«, in: DA Nr. 3/1995.
18 BA-MZAP, GT 370.
19 BA-MZAP, GT 150.
20 BA-MZAP, GT 154; ThStA Rudolstadt, 21.1. BDVP 141.
21 Angaben des BMI.

1965
1 Angaben des BMI.
2 BA-MZAP, GT 154.
3 ThStA Rudolstadt, 21.1. BDVP 141.
4 BA-MZAP, VA-01 12766 u. GT 8784.
5 Siehe auch DA Nr. 2/2001.
6 »Der Tagesspiegel«, 12. Mai 1996.
7 Zimmermann, DDR-Handbuch, S. 288.
8 SAPMO-BArch, ZPA, IV 2/12/80.
9 Prozeß gegen Schabowski u. a. vor dem LG Berlin, Beweisstück P 5.

1966
1 BA-MZAP, GT 8785.
2 Angaben des BMI.
3 ThStA Rudolstadt, 21.1. BDVP 021; BA-MZAP, GT 6538.
4 BA-MZAP, GT 151 u. GT 4425.
5 BA-MZAP, GT 8786.
6 »SBZ-Archiv«, Nr. 14/1966.

7 BStU, ZAIG 1306; BAP, 0-1 MdI 2.3./25584; BA-MZAP, GT 1534 u. GT 1746; Urteil des LG Gera vom 24. August 1998 in der Strafsache Schiffner, Az. 560 Js 96159/97-1 Ks.
8 BA-MZAP, GT 8785 u. GT 3771; »Neue Bildpost«, 20. Februar 1977 u. a.
9 BA-MZAP, GT 377.
10 BA-MZAP, GT 1534
11 Ebd.

1967
1 Schreiben Baumgartens vom 16. August 1965, BA-MZAP, GT 374, S. 222.
2 ThStA Rudolstadt, 21.1. BDVP 021.
3 Angaben des BMI.
4 ThStA Rudolstadt, BPA Gera, IV A-6 13 024.
5 Chronik GPI; »Neue Presse«, Coburg, 21. August 1967; BA-MZAP, GT 8783.

1968
1 BStU, HA IX 1599, S. 2.
2 BA-MZAP, GT 370, GT 1124 u. GT 1719; BStU, HA IX Nr. 67, 250, 336 sowie ZAIG 3583 u. 3546; »Arbeitsgemeinschaft 13. August«, 116. Pressekonferenz; Angaben des BMI.
3 »Neues Deutschland«, 30. November 1968; »Süddeutsche Zeitung«, 23. Oktober 1999.
4 BA-MZAP, GT 1628 u. GT 8375; BGS Coburg; Ully Günther in: Deutschland einig Vaterland, S. 38f.; »Süddeutsche Zeitung«, 28. November 1968; »Neues Deutschland«, 29. u. 30. November sowie 1. Dezember 1968.
5 Sitzungsprotokoll vom 25. August 1967.
6 Angaben des BMI; BAP, 0-1 MdI 2.3./282/2; »Parole« Nr. 2/1969 (BGS-Zeitschrift).
7 BA-MZAP, GT 156.

ANMERKUNGEN

1969
1 Angaben des BMI.
2 BAP, o-1 MdI 2.3./282/2; BA-MZAP, GTÜ 6750.
3 ThStA Rudolstadt, VPKA Sf. 7; Jahresbericht 1969 des Leiters der Abteilung Inneres beim Rat des Kreises Saalfeld, LRA Sf., ARdK.
4 BA-MZAP, GT 1633.
5 BA-MZAP, GT 1633 u. GT 4425.
6 BA-MZAP, GT 4425.
7 BStU, Ast. Gera, KD Saalfeld X/328/69.
8 BA-MZAP, GT 26 u. GT 1312.
9 BA-MZAP, GT 8788.

1970
1 LRA Sf., ARdK, Abt. Inneres, »Jahresberichte und Analysen 1967–83«, Schreiben vom 7. Januar 1970.
2 ThStA Rudolstadt, VPKA Sf. 7.
3 BA-MZAP, GT 1666, GT 6366, GT 8788.
4 Vernehmungsprotokoll Dieter Sch., GPI Ludwigsstadt, 26. September 1973; Interview-Protokoll Siegfried Sauer vom 27. Februar 1992.
5 BA-MZAP, GT 6370.
6 BA-MZAP, GT 8788, GT 6370 u. GTÜ 17572.
7 Chronik GPI.
8 ThStA Rudolstadt, 21.1. BDVP 044; BAP, o-1 MdI 2.3./282/2; MfS, HA IX 1888; Angaben des BMI.

1971
1 Angaben des BMI.
2 Monika Tantzscher: Die verlängerte Mauer, hrsg. vom Bundesbeauftragten für die Unterlagen des MfS, Berlin 1998, S. 77; BStU, HA IX 264.
3 ThStA Rudolstadt, 21.1. BDVP 189.
4 Ebd.
5 ThStA Rudolstadt, 21.1. BDVP 189 u. VPKA Sf. 7; BA-MZAP, GT 6371.
6 Urteil des LG Gera in der Strafsache Hovaguimian vom 12. Januar 1996, Az. 551 Js 96067/95 - 1 Ks; BA-MZAP, GT 6486, GT 5617 u. GT 6372; ThStA Rudolstadt, VPKA Sf. 7; Vernehmungsprotokoll Roland W. bei der BGP vom 20. Oktober 1971; Brief des BGS Coburg an Frau B. vom 12. Juli 1971; Vernehmungsprotokoll Dieter Sch. bei der GPI Ludwigsstadt vom 26. September 1973; BStU, Ast. Potsdam, Po 02 Nr. 49/70.
7 Gespräch Breschnew/Honecker vom 28. Juli 1970, SAPMO-BArch, ZPA, J IV 2/2 A/3196.
8 Interviewaussage Herr K. vom 3. März 1992 sowie ThStA Rudolstadt, VPKA Sf. 7.
9 BA-MZAP, GT 5617 u. GT 6373.
10 Chronik GPI.
11 ThStA Rudolstadt, VPKA Sf. 7, Lageeinschätzung vom 29. September 1971.
12 BA-MZAP, GT 5616.
13 ThStA Rudolstadt, BPA Gera, IV 4/10/142.
14 LRA Sf., ARdK, Abt. Inneres, »Jahresberichte und Analysen 1967–83«.
15 Ebd.

1972
1 Bericht vom 19. Mai 1972, BStU, Ast. Gera, AOP 1451/77.
2 Angaben des BMI.
3 Bericht des MfNV an das SED-Politbüro vom 23. Januar 1973.
4 ThStA Rudolstadt, BDVP 31/04; BStU, BV Gera, Abt. VI 3331.
5 ThStA Rudolstadt, 31 BDVP 06 sowie 21.1. BDVP 049, 050, 214.
6 BA-MZAP, GT 5619.
7 BA-MZAP, GT 1196 sowie Bibl. B 310-2; Wenzel, Otto: Kriegsbereit. Der nationale Verteidigungsrat der DDR 1960 bis 1989, Köln 1995, S. 186; ThStA Rudolstadt, 34-02 BDVP; Bericht des MfNV an das SED-Politbüro vom 23. Januar 1973.

ANMERKUNGEN

8 Referat vom 20. Juni 1972, ThStA Rudolstadt, SED PF/7.1./64.
9 Referat vom 20. Juni 1972, ThStA Rudolstadt, SED PF/7.1./64.
10 »Argumentation für die Durchführung von Einwohnerversammlungen im Grenzgebiet ... zur Erläuterung der Maßnahmen im Zusammenhang mit ... dem Inkrafttreten einer neuen Grenzordnung«, LRA Sf., ARdK.
11 Bennewitz/Potratz, Zwangsaussiedlungen, S. 175ff.; Ministerratsbeschluß vom 18. April 1973 über Wohnsitzverlegung aus dem Grenzgebiet; Anweisung des MdI vom 6. September 1973 zur Aufenthaltsbeschränkung.
12 BA-MZAP, GT 6215 u. GTÜ-AZN 11327.
13 Berichte der BGP vom 2. u. 5. Januar 1973; Meldung des Zollkommissariates Ludwigstadt vom 13. November 1972; »Neue Presse«, Coburg, 15. November 1972; BA-MZAP, GT 3769.
14 BA-MZAP, VA-01/13802, GT 2030, GT 5490, GTÜ-AZN 5385 u. 15006; BA-MZAP, Sbg. AZN 32676; Schreiben Grenztruppenchef Baumgarten an MfNV Hoffmann vom 22. April 1980, GVS G/407153; Übersicht pioniertechnischer Ausbau, GVS G/436 578, in: BA-MZAP, Bibl. B 310-3; MfNV-Kollegiumsvorlagen 23/71 u. 49/73; Protokoll der Kollegiumssitzung vom 4. Dezember 1971; Protokoll der Sitzung des SED-Politbüros vom 6. Juli 1971; »Der Tagesspiegel«, 18. April 1997; »Rheinischer Merkur« Nr. 3/1976; Angaben des BMI; Filmer/Schwan, Opfer der Mauer, S. 365ff.

1973

1 Protokoll der Politbüro-Sitzung vom 23. Januar 1973; BStU, Neiber 41.
2 BA-MZAP, GTÜ 13072 u. 17503; BStU, Neiber 41; ThStA Rudolstadt, BDVP 31/04.
3 BA-MZAP, GT 6219.
4 BA-MZAP, GT 6217 u. GT 6225; Schreiben des Chefs Grenzsicherungsanlagen vom 22. November 1984 (VVS Nr. G/693805, Az. 52 02 03).
5 »Der Spiegel« Nr. 52/1975; »Frankfurter Allgemeine Zeitung«, 13. August 2001.
6 Ingolf Hofmann in: Deutschland einig Vaterland, S. 35.
7 Zimmermann, DDR-Handbuch, S. 634f.; Statistik GPI Ludwigsstadt.
8 BA-MZAP, GT 5621, 6217, 6391, 6484 u. 7443-4; BStU, ASt. Leipzig, AU 106/74; Pressekonferenz der »Arbeitsgemeinschaft 13. August« vom 11. August 1986; Angaben des BMI; Aussage Engelbrecht bei der ZERV vom 15. Dezember 1992; Aussage Gottfried Sch. vor dem LG Erfurt am 9. April 1999 in der Strafsache Gereit u. a.
9 BA-MZAP, GT 6219.
10 Angaben des BMI; Tantzscher, Die verlängerte Mauer, S. 77; BA-MZAP, VA-01/39503.
11 Zimmermann, DDR-Handbuch, S. 156ff.

1974

1 ThStA Rudolstadt, 21.1. BDVP 149.
2 Angaben des BMI, Tantzscher, Die verlängerte Mauer, S. 77; BStU, Neiber 41; ThStA Rudolstadt, BDVP 31/04.
3 BA-MZAP, GTÜ-AZN 11327.
4 »Neue Presse«, Coburg, 12. Januar 1974.
5 Karl Wilhelm Fricke: Die DDR-Staatssicherheit, Köln 1989, S. 154ff.
6 Niederschrift über die 45. NVR-Sitzung, verfaßt von F. Streletz, sowie das Sitzungsprotokoll, von

ANMERKUNGEN

E. Honecker bestätigt am 6. Mai 1974.
7 BA-MZAP, GT 7442.
8 Zitiert nach: »DDR heute« Nr. 26/1989.
9 ThStA Rudolstadt, 21.1. BDVP 044; Chronik GPI.
10 ThStA Rudolstadt, 21.1. BDVP 190.
11 BA-MZAP, GT 2179, 5787, 7770 sowie VA-07 6073 u. 8451; BAP, 0-1 MdI 11/967; Rainer Hildebrandt: Berlin-Friedrichstraße, 20.53 Uhr. Die Flucht von Schülern der Max-Planck-Oberschule in Ostberlin, Bad Godesberg 1968, S 5ff.; »Der Tagesspiegel«, 4. April 1965.
12 ThStA Rudolstadt, 21.1. BDVP 049, 050, 195, 244 sowie 31 BDVP 06.
13 BA-MZAP, GT 1459/60, 2172, 2177 u. 6538 sowie GTÜ-AZN 17538.

1975

1 BA-MZAP, GT 6170.
2 Angaben des BMI; BStU, Neiber 41; BA-MZAP, GT 6554 u. 7436 sowie GTÜ 17503; ThStA Rudolstadt, BDVP 31/04 u. 21.1. BDVP 190; Tantzscher, Die verlängerte Mauer, S. 77.
3 Angaben des BMI; Hermann Weber: Kleine Geschichte der DDR, Köln 1988, S. 157.
4 Schreiben des Stabschefs des VPKA Saalfeld vom 29. September 1975, ThStA Rudolstadt, 21.1. BDVP 044; ThStA Rudolstadt 21.1. BDVP 248; Instruktion zum Befehl Nr. 1/75 des Ministers für Staatssicherheit, MfS-VVS 40/76, BStU, Dokument 102092; Protokoll der Politbüro-Sitzung vom 26. Oktober 1976, Prozeß gegen Schabowski u. a. vor dem LG Berlin, Beweisstück C 36; »Frankfurter Allgemeine Zeitung«, 18. Mai 1996; Bundesbeauftragter für die Unterlagen des MfS: Ausreisen oder dableiben?, Berlin 1998, S. 6ff.; LRA Sf., ARdK, Abt. Inneres.

5 »Der Spiegel« Nr. 51 u. 52/1975.
6 BA-MZAP, GT 6493 u. GTÜ-AZN 6750; Urteil des LG Essen in der Strafsache Weinhold vom 2. Dezember 1976, Az. 22 a Ks 70 Js 2080/75 (15/76) sowie Urteil des LG Hagen vom 1. Dezember 1978, Az. 31 Ks 51 Js 743/77 (47/77); BStU, AU 7398/81; »Neues Deutschland«, 9. Juni 1976 u. 26. Juni 1978; »Welt am Sonntag«, 13. Juni 1976; »Frankfurter Rundschau«, 27. November 1976 u. 2. Dezember 1978; »Frankfurter Allgemeine Zeitung«, 26. November 1976; »Die Zeit« Nr. 50/1976; »Der Tagesspiegel«, 6. Mai u. 31. Oktober 1978; »Spandauer Volksblatt«, 10. September 1977; »Süddeutsche Zeitung«, 18. Februar 1992; Filmer/Schwan, Opfer der Mauer, S. 271ff.; »Berliner Morgenpost«, 16. November 1992; »Junge Welt«, 29. November 1986.

1976

1 BStU, Ast. Gera, AOP 1451/77, AIM 670/81, AIM 1411/85; »Der Tagesspiegel«, 10. August 1996.
2 Sauer/Plumeyer, Salzgitter-Report, S. 92ff.; »Der Spiegel« Nr. 16 u. 20/1976; »Frankfurter Allgemeine Zeitung«, 13. Februar 1996; Information Oberst Tyra vom 25. April 1976, in: Anklage gegen K. Kleinjung u. a., StA Bln. Az. 25 Js 2/97; BA-MZAP, GT 2030, GT 6512, darin auch: Information Schütz an Regimentskommandeure vom 14. Juni 1976; Materialsammlung der »Arbeitsgemeinschaft 13. August« vom 3. Juli 1992; »Neues Deutschland«, 9. August 1976.
3 BA-MZAP, GTÜ-AZN 11327; ThStA Rudolstadt, BDVP 31/04 u. 34/01; BStU, Neiber 41; Angaben des BMI.
4 Urteil des LG Gera in der Strafsache Schmiedel vom 13. Mai 1994, Az. 400

ANMERKUNGEN

Js. 13276/92 - 2 Ks; BA-MZAP, GT 6493; »Neues Deutschland«, 9. August 1976; DA Nr. 9/1976, S. 898ff.
5 »Der Spiegel« Nr. 12/1993; H. Müller-Enbergs: *Wer war wer in der DDR*, Bonn 2000, S. 118f.; »Die Zeit« Nr. 21/1993.
6 »Die Welt«, 18. August 1977.
7 BA-MZAP, GT 6447.
8 Zimmermann, *DDR-Handbuch*, S. 771f.; »Die Welt«, 13. Juni 1975; »Frankfurter Allgemeine Zeitung«, 25. November 1976 u. 13. April 1982; Munzinger-Archiv und Interpress-Archiv.

1977
1 dpa, 18. Februar 1977; »Neue Bildpost«, 20. Februar 1977.
2 »Der Spiegel« Nr. 43/1977; »Frankfurter Rundschau«, 10. Oktober 1977.
3 BStU, AIM 11016/75 u. AIM 1246/81.
4 Zuarbeit zur Jahresanalyse vom 1. Dezember 1977, BStU, HA IX 338.
5 BA-MZAP, GT 7430/1 sowie GTÜ-AZN 4533 u. 11327.
6 ThStA Rudolstadt, BDVP 31/04 u. VPKA Sf. 17; BStU, Neiber 41; Angaben des BMI.

1978
1 ThStA Rudolstadt, VPKA Sf. 17 u. BDVP 31/04; Angaben des BMI; BStU, Neiber 41; Chronik GPI.
2 Zimmermann, *DDR-Handbuch*, S. 1467ff.
3 ThStA Rudolstadt, VPKA Sf. 17.
4 Ebd.
5 BA-MZAP, GTÜ-AZN 8207.

1979
1 ThStA Rudolstadt, VPKA Sf. 19.
2 BA-MZAP, GTÜ-AZN 8207 u. 11674; ThStA Rudolstadt, BDVP 31/04.
3 ThStA, Rudolstadt VPKA Sf. 19.
4 »Fränkischer Tag«, 20. u. 24. Juli 1979; Lagebericht des Zollkommissariates Ludwigstadt vom 30. Juli 1979; BA-MZAP, GT 6513-1.
5 ThStA Rudolstadt, BDVP 31/04; BA-MZAP, Sbg. AZN 32832 u. GTÜ-AZN 9477; Angaben des BMI; Tantzscher, *Die verlängerte Mauer*, S. 77.
6 »Fränkischer Tag«, 25. u. 28. August 1979; »Neue Presse«, Coburg, 1. u. 3. September 1979.
7 Jürgen Petschull: *Mit dem Wind nach Westen*, München 1980, S. 8ff.; BA-MZAP, GTÜ-AZN 9474; ThStA Rudolstadt, BDVP 34; Christine und Bodo Müller: *Über die Ostsee in die Freiheit*, Bielefeld 1996, S. 68ff.
8 Finn, Gerhard/Fricke, Karl Wilhelm: *Politischer Strafvollzug in der DDR*, Köln 1981, S. 118ff.; Münchner »Abendzeitung«, 18. Oktober 1979.
9 ThStA Rudolstadt, VPKA Sf. 19.

1980
1 ThStA Rudolstadt, VPKA Sf. 20.
2 »Fränkischer Tag«, 20. u. 24. April 1980; Aussagen des Reichsbahners Dieter Lienert.
3 ThStA Rudolstadt, VPKA Sf. 20.
4 BA-MZAP, GTÜ-AZN 10415.
5 ThStA Rudolstadt, VPKA Sf. 20; BA-MZAP, Sbg. AZN 32832 u. GTÜ-AZN 13072; Angaben des BMI; Chronik GPI.
6 ThStA Rudolstadt, BDVP 34-01.
7 ThStA Rudolstadt, VPKA Sf. 20.

1981
1 BA-MZAP, GTÜ-AZN 5099 u. 11194.
2 BA-MZAP, GTÜ-AZN 11329; ThStA Rudolstadt, VPKA Sf. 21.
3 BA-MZAP, Sbg. AZN 32832; ThStA Rudolstadt, VPKA Sf. 21 u. BDVP 34-02; Angaben des BMI; BStU, ZKG 1977; BGS-Tätigkeitsbericht 1981.

ANMERKUNGEN

1982
1 Urteil des LG Mühlhausen in der Strafsache Bischoff/Goßler vom 20. November 1996, Az. 560 Js 96163/95-4 Ks jug.
2 Schreiben vom 10. Mai 1982, BA-MZAP, GTÜ-AZN P/000734
3 BA-MZAP, GTÜ-AZN 13016 u. 13072 sowie Sbg. AZN 32832; Angaben des BMI.
4 BA-MZAP, GTÜ-AZN 11327; Chronik GPI.
5 BA-MZAP, GTÜ-AZN 11329.
6 Ausführungen beim Besuch im GR 4, 9. Februar 1982, BA-MZAP, GTÜ-AZN 15344.
7 Konzeption vom 3. Mai 1982, BA-MZAP, GVS Nr. B 824 844.
8 BA-MZAP, GTÜ-AZN 11675 u. 13031; »Fränkischer Tag«, 4. Mai 1990; Chronik GPI.
9 BA-MZAP, GTÜ-AZN 11327; Chronik GPI u. a.
10 BA-MZAP, GTÜ-AZN 13017; Chronik GPI u. a.

1983
1 Interview mit Roland Jahn sowie »Der Spiegel« Nr. 25 u. 26/1983, und »Fränkischer Tag«, 10. Juni 1983.
2 Franz Josef Strauß: Die Erinnerungen, Berlin 1989, S. 470ff.
3 Anweisung vom 13. Oktober 1983, BA-MZAP, GTÜ-AZN 17141.
4 BA-MZAP, GTÜ-AZN 13043, 13086 u. 14131 sowie Sbg. AZN 32832; Angaben des BMI; ThStA Rudolstadt, 34-01 BDVP.
5 BA-MZAP, GTÜ-AZN 12535.
6 Information vom 8. September 1983, VVS Nr. 93/83, BStU, Dokument 102968.
7 BStU, Dokument 103585 u. Neiber 454 u. HA IX 281 sowie ZAIG 4591.
8 BA-MZAP, GTÜ-AZN 13037 u. 13068.

9 Urteil des LG Berlin in der Strafsache Schabowski u. a. vom 25. August 1997, Az. (527) 25/2 Js 20/92 Ks (1/95).

1984
1 BA-MZAP, GTÜ-AZN 12547 u. 14141.
2 Angaben des BMI; Dieter Gräf: Ausreise aus der DDR, Meerbusch 1987, S. 89ff.; »Frankfurter Allgemeine Zeitung«, 18. Mai 1996; ThStA Rudolstadt, BDVP 34-01; Zimmermann, DDR-Handbuch, S. 1367; BStU, Ausreisen oder dableiben?, S. 6ff.
3 ThStA Rudolstadt, BDVP 34-01; BA-MZAP, Sbg. AZN 32832; Angaben des BMI.
4 Aussage Ralf Molter auf der Pressekonferenz der »Arbeitsgemeinschaft 13. August« am 12. August 1985.
5 Scheidig, Siegfried/Weber, Martin: Dokumentation über die restaurierten historischen Grenzwappensteine an der innerdeutschen Grenze im Landkreis Kronach, Ludwigsstadt 1985; »Neue Presse«, Coburg, 22. September 1984.
6 BStU, Ast. Gera, AIM 1411/85.

1985
1 BA-MZAP, GTÜ-AZN 14141.
2 BA-MZAP, GTÜ-AZN 14432.
3 BA-MZAP, Sbg. AZN 32832 sowie GTÜ-AZN 16170 u. 16196; Angaben des BMI.

1986
1 ThStA Rudolstadt, BDVP Gera 34-01.
2 Fahrtbericht des Zugbegleitkommandos, ThStA Rudolstadt, TPA Sf. 929.
3 Schreiben vom 5. März 1986, ThStA Rudolstadt, BDVP Gera 044.
4 BA-MZAP, GTÜ-AZN 16192.
5 BA-MZAP, GTÜ-AZN 14444.
6 Zitiert nach »DDR heute« Nr. 26/1989.

ANMERKUNGEN

7 Urteil des LG Berlin im Politbüro-Prozeß, S. 64–66.
8 BA-MZAP, GTÜ-AZN 16181 u. Sbg. AZN 32832; Angaben des BMI.

1987
1 BA-MZAP, GTÜ-AZN 16054.
2 BA-MZAP, GTÜ-AZN 16180 u. 16503 sowie Sbg. AZN 32832; Angaben des BMI.
3 BStU, Ast. Gera, HA VI 3003.
4 Ordnung vom 11. Dezember 1982, BA-MZAP, GTÜ-AZN 17248.
5 BA-MZAP, GTÜ-AZN 14141, 14807 u. 16177.
6 BA-MZAP, GTÜ-AZN 16176.
7 BA-MZAP, GTÜ-AZN 16196; ThStA Rudolstadt, BDVP 34.
8 BA-MZAP, GTÜ-AZN 16196.
9 BA-MZAP, GTÜ-AZN 16177.
10 Referat vor Offizieren des GR, 6. November 1987, BA-MZAP, GTÜ-AZN 16185.
11 Ehrhart Neubert: *Geschichte der Opposition in der DDR 1949–1989*, hrsg. von der Bundeszenrale für politische Bildung, München 1991, S. 694ff.

1988
1 »Der Spiegel« Nr. 32/1999.
2 »Neues Deutschland«, 10. April 1987.
3 BA-MZAP, Sbg. AZN 32832; BA-MZAP, GTÜ-AZN 16182 u. 16210; Angaben des BMI; Tantzscher, *Die verlängerte Mauer*, S. 77; Bernd Eisenfeld: *Die Zentrale Koordinierungsgruppe*, hrsg. vom Bundesbeauftragten für die Unterlagen des MfS, Berlin 1995, S. 49.
4 BA-MZAP, Sbg. AZN 32832; Chronik GPI.
5 Zitiert nach »DDR heute« Nr. 26/1989.
6 Statistik GPI Ludwigsstadt.
7 BStU, HA VI 1248.
8 BStU, Ast. Gera, HA VI X 34/71.
9 BStU, Ast. Gera, HA VI 003041.

10 »Neue Presse«, Coburg, 6. Juli 1988 u. 7. Februar 1989.
11 Lagebericht der Bayerischen Grenzpolizei vom 27. Juni 1988; »Neue Presse«, Coburg, 28. Juni 1988.
12 BA-MZAP, GTÜ-AZN 5802.
13 BStU, Neiber 57; BA-MZAP, GTÜ-AZN 16055.
14 BA-MZAP, GTÜ-AZN 5802; »Fränkischer Tag«, 27. September u. 11. Oktober 1988; ThStA Rudolstadt, TPA Gera 1030.
15 BStU, Neiber 57, Bd. 2.
16 BA-MZAP, GTÜ-AZN 16185.
17 BA-MZAP, GTÜ-AZN 6218.
18 BA-MZAP, GTÜ-AZN 16215.

1989
1 BA-MZAP, GTÜ-AZN 6218 u. 16215.
2 »Neues Deutschland«, 20. Januar 1989; BA-MZAP, Sbg. AZN 32833.
3 Urteil des LG Berlin in der Strafsache Kühnpast u. a. vom 20. Januar 1992, Az. (523) 2 Js 48/90 (9/91); »Neue Presse«, Coburg, 7. Februar 1989.
4 BA-MZAP, GTÜ-AZN 17210.
5 BStU, HA VI 1308.
6 BA-MZAP, GTÜ-AZN 6218 u. 16210.
7 Abschrift R. Grafe vom Tonbandmitschnitt; BStU, ZAIG Tb/3/K 1-1.
8 ThStA Rudolstadt, VPKA Sf. 17.
9 DA, Nr. 2/1999.
10 Angaben des BMI; »Frankfurter Allgemeine Zeitung«, 18. Mai 1996; BStU, *Ausreisen oder dableiben?*, S. 6ff.
11 BStU, ZAIG 4884.
12 BStU, Ast. Gera, AIM XIII/1117/77.
13 BStU, ZAIG 8679.
14 BA-MZAP, Sbg. AZN 32676.
15 SAPMO-BArch, ZPA, J IV 2/2/2390; BA-MZAP, Sbg. AZN 32676.
16 »Fränkischer Tag«, 5. Oktober 1989; BA-MZAP, GTÜ-AZN 6239.
17 »Die andere Zeitung« Nr. 13/1991; BStU, Ast. Gera, KA 2188 u. HA VI 003001; LRA Sf., ARdK, Abt. Inneres 21138.

ANMERKUNGEN

18 Tobias Hollitzer: *Auf dem Weg zur friedlichen Revolution*, Broschüre des Bürgerkomitees Leipzig, Leipzig 1999, S. 3ff.; »Der Tagesspiegel«, 4. September 1999; BStU, Dokument 103600.
19 Neubert, *Geschichte der Opposition*, S. 835ff.; »Der Spiegel« Nr. 40/1989, u. Nr. 43/1999; »Der Tagesspiegel«, 9. September 1999.
20 Unabhängige Untersuchungskommission: *Report zu den Ereignissen vom 7./8. Oktober 1989*, Berlin 1991, S. 15ff.; »Süddeutsche Zeitung«, 10. Oktober 1989; Neubert, *Geschichte der Opposition*, S. 851ff.; Bericht des Generalstaatsanwaltes, Günter Wendland, an die Volkskammer zur »Überprüfung der Übergriffe«, »Neues Deutschland«, 20. November 1989.
21 »Volkswacht«, 11. Oktober 1989.
22 »Der Spiegel« Nr. 41/1999.
23 Thomas Auerbach: *Vorbereitung auf den Tag X. Die geplanten Isolierungslager des MfS*, hrsg. vom Bundesbeauftragten für die Unterlagen des MfS, Berlin 1994, S. 3ff.; BStU, Dokument 102212.
24 »Der Tagesspiegel« u. »Süddeutsche Zeitung«, 9. Oktober 1999; »Der Spiegel« Nr. 41/1999; Mitter, Armin/Wolle, Stefan (Hrsg.): *Ich liebe Euch doch alle*, Berlin 1990, S. 216.
25 BStU, Neiber 559.
26 BA-MZAP, GTÜ-AZN 6221.
27 »Berliner Morgenpost«, 18. Oktober 1999; »Neues Deutschland«, 19. Oktober 1989; Michael Groth: *Götterdämmerung im Zentralkomitee*, CD Deutschlandfunk, Köln 1997.
28 BStU, Ast. Gera, AKG 003703.
29 SAPMO-BArch, ZPA, J IV/2/2/2354; »Tageszeitung«, 6. November 1989; »Süddeutsche Zeitung«, 11. November 1989.
30 »Neue Presse«, Coburg, u. »Neues Deutschland«, 6. November 1989; BStU, Neiber 307.

31 Groth, *Götterdämmerung im Zentralkomitee*.
32 »Die Welt«, 9. November 1999.
33 Information vom 10. November 1989, BStU, Neiber 271.
34 BA-MZAP, VA-01 39592.
35 Hertle, Hans-Hermann/Grafe, Roman: *Schabowskis Zettel oder: Der Fall der Berliner Mauer*, Feature, WDR-Hörfunk 2. November 1997.
36 BA-MZAP, GTÜ-AZN 17484.
37 BStU, Ast. Gera, AKG 003703; Angaben des BMI.
38 BA-MZAP, GTÜ-AZN 17484.
39 Monatsbericht vom 30. November 1989.
40 BA-MZAP, GTÜ-AZN 17484.
41 Ebd.
42 BA-MZAP, Sbg. AZN 32676.
43 Ebd.
44 ThStA Rudolstadt, TPA Gera 1210; »Der Spiegel« Nr. 41/1999; BStU, Ast. Gera, AIM XIII/1117/77 u. Ordner Kz. 4.1.1./4.1.3. der KD Pößneck; *10 Jahre Grenzöffnung*, hrsg. von der Stadt Ludwigsstadt (1999), S. 12, 16, 42.
45 BA-MZAP, GTÜ-AZN 6670.
46 SAPMO-BArch, ZPA, J IV 2/2/2354.
47 Sachstandsbericht vom 17. Februar 1978, MfS HVA/Abt. XI, zitiert aus dem Bericht des Bundestags-Immunitätsausschusses vom 17. März 1998, DS 13/10893.
48 Protokoll des Gesprächs am »Runden Tisch« vom 19. Dezember 1989; BA-MZAP, GTÜ-AZN 16215.

1990

1 BStU, ZAIG 4886.
2 Andreas Dornheim: *Politischer Umbruch in Erfurt*, Weimar und Köln 1995, S. 71ff.; Dornheim, Andreas/Schnitzler, Stephan: *Thüringen 1989/90*, hrsg. von der Thüringer Landeszentrale für politische Bildung, Erfurt 1995, S. 102.

3 Renate Ellmenreich: *Matthias Domaschk*, hrsg. vom Thüringer Landesbeauftragten für die MfS-Unterlagen, Erfurt 1998, S. 13.
4 BStU, Ast. Gera, AKG 003703; Andreas Herz: *Bürger im Visier. Das MfS in Thüringen*, hrsg. vom Thüringer Landesbeauftragten für die MfS-Unterlagen, Erfurt 1996, S. 88; »Volkswacht«, 6. Dezember 1989.
5 BA-MZAP, GTÜ-AZN 6669 u. 6670.
6 BA-MZAP, GTÜ-AZN 6669.

ZWEITER TEIL

1 BA-MZAP, GTÜ-AZN 6670.
2 »Neue Presse«, Coburg, 31. März 1990.
3 BStU, Neiber 560.
4 BA-MZAP, GTÜ-AZN 13068.
5 Diese Angaben Horst Linkes werden durch ein MfS-Dokument bestätigt: Zu den vier Soldaten, die 1988 in der Kompanie Probstzella als Spitzel tätig waren, kamen noch drei Offiziere und vier Unteroffiziere als IM/GMS (Schreiben des Leiters der Sonneberger MfS-Abwehrabteilung, Oberstleutnant Spreer, vom 9. Dezember 1988, BStU, AF 43/91).
6 »Angehörige der Grenztruppen, bei denen Zweifel an ihrer politischen Zuverlässigkeit bestehen, müssen weg von der Grenze!«, hatte auch Stasi-Minister Mielke 1981 erneut gefordert. So wurden im Grenzregiment Sonneberg allein im Ausbildungsjahr 1986/87 achtundsechzig Grenzer »aus Sicherheitsgründen aus grenzsichernden Einheiten abkommandiert« (BStU, Neiber 113; BA-MZAP, GTÜ-AZN 16185).
7 BStU, AF 43/91 u. HA XIII 1158/87.
8 BStU, ASt. Leipzig, AU 106/74; Pressekonferenz der »Arbeitsgemeinschaft 13. August« vom 11. August 1986.
9 Bericht vom 15. Januar 1973, ThStA Rudolstadt, BPA Gera IV 4/10/229.

DRITTER TEIL

1 Sauer/Plumeyer, *Salzgitter-Report*, S. 343; DA Nr. 1/1999.
2 BGH-Entscheidung in der Strafsache gegen Udo Walther und Uwe Hapke vom 3. November 1992, Az. 5 StR 370/92; BGH-Entscheidung in der Strafsache Heinrich vom 25. März 1993, Az. 5 StR 418/92; Urteil des LG Berlin in der Strafsache Heinrich vom 14. März 1994, Az. 527-3/93.
3 »Der Spiegel« Nr. 36/1992.
4 DA Nr. 1/1993, S. 3ff. und 97ff.; Urteil des LG Berlin in der Strafsache Keßler u. a. vom 16. September 1993, Az. 527-10/92, darin auch: Schreiben H. Albrecht vom 25. April 1972; Erklärung F. Streletz vor dem LG Berlin vom 14. September 1993; »Der Tagesspiegel« u. »Süddeutsche Zeitung«, 17. September 1993; BGH-Urteil Keßler u. a. vom 26. Juli 1994, Az. 5 StR 98/94.
5 DA Nr. 1/1999.
6 Urteil des LG Gera in der Strafsache Gau vom 15. November 1994, Az. 580 Js 96284/94-1 Ks.
7 Willi Steul: *Genosse Journalist*, Berlin 1996, S. 69ff., 144ff.; DA Nr. 9/1995; »Der Spiegel« Nr. 24/1998.
8 Urteil des LG Gera in der Strafsache Schmiedel vom 13. Mai 1994, Az. 400 Js. 13276/92 - 2 Ks; BGH-Urteil Schmiedel vom 15. Februar 1995, Az. 2 StR 513/94; BA-MZAP, GT 6493; »Süddeutsche Zeitung«, 14. Mai 1994.

ANMERKUNGEN

9 »Neue Saale-Zeitung«, 10. Januar 1996.
10 Urteil des LG Gera in der Strafsache Hovaguimian vom 12. Januar 1996, Az. 551 Js 96067/95 - 1 Ks; BA-MZAP, GT 5617 u. GT 6486; Vernehmungsprotokoll Roland W. bei der BGP vom 20. Oktober 1971.
11 Roman Grafe: *Wir erwarten Ihr Urteil und das der Geschichte mit ruhigem Gewissen*, Feature, WDR-Hörfunk 30. Dezember 1996; Urteil des LG Berlin in der Strafsache Baumgarten u. a. vom 10. September 1996, Az. 536-2/95; »Die Welt«, 21. Oktober 1996.
12 Entscheidung des Bundesverfassungsgerichts über die Beschwerden von Albrecht u. a. vom 24. Oktober 1996, Az. 2 BvR 1851/94; »Süddeutsche Zeitung«, 23. März 2001.
13 Urteil LG Gera in der Strafsache Ronneberger vom 23. Januar 1997, Az. 560 Js 98321/94-2 Ks (52).
14 »Ostthüringer Zeitung«, 24. Januar 1997.
15 Bericht vom 12. Juni 1964, BStU, ZAIG, Z 836, S. 28.
16 Roman Grafe: *Eine innerdeutsche Grenze hat es nie gegeben*, Feature, NDR-Hörfunk 25. Oktober 1999; Urteil des LG Berlin in der Strafsache Schabowski u. a. vom 25. August 1997, Az. 527-1/95.
17 Roman Grafe: *Symbolische Verurteilungen*, Feature, Deutschland-Radio Berlin 4. Oktober 1998; Urteil des LG Berlin in der Strafsache Wöllner u. a. vom 26. März 1998, Az. 531-9/95.
18 Urteil des LG Gera in der Strafsache Schiffner vom 16. Juli 1998, Az. 560 Js 96159/97-1 Ks.
19 BA-MZAP, GT 5621; Urteil des LG Erfurt in der Strafsache Gereit u. a. vom 18. Juni 1999, Az. 560 Js. 96031/95 - 1 Ks; »Fränkischer Tag«, 17. Februar 1999.

20 »Frankenpost«, 29. Januar 2000; »Neue Presse«, Coburg, 26. Februar 2000.
21 Prozeßberichte Ina Talar (»Freies Wort«); Urteil des LG Meiningen in der Strafsache Pischtschan u. a. vom 30. August 1999, Az. 520 Js 96020/97 a-c 3 Ks Hw.
22 Erklärung Hallier vom 31. Januar 2000; »Freies Wort«, 16. Februar 2000; Urteil des LG Meiningen in der Strafsache Hallier vom 14. Februar 2000, Az. 560 Js 7731/99 1 Ks.
23 »Neue Presse«, Coburg, 7. März 2000; »Freies Wort«, 8. März 2000; Prozeßnotizen Martin Weber; BA-MZAP, B 310-2; Urteil des LG Meiningen in der Strafsache Stirzel vom 13. März 2000, Az. 520 Js 12262/99 1 Ks.
24 »Stern« Nr. 21/1991; »Der Tagesspiegel«, 4. August 1997; »Der Tagesspiegel«, 10. u. 19. November 1999, 13., 17. u. 25. März sowie 13. Juli 2000; Urteil des LG Schwerin in der Strafsache Lieberamm vom 24. März 2000, Az. 191 Js 21460/95; Lienicke, Lothar/Bludau, Franz: *Todesautomatik*, Kiel 2001, S. 307ff.; Andreas Frost: *Michael Gartenschläger: Der Prozeß*, hrsg. vom Landesbeauftragten für die MfS-Unterlagen, Schwerin 2002, S. 77.
25 Pressemitteilung 64/2000 der Berliner Justizverwaltung; »Frankfurter Rundschau«, 7. September 2000.
26 Beschluß des LG Gera vom 15. September 1993.
27 Hubertus Knabe: *Die unterwanderte Republik. Stasi im Westen*, Berlin 1999, S. 11; DA Nr. 3/2000.
28 »Kontraste«, Fernsehmagazin des SFB, 10. September 1998.
29 »Der Spiegel« Nr. 26/1983; »Ostthüringer Zeitung«, 24. Januar 1997; »Berliner Morgenpost«, 14. Oktober

1998; Walter Jahn: »*Du bist wie Gift*«. *Erinnerungen eines Vaters*, hrsg. vom Thüringer Landesbeauftragten für die MfS-Unterlagen, Erfurt 1996, S. 16.
30 »Der Spiegel« Nr. 51/1998.
31 DA Nr. 6/2000; Filmer/Schwan, *Opfer der Mauer*, S. 359f.; »Frankfurter Allgemeine Zeitung«, 22. Juli 1999; Unabhängige Untersuchungskommission: *Report zu den Ereignissen vom 7./8. Oktober 1989...*, S. 275f.
32 Einstellungsbescheid der StA Erfurt vom 6. Mai 1997, Az. 540 Js 98638/95, Beschluß des OLG vom 20. Januar 1998, Az. 1 Ws 144/97 - 540 Js 96091/96.
33 Bennewitz/Potratz, *Zwangsaussiedlungen*, S. 202ff.; »Der Tagesspiegel«, 4. Oktober 1999.
34 Mauergrundstücksgesetz vom 15. Juli 1996; »Der Tagesspiegel«, 2. Februar 1996.
35 ZERV-Jahresberichte 1993 u. 1995.
36 Hans Hubertus von Roenne: *Politisch untragbar...?*, Baden-Baden 1997, S. 15f.; BA-MZAP, Bibl. B 310-2; Statut der SED, Berlin 1971; Verordnung über die Pflichten der Mitarbeiter in den Staatsorganen vom 19. Februar 1969, GBl DDR I, S. 163; NJW 20/99, S. 1475; »Der Spiegel« Nr. 25/1996; Peter Eisenfeld: »Defizite bei der Rehabilitierung politisch Verfolgter des SED-Regimes«, in: DA Nr. 1/2002.
37 DA Nr. 1/1999 u. Nr. 6/2000; »Der Tagesspiegel«, 9. März 2000.

Ausgewählte Literatur

Bennewitz, Inge/Potratz, Rainer: *Zwangsaussiedlungen an der innerdeutschen Grenze*, Berlin 1994
BStU (Hrsg.): *Ausreisen oder dableiben?*, Berlin 1998
Bundesministerium für innerdeutsche Beziehungen (Hrsg.): *Die innerdeutsche Grenze*, Bonn 1989
Dass. (Hrsg.): *Die Sperrmaßnahmen der DDR vom Mai 1952*, Bonn 1987
Chronik der Grenzpolizei-Inspektion Ludwigsstadt (GPI-Chronik)
Deutschland einig Vaterland, Coburg 1991
Djilas, Milovan: *Gespräche mit Stalin*, Frankfurt am Main 1962
Filmer, Werner/Schwan, Heribert: *Opfer der Mauer*, München 1991
Fuhr, Eckhard: *Geschichte der Deutschen 1949-1990*, Frankfurt am Main 1990
Groth, Michael: *Götterdämmerung im Zentralkomitee* (CD), Deutschlandfunk, Köln 1997
Hammer, Manfried u. a.: *Das Mauerbuch*, Berlin 1986
Lapp, Peter Joachim: *Frontdienst im Frieden. Die Grenztruppen der DDR*, Koblenz 1987 (aktualisierte und erweiterte Neuausgabe: Bonn 1999)
Mitten in Deutschland. Die Sperrmaßnahmen der DDR und ihre Auswirkungen, Bamberg 1971

Mitter, Armin/Wolle, Stefan (Hrsg.): *Ich liebe Euch doch alle*, Berlin 1990
Müller-Enbergs, Helmut u. a.: *Wer war wer in der DDR*, hrsg. von der Bundeszentrale für politische Bildung, Bonn 2000
Neubert, Ehrhart: *Geschichte der Opposition in der DDR 1949-1989*, hrsg. von der Bundeszentrale für politische Bildung, Bonn 1998
Sauer, Heiner/Plumeyer, Hans-Otto: *Der Salzgitter-Report*, München 1991
Tantzscher, Monika: *Die verlängerte Mauer*, hrsg. vom BStU, Berlin 1998
Unabhängige Untersuchungskommission: *Report zu den Ereignissen vom 7./8. Oktober 1989 in Berlin*, Berlin 1991
Weber, Hermann: *Kleine Geschichte der DDR*, Köln 1988
Ders.: *Geschichte der DDR*, München 2000
Weber, Petra: *Justiz und Diktatur. Justizverwaltung und politische Strafjustiz in Thüringen 1945-1961*, München 2000
Wenzel, Otto: *Kriegsbereit. Der Nationale Verteidigungsrat der DDR 1960 bis 1989*, Köln 1995
Zimmermann, Hartmut u. a.: *DDR-Handbuch*, Köln 1985

Personenregister

Acheson, Dean Godderham 37
Adenauer, Konrad 37, 41, 120, 128
Adler (Unterleutnant) 251
Albers, Hans 73, 344
Albrecht, Hans 226, 459ff., 475
Altmann, Erich 135, 142
Andropow, Jurij 319
Appelius, Stephan 71, 162
Arndt, Alfred 25
Augustus (Kaiser) 318

B., Herbert (Freund D. Fürneisens) 450
Bahro, Rudolf 256, 265
Baier (Hauptmann) 140
Balogh, László 216ff., 220f., 474, 484, 486–489, 492
Banisch, Fritjof 270, 275
Bär, Richard 45ff., 64, 503
Bär, Uwe 395f.
Baumann, Klaus (IMS »Werner Albrecht«) 218ff., 251f., 260, 287, 296, 299, 301, 315, 336, 370, 372f., 375, 412, 431f., 436, 467, 487, 489
Baumann, Wilfried 157

Baumgarten, Klaus-Dieter 236, 260, 275, 299, 474ff., 479f., 496, 502
Bayerlein, Gert 368, 387f.
Bazyli, Günther 480f.
Beater, Bruno 234
Becher, Walter 244
Becker, Jurek 249
Bergmann, Werner 192, 348
Bertarelli, Silvana und Allessandro 469
Beuthe, Helmuth 212, 246, 487f., 489
Biermann, Wolf 249ff., 265, 308
Billig, Jens 321, 325, 347, 362, 369f., 382, 384, 395, 397–400, 417f.
Bisky, Lothar 475
Blumhagen, Michael 280
Bochynski, Heinz und Friedhard 153, 476ff.
Bohley, Bärbel 353
Bootz (Leutnant) 165
Borchert, Wolfgang 17
Bormann 149
Boß, Hans 461
Brandt, Willy 98ff., 120, 128, 182, 185, 206, 226
Brasch, Thomas 249
Brauner, Joachim 359

Bräutigam, Hansgeorg 501
Breschnew, Leonid 160, 194, 212, 319, 349
Brüsewitz, Oskar 247f., 445f.
Buchholz, Horst 73
Bunde, Sieglinde 216–223, 435, 437, 474, 484, 486–489, 491f.
Buschner, Birgit und Karl 154
Bush, George 289
Buske, Siegfried 118
Büttner, Albert 94
Butzmann, Manfred 257

Chruschtschow, Nikita 96, 120f., 128, 160
Churchill, Sir Winston 10
Cohrs, Eberhard 265
Corghi, Benito 246f., 468f.

Dangrieß, Dieter 349, 356, 368, 372
Dettmar, Christian 470
Dibelius, Otto 87, 446
Dibrowa, Pawel T. 62
Dickel, Friedrich 226
Dieder, Hedwig 107f., 110f., 447f.
Diener, Alfred 66

529

PERSONENREGISTER

Diepgen, Eberhard 497
Dietzel, Günter 306, 330, 370
Djilas, Milovan 10
Domaschk, Matthias 283, 372, 430
Doppel, Joachim 490
Dubček, Alexander 174
Dzierszinski, Felix Edmundewitsch 341, 353

Eberhardt, Jürgen 363f.
Eberling, Hans 104
Ebert, Kurt und Hildegard 84f.
Eggerath, Werner 55, 57f.
Ehrman, Riccardo 358
»Einzelgänger« (Bundesbahner) 240ff.
Eismann (Oberleutnant) 131f.
Engelbrecht, Volker 218, 220f., 435ff., 487, 492
Engelhardt, Heinz 169, 178, 250
Eppelmann, Rainer 280, 326
Erdmann (Hauptwachtmeister) 153f.
Escherich, Manfred 108ff., 391
Eschrich, Albrecht 476

Fabian, Ronald 343
Faltis (Oberfeldwebel) 140

Fechter, Peter 117–121
Fiedler, Arno 189, 193
Filmer, Werner 463
Fischer (Major) 292, 295, 309
Flechtner, Elfriede (IMV »Edith Ratke«) 239, 241
Fleißner, Werner 209
Föhrig, Friedrich-Karl 475, 496f., 502
Föhst (Funktionär) 68
Föhst (SED-Genossin) 77
Forkert, Elke 146ff., 151
Franke, Heiko 291–296, 301ff., 347, 364f., 410ff.
Freund, Edwin und Helene (GMS »Veteran«) 241f., 298f.
Friedrich, Rolf 118
Friedrichs, Hanns Joachim 360
Friese, Heinz 200, 300, 397, 399ff.
Frisch, Anton 28
Frisch, Max 456
»Fritz Grau« (MfS-Spitzel) 140
Fröbel, Dieter 330
Fuchs, Gerd 124, 139ff., 409
Fuchs, Jürgen 250, 308
Funke, Otto 64ff., 68
Fürneisen, Dieter 146–152, 199, 450f., 458

G., Viola (Tochter H.-A. Scharfs) 481, 483

Gabriel, Günter 474, 476, 480
Gartenschläger, Michael 242ff., 493–496
Gartmann, Hermann 70
Gau, Ulrich 74, 76, 461–468, 481
Gebhardt, Willy 44
Gehricke, Bernd (IM »Dieter Schulze«) 179f.
Geithner, Lothar 354
Genscher, Hans-Dietrich 342
Georgi (Grenzpolizei-Anwärter) 58
Gerber, Helmut 184, 200
Gereit, Otto 207, 268, 485, 487ff.
»Gerhard Springer« (MfS-Spitzel) 140, 176
Gerold, Klara 12, 16f., 43, 47, 82f., 86, 108, 172, 393f.
Geßner (Soldat) 84
Gielsdorf (Major) 309, 401
Glanz, Börries 490
Göhlich, Manfred 385
Göpner, Mathias (IM »Werner Böhm«) 323f., 335f., 339f., 432, 434
Gorbatschow, Michail Sergejewitsch 319, 349, 384
Götze, Andreas 326f., 329, 343f., 426
Götze, Werner 82f., 94, 279, 401f.
Gräbner (ABV) 268

PERSONENREGISTER

Graf, Gerhard Wilhelm 29
Graumüller (Major) 310
Große, Heinz-Josef 273
Große, Ludwig 200
Grotewohl, Otto 38, 70
Grübner, Gerhard und Reinhard 464, 467
Grübner, Max 74, 76f., 461–467
Grüner, Rudolf 172f.
Gueffroy, Chris 343, 396, 458
Gueffroy, Karin 497, 501
Guillaume, Günter und Christel 226
Gunkel, Horst 299
Günther, Herbert 17
Gysi, Gregor 369, 372, 506

Hackenberg, Helmut 355
Hädicke, Cornelia und Wolfram 251, 278f., 272, 317f., 340, 445f.
Hädicke, Georg 279
Hager, Kurt 319
Hahn (Hauptmann) 82
Hähnel, Siegfried 348
Halbich, Walter 260
Hallier, Wolfgang 227, 254, 491f.
Handel (Hauptmann) 181
Hanus, Josef 120
Harnisch, Kurt 178
Harnisch, Helmut 486f.

Hassenstein, Karl-Helmut 183f., 199 bis 202, 251, 394, 445f.
Havemann, Robert 250, 353
Heckel, Helmut 495
Hedermann, Peter (IM »Fred Franke«) 370
Heim, Max 163
Heimbürger, Albrecht 72, 397, 404
Hein, Helmut 295, 306f., 334, 361, 366
Heinke, Heinz 44
Heinrich, Ingo 343, 458
»Heinz Walter« (MfS-Spitzel) 348
Held, Roland 178
Helmerich, Oskar 486f.
Hennig, Harald 494
Henniger, Hermann und Henrik 362, 380
Henschel, Wilfried 125–136, 138, 407f.
Herodes (König) 318
Herold, Karl 244
Hertel (Major) 310
Hess, Heinz 218, 220
Heydorn, Horst 495
Heym, Stefan 308
Hiksch, Uwe 489f.
Hildebrandt, Rainer 242
Hillig (Oberleutnant) 292
Hitler, Adolf 17, 25, 28
Hoch, Josef 479
Hoffmann, Heinz 113, 115, 152, 166, 210, 226, 287, 459
Höflich, Lucie 73

Höfner, Artur 51
Honecker, Erich 76, 115f., 144, 154, 164, 193f., 220, 226f., 230, 234, 258, 272, 286, 289, 316f., 340, 343, 347, 350, 356, 368, 396, 400, 417, 458ff., 478
Honecker, Margot 459
Horn, Gyula 345
Hörschelmann, Christian 50
Hovaguimian, Günter 190, 193, 452, 470, 472f.
Howley, Frank L. 120
Hübner, Niko 255f., 264f.
Hükelheim, Norbert 486f.
Hummitzsch, Manfred 503
Hüttner-Sperlich, Inge 189–192, 451ff., 470, 472

»Ingo Dittmer« (MfS-Agent) 332
Itting, Franz junior 27f.
Itting, Franz senior 24–29, 44, 109, 497, 499
Itting, Gertrud 39, 499
Itting, Gotthardt 27
Itting, Irmgard 498
Itting, Karl 27
Itting-Enke, Sonja 24f., 497ff.

PERSONENREGISTER

Jahn (Dr. med.) 127
Jahn, Roland 280-283, 285f., 372, 503
Jahntz, Bernhard 475, 479, 502
Jakob, Alfred 55f.
Jakob, Waltraud, geb. Bauer 44ff., 55, 59
Janshen, Heinz 300, 488
Jaruzelski, Wojciech 272
Jauch (SED-Genosse) 84
Jesaja (Prophet) 318
Juch (Staatsanwalt) 135

K. (Einwohner Probstzella) 194, 382, 406
Kaiser, Wolfgang 152
Kalbhenn, Willi 156, 491
Kaltwasser (Dorndorfer Familie) 49
Kanold, Wolfgang 486, 488
Kant, Hermann 250
Karl (Oberfeldwebel) 140
Karn, Käthe 50
Kastner, Herbert 123
Kathke (Hauptfeldwebel) 301
Kättner, Helmut und Dorothea 18f., 21-24, 29, 39f., 386
Kausch, Wolfgang 495
Käutner, Helmut 73
Kennedy, John F. 99, 128, 147
Keßler, Heinz 209, 226, 340, 364f., 437, 459ff., 475, 502
Kiesinger, Kurt Georg 176
Kilian, Hans-Ullrich 123ff., 127-132, 134f., 138-141, 152, 406ff., 437f.
Kilian, Peter 139, 437f.
Kilian, Reinhard A. 213, 272, 311-314, 325, 365f., 382, 443f.
Kirsch, Sarah 249, 308
Kittlaus, Manfred 457
Klabuhn, Gerda 256
»Klaus Dieter« (MfS-Offizier) 332
Kleeberg (Major) 99
Kleiber, Günther 479, 496f.
Kleinjung, Karl 27, 209, 345, 495f.
Klier, Freya 320, 326
Klimmek, Ulrich 468f.
Knuth, Gustav 73
Köckeritz, Christa 495
Kohl, Helmut 316, 384, 498
Köhler, Johanna (IM »Helene Naumann«) 332
Köhler, Walter 85f., 122, 394
Kölzsch, Siegfried 292, 294, 309, 343
Konietzy (Oberfeldwebel) 140
Korn, Jürgen 352
Korth, Walter 16f.
Körting, Ehrhart 496

Kotthaus, Eva 73
Krause, Werner 154, 476
Krawczyk, Stephan 319f., 326, 378
Krebs (SED-Funktionär) 310
Kremmer, Hans 471f., 489
Krenz, Egon 344, 356, 358, 360, 364f., 368f., 478ff., 497
Krug, Manfred 249, 265
Krüger, Helmut F. 74
Kulbeik, Helmut 117f.
Kunisch, Werner 492f.
Kunze, Reiner 250
Kurz, Corinna 465
Kutza, Erwin 157

Lange (Major) 260
Lange, Jürgen 236, 238
Langer, Karl 218, 220, 487
Lapp, Peter Joachim 296
Laumann (Major) 333
Lautenschläger, Volker 477
Legler (VP-Rat) 80
Lehmann (Oberleutnant) 296
Lehmann, Dieter 205
Lehmann, Jürgen (GI »Klaus Lange«) 140
Leistner (Oberleutnant) 119
Lenin, Wladimir Iljitsch 449

PERSONENREGISTER

Leonhardt, Karl 231, 247, 474, 480
Leppin (SED-Sekretär) 64
Lessig, Kurt 27
Lieberamm, Walter 493f.
Liebknecht, Karl 320
Lienicke, Lothar 494
Lietz, Wolfgang 239ff.
Linke, Horst 329, 334, 340, 351, 353, 360, 424, 426f., 431, 434
Linse, Walter 152
Linß, Herbert 494
Lochner (SED-Sekretär) 78
Loest, Erich 505
Loewe, Lothar 250
Loewig, Roger 136
Lorenz, Gerhard 474, 480
Lowitz, Siegfried 73
Lübke, Heinrich 159
Ludwig, Edith 362, 368, 373
Lutz, Günter 355
Luxemburg, Rosa 320

Machinia (Richter) 222
Mäder, Otto 51
Maizière, Lothar de (IM »Czerny«) 375
Mann, Thomas 329
Maron, Karl 102, 105
Matz, Karl 158f.
Maul, Reinhard 462f., 467, 470, 481ff.
Melsheimer, Ernst 28

Mettke, Jörg R. 235, 319
Meyer, Robert 367f., 370, 382, 388, 404ff.
Meyer, Wolfgang 360
Michelberger, Julius 111
Mielke, Erich 27, 98, 106, 164, 226, 332, 345f., 349, 368f., 371, 449, 459f., 503, 505
Mihajlov, Mihajlo 250
»Mitic« (MfS-Spitzel) 252
Mittag, Günter 369
Mittig, Rudi 288, 371
Mitzenheim, Moritz 52–54, 101, 184, 446
Modes (Zeuge) 463
Modes, Erich 393
Modrow, Hans 371
Molter, Ralf 294ff., 308, 412f.
Motschmann, Carl 51
Müller (Oberstleutnant) 197
Müller, Kurt 49
Müller, Waldi 477
Müller (Zeuge) 471

Neiber, Gerhard 313, 345
Németh, Miklós 349
Neubauer, Elmar 89, 117, 155
Neubig, Christine 493
Neumann, Siegfried 58
Neuss, Wolfgang 73
Niemöller, Martin 17
Noack, Horst 151
Norden, Albert 145
Nottbeck, Arvid von 152

Oertel, Emil 21
Oppermann, Günter 175f., 178, 502f.
Orlow 35
Osterloh, Frank 493
Otto, Alfons 503

»Paul Schneider« (MfS-Spitzel) 241
Peisker, Wilfried 375, 421, 424
Pelz, Volker 502
Peter, Erich 114, 129, 209, 220, 243, 260, 474
Petschull, Jürgen 264
Pick, Hans-Christian 494f.
Pieck, Wilhelm 61
Pietrek, Winfried 250
Pietsch, Renate 119
Pinkes, Werner 290, 317
Pinnow (Sachverständiger) 464, 471
Piontkowski, Torsten 472
Pischtschan, Manfred 156, 491
Plöger, Hanns-Ekkehard 474, 478f.
Ponto, Erich 73
Poppe, Helmut 209
Pozsgay, Imre 346
Putze, Rolf 148

Raddatz, Kurt 174f., 177
Radke, Günther 229
Raßmann, Dieter 174–177
Raupach, Peter 494

533

PERSONENREGISTER

Reagan, Ronald 319
Rebhan, Rolf 462f.,
465ff., 481, 486, 492
Reiche, Walter und
Gertraud 71f.,
162ff.
Reichenbächer, Friedrich,
12f., 36, 39, 51, 91, 113,
148, 271, 280, 330
Remarque, Erich Maria
271
Richter (Major) 252,
254
Ronneberger, Rudolf
153f., 370, 476f.
Rösch, Giso (GI »Horst Feiler«) 139f.
Roscher, Paul 106
Rößler (Leutnant)
251f.
Rub, Frank 283
Rüffer (Major) 352
Rüger, Werner, Hildegard und Manfred 50
Rühmer, Peter 157
Rzehak (Oberleutnant)
128–132

Sand, Rudi van de 351f.
Säuberlich, Martin
41f., 59, 80, 82
Sauer, Kurt 315
Sauer, Siegfried 188, 249,
370, 372
scampolo (vermutlich Marianne Hasch) 34
Sch., Heinz (Minenopfer)
390
Schabowski, Günter
176, 358f., 479f., 496f.
Schädlich, Hans-Joachim
249

Schaefgen, Christoph
497
Schafferhans, Manfred
351
Scharf, Hans-Adolf und
Sieglinde 166ff., 481–
484
Schart (Major) 352
Schärtl (Polizeiobermeister) 91
Scheel, Walter 182, 185,
206
Scheidig, Ludwig (IMV
»Hans Kröger«)
239ff.
Schenk (Major) 352
»Schiefer« (MfS-Spitzel)
348
Schiffel, Heinz 84, 205
Schiffner, Manfred
166f., 417f., 481–484
Schilling, Walter 201
Schlickum, Rhea 250
Schmiedel, Uwe 247,
468f.
Schmidt, Helmut 232,
272
Schmidt, Michael 409,
457
Schmidt, Ulrich 311–
315, 341, 365f., 382,
444
Schnappauf, Otto
173, 184, 201f., 279,
340
Schneider, Johannes
28
Schnitzler, Karl-Eduard
von 100, 120, 137,
216
Schnur, Wolfgang
283

Schoeps, Hans-Joachim
80f., 87, 102f., 112, 173,
183, 277, 279, 445
Schölens, Günter
165
Schönefeld, Christian
275
Schönert (Feldwebel)
118
Scholz (Oberleutnant)
296
Schreiber, Erich 118
Schrepfer, Petra 278
Schulz, Hermann 406
Schumann, Erik 73
Schütz, Harry 176, 192f.
Schütz, Rudi 243
Schwabe, Tino und
Matthias 320–325,
340, 370, 433
Schwan, Heribert 463f.
Schwanitz, Wolfgang
371
Schwarz, Josef 348
Schwarz, Michael
414, 417
Seghers, Anna 36
Seidel, Horst-Jürgen
372
Seidel, Klaus-Peter
236, 238
Severin, Heinz 500
Siemann, Uwe 244
Simke (Oberinspektor)
172
Sindermann, Horst
226
Singer, Wolfgang 495
Sokyte, Siegmund
324
Spanier, Thomas 476

PERSONENREGISTER

Sperl, Rudolf 265
Sperlich, Bernhard 188ff., 192f., 451ff., 470–474
Sperlich, Frank 192, 453, 470f.
Spreer, Hans-Gert 434
Stahl (SED-Funktionär) 340
Stalin, Jossif Wissarionowitsch 10, 20, 56, 447
Stärker (Polizeioberrat) 42
Steller, Klaus 486, 488
Stirzel, Werner 493
Stoph, Willi 71, 182, 226, 266, 358, 368f., 459f.
Strauß, Franz Josef 286, 317
Streletz, Fritz 226, 344, 459ff., 475
Strelzyk, Peter, Doris, Andreas, Frank 262ff., 289
Studzinski, Erich 46, 503
Sudhoff, Jürgen 346
Szagarucz, Horst 29

Tanner, Walter 275
Teichmann, Dieter 474
Terpe, Henry 287, 294, 299, 343
Thälmann, Ernst 61, 265
Thaut, Gerd 503
Thieme, Heinz-Ottomar 474, 480
Thomalla, Georg 73
Tisch, Harry 369
Tolstoi, Leo 329

Tschernenko, Konstantin 319
Tschitschke, Gerhard 119
Trippe (Stabsfähnrich) 293
Tröge, Dieter 157
Trostorff, Michael 372
Truman, Harry S 10
Turgenjew, Iwan Sergejewitsch 329

Ulbricht, Walter 26, 28, 97, 100ff., 105, 164ff., 193, 216
Ungelenk, Erna und Fritz (IMS »Oberländer«) 240
Unger, Robert 478
Unterlauf, Angelika 359

Velke, Eginhard 123f., 139–142, 330, 408ff.
Verner, Waldemar 226
Vogel, Bernhard 316

Wagner, Manfred 504
Walden, Matthias 248
Walesa, Lech 269
Wannersdörfer (PHK) 299
Watson, Albert 119
Weber, Martin 197, 203, 240f., 255, 259, 268, 271, 297f., 316, 333, 350, 363f., 366, 370, 375, 382, 388, 430, 449

Wehner, Herbert 162, 176, 386
Weigelt, Albin 91–93, 493
Weinhold, Werner 235–238, 416
Weiss, Johannes 340, 347, 355, 359, 367, 369f., 380, 382, 431, 445
Weizsäcker, Richard von 316
Welscher, Hans 351
Wetzel, Günter, Petra, Peter, Andreas 262f., 289
Wich, Josef 331, 373
Wiegand, Gertrud und Wilhelm 116, 213
Wienhold, Uwe 493f.
Wildenauer, Ralf 477, 482f., 488
Windzus, Kurt 157, 490
Winker, Jörg (IM »Heinz«) 348, 367f., 370
Winkler, Edgar 121f.
Winter, Gerhard 503
Wirzenhausen, Wolfgang 491
Wolf, Birgit 470, 472
Wolfrum (Oberleutnant) 179f.
Wöllner, Erich 343, 480f.
Worbs, Gerhard 209
Wrabetz, Andreas, Horst, Beate 275

535

PERSONENREGISTER

Zaisser, Wilhelm 39, 55
Zapf, Fritz 155f., 490f.
Zappe, Engelhard 385, 438ff., 442f.
Zappe, Siegfried 306
Zenkel, Karl 11, 14f., 18, 20f., 54, 80, 112, 116, 146, 151f., 155, 161f., 164, 202ff., 212, 239ff., 298, 449
Ziebarth, Otto und Anneliese 21
Ziegenhahn, Herbert 205, 257, 368
Ziegler, Lotte 36
Ziermann, Ulrich 354
Ziermann, Kurt 79–82
Ziermann, Siegfried 389f.
Zint, Joachim 490f.
Zöllner (Leutnant) 435
Zwinkau, Mario 487

Ortsregister

Alexanderhütte 179
Allendorf 445
Altenburg 142
Altengesees 341
Arnstadt 80, 102, 353
Augsburg 33, 160, 202

Bad Berka 168
Bad Blankenburg 83
Bad Pyrmont 335
Bad Salzungen 49
Bad Sooden-Allendorf 506
Bad Sulza 25
Bamberg 214, 285, 375, 379
Bautzen 59, 80, 275
Bayreuth 11, 214
Beerhügel 269
Beeskow 328
Belgrad 250f.
Berlin 12, 20, 22f., 30ff., 35, 56, 60ff., 67, 69f., 76ff., 80, 94, 96–101, 112, 116, 119–122, 128, 135ff., 144f., 147, 151f., 161ff., 165, 170, 178, 187, 193, 195f., 198, 203f., 210, 121f., 224–230, 233ff., 238, 242, 246, 249ff., 254, 256, 260, 264f., 296f., 272, 274, 283, 285ff., 291f., 295f., 298, 304f., 308ff., 312, 315, 317f., 320, 326, 328, 333f., 343ff., 347ff., 353f., 357–362, 369, 371, 385, 398, 401, 412f., 432, 434, 439, 446, 449, 457f., 460f., 474, 479, 481, 485, 495ff., 500f., 503, 505f.
Bernburg 263
Bitterfeld 142, 196, 274
Blankenhain 74
Bocksberg 79, 190, 224, 271, 343
Bonn 35, 37, 162ff., 176f., 212f., 226, 317, 349, 385, 400
Brandenburg 326, 446
Braunsdorf 201
Braunschweig 306
Bremen 12, 23
Brennersgrün 104, 185, 445
Buchbach 84, 91, 121, 393
Büchen 242
Budapest 347ff.
Burg 304, 354

Camburg 305
Caputh 305
Chemnitz 203
Chile 459
Coburg 31, 71, 193, 214f., 235, 311, 324f., 443, 451, 462, 476
Cottbus 235, 334
Crimmitschau 17

Deggingen 32
Dessau 305
Döhlen 153f., 476f.
Dorndorf 49
Dorschengrund 157
Dresden 11, 14, 93, 116, 130, 235, 238, 253, 262, 326, 350, 353
Düsseldorf 102
Duisburg 216

Ebersdorf (Franken) 40, 277, 395f.
Ebersdorf (Thüringen) 19, 157, 270
Effelder 436
Eichicht 46, 154, 330
Eisenach 50, 153, 184
Eisenberg 169, 343, 452
Eisfeld 215, 235
Empfertshausen 49
Erfurt 23, 28f., 54, 153, 182, 187, 207, 307, 334, 348, 353, 371, 442, 462, 484, 486, 488, 496
Erlangen 21, 379
Essen 237

Falkenstein 13f., 17, 21ff., 30, 32, 34, 51, 69, 73, 84, 89, 115, 150, 155f., 159, 161f., 164, 168, 172, 185, 207f., 213f., 226, 240, 244, 254, 260, 266, 277, 292, 307, 309, 315, 362, 364, 366, 368, 370, 386, 395f., 411, 416, 443

537

ORTSREGISTER

Falkensteiner Grund 73, 116, 123, 205, 233, 245, 260, 274, 287, 356, 406, 465
Frankfurt (Main) 24, 72, 224, 250, 256
Frankfurt (Oder) 328
Friedrichshoffnung 244, 447, 449

Gebersdorf 274
Geiersnest 203
Geisa 49
Gera 27f., 36, 62–68, 70, 84, 87f., 93, 95, 100, 106, 108, 110f., 122, 128f., 134f., 138, 140ff., 146, 187, 191, 193, 225, 228, 230, 235, 239f., 247, 254, 263, 269, 283, 304, 306, 310, 332, 334, 340, 349, 351, 354, 356, 368, 372, 391, 408, 419, 446f., 449, 461, 469f., 476, 481, 490, 499, 503f.
Gießen 324
Gorndorf 67, 258, 407, 421
Gößnitz 335, 434
Gotha 263
Göttingen 176
Gräfenthal 12, 47, 84f., 103, 127f., 148, 159, 161f., 168ff., 190, 212, 220f., 226, 274, 278, 287, 292, 302f., 373, 375, 450, 471, 491
Griebnitzsee 230, 305
Grimma 216, 222f.
Großgeschwenda 86, 109, 126f., 183, 205, 215, 233, 244, 251, 276,

278, 289, 310, 318, 321, 341, 405, 408, 446, 483
Großgeschwendaer Berg 12, 83
Großgeschwendaer Schlucht 126, 129, 178, 185, 292
Großneundorf 183, 302
Grünheide 250, 353
Gutenfürst 11

Hagen 237
Halle 22, 142, 197, 263, 326, 328, 353
Hamburg 12, 23, 146, 235, 242, 248, 256, 264, 356
Harra 263
Harras 236
Haselbach 114
Hasenthal 114, 151, 161, 216, 312
Heckenbruch 115
Heinersdorf (Krs. Lobenstein) 263
Heinersdorf (Krs. Sonneberg) 48, 58, 459
Helsinki 232ff., 251, 256, 290
Herleshausen 450
Heubisch 275
Hildburghausen 54, 291
Himmelreich 277, 287
Hirschberg 246f., 262, 267, 284, 320, 468, 479
Hochstadt 22
Hockeroda 228
Hof 11, 14f., 289, 506
Hoheneck (bei Stollberg) 80, 223

Hoheneiche 184
Hohenleuben 354
Hohenschönhausen 135ff.
Höhkuppe 287
Höhnbach (zu Sonneberg) 50
Hopfsberg 178, 181, 185, 207, 211, 254, 259, 276, 301, 307, 314, 322, 391
Hötensleben 506
Hoyerswerda 344
Hundhaupten 354

Ilmenau 353
Indien 258
Isaak 174

Jena 22, 62ff., 66f., 100, 146–149, 152, 183, 192f., 199, 263, 280–284, 286, 291, 334, 343, 353, 372, 433, 451, 464, 472
Judenbach 160

Kahla 111
Kalbe 187
Kaltennordheim 49
Kantorsbruch 383
Karl-Marx-Stadt (Chemnitz) 137, 142, 181, 215, 235, 353, 356
Karlsruhe 434
Kassel 182
Kaulsdorf 126, 153, 271
Kehlbach 262
Kießling 157
Kleinneundorf 13, 106, 109, 194, 196, 244, 259, 274, 310

ORTSREGISTER

Kleintettau 40, 115f., 277, 302
Klimpermühle 54
Kölleda 168
Köln 249, 295
Königsee 166
Königsstein 78
Königs Wusterhausen 70
Köppelsdorf 66
Kronach 15, 29, 33f., 40ff., 57, 71, 95, 169, 197, 214, 244f., 343, 350, 361, 375, 440, 489f.

Lauenhain 40, 298, 395
Lauenstein 15, 81f., 112, 195, 203, 225, 245, 267, 318, 339, 362, 364, 380, 387, 405
Lauensteiner Berg 168, 258, 271
Lauscha 162, 195, 290
Lehesten 18, 51, 57f., 89, 103, 204, 278, 297, 304, 310, 333, 350, 396, 405, 489, 504
Leipzig 9, 11, 41, 46, 93, 142, 157, 160, 162f., 165, 210, 216, 221f., 228, 244, 254f., 269, 275, 277, 304, 326, 333f., 341, 351f., 355f., 358, 368, 421, 475
Leutenberg 103, 126, 130f., 275, 314, 333
Lichte 155
Lichtenberg 264
Lichtenfels 22, 31, 214f., 331, 375, 379

Lichtenhain 18, 40, 168, 220f., 225, 269, 287, 333, 350, 373, 381, 384, 389f., 396, 470, 473, 503
Lichtentanne 17, 29f., 34, 40, 74, 76, 80f., 87, 102ff., 112, 168, 170, 183, 187, 197, 205, 215, 267f., 276, 278f., 289, 291, 310, 314, 336, 341, 389, 396, 445
Liebau 48, 443
Limbach 310, 343
Lobenstein 103, 205, 263, 310
Loquitz 106, 281, 307
Lübeck 506
Ludwigsstadt 15, 18, 21, 24, 29, 31f., 34, 39, 68, 73f., 77, 80, 91, 100, 115f., 122, 151, 155, 159f., 165, 169f., 172, 185f., 188, 197, 202, 204, 207f., 215, 221, 224, 226, 239–242, 246, 258, 260f., 264ff., 270, 285f., 297ff., 302, 306f., 309, 311, 315f., 323ff., 330, 333f., 339f., 344, 361, 364, 367–370, 375, 381, 386ff., 393, 395, 400, 423, 428, 430, 432f., 489, 497

Magdeburg 247, 353
Mainz 486
Marienborn 320
Marienfelde 97
Marktgölitz 51, 123, 167, 183, 187, 190, 198, 205, 246, 268, 302f., 307, 343, 364, 397, 481f., 484

Maxhütte 62ff., 66f., 100, 106, 142, 144, 397, 424
Meiningen 491, 493
Meißen 263
Mellenbach 178
Mengersgereuth 114
Mödlareuth 289, 506
Moschendorf 14
Moskau 97, 152, 182, 281, 319, 458, 480
Mühlhausen 341, 360
München 22–31, 41, 69, 78, 162, 165, 170, 172, 202, 230, 251, 254, 296, 298, 304f., 311, 315, 317, 332
Münster 366
Muppberg 274

Naila 264
Neuenbau 155, 158, 161, 178f., 290, 309
Neuhaus 36, 103, 155, 158, 166, 178, 214, 216
Neuhaus-Schierschnitz 114, 275, 312, 343
Neustadt (Krs. Coburg) 365f.
Neustadt (Krs. Pößneck) 157
Nordhalben 306, 440
Nordhausen 216
Nürnberg 22, 123, 160, 165, 203, 210, 228, 244, 254f., 269, 286, 304, 324, 331, 334, 361, 366, 379, 421

Oberhof 46
Oberlemnitz 263

539

ORTSREGISTER

Oberloquitz 123, 153, 157, 167, 198, 481
Ochsenkopf 105, 109
Ölsnitz 43f.
Ottendorf 15, 39, 204, 239, 259, 297
Pätz 70, 193
Pfaffengrund 267, 314
Piesau 166, 169
Pirna 11
Plauen 235, 336, 353, 360, 415, 424, 432f.
Poel 398
Pöhlberg 185, 207, 254, 259
Pößneck 111, 157, 262, 314, 395f., 448
Potsdam 10, 230, 305, 353, 457
Prag 209, 327, 342, 347f., 350, 357, 442
Pressig-Rothenkirchen 58, 91, 93, 331, 373

Ranis 107f., 110, 447ff.
Raßnitz 142
Ratzen-Berg 70, 148, 245, 268, 310, 343, 380
Reichenbach 15, 126, 298
Riesa 33
Rippicha 247f.
Ronneburg 446
Rotheul 121, 169
Rottenbach 54, 115, 215
Rudolphstein 246, 267, 468

Rudolstadt 28, 176, 183, 187, 195f., 214, 282, 315, 438ff., 442, 447, 491
Ruhla 153

Saalburg 95
Saalfeld 22, 24f., 39-42, 44-48, 51, 57f., 61-68, 76, 80, 82, 87, 94, 100f., 103, 105, 109-112, 116, 122-126, 128ff., 136, 138-142, 144, 153, 161, 165f., 170, 178f., 183-190, 193-196, 198, 201f., 204f., 210, 214ff., 224f., 228, 230, 233f., 240f., 244, 249, 254f., 257f., 260-263, 265-268, 271f., 274f., 279, 287, 292, 294, 304-307, 309f., 314ff., 320f., 327ff., 333f., 340f., 343f., 346f., 351f., 356, 361, 363, 369, 373, 379, 382, 391, 397, 406f., 410f., 421, 424, 438, 440, 445, 448, 473, 476
Sachsenhausen (KZ) 17
Salzgitter 152, 156f., 221, 424, 457, 481
Salzwedel 209, 438
Sattelgrund 115, 121
Sattelpaß 54, 178f., 290, 306, 310
Schackendorf 235
Schaderthal 189, 193
Schala 196
Schauberg 91, 93, 115, 121, 298
Schieferberg 17, 187, 290, 336f.

Schiefermühle 332
Schildbach 269
Schlaga 183, 251, 278
Schlegel 157, 262
Schleiz 23, 44, 205, 310
Schmiedebach 21, 103f., 278, 297, 333
Schönebeck 208f., 271
Schönwappenweg 298
Schwarza 196
Schwarzenbach 11, 14
Schweinfurt 367
Schwedt 389, 433, 487
Schwerin 243, 493
Sonneberg 12, 44, 48, 50, 114, 116, 121, 159, 165, 174, 176, 178f., 187f., 190, 197f., 205, 210f., 214, 227f., 235, 244f., 251f., 262, 275, 287f., 291, 293f., 311, 334, 339f., 365f., 405, 416, 419, 442, 491, 502
Sparnberg 160
Spechtsbrunn 21, 58, 69, 84, 115, 162, 166, 168f., 211f., 216ff., 220f., 251, 274f., 287, 295, 333f., 366f., 393, 412, 435ff., 490
Spitzberg 16
Spremberg 235
Stadtilm 328
Stadtroda 66, 169
Steinach (Krs. Sonneberg) 287, 290
Steinbach 14, 30, 76, 81, 178, 181, 323
Steinbach an der Haide 15, 40, 81, 161, 214, 291, 318, 321, 323, 336, 395

ORTSREGISTER

Steinbach am Wald 204, 239f.
Steinbachsmühle 30, 34, 76, 260, 315, 461
Stendal 224
Stockheim 248, 255, 275
Storkow 327, 334
Strausberg 226, 242, 320, 494
Streufdorf 48, 54
Stuttgart 33, 116, 203f.
Suhl 46, 88, 115f., 146, 187, 226, 353, 459

Teichwitz 435
Tettau 51, 54, 58, 69, 91, 93, 121, 156, 161f., 166, 168ff., 178f., 211f., 287, 295, 297, 306, 332ff., 366f., 490, 493
Tirol 312
Trier 316
Tokio 147
Triptis 312
Tschirn 40

Unterloquitz 123
Unterwellenborn 44, 62ff., 67, 124, 224, 424

Vacha 50
Voccawind 174

Waldheim 59, 80
Wandlitz 249, 402
Warschau 327, 342, 347f.
Weferlingen 244
Weida 436
Weimar 160, 165, 263
Weißenfels 197, 451
Welitsch 48
Werbellinsee 286
Westhausen 48
Wetzsteinbrüche 225, 270
Wiebelskirchen 317
Wolfsmühle 20
Wurzbach 15

Zeitz 248, 414
Zella-Mehlis 46
Zeulenroda 68
Ziegelhütte 15, 58, 102f.
Zopten 21, 39, 91, 106, 148, 183, 187, 225, 287, 310, 312f., 338, 343, 351, 364f., 380, 384, 389, 402, 445, 447f., 450
Zoptener Steilhang 267
Zschachenmühle 82, 155, 160, 187, 239

Abbildungsnachweis

Archiv Stefan Appelius, Oldenburg 71, 72
Archiv der Evangelisch-Reformierten Gemeinde zu Leipzig 355
Archiv Roman Grafe, Frankfurt am Main 50, 77 oben, 88, 121, 156, 193, 218, 227, 231 oben, 255, 285, 299 oben, 309, 317, 338, 362 rechts, 400, 401, 406, 414, 419, 438, 440, 460, 463, 480
Archiv Helmut Hein, Tettau 306, 307, 335, 361 oben, 362 links, 363, 370, 373
Archiv Sonja Itting-Enke, Probstzella 24, 25, 499
Archiv für Kunst und Geschichte, Berlin 10, 182
Archiv Siegfried Scheidig, Lauenstein 13, 38, 41, 48, 361 unten
Peter Beutler, Gera 470
Jens Billig, Probstzella 325
BStU Berlin 128, 132, 133, 154, 162, 181, 217, 236, 240, 241, 246, 289, 304, 305 oben, 345, 357, 422
Bundesarchiv Potsdam 19
Bundesgrenzschutzabteilung Coburg 316
Bundesgrenzschutzzentrale München 208, 243 oben rechts, 256, 266
Manfred Butzmann, Berlin 257
Deutsches Historisches Museum, Berlin 60
Matthias-Domaschk-Archiv, Berlin 281, 283
dpa, Frankfurt am Main 247, 250, 280, 493
Heinz Engelhardt, Kirkel-Limbach 168, 169
Manfred Escherich, Probstzella 108, 163 oben, 272, 300
Evangelisches Pfarramt Probstzella 12, 16, 26, 82, 90, 184

Elke Forkert, Weißenfels 146, 147, 149
Heiko Franke, Saalfeld 293, 301, 347, 364, 365, 411
»Frankenpost«, Hof 468, 469
Klara Gerold, Probstzella 17, 79, 186
Mathias Göpner, Berlin 336
Andreas Götze, Storkow 327
Roman Grafe, Frankfurt am Main 375, 379, 382, 383, 384, 385, 386, 387, 388, 389, 391, 392, 393, 396, 397, 398, 399, 405, 407, 408, 409, 410, 423, 425, 426, 432, 433, 435, 436, 441, 443, 445, 446, 448, 449, 450, 451, 452, 457, 461, 465, 467, 471, 475, 478, 482, 483, 485, 488, 494, 498, 500, 505
Kai Greiser, Grödersby 243 oben links
Jochen Großmann, Ludwigstadt 489
Reinhard Grübner, Bahlenhüschen 76
Viola Günther, Dröbischau 167
Wolfram Hädicke, Meiningen 278, 279
Henrik Henniger, Lauenstein 381
Inge Hüttner-Sperlich, Jena 189, 190, 191
Waltraud Jakob, Probstzella 45
Helmut Kättner, Ludwigstadt 18
Reinhard A. Kilian, Coburg 312, 313, 366, 374
Landesbildstelle Berlin 228, 458
Walter Löffler, Kleintettau 170
Mauermuseum Haus am Checkpoint Charlie, Berlin 413
Militärarchiv Potsdam 34, 75, 84, 94, 144, 145, 158, 160, 171, 179 unten, 199, 213, 214/215, 219, 230, 231 unten, 245, 252, 259, 260, 262, 267, 274, 275, 290, 295, 308, 310, 322, 337, 339, 479
Klaus Moritz, Saalfeld 153
Waltraud Müller, Piesau 58
Elmar Neubauer, Steinbach am Wald 89

ABBILDUNGEN

Polizei-Inspektion Ludwigsstadt
  Panoramafoto Vorsatz vorne, 22, 69,
  73, 77 unten, 92, 95, 103, 115, 116,
  117, 197, 203, 211 unten, 253, 261,
  264, 270, 276, 303, 314, 332, 390, 459
Günther Radtke, Uetze 229
Friedrich Reichenbächer, Probstzella
  91, 113
Heinz Schaller, Saalfeld 390 unten,
  391 unten
Kurt Sesselmann, Tettau 179 oben
Stadtarchiv Jena 63, 64 unten, 65 unten
Stadtarchiv Saalfeld 138, 194
Thüringer Landesvermessungsamt,
  Erfurt
  Karte Probstzella und Umgebung
  (Vorsatz vorne, Genehmigungs-
  nummer 101 209/2002)
Thüringisches Staatsarchiv Rudolstadt
  62, 64 oben, 65 oben, 85, 112, 188,
  206, 305, 403

Ullstein Bild, Berlin 52, 96, 99, 118, 119,
  175, 177 unten, 232, 237, 238, 248,
  263, 320, 342, 343, 354, 359
Eginhard Velke, Saalfeld 124, 127,
  139
VG Bildkunst, Bonn 136
Peter Vogel, Erfurt 492
Hans-Peter Vogl, Altötting 86
Martin Weber, Ludwigsstadt 297, 490,
  491
Herbert Zapf, Lichte 155
Karl Zenkel, Steinbach am Wald 150,
  211 oben, 212, 367
Klaus Dietrich Zeutschel, Sonneberg
  394

Es konnten nicht alle Rechteinhaber
ermittelt werden. Bestehende Ansprüche werden abgegolten.

Für die vorliegende Ausgabe wurde die Studienausgabe des Buchs, die 2005 bei Siedler erschienen ist, vom Autor durchgesehen.

FSC
Mix
Produktgruppe aus vorbildlich
bewirtschafteten Wäldern und
anderen kontrollierten Herkünften
Zert.-Nr. SGS-COC-1940
www.fsc.org
© 1996 Forest Stewardship Council

Verlagsgruppe Random House FSC-DEU-0100
Das für dieses Buch verwendete FSC-zertifizierte
Papier EOS liefert Salzer, St. Pölten.

Der Pantheon Verlag ist ein Unternehmen der
Verlagsgruppe Random House GmbH.

1. Auflage

September 2008

Copyright © der Originalausgabe 2002 by Siedler Verlag,
München, in der Verlagsgruppe Random House GmbH

Schutzumschlag: Jorge Schmidt, München, nach einer
Vorlage von Rothfos + Gabler, Hamburg
Redaktion: Ditta Ahmadi, Berlin
Satz: Ditta Ahmadi, Berlin
Druck und Bindung: GGP Media GmbH, Pößneck
Printed in Germany 2008
ISBN 978-3-570-55082-3

www.pantheon-verlag.de